本书出版得到国家重点文物保护专项补助经费资助

庆祝宁夏文物考古研究所成立三十五周年

宁夏文物考古研究所丛刊之三十五

固原新区南塬墓地发掘报告

宁夏文物考古研究所　编著

文物出版社

图书在版编目（CIP）数据

固原新区南塬墓地发掘报告 / 宁夏文物考古研究所
编著. -- 北京：文物出版社, 2021.12
　　ISBN 978-7-5010-7306-1

　　Ⅰ.①固… Ⅱ.①宁… Ⅲ.①墓葬（考古）—发掘报告
—固原 Ⅳ.①K878.85

　　中国版本图书馆CIP数据核字（2021）第238193号

固原新区南塬墓地发掘报告

编　　著：宁夏文物考古研究所

封面设计：秦　彧
责任编辑：秦　彧
责任印制：苏　林

出版发行：文物出版社
社　　址：北京市东城区东直门内北小街2号楼
邮　　编：100007
网　　址：www.wenwu.com
经　　销：新华书店
印　　刷：北京荣宝艺品印刷有限公司
开　　本：889mm×1194mm　1/16
印　　张：27　插页：1
版　　次：2021年12月第1版
印　　次：2021年12月第1次印刷
书　　号：ISBN 978-7-5010-7306-1
定　　价：380.00元

Nanyuan Cemetery in the New District of Guyuan

by

Ningxia Institute of Cultural Relics and Archaeology

Cultural Relics Press

内容摘要

固原位于黄河中上游的宁夏南部地区，六盘山纵贯固原南北，境内有清水河、泾河、葫芦河及菇河等黄河支流均发源于此。自古以来，这里既是屏围关中的重镇，又是中原通往中西亚的交通枢纽。固原城与其西南的白马山之间有一处地势平坦的塬地，俗称南塬，面积约 16.5 平方千米，闻名退迩的"丝绸之路"（宁夏段）上的著名墓葬群——固原北朝、隋唐墓地均埋葬于此。

2005 ~ 2015 年为配合固原市西南新区城市基本建设和西气东输二线工程开发，宁夏文物考古研究所先后在羊坊村、杨家庄、南郊水厂进行了三次抢救性考古发掘，共清理墓葬 47 座，其中汉代墓 17 座、北朝墓 7 座、隋唐墓 7 座、宋墓 3 座、明清墓 13 座。早期墓葬中出土了一批较为珍贵的文物。

汉墓共 17 座。根据墓葬形制及出土遗物分为西汉墓和东汉墓，其中西汉墓 12 座，东汉墓 5 座。墓葬形制类型多样，有带斜坡墓道单室土洞墓 13 座（其中带天井 3 座）、土坑墓 1 座、砖室墓 1 座，竖穴土坑洞室墓 2 座，除 1 座为双人异棺合葬外，其余均为单人葬。出土遗物有陶器、铜器、铁器、玛瑙、玉饰、漆器等。这批资料为研究宁夏南部地区汉代葬制文化及天井制度的起源提供了重要的实证。

北朝墓共 7 座。其中北魏墓 5 座，为斜坡墓道单室砖墓，平面形状呈弧边方形；北周墓 2 座，为斜坡墓道带 1 天井 1 过洞单室土洞墓，平面形制呈铲形。前者墓葬特点是从保留较多的鲜卑文化习俗，逐渐向接受中原旧制转化，成为北魏平城时期比较稳定且占主流的形制。后者在恢复中原旧制基础上又出现一种新的形式，并延续流行至隋唐时期。北朝墓出土遗物以陶器为大宗，铜器、银器、铁器次之。出土的 2 方纪年墓志砖和 4 枚波斯萨珊银币，为墓葬断代及中西丝绸之路文化交流提供了更为直接的证据。

隋唐墓 7 座。隋墓 1 座，形制呈铲形，出土砖志文中有明确纪年，为隋文帝开皇六年（586 年）埋葬。其余 6 座唐墓以长方形直背刀形土洞墓为主，这种形制在固原地区初唐至盛唐时期发现较多，中晚唐时也有少量发现，但区别在于出现竖井短斜坡墓道。流行单棺合葬且占比例较大，男性居东侧，女性置西侧，仰身直肢葬为其主流。随葬品多置于棺外，棺内仅存随身用品。唐墓中出土汉白玉墓志 1 合，墓主身份虽为处士，但随葬一批较为罕见且造型精美成双成对的汉白玉天王俑、镇墓兽、骆驼、马等系列组合雕像，为研究唐代中小型墓葬的埋葬礼俗提供了宝贵的实物资料。

宋墓 3 座，形制均为竖穴墓道土洞墓，是唐代刀把形土洞墓传承发展的结果，在固原及其附近地区，这种葬制一般多流行于中晚唐至宋代，具有明显的地域特征。明清墓 13 座，墓葬布局规整，不存在叠压打破关系，应当经过统一规划，墓葬形制普遍较小，墓主当属平民阶层。这批墓葬未经盗扰保存完整，为了解固原地区这个时期丧葬文化及随葬习俗提供了新的资料。

Abstract

Guyuan is located in the south of Ningxia in the middle and upper reaches of the Yellow River. Liupan mountain runs through Guyuan from north to south. Qingshui River, Jing River, Hulu River, Gu River and other tributaries of the Yellow River originate here. Since the ancient times, it is not only an important town defending Guanzhong, but also the communication hub of the Silk Road from the Central Plains to the central or Western Asia. Nanyuan is a flat tableland located between and urban district of Guyuan and Baima Mountain to the southwest of the city, covering an area of about 16.5 square kilometers. Along the famous silk road (Ningxia section), the Nanyuan cemetery is well-known by some famous tombs of the Northern Dynasty and the Sui and Tang discovered here.

From 2005 to 2015, in order to cooperate with the urban construction of new district southwest to the Guyuan city and the second line of West-East Gas Pipeline Project, Ningxia Institute of Cultural Relics and Archaeology successively conducted three rescue archaeological excavations at Yangfang village, Yangjiazhuang and Nanjiao Water Plant, revealing forty-seven tombs in total, including seventeen tombs of the Han Dynasty, seven of the Northern Dynasties, seven of the Sui and Tang Dynasties, three of the Song Dynasty and thirteen of the Ming and Qing Dynasties. A number of precious cultural relics were unearthed, especially from the tombs of earlier stages.

There are seventeen Han tombs in total. Judged from the architectural style and unearthed relics, they are dated to the Western Han (12 tombs) and the Eastern Han (5 tombs). The tombs are of various architectural styles, among which thirteen tombs have a single cave chamber with an entrance ramp (including three with ventilation shafts), one with earthen pit, one with brick chamber, and two vertical earthen pit tombs with cave chamber. Except for one joint burial with separate coffins, all are single burials. Among the unearthed articles, there are pottery, bronze, iron, agate, jade, lacquer and so forth. These materials provide important evidences for the study of the origin of Han funeral culture, especially for the origin of the ventilating shaft in southern Ningxia.

Seven tombs were built in the Northern Dynasties. Five tombs dated to the Northern Wei have a single brick chamber with entrance ramp, with a curved-square-shaped plan. Two single burials dated the Northern Zhou are earthen cave tombs, equipped with an entrance ramp, a ventilation shaft and a *guodong*-passageway, showing a shove-shape plan. As a stable and dominate style during the Pingcheng Era of the Western Wei, the former five tombs retain more Xianbei culture and customs, but start to absorb some elements of the traditional Central Plain style of tomb architecture. In the latter two tombs, a new tomb style formed and continued to exist and prevailed in the Sui and Tang. Found in the Western Wei tombs, pottery constitutes the largest portion of the burial goods and the bronze, while silver and iron come next. The two epitaphs bearing a date and the four silver coins of Sassanian Persian have provided direct evidences for the dating of the tombs as well as the cultural exchanges between China and the West along the Silk Road.

Seven tombs are dated to the Sui and Tang. The only one Sui tomb has a shovel-shaped plan. The unearthed brick epitaph clearly indicates that this tomb was interred in the sixth year of Kaihuang in Emperor Wen's reign (586 A.D.). The six tombs of the Tang are mostly rectangle earthen cave tomb with a knife-spine-shaped plan, the style of which was frequently found in Guyuan area during the early and zenith of the Tang, but only a few in the middle and late Tang with an occurrence of a short shaft entrance ramp. Joint burial with single coffins prevailed in this period. Mostly interred supine with extended limbs, the coffins of the male tomb occupant are often found to be laid on the east side and the ones of the female on the west side. Burial goods are usually placed outside of the coffin and only personal items are kept inside the coffin. Among the burial objects of the Tang tombs, there is one white marble epitaph of a grass-root scholar (*chushi*). Despite the lower social status of the tomb occupant, a group of exquisite and rare seen white marble sculptures, such as figurines of Heavenly King, tomb-guardian best figurines, camels, horses are discovered in pairs in his tomb, which provides valuable materials for the research of the burial customs of the small and medium-sized tombs of the Tang.

Three Song tombs are earthen cave tomb with shaft entrance ramp, originating from the earthen knife-spine-shape cave tomb of the Tang. In Guyuan and its surrounding area, tombs of this style prevailed from the middle and late Tang to the Song, bearing obviously regional characteristics. There are thirteen tombs dated to the Ming and Qing Dynasties. Judged from the layout of the tombs, and from no superimposition or intrusion among them, a plan should have been done in advance. These tombs are generally small in size and the tomb owners are deemed to be commoners. Kept intact without being rooted, these tombs will provide new materials for the understanding of the tomb culture and burial customs of this period in Guyuan area.

目　录

插图目录

插表目录

彩版目录

第一章　绪言

一　建置沿革

地处黄土高原腹地的宁夏固原，地域辽阔，文化堆积浑厚，陇山纵贯其间，主峰米缸山是黄河支流泾河与渭河的分水岭，也是清水河、泾河、渭河的主要发源地。境内大部分为黄土丘陵，六盘山绵亘西南，清水河源远流长，气温属中温带季风区半湿润半干旱气候，这种特殊的自然环境和地理位置，为人类的栖居繁衍和民族的交往聚合提供了理想的场所。固原自古以来因其险要而复杂的地势，成为边陲要冲，塞上咽喉，历史上闻名的西北军事重镇，为历代兵家所必争之地。自战国晚期以后，各个王朝在此与各种政治势力建立政权，交融聚集，开拓进取。汉唐之际，由于丝绸之路的开通，北方游牧民族的大量涌入，固原成为丝绸之路上东西文化交流的重要交汇点和中转站，从而促进了这一地区农牧经济的发展和社会生活的繁荣，留下了丰厚的古代文化遗存。

固原历史悠久。大约公元前 11 世纪，西周的治理范围已纳入固原，最早的地名应是大原之名见于史册。春秋时期，固原是义渠、乌氏戎等少数民族聚集地，当时的义渠戎已经立国，与秦国抗衡，秦惠文王时夺得这些少数民族的领地变为秦的属县，名为义渠、大荔、乌氏和朐衍等。固原沿用了乌氏部落的旧称置乌氏县，为本地区行政建制之始。

西汉实行郡国制。汉初固原仍属北地郡。汉武帝前北方匈奴不断南侵，骚扰中原，固原是匈奴南下的重要通道之一。汉武帝时国力日趋强盛，为加强西北边防军事防御能力，元鼎三年（公元前 114 年），从北地郡析出安定郡，郡治高平（今固原），隶属凉州刺史部，辖二十一县，其中高平、乌氏、朝那、三水、月氏道等县均属今固原境内。始筑高平城（今固原内城），郦道元《水经注·河水注》卷二载：高平川（今清水河）"东北流，经高平县故城东，汉武帝元鼎三年置，安定郡治也，王莽时更名其县曰铺睦。川水又北出秦长城，城在县北一十五里"。从此，固原逐渐成为该地区政治、经济、文化中心。元鼎五年（公元前 112 年），汉武帝自长安出发越陇山，登崆峒，北出萧关，首次巡视安定郡，检查防御开始，到后元元年（公元前 88 年）24 年间，先后六巡安定郡，几出萧关，视察边备，足以说明固原当时政治军事地位之重要，也为以后长安—凉州"丝绸之路"东段北道的形成奠定了基础。东汉安帝时，安定一带羌族暴动迫使安定等三郡内迁移治今陕西武功等地。汉顺帝永建四年（129 年）羌人起义被镇压后，三郡复归，安定郡以临泾（今甘肃镇原）为郡治。

三国时期，固原属安定郡，属曹魏雍州辖，后被匈奴余部所据。西晋时仍属安定郡，郡治仍在临泾。东晋十六国时政区变化纷乱，属前后秦、赵、西秦、大夏六个政权先后在这里对峙混战，夺地称王。晋义熙三年（407 年），赫连勃勃在高平称帝，建立大夏政权。

南北朝时期，鲜卑拓跋灭大夏国，北魏太延二年（436 年）置高平镇（今固原市原州区），正光五年（524 年）改高平镇为原州，下辖高平、长城二郡。西魏恭帝年间改高平为平高。北周时于原州置总管府，属中央统治中心区域，天和四年（569 年）修筑原州城。武帝建德元年（572 年）李穆迁太保出任原州总管。

隋唐时期，突厥、吐蕃频繁袭扰，进攻中原，固原成为守卫关中、尤其是唐都长安的重要防线。隋开皇三年（583 年）废诸郡，置州县，时为原州。大业元年（605 年）曾置他楼县。大业三年（607 年）又改原州为平凉郡，属县有高平、百泉、平凉等。唐朝建立后，为防边界侵扰，"高祖受命之初，改郡为州"，在边地"置总管府，以统军戎"。武德元年（618 年）改平凉郡为原州。贞观五年（631 年）置原州都督府，管辖原、庆、会、银、亭、达、要七州兵马，成为守护唐都长安防御战线上的重要军事指挥机构。天宝元年（742 年）改原州为平凉郡，乾元元年（758 年）又复称原州。"安史之乱"之后，秦陇之地为吐蕃占据，由此趁虚而入占据原州达 86 年，与唐王朝对垒。元和三年（808年）在泾州临泾（今甘肃镇原县）置行原州。大中三年（849 年）泾原节度使康季荣等收复原州及原州七关。唐末黄巢起义后，再移原州于临泾。

五代宋初，党项族的势力逐渐强大，固原遂成为中原与西夏交界处，频繁的战乱使北宋王朝十分重视固原的行政建制。至道三年（997 年）设置了军政合一的镇戎军（今原州区），此后又相继设置了德顺军（今隆德县）、怀德军（今原州区黄铎堡）、西安州（今海原县西安乡）、安化县（今泾原县）和数十个寨堡，形成一道道军事防御体系，以抵御西夏军攻掠。金代升镇戎、德顺、怀德三军为州。

元代至元九年（1272 年），元世祖忽必烈封其子忙哥剌为安西王，置开成路，并在今固原开城设立王相府，分治陕西、四川、甘肃，成为元朝重要的驻军防守机构。

明代时固原军事地位趋于稳固，景泰二年（1451 年）修固原城，置固原守御千户所，"固原"之名始于此。成化四年（1468 年）升为固原卫。成化十年（1474 年）置延绥、甘肃、宁夏三边总制府于固原，总督陕西三边军务，成为明代著名的九边军事重镇之一。弘治十四年（1501 年）设固原镇（又称陕西镇），次年置固原州。

清初仍置固原州，属陕西平凉府辖，陕西三边总督驻节固原。1913 年废固原州，改为县。

1949 年 8 月固原全境解放。1953 年成立西海固回族自治区，1955 年改称固原回族自治州，隶属甘肃省。1958 年成立宁夏回族自治区，固原划归宁夏，成为固原行署所在地，2001 年 7 月撤地设市，固原市设立原州区，将固原县改为原州区，海原县划归中卫市，现固原市辖西吉、隆德、泾源、彭阳四县和原州一区。

二　墓地概况

南塬墓地位于固原市原州区西南 3.5 千米，北临古雁岭，南望九龙山，西南背靠白马山，三面环山。南侧为马饮河谷沿山由西南向东北流入清水河，隔马饮河可遥望六盘山余脉。墓地所处地势平缓，东、西、北三面是一片开阔平坦的塬地，从东至西有羊坊、小马庄、深沟、王涝坝 4 个自然村，今属原州区开城镇管辖，境内建有海子峡、大马庄等水库，水资源较丰富。墓地距离村落较近，村中有一条现代公路东西向穿越，村庄集中坐落在马饮河北崖和公路南侧。本报告介绍的 3 处墓葬群均分布在这片塬地的西南边缘，隶属羊坊村和小马庄村地界范围内。

由于南塬地势较高，水位较低，地理形胜优越，适应建造坟冢，早在北朝时称其地为"原州西南陇山之足"[1]，隋唐时该塬地又称之为"百达原"[2]，20 世纪 80 年代初，塬上仍矗立有大小封土堆十余座，故又称"疙瘩梁地"。南塬历史悠久，文化内涵丰富，这里自 1982 年至 2015 年共发掘汉、北朝、隋唐、宋、明清时期的大、中、小型墓葬共计 90 余座，其中著名墓葬有：北周李贤夫妇合葬墓、田弘墓、宇文猛墓；隋史射勿墓、唐"史氏家族"墓和梁元珍墓，除此还有诸多中小型墓葬，出土了大量蜚声中外的反映丝绸之路文化交流与民族迁徙的珍贵文物，具有无与伦比的历史、考古、民族与艺术研究价值。2013 年南塬北朝隋唐墓地已公布为全国第七批重点文物保护单位，也是中国与中亚五国政府联合申报丝绸之路为世界文化遗产的捆绑申报点之一。南塬墓地保护区范围：南至杨庄自然村，西至深沟、大堡自然村，东至小马庄自然村东侧，北至固原职业技术学院南 1000 米处，并确定缓冲区，保护区总面积 16.5 平方千米，其中核心区面积 11.2 平方千米，缓冲区面积 5.3 平方千米。

三　墓葬分布与发掘经过

羊坊墓地位于南塬北朝隋唐墓地重点文物保护区范围内，分布在固原市原州区开城镇羊坊村二组西南 750 ~ 900 米处的黄土塬地，墓地所处地势西南高东北低，南距梁元珍墓约 900 米，东南距史索严墓约 1700 米（图一）。2005 年前后固原试验区管委会为拓展西南新区城市建设需要，在这里兴建工业厂房并开辟郊区道路建设工程，将原有的梯田耕地开垦为平整的商业场地。在各项工程实施过程中，2005 年 4 月中旬，宁夏文物考古研究所在工程规划范围内进行了考古勘探，根据工程施工进度需要，探查延续工作分为两个阶段，共勘探古墓葬 10 座，其中北朝墓 5 座、唐墓 2 座、宋墓 3 座。同年对勘探出的古墓葬进行了抢救性发掘，各墓葬依发掘顺序予以编号。

2005 年 5 月 24 日 ~ 6 月 17 日，在拟建煤矿小区施工场地探查出墓葬 5 座，编号为 2005GYFM1 ~ M5。墓区原始地势较高，从部分保留的参照点观测，应高出开发区兴建的新区道路地表 2 ~ 2.7 米，据现场实地探访调查，该区域早在 20 世纪 80 年代末在机修农田和村民取土中已将原始文化层破坏较为严重，墓葬上部堆积均被损毁，并毁及大部分墓室。清理的 5 座墓葬均为斜坡墓道单室砖墓，无天井、过洞，墓室为平面近方形四角攒尖顶，与固原北魏漆棺画墓、吴忠明珠公园北魏墓形制接近。

2005 年 7 月 19 日 ~ 8 月 3 日，在固原职业技术学院西南侧近邻羊坊村地界范围内，新区城市郊区道路开发建设中勘探发现 5 座墓葬，均分布在振兴街公路两侧。振兴街南接福银高速，北连银平公路，东端与警民南路相接。清理的 5 座墓编号为 2005GYFM6 ~ M10。其中 M6、M7 为唐代直刀把型的斜坡墓道洞室墓，M8 ~ M10 平面呈"日"字形，由竖井墓道和长方形土洞墓室构成的宋代竖穴土洞墓。

羊坊墓地考古勘探、清理工作由樊军负责。先后参与钻探和发掘的人员有宁夏文物考古研究

---

[1]　宁夏回族自治区博物馆、宁夏固原博物馆：《宁夏固原北周李贤夫妇墓发掘简报》，《文物》1985 年第 11 期。

[2]　宁夏固原博物馆：《宁夏固原唐史道德墓清理简报》附史道德墓志录文，《文物》1985 年第 11 期。

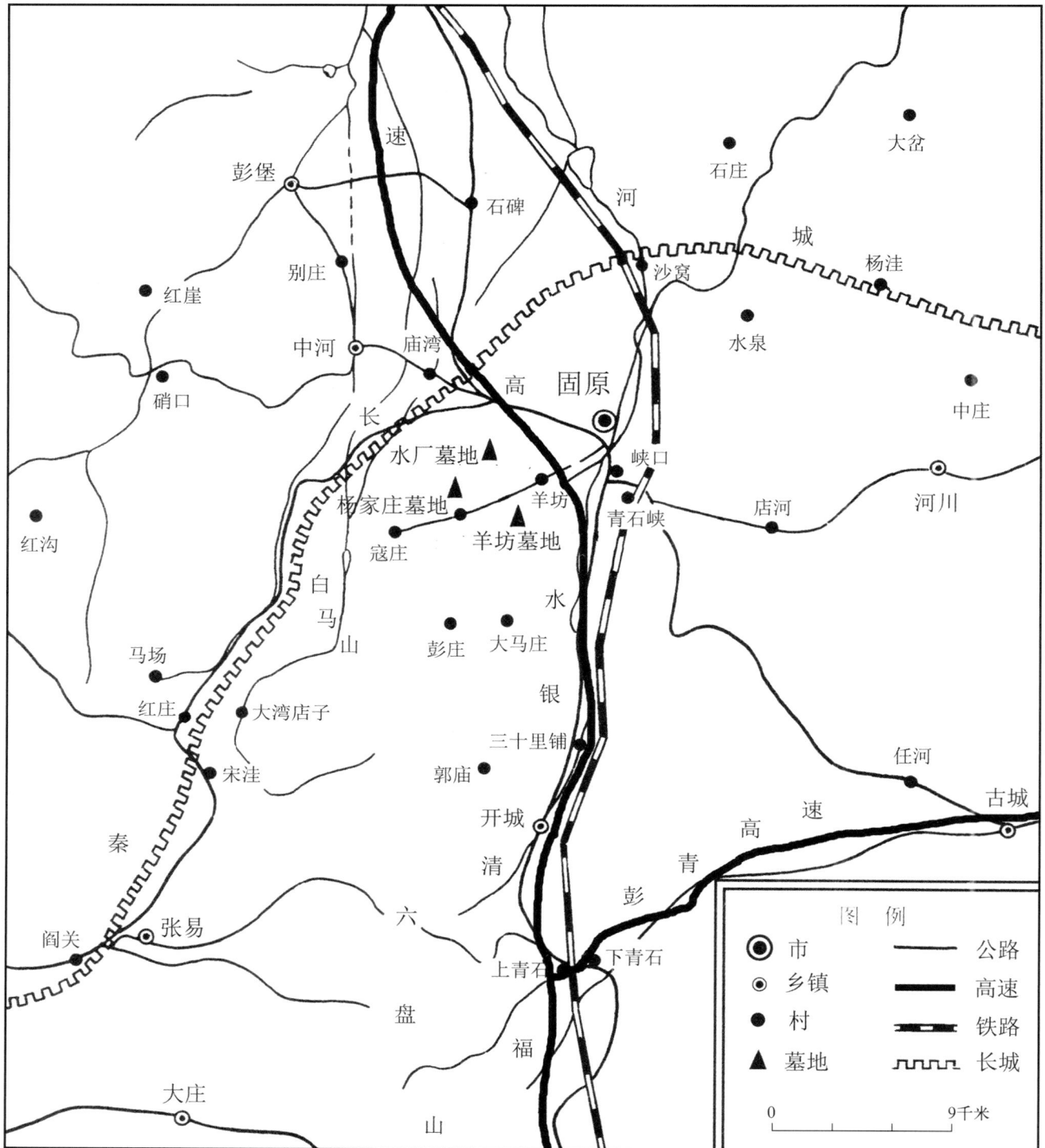

图一　固原新区南塬墓地位置示意图

所杜李平、张莉、车建华、樊军，固原原州区文物管理所马东海，宁夏文物考古研究所固原工作
站技工陈安位、王建斌及陕西省考古研究所技工吕建平等。

　　杨家庄墓地位于南塬墓地西北侧，分布在固原市原州区开城镇杨家庄村北的农田中，杨家庄隶属小马庄划分出的自然村。墓地所处地势较为平坦，局部稍有起伏，被村民因势利导修整成阶梯状。墓葬基本处在两个阶梯的耕地中。地理坐标为北纬35°58′36.05″、东经106°13′16.45″，高程1854米左右（图一）。

2009年5～7月，为配合西气东输二线工程，宁夏文物考古研究所对西气东输沿线施工地带进行了前期勘探、发掘清理工作。此次发掘共清理墓葬15座，其中汉墓12座，编号为2009GYM1～M3、M5～M8、M11～M15，明墓3座，编号为2009GYM4、M9、M10。汉墓根据墓葬形制及出土器物可分为西汉墓和东汉墓，其中西汉墓有7座，分别为M1～M3、M5、M6、M11、M12；东汉墓5座，分别为M7、M8、M13～M15。墓葬形制中斜坡墓道土洞墓有7座，为M1～M3、M5、M8、M13、M15；斜坡墓道土坑墓1座M7；斜坡墓道砖室墓1座M14；斜坡墓道土洞墓带1天井为M6、竖穴土坑洞室墓4座，为M4、M10～M12；竖穴土坑墓1座M9。墓葬均为单人葬，未见合葬墓。

杨家庄墓地考古勘探、发掘工作由周赟领队负责。参与发掘的工作人员有宁夏文物考古研究所王晓阳、周赟、陈安位及外聘技工毛炳均、刘云亮、张晓荣、朱有世、王宁、杨文等。

南郊水厂墓地位于固原市原州区开城镇小马庄村西南侧边缘，墓葬分布在拟建水厂西南、西北50～2400米处的黄土塬地，北距富强路约200米，西与西南新区高平路相邻。地理坐标为北纬35°59′14.3″、东经106°14′23.6″，高程1825米。现地表为耕地，墓葬封土多在机修梯田中挖毁，墓区周边地势较为平坦（图一）。

2015年4月，为配合宁夏中南部城乡饮水安全连通工程原州区南郊水厂及总管工程项目的实施，其进水管线、厂址、输出管线均在南塬北朝隋唐墓地保护区范围内，受宁夏回族自治区文物局、固原市广电局申遗办委托，经上报国家文物局批复备案，宁夏文物考古研究所在该项目建设前期，经考古调查、勘探发现施工区域古墓葬分布较为密集，共勘查出22座古墓葬，其中汉墓5座、北朝墓2座、隋唐墓5座、明清墓10座。依勘探资料该墓地划分为东、西发掘区，墓葬编号依发掘顺序予以排列。

2015年5月24日～6月27日，东区发掘区域重点集中在拟建水厂院内，自西向东勘探并清理墓葬共计15座，依考古资料佐证晚期有明清墓10座，其中竖穴土坑墓6座，编号为2015GNSM7、M8、M10、M11、M14、M18；竖穴墓道土洞墓4座，编号为2015GNSM16～M20。早期有北朝墓1座、唐墓4座，其中编号M5平面呈铲形，为北周斜坡墓道带1天井1过洞单室土洞墓；M1～M4均为唐代斜坡墓道直背刀形洞室墓。

7月1日～8月13日，西区发掘区域重点集中在拟建水厂输出管线范围，管线自东北向西南沿线2.8千米（幅宽30米）内勘探并清理墓葬9座，其中编号2015GNSM23～M27为汉代墓，集中分布于水厂墓地西北部，M23、M27平面近"中"字形带1天井的洞室墓。M24～M26均由斜坡墓道、甬道、墓室构成。M21平面呈铲形，为斜坡阶梯状墓道洞室墓，据墓志砖文记载，该墓为一座隋墓。M22平面呈铲形，为斜坡墓道洞室墓，依砖志铭文可知是一座北周墓。M6、M9、M12、M13、M15均为竖穴土坑墓，随葬品荡然无存，根据毗邻墓葬分析，应为明清墓，因形制遭到破坏，并无随葬品，故在报告中不再赘述。

南郊水厂墓地出土了一批内涵丰富、较具特色的随葬品，特别是M3清理出土一组精美绝伦的汉白玉石刻雕像是难得的艺术珍品。镇墓兽的造像风格和骆驼的发现具有浓郁的西域特色，在全国同期墓葬中较为罕见，为研究唐代丧葬习俗以及石雕艺术的发展演变提供了极为宝贵的新资料。

南郊水厂墓地考古勘探、清理工作由樊军领队负责。参加发掘工作的有杜李平、陈安位、高爱军、樊军、朱有世、韩海鸥、陈啸等。

本报告的编写，以在固原新区南塬墓地发掘时间为顺序，依发掘工地核心位置划分章节，对各个时期的墓葬逐一进行介绍；为便于在结语中讨论叙述，三处发掘墓地的编号均采用原来的发掘时间及地名编码予以区分，以免混淆。为完成新区南塬墓地报告的编写，特邀请吉林大学考古学院张全超、韩涛、孙志超对杨家庄和南郊水厂墓地出土人骨进行了研究，并收录于报告中。

固原新区南塬墓地报告集结了三个阶段的发掘成果，因发掘时间跨度较长，在报告编写前期，曾选择部分较具典型性的墓葬分别在《文物》[1] 和《中原文物》[2] 上以简报形式介绍，北魏墓出土的萨珊银币及相关问题研究也在《中原文物》[3] 相继刊发。有关简报及文章中相关数据、图文内容与本报告不符者，均以本报告为准。

---

[1] 宁夏文物考古研究所：《宁夏固原南郊唐墓发掘简报》，《文物》2020年第12期。

[2] 宁夏文物考古研究所：《固原南郊北魏墓发掘简报》，《中原文物》2020年第5期。

[3] 樊军、王洋洋：《宁夏固原发现的萨珊银币及其相关问题研究》，《中原文物》2020年第6期。

第二章　羊坊墓地

羊坊村位于固原市原州区开城镇境内，距离固原城西南约 2.5 千米，墓葬分布在羊坊村二组的黄土塬地。2005 年，在配合固原市西南新区城市基本建设中，考古勘探发现古墓葬 10 座（彩版一，1）。

2005 年 5 月 24 日～ 6 月 17 日，在拟建煤矿小区施工场地勘探清理墓葬 5 座，编号为2005GYFM1 ～ M5（图二）。

2005 年 7 月 19 日～ 8 月 13 日，在固原市新区郊区道路开发建设中勘探发现 5 座墓葬，清理墓葬编号为 2005GYFM6 ～ M10。

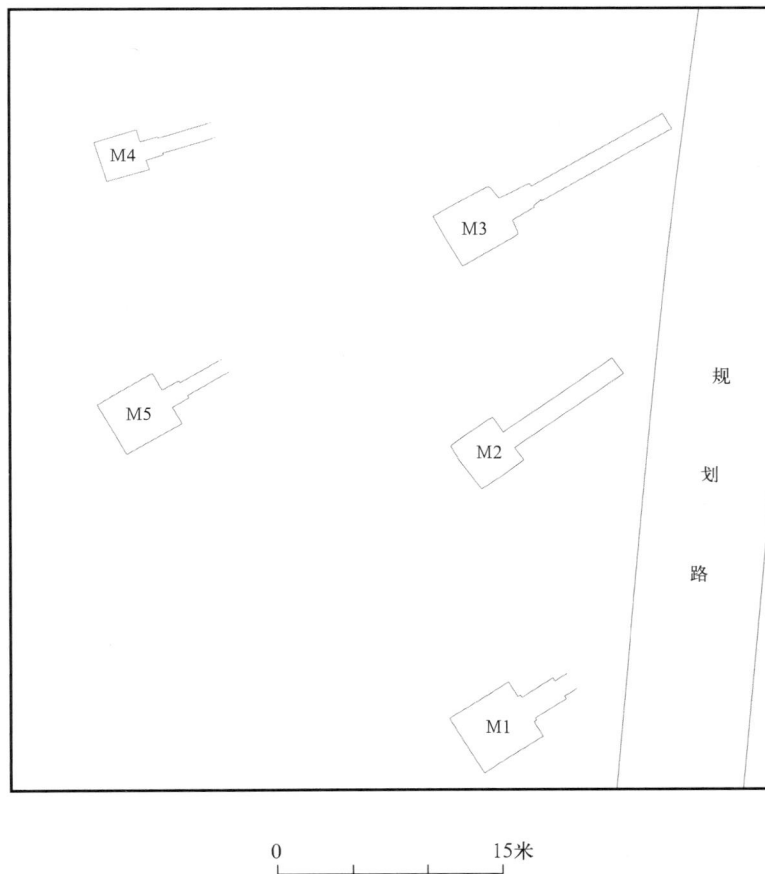

图二　羊坊墓地北魏墓分布图

第一节　北魏墓

一　2005GYFM1

M1 北邻 M2，两墓相距约 13 米。该墓原始地层早在 20 世纪 80 年代末机修耕地中已遭破坏，发掘清理发现墓室顶部结构已被严重损毁，墓道轧在文广路基础西侧，墓道情况不详，只清理了甬道和墓室部分。

（一）墓葬形制

M1 为坐西朝东的倒凸字形砖券单室墓，方向 58°。由墓道、甬道、墓室三部分组成，墓葬残长 6.8 米（图三）。

1. 墓道

位于墓室东侧，由于压于公路下方无法发掘，从近甬道处观察，应为斜坡状底。

2. 甬道

东连墓道，西接墓室。平面呈长方形，长 2.8、宽 1.16、高 1.54 米。地面铺砖 1 层，前后部顺向平砌、中间部分一丁一顺，两侧壁系横砖错缝平砌而成，拱形券顶，起券高度 1.16 米。甬道内填淤土，土质坚硬，无包含物。

3. 封门

砖砌封门位于甬道东端，保存完整，西端即甬道与墓室结合处，封门墙为条砖顺向错缝平砌，两端封门墙上下左右均与甬道内壁紧贴。封门墙高 1.54、宽 1.2 米。

4. 墓室

位于甬道西侧，以条砖砌筑于长 4.7、宽 4.5 米的长方形土圹内。墓室呈弧边正方形，南北长 4.0、东西长 3.9、残高 1.5～1.78 米。四壁以条砖横向错缝平砌 26 层，之上为丁砖错缝竖砌叠涩内收，墓顶坍塌无存，根据形状判断应为四角攒尖顶，从现存的墓室四壁砖墙可知，墓室顶在距墓室底部 1.85 米开始起券内收。墓室四壁砌于地砖之上，地砖为错缝横向铺就，与甬道相通，在墓室东南角有东西 1.16、南北 1.38 米范围铺地砖缺失，从缺失部分不规则的边缘推断，该处应是盗掘者所为。

墓室内填满淤土和扰土，近底部高约 0.5 米填土内夹杂大量砖块。墓室所用砖的尺寸是长 38、宽 20、厚 6 厘米。

（二）葬式葬具

墓葬因早年盗扰、进水等因素，葬具腐朽无存，在墓室填土中发现大量红黑两色漆皮碎片，在墓室中部出土有鎏金铜铺首和鎏金铜棺环。从出土的红黑色漆皮残片、鎏金铜铺首、鎏金铜棺环判断，墓室中可能原置有漆绘葬具。

墓室北壁下发现人头骨 2 个，另有少许骨骼残骸散落于墓室之中，推测应为夫妻合葬墓，葬式不明。

（三）殉牲

墓室西南发现完整马骨 1 具，骨架保存较好，头北蹄西放置，尾部和后肢蹄骨紧贴墓壁，摆

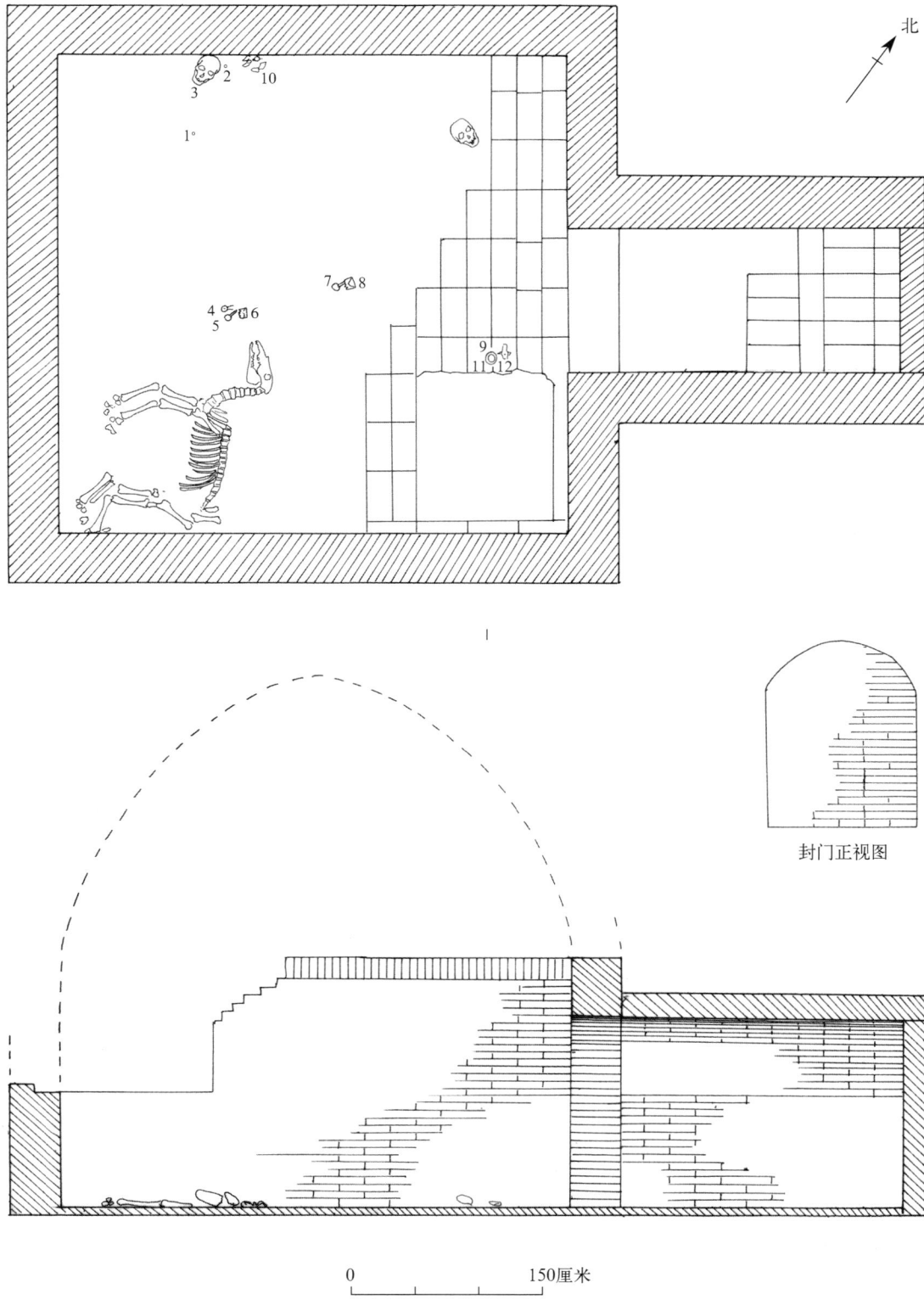

封门正视图

0　　　　　　　150厘米

图三　2005GYFM1平、剖面图

1、2.波斯银币　3.水晶珠　4、5、7.鎏金铜棺环　6、8.鎏金铜铺首　9、10、13.陶壶　11.陶盏　12.动物俑

放整齐，头朝北，四蹄朝西，头部高昂，吻部向前，四肢向后呈奔跑状，头下方垫土高 0.3、身下方垫土厚 0.2 米。马骨通长 1.6、高约 0.8、前肢长约 0.5、后肢长约 0.6 米。

（四）随葬品出土情况

遗物均出土于墓室底部的淤土内，因盗扰严重遗物无规律地散落在墓室各处，陶壶（M1∶9）出土于墓室东南部近墓室口，腹部残，同位置出土且紧挨墓口东侧的有陶盏（M1∶11）和陶动物俑（M1∶12）。陶壶（M1∶13）出土于墓室扰土内，出土时呈碎片状。陶壶（M1∶10）出于墓室北壁下，人头骨东侧，距离西壁 1.4 米，出土时已残碎，口部和腹部均有残缺，2 枚波斯银币（M1∶1、2），出土于墓室西北部淤土内。2 件鎏金透雕铜铺首（M1∶6、8）、3 件铜棺环（M1∶4、5、7）同时出土于墓室中部淤土内。水晶珠（M1∶3）1 枚出土于墓室西北部人头骨旁，应属墓主生前装饰品。

（五）出土遗物

墓室中出土遗物共 13 件。有陶壶、陶盏、陶动物俑、波斯银币、铜棺环、铜铺首、水晶珠。

1. 陶器

有陶壶 3 件、陶盏 1 件、动物俑 1 件。

陶壶　共 3 件，泥质灰陶，轮制。

标本 M1∶9，浅盘口，平沿，圆唇，细颈，圆肩，鼓腹，下腹斜收，平底。颈下饰一周凸棱纹，颈至下腹处饰竖条形暗纹。口径 8.5、腹径 11.5、底径 6.7、高 15.7 厘米（图四，1；彩版二，1）。

标本 M1∶10，口部和腹部均残，墓室中未见其残片。浅盘口，平沿，方唇，束颈，圆肩，鼓腹，下腹斜直，平底。颈部饰以竖条形暗纹，颈肩结合处饰一周凸棱纹，肩部饰网格状暗纹，肩腹结合处饰两周凹弦纹。口径 9、腹径 13.5、底径 6.8、高 21 厘米（图四，2）。

标本 M1∶13，喇叭口，宽平沿，圆唇，细束颈，圆肩，鼓腹下收，平底。颈部饰一道凸棱，肩腹结合处饰四周凹弦纹。口径 12.5、腹径 25、底径 12、高 39 厘米（图四，3；彩版二，2）。

陶盏　1 件。

标本 M1∶11，敞口，圆唇，浅腹，腹壁弧收，小平底。器底有弧圈状轮旋痕，外壁上留有叶脉状印痕，应是陶坯未干时与草垫等物体接触所留。口沿残存黑色火烧痕迹。口径 10、底径 3.2、高 3.3 厘米（图四，4；彩版一，2）。

动物俑　1 件。

标本 M1∶12，泥质灰陶。烧制火候较低，头尾残缺，仅存身部。背两侧有翼舒张，腹部浑圆，尾中部细长，尾端残，形似一鸡。残长 10.8、残宽 7.5、残高 8.1 厘米（图四，5；彩版一，3）。

2. 银器

有波斯萨珊银币 2 枚。在墓室西南侧出土。

波斯银币　2 枚。

标本 M1∶1，圆形。双面打押，一侧边缘略有缺损，边缘轮廓不甚规整，正反面主题图案呈 90° 左右的错位。正面边缘饰一周联珠纹，中为萨珊王侧面肖像，王冠前部有一新月，冠顶上有一双翼状物翘起，其上饰一弯月托一圆球，冠顶似有两条细飘带，耳旁垂球状发髻，肩上一条向上扬起的飘带，从冠前至肩有帕勒维文铭文，但模糊不清。背面亦饰一周联珠纹边框，中央为拜

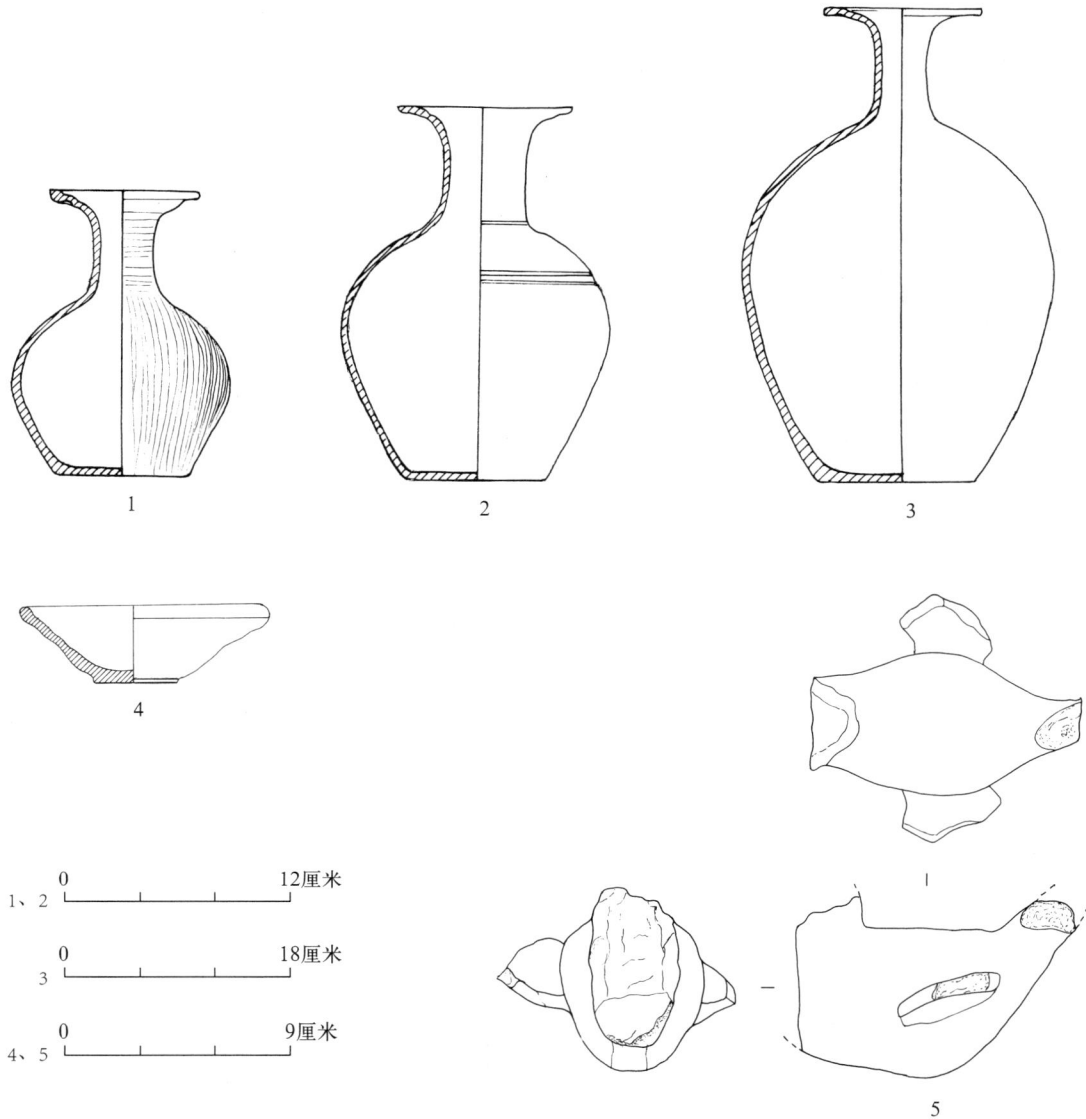

图四　2005GYFM1出土遗物
1～3.陶壶M1：9、10、13　4.陶盏M1：11　5.动物俑M1：12

火教祭坛。祭坛下部为两级台座，台上为一圆柱，柱系缎带，缎带两端下垂。祭坛上燃有火焰，火焰由小圆点组成三角状，火焰右侧有一新月，左侧为一五角星。祭坛两面相对站着两个祭司，作拱手状，右侧祭司背后有帕勒维文铭文，应是铸币地点的缩写，铭文为"＿＿＿"。直径2.8厘米，重3.2克（彩版三，1）。

标本M1：2，圆形，双面打押，边缘轮廓不甚规整，银币正反两面的主题图案呈90°左右的错位。正面边缘饰一周联珠纹，中为萨珊王侧面肖像，前部有一新月，冠顶上有一双翼状物翘起，再上有一新月，新月托一圆球。额下一行小圆点表示胡须，耳下垂珠，脑后一球状发髻，颈部有一联珠项链，左右肩上各一条向上扬起的飘带。肖像前部自下而上有半周帕勒维铭文"＿＿＿＿"；背面亦有一周联珠纹边框，中央为拜火教祭坛。祭坛下部为两级台座，台上为一圆柱，柱系缎带，缦带两端下垂。祭坛上燃有火焰，火焰由小圆点组成三角状，火焰右侧有一新月，左侧为一五角星。祭坛两面相对站着两个祭司，作拱手状，右侧祭司背后有铸造地点的铭文"山"，左侧祭祀背后铭文为"♀"。直径 2.7 厘米，重 3.7 克（彩版三，2）。

3. 铜器

有鎏金铜棺环 3 件、鎏金透雕铜铺首 2 件。

鎏金铜棺环　3 件。器表鎏金，由棺环和扒钉两部分组成，扒钉一端套住棺环，两股并齐钉入棺板后钉脚向左右分开，将棺环固定于棺外。

标本 M1：4、5，棺环浑圆，同时出土于墓室中部淤土内。棺环外径 8.8、内径 6.8、厚 1.5 厘米（图五，1；彩版三，3、4）。

标本 M1：7，出土于墓室中部偏东。环体扁平。棺环外径 10、内径 7.5、厚 0.3 厘米（图五，2；彩版三，5）。

鎏金透雕铜铺首　2 件。

标本 M1：6、8，鎏金铜质，铸造而成，整体近方形，规格形制一致。高浮透雕状，主体图案为一镂孔兽面，兽面阔口露齿，獠牙外翻，三角高鼻，双目圆睁，弯眉上扬，双尖角上翘，触须状兽角上蹲坐一人，其头偏向右侧，双臂伸展，上身袒露，下着三角形短裙，双臂用力撑开兽角状的兽须，双脚奋力踩踏在角形兽鼻之上。兽面四角各有一小孔以贯铁钉，部分孔中尚存钉痕。高 9.5、宽 9.4 厘米（图五，3、4；彩版四，1～4）。

4. 水晶

水晶珠　1 枚。

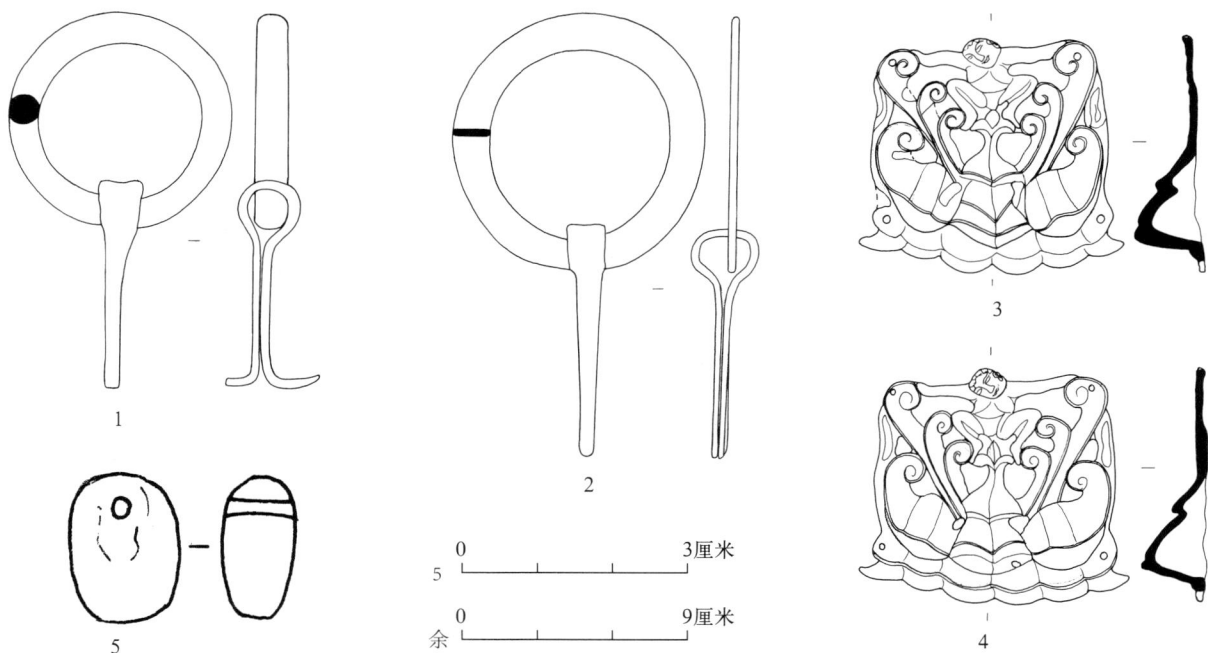

图五　2005GYFM1 出土遗物

1、2.鎏金铜棺环M1：4、7　3、4.鎏金透雕铜铺首M1：6、8　5.水晶珠M1：3

标本 M1∶3，近椭圆形，晶体完好，晶面有玻璃光泽，透明度高，呈淡紫色，一端有穿孔。直径 2 厘米（图五，5；彩版三，6）。

二　2005GYFM2

M2 南邻 M1，两墓相距约 13 米，北邻 M3，两墓相距约 10 米，三座墓葬呈"一"字形南北排列。

（一）墓葬形制

M2 为坐西朝东斜坡墓道砖室墓，方向 55°。由墓道、甬道及墓室组成，墓葬全长 12.07 米（图六）。

1. 墓道

位于墓葬的东端，西接甬道。一部分墓道压在墓葬东侧公路下方，暴露现有的发掘部分长 7、宽 1.29 米。斜坡状底，口底同大，壁面平整光滑，水平方向残长 7、宽 1.29、斜坡长 7.46 米，坡度 20°，墓道南端距地表 2.5 米，内填五花土，无包含物。

2. 甬道

位于墓室东端，与墓室相接，平面呈长方形，甬道地砖一纵一横平铺而成，与墓室地砖相接，两侧壁建于地砖上，系错缝横砌，现残存 12 层，应为券顶，起券高度不明。甬道顶部被一直径达 1.2 米的盗洞打破。甬道长 1.87、宽 0.93、残高 0.9 米，内填淤土及五花土，土内夹杂大量砖块，条砖长 35、宽 19、厚 6 厘米。甬道中部出土山羊骨骼 1 具，羊头吻部向西，面朝上放置，其余骨骼散置于羊头西侧。甬道内填满淤土和扰土，填土中夹杂大量条砖残块。

3. 封门

甬道东端设封门，为条砖横向错缝平砌而成，西端与墓室结合处因盗扰破坏封门情况不明，封门墙左右端与甬道内壁紧贴。封门墙宽 0.93、残高 0.27 米。

4. 墓室

位于甬道西端，用条砖砌筑于方形竖穴土圹内，土圹长 3.7、宽 3.5 米。墓室平面近弧边正方形，南北长 3.2、东西宽 3.1 米。墓底横向错缝平铺地砖 1 层，四壁下部均以条砖横向错缝平铺 17 层，砌至 1.2 米处，丁砖竖砌 1 层起券，然后向上以条砖竖向错缝砌筑，逐层叠涩内收，每层内收 3～5 厘米，聚成四角攒尖顶。在墓室东南角有东西 1.0、南北 1.4 米范围内铺地砖缺失，从缺失部分边缘不规则判断，应为盗墓者所为。

墓室填满淤土和扰土，夹杂大量残砖。该墓系早年盗扰，腐朽严重，棺椁无存。

（二）葬式葬具

因墓室盗扰严重，加之墓室大量进水，棺椁了无痕迹，情况不详。

在墓室清理过程中仅发现腐朽人头骨 1 件，位于墓室东南拐角处，其他骨骼无存，葬式不明。

（三）殉牲

在甬道底部发现完整山羊骨 1 具，骨架保存极差，羊头骨相对较好，羊角朝南，吻部朝北，面朝上，其余羊骨散乱置放在羊头骨西侧。

（四）出土遗物

均出土于墓室填土内，共 2 件。

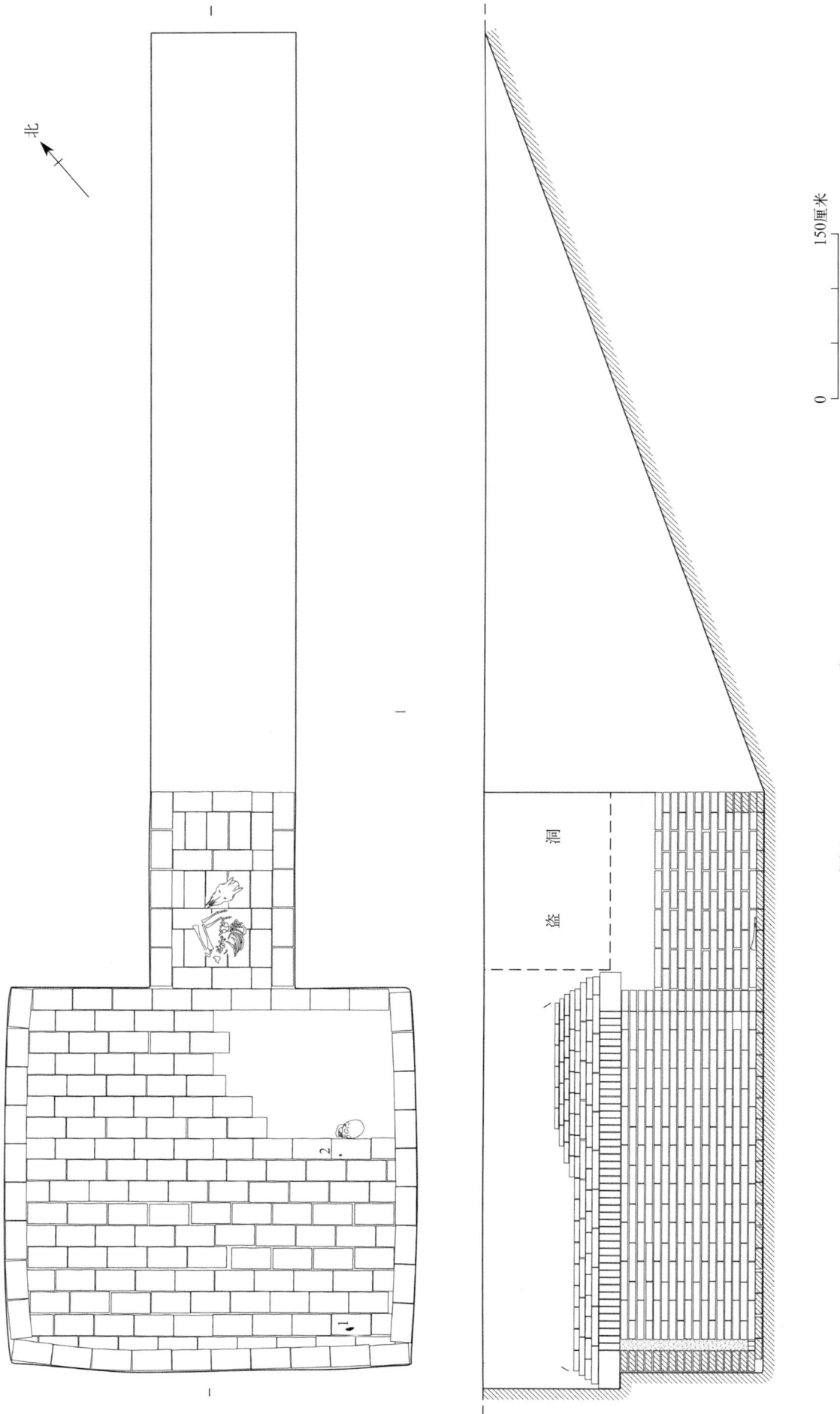

图六　2005GYFM2平、剖面图

1.玛瑙珠　2.五铢

1. 铜器

五铢　1枚。

标本 M2：2，出土于墓室扰土内。铸造规整，背面肉郭俱好，正面穿上一横笔，"五"字交股斜直，"铢"字金字头呈长三角形，"朱"字上下方折。直径 2.5、穿径 1、边郭厚 0.15 厘米，重 3.9 克（图七，1；彩版五，1）。

2. 玛瑙器

玛瑙珠　1件。

标本 M2：1，出土于墓室西南角淤土内。红褐色，近橄榄形，周身纹理天然形成，圆润剔透，沿长轴方向钻有一孔，系墓主生前随身饰品。长 4.8 厘米（图七，2；彩版五，2）。

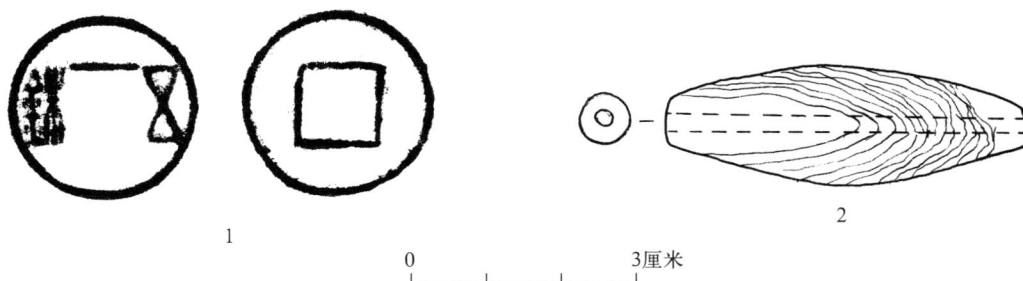

图七　2005GYFM2出土遗物

1. 五铢M2：2　2. 玛瑙珠M2：1

三　2005GYFM3

M3 南邻 M2，两墓相距约 10 米，西邻 M4、M5，三墓之间基本呈倒等腰三角形分布。

（一）墓葬形制

该墓为坐西朝东的斜坡墓道砖室墓，方向 60°。由墓道、甬道、墓室组成，墓葬残长 16.35 米（图八；彩版六，2）。

1. 墓道

位于墓葬的东端，西接甬道。一部分墓道压在墓葬东侧公路下方，已发掘的墓道长 10 米，平面呈长方形，口大底小，斜坡状底，水平方向长 10、斜坡长 10.4、宽 1.2～1.3 米，坡度 17°，西端距地表 3.0 米。墓道内填五花土，土色黄褐，土质疏松，墓道西端填土中出土刻铭砖 1 合，铭文砖距墓道底部 2.7 米。

2. 甬道

甬道位于墓室东端，分为砖券甬道和土洞甬道两部分。拱形顶。甬道过洞平面近梯形，长 2.85、宽 1.35～1.6、高 1.8 米，砖筑部分长 1.75、宽 1.15、高 1.9 米，土洞甬道部分长 1.1、东端口宽 1.35、西端宽 1.6、洞高 1.8 米。左右墙体以横砖错缝平砌，砌至 1.75 米处，向上起拱形券顶。甬道底无铺地砖。在甬道近底部淤土内发现一处外髹黑漆的木杖痕，南北向摆放，南端较尖，距甬道底 0.07 米，木杖痕长 1.4 米，直径约 3 厘米。甬道内填满淤土，土质坚硬，淤土内无包含物。

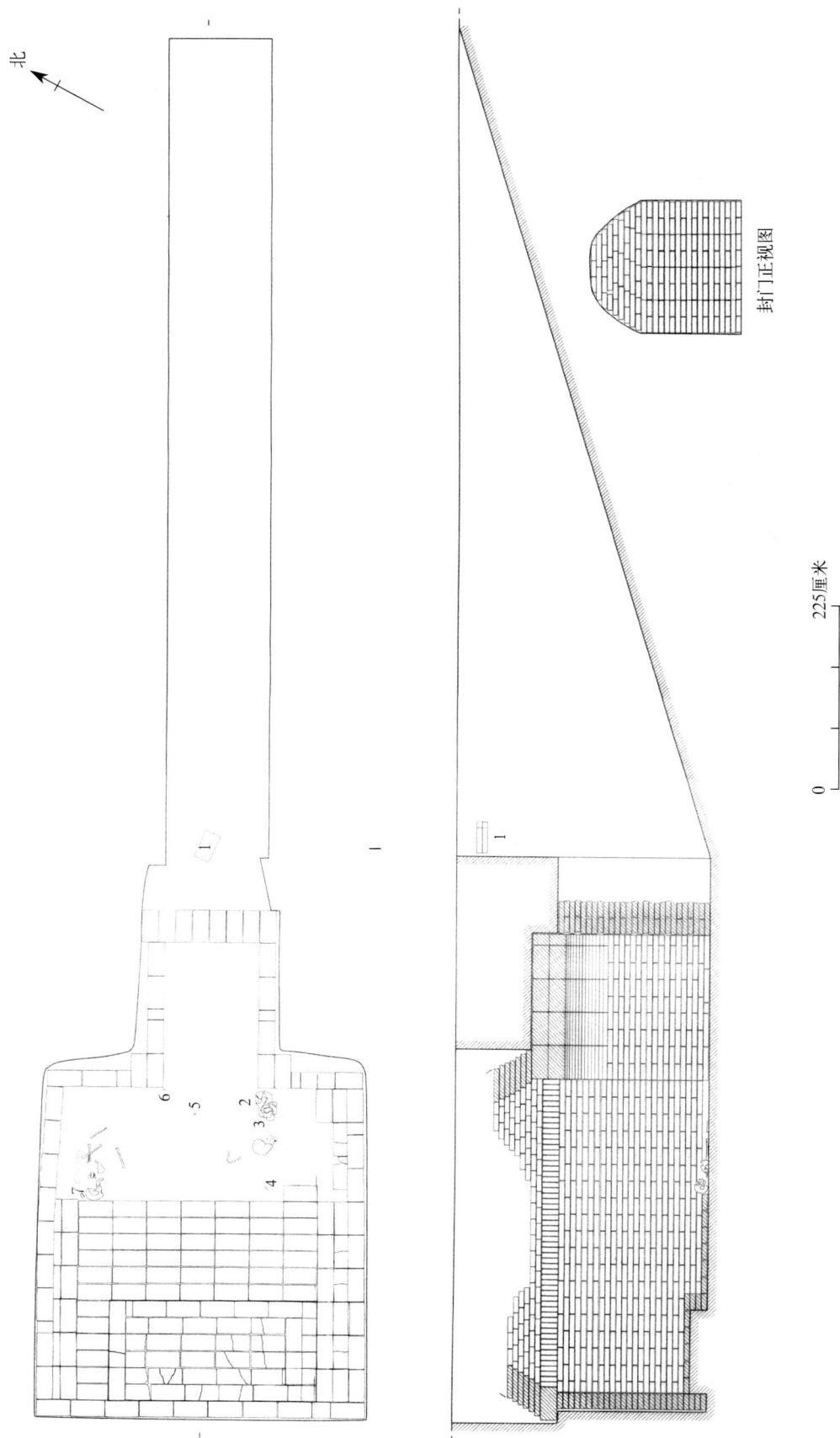

图八　2005GYFM3平、剖面图

1. 墓志砖　2. 陶壶　3. 陶罐　4. 银钗　5、6. 波斯银币　7. 骨管

3. 封门

砖砌封门位于砖券甬道口外侧，土洞甬道内，以条砖一顺一丁错缝平砌而成，高 1.85、宽 1.6、厚 0.4 米。

4. 墓室

位于墓葬最西端，用条砖砌筑于方形竖穴土圹内，土圹长 4.36、宽 3.93 米。墓室平面近正方形，东西长 3.8、南北宽 3.5、残高 2.2 ～ 2.7 米，四壁以条砖横向错缝平砌 26 层，砌至 1.75 米处起券，然后向上竖向错缝砌筑，逐层叠涩内收，每层内收 3 ～ 5 厘米，顶已塌毁，据现存状况推断应为四角攒尖顶。铺地砖中间部分以横砖平砌，南北侧以顺砖纵砌，墓室前端部分铺地砖缺失，从清理情况及缺失部分不规则的边缘等推断，应是盗掘者所为。

墓室内填满淤土和扰土，填土内夹杂大量残砖块。

（二）葬式葬具

因墓室盗扰严重，加之墓室大量进水，棺椁已朽无存，葬具情况不明。墓室西壁铺地砖之上置一砖砌棺床（彩版六，1），棺床为预留一生土台，表面用条砖错缝平砌，棺床南北长 2.6、宽 1.16、高 0.3 米。发现人骨 2 具，1 具位于墓室西北，头颅骨破碎，肢骨散乱堆叠在头骨东侧；另 1 具位于墓室中东部，仅见头骨，葬式均不详。

（三）随葬品出土情况

墓志砖 1 合（M3∶1），出土于墓道西端与甬道结合部的填土内，出土时正面向上，斜置于填土中，墓志距墓道底部 2.7 米。陶壶、陶罐 2 件（M3∶2、3）出土于墓室东南部，出土时残碎，经修复仍有少许残缺。银币 2 枚（M3∶5、6）均出土于墓室与甬道结合处，银钗（M3∶4）1 件出土于墓室东南角，骨管（M3∶7）1 件出土于墓室东北角。木杖（M3∶8）1 件仅存木痕，无法提取，发现在甬道近底部淤土内，距甬道底 0.07 米，南北向摆放，尖端朝南。

（四）出土遗物

出土遗物共 8 件。有陶壶、陶罐、银币、银钗、骨管、木杖、墓志砖。

1. 陶器

有陶壶 1 件、陶罐 1 件。

陶壶　1 件。

标本 M3∶2，泥质灰陶，轮制。喇叭口，平沿，圆厚唇，长束颈，圆肩，鼓腹，下腹部斜收，小平底。颈部饰有纵向暗条纹，肩颈结合部饰一周凹弦纹，上腹部有四道凹弦纹。口部断茬边缘处有两圆孔，应是修补时所钻。口径 12.5、腹径 20、底径 9.7、高 31.5 厘米（图九，1；彩版五，3）。

陶罐　1 件。

标本 M3∶3，泥质灰陶，轮制。侈口，平沿，方厚唇，粗束颈，溜肩，下腹斜收，平底。颈根部饰一道凹弦纹，肩至下腹处饰纵向暗条纹，肩腹结合处饰两周凹弦纹。口径 14、腹径 18、底径 10、高 24.5 厘米（图九，2；彩版五，4）。

2. 金银器

有银钗 1 件、波斯萨珊银币 2 枚。

银钗　1 件。

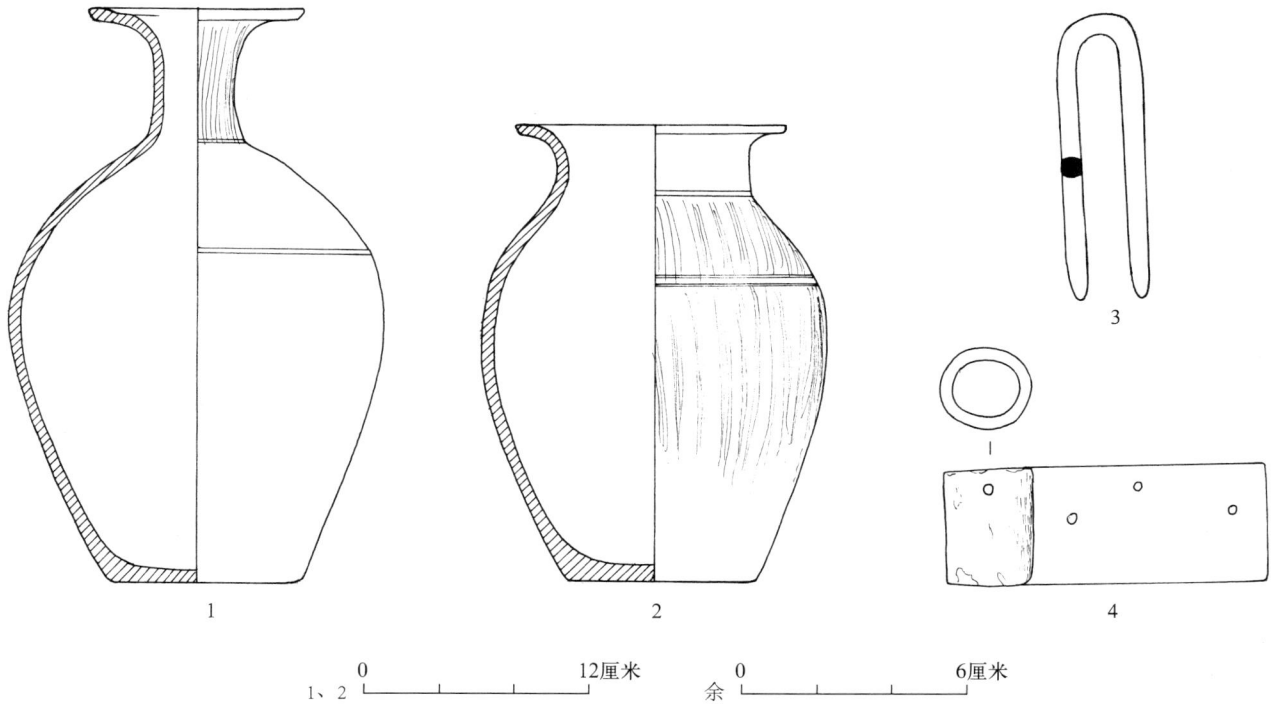

图九 2005GYFM3出土遗物

1.陶壶M3：2　2.陶罐M3：3　3.银钗M3：4　4.骨管M3：7

标本 M3：4，"U"形双股，钗首浑圆，钗脚略尖。长 7.8、直径 0.35 厘米（图九，3；彩版七，3）。

波斯银币　2枚。均出土于墓室与甬道结合处，钱文及图案相近。

标本 M3：5，边缘轮廓不甚规整，银币正反两面的主题图案呈 90° 左右的错位。正面有一周联珠圈边框，中为萨珊王侧面肖像，前部有一新月，冠顶上有一双翼状物翘起，再上有一新月，新月托一圆球。额下一行小圆点表示胡须，耳下垂珠，脑后一球状发髻，颈部有一联珠项链，左右肩上各一条向上扬起的飘带。肖像前部自下而上有半周铭文，已模糊不清。背面亦有一周联珠纹边框，中央为拜火教祭坛。祭坛下部为两级台座，台上为一圆柱，柱系缎带，缎带两端下垂。祭坛上燃有火焰，火焰由小圆点组成三角状，火焰右侧有一新月，左侧为一五角星。祭坛两面相对站着两个祭司，作拱手状，右侧祭司背后有铸造地点的铭文" "，左侧祭司背后铭文模糊不清。直径 2.7 厘米，重 3.6 克（彩版七，1）。

标本 M3：6，边缘略残，轮廓不甚规整，银币正反两面的主题图案呈 90° 左右的错位。正面有一周联珠圈边框，中为萨珊王侧面肖像，前部有一新月，冠顶上有一双翼状物翘起，再上有一新月，新月托一圆球。左右肩上各一条向上扬起的飘带。额下一行小圆点表示胡须，耳下似垂圆点形耳饰，颈部有一联珠项链，链中央垂一珠饰，左右肩各有两道联珠，由肩部下垂至胸前。背面亦有一周联珠纹边框，中央为拜火教祭坛。祭坛下部为两级台座，台上为一圆柱，柱系缎带，缎带两端下垂。祭坛上燃有火焰，火焰由小圆点组成三角状，火焰右侧有一新月，左侧为一五角星。祭坛两面相对站着两个祭司，作拱手状。左侧祭司身后铭文为"PIRUCI"。右侧祭司背后有一行帕勒维文铭文"⌐ㄴ"。直径2.6厘米，重4克（彩版七，2）。

3.骨器

骨管　1件。

标本M3：7，两端平齐，一端略粗，另一端较细，中孔，管身不同部位钻有三孔，上有顺长轴方向的裂痕。长3.2、直径2.5厘米（图九，4；彩版七，4）。

4.木器

漆木杖　1件。

标本M3：8，外髹黑漆，一端较尖，另一端形制不明。残长1.4米，直径3厘米。

5.其他

墓志砖　2块。系烧制火候欠佳的灰褐色长条砖。

标本M3：1，出土时扣合在一起。砖盖烧制火候偏低。正侧面刻有文字，划痕纤细，辨识度不清晰，借助显微镜隐约可见志文三行："□□平二年岁 / 次丁酉三月九日戴 / □福母塚"。长35、宽19、厚6.5厘米（图一○，1；彩版七，5）。砖志，正面刻划志文三行，凡27字，曰："维大代熙平元年 / 岁次丙申二月廿四日凉 / 州檠和郡民戴 / 雙受之墓"。长34、宽19、厚6厘米（图一○，1、2；彩版七，5）。

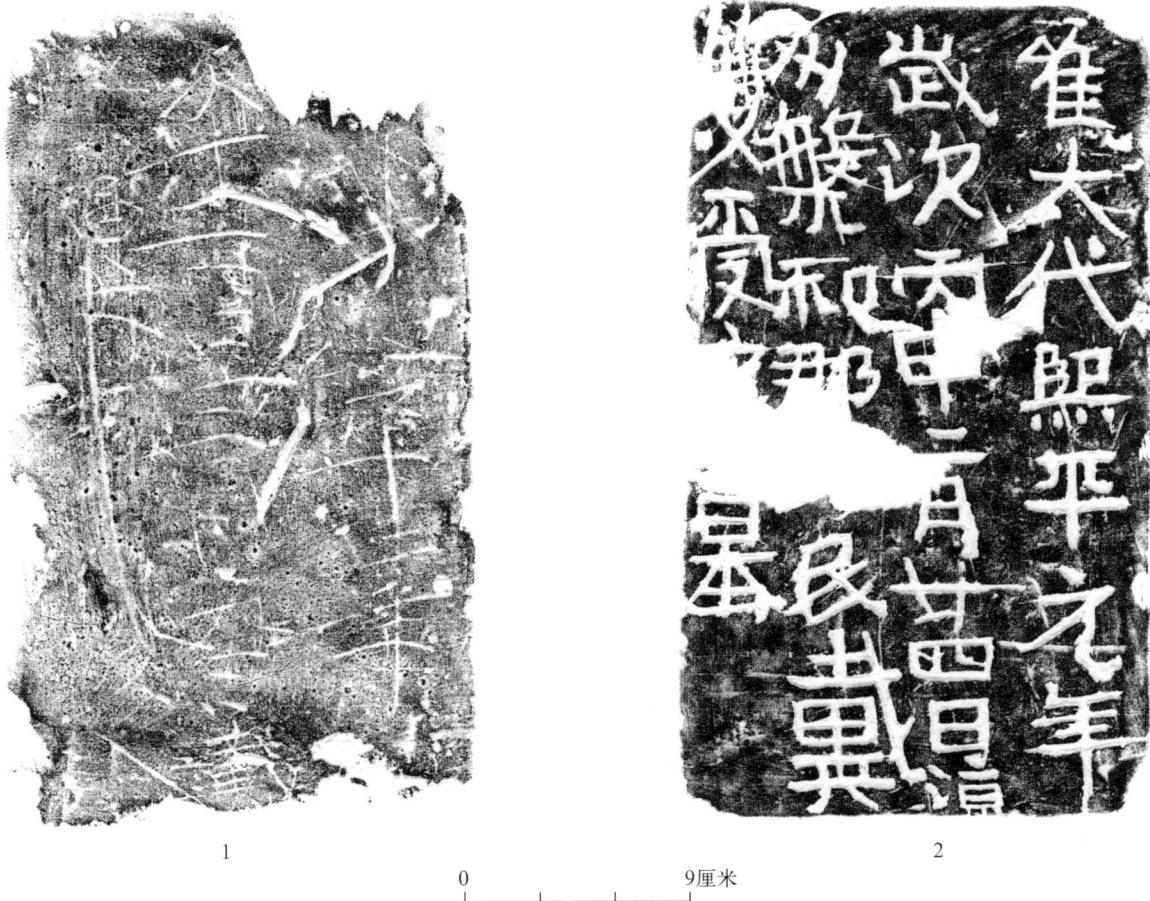

1

0　　　　　　9厘米

2

图一○　墓志砖M3：1拓片

四　2005GYFM4

M4 南距 M5 约 13、东距 M3 约 19 米，三墓之间基本呈倒等腰三角形分布。

（一）墓葬形制

该墓为坐西朝东的单室砖墓，方向 73°。由墓道、甬道、墓室组成，墓葬残长 7.1 米（图一一）。

1.墓道

位于墓葬东端，西接甬道。平面呈长方形，口底同大，斜坡状底。墓道东部已被破坏，水平方向残长 3.5、宽 1.08、斜坡长 3.56 米，坡度 18°，西端距地表 1.1 米，墓道内填五花土，无包含物。

2.甬道

位于墓室东端，平面呈长方形，上部因早年盗掘坍塌，形制不明，长 1.42、宽 0.9、残高 0.9～1.04 米。南北壁以条砖错缝平砌而成，东端开封门，下宽上窄，残高 1.04、宽 0.19～0.4 米，一顺一丁错缝砌筑而成。甬道底部无铺地砖，甬道淤土中夹杂砖块（彩版八，1）。

3.封门

砖砌封门位于甬道东端，下宽上窄，残存 15 层，封门墙分为内外侧，外侧为条砖横向错缝平砌，

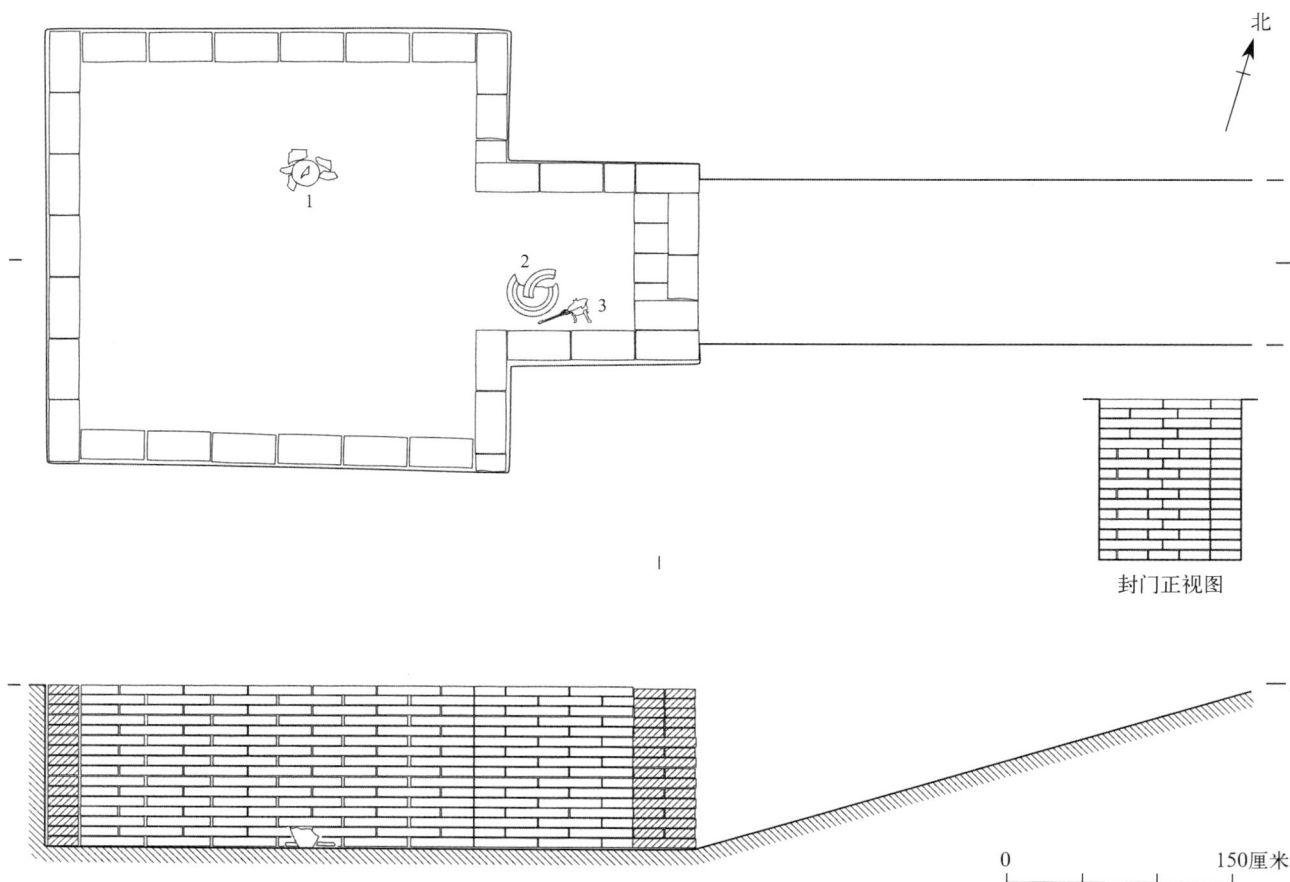

图一一　2005GYFM4平、剖面图
1.陶罐　2.铁镤　3.铜铠

里侧为残砖块顺向错缝平砌，残高 1.04、宽 0.19 ～ 0.4、进深 0.15 米。

4. 墓室

位于墓葬最西端，构筑方法为先挖一方形长 2.95、宽 2.92 米的土圹，然后用条砖砌筑墓室。墓室平面近方形，东西长 2.5、南北宽 2.46 米，四壁以条砖横向错缝平砌，墓顶已毁，据现存状况推断应为四角攒尖顶。四壁残高 0.65 ～ 1.05、壁厚 0.19 米。

（二）葬式葬具

因墓室早年盗扰严重，加之后期进水，葬具及遗骨基本损毁，仅在墓室底部发现少量红色漆皮及腐朽木痕，由此推断当有漆棺（椁）。在墓室中仅发现零星人骨残块，头骨无存，葬式不详。

（三）随葬品出土情况

陶罐（M4：1）1 件出土于墓室中部偏北处。出土时残碎，修复后仍有陶片残缺。铁镢（M4：2）1 件、铜铛（M4：3）1 件，出土于甬道内靠近墓室口。

（四）出土遗物

出土遗物共 3 件，有陶罐、铁镢、铜铛各 1 件。

1. 陶器

陶罐　1 件。

标本 M4：1，泥质灰陶，轮制。侈口，平沿，方厚唇，束颈，溜肩，鼓腹，下腹斜收，平底。颈部、肩腹结合处各饰两周细弦纹，腹部饰以纵向暗条纹，轮制。口径 17.4、腹径 21.6、底径 9.6、高 31.3 厘米（图一二，1；彩版八，2）。

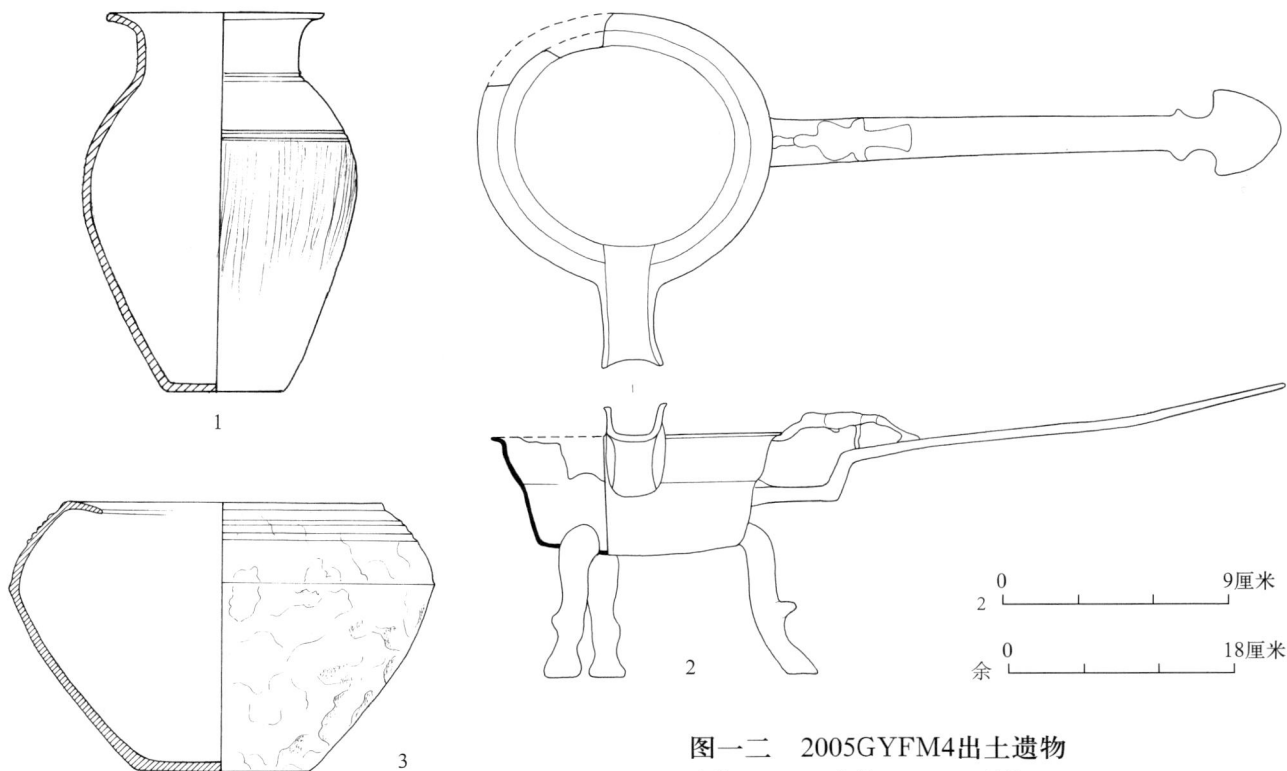

图一二　2005GYFM4出土遗物

1. 陶罐M4：1　2. 铜铛M4：3　3. 铁镢M4：2

2.铜器

铜铛　1件。

标本 M4∶3，铛腹呈深腹钵形，窄折沿外折敞口，沿内壁呈凹面双重沿，边沿斜刹为尖唇，口沿一侧有一凹槽短流，腹壁折沿处焊接一长条形曲折长柄，柄末端呈桃形，身柄相接处防止断裂加固呈鸟首形錾手，腹底等距离三蹄形高足外撇，器斜深腹，束腰，圜底，外底有烟炱痕，应系实用器。通长 31.8、口径 11、柄长 21.6、足高 6.7、高 11 厘米（图一二，2；彩版八，3）。

3.铁器

铁鍑　1件。

标本 M4∶2，铸造而成。敛口，宽沿内斜，方唇，圆肩，鼓腹，下腹斜弧收，平底。肩部饰三周凸棱，肩腹部结合处腰檐一道。口径 25.5、腹径 33.6、底径 13.8、胎壁厚 0.6、高 21.6 厘米（图一二，3；彩版八，4）。

五　2005GYFM5

M5 相距 M4 约 13 米，东邻 M3、M2，与 M3 相距约 19 米，与 M2 相距约 18 米，M5、M2、M3 之间基本呈倒等腰三角形分布。

（一）墓葬形制

M5 为坐西朝东的斜坡墓道单室砖墓，方向 60°。由墓道、甬道、墓室组成，墓葬全长 7.9 米（图一三）。

1.墓道

位于墓葬的东端，西接甬道。墓道东部已被破坏，现存墓道长 3.0、宽 1.0 米，上口与下底同宽，壁面修整光滑，斜坡残长 3.32 米，坡度 20°，最深处残深 1.06 米。墓道内填五花土，土色黄褐，土质较松软，填土内无包含物，墓道内亦无遗物出土。

2.甬道

砖券甬道位于墓室东端，与墓室东墙中部相接，平面呈长方形，甬道底部无铺地砖，砖券顶因盗掘而坍塌，形制不明。甬道底长 1.5、宽 0.9、残高 0.9～1.02 米，南北两侧砖墙残存 14 层，为条砖错缝平砌。甬道内填满淤土和扰土，填土内夹杂大量条砖残块。

3.封门

砖砌封门位于甬道东端，残存 13 层，外侧为条砖横向错缝平砌，封门墙厚约 0.19、面阔 0.85、残高 0.78 米。

4.墓室

位于墓葬西端，用条砖砌筑于方形竖穴土圹内。墓室平面近呈正方形，为砖起券收顶，顶部早年塌毁，结构不详，墓室底部无铺地砖。墓室东西长 3.8、南北宽 3.5 米，四壁砖墙残高 0.6～1.0、厚 0.19 米，为条砖横向错缝平砌。

墓室内填满淤土和扰土，填土内夹杂大量砖残块。

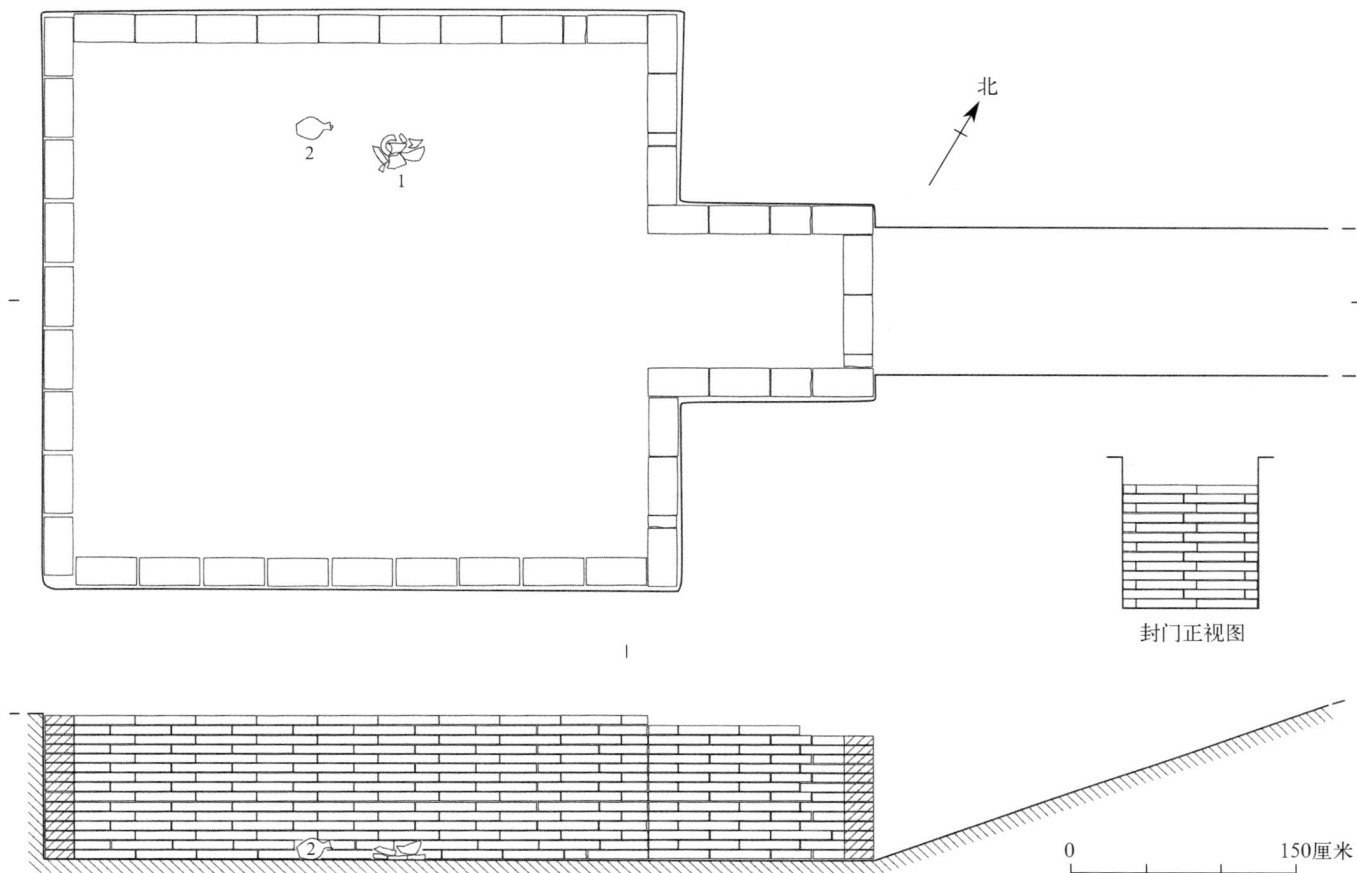

图一三　2005GYFM5平、剖面图
1.陶罐　2.陶壶

（二）葬式葬具

因墓室盗扰严重，加之墓室大量进水，棺椁及人骨已朽无存，仅在墓室填土中发现大量红黑两色漆皮碎片，棺椁及葬式情况不详。

（三）随葬品出土情况

陶罐（M5：1）1件出土于墓室东北部，呈残碎状态，残片散落在该处不同高度的淤土内，修复后仍有少量缺损。陶壶（M5：2）1件出土于墓室底部北侧偏西处，距离墓室北壁0.5、西壁1.5米，置于陶罐西侧。

（四）出土遗物

出土遗物共2件陶器，有陶罐、陶壶各1件。

陶器

陶壶　1件。

标本 M5：2，壶口缺失严重，泥质灰陶，轮制。喇叭状口，平沿，方唇，细长束颈，器体圆鼓呈纺锤形，下腹斜弧收，平底，底部无轮旋切割痕。颈根部饰有一周凸棱，系壶身和颈部以上分别制作后黏接的痕迹，鼓腹处饰两周凹弦纹，颈部以下满饰纵向暗条纹，条纹打破凸棱和弦纹，条纹随意排列，有相交也有重叠。口径 9.6、腹径 16、底径 7.6、高 25 厘米（图一四，1；彩版九，1）。

陶罐　1 件。

标本 M5：1，出土时残碎，修复后有少量残损。泥质灰陶，轮制。敞口，平沿稍外斜，圆厚唇，粗束颈，溜肩，鼓腹，下腹斜弧收，平底，底部无轮旋痕。颈根部饰一周浅细的凹弦纹，肩腹结合处饰三周凹弦纹。肩腹部饰纵向暗条纹，共 46 组，每组四条，四条暗纹在起始时两两连在一起，向下逐渐分开又与旁侧组条纹重叠或相交，弦纹走向随意自然。在罐的上腹部有两组上下对应的钻孔，应为穿绳加固已经开裂破损的陶罐，穿孔位置呈水平状排列，下排孔距略宽于上排，上排孔距 10、下排孔距 12、纵向孔距 2、孔径 0.05 厘米，据此可知陶罐应为实用器。口径 14.5、腹径 20、底径 10.1、高 26 厘米（图一四，2；彩版九，2）。

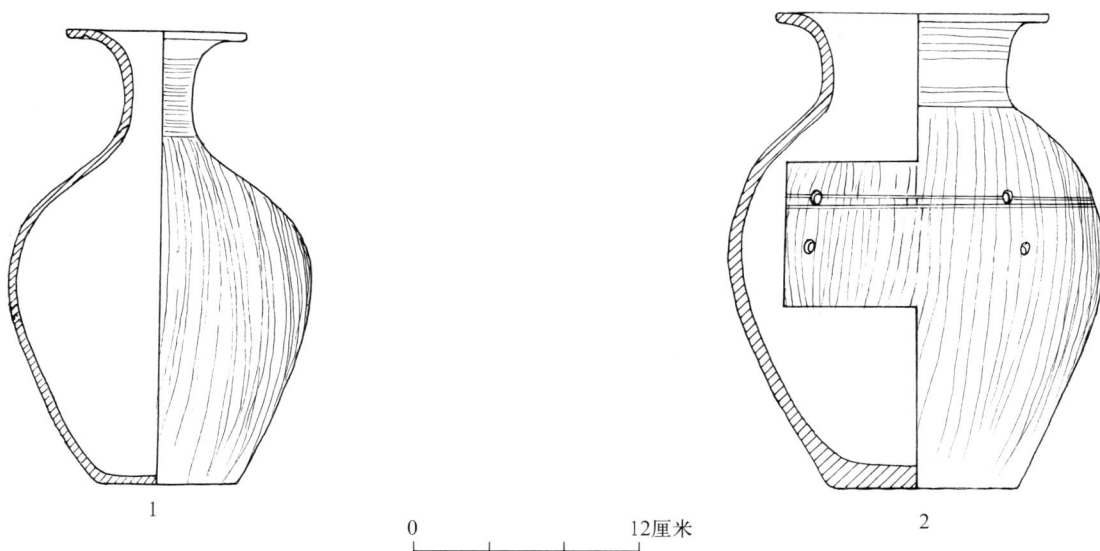

图一四　2005GYFM5出土遗物
1.陶壶M5：2　2.陶罐M5：1

第二节　唐墓

羊坊墓地共发掘清理 5 座唐宋墓。发掘区位于固原职业技术学院西南侧近邻羊坊村地界范围内，在配合新区城市郊区道路开发建设中勘探发现，墓葬分布在振兴街和警民路两侧，振兴街南接福银高速，北连银平公路，东端与警民南路相接。5 座墓编号为 2005GYFM6 ～ M10（图一五）。其中，M6、M7 为唐代直刀把型的斜坡墓道洞室墓，M8 ～ M10 平面呈"日"字形，由竖井墓道和长方形土洞墓室构成的宋代竖穴土洞墓。

一　2005GYFM6

M6 位于振兴街南端东侧，北距 M7 约 92 米。

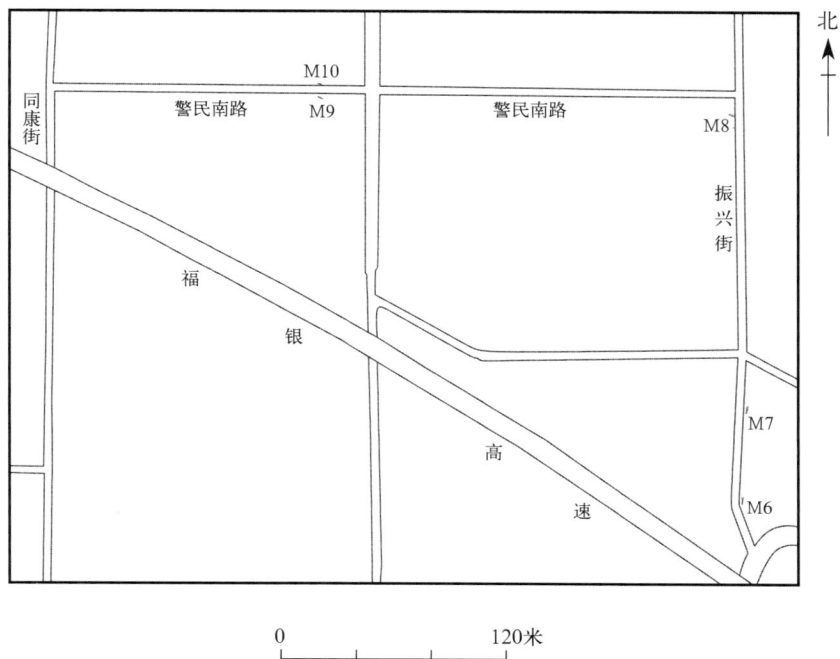

图一五　羊坊墓地唐宋墓葬分布平面图

（一）墓葬形制

M6 为坐北朝南斜坡墓道的洞室墓，墓向 188°。平面形状呈刀形，由墓道、甬道、墓室组成，墓葬全长约 7.9 米（图一六）。

1. 墓道

在墓室甬道南侧。墓葬开口在地表耕土堆积层之下，开口距地表深 1.18～1.48 米，开口平面呈长方形，下口呈南窄北宽的梯形，口小底大，南北水平长 5.0、上口宽 0.56、深 1.16、南端底宽 0.56、深 1.18、北端底宽 0.7、深 3.7 米。底呈斜坡状，坡度 37°，坡长 6.2 米。底距现地表最深 5.2 米。墓道内填黑褐色花土，土质相对较硬，底部填土夹杂少量残砖块。

2. 甬道

在墓室与墓道之间，土洞平顶。平面呈正方形，东西宽 0.7、高 1.5、进深 0.7 米。甬道内填扰土和淤积土。

3. 封门

甬道口处以砖块封堵。因盗扰封门墙已破坏殆尽，仅在甬道口和扰土内发现少量残砖块。砖块残长 18～25、宽 16、厚 6 厘米。

4. 墓室

南北纵向土洞室，平面呈梯形。墓室东壁与甬道、墓道东壁平齐，在一条直线上。东壁长 2.22、西壁长 2.19、南壁宽 1.38、北壁宽 1.16、四壁高约 0.8 米。墓门开在南壁东侧，东西宽 0.8、距西壁 0.7 米。墓顶坍塌，从墓室现存状况推测，应为拱形顶。墓室底距现地表 5.2 米。

该墓早期被盗严重，室内填满扰土和淤积土。

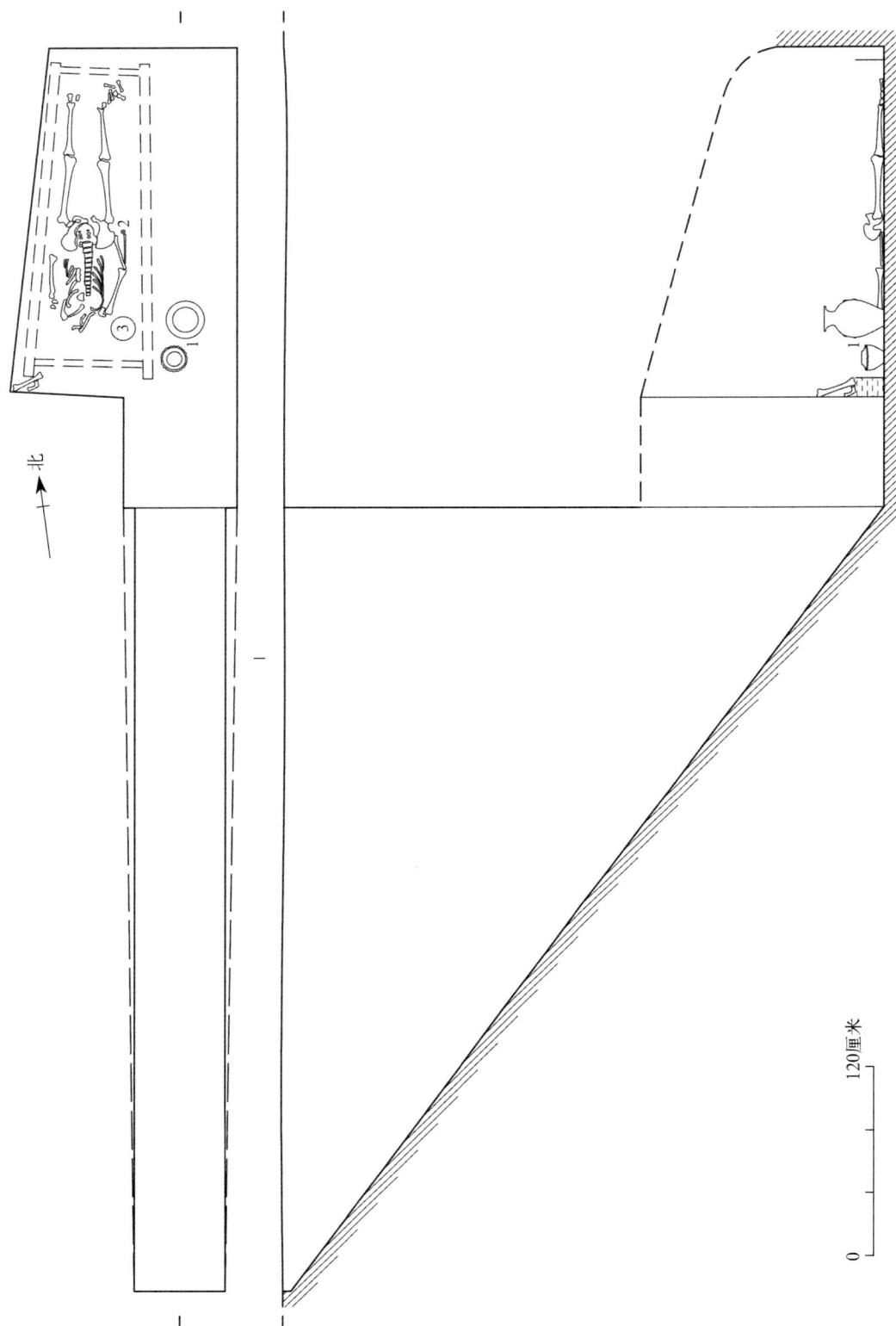

图一六　2005GYFM6平、剖面图
1.双耳罐　2.开元通宝　3.漆器

（二）葬式葬具

墓室中有 1 具南北向的木棺遗迹，棺木紧贴墓室西壁放置，棺头朝南，棺痕南北两端各发现铁棺钉 2 枚，棺钉表面锈蚀，残留有朽木痕，南端的 2 枚较长，圆形钉盖，南端钉长 13.5、钉盖径 2.5 厘米。北端棺钉长 10.5 厘米。棺长 2.0、南端宽 0.8、北端宽 0.6 米，挡板厚 7 厘米。

棺内葬人骨 1 具，保存极差，左肱骨、左肩胛骨和下颌骨被扰至墓室西南角，其他骨骼保存情况尚可，右臂外屈状，两腿自然分开与肩同宽，葬式为仰身直肢葬，但头骨无存，头向不详。肩至脚踝处通长 1.4 米。

（三）随葬品出土情况

遗物均出土于墓室内，1 件双耳陶罐（M6：1）出土于棺外，置放在墓室东北部。1 枚铜钱（M6：2）出土于墓主左手肢骨处，1 件漆器（M6：3）出土于棺内东北角。

（四）出土遗物

出土遗物共 3 件，有陶器、铜钱和漆器。

1. 陶器

双耳罐　1 件。

标本 M6：1，出土时双耳缺失，泥质灰陶，轮制。敞口，宽平沿，方厚唇，细束颈，圆肩，深腹，鼓腹上提，最大腹径位于肩腹结合处，下腹斜弧急收，小平底，底部留有轮旋痕。鼓腹处附两对称环耳，耳已残失，环耳处器壁内凹。肩腹结合处饰一周凹弦纹，弦纹从上部耳根处穿过。颈部和下腹底壁处有因火候过高导致的器胎爆裂现象。口径 15.6、腹径 23.4、底径 10.4、高 36.7 厘米（图一七，1；彩版一〇，1）。

2. 铜器

开元通宝　1 枚。

标本 M6：2，钱文"开元通宝"。面背俱有肉好周郭，"开"上部开口较大，"元"字第一横较短，第二横笔左挑，钱文较模糊，钱文与钱穿连接一起，背面穿上一道月牙，背部穿郭近平。直径 2.4、穿径 0.7、厚 0.15 厘米，重 2.9 克（图一七，2）。

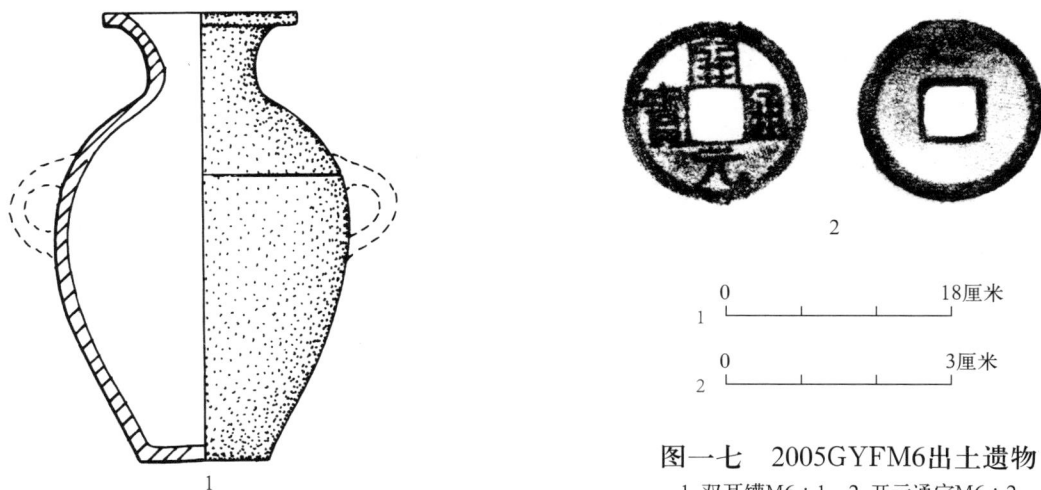

図一七　2005GYFM6出土遗物
1. 双耳罐M6：1　2. 开元通宝M6：2

3.漆器

漆盘　1件。

标本 M6：3，保存极差，无法提取，仅保留了漆皮和器体形状，形似圆盘。直径 15 厘米。

二　2005GYFM7

M7 位于振兴路南段东侧，南邻 M6 约 92 米。

（一）墓葬形制

该墓为坐北朝南的洞室墓，墓向 192°。平面形状呈刀形，由墓道、甬道、墓室组成，墓葬全长约 8.3 米（图一八）。

1.墓道

在墓室甬道南侧。墓葬原开口层位不详，现开口距地表深 2.0 米，开口平面呈南宽北窄的梯形，南端为直壁，以北口小底大，南北水平长 4.9、南端入口处宽 0.8、深 0.76、北端上口宽 0.6、底宽 0.8、深 3.4 米。底呈斜坡状，坡度 28°，坡长 5.5 米。距现地表最深 5.4 米。墓道内填褐色花土，土质相对较硬，夹杂少量木炭颗粒、瓦片等。

2.甬道

在墓室与墓道之间，土洞拱顶。平面近呈方形，东西宽 0.84、高 1.1、进深 0.74 米。甬道内填淤积土。

3.封门

甬道口处以土坯封堵。土坯残留共 8 层，上部土坯塌落，最上层土坯距甬道拱顶 0.42 米，底层土坯下有 0.16 米厚的垫土，封门墙为土坯横向错缝平砌。土坯墙宽 0.84、厚 0.22～0.24、残高 0.68 米。土坯多已残破，完整者长 34、宽 22、厚 4～8 厘米。

4.墓室

南北纵向土洞室，平面呈梯形。墓室东壁与甬道、墓道东壁平齐，在一条直线上。东壁长 2.46、西壁长 2.4、南壁宽 1.56、北壁宽 1.16、四壁残高约 0.9 米。墓门开在南壁东侧，东西宽 0.84、距西壁 0.64 米。墓顶坍塌，从墓室现存状况推测，应为拱形顶。墓室底距现地表 5.4 米。

在墓室东壁与甬道结合部有一壁龛，龛的大部分位于墓室内。壁龛平顶，平面呈长方形。宽 1.0、高 0.7、进深 0.14 米。在壁龛内发现一木器痕迹（M7：4），平面呈方形，木器痕大部分露在外，边长 0.8、残高 0.3 米，板厚 2 厘米，木器痕迹附近未发现铁棺钉，应为榫卯接合，因腐朽严重榫卯结构形制不明。

（二）葬式葬具

墓室中有 1 具南北向的木棺遗迹，棺木紧贴墓室西壁放置，棺头朝南。棺长 1.98、南端宽 0.8、北端宽 0.6 米，前后挡板厚 4、两侧挡板厚 6 厘米。棺痕南端发现铁棺钉 2 枚，北端发现 1 枚，棺钉表面锈蚀，残留有朽木痕，南端棺钉较长，钉盖呈长方形条状，钉长 17、钉盖长 2、宽 0.5 厘米。北端棺钉无钉盖，粗端呈扁铲形，长 13.5 厘米。

棺内葬人骨 1 具，保存较好，葬式为仰身直肢葬，头向南，面向东，嘴紧闭，右臂距离身体较远，

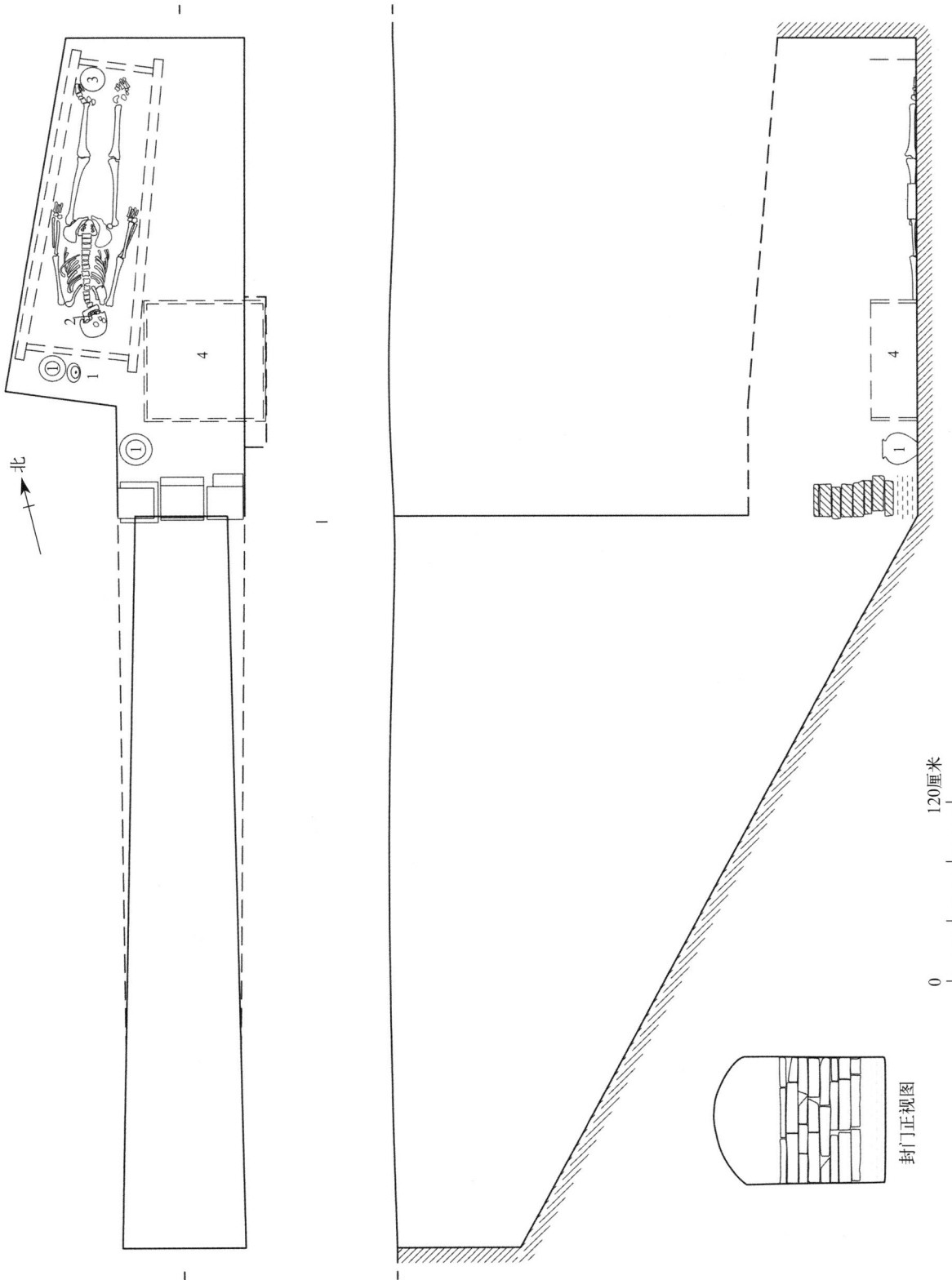

图一八 2005GYFM7平、剖面图
1.塔式罐 2.开元通宝 3.漆器 4.木器

封门正视图

120厘米

北

左臂紧靠身体放置，双脚自然分开，脚尖朝外，人骨长 1.7 米。

（三）随葬品出土情况

清理出土塔式罐 1 套（M7：1），罐身出土于甬道西壁下，器座和器盖出土于棺头挡外侧。1枚开元通宝（M7：2）铜钱含于头骨口中，在人骨脚下置放漆器（盘）1 件（M7：3）。在墓室东壁与甬道结合处设一壁龛，龛内置方形木器 1 件，仅存木灰痕迹。

（四）出土遗物

有陶塔式罐、铜钱、漆器等。

1. 陶器

塔式罐　1 套。

标本 M7：1，空贯式器座呈喇叭口形，中空，顶端残损，座面施红彩，脱落严重。罐口内壁向内凹进，窄沿，沿面弧曲，圆厚唇，短束颈，肩、腹圆鼓，下腹斜急收，平底。圆形伞状盖，盖面作三层台形，盖纽呈尖锥形，子口，内空，盖面三层台面上自上而下施黑、绿、红三色彩绘带。罐口径 12.8、底径 8.8、座底径 16.4、通高 37 厘米（图一九，1）。

2. 铜器

开元通宝　1 枚。

标本 M7：2，钱文"开元通宝"。面背俱有肉好周郭，字体模糊，钱文粗率，穿不甚规整，呈圆角方形，"元"字第一横较短，第二横笔左挑，钱文较模糊，钱文与钱穿连接一起，背部穿

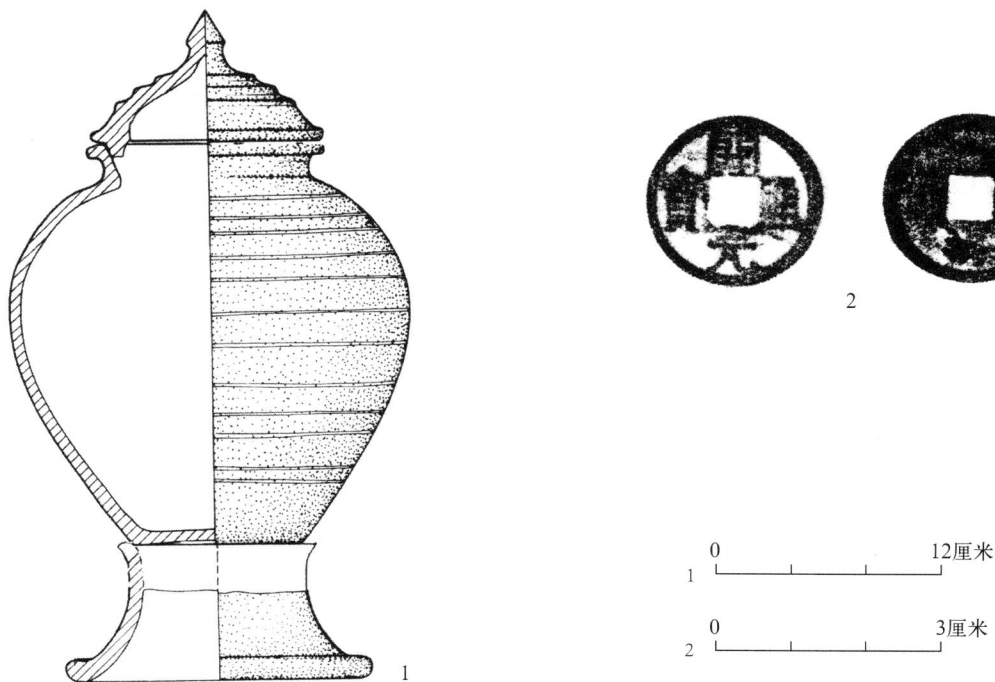

图一九　2005GYFM7出土遗物

1. 塔式罐 M7：1　2. 开元通宝 M7：2

郭近平。直径 2.3、穿径 0.7、厚 0.1 厘米，重 2.7 克（图一九，2）。

3.漆器

漆器　1 件。

标本 M7∶3，仅存黑红相间漆皮残片，形状似圆盘。残损朽蚀严重，无法提取。直径 16 厘米。

第三节　宋墓

一　2005GYFM8

M8 位于振兴路西侧，北距警民南路 18 米。

（一）墓葬形制

该墓为坐西朝东的竖穴墓道土洞墓，方向 109°。平面呈"日"字形，由墓道、封门、墓室组成，墓葬全长 6.3 米（图二〇；彩版一〇，4）。

1.墓道

位于墓葬东端，平面呈长方形，开口层位不明，东西长 3.3、宽 1.2、深 3.7、底距地表 5.7 米，墓道壁面垂直，东西侧壁经过修整，上下口等大，平底。墓道填黄褐色五花土，土质较硬，内含少量木炭颗粒、土坯残块、砖渣等。

2.封门

位于墓室口，部分露于墓道内。封门墙以土坯砌筑而成，封门土坯现存 6 层，底部 4 层土坯侧向丁砌，相邻两层倾斜方向相反，略呈"之"字形，自下向上第 5、6 层土坯横向错缝平砌，封门墙上部塌毁，封门墙宽 1.2、厚 0.24～0.36、残高 1.5 米。土坯长 36、宽 24、厚 7 厘米。土坯封门下方有厚 0.15 米的垫土。

3.墓室

为东西向纵向土洞，平面略呈梯形。墓室东西长 3、南北宽 1.3、高 1.9 米，墓室底距现地表 3.7 米。东壁宽 1.2、西壁宽 1.3、西壁高 1.9 米。墓顶坍塌形制不明，根据墓室东壁上端残存部分推测，墓顶应为弧形顶，拱高约 0.2 米，墓室与墓道底部持平。

墓室填满淤土，底部淤土内夹杂大量从封门墙塌落的土坯残块，从淤土的剖面可知墓室曾多次进水。

（二）葬式葬具

墓室正中东西向放置木棺 1 具，棺木已朽，仅存棺痕，平面呈梯形，木棺痕长 1.85、头端宽 0.57、尾端宽 0.3 米，棺板厚 6 厘米。木棺未见使用铁棺钉迹象，应为榫卯结构，但腐朽严重具体结构不明。棺外一周框架，为左右对称的结构，中间两段束腰，均已腐朽，木框由内外 2 层木条以榫卯套接而成，结合部分呈"井"字形，木框痕通长 2.2、头端宽 1.07、尾端宽 0.8 米，木条厚 4 厘米。木框与木棺之间形成五个相对独立的四边形空间，木棺头挡与足挡外侧的木框均呈梯形，足挡部分长 0.78～0.82、宽 0.37 米，头挡部分长 1～1.07、宽 4.8 米，木棺前挡向外伸出两组木条，每组均有 3 根。

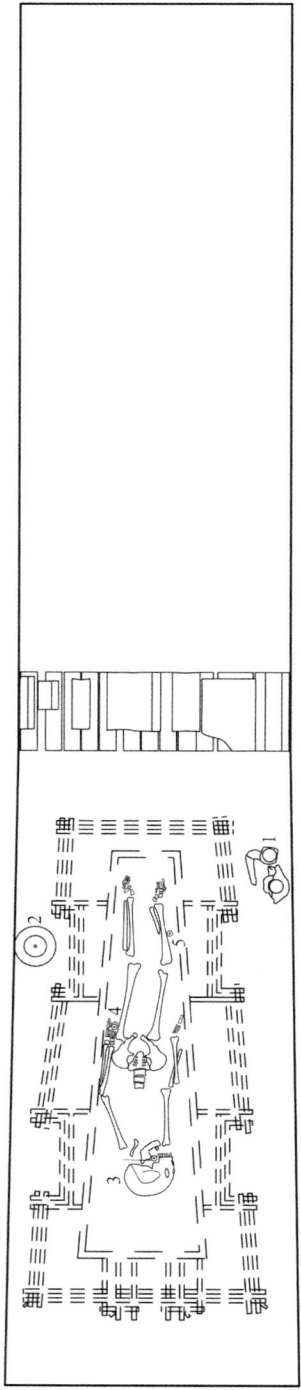

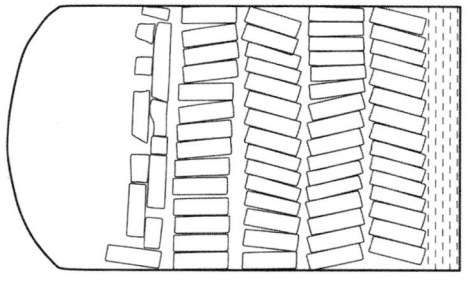

图二〇 2005GYFM8 平、剖面图

1. 彩绘童子俑　2. 塔式罐　3. 铜钱

封门正视图

北

0　　　　150厘米

木棺外带一周木框的这种结构，应与唐庆山寺舍利塔基出土的银椁、唐代泾川大云寺塔基出土的金棺银椁、江苏扬州南唐田氏墓出土的木棺等接近，应属于舍利棺的一种，木棺周围的木框可能为棺外围栏，棺侧挡板束腰之处可能为出入口。头挡处的两组木条，可能与江苏扬州南唐田氏纪年墓木棺类似，为木桥一类的构件。

根据围栏木痕的形状，并综合以上唐、五代相类似的材料进行推测复原。现在围栏在棺一侧的宽度应为围栏原来的高度，四面凹进的部分应为围栏原来开在四面正中的出入口。围栏复原高度约 0.3、四面出入口宽约 0.5 米，与棺之间的间距约 0.1 米。围栏的构造为木条围成长方形格子，接榫方式当是木条和木条缺口之间接合，围栏与底座之间为凸榫纳入凹槽之中。

棺内人骨 1 具，保存较差，肋骨、脊椎骨、手指骨和脚趾骨均腐朽，头骨和肢骨尚存，仰身直肢，头向西，面向南，双臂置于体侧，双脚自然分开与肩同宽，骨架长 1.45 米。头骨靠近棺南侧，肘关节、膝关节等处外屈，这些现象可能是由于墓室多次大量进水造成的。

（三）随葬品出土情况

墓室南壁东端淤土内出土童子俑（M8：1）1 件，距离墓室底 0.3 米，俑下方淤土中残存朽木痕迹，出土时俑身紧靠墓室南，俑头及右臂残断，俑头朝下置于地上，脖颈处和俑身作有固定头部的卯眼，卯眼直径 6 厘米。陶俑原应置于木质底座之上。墓室北壁东端底部淤土内出土 1 件塔式罐（M8：2），紧靠墓室北壁放置，出土时罐盖顶端朝下盖在罐口之内。整器为三部分组合而成，三者之间结合并不紧密。

出土铜钱 3 枚，1 枚（M8：3）出土于头骨口中，1 枚（M8：4）出土于左腿股骨上端外侧，另 1 枚（M8：5）出土于右股骨中间外侧。

（四）出土遗物

有塔式罐 1 套、彩绘童子俑 1 件、铜钱 3 枚。

1.陶器

有彩绘童子俑 1 件，塔式罐 1 套。

塔式罐　1 套。

标本 M8：2，出土于墓室北壁东端底部淤土内，紧靠墓室北壁正置，出土时罐盖顶端朝下盖在罐口之内。整器为三部分组合而成，之间套合并不紧密，所以该器当是原位置摆放。整器陶胎为泥质灰陶，由盖、体、座三部分组成，均为泥质灰陶，圆锥形盖，宽沿，边缘处略微上翘，子口，圆锥形盖纽饰有四周较宽深的凹线纹，中空，轮制。中部罐体，侈口，圆唇，短颈，斜肩，鼓腹，腹下部及平底置于下方底座之内，罐肩腹结合处堆塑一周波浪状花边纹。下部为腰鼓形底座，承托罐身，底座下部呈喇叭状，中部束腰呈陀螺状，上部呈直口漏斗状，方唇，沿下及折腹处各饰一周与罐体相同的花边纹饰。盖径 10、高 5 厘米，罐口径 9、腹径 19、底径 8.5、高 16.5 厘米，座口径 15、底径 14.5、高 22.2 厘米，通高 40 厘米（图二一，1；彩版一一，1）。

彩绘童子俑　1 件。

标本 M8：1，红胶泥质地烧制而成，模制中空，质地坚硬，底有透气孔，周身施白色化妆土，外衣着红彩。为一童子正面端坐，呈蹲坐状，双手上举与肩平齐，手掌张开作托举状，双腿盘屈，右腿着地平行弯曲，左腿斜屈，与左肘相抵，脚尖向外，足穿翘尖软靴。童子像形体写实，面部圆润，

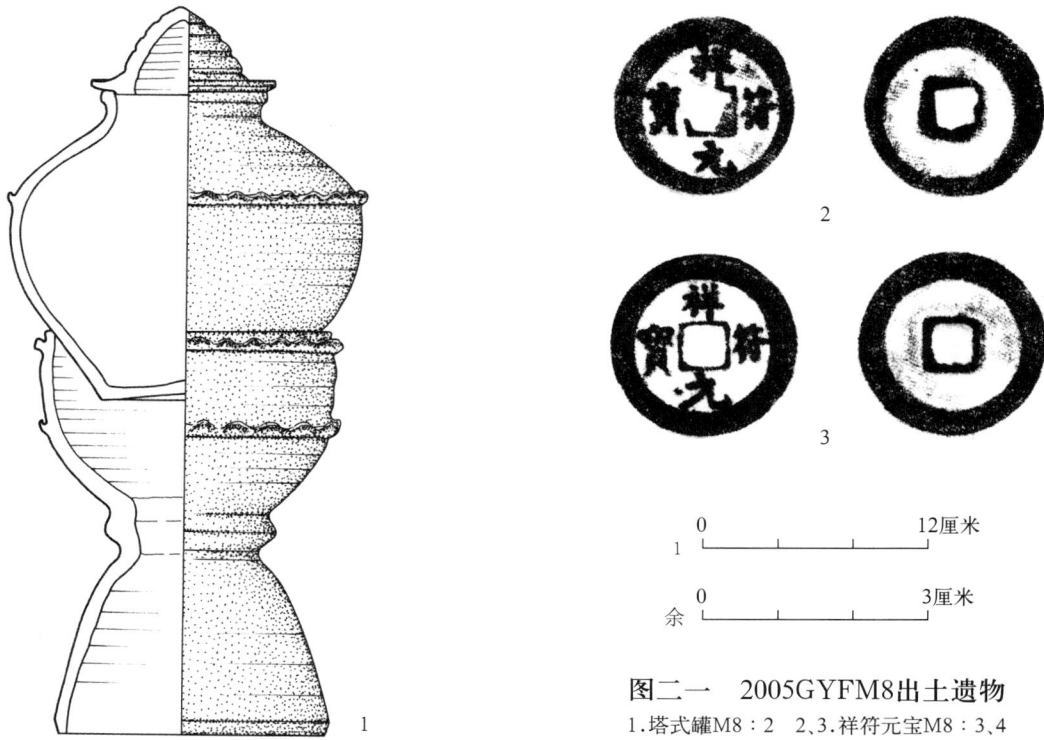

图二一　2005GYFM8出土遗物
1.塔式罐M8：2　2、3.祥符元宝M8：3、4

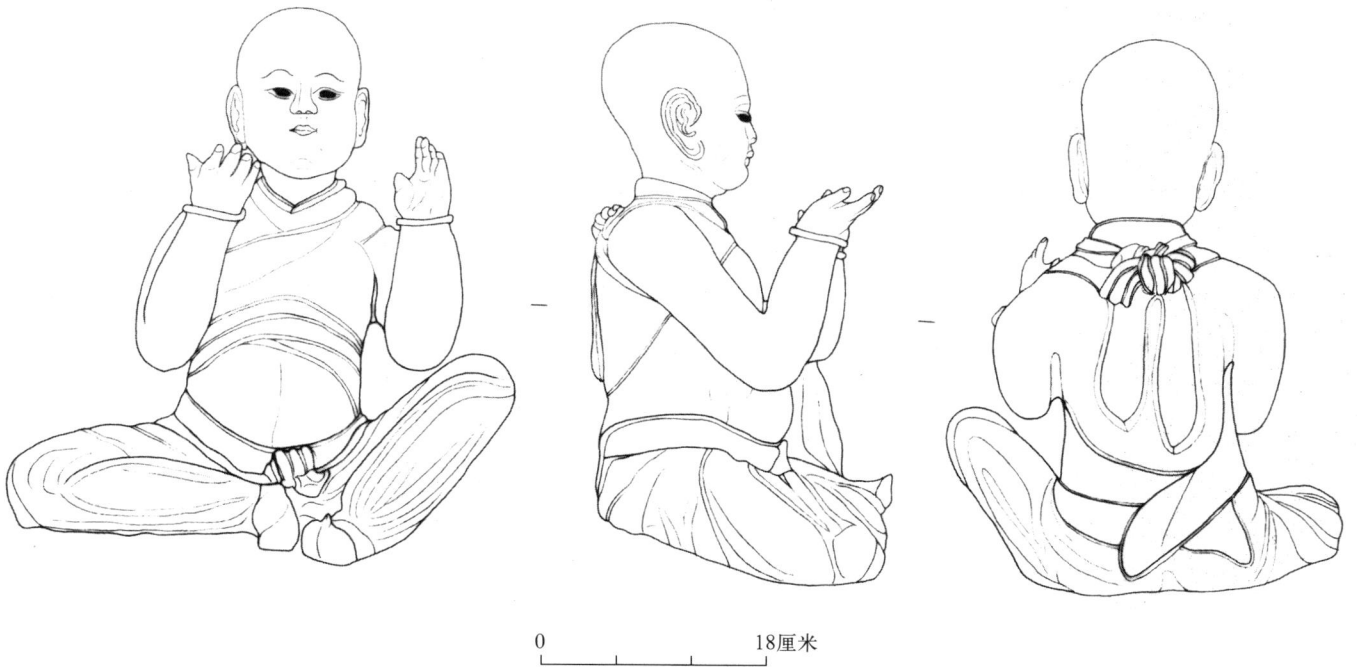

图二二　彩绘童子俑M8：1

直鼻，小口，大耳，黑彩绘眉眼，红彩点唇，眼微眯，神色清秀，双腕戴镯，衣服露臂，肚子隆鼓，堆起形成衣褶，光头，后脑隆起，内穿无袖交领紧身衣，外着红色护肚，护肚上部两条系带向后颈部做成蝴蝶结，飘带及腰，护肚下部两条系带向腰后交接，下身衣裤褶皱粗深，腰系活结宽带。通高 46 厘米（图二二；彩版一一，2、3）。

2. 铜器

祥符元宝　3 枚。

标本 M8:3，出土于头骨口中。圆形方孔，正背面均有郭。直径 2.4、穿径 0.7、郭宽 0.1～0.4 厘米，重 3.1 克（图二一，2；彩版一○，2、3）。

标本 M8:4，出土于左腿股骨上端外侧。直径 2.5、穿径 0.7、郭宽 0.3～0.4 厘米，重 4.3 克。

标本 M8:5，出土于右股骨中间外侧。直径 2.5、穿径 0.6、郭宽 0.3～0.4 厘米，重 3 克（图二一，3）。

二　2005GYFM9

M9 位于警民南路西段南侧，北邻 M10 约 14 米。

（一）墓葬形制

该墓为坐西朝东的竖穴墓道土洞墓，墓向 110°。平面形状呈"日"字形，由墓道、封门和墓室组成，墓葬全长 5.4 米（图二三）。

1. 墓道

位于墓室东端。开口于基坑内，距现地表 2.0 米左右。开口平面呈长方形，东西长 2.8、南北宽 0.84 米。墓道两侧壁面平直，上下底同宽，平底，距现地表深 5.3 米。墓道填土为褐色花土，土质较硬。

2. 封门

墓室口以土坯封堵，土坯侧向丁砌，均向右侧倾斜，现存 3 层。封门墙与墓室口等宽，南北宽 0.8、残高 0.9、厚 0.34 米，封门顶上端高约 0.2 米的土坯塌落。封门所用土坯长 35、宽 32、厚 7 厘米。

3. 墓室

为东西方向的纵向土洞室，拱形顶，平面略呈梯形。墓室长 2.6、宽 0.80～0.88、高 1.0 米，拱形部分残高 0.2 米，墓门与墓道同宽，墓室底与墓道底部相平。

室内积满淤土和由墓顶塌落的少量生土块。

（二）葬式葬具

在墓室正中偏南侧东西向置放 1 具木棺，木棺已朽，棺脚挡紧靠墓室封门，根据朽痕测量得知棺长 1.94、头挡宽 0.61、足挡宽 0.38 米，棺板厚 2 厘米，由于棺木在未朽塌之前其周侧就已填满淤土，在清理棺内淤土时，能清楚地看到残留在淤土上的棺木痕迹，木棺痕高 0.5 米。在木棺东端发现铁棺钉 2 枚，锈蚀严重，钉体较细，钉盖呈横长方形，长 8.2、最粗短直径 0.5、盖长 1.2 厘米，棺的其他部位由于腐朽严重木板的连接方式不明。

棺内人骨 1 具，保存较好，仰身直肢，头向西，面朝上，头骨略向北侧，双手置于腹部，双脚自然分开，脚尖朝里。头顶距棺头挡 26.5 厘米，骨架长 1.56 米。

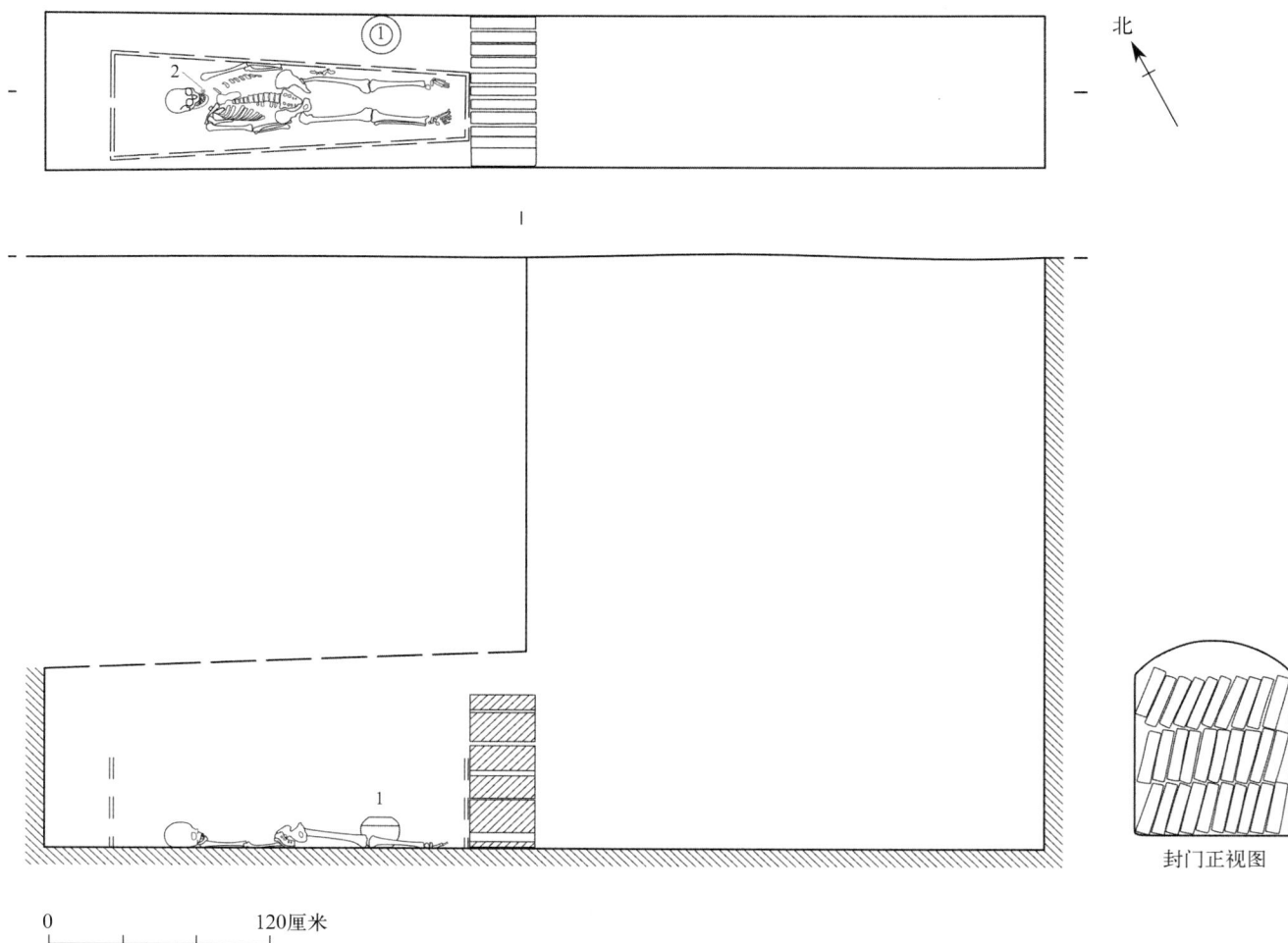

图二三　　2005GYFM9平、剖面图
1.陶盒　2.铜钱

（三）出土遗物

有陶盒 1 件、铜钱 1 枚。

1.陶器

陶盒　1 件。

标本 M9：1，出土于墓室北壁东端。泥质灰陶，轮制。钵形盖，盖顶平展，饰一周凹弦纹。盒为子母口，深腹，腹壁弧收，饰六道凹弦纹，平底，底边缘略高，留有同心圆旋削痕，器表素光呈灰黑相间。口径 17.5、腹径 20、底径 11.5、通高 16 厘米（图二四，1；彩版一二，1）。

2.铜器

祥符通宝　1 枚。

标本 M9：2，出土在墓主下颌骨旁侧。应为口琀，钱文"祥符通宝"。直径 2.5、穿径 0.7、郭宽 0.3 厘米，重 4.1 克（图二四，2；彩版一二，2、3）。

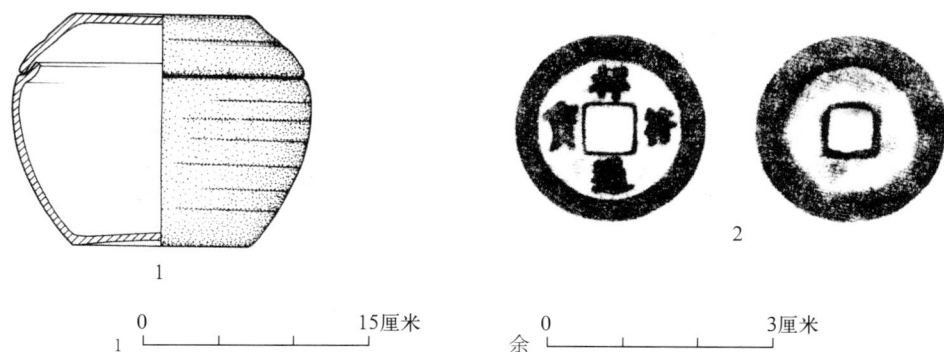

图二四 2005GYFM9出土遗物
1.陶盒M9：1 2.祥符通宝M9：2

三 2005GYFM10

M10位于警民南路西段的路北侧，南邻M9约14米。

（一）墓葬形制

M10为坐西朝东的竖穴墓道土洞墓，墓向100°。平面呈"日"字形，由墓道和墓室组成，墓葬全长4.1米（图二五）。

1.墓道

位于墓室东端，平面呈长方形，长2.24、宽0.68、深2.76米。墓道壁面垂直，经过修整较平滑，墓道平底，距现地表4.76米，墓道内填五花土，土质相对较硬，无包含物。

2.墓室

位于墓道西端，土洞拱顶，洞顶前高后低。墓室平面呈长方形，长1.86、宽0.7、洞高0.66～0.76、直壁高0.66米，墓室底与墓道底持平，距现地表4.76米。墓室四壁垂直，壁面平整。

室内填满淤土，土质较硬。未发现封门痕迹。

（二）葬式葬具

墓室正中葬木棺1具，棺木已朽，仅存棺痕，棺内人骨1具，保存较好。仰身直肢，头向西，面朝南，下颌骨脱落，双手置于小腹之上，因墓室进水，部分脚骨扰动至盆骨。骨架长约1.7米。

棺木伸出墓室东端0.26米，前挡距墓室后壁约0.15米，棺痕平面呈梯形，仅在棺木残迹东端发现铁棺钉1枚，钉体短小，弯曲成弧拱形，表面锈蚀，钉长7厘米，钉盖不明显，棺其他部位可能为榫卯结构，但因腐朽严重，榫卯形制不明。棺长1.96、棺内径长1.76、前挡宽0.44、脚挡宽0.25米，侧挡板痕厚4、前挡板痕厚8、脚挡板痕厚2厘米。

（三）随葬品出土情况

墓道中出土有双耳罐和白瓷碗。陶罐（M10：1）出土在墓道底部北壁之下，距墓室口0.46米，出土时罐口内盛有1件白瓷碗（M10：2）反扣在底。罐器口朝向墓道北壁，并紧贴墓壁。由于墓道填土未经扰动，故器物为原位放置。铁棺钉1枚出土于木棺足挡外侧。

（四）出土遗物

有双耳罐1件、白瓷碗1件、铁棺钉1枚。

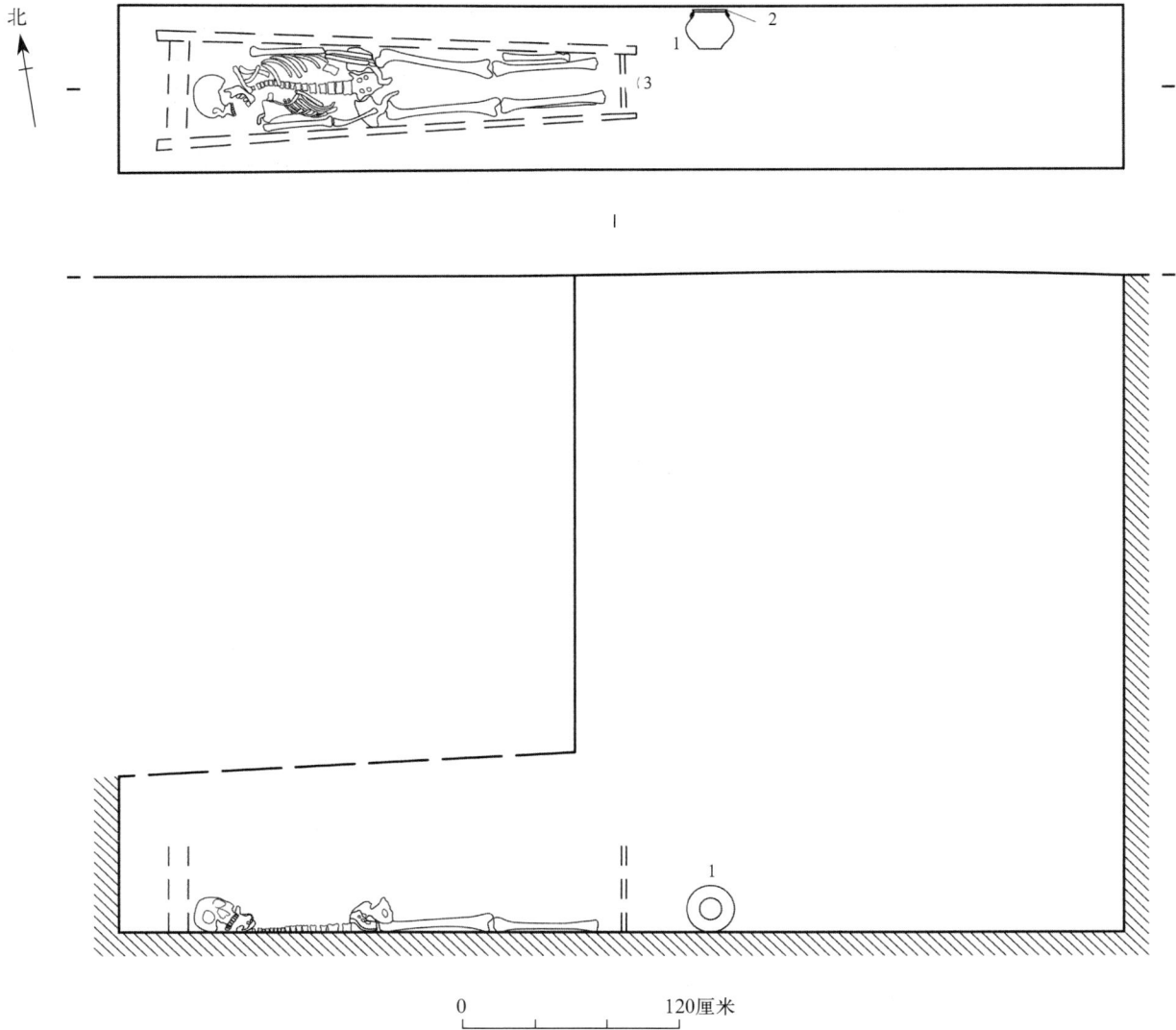

图二五　2005GYFM10平、剖面图
1.双耳罐　2.白瓷碗　3.铁棺钉

1.陶器

双耳罐　1件。

标本 M10：1，泥质灰陶，轮制，环系手制。敞口，折沿，尖唇，短束颈，斜肩，鼓腹，腹下部斜急收，平底略内凹，底边缘处略高，留有一周旋削痕。沿下至肩上部纵向附两对称的扁环状复系耳，环系正面凸起四道尖棱。器表光滑，胎色灰黑，颈下部与环系高度同宽饰有一周竖向暗条纹，纹饰极为浅显。器腹壁不十分平整，表面呈压光的弦带状。口径 14.4、腹径 18.4、底径 9.7、高 15.2 厘米（图二六，1；彩版一二，4）。

2.瓷器

白瓷碗　1件。

标本 M10：2，出土时盖在双耳罐（M10：1）之内。口部略残，器形不规整，呈扁圆形。敞口，口沿部向外翻折，尖圆唇，斜弧腹，圈足，足壁略外撇，足跟平。褐胎，胎色略泛灰，白釉，釉色不匀，沿下有铁锈色状斑点，下腹部积釉，满釉，足底露胎，露胎处施有褐色釉斑。足跟部和腹外壁上部留有支钉痕。口径 14、足径 5.0、高 5.6 厘米（图二六，2；彩版一二，5）。

3.铁器

铁棺钉　1 枚。

标本 M10：3，长方形钉帽，锥形钉身弯向一侧，钉身横截面长方形，表面黏附横向棺木痕迹。钉长 6.5、钉身直径 0.8 厘米（图二六，3）。

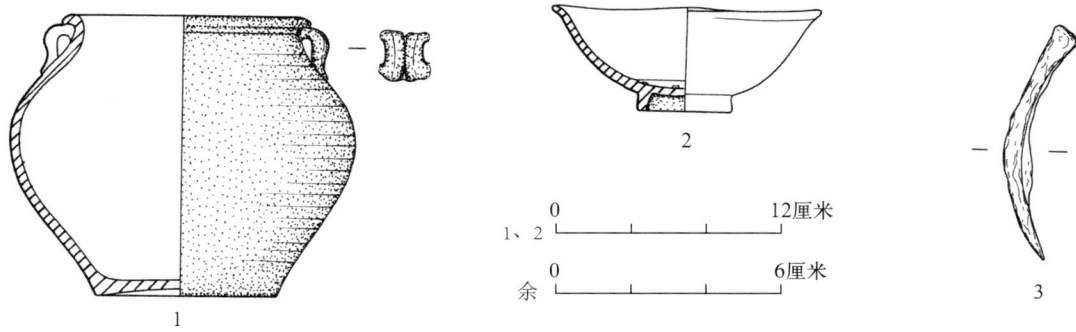

图二六　2005GYFM10出土遗物
1.双耳罐M10：1　2.白瓷碗M10：2　3.铁棺钉M10：3

第三章　杨家庄墓地

杨家庄墓地位于南塬西北侧，分布在杨家庄村北的农田中。墓地所处地势较为平坦，局部稍有起伏，被村民因势利导修整成阶梯状。墓葬基本处于两个阶梯中耕地中。地理坐标为北纬 35°58′36.05″、东经 106°13′16.45″，高程 1854 米左右（图二七）。

共发掘清理墓葬 15 座，其中汉墓 12 座（M1 ~ M3、M5 ~ M8、M11 ~ M15），明墓 3 座（M4、M9、M10）。汉墓根据墓葬形制及出土器物分为西汉墓和东汉墓，其中西汉墓 7 座（M1 ~ M3、M5、M6、M11、M12），东汉墓 5 座（M7、M8、M13 ~ M15）。斜坡墓道土洞墓有 7 座，为 M1 ~ M3、M5、M8、M13、M15；斜坡墓道土坑墓 1 座为 M7；斜坡墓道砖室墓 1 座为 M14；斜坡墓道土洞墓带 1 天井一座 M6；竖穴土坑洞室墓 4 座，为 M4、M10、M11、M12；竖穴土坑

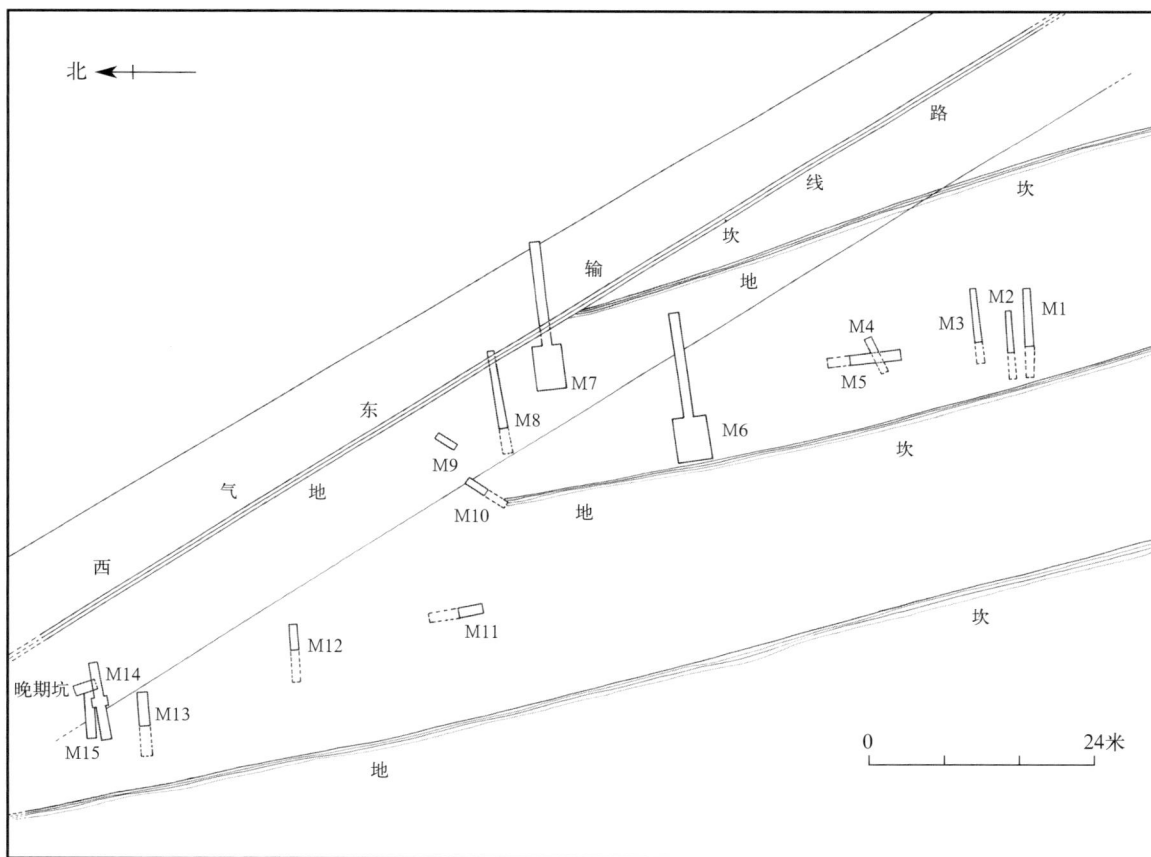

图二七　杨家庄墓地墓葬分布平面图

墓 1 座为 M9。墓葬均为单人葬，未见合葬墓。

墓上原来或有封土，但经过多年耕作已不存。墓葬开口距离地表 0.4 ～ 0.6 米。

第一节　西汉墓

西汉墓共 7 座，编号为 2009GYM1 ～ M3、M5、M6、M11、M12。

一　2009GYM1

M1 位于杨家庄墓地南侧，北侧紧邻 M2、M3。

（一）墓葬形制

M1 为长斜坡土洞墓，由墓道、甬道、墓室组成，打破生土（图二八）。

1. 墓道

位于墓室东侧，平面基本呈长方形，全长 6.7、宽 0.7 ～ 0.8 米。墓道为长斜坡，东高西低，倾斜度为 30°，东侧深 0.7、西侧近墓室处深 2.9 米。墓道壁面较直，底部较为斜直。未发现工具痕迹。

2. 甬道

位于墓道和墓室之间，整体向南侧稍偏。南侧向南内进 0.3、北侧向南内收 0.2 米形成前室。甬道宽 0.9、高 1.10、进深 0.8 米。甬道主要用于放置随葬品，出土有 6 件陶罐。

3. 墓室

墓室形状近长方形，长 2.1、东侧宽 0.7、西侧宽 0.8、高 1.2 米。墓室底面比甬道底面低 0.1 米。墓室南壁与墓道相齐为一条线，北壁则向南内收 10 厘米。因南壁严重塌方，墓壁不太明显，西、北两壁较为明显，较直。墓室顶部呈穹隆拱顶。

（二）葬式葬具

墓室内发现棺木 1 具，腐朽严重，仅存痕迹。棺长 1.8、宽 0.5 米，高度不详。

在棺内发现人骨架 1 具，严重腐朽，仅存部分头骨。从腐朽的骨架痕迹看，应为单人仰身直肢葬，头向朝东。墓室内未发现其他遗物。

（三）随葬品出土情况

随葬品为 6 件陶罐，均出土于甬道内，未被盗扰，基本位于原地。

陶罐（M1：1）出土于甬道北侧中部，器型较大，出土时口部向上，稍向北侧倾斜。单耳陶罐（M1：2）出土于甬道中部偏西，口部向上，稍向南侧倾斜。陶罐（M1：3、4）位于甬道西南角近墓室口部，出土时均为倒置，口部朝向西侧。陶罐（M1：5）出土于甬道西侧，口部朝上。陶罐（M1：6）位于甬道东南角，口部朝上，稍向南倾斜。

（四）出土遗物

有陶罐 6 件。其中单耳罐 1 件，陶罐 5 件，均为泥质灰陶。器型大小不一。

北

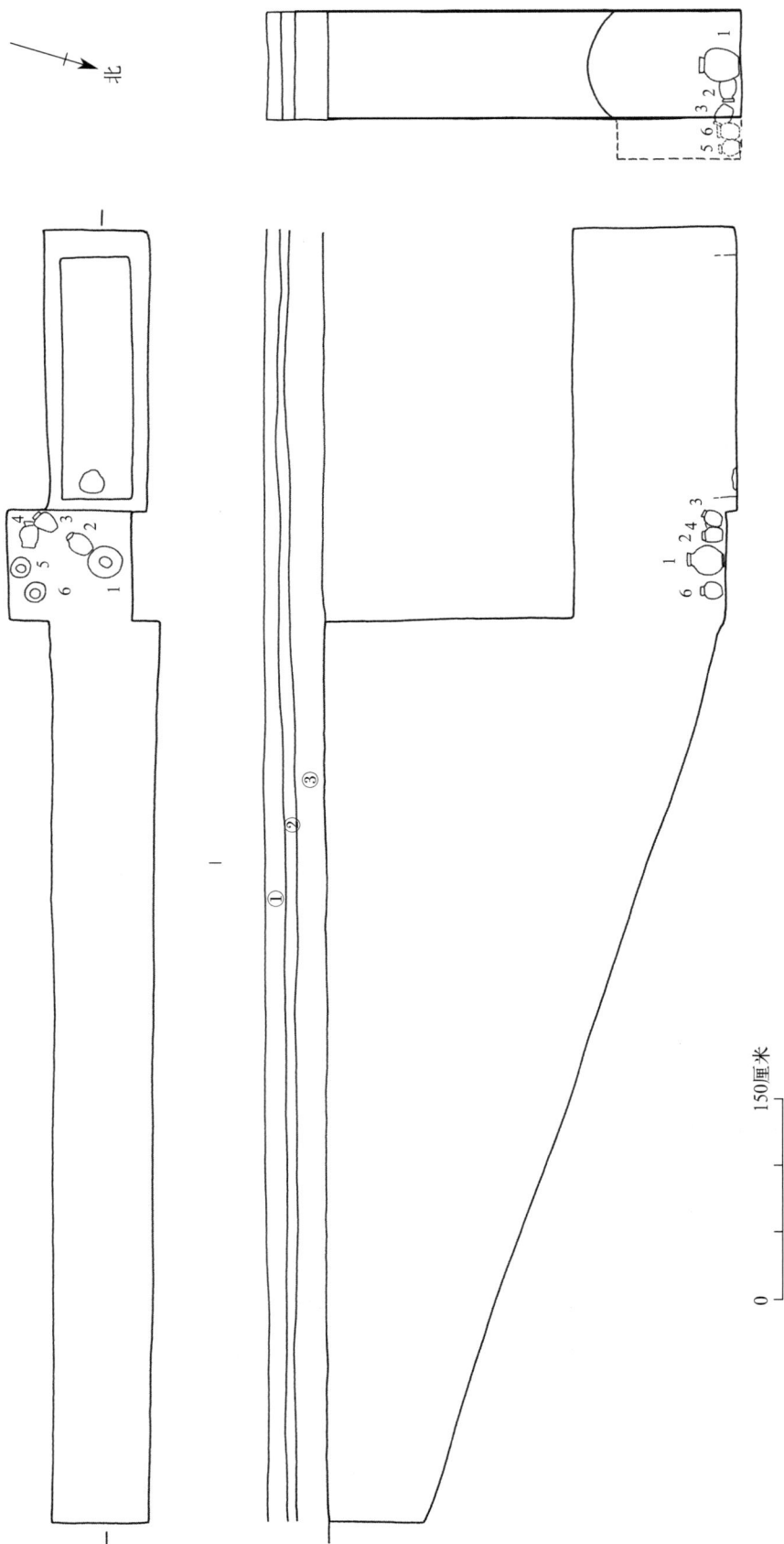

图二八　2009GYM1平、剖面图

1、3～6.陶罐　2.单耳罐

0　　　　　　　　150厘米

陶器

单耳罐　1件。

标本 M1：2，夹砂灰陶。侈口，圆唇，束颈，鼓腹，平底稍内凹。器身有烟炱痕迹。口径 10、底径 7.8、高 13.5 厘米（图二九，1）。

陶罐　1件。

标本 M1：1，器型较大，器身修长。喇叭口，小平沿，方唇，束颈，圆腹，小平底稍内凹。器身上腹似有轮制形成的弦纹，下腹素面。口径 11.2、底径 9.6、高 27.4 厘米（图二九，2）。

陶罐　4件。器型较小，喇叭口，束颈，圆腹，平底。

标本 M1：3，罐底有切割形成的圆环纹饰。口径 10、底径 7.2、高 17.2 厘米（图二九，3）。

标本 M1：4，罐底有切割形成的圆环纹饰。口径 9.2、底径 7.4、高 15.4 厘米（图二九，4）。

标本 M1：5，器身有轮制形成的弦纹，罐底有切割形成的圆环纹饰。口径 9.4、底径 7.8、高 15.7 厘米（图二九，5）。

标本 M1：6，罐底有切割形成的圆环纹饰。口径 9.8、底径 7.8、高 16.5 厘米（图二九，6）。

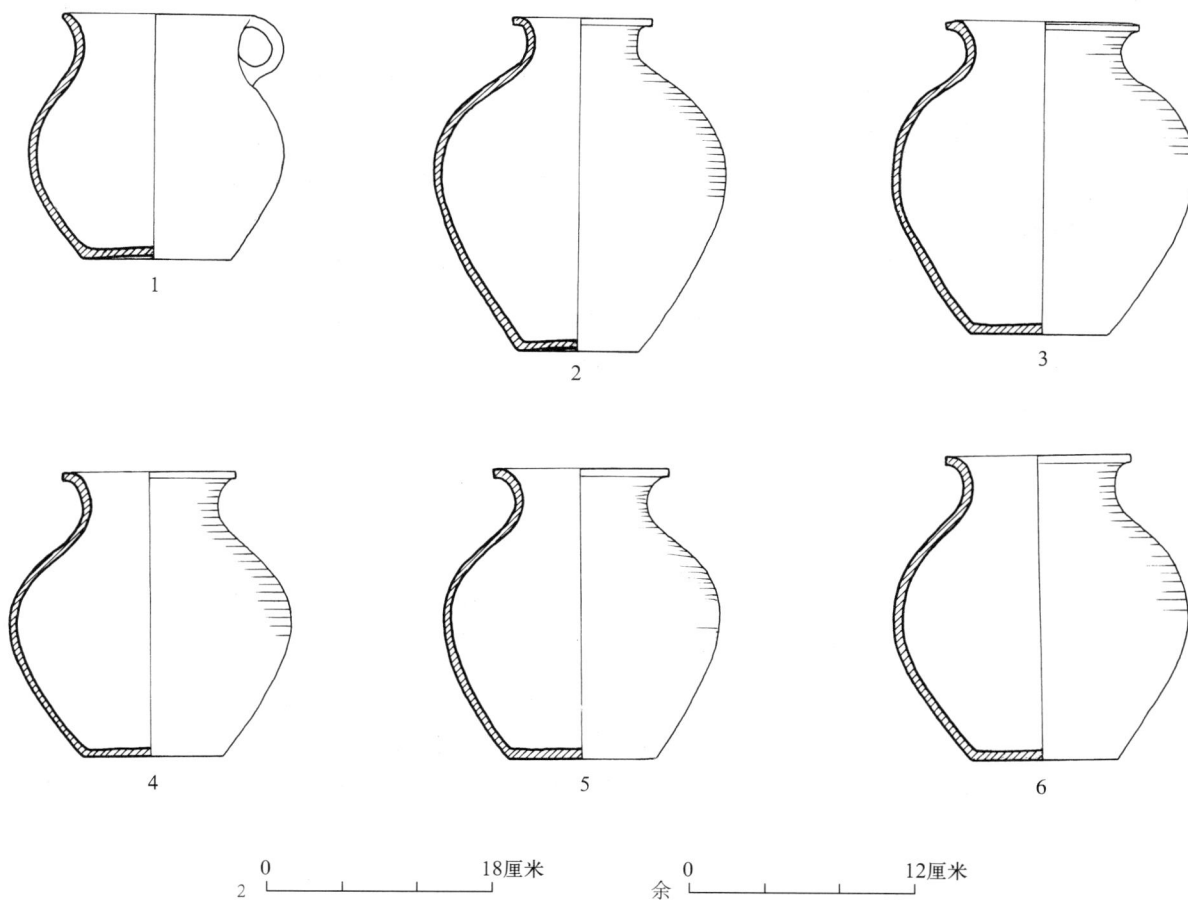

图二九　2009GYM1出土遗物

1.单耳罐M1：2　2～5.陶罐M1：1,3～6

二　2009GYM2

M2 位于杨家庄墓地南侧，南侧紧邻 M1，北侧紧邻 M3。

（一）墓葬形制

M2 为长斜坡墓道土洞墓，墓向 89°。由墓道和墓室组成（图三〇）。

1. 墓道

口小底略大，呈长方形，斜坡状，两壁较直，底斜平。墓道长 5.1、前宽 0.8、后宽 0.84、墓道前端深 0.7 米，直下后呈斜坡状，坡度 15°。坡道近墓室部分距开口 2 米，开口距地表 0.5 米左右，开口线较平，近乎一条水平线，墓底前低后高，底距地表 2.5 米左右。墓道内的填土较硬，为黄色浅灰的五花土，含少量的木炭粒和料姜石碎块。

2. 墓室

两壁较直，高 0.8、拱高 0.2 米，土洞前宽 0.6、后宽 0.8、长 2.7 米。顶部由于水浸而部分地方塌方。在墓室口放置有陪葬陶罐及羊肩胛骨及肋骨，陶罐（M2∶4）内残留有羊头骨。

（二）葬式葬具

墓室内有单棺，棺前距洞口 0.4、后距后壁 0.5 米，位于土洞的中部，棺长 1.8、宽 0.50～0.56、残存高度 0.01 米。

人骨架较为完整，为仰身直肢葬。头朝东，面向北，由于塌方使头骨与下颚脱离。

（三）随葬品出土情况

随葬品均出土于墓室内，棺外靠近墓道处，分别位于墓室南北两侧。棺外和陶器之间陪葬有兽骨。墓葬未经盗扰，随葬品原地摆放。

墓室北侧放置有 3 个陶罐，陶罐（M2∶1）器型较大，出土时口部朝上，口部微残。陶罐（M2∶3、4）器型稍小，出土时口部朝上。墓室南侧放置陶罐 1 个，陶罐（M2∶2）较陶罐（M2∶1）稍小，出土时口部朝上。在陶罐（M2∶2）西侧和棺木之间放置有随葬的兽骨。

（四）出土遗物

出土陶罐 4 件。

陶器

陶罐　4 件。

标本 M2∶1，泥质灰陶。侈口，小平沿，沿上有一周浅槽，方唇，束颈，鼓腹，小平底。器身有轮制形成的弦纹。口径 11、底径 10、高 28.6 厘米（图三一，1）。

标本 M2∶2，泥质灰陶。侈口，圆唇，束颈，鼓腹，平底。器身有泥条盘筑时留下的痕迹，罐底有切割形成的圆环纹饰。口径 10、底径 9.8、高 21.3 厘米（图三一，2）。

标本 M2∶3，泥质灰陶。侈口，方唇，唇上有一周凹槽，束颈，鼓腹，平底。口径 8.8、底径 9.2、高 18.7 厘米（图三一，3）。

标本 M2∶4，泥质灰陶。侈口，方唇，平沿稍卷，束颈，鼓腹，平底。器身上腹有制作后刮抹形成的弦纹。口径 9、底径 9.2、高 13.2 厘米（图三一，4）。

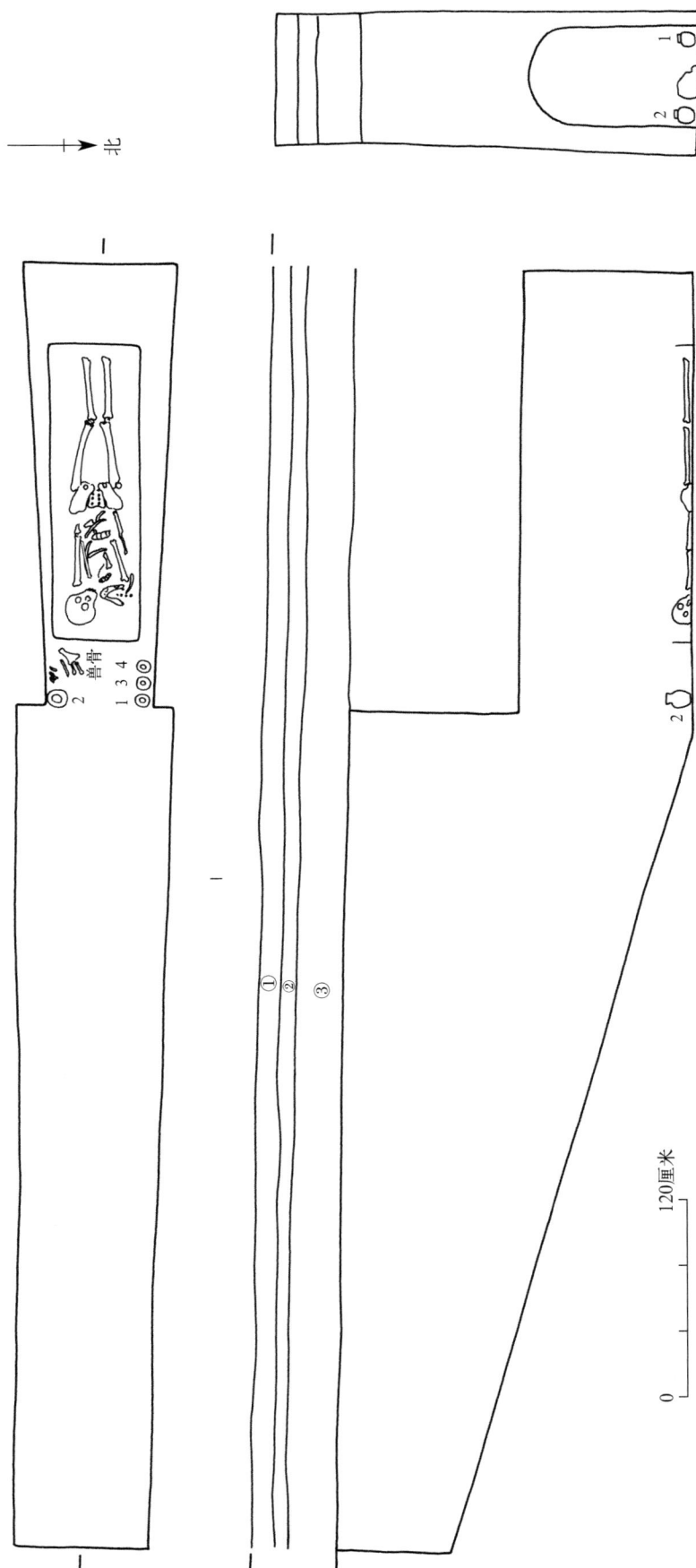

图三〇　2009GYM2平、剖面图

1~4.陶罐

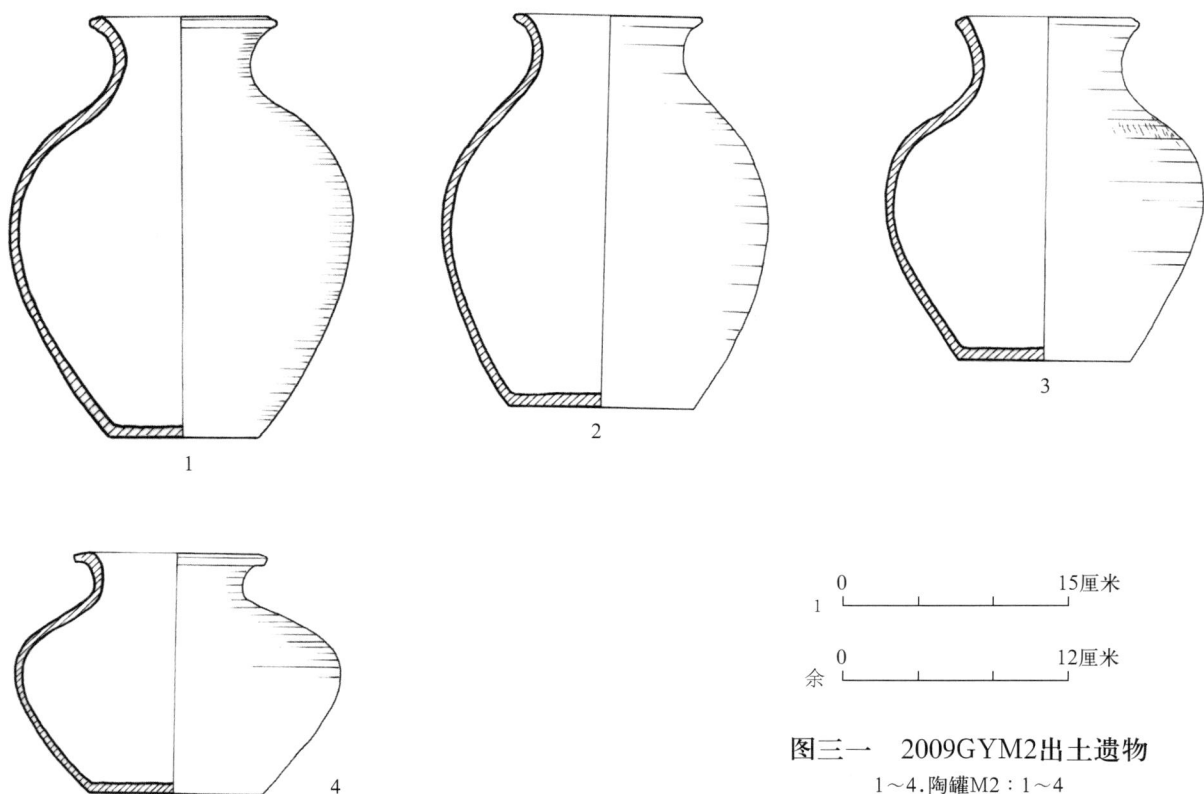

图三一　2009GYM2出土遗物

1～4.陶罐M2：1～4

三　2009GYM3

M3 位于杨庄墓地南侧，南侧紧邻 M1、M2，北侧和 M4、M5 相近。

（一）墓葬形制

M3 属于斜坡墓道土洞墓，墓向 60°。由墓道及墓室组成（图三二；彩版一三，1）。

1.墓道

呈长方形，东西向，口小底较宽，斜坡状墓道。前端向下 1 米，开始呈斜坡状，两壁较直，底部斜平，坡度 25°。墓道长 6、宽 1 米，前底距开口 1、后底距开口 3.6 米。填土较硬，土色为黄色五花土夹有少量木炭及料姜石碎块。

2.墓室

墓室长 3、宽 1.1、高 1.7 米。两壁较直，高 1.3、拱高 0.4 米，土洞顶距地表 2.3、底距地表 4 米。

（二）葬式葬具

墓内单棺，棺位于墓室的西侧。长 1.9、宽 0.5、残高约 0.2 米。距西壁约 0.8、前距洞口 0.9、距后壁 0.2 米。由于腐朽严重，仅留残迹。

墓室内发现 30 岁左右男性骨架 1 具，骨架较完整，局部腐朽，头向偏西北，仰身直肢双手抱胸，脚踝骨已残。

（三）随葬品出土情况

遗物均出土于墓室内。陪葬品均分布于墓室口部，棺木的前端。

北

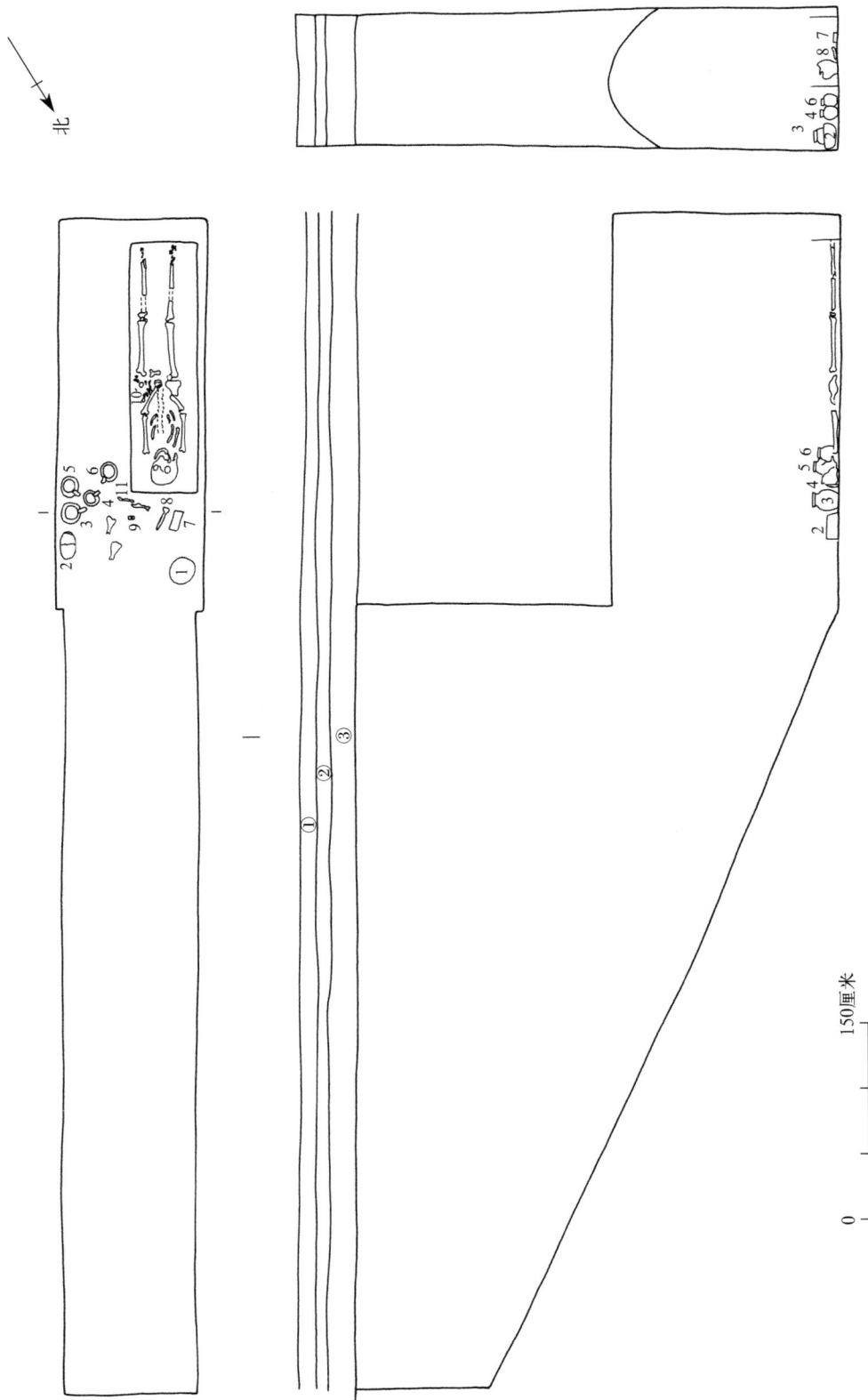

图三二　2009GYM3平、剖面图

1.漆器　2.土块　3~6.单耳罐　7.石砚　8.环首铁刀　9.铜印章　10.玉手握　11.兽骨

150厘米

0

出土有陶器、铜器、铁器、玉石器、漆器共 11 件。仅玉手握（M3：10）出土于棺内，其余均出土于棺外。

棺木位于墓室西南侧，北侧和东侧残留有较多空间，用于放置随葬品。棺木北侧主要放置一些随葬漆器、其他小件物品以及兽骨。漆器（M3：1）位于墓室靠近墓道处，出土时已经损毁不存，仅能看到漆皮。石砚（M3：7）位于棺木北侧，砚板和砚子紧邻。环首铁刀（M3：8）位于棺木北侧，紧邻石砚，出土时平置，刀身已断。铜印章（M3：9）出土时铜纽朝上，印面朝下。在铜印章附近散落有少量兽骨。棺木北部东侧放置随葬品均为陶器、土块。不知名土块（M3：2）出土时已经裂为 2 块。单耳陶罐（M3：3 ～ 6）出土时口部朝上，除陶罐（M3：4）外，口部均稍微残损。棺内除在左手内有一玉手握外，再无其他随葬品。

（四）出土遗物

M3 中出土器物共 11 件，其中陶罐 4 件、铜印章 1 枚、环首铁刀 1 件、石砚 1 套 2 件、玉手握 1 件。另外还出土有漆器和不知名土块各 1 件，漆器保存较差，出土不久即风化不存。

1. 陶器

单耳罐　4 件。均为泥质灰陶。

标本 M3：3，侈口，尖唇，束颈，鼓腹，圜平底。颈腹有一圆条状单耳，颈部以下整体饰竖向绳纹。口径 9.3、腹径 14、高 14 厘米（图三三，1）。

标本 M3：6，侈口，尖唇，束颈，鼓腹，圜平底。颈腹有一圆条状单耳，颈部以下整体饰竖向绳纹。口径 9.7、腹径 14.6、高 14 厘米（图三三，2）。

标本 M3：4，侈口，方唇，唇上有一周浅凹槽，束颈、鼓腹，平底。颈腹之间有一桥形单耳，器耳表面饰有竖向绳纹，腹部整体饰斜向绳纹。口径 10.6、底径 7.6、高 12.4 厘米（图三三，3）。

标本 M3：5，侈口，尖唇，束颈，鼓腹，平底。口腹之间有一桥形单耳，器耳表面饰有竖向绳纹，腹部整体饰斜向绳纹。口径 8.6、底径 6.8、高 10.5 厘米（图三三，4）。

2. 铜器

铜印章　1 件。

标本 M3：9，印章整体呈方形，平面上有一长 1.05、宽 0.85 厘米的长方形凸起，用于承固宽桥形纽。印章阴刻有"庄山树（樹）"三字。边长 1.55、纽宽 0.85、高 1.1 厘米（图三三，5；彩版一三，2、3）。

3. 铁器

环首铁刀　1 件。

标本 M3：8，锈蚀严重，尾部为一圆环状，刀身呈直条状，前端刃部缺失。残长 11.8、宽 4、厚 0.9 厘米（图三三，6）。

4. 玉器

玉手握　1 件。

标本 M3：10，青色玉质。整体呈方形，表面光滑。器物正面平面上有四道浅凹槽，组成一个未连接的长方形，中间有一单面钻孔。边长 3.2、厚 0.4 ～ 0.5、孔径 0.25 ～ 0.4 厘米（图三三，7）。

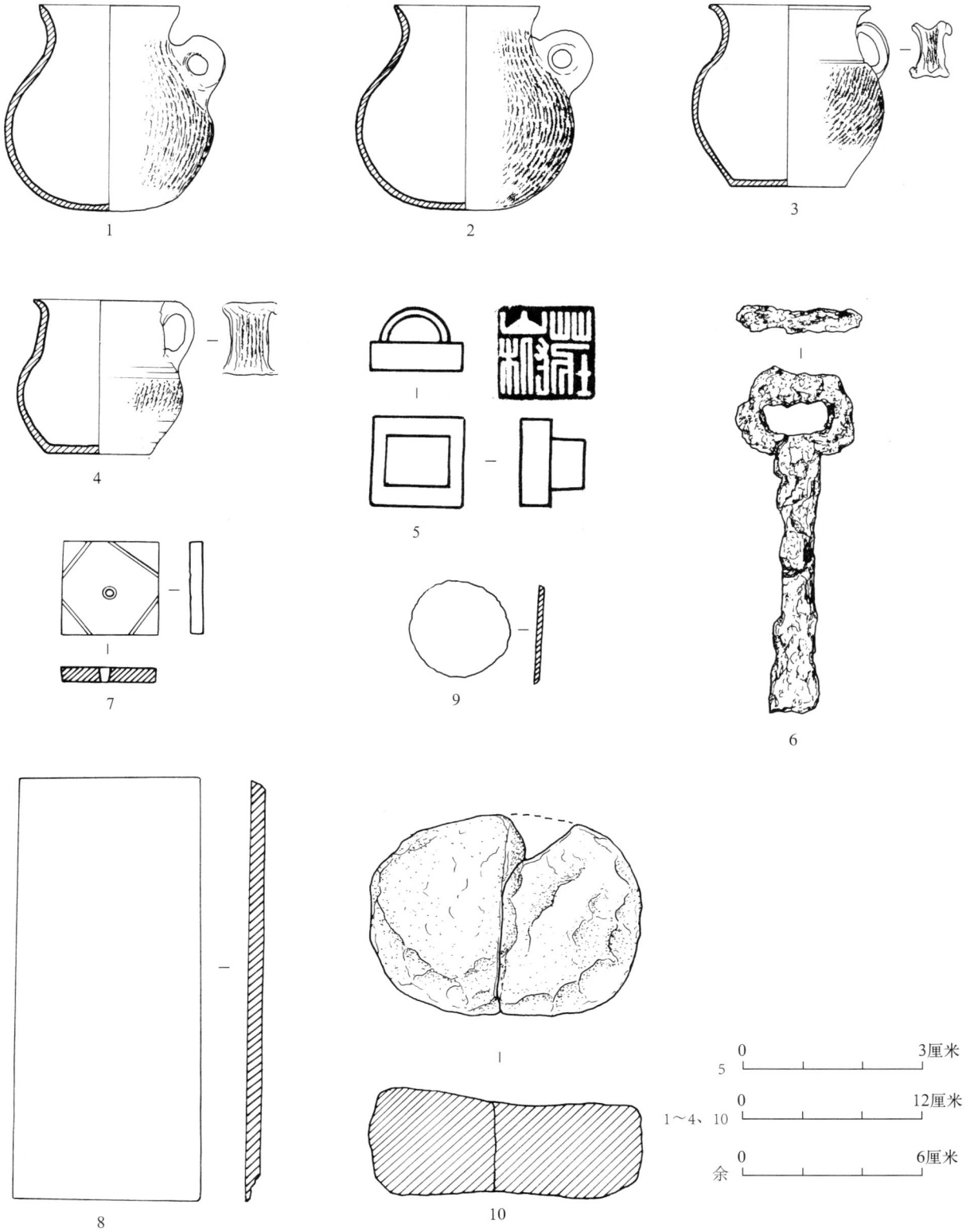

图三三　2009GYM3出土遗物

1～4.单耳罐M3：3、6、4、5　5.铜印章M3：9　6.环首铁刀M3：8　7.玉手握M3：10　8.砚板M3：7-1　9.砚子M3：7-2　10.土块M3：2

5.石器

有石砚 1 套 2 件，分为砚板和砚子。均用青灰色页岩制成。

石砚　1 套 2 件，由砚板和砚子组成。

砚板　1 件。

标本 M3：7-1，整体近长方形，一面较为粗糙，研墨的平面较为光滑。长 14.4、宽 6 ～ 6.3、厚 0.5 厘米（图三三，8；彩版一三，4）。

砚子　1 件。

标本 M3：7-2，整体呈圆形，上下两个表面均较为光滑，边缘较为粗糙。直径 3.4、厚 0.2 厘米（图三三，9；彩版一三，4）。

6.漆器

漆器　1 件。

标本 M3：1，仅能看到有漆皮存在，根据漆皮存在位置，器形应为圆形。无法提取其完整形制。

7.其他

出土土块 1 件，出土时已经裂开成 2 块。

土块　1 件。

标本 M3：2，土黄色土块。整体呈长椭圆状，中间已断裂，部分缺失。长 18、宽 13.6、厚 6 ～ 7.3 厘米。其用途不明（图三三，10）。

四　2009GYM5

M5 位于墓地中南侧，墓道被晚期墓 M4 打破，南侧紧邻 M3，北侧和 M6 相近。

（一）墓葬形制

M5 为斜坡墓道土洞墓，墓向 169°。由墓道、甬道和墓室组成，墓道在南，墓室在北。M4 墓室打破该墓墓道（图三四；彩版一四，1）。

1.墓道

平面呈梯形，水平长 5.66、宽 1.02 ～ 1.16、深 0.46 ～ 2.98 米。墓道底部至地表深 0.68 ～ 3.2、斜坡底斜长 6.2 米，坡度约为 20°。墓道壁加工光滑垂直，壁规整整齐。

2.甬道

甬道较短，拱顶，土洞，斜坡底，基本与墓室同宽同高。底宽约 0.66、长 0.36 米，拱顶高 0.76 ～ 0.84 米，甬道底部长 0.38 米。

3.墓室

为拱顶土洞，平底，墓室明显向西略偏。墓室长约 2.84、底宽 0.66 ～ 0.7、高 0.76 ～ 0.84 米。

（二）葬式葬具

墓室内有一棺，腐朽仅存棺底灰痕，无棺钉。棺木呈梯形，南宽北窄，长约 2.12、宽 0.44 ～ 0.64 米。

棺内有 20 ～ 25 岁男性骨架 1 具，除手指骨和脚趾骨不存外，保留较好，为仰身直肢葬，头向南，面向西。

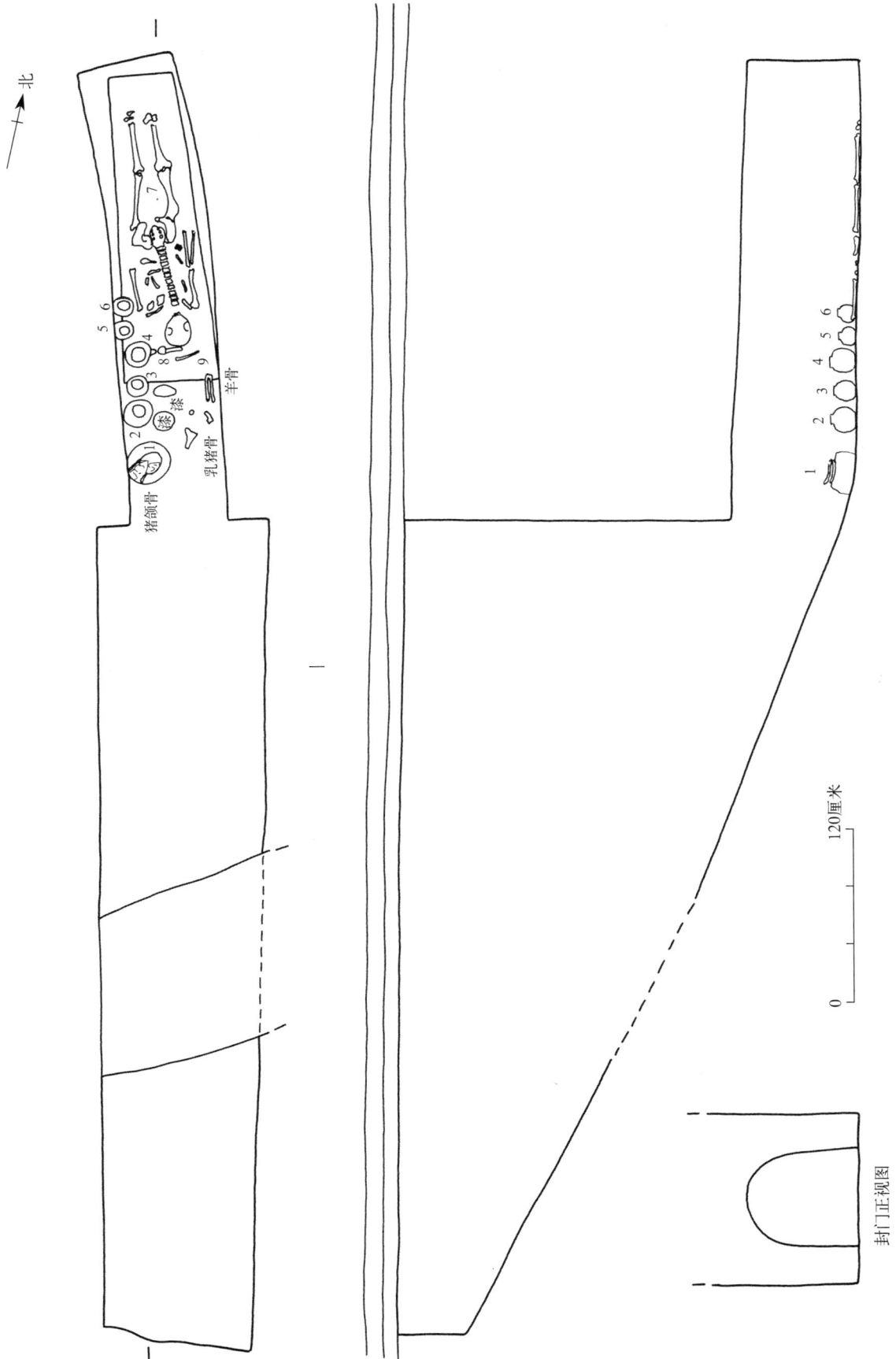

图三四　2009GYM5平、剖面图

1、2、5、6. 陶罐　3、4. 单耳罐　7. 环首铁刀　8. 铜钱　9. 铜带钩

（三）随葬品出土情况

随葬品分布在墓室前侧、棺上，棺内随葬器物较少。墓葬未经盗扰，随葬品原地摆放。

墓室临近甬道处有 1 件陶罐（M5∶1）器型较大，出土时口部朝上，在罐口和罐边放置有猪上下颌骨。在其北侧有 1 件陶罐（M5∶2）和单耳罐（M5∶3），出土时均口部向上，单耳罐（M5∶3）出土时单耳不存，墓葬内并未发现，可能在下葬时就已经损毁。在其东侧有 2 件漆器，但仅能看到漆皮，无法判别是何器形。棺木南侧放置有铜钱 1 枚，铜钱周围散落有羊的左肩胛骨、右肋骨、乳猪部分骨头。在墓室西侧放置有单耳罐（M5∶4）1 件、陶罐（M5∶5、6）2 件，出土时口部朝上，从其摆放位置看，很有可能最初是摆放在棺木上，后棺木腐朽下沉，和其他随葬品处在同一高度。

（四）出土遗物

共 15 件。其中陶器 6 件，铜器 6 件，其中铜带钩 1 件，铜钱 5 枚，环首铁刀 1 件，漆器 2 件。

1.陶器

6 件，单耳罐 2 件，陶罐 4 件，均为泥质灰陶。

单耳罐　2 件。泥质灰陶。侈口，方唇，束颈，鼓腹，平底。口腹之间有 1 桥形耳，以器耳下部为界，器身有一浅棱，将器身分为上下两个区域。器身有制坯后刮抹形成的类似弦纹的纹饰。

标本 M5∶4，唇上有一周凹槽。口径 11、底径 8.8、高 12.2 厘米（图三五，1；彩版一五，1）。

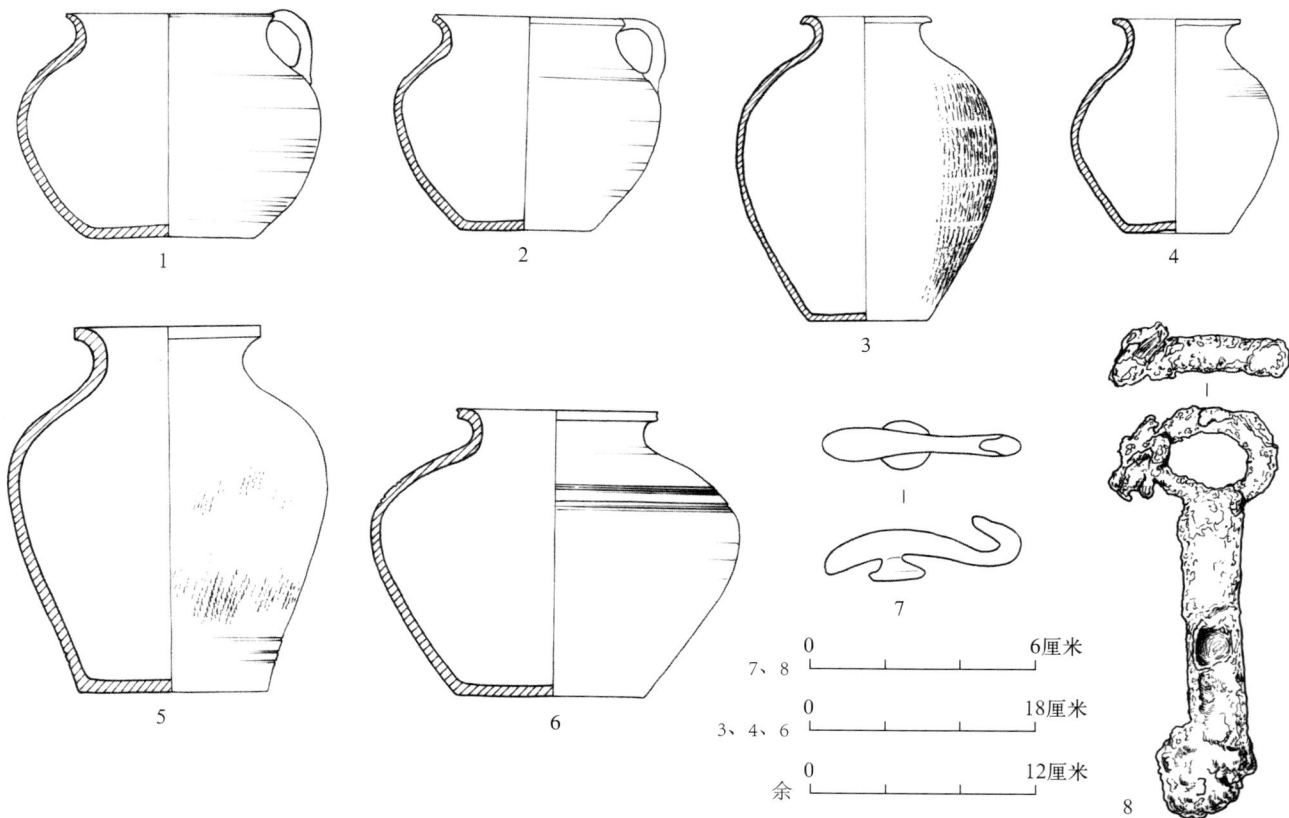

图三五　2009GYM5出土遗物

1、2.单耳罐M5∶4、3　3～6.陶罐M5∶2、5、6、1　7.铜带钩M5∶9　8.环首铁刀M5∶7

标本 M5：3，口径 10、底径 7、高 11.8 厘米（图三五，2）。

陶罐　4 件。

标本 M5：2，侈口，小平沿稍卷，圆唇，束颈，溜肩，平底。颈部以下整体饰竖向绳纹，用四道横向弦纹将其区分为不同的区域。口径 9.6、底径 9.6、高 25 厘米（图三五，3）。

标本 M5：5，侈口，小平沿稍卷，圆唇，束颈，鼓腹，平底稍内凹。器身有数道凹弦纹。口径 10、底径 8.4、高 17.6 厘米（图三五，4）。

标本 M5：6，侈口，小平沿，方唇，束颈，溜肩，平底。口径 9.9、底径 10、高 19.8 厘米（图三五，5）。

标本 M5：1，侈口，小平沿，方唇，唇及沿上均有一周凹槽，鼓腹，小平底。颈部以下及上腹有三组凹弦纹。口径 16、底径 15、高 23.2 厘米（图三五，6；彩版一四，2、3）。

2. 铜器

共 6 件，有铜带钩 1 件、铜钱 5 枚。

铜带钩　1 件。

标本 M5：9，整体呈"S"形，钩首蛇形，钩体琵琶形，剖面呈半圆形，圆柱帽形纽位于钩背中部。长 5.25、纽径 1.3 厘米（图三五，7；彩版一五，2）。

五铢　铜钱 5 枚（图三六），详情见表一。

表一　杨家庄M5出土铜钱统计表

（单位：毫米、克）

编号	特征		郭径	钱径	穿宽	郭宽	郭厚	肉厚	重量	备注
	文字	记号								
M5：8-1	"五"字上大下小，"铢"金字头三角形		24.7	21.9	9.2	1	1.7	1.648	3.63	
M5：8-2	"五"字中间两笔较直，"铢"金字头三角形，朱字方折		25.2	21.1	9.2	1	1.4	1.351	3.39	
M5：8-3	"五"字中间两笔较直，"铢"金字头三角形，朱字方折		25.4	21.6	9.6	0.9	2.2	1.365	4.1	
M5：8-4	"五"字上下对称		24.7	20.7	9.2	0.9	1.5	1.445	2.81	
M5：8-5	"五"字上下对称		24.7	21.7	10.1	0.8	1.4	1.284	2.79	

3. 铁器

环首铁刀　1 件。

标本 M5：7，整体锈蚀严重。尾部呈圆环状，刀体呈长方形，刃部缺失。残长 11.1 厘米（图三五，8）。

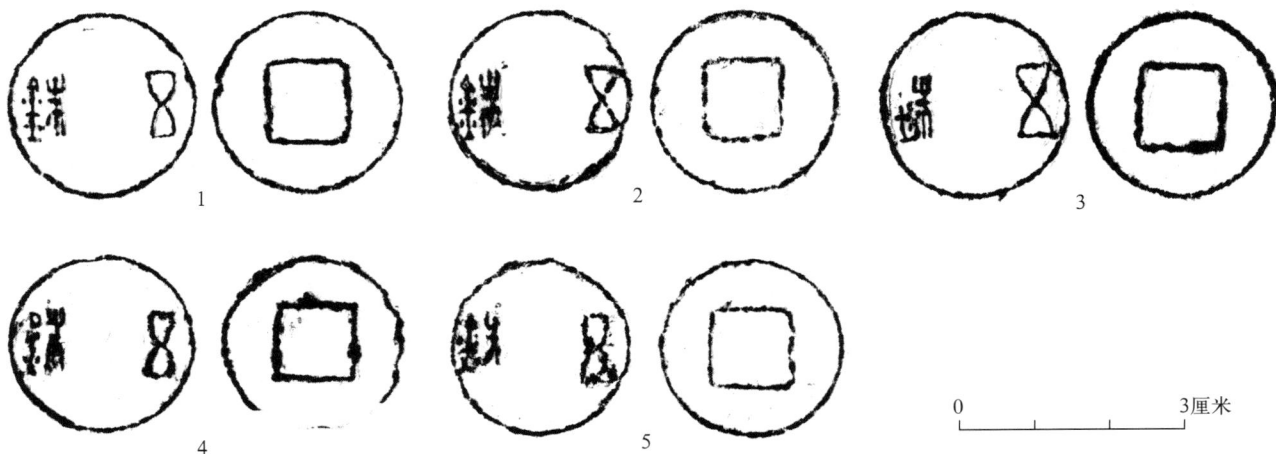

图三六　2009GYM5出土铜钱
1～5.五铢M5：8-1～5

4.漆器

2件。仅余漆皮，看不出器形，未收集。

五　2009GYM6

M6位于墓地中部，南侧为M4、M5，北侧紧邻M7、M8。

（一）墓葬形制

M6为长斜坡墓道土洞墓，方向为78°。由墓道、甬道、天井和墓室组成，墓道居东，墓室居西（图三七；彩版一六，1）。

1.墓道

平面呈梯形，因其他原因，墓道并未清理完全。清理部分长约3.42（至东未尽）、宽0.84～0.92、深2.9～4.30米（开口下）。底为斜底，坡度为18°。斜长约3.6、至地表深3.14～4.5米，壁加工光滑垂直、规整。

2.甬道

为拱顶土洞，拱顶平直，斜底。底宽约0.8、长1.04、高1.46～1.96、底斜长1.16米。

3.天井

平面呈长方形，长2.3、宽1.22米，底较平，与墓室底相平。南侧有一小壁龛，宽1.22、进深0.10～0.26、高约1.2米。天井深约4.56、至地表深约5.1米。在天井南侧临近壁龛处陪葬有牛、羊骨。

4.墓室

墓室为拱顶土洞，与天井相连。长约4.16、底宽2～2.08、深2.54米，墓室底距地表约5.1米。

（二）葬式葬具

在墓室内发现有一棺一椁。椁板紧贴墓室四壁，板厚约8厘米。南、北两壁椁板痕迹保留较

图三七　2009GYM6平、剖面图

1~6、34.铜棺花　7.玛瑙器　8.铁块　9.石球　10、11、33.铜钱　12、26.环首铁刀　13.陶灶　14.单耳罐　15~24.陶罐　25.铁剑　27~31.兽骨　32.铜带钩

好，椁内长 4.02、宽约 1.84 米。以南壁为例，椁板痕迹残留高度为 0.78 ～ 1.46 米。在椁内的南侧，有两条残存的南北向的木板痕迹，延伸板痕，就构成了一个内长约 2.0、宽约 1.2 米的侧箱。墓内随葬品基本出土在这个区域。

椁内有木棺 1 具，紧靠墓室北壁后半部放置。平面为长方形，长约 2.0、宽约 0.68 米，棺木残高约为 0.3 米，棺板厚约 4 厘米。

棺内有人骨架 1 具，大约 30 岁左右，已腐朽，但可看出残痕，身长 1.8 米。为仰身直肢葬，头向东，面向西。

（三）随葬品出土情况

随葬品主要出土在天井及墓室内，未见扰动，随葬品原地摆放。

在天井南侧边缘放置有随葬动物骨骼。在天井北侧靠近墓室处有 9 件铜棺花（M6：1），或是下葬时掉落。

大部分随葬品出土在棺木南侧的侧箱上。侧箱东南侧分布有铁剑（M6：25）、铜带钩（M6：32）、环首铁刀（M6：26）、铜钱（M6：11、33）等，主要的随葬陶器均分布在侧箱西南角，在陶器之间还杂有漆器（仅存形状，未编号）和石球（M6：9）。在侧箱的西北角散落有较多的动物骨头。侧箱外侧西部也分布有较多的兽骨。在棺木的南侧和西侧散落有较多的棺花。

棺内随葬品较少。棺内头部南侧散落 8 枚泡钉（M6：2），应是棺木腐朽后进入，不是原有随葬品。在人骨架口中发现有 1 件玛瑙饰（M6：7），应是做口琀使用。在骨架右肩下，发现有 83 枚铜钱（M6：10）。在右腿膝盖处发现有 1 件环首铁刀（M6：12）。

（四）出土遗物

出土遗物 198 件。有陶器、铜器、铁器、石器、玛瑙饰、漆器等。

1.陶器

14 件，其中陶罐 11 件、陶灶 1 套 3 件。

单耳罐　1 件。

标本 M6：14，夹砂灰陶。侈口，圆唇，束颈、鼓腹，平底。口颈之间有一桥形耳。器身有烟炱痕迹。口径 10、底径 6.4、高 15.6 厘米（图三八，1）。

陶罐　10 件。泥质灰陶。侈口，小平沿，方唇，唇上有一周凹槽，鼓腹，平底。器身有轮制时刮抹形成的弦纹。

标本 M6：16，器身有数道弦纹。口径 10、底径 10.4、高 29.8 厘米（图三八，2）。

标本 M6：17，口径 8.5、底径 6、高 15.7 厘米（图三八，3）。

标本 M6：18，口径 8、底径 6.8、高 15.8 厘米（图三八，4）。

标本 M6：22，口径 7.6、底径 8.2、高 15.8 厘米（图三八，5）。

标本 M6：19，口径 5.8、底径 5.4、高 9.7 厘米（图三八，6）。

标本 M6：20，口径 6.3、底径 5、高 10.8 厘米（图三八，7）。

标本 M6：21，口径 6.5、底径 3.8、高 11.8 厘米（图三八，8）。

标本 M6：24，口径 6.6、底径 4.6、高 12 厘米（图三八，9）。

标本 M6：23，下腹较斜直。口径 6.5、底径 4、高 11.3 厘米（图三八，10）。

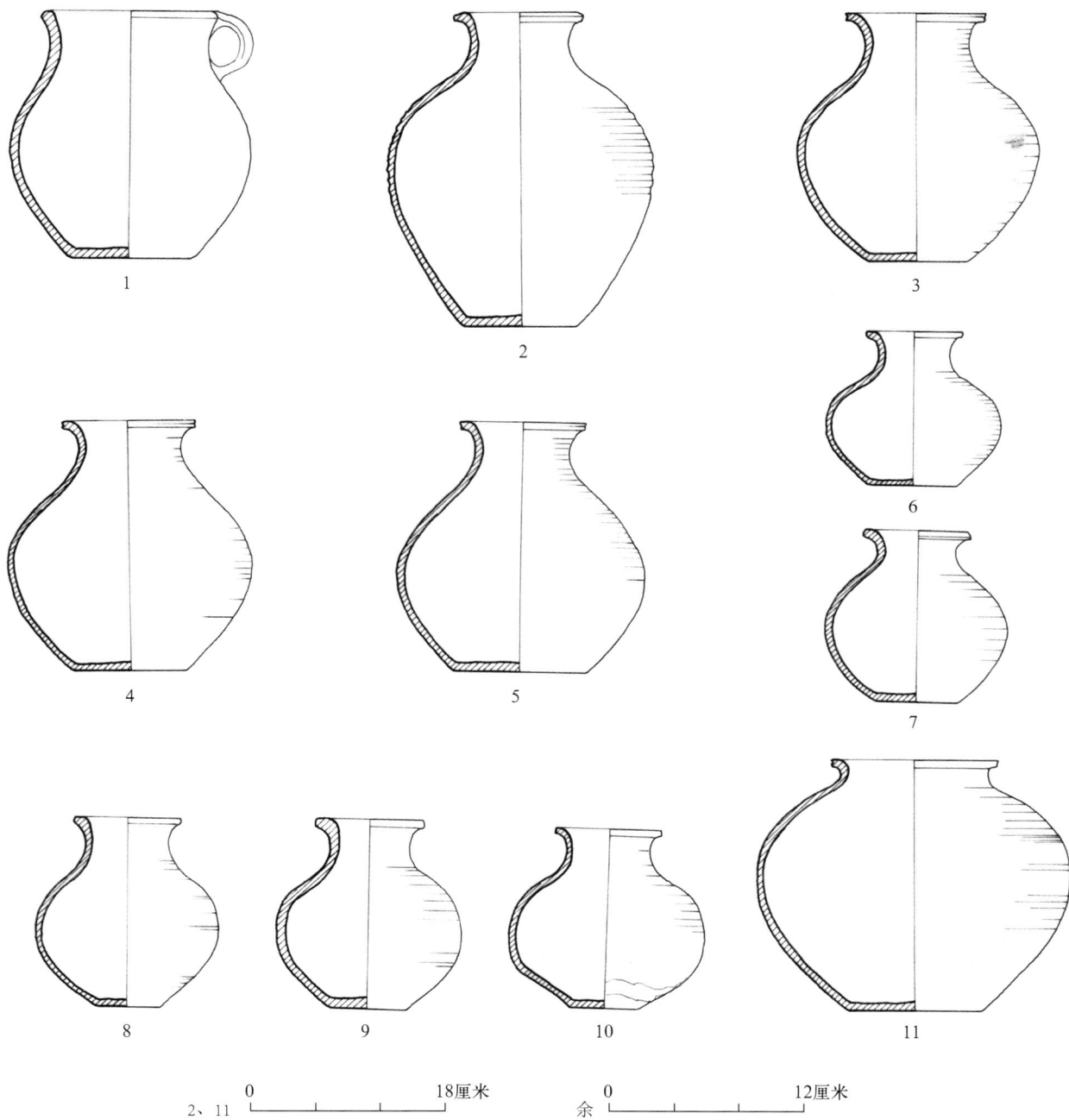

图三八　2009GYM6出土遗物

1.单耳罐M6：14　2～11.陶罐M6：16~18、22、19~21、24、23、15

标本M6：15，器身有数道弦纹。罐底有一不规则缺口，似为直接从罐底外侧向内敲击破坏形成。口径15.4、底径12、高24厘米（图三八，11）。

陶灶　1套3件，均为泥质灰陶。

标本M6：13-1，整体呈马蹄形，前方后圆，三个火眼呈"品"字形分布，后侧有短柱形烟囱，前有半圆形灶门。灶面有几何方格纹饰。长 22、宽 18.5、高 10 厘米（图三九，1；彩版一六，2）。

小陶盆　1 件。

标本 M6：13-2，近直口，圆唇，上腹斜直，下腹及底部有人为刮削痕迹，小平底。口径 8.8、底径 2.2、高 4.2 厘米（图三九，2；彩版一六，2）。

小陶甂　1 件。

标本 M6：13-3，口部微敛，圆唇，上腹较直，上腹有一周槽，下腹有人为切削的痕迹，平底，底部有 5 个小孔。口径 6.5、底径 1.6、高 4.5 厘米（图三九，3；彩版一六，2）。

2. 铜器

177 件，其中铜带钩 1 件、铜棺花、泡钉 88 件、铜钱 88 枚。

铜带钩　1 件。

标本 M6：32，整体呈"S"形，钩首蛇形，钩体琵琶形，剖面呈半圆形，圆柱帽形纽位于钩背中部。长 6.7、纽径 1.2 厘米（图三九，4）。

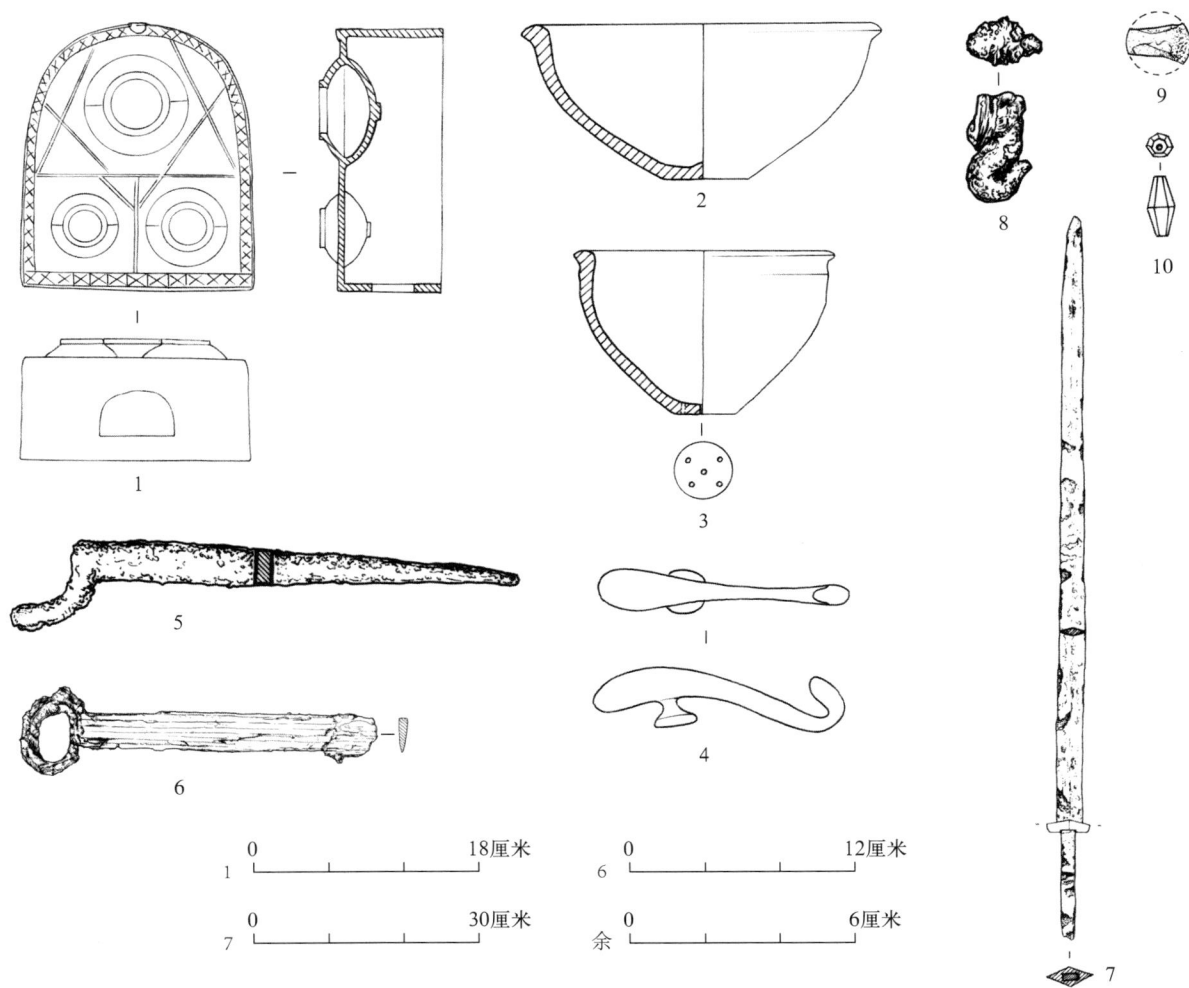

图三九　2009GYM6出土遗物

1. 陶灶M6：13-1　2. 小陶盆M6：13-2　3. 小陶甂M6：13-3　4. 铜带钩M6：32　5、6. 环首铁刀M6：12、26　7. 铁剑M6：25　8. 铁块 M6：8　9. 石球M6：9　10. 玛瑙器M6：7

铜棺花　88 件，其中保存较为完整的有 75 件，器身有锈蚀。整体呈柿蒂形，大多和泡钉一起出土，尺寸大小不一。

大棺花　39 件。

标本 M6：1，泡钉不存。长 5.9 厘米（图四〇，1）。

标本 M6：3-1，长 6、泡钉厚 1.3 厘米（图四〇，2）。

标本 M6：3-2，长 5.9、泡钉厚 1.1 厘米（图四〇，3）。

标本 M6：3-3，长 5.6、泡钉厚 1.1 厘米（图四〇，4）。

标本 M6：5-2，边缘稍残。长 6、泡钉厚 1.2 厘米（图四〇，5）。

标本 M6：6-2，边缘稍残。残长 5.2～5.9、泡钉厚 1.2 厘米（图四〇，6）。

小棺花　36 件。

标本 M6：4-1，长 4.05、泡钉厚 0.75 厘米（图四〇，7）。

标本 M6：4-2，长 3.95、泡钉厚 0.75 厘米（图四〇，8）。

标本 M6：4-3，边缘稍残。长 4、残宽 3.4、泡钉厚 0.75 厘米（图四〇，9）。

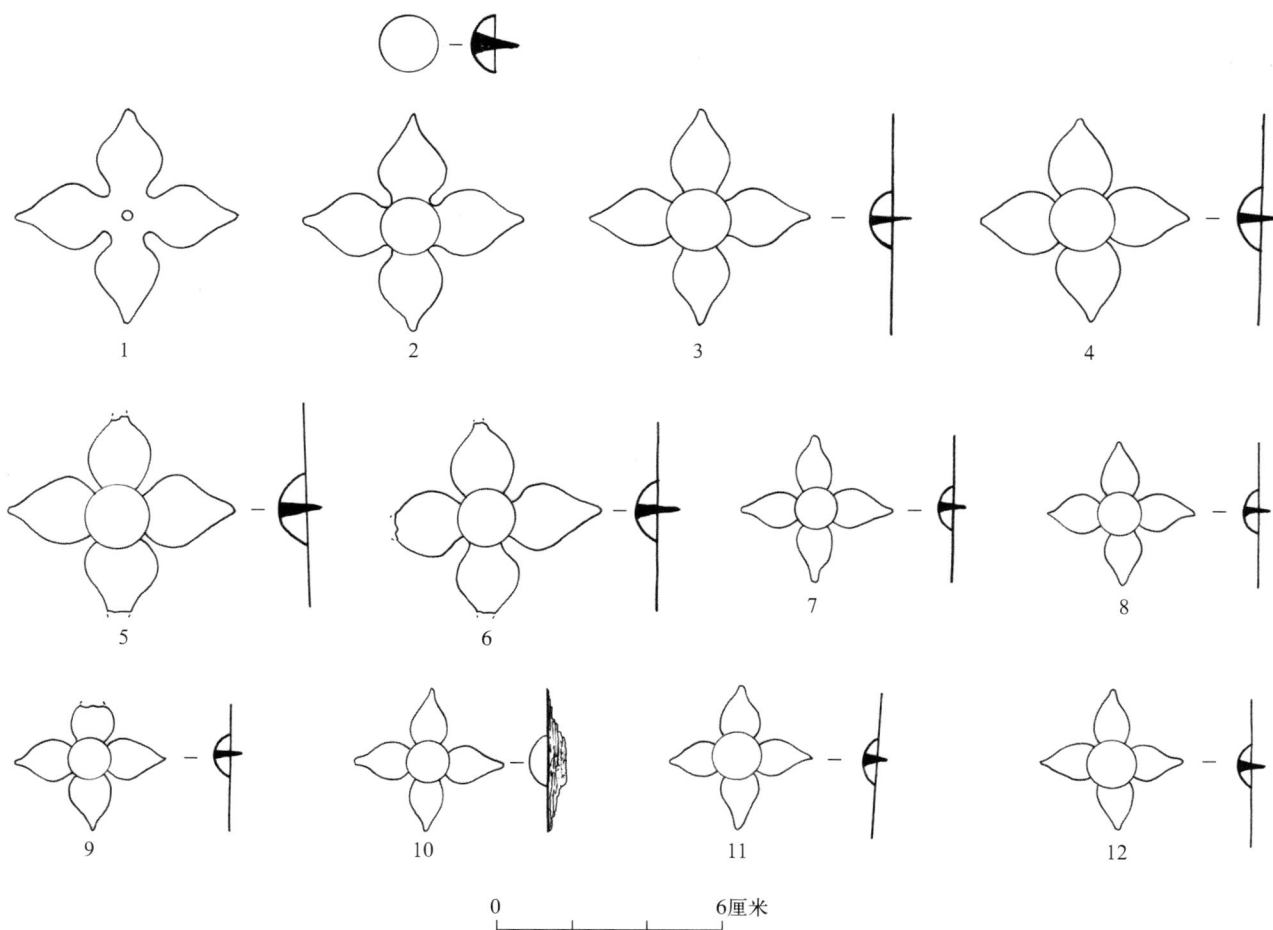

图四〇　2009GYM6出土铜棺花

1～6.大棺花M6：1、3-1～3、5-2、6-2　　7～12.小棺花M6：4-1～3、5-1、6-1、34

标本 M6：5-1，泡钉内侧残留有少许木屑。长 4 厘米，泡钉尖部被木屑掩盖，泡钉木屑总厚 1 厘米（图四〇，10）。

标本 M6：6-1，长 3.8 ～ 3.95、泡钉厚 0.65 厘米（图四〇，11）。

标本 M6：34，长 3.8、泡钉厚 0.75 厘米（图四〇，12）。

五铢　铜钱 88 枚（图四一～四五），详情见表二。

表二　杨家庄M6出土铜钱统计表

（单位：毫米、克）

编号	特征		郭径	钱径	穿宽	郭宽	郭厚	肉厚	重量	备注
	文字	记号								
M6：10-1	"五"字中间两笔稍弯曲，"铢"金字头三角形，左右对称		25.1	21.9	9.5	1.1	1.5	1.584	3.67	
M6：10-2	"五"字中间两笔稍弯曲，"铢"金字头三角形，左右对称		24.8	22.5	10.1	0.7	1.2	1.1	2.8	
M6：10-3	"五"字中间两笔稍弯曲，上下对称"铢"金字头三角形，朱字方折		25.6	21.5	9.2	1.2	1.7	1.885	3.54	
M6：10-4	"五"字中间两笔稍弯曲，"铢"金字头三角形，左右对称		25.2	22.8	9.7	1.2	1.7	1.089	2.95	
M6：10-5	"五"字中间两笔稍弯曲，"铢"金字头三角形带尾，左右对称		25.5	21.5	9.5	0.9	1.6	1.315	3.37	
M6：10-6	"五"字中间两笔稍弯曲，"铢"金字头三角形，左右对称		25.5	22	9.4	0.9	1.5	1.21	3.63	
M6：10-7	"五"字中间两笔较直，"铢"金字头三角形，左右对称		24.8	21.4	9.5	0.8	1.8	1.534	3.76	
M6：10-8	"五"字中间两笔较直，"铢"金字头三角形，左右对称		25.3	21.2	9.2	0.9	2	1.265	3.94	
M6：10-9	"五"字中间两笔较直，"铢"金字头三角形，左右对称		24.4	21	9.1	1	1.1	1.121	3.06	
M6：10-10	"五"字中间两笔较直，"铢"金字头三角形，左右对称	穿下半星	24.8	21.1	9.5	1.1	1.6	1.702	3.29	

编号	特征		郭径	钱径	穿宽	郭宽	郭厚	肉厚	重量	备注
	文字	记号								
M6：10-11	"五"字中间两笔较弯曲，"铢"金字头三角形，左右对称		24.6	21.5	9.3	1.2	1.4	1.359	3.54	
M6：10-12	"五"字中间两笔较弯曲，"朱"字方折	穿上一横	24.5	21.6	8.7	1	1.7	1.848	3.64	
M6：10-13	"五"字中间两笔较弯曲		25	21.2	9.5	1.1	1.7	1.222	3.25	
M6：10-14	"五"字中间两笔较弯曲，"铢"金字头三角形		25.6	22.2	9.8	1.1	1.6	1.862	4.01	
M6：10-15	"五"字中间两笔较弯曲，"铢"金字头三角形，朱字方折		25.1	22.2	9.4	0.8	1.5	1.797	3.7	
M6：10-16	"五"字中间两笔较弯曲，"铢"金字头三角形，朱字方折	穿下半星	24.9	21.8	9.8	0.9	1.1	1.383	2.84	
M6：10-17	"五"字中间两笔较弯曲，左侧出头，"铢"金字头三角形		25.6	21.2	9.3	0.9	0.9	1.244	3.1	
M6：10-18	"五"字中间两笔较弯曲		25.1	22	9.9	0.8	1.4	1.272	3.05	
M6：10-19	"五"字中间两笔较弯曲，"铢"金字头三角形稍带尾	穿下半星	25	21.9	10.2	1.1	1.6	1.806	4.72	
M6：10-20	"五"字中间两笔较弯曲，"铢"金字头三角形		25.1	22.4	9.9	1	1.5	1.907	3.57	
M6：10-21	"五"字中间两笔较弯曲，上下对称，"铢"金字头三角形，朱字方折		24.8	21.8	9.4	1.1	1.4	1.378	3.55	
M6：10-22	"五"字中间两笔较直，"铢"金字头三角形，朱字方折	穿上一横	25.1	22.6	10.3	0.8	1.2	1.372	3.11	
M6：10-23	"五"字中间两笔较弯曲		25.1	21.6	9.2	0.8	1.7	1.645	3.96	
M6：10-24	"五"字中间两笔较弯曲，"铢"金字头三角形		24.7	22.6	10.3	0.7	1.5	1.135	2.77	
M6：10-25	"五"字中间两笔较直，上下对称，"铢"金字头三角形，朱字方折		25.6	22.4	9.6	1	1.5	1.246	2.99	
M6：10-26	"五"字中间两笔较弯曲，"铢"金字头三角形		25	21.5	8.8	1.2	2	1.309	3.59	

编号	特征		郭径	钱径	穿宽	郭宽	郭厚	肉厚	重量	备注
	文字	记号								
M6：10-27	"五"字中间两笔较弯曲		24.7	21.2	9.8	0.9	1.7	1.275	3.37	
M6：10-28	"五"字中间两笔较弯曲，"铢"金字头三角形		24.9	21.7	9.6	1	1.8	1.112	2.85	
M6：10-29	"五"字中间两笔较弯曲		25.3	22.6	8.5	1.2	1.5	1.659	3.56	
M6：10-30	"五"字中间两笔较弯曲，左侧稍出头，"铢"金字头三角形		25.3	22	10	0.9	1.8	1.524	3.72	
M6：10-31	"五"字中间两笔较直，"铢"金字头三角形，朱字方折		25	22	9.9	1	1.2	1.461	3.53	
M6：10-32	"五"字中间两笔较弯曲，"铢"金字头三角形		24.9	22	9.6	0.8	1.2	1.251	2.87	
M6：10-33	"五"字中间两笔较弯曲，"铢"金字头三角形	穿下半星	24.3	21.6	9.8	1.1	1.4	1.215	2.98	
M6：10-34	"五"字中间两笔较弯曲，"铢"金字头三角形		24.7	22.2	10.2	0.8	1.1	1.285	2.52	
M6：10-35	"五"字中间两笔较弯曲，"铢"金字头三角形，朱字方折		25.1	21.8	9.5	1.3	1.7	1.285	3.54	
M6：10-36	"五"字中间两笔较弯曲，"铢"金字头三角形		25	22.6	9.5	1.1	1.8	1.374	3.73	
M6：10-37	"五"字中间两笔较弯曲，"铢"金字头三角形	穿上一横	25.5	22	9.9	1.3	1.6	1.692	3.75	
M6：10-38	"五"字中间两笔较弯曲，"铢"金字头三角形	穿下半星	25.4	22.2	9.2	1.3	1.5	1.258	3.45	
M6：10-39	"五"字中间两笔较弯曲，"铢"金字头三角形		25	21.6	10.6	1	1.1	1.26	2.52	
M6：10-40	"五"字中间两笔较弯曲，"铢"金字头三角形		25.2	22.6	9.5	0.9	1.5	1.267	2.97	
M6：10-41	"五"字中间两笔较弯曲		25	21.7	9	1.1	1.6	1.164	3.43	
M6：10-42	"五"字中间两笔较弯曲，"铢"金字头三角形	穿上一横	24.8	21.5	10.3	1	1.3	1.421	2.77	
M6：10-43	"五"字中间两笔较弯曲，左侧稍出头，"铢"金字头三角形	穿下半星	25	22.5	10	1.1	1.6	1.775	3.99	
M6：10-44	"五"字中间两笔较弯曲，"铢"金字头三角形		25	21.5	10	1	1.4	1.152	3.66	

编号	特征		郭径	钱径	穿宽	郭宽	郭厚	肉厚	重量	备注
	文字	记号								
M6：10-45	"五"字中间两笔较弯曲，"铢"金字头三角形		25.3	21.9	9.7	1.3	1.7	1.381	3.43	
M6：11	"五"字中间两笔较弯曲，"铢"金字头三角形		25	21.6	9.2	1	1.6	1.504	3.04	
M6：33-1	"五"字中间两笔较弯曲		24.7	21.1	9.9	0.8	1.6	1.192	3.04	
M6：33-2	"五"字中间两笔较弯曲，上大下小，"铢"金字头三角形		24.7	21.1	9.5	0.9	1.2	1.089	3.12	
M6：33-3	"五"字中间两笔较弯曲，"铢"金字头三角形		24.7	21.4	9.9	0.9	1.2	1.233	3.58	
M6：33-4	"五"字中间两笔较弯曲，"铢"金字头三角形		24.6	21.4	9.9	1	1.5	1.614	3.89	

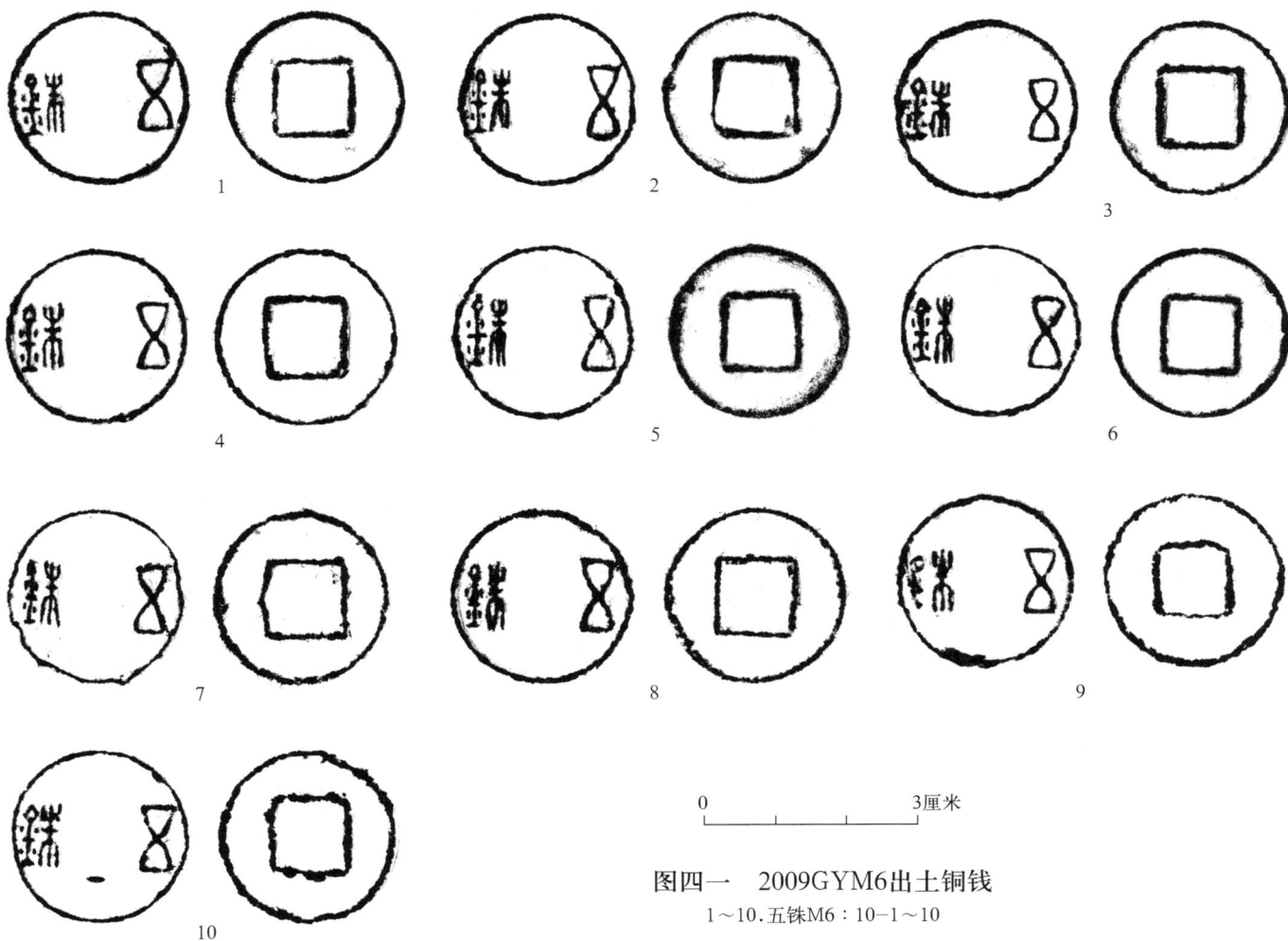

图四一　2009GYM6出土铜钱

1～10. 五铢M6：10-1～10

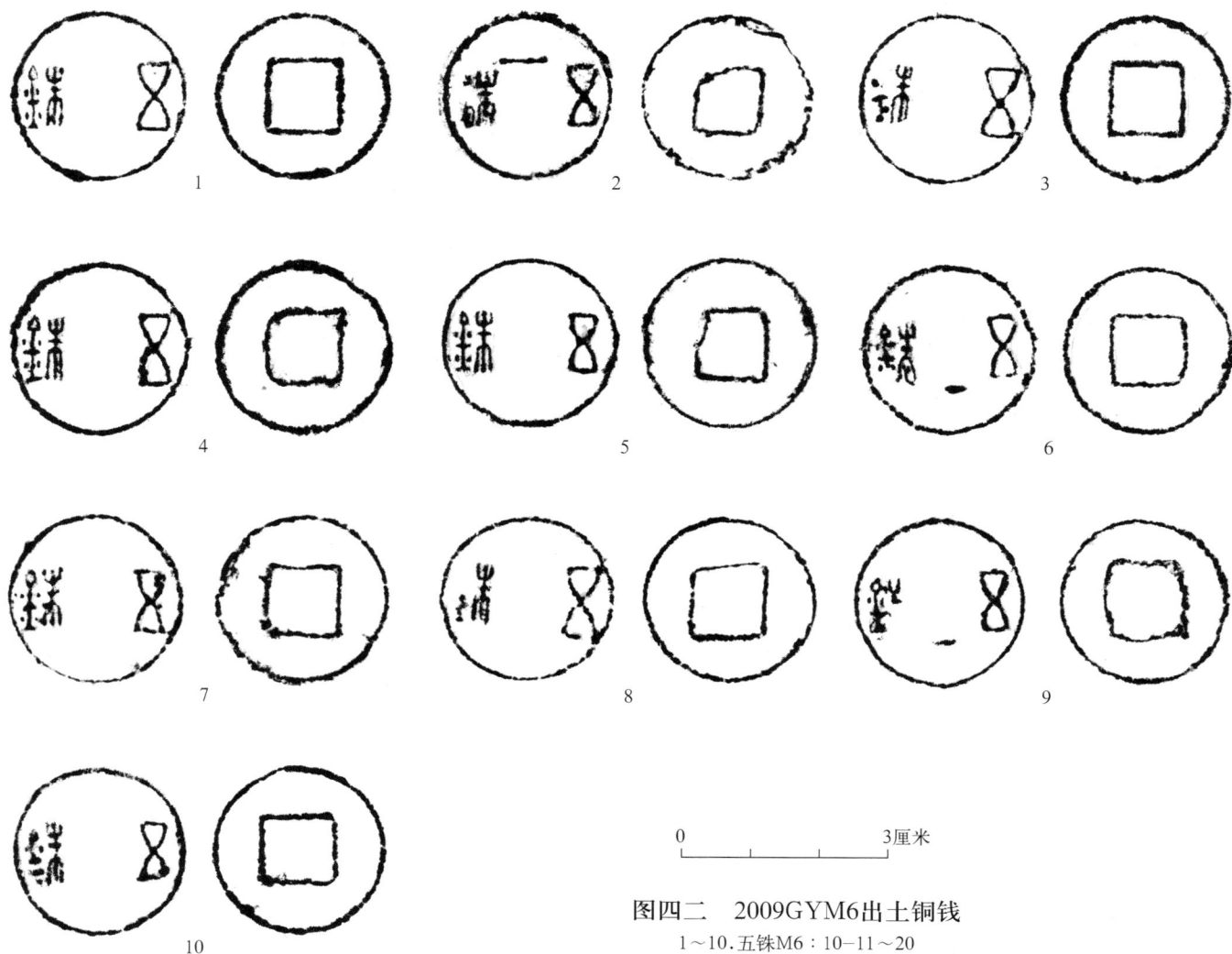

图四二　2009GYM6出土铜钱

1～10.五铢M6：10—11～20

3.铁器

4件。其中环首铁刀2件、铁剑1件、铁块1件。

环首铁刀　2件。

标本M6：12，锈蚀严重。尾部残损，刀身前段残损，无刃部，刀身整体似一方形铁棺钉。残长13.5厘米（图三九，5）。

标本M6：26，锈蚀严重。尾部呈圆环状，刀身整体似一方形铁块，前端残损。表面有木质刀鞘痕迹。残长18.8、残宽4.5厘米（图三九，6）。

铁剑　1件。

标本M6：25，剑身锈蚀严重，临近剑锋附近在剑身发现有朽木，应是木质剑鞘残留。铜剑格保存较好，剑柄亦锈蚀严重，剑首不存。残长99.5、宽6.4、厚3厘米（图三九，7；彩版一五，3）。

铁块　1件。

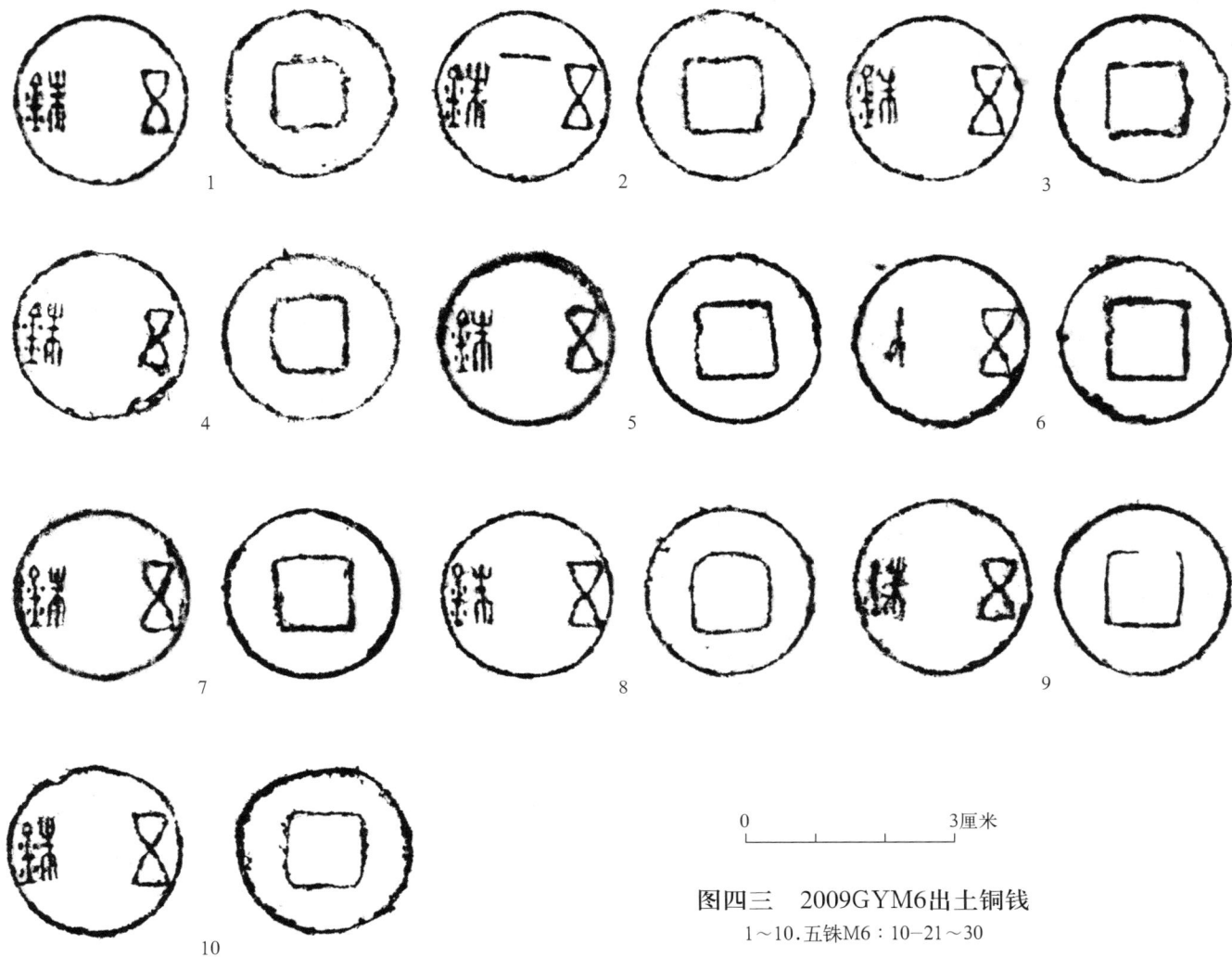

图四三 2009GYM6出土铜钱

1~10.五铢M6：10−21~30

标本 M6：8，锈蚀残毁严重。在铁剑上部出土。残存呈铁柱状。残长 3、宽 1.5 厘米（图三九，8）。

4.石器

石球 1件。

标本 M6：9，边缘略残损。乳白色。用一圆球，将两边削去部分成型。直径 1.7 厘米（图三九，9）。

5.玛瑙器

玛瑙器 1件。

标本 M6：7，橘红色，整体呈七面凸棱体，上下较小，中间较粗，中间有一圆形穿孔。高 1.65 厘米（图三九，10；彩版一六，3）。

6.漆器

1件。位于墓室内，仅余少量漆皮痕迹。器形不明，无法采集。

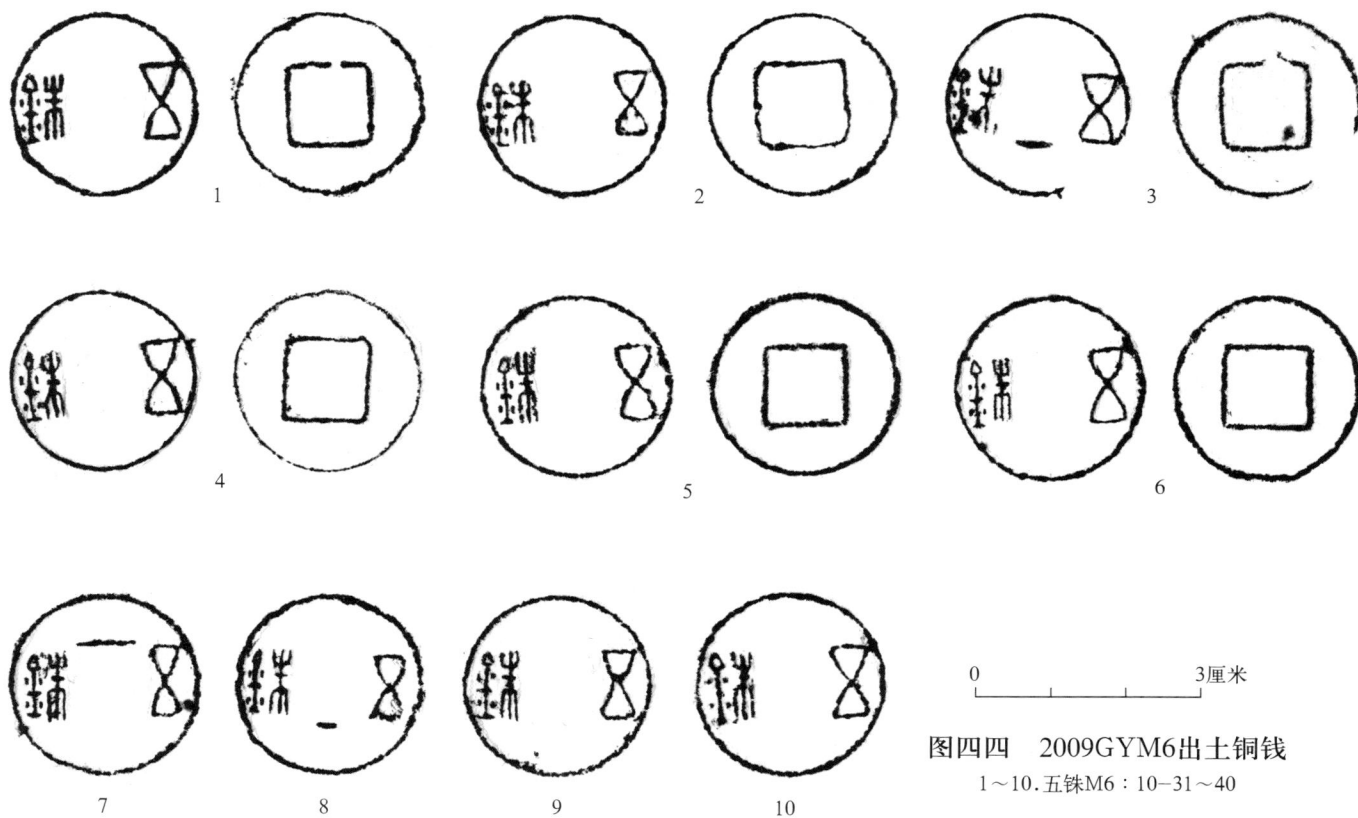

图四四　2009GYM6出土铜钱
1~10.五铢M6：10-31~40

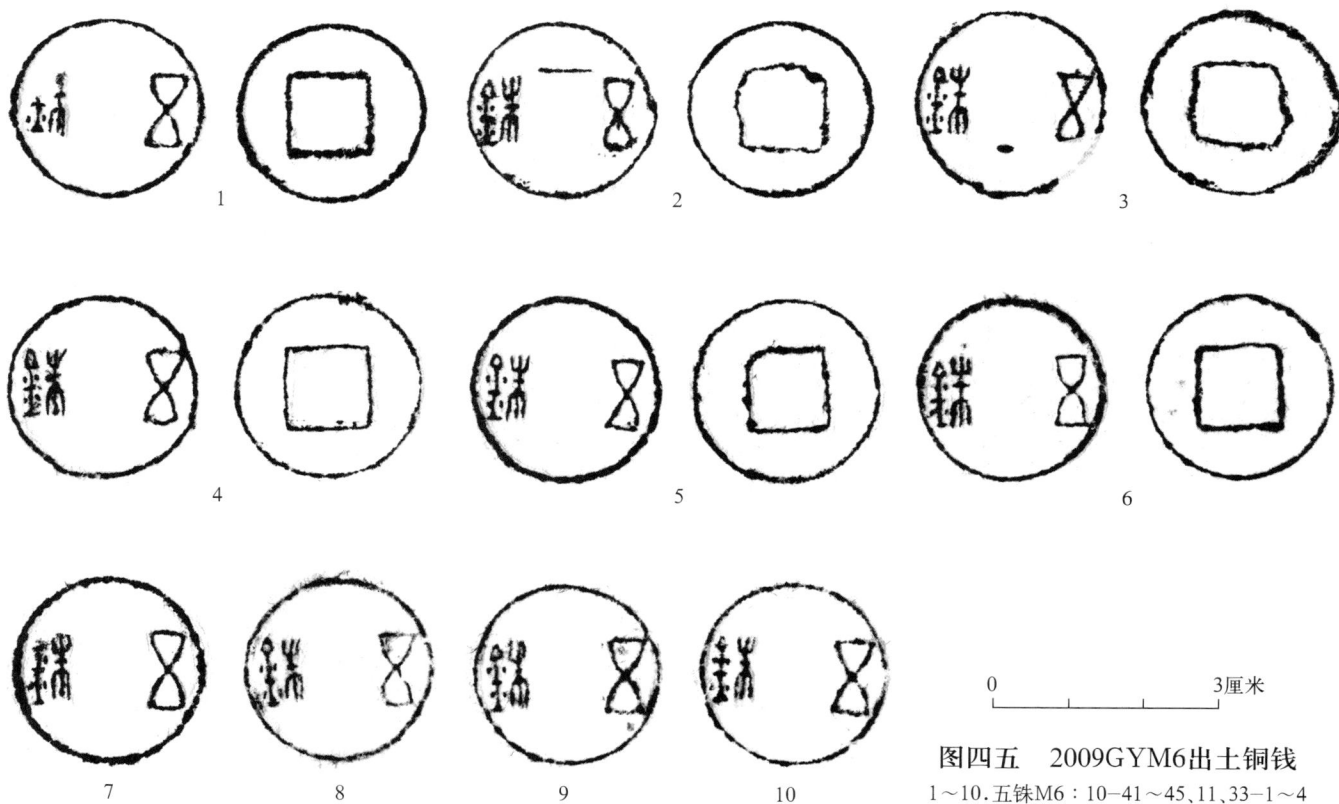

图四五　2009GYM6出土铜钱
1~10.五铢M6：10-41~45、11、33-1~4

六 2009GYM11

M11 位于墓地中部偏西，北侧和 M12、M13 相邻，东侧和 M10 相近。

（一）墓葬形制

该墓为长方形竖穴墓道土洞墓，墓向为 162°。由长方形竖穴墓道、封门和墓室组成，墓道在南，墓室在北（图四六；彩版一七，1）。

1.墓道

平面呈长方形，长约 2.44、宽 1.16、深 3.40 ～ 3.46 米。底部北侧略高。至地表深 3.66 ～ 3.72 米。壁加工光滑垂直，规整整齐。

2.封门

墓室和墓道之间有 3 块竖向封门木板，从腐朽后痕迹看，板宽 0.30 ～ 0.34、高约 0.88 米，厚约 6 厘米（彩版一七，2）。

3.墓室

位于墓道的北侧，拱顶，平底，底北部较高（彩版一八，1）。长约 3.04、底宽 0.80 ～ 0.90、高 0.88 ～ 1.04 米。墓室顶距地表 2.48 ～ 2.60、墓室底距地表 3.46 ～ 3.58 米。在棺下设置有伏木 2 根，长约 2.72、直径约 0.8 米，用于支撑棺木，防止受潮。伏木之间间距 0.24 ～ 0.32 米。

（二）葬式葬具

墓室内发现有单棺，仅余朽木痕迹。棺长 1.98、宽 0.58 ～ 0.60、残高 0.56 米，棺板厚 4 厘米。在棺木顶上靠近墓室口方向，放置有陪葬陶罐。

棺内有 35 ～ 40 岁男性骨架 1 具，身长 1.6 米，保留较好，为仰身直肢葬，头向南，面向上。

（三）随葬品出土情况

随葬品均出土于墓室之内。4 件陶罐均出土于棺外，其中陶罐（M11：4）位于棺木东南侧，出土时器物倾斜放置，口部朝向墓道。陶罐（M11：1 ～ 3）均位于棺木上，口部朝上，陶罐（M11：1）略有倾斜。棺内出土随葬品较少，铜镜（M11：5）在墓主人左肩处，出土时裂为两块。另外在墓主人的左肩、右肩和盆骨左侧，各有 1 件漆器，直径 8 ～ 10 厘米，但是无法提取，也无法辨别器形。

（四）出土遗物

出土遗物 8 件，其中陶器 4 件、铜镜 1 件、漆器 3 件。

1.陶器

4 件陶罐。

陶罐 4 件。

标本 M11：1，泥质灰陶。侈口，方唇，唇上有一周凹槽，束颈，鼓腹，平底。器身有数道弦纹。口径 9.6、底径 8.3、高 16.3 厘米（图四七，1）。

标本 M11：2，泥质灰陶。侈口，方唇，唇上有一周凹槽，矮直颈，鼓腹，平底。上腹饰竖向绳纹，器身有数道弦纹。口径 15.2、底径 13.6、高 22.8 厘米（图四七，2）。

标本 M11：4，泥质灰陶。侈口，小平沿，方唇，唇上有一周凹槽，矮直颈，鼓腹，平底。器身有数道弦纹。口径 9.8、底径 8、高 15.2 厘米（图四七，3）。

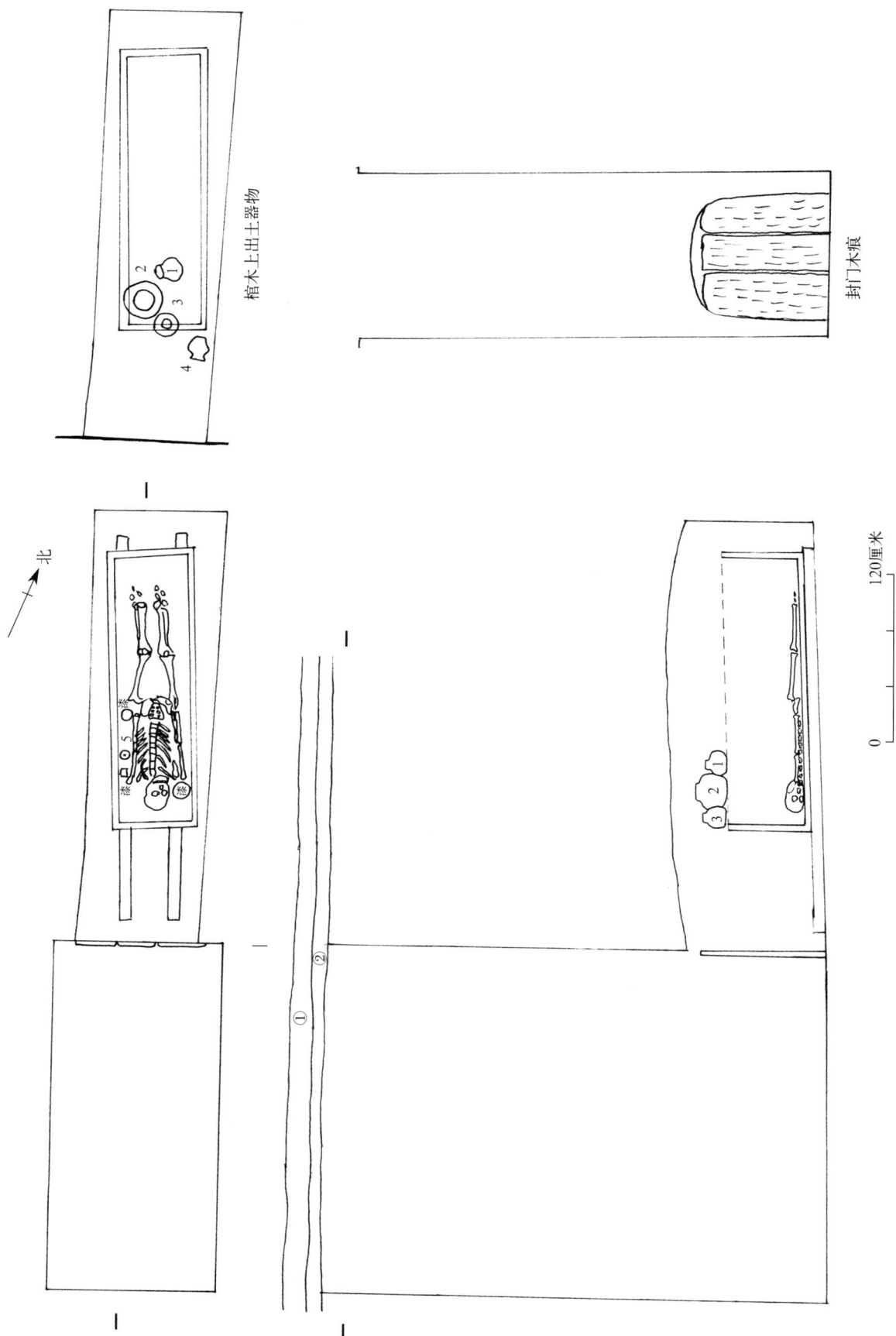

棺木上出土器物

封门木痕

北

120厘米

0

图四六　2009GYM11平、剖面图

1~4.陶罐　5.铜镜

标本 M11：3，口沿部缺失，泥质灰陶。矮直颈，鼓腹，平底稍内凹。腹部有数道弦纹。颈部有 2 个穿孔。底径 8.3、高 13.4 厘米（图四七，4）。

2.铜器

四乳铜镜　1 件。

标本 M11：5，圆形，尖拱桥形纽，背面边缘微翘，宽素边缘，镜面平整。镜背面外有一圆，内有四乳，中间有三道方框。在四乳之间阳刻有"常乐未央长毋相忘"八字。面径 7.35、背径 7.05、纽高 0.3、纽宽 0.7、缘厚 0.25、缘宽 0.85、肉厚 0.15 厘米，重 230 克（图四七，5、6；彩版一八，2）。

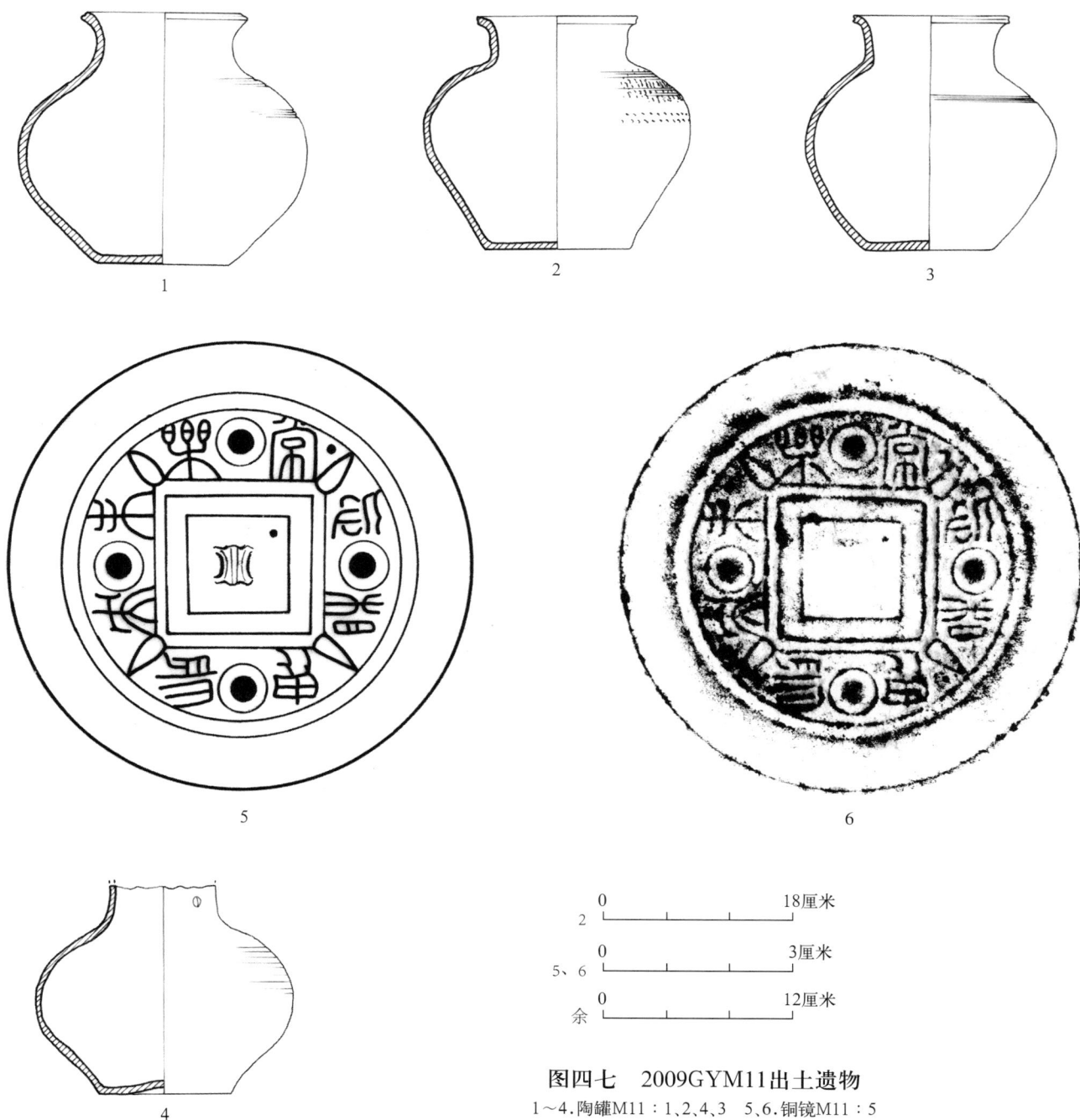

图四七　2009GYM11出土遗物

1～4.陶罐M11：1、2、4、3　5、6.铜镜M11：5

3．漆器

3 件。在墓主人的左肩、右肩和盆骨左侧，各有 1 件漆器，直径 8 ～ 10 厘米，只能看出范围，无法辨别器形。

七　2009GYM12

M12 位于墓地北部，北侧和 M13 相近，南侧和 M12 相近。

（一）墓葬形制

M12 为竖穴墓道土洞墓，墓向 86°，近东西向。由墓道和墓室组成（图四八）。

1．墓道

平面为长方形，口大底小，口长约 2.9、宽约 1.2、底部长 2.85、宽 1.00 ～ 1.12、深 3.20 ～ 3.24 米。

2．封门

位于墓道和墓室之间，宽 0.9、厚 0.24 米。封门顶部呈斜坡状，外侧稍高，内侧稍低，高 0.72 ～ 0.94 米。直接用土填充封门。

3．墓室

墓室位于封门东侧，拱顶，平底。墓室长约 3.3、宽 0.9、高 0.72 ～ 0.8 米。

（二）葬式葬具

墓室内有单棺，位于墓室偏东部。棺木腐朽仅余痕迹，长 2、宽 0.6 米。

棺内有 35 ～ 40 岁女性人骨 1 具，侧身平躺，头西向，面向北，身长 1.72 米，头部和腿部腐朽严重。

（三）随葬品出土情况

随葬陶器均分布在棺外临近封门处，棺内随葬 3 枚铜钱。陶罐（M12：1）出土时口部朝上。陶罐（M12：4）出土时口部稍向南倾斜。陶罐（M12：2）出土时口部已经残损，口略向北侧倾斜。圜底釜（M12：3）出土时已碎裂，可能和后期墓室顶部坍塌堆土有关。墓室内出土遗物较少，仅在墓主左肩处发现铜钱 1 枚，盆骨右侧发现铜钱 2 枚。

（四）出土遗物

出土遗物 7 件，其中陶器 4 件、铜钱 3 枚。

1．陶器

陶器 4 件，其中圜底釜 1 件、陶罐 3 件。

圜底釜　1 件。

标本 M12：3，泥质灰陶。直口微侈，圆唇，矮直颈，圆腹，圜底。下腹饰有横向篮纹。口径 10.7、高 13 厘米（图四九，1）。

陶罐　3 件。

标本 M12：1，泥质灰陶。侈口，小平沿稍内斜，方唇，唇上有一周浅槽，矮直颈，鼓腹，平底。上腹有数道明显凹弦纹，下腹处有三道不甚明显的凹弦纹。口径 12.6、底径 10.8、高 28.6 厘米（图四九，2）。

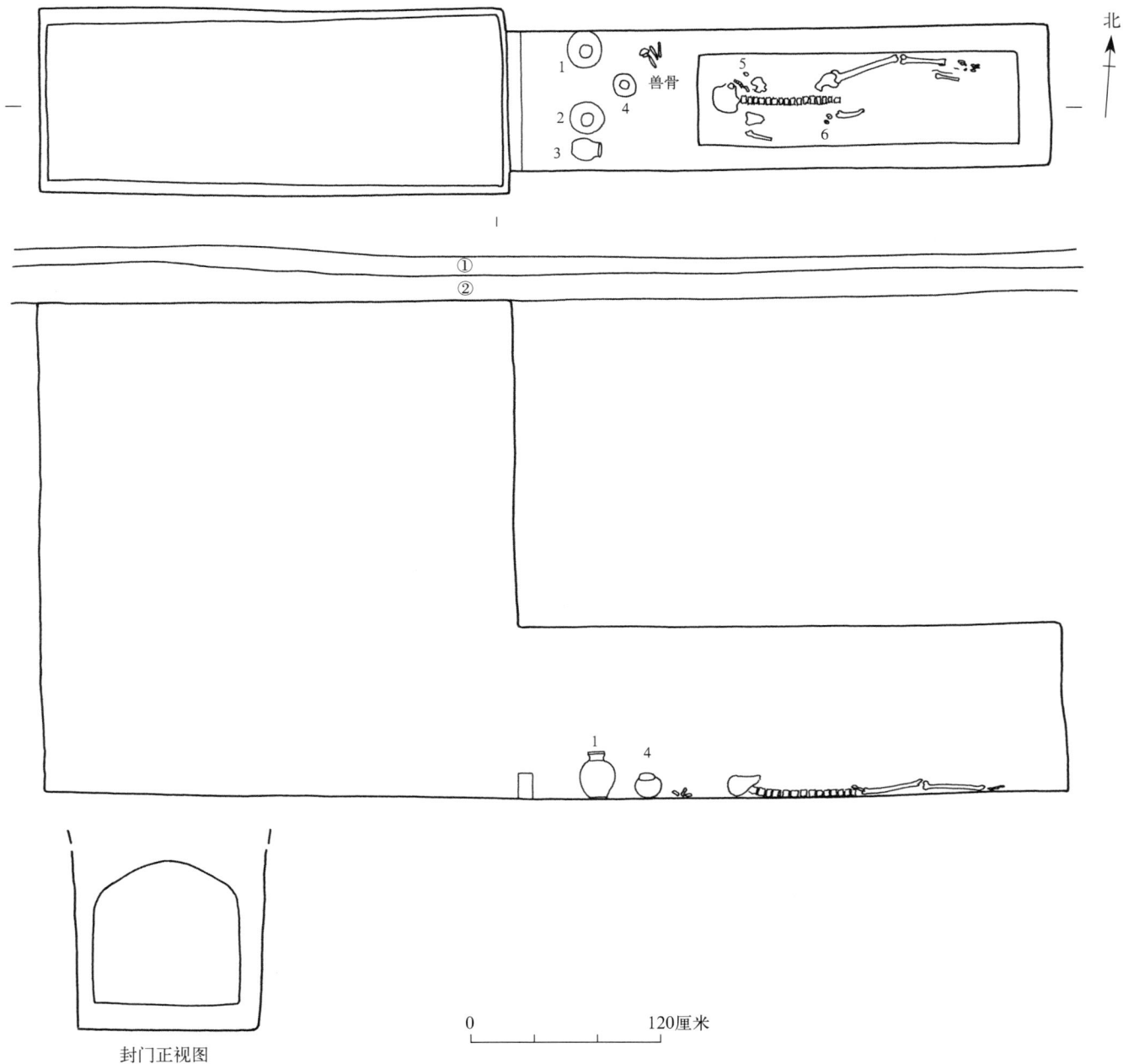

图四八 2009GYM12平、剖面图

1、2、4.陶罐 3.圜底釜 5、6.铜钱

标本 M12：4，泥质灰陶。侈口，小平沿稍内斜，方唇，唇上有一周浅槽，矮直颈，鼓腹，平底稍内凹。器身有刮抹形成的弦纹。口径9.8、底径7.2、高14.1厘米（图四九，3）。

标本 M12：2，泥质灰陶。口沿及颈部已残损，鼓腹，平底。颈部有一对称钻孔，或是用于系绳提罐所用。底径10.8、残高15.8厘米（图四九，4）。

2.铜器

半两 铜钱3枚（图五〇），详情见表三。

表三　杨家庄M12出土铜钱统计表

（单位：毫米、克）

编号	特征		郭径	钱径	穿宽	郭宽	郭厚	肉厚	重量	备注
	文字	记号								
M12：5	半两		21.5		8.9			1.771	2.18	残
M12：6-1	半两，两字中间简化成十字		22.2		7.3			0.849	2.1	残
M12：6-2	半两		22.4		7.4				2.1	残

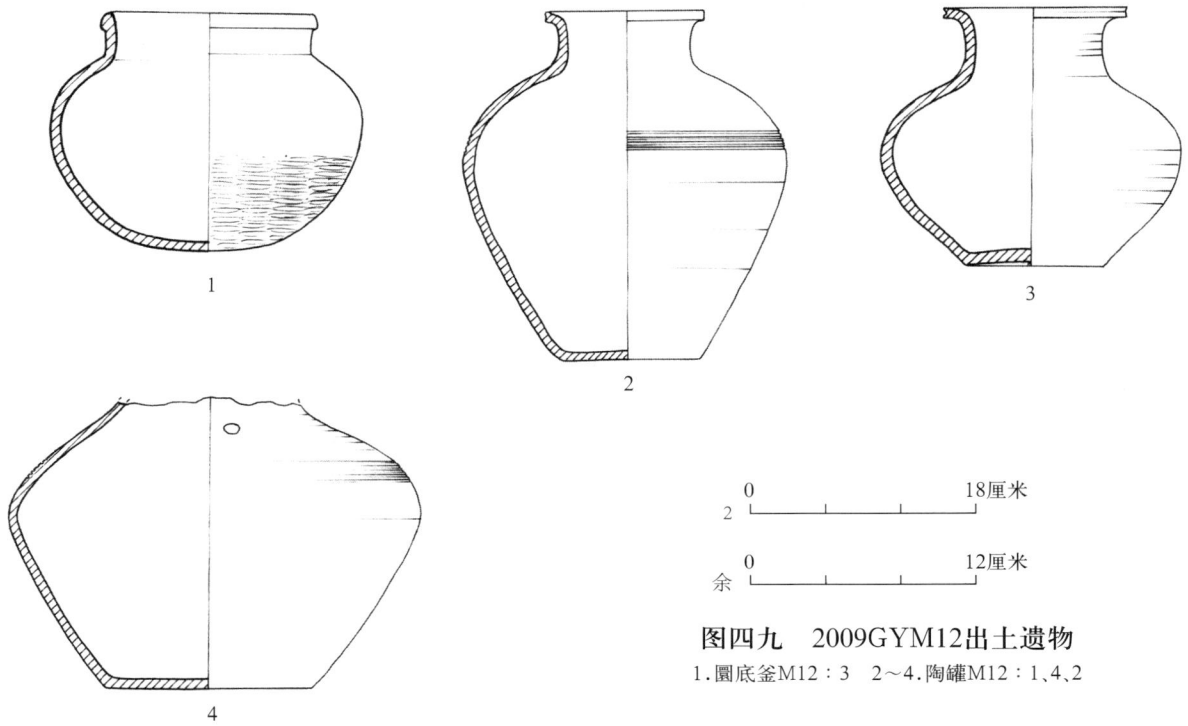

图四九　2009GYM12出土遗物
1.圜底釜M12：3　2～4.陶罐M12：1、4、2

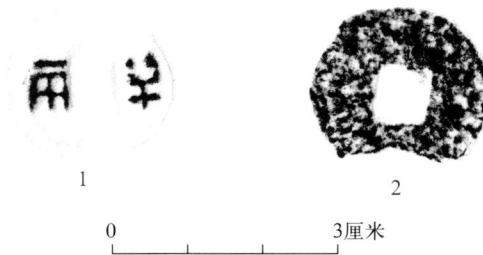

图五○　2009GYM12出土铜钱
1、2.半两M12：6-1、2

第二节 东汉墓

东汉墓共 5 座，分别为 2009GYM7、M8、M13 ～ M15。

一 2009GYM7

M7 位于墓地中部，南临 M6，北侧和 M9、M10 相近。

（一）墓葬形制

该墓为长斜坡墓道竖穴土圹墓，墓向 79°，为东西向。由墓道、甬道和墓室组成，墓道居东，墓室居西（图五一；彩版一九，1）。

1. 墓道

平面呈长方形，因其他原因，未清理完全。已清理部分长约 3.66、宽约 1 米，底为斜坡，坡度为 18°。斜长约 4.84、深 3.3 ～ 4.5 米，至地表深 4 ～ 5.2 米，壁加工光滑垂直，规整整齐。墓道内填土为夯土，为粗夯，不甚坚硬。

2. 甬道

为拱顶土洞，与墓道同宽。底长 1.86 ～ 1.9、宽约 1 米。顶斜长 2.1、底斜长 2.1 米。甬道底面比墓道底面低 0.16 米，在甬道南北两侧各铺有一根直径 8 厘米的伏木，连接墓道和墓室。

3. 墓室

为竖穴土圹，与甬道相连。墓室长约 5.16、宽约 3、深 5.6 ～ 5.96 米，墓室底部地表深 6.3 ～ 6.66 米。四壁垂直规整，无二层台，填土为夯土，夯打紧密，坚硬（图五二；彩版一九，2）。夯土层每层厚约 20 厘米，夯土全深约为 3.6 米以上。

在墓室东北角，有一圆角方形盗洞，长 0.74、宽 0.66 米，盗洞未到墓室。

（二）葬式葬具

墓室内发现一棺一椁。椁板紧贴墓室四壁，板厚约 6 厘米，南、北两壁椁板痕迹保留较好，椁内长约 5、宽约 2.86 米，椁板痕迹残留高度约为 1.2 米，椁底有髹漆痕迹。椁室顶部有棚木顶板，清理时已经腐朽，仅余痕迹。从残留痕迹看，在距西 0.46、距东约 0.5 米的范围皆铺满板，南、北皆至墓室壁，板厚 6 ～ 8 厘米，宽约 0.24 米左右（图五三）。椁底范围较小，仅长 3.3、宽 2.04 米，腐朽严重，仅余朽木痕迹。

木棺斜放于墓室后半部的北部，平面为梯形，外长约 2.16、宽 0.54 ～ 0.68 米，棺板厚约 5 厘米。木棺北侧有两块木板，南边的长 2.36、宽 0.08 ～ 0.20 米，北侧木板长 2.6、宽 0.20 ～ 0.26 米。木板下有 8 根直径约 24 厘米的南北向伏木，清理后伏木范围为东西长 2.6、南北宽 1.2 米。应是在椁底板之上放置伏木，其上放置木板，最后将棺木放置在木板之上。

棺内有 30 ～ 35 岁男性骨架 1 具，已腐朽成粉末，但可看出朽痕，为仰身直肢葬，头向东，面向上。

（三）随葬品出土情况

随葬品多分布在墓室内，仅有 1 件铁锸出土于墓道内。其余均分布在墓室内，因墓室填土曾

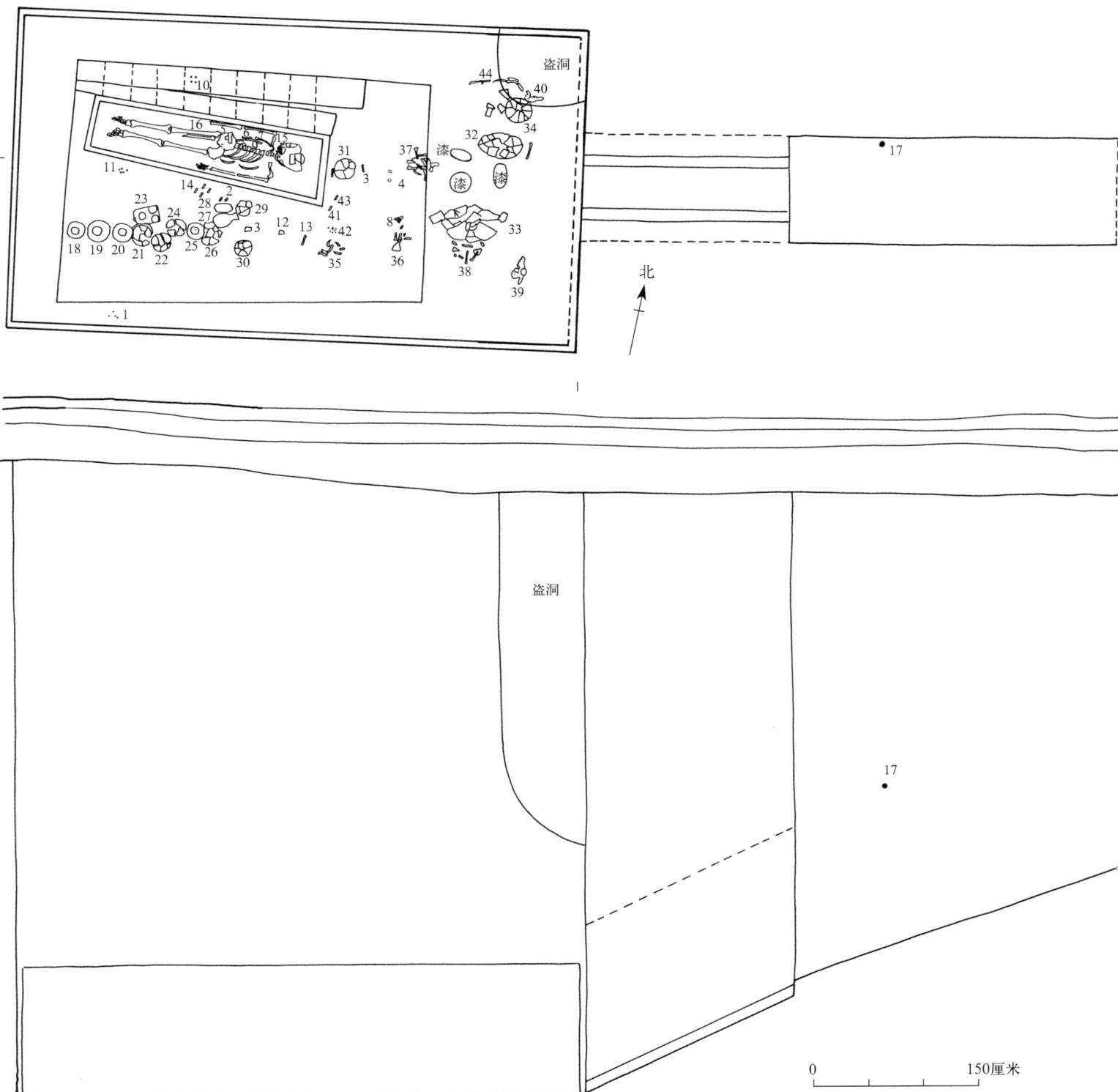

图五一　2009GYM7平、剖面图

1、4、5、10、11、42.铜钱　2、3、12、41、43.铜车軎　6.铜带钩　7.铁钱　8.铜衔镳　9.陶球　13.铜当卢　14.铜盖弓帽
15.玛瑙器　16.环首铁刀　17.铁锸　18～22、24～27.陶壶　23.陶灶　28～34.陶罐　35～40.兽骨　44.单耳三足罐

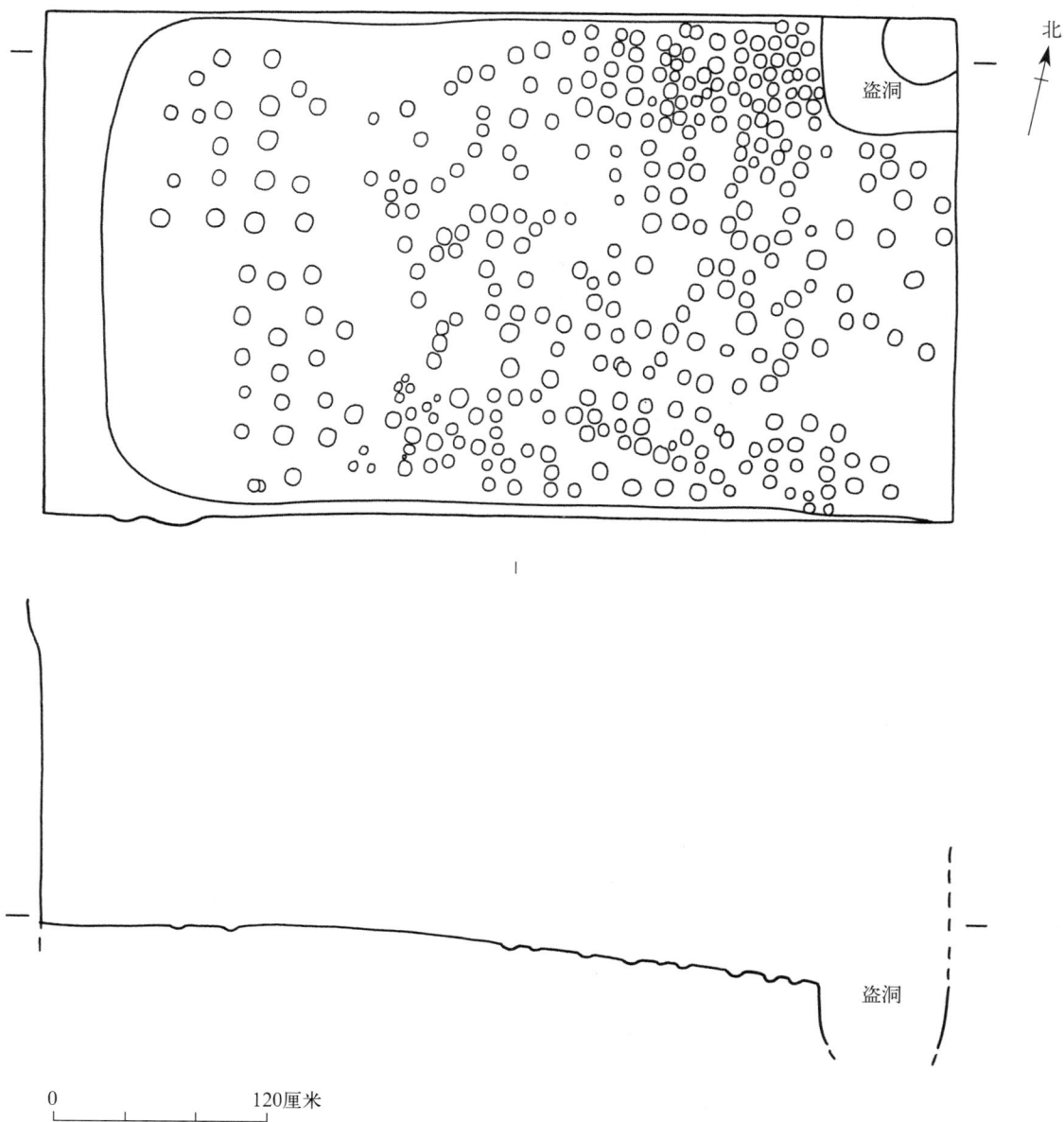

图五二　2009GYM7墓室夯筑痕迹

经夯筑，随葬陶器出土时均已碎裂。

墓室前侧椁底木板西侧随葬有兽骨和陶罐，单耳三足罐（M7：44）和3件陶罐（M7：32～34）均出土在这个区域，在兽骨中的空置区域发现有3处漆器痕迹，无法提取。木棺东侧主要有动物骨骼、铜钱、铜车軎、铜衔镳等。主要随葬器物均分布在木棺南侧，出土有陶罐、铜当卢、铜车軎、铜盖弓帽、铜钱等。棺北侧仅出土有少量铜钱（M7：10）。棺内出土随葬品较少，在墓主人口中发现有玛瑙珠（M7：15）1枚,在右臂内侧发现锈蚀铁钱（M7：7）1枚,脊柱中部发现陶球（M7：9）1件,脊椎临近骨盆处发现铜带钩（M7：6）1件，在骨盆处发现有1串铜钱（M7：5），出土时似被丝织品缠绕，在右侧大腿边出土环首铁刀（M7：16）1件。

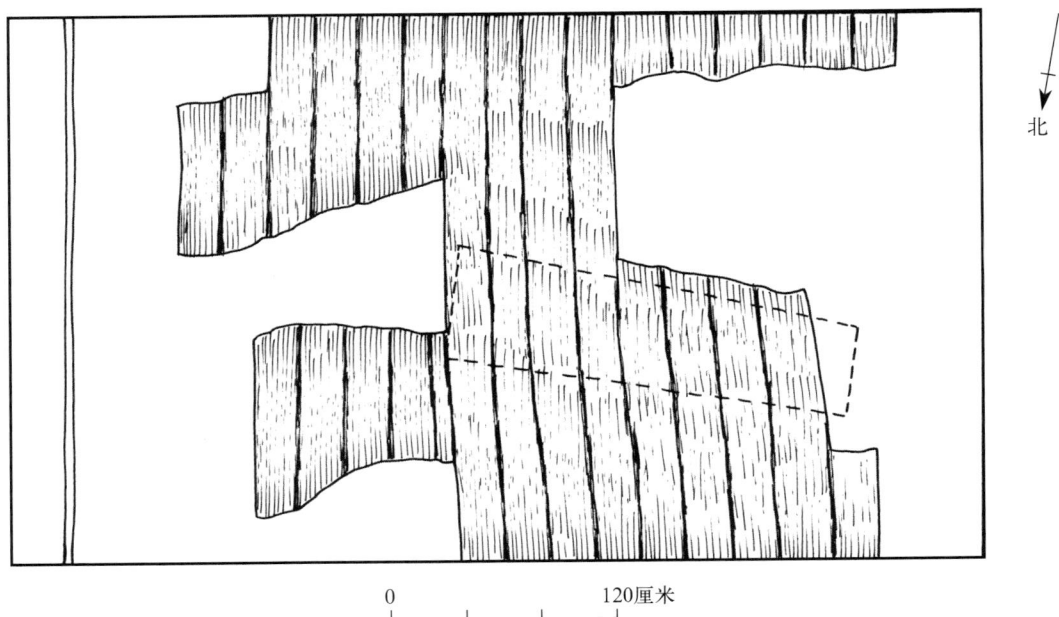

北

0　　　　　　　120厘米

图五三　2009GYM7樟顶棚木痕迹

（四）出土遗物

出土遗物 113 件。有陶器、铜器、铁器、玛瑙器、漆器等。

1.陶器

22 件。其中陶壶 9 件、单耳三足罐 1 件、陶罐 7 件、陶灶 1 组 4 件、陶弹丸 1 件。

陶壶　9 件。泥质灰陶。侈口，方唇稍外斜，束颈，鼓腹，高圈足。腹部有一对称器纽，和器物本身之间有一穿孔。

标本 M7：19，器身整体饰白色底色，在其上墨绘衔环铺首，器纽刚好用作铺首鼻子。一侧铺首保存较好，另外一侧仅余圆环。上腹和中腹各有两道凹弦纹。口径 10.2、底径 10.2、高 25.5 厘米（图五四，1；彩版二〇，1）。

标本 M7：18，上腹和中腹各有一道凸棱。口径 9.6、底径 9.2、高 21.2 厘米（图五四，2）。

标本 M7：20，上腹和中腹各有两道凹弦纹。口径 10、底径 10.8、高 24.8 厘米（图五四，3）。

标本 M7：21，上腹和中腹各有一道凸棱。口径 9.6、底径 9.6、高 21.1 厘米（图五四，4）。

标本 M7：22，上腹和中腹各有一道凸棱。口径 9.8、底径 9.5、高 21 厘米（图五四，5）。

标本 M7：24，上腹和中腹各有一道凸棱。口径 9.6、底径 9.4、高 21.2 厘米（图五四，6）。

标本 M7：25，上腹和中腹各有一道凸棱。口径 9.8、底径 9.4、高 21.2 厘米（图五四，7）。

标本 M7：26，上腹和中腹各有一道凸棱。口径 10.2、底径 9.6、高 22 厘米（图五四，8）。

标本 M7：27，上腹和中腹各有一道凸棱。口径 9.3、底径 9.4、高 20.3 厘米（图五五，5）。

单耳三足罐　1 件。

标本 M7：44，夹砂红陶。侈口，圆唇，束颈，鼓腹，圜底，足部有三矮短足。口沿及颈部有一单耳。口径 7.5、高 11.8 厘米（图五五，6；彩版二〇，2）。

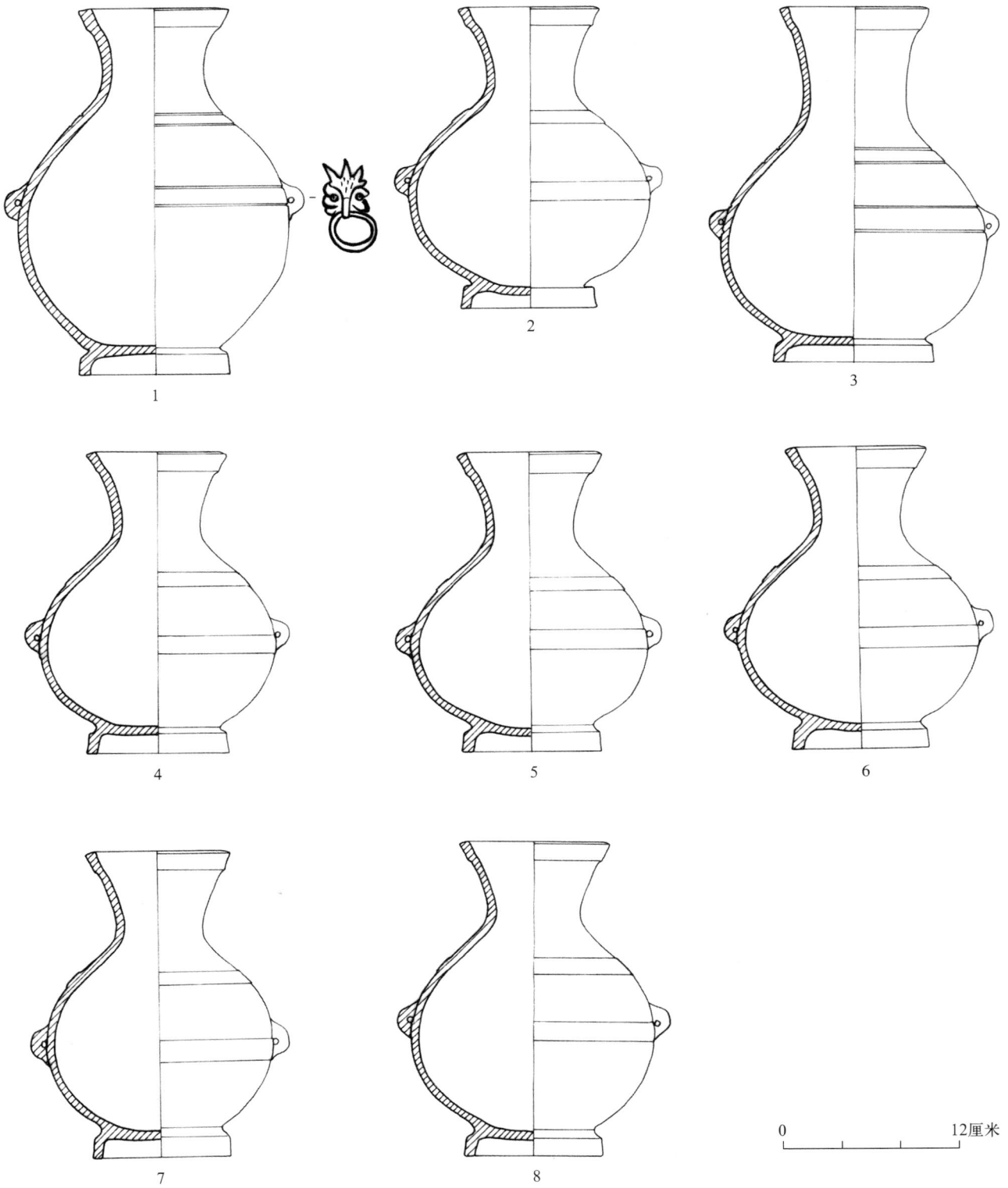

图五四　2009GYM7出土陶壶

1～8.M7：19、18、20～22、24～26

陶罐 7件。

标本 M7：30，泥质灰陶。侈口，小平沿，方唇，唇上有一周凹槽，束颈，鼓腹，平底。上腹有刮抹形成的弦纹，腹部饰有竖向绳纹，用三道弦纹将其划分为不同的区域，最下一条弦纹用作区分绳纹和下腹部素面的界限。口径 10、底径 12、高 31.2 厘米（图五五，1）。

标本 M7：34，泥质灰陶。侈口，小平沿，方唇，唇上有一周凹槽，束颈，鼓腹，平底。上腹有刮抹形成的弦纹，腹部饰有竖向绳纹，用三道弦纹将其划分为不同的区域，最下一条弦纹用作区分绳纹和下腹部素面的界限。口径 10.6、底径 14.6、高 32.6 厘米（图五五，4）。

标本 M7：31，泥质灰陶。侈口，小平沿，方唇，唇上有一周凹槽，束颈，鼓腹，平底。口径 8.3、底径 8、高 19.8 厘米（图五五，2）。

标本 M7：32，泥质红陶。侈口，小平沿，尖圆唇，束颈，鼓腹，平底。下腹部饰横向篮纹。口径 20、底径 9.6、高 29.8 厘米（图五五，3）。

标本 M7：28，泥质灰陶。近直口，方唇，唇上有一周凹槽，矮直颈，鼓腹，平底。下腹近底部有一穿孔。口径 9.2、底径 5.8、高 8.8 厘米（图五六，1）。

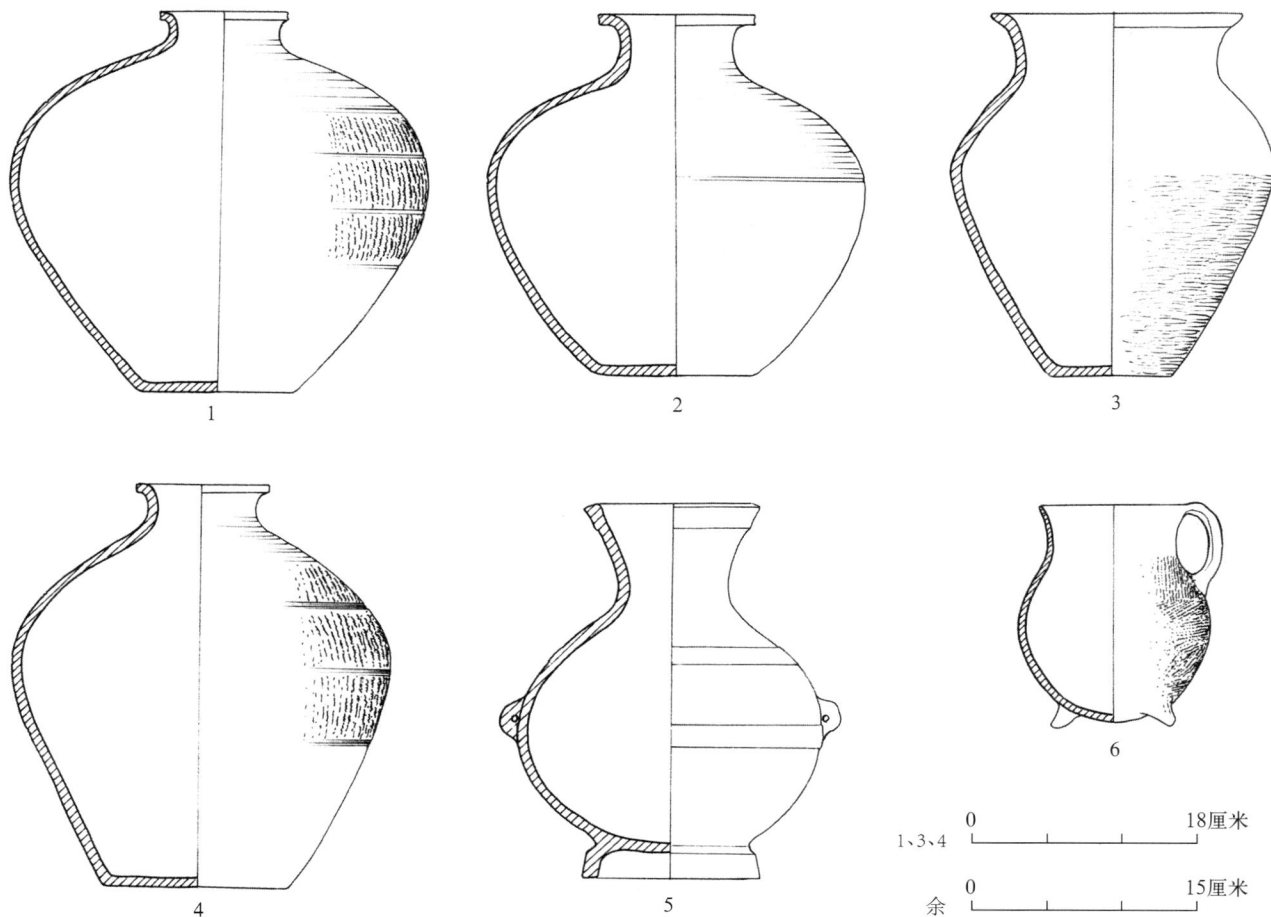

图五五　2009GYM7出土陶器
1～4.陶罐M7：30、31、32、34　5.陶壶M7：27　6.单耳三足罐M7：44

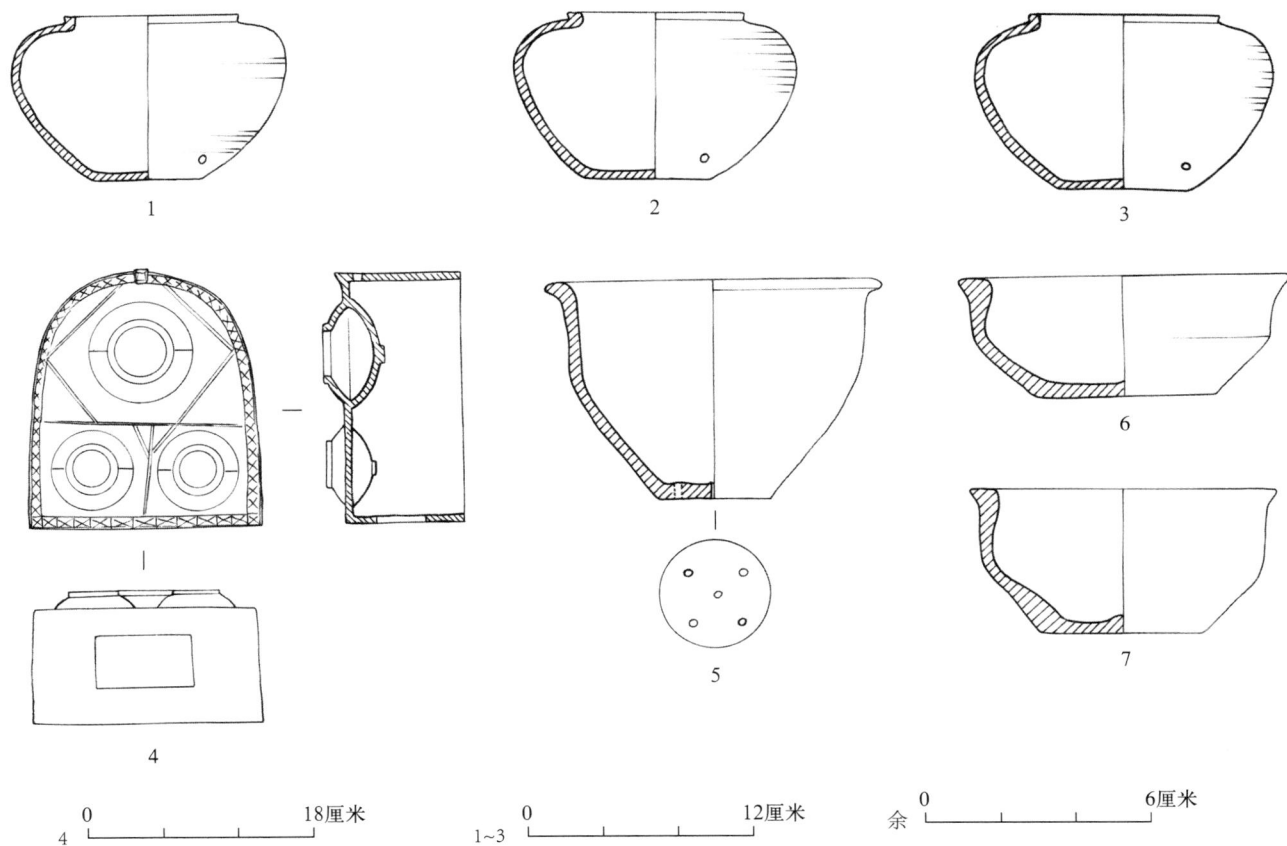

图五六 2009GYM7出土陶器

1～3.陶罐M7：28、29、33 4.陶灶M7：23-1 5.小陶甑M7：23-2 6、7.小陶盆M7：23-3、4

标本M7：29，泥质灰陶。近直口，方唇，唇上有一周凹槽，矮直颈，鼓腹，平底。下腹近底部有一穿孔。口径9.4、底径6.5、高9厘米（图五六，2）。

标本M7：33，泥质灰陶。近直口，方唇，唇上有一周凹槽，矮直颈，鼓腹，平底。下腹近底部有一穿孔。口径10、底径6.8、高9.4厘米（图五六，3）。

陶灶 1套4件。均为泥质灰陶。

陶灶 1套。

标本M7：23-1，整体呈马蹄形，前方后圆，三个火眼呈"品"字形分布，后侧有短柱形烟囱和圆形尾孔，前有长方形灶门。灶面有几何方格纹饰。长21.3、宽18.6、高11厘米（图五六，4）。

小陶盆 2件。敛口，圆唇，上腹较直，下腹及底部有人为刮削痕迹，平底。底部有切割形成的圆环纹。

标本M7：23-3，口径8.8、底径4.7、高3.3厘米（图五六，6）。

标本M7：23-4，口径8.15、底径4.4、高3.95厘米（图五六，7）。

小陶甑 1件。

标本M7：23-2，近直口，圆唇微卷，上腹较直，平底，底部有七个小孔。口径8.9、底径2.9、高5.9厘米（图五六，5）。

陶球　1件。

标本 M7：9，泥质红陶。呈圆球状，器表较为粗糙。直径 2.1 厘米（图五七，17）。

2.铜器

84 件。其中铜带钩 1 件、铜当卢 1 件、铜衔镳 1 件、铜车軎 6 件、铜盖弓帽 4 件、铜钱 71 枚。

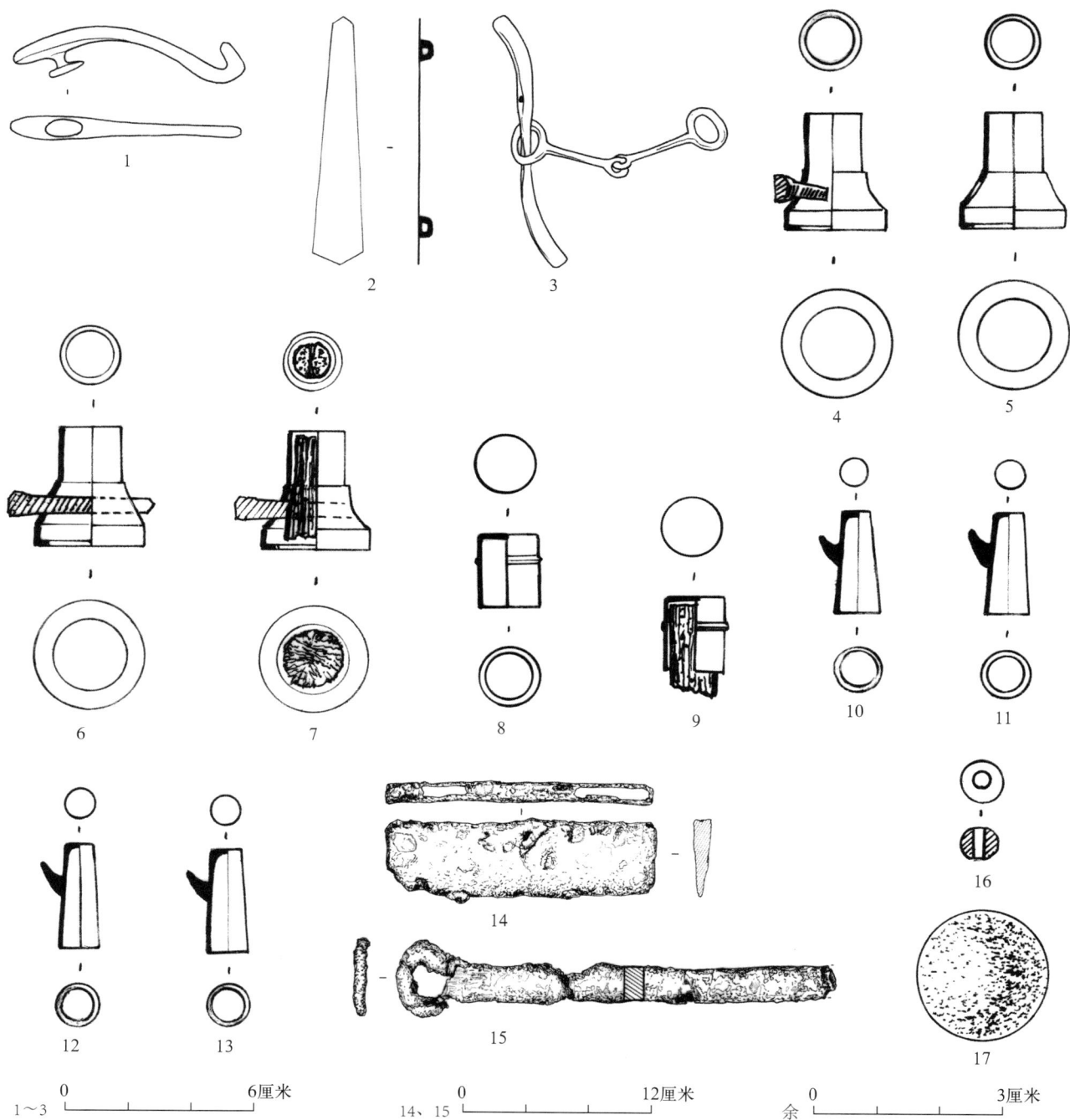

图五七　2009GYM7出土遗物

1.铜带钩M7：6　2.铜当卢M7：13　3.铜衔镳M7：8　4～7.铜车軎M7：2-1、2-2、3、12　8、9.无车辖铜车軎M7：41、43　10～13.铜盖弓帽M7：14-1～4　14.铁锸M7：17　15.环首铁刀M7：16　16.玛瑙器M7：15　17.陶球M7：9

铜带钩 1件。

标本M7：6，整体呈"S"形，钩首蛇形，钩体琵琶形，剖面呈三角形，椭圆形柱帽形纽位于钩背中部。长7.6、纽径0.55～1.15厘米（图五七，1）。

铜当卢 1件。

标本M7：13，器表有锈蚀。整体扁平，似马面形，方形纽，纽上有一穿孔。长8.1、宽0.65～1.6厘米（图五七，2）。

铜衔镳 1件。

标本M7：8，器身有锈蚀。马镳呈"S"形，马衔有2节，每节两侧各有一环用于衔接本身和马衔。马镳一侧保存较好，另一侧残损。马衔长6.8、马镳长8.4、宽0.6厘米（图五七，3）。

铜车軎 6件。

带车辖车軎，4件。喇叭形，器身上部较下部细，连接处似凸棱鼓起，下部两侧各有一辖孔，器身内中空。

标本M7：2-1，器身残存有一辖钉。长1.9、直径0.9～1.65厘米（图五七，4）。

标本M7：2-2，长1.9、直径0.9～1.7厘米（图五七，5）。

标本M7：3，器身残存有一辖钉，穿透两侧辖孔。长2、直径0.95～1.8厘米（图五七，6）。

标本M7：12，器身残存有一辖钉，器身内残存有朽木。长1.95、直径0.9～1.75厘米（图五七，7）。

无车辖铜车軎 2件。近直桶状，顶部封闭，内部中空，器身有一周凸棱。

标本M7：41，长1.2、直径1厘米（图五七，8）。

标本M7：43，器身内残存有朽木。长1.2、直径1、朽木长1.7厘米（图五七，9）。

铜盖弓帽 4件。柱状，一端中空，一端平顶，器身有倒刺。

标本M7：14-1～4，长1.7、直径0.5～0.8厘米（图五七，10～13）。

五铢 铜钱71枚（图五八～六三），详情见表四。

表四 杨家庄M7出土铜钱统计表

（单位：毫米、克）

编号	特征		郭径	钱径	穿宽	郭宽	郭厚	肉厚	重量	备注
	文字	记号								
M7：1-1	"五"字中间两笔较直，"铢"金字头三角形		25.4	22.1	9.5	0.8	1.5	1.292	3.93	
M7：1-2	"五"字中间两笔较弯曲，上下对称，"铢"金字头三角形		25.9	21.9	9.4	1	1.5	1.32	3.59	
M7：1-3	"五"字中间两笔较弯曲，"铢"金字头三角形		25.2	21.4	8.9	0.8	1.1	1.318	3.16	
M7：1-4	"五"字中间两笔较弯曲，"铢"金字头三角形	穿上一横	25.4	21.5	9.9	0.8	1.7	1.208	3.46	

编号	特征		郭径	钱径	穿宽	郭宽	郭厚	肉厚	重量	备注
	文字	记号								
M7：1-5	"五"字中间两笔较弯曲，"铢"金字头三角形	穿上一横	25.2	22	9.8	0.8	1.5	1.861	3.91	
M7：1-6	"五"字中间两笔较弯曲，"铢"金字头三角形	穿上一横	25.1	22.1	9.5	0.8	1.5	1.317	3.87	
M7：4-1	"五"字中间两笔较弯曲，"铢"金字头三角形	穿下半星	25	21.3	10	0.9	1.3	1.264	3.03	稍残
M7：4-2	"五"字中间两笔较弯曲，"铢"金字头三角形		25.5	21.3	9.4	1	1.5	1.272	3.61	
M7：5-1	"五"字中间两笔较弯曲，"铢"金字头三角形		25.4	22.3	9.4	1	1.4	1.248	3.24	
M7：5-2	"五"字中间两笔较弯曲，"铢"金字头三角形	穿上一横	25	22.1	9.7	1	1.2	1.693	3.5	
M7：5-3	"五"字中间两笔较弯曲，上下对称，较为矮胖，"铢"金字头三角形	穿下半星	25.7	22.2	9.3	1	1.9	1.587	3.76	
M7：5-4	"五"字中间两笔较弯曲，"铢"金字头三角形	穿上一横，背面无穿	25	22.2	9	1.1	1.7	1.92	3.89	
M7：5-5	"五"字中间两笔较弯曲，"铢"金字头三角形，朱字方折	穿上一横	25.8	22.2	9.2	1	1.4	1.237	3	
M7：5-6	"五"字中间两笔较弯曲，"铢"金字头三角形	穿上一横	25.1	21.7	10	0.8	1.5	1.584	3.15	
M7：5-7	"五"字中间两笔较弯曲，不甚规整	穿上一横	25.2	22.2	8.8	0.9	1.6	1.979	4.23	
M7：5-8	"五"字中间两笔较弯曲，"铢"金字头三角形		25.3	21.8	8.8	0.9	1.7	1.775	3.57	
M7：5-9	"五"字中间两笔较弯曲，"铢"金字头三角形	穿下半星	25.2	22.2	9	0.8	1.5	1.404	2.92	
M7：5-10	"五"字中间两笔较弯曲，左侧稍出头，"铢"金字头三角形	穿下半星	25.3	22.2	9.6	0.8	1.2	1.501	2.86	
M7：5-11	"五"字中间两笔较弯曲，"铢"金字头三角形，朱字方折	穿下半星	25.3	21.8	9.7	1.1	1.5	1.591	3.07	
M7：5-12	"五"字中间两笔较直，"铢"金字不太清晰		24.9	21.9	8.9	0.8	1.2	1.633	3.07	

编号	特征		郭径	钱径	穿宽	郭宽	郭厚	肉厚	重量	备注
	文字	记号								
M7：5—13	"五"字中间两笔较弯曲	穿上一横	25.2	22.4	9.4	0.9	1.7	1.624	4.16	
M7：5—14	"五"字中间两笔较弯曲，"铢"金字头三角形	穿下半星	25.3	21.7	9.2	0.8	1.4	1.181	3	
M7：5—15	"五"字中间两笔较弯曲，"铢"金字头三角形	穿下半星	25.1	21.9	9.4	1	1.3	1.234	3	
M7：5—16	"五"字中间两笔较弯曲，"铢"金字头三角形	穿上一横	25.2	22.4	10.1	0.9	1.4	1.034	2.47	
M7：5—17	"五"字中间两笔较弯曲，"铢"金字头三角形	穿上一横	25.3	21.5	9.4	1.2	1.8	1.299	3.56	
M7：5—18	"五"字中间两笔较弯曲，"铢"金字头三角形	穿下半星	26	22	9.7	1.1	2.1	2.036	4.58	
M7：5—19	"五"字中间两笔较弯曲，"铢"金字头三角形	穿下半星	25	20.9	9.5	1.2	1.4	1.48	3.7	
M7：5—20	"五"字中间两笔较弯曲，"铢"金字头三角形	无穿，"五铢"二字反印	25.4	22.4	9.2	1.7	1.5	2.388	4.44	
M7：5—21	"五"字中间两笔较弯曲，金字模糊不清	穿上一横	25.4	21.4	9.7	1.4	1.5	1.93	3.06	
M7：5—22	"五"字中间两笔较弯曲，"铢"金字头三角形	穿上一横	24.8	21.5	9.7	0.8	1.2	1.517	2.47	
M7：5—23	"五"字中间两笔较弯曲，"铢"金字头三角形		25.5	22.2	9.5	0.9	1.6	1.591	3.33	稍残
M7：5—24	"五"字中间两笔较弯曲，"铢"金字头三角形	穿上一横	25.3	22.6	9.3	0.9	1.5	1.857	3.66	
M7：5—25	"五"字中间两笔较弯曲	无郭边	25.4	22.1	9.3	1.2	1.5	2.699	4.46	
M7：5—26	"五"字中间两笔较弯曲，左右两侧稍出头		25.5	21.9	9.4	1.2	1.9	1.949	3.08	稍残
M7：10—1	"五"字中间两笔较弯曲，金字模糊不清		25.7	22.6	9.9	1	1.7	1.202	3.64	
M7：10—2	"五"字中间两笔较弯曲，"铢"金字头三角形		25.4	21.9	9.6	1	1.5	1.077	3.08	
M7：10—3	"五"字中间两笔较弯曲，"铢"金字头三角形	穿下半星	25.5	22.2	9.6	0.9	1.5	1.13	3.25	
M7：10—4	"五"字中间两笔较弯曲，"铢"金字头三角形		24.8	21.6	9.6	1	1.4	1.511	2.52	

编号	特征		郭径	钱径	穿宽	郭宽	郭厚	肉厚	重量	备注
	文字	记号								
M7:11-1	"五"字中间两笔较弯曲，"铢"金字头三角形	穿上一横	25	22.3	9.1	0.8	1.5	1.415	4.13	
M7:11-2	"五"字中间两笔较弯曲，"铢"金字头三角形	穿上一横	25.7	22.6	9.6	1.2	1.5	1.597	3.79	
M7:11-3	"五"字中间两笔较弯曲，"铢"金字头三角形		25.9	22.7	9.7	1.1	1.5	1.147	3.33	
M7:11-4	"五"字中间两笔较弯曲，"铢"金字头三角形	穿上一横	24.7	22	9.4	0.8	1.4	1.02	3.13	
M7:11-5	"五"字中间两笔较弯曲，"铢"金字头三角形		25.5	22	9.2	1	1.5	1.339	3.58	
M7:11-6	"五"字中间两笔较弯曲，"铢"金字头三角形		25.5	21.8	9.8	0.9	1.2	1.399	3.7	
M7:11-7	"五"字中间两笔较弯曲，"铢"金字头三角形		23	20	9	0.8	0.9	1.264	2.14	
M7:11-8	"五"字中间两笔较弯曲，"铢"金字头三角形	穿下半星	25.7	22.6	10.2	1.1	1.5	1.11	2.77	
M7:11-9	"五"字中间两笔较弯曲，"铢"金字头三角形	穿下半星	25.6	21.5	9.8	1	2	2.041	3.91	
M7:11-10	"五"字中间两笔较弯曲，"铢"金字头三角形	穿上一横	25.6	22.8	9.1	1	1.6	1.522	3.08	
M7:11-11	"五"字中间两笔较弯曲，"铢"金字头三角形	穿上一横	25.3	21.6	10.2	1	1.6	2.054	3.49	
M7:42-1	"五"字中间两笔较弯曲，"铢"金字头三角形	穿上一横	24.6	21.4	9.5	1.1	1.4	1.478	3.68	
M7:42-2	"五"字中间两笔较直，"铢"金字头三角形		25.1	21.5	9.4	1.1	1.7	1.207	3.68	
M7:42-3	"五"字中间两笔较弯曲，"铢"金字头三角形	穿上一横	24.7	22.1	9.7	1	1.5	1.689	3.71	
M7:42-4	"五"字中间两笔较弯曲，"铢"金字头三角形		25.5	21	9.6	1	1.5	1.195	3.21	
M7:42-5	"五"字中间两笔较弯曲		24.6	21.8	9.3	1	1.3	1.142	2.98	
M7:42-6	"五"字中间两笔较弯曲，上下对称	穿下半星	25.8	21.8	9.5	1.2	1.5	1.692	3.31	
M7:42-7	"五"字中间两笔较弯曲，"铢"金字头三角形	穿下半星	24.8	21.5	9.2	1.1	1.5	1.473	4.17	
M7:42-8	"五"字中间两笔较弯曲，"铢"金字不存		25	22.8	9.7	1.2	1.5	1.465	2.87	

3.铁器

3件，其中铁锸1件、环首铁刀1件、铁钱1枚。

铁锸　1件。

标本 M7：17，表面锈蚀严重。器身整体呈长方形，器身中空，尾部较厚，刃部较薄。中空部分应是用于插入木棍等物品便于使用。长 17.3、宽 5.1、厚 1.2 厘米（图五七，14）。

环首铁刀 1 件。

标本 M7：16，表面锈蚀较为严重。尾部呈环形，刀身呈长条状，前端刃部缺失。残长 27.9、尾宽 4.95、刀身宽 2.3 厘米（图五七，15）。

铁钱 1 枚。

标本 M7：7，锈蚀严重，仅余残片，无法辨识字体。

4.玛瑙器

玛瑙器 1 件。

标本 M7：15，橘红色。整体呈扁圆球状，腹部较宽，中部有一圆形穿孔。最大腹径 0.6、高 0.5、孔径 0.25 厘米（图五七，16）。

5.漆器

在墓室前侧发现有 3 片漆器痕迹范围，应是 3 件漆器，但因保存情况较差，无法辨别是何器形。

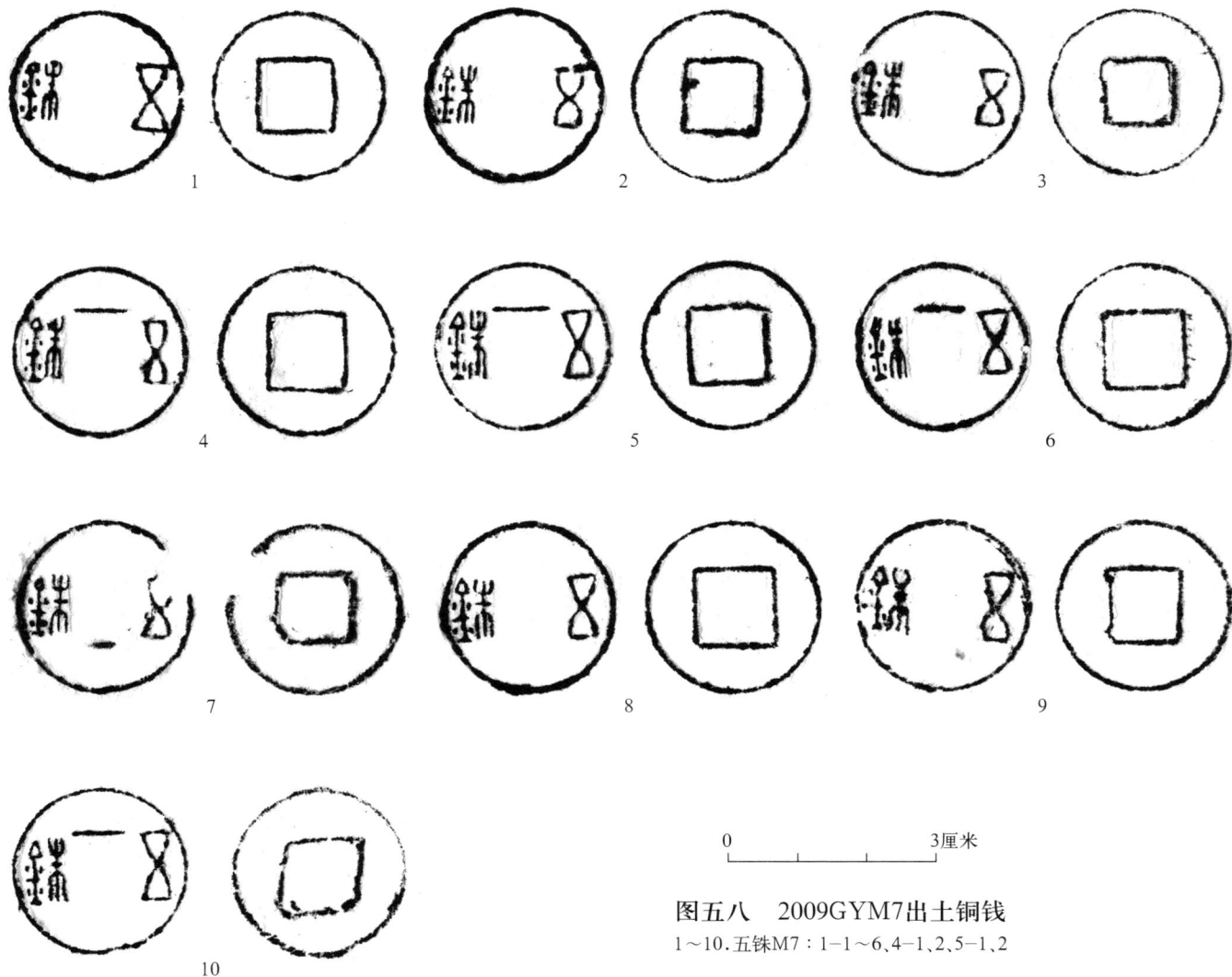

图五八 2009GYM7出土铜钱

1～10.五铢M7：1-1～6、4-1、2、5-1、2

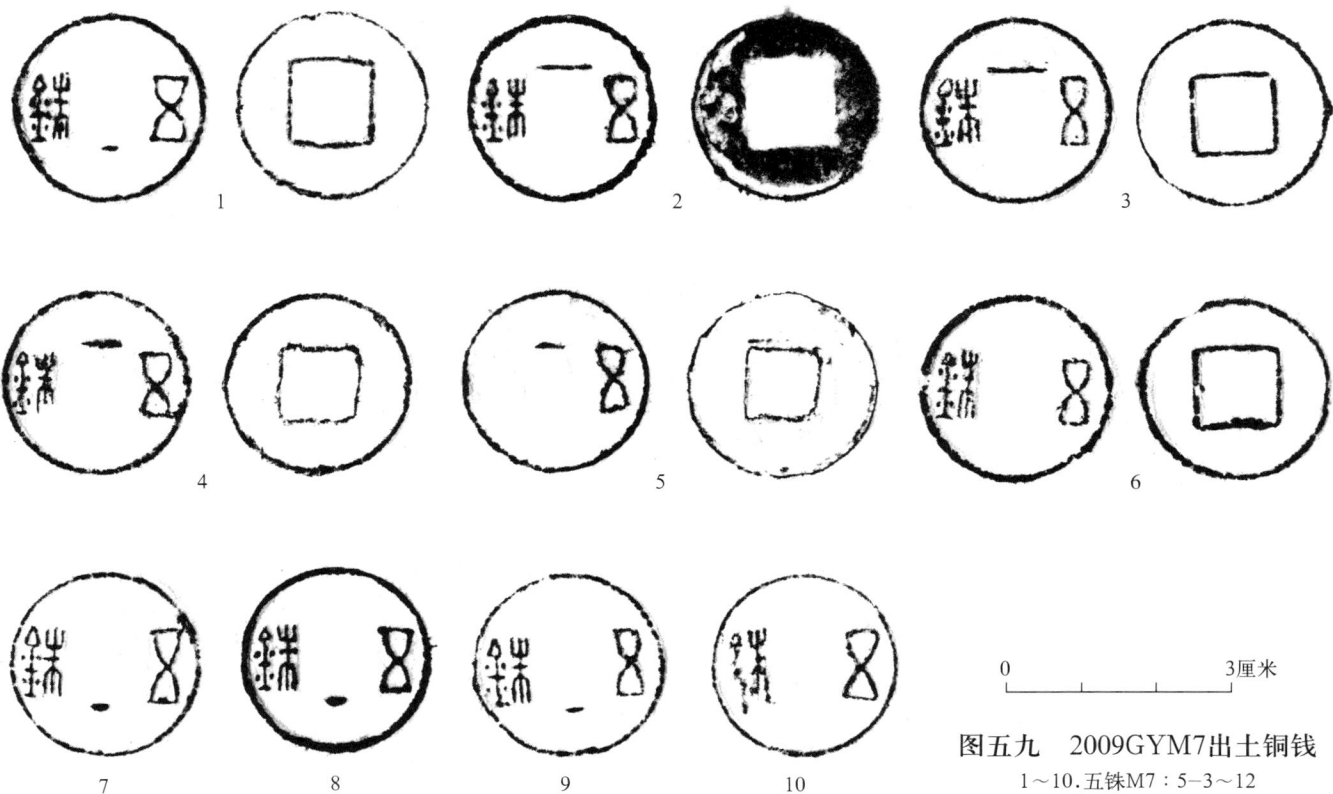

图五九　2009GYM7出土铜钱

1～10.五铢M7：5-3～12

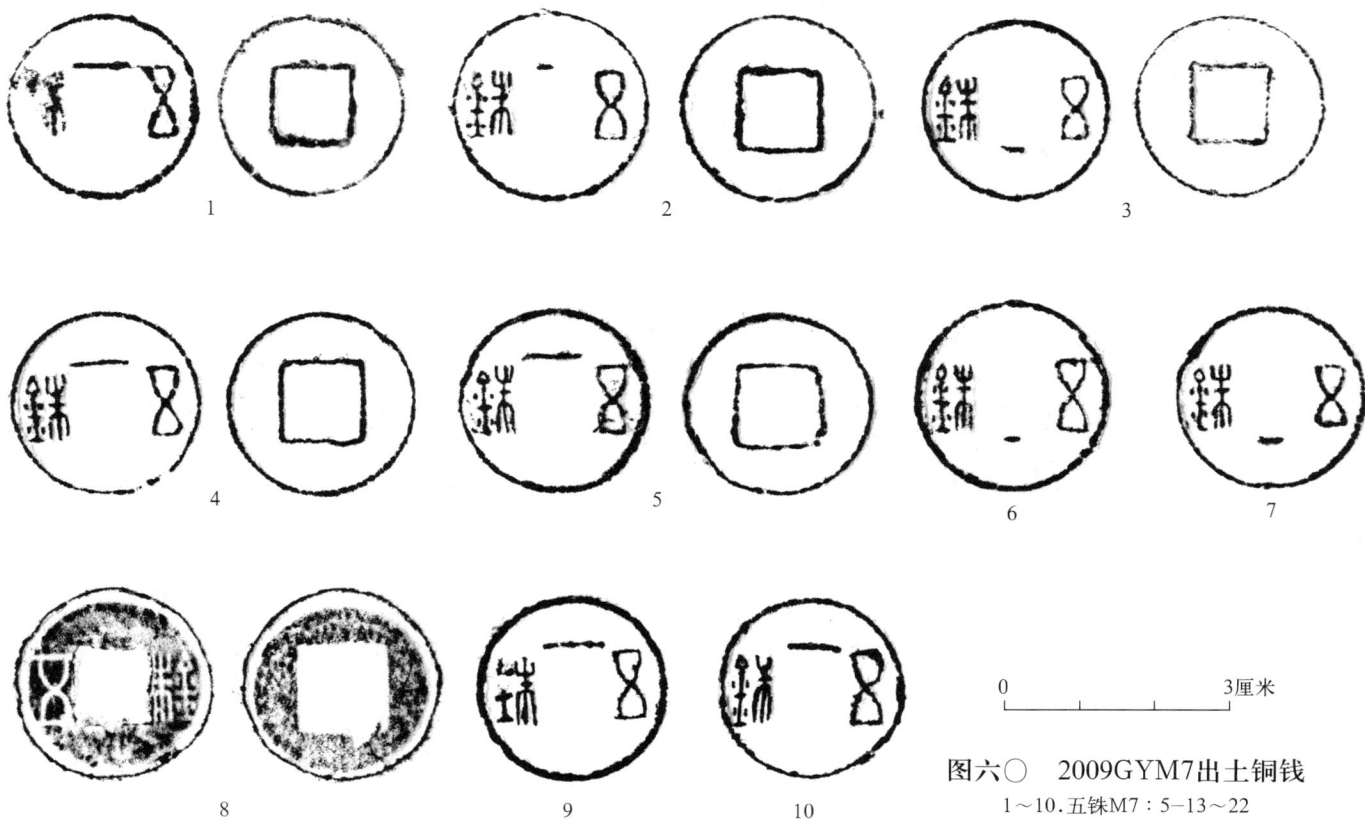

图六〇　2009GYM7出土铜钱

1～10.五铢M7：5-13～22

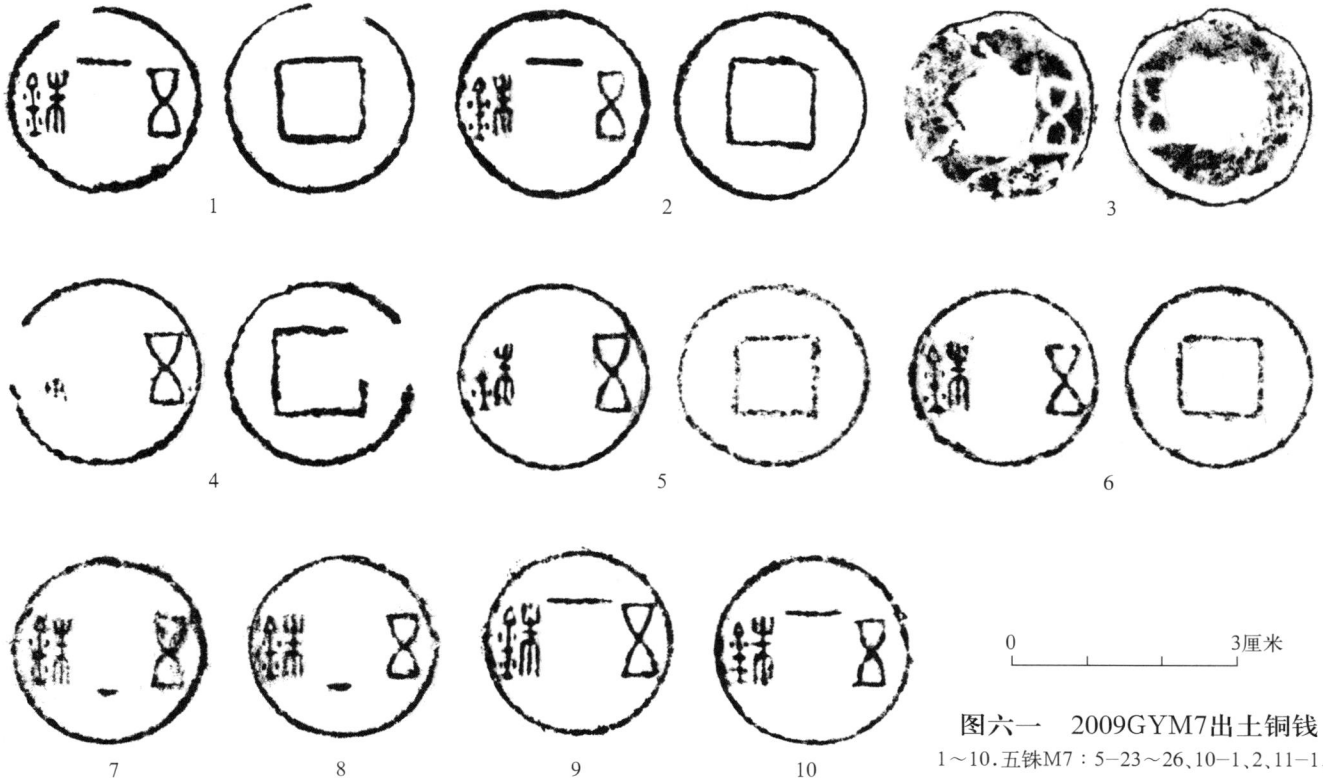

图六一 2009GYM7出土铜钱
1~10.五铢M7：5-23~26、10-1、2、11-1、2

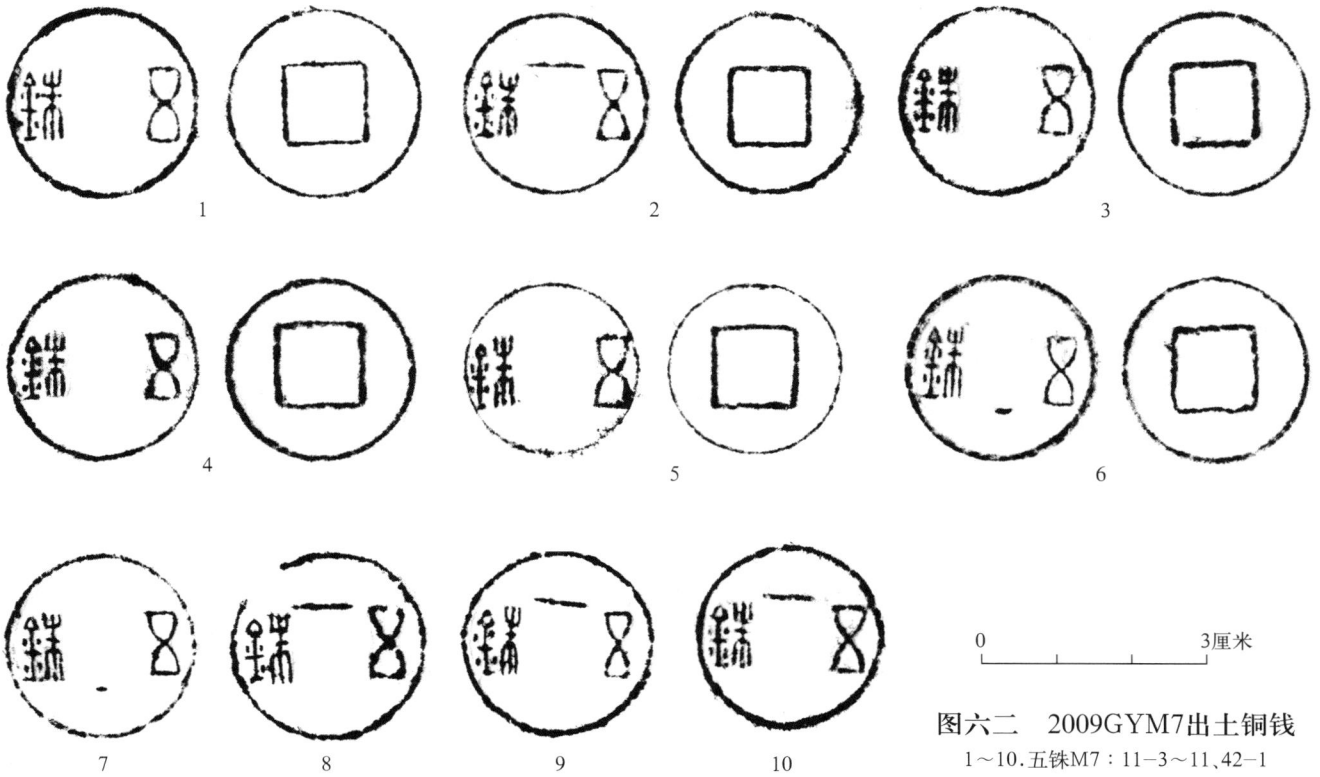

图六二 2009GYM7出土铜钱
1~10.五铢M7：11-3~11、42-1

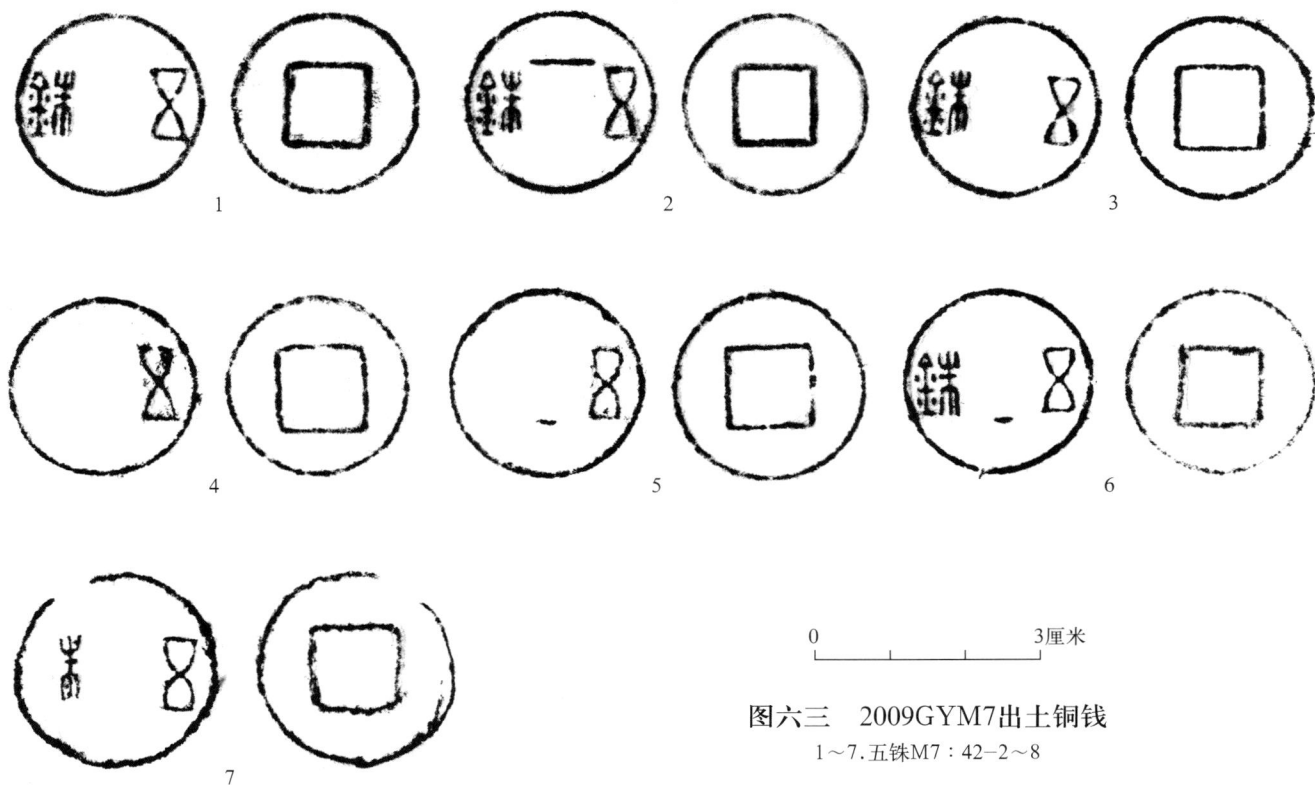

图六三　2009GYM7出土铜钱
1～7.五铢M7：42-2～8

二　2009GYM8

M8 位于墓地中部偏北，南侧和 M6、M7 相邻，北侧紧靠 M9，西侧为 M10。

（一）墓葬形制

M8 为坐东朝西的斜坡墓道土洞墓，墓向 65°。由墓道、甬道和墓室组成，全长约 9 米（图六四）。

1. 墓道

位于墓室西侧，长 6.04～6.06、宽 0.76～0.8、深 0.6～4 米。墓道底部斜平，斜长 6.92 米，坡度为 28°。墓道壁面平整，未见工具痕迹。

2. 甬道

位于墓道的东侧，半圆形拱顶。长 0.76、宽 0.56、高 0.8 米。在甬道两侧有随葬陶器及兽骨。

3. 墓室

位于甬道东侧，拱顶土洞，平底，墓室前部较后部高。墓室长约 2.28、宽 0.76、高 0.8～0.84 米。

（二）葬式葬具

墓室内未见棺木痕迹。

墓内发现 30～35 岁女性人骨 1 具，基本保存完整，仰身直肢，头西向，身长 1.56 米。

（三）随葬品出土情况

随葬品均出土于甬道和墓室内。墓葬虽未盗扰，但部分随葬陶器出土位置高于地面，怀疑墓葬未被土填实前曾遭受较高水位浸泡，导致随葬品移位。

北

120厘米

0

封门正视图

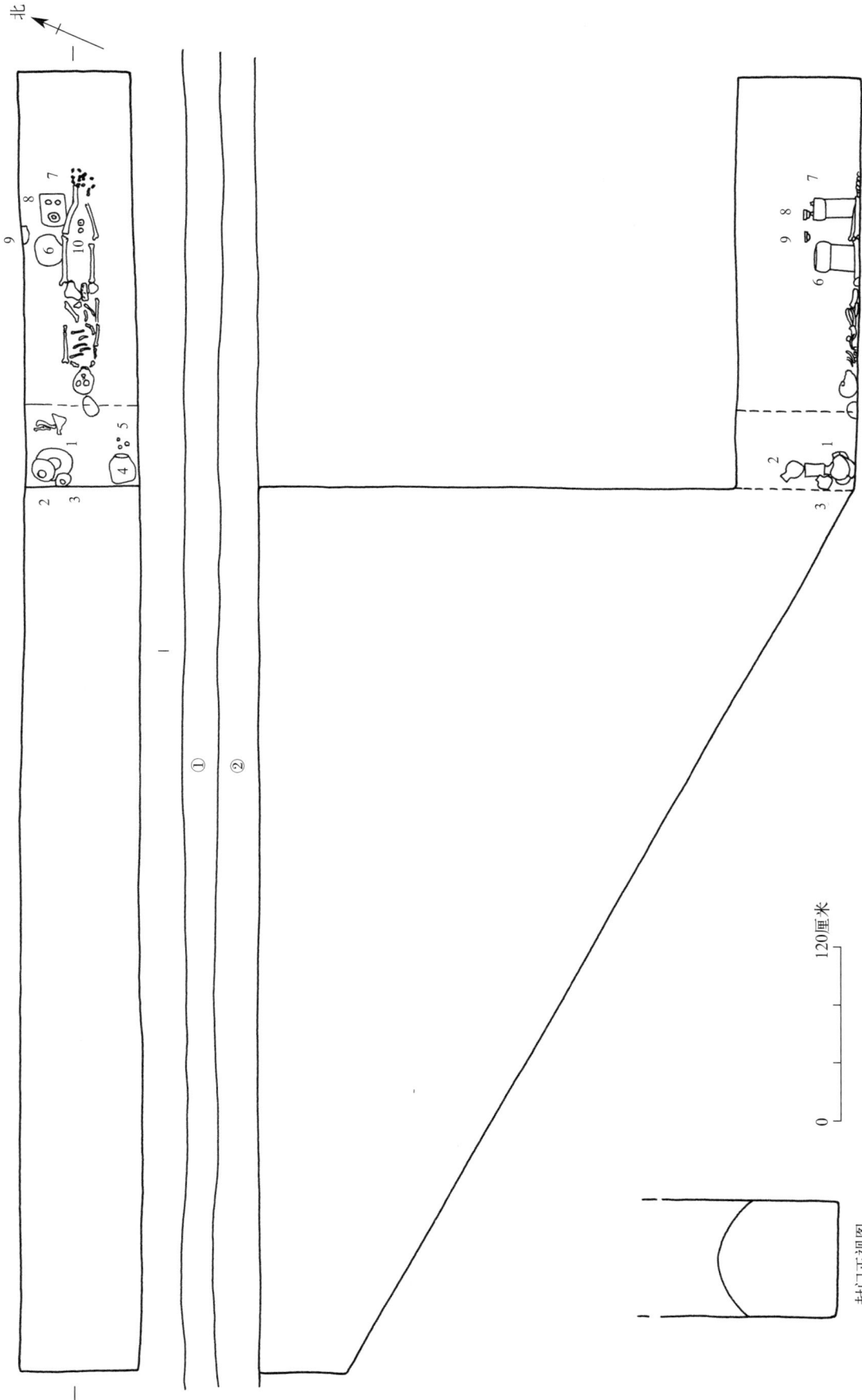

图六四　2009GYM8平、剖面图
1~3.陶罐　4.单耳三足罐　5、10.铜钱　6.漆器　7~9.陶灶

甬道西北角放置陶罐 3 件（M8：1 ~ 3），出土时 3 件陶罐呈上下错位放置，应是水浸上抬所致，陶罐南侧散放有兽骨。在甬道西南角出土 1 件单耳三足罐（M8：4），其东侧发现有铜钱 8 枚（M8：5）。

墓室内随葬品较少，在左侧大腿北侧有 1 件漆器（M8：6），口部近圆形，器形不明。膝盖内侧放置铜钱 1 枚（M8：10），左侧小腿北侧放置陶灶及陶盆（M8：7、8），陶甑（M8：9）放置于墓室北壁处。

（四）出土遗物

出土遗物共 17 件，其中陶器 7 件、铜钱 9 枚、漆器 1 件。

1.陶器

7 件，主要为单耳三足罐、陶罐、陶灶。

单耳三足罐　1 件。

标本 M8：4，夹砂红陶。侈口，尖圆唇，束颈，鼓腹，圜底，底有三乳丁状足。口腹之间有一桥形耳，上腹及耳部饰竖向绳纹，中腹饰交错绳纹，下腹饰横向绳纹。口径 10.5、高 15.25 厘米（图六五，1）。

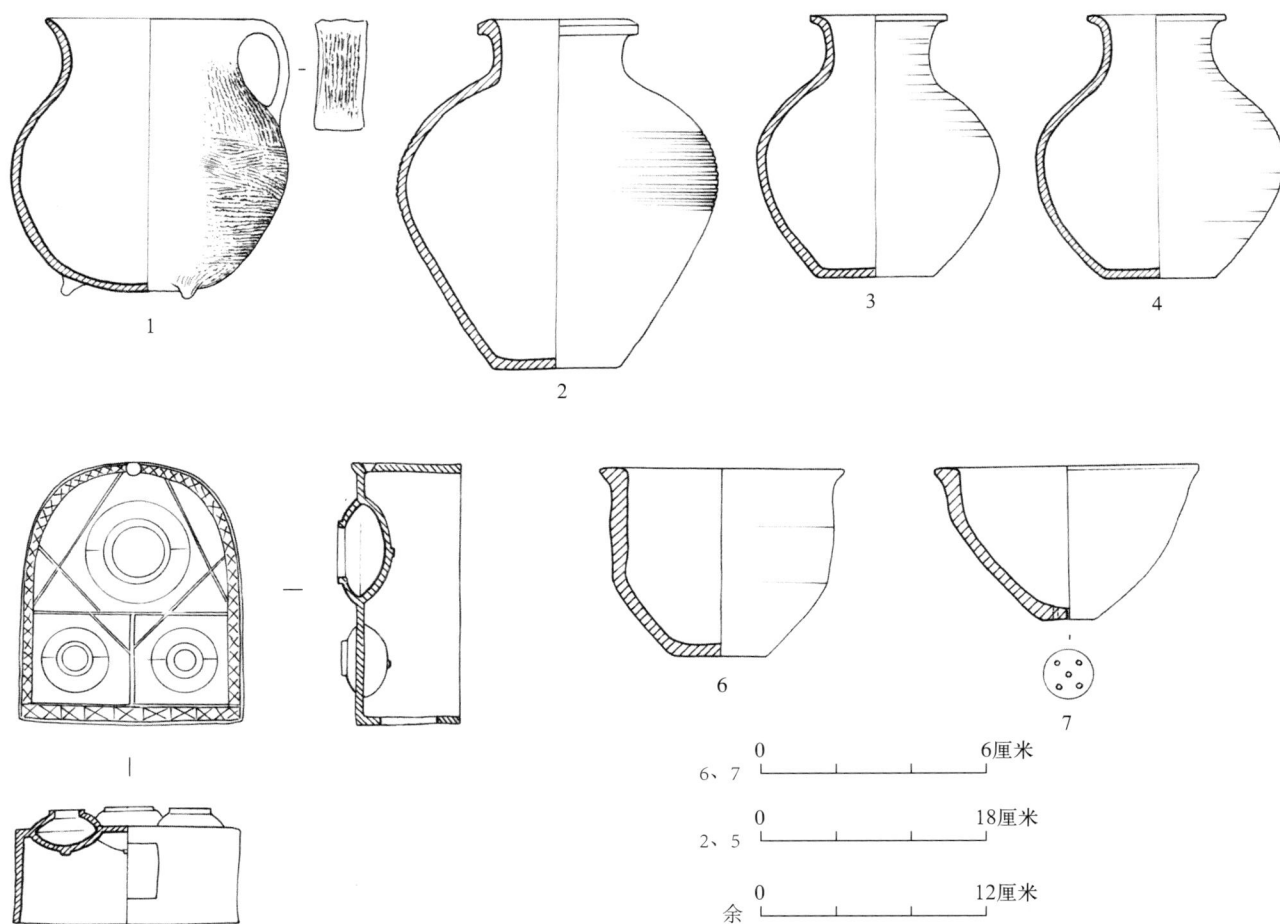

图六五　2009GYM8出土遗物

1.单耳三足罐M8：4　2~4.陶罐M8：1~3　5.陶灶M8：7　6.小陶盆M8：8　7.小陶甑M8：9

陶罐　3件。

标本 M8：1，泥质灰陶。口微侈，小平沿稍外斜，方唇，唇上有一周浅凹槽，直颈，鼓腹，平底。腹部有数道凹弦纹。口径 11、底径 10、高 28.8 厘米（图六五，2）。

标本 M8：2，泥质灰陶。侈口，圆唇，束颈，鼓腹，平底。上腹有刮抹形成的弦纹。口径 7.2、底径 6、高 14.3 厘米（图六五，3）。

标本 M8：3，泥质灰陶。侈口，圆唇，束颈，鼓腹，平底。上腹有刮抹形成的弦纹。口径 7.2、底径 5.8、高 14.4 厘米（图六五，4）。

陶灶　1套3件。均为泥质灰陶。

陶灶　1套。

标本 M8：7，整体呈马蹄形，前方后圆，三个火眼呈“品”字形分布，后侧有短柱形烟囱和圆形尾孔，前有长方形灶门。灶面有几何方格纹饰。长 21.3、宽 18、高 9.8 厘米（图六五，5）。

小陶盆　1件。

标本 M8：8，直口，小平沿，尖唇，上腹较直，平底。口径 6.5、底径 2.5、高 5.05 厘米（图六五，6）。

小陶甑　1件。

标本 M8：9，近直口，小平沿，尖唇，上腹较直，小平底，底部有 5 个小孔。口径 7、底径 1.4、高 4.1 厘米（图六五，7）。

2. 铜器

五铢　铜钱 9 枚（图六六），详情见表五。

表五　杨家庄M8出土铜钱统计表

（单位：毫米、克）

编号	特征		郭径	钱径	穿宽	郭宽	郭厚	肉厚	重量	备注
	文字	记号								
M8：5-1	“五”字中间两笔较弯曲，“铢”金字头三角形	穿上一横	24.9	22.7	9.3	0.9	1.4	1.183	2.97	
M8：5-2	“五”字中间两笔较弯曲，“铢”金字头三角形	穿上一横	25.4	22.2	9.8	1.2	1.8	1.468	3.72	
M8：5-3	“五”字中间两笔较弯曲，“铢”金字头三角形	穿上一横	25.4	22.2	9.4	1	1.5	1.446	4.7	
M8：10-1	“五”字中间两笔较直，“铢”字不存		25.5	21.3	9.8	0.9	1.7	1.599	2.76	残

2. 漆器

漆器　1件。

标本 M8：6，出土时已经腐朽，仅余漆皮痕迹。从痕迹看口部呈圆形，具体器形不明。

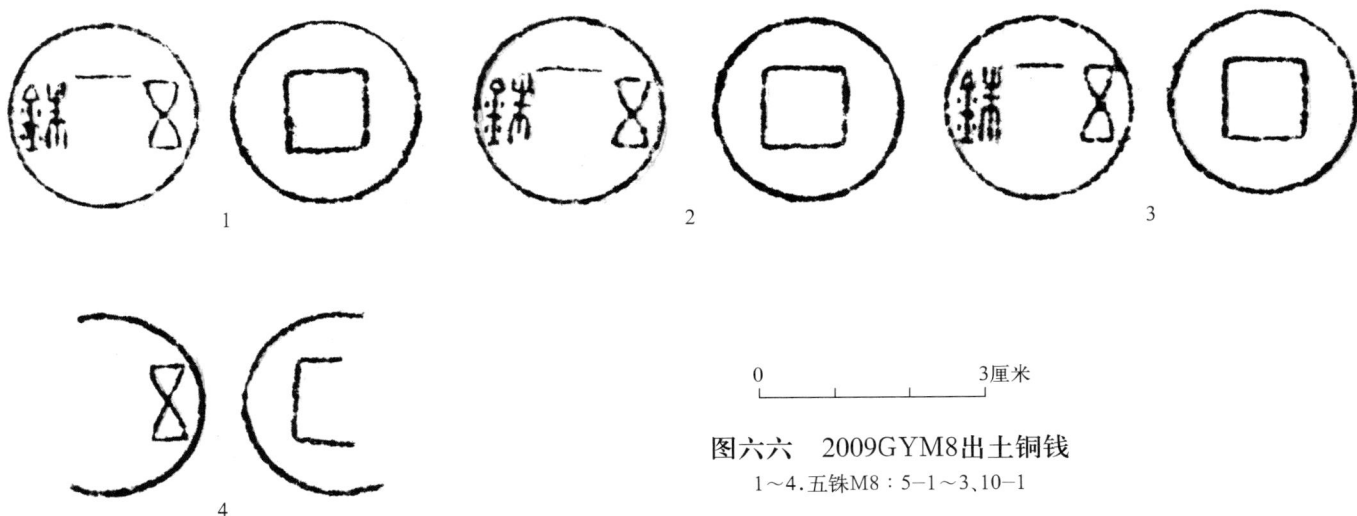

图六六　2009GYM8出土铜钱

1～4.五铢M8：5-1～3、10-1

三　2009GYM13

M13 位于墓地北侧，南侧和 M12 相近，北侧紧邻 M14、M15。

（一）墓葬形制

M13 为长斜坡墓道土洞墓，墓向 70°。由墓道和墓室组成（图六七；彩版二一，1）。

1. 墓道

由于早年损毁，未完全清理。已清理部分呈长方形，口大底小。口部长 4、宽 0.9、底部长 3.98、宽 0.84 ～ 0.86、深 1.7 ～ 2.54 米。墓道两壁较直，底部呈斜坡状，斜长 4.06 米，坡度 12°。墓道内的填土为较疏松的黄色五花土。

2. 墓室

位于墓道东侧，拱顶土洞。长 3、宽 0.8、高 0.8 米。墓室东西两壁高 0.6、拱高 0.2 米，墓室底距地表 3.04 米。

（二）葬式葬具

墓室内有单棺，仅余痕迹。长 1.8、宽 0.64 米，高度不详。棺内有 20 ～ 25 岁男性骨架 1 具，身长 1.76 米，骨架保存较为完好，头部可能因为后期塌方被压碎，头朝东，仰身直肢。

（三）随葬品出土情况

随葬品分布在墓室内棺木的北侧和西侧。棺内仅有铜钱数枚。

墓室前端出土陶罐 5 件（M13：1 ～ 5）。陶罐（M13：3）出土时已倒，口部朝向墓室方向，其余 4 件陶罐均口部朝上。陶罐（M13：5）西侧和陶罐（M13：3）的北侧均有动物骨骼。棺木前残留有漆器（M13：6）痕迹，具体器形不明。在棺前放置陶罐（M13：11），出土时口部朝向北侧墓壁，其南侧有小陶盆（M13：9），出土时口部向下，陶甑（M13：8），出土时口部向上。左侧肩膀的北侧放置陶罐（M13：7）和陶灶（M13：10）。棺内人骨腹部有铜钱（M13：12）5 枚。

（四）出土遗物

出土遗物共 16 件，其中陶器 10 件、铜钱 5 枚、漆器 1 件。

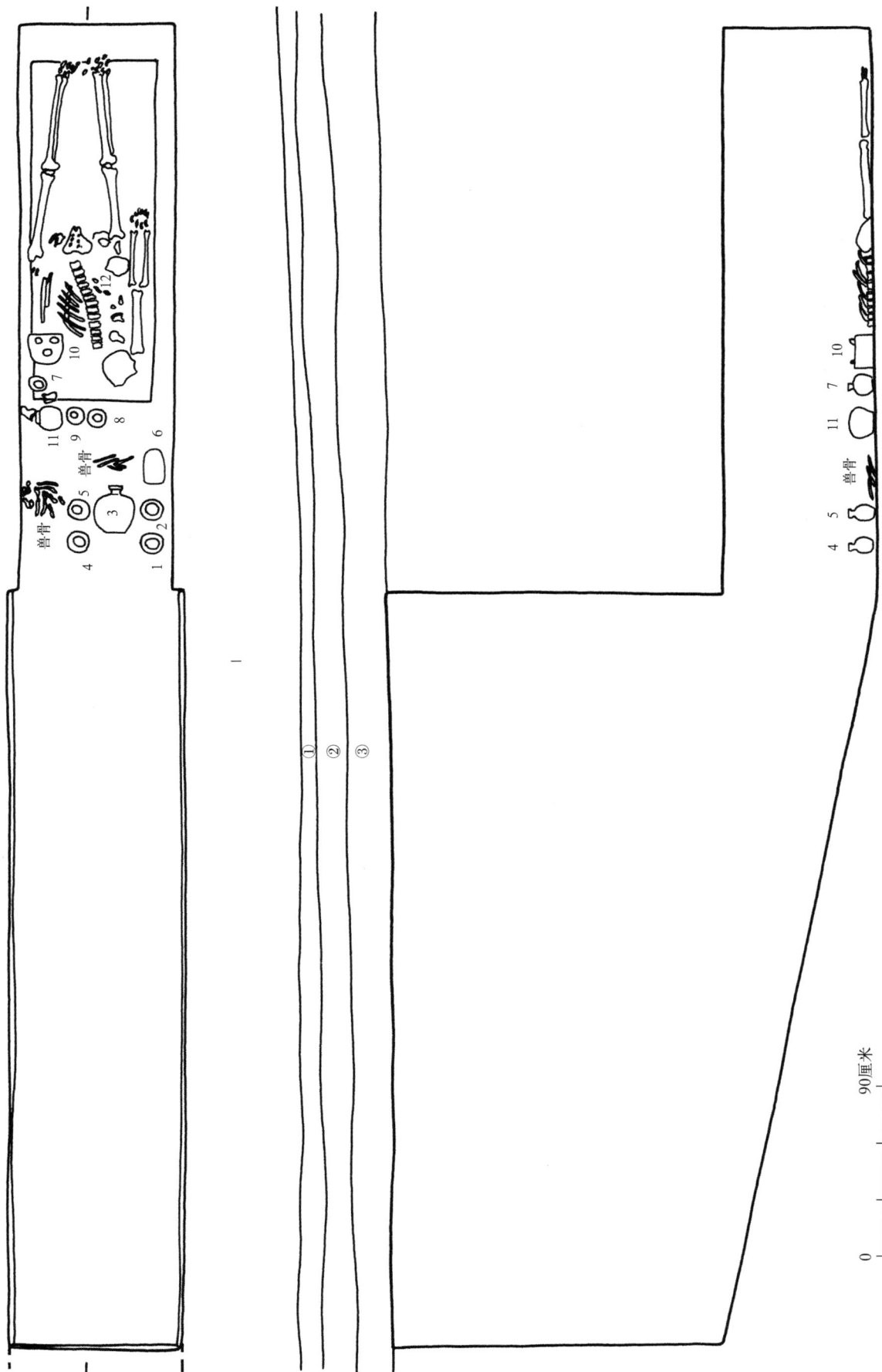

图六七 2009GYM13平、剖面图

1～4、5、7、11.陶罐 6.漆器 8～10.陶灶 12.铜钱

北

兽骨

兽骨

兽骨

兽骨

① ② ③

90厘米

0

1.陶器

共 10 件，其中陶罐 7 件，陶灶 1 套 3 件。

陶罐　7 件。

标本 M13：5，泥质灰陶。侈口，小平沿微卷，方唇，唇上有一周浅槽，束颈，鼓腹，平底稍内凹。腹部有数道凹弦纹。口径 10.4、底径 12.8、高 24.8 厘米（图六八，1）。

标本 M13：11，泥质灰陶。直口，方唇，唇上有一周浅槽，矮直颈，鼓腹，平底。口径 8.4、底径 6.6、高 10.9 厘米（图六八，2）。

标本 M13：1，泥质灰陶。侈口，方唇，唇上有一周浅槽，束颈，鼓腹，平底。上腹有刮抹形成的弦纹。口径 6、底径 5、高 12.5 厘米（图六八，3）。

标本 M13：2，泥质灰陶。侈口，方唇，唇上有一周浅槽，束颈，鼓腹，平底。上腹有刮抹

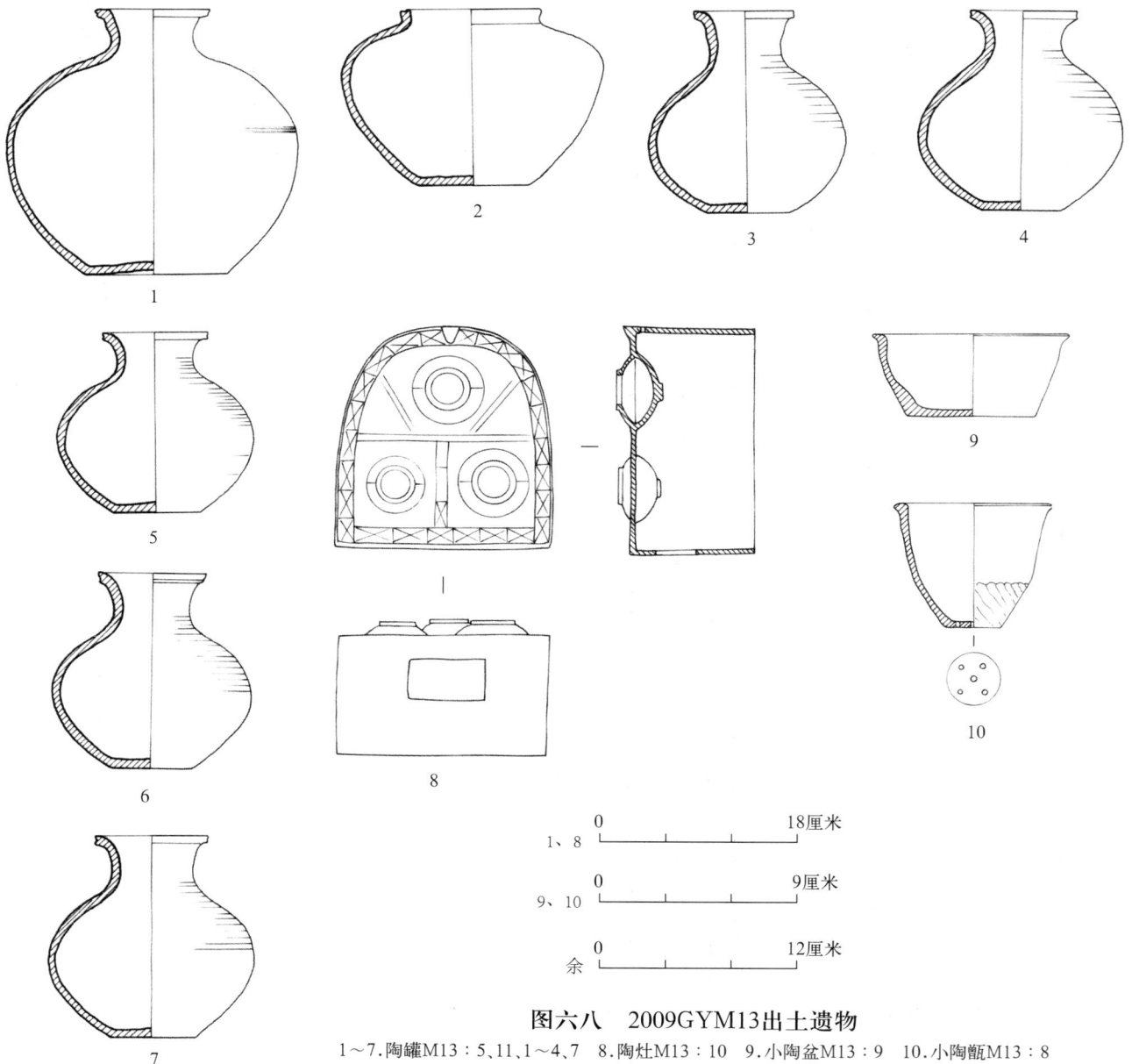

图六八　2009GYM13出土遗物

1～7.陶罐 M13：5、11、1～4、7　8.陶灶 M13：10　9.小陶盆 M13：9　10.小陶甑 M13：8

形成的弦纹。口径 6.4、底径 4.7、高 12.4 厘米（图六八，4）。

标本 M13：3，泥质灰陶。侈口，方唇，唇上有一周浅槽，束颈，鼓腹，平底。上腹有刮抹形成的弦纹。口径 6.4、底径 5.2、高 11.3 厘米（图六八，5）。

标本 M13：4，泥质灰陶。侈口，方唇，唇上有一周浅槽，束颈，鼓腹，平底。上腹有刮抹形成的弦纹。口径 6.6、底径 4.8、高 12 厘米（图六八，6；彩版二一，2）。

标本 M13：7，泥质灰陶。侈口，方唇，唇上有一周浅槽，束颈，鼓腹，平底。上腹有刮抹形成的弦纹。口径 6.8、底径 5.2、高 12.5 厘米（图六八，7）。

陶灶   1 套 3 件。均为泥质灰陶。

陶灶   1 套。

标本 M13：10，整体呈马蹄形，前方后圆，三个火眼呈"品"字形分布，后侧有短柱形烟囱和圆形尾孔，前有长方形灶门。灶面有几何方格纹饰。长 21、宽 19.6、高 12.5 厘米（图六八，8；彩版二一，3）。

小陶盆   1 件。

标本 M13：9，侈口，小平沿，尖唇，平底。口径 9、底径 5.8、高 3.9 厘米（图六八，9）。

小陶甑   1 件。

标本 M13：8，近直口，小平沿，尖唇，上腹较直，下腹有切削痕迹，小平底，底部有 5 个小孔。口径 7.2、底径 2.5、高 5.8 厘米（图六八，10）。

2. 铜器

五铢   铜钱 5 枚（图六九），详情见表六。

表六   杨家庄M13出土铜钱统计表

（单位：毫米、克）

编号	特征		郭径	钱径	穿宽	郭宽	郭厚	肉厚	重量	备注
	文字	记号								
M13：12-1	"五"字中间两笔较弯曲，"铢"字模糊不可辨		24.8	21.6	9.2	0.6	1.1	1.298	2.98	
M13：12-2	"五"字中间两笔较弯曲，"铢"字较为模糊	穿下半星	25.5	21.9	9.8	0.9	1.9	1.734	3.4	
M13：12-3	"五"字中间两笔较弯曲，"铢"金字不可辨，朱字模糊		24.8	21.6	9.9	1.1	1.6	1.875	3.44	
M13：12-4	"五"字中间两笔较弯曲，"铢"金字头三角形，其余部分不清晰	穿上一横	25.2	21.5	9.1	1.2	1.8	1.754	4.28	
M13：12-5	"五"字中间两笔较直，"铢"金字头三角形，其余部分不清晰		24.8	21	10.1	0.9	1.8	1.714	3.79	

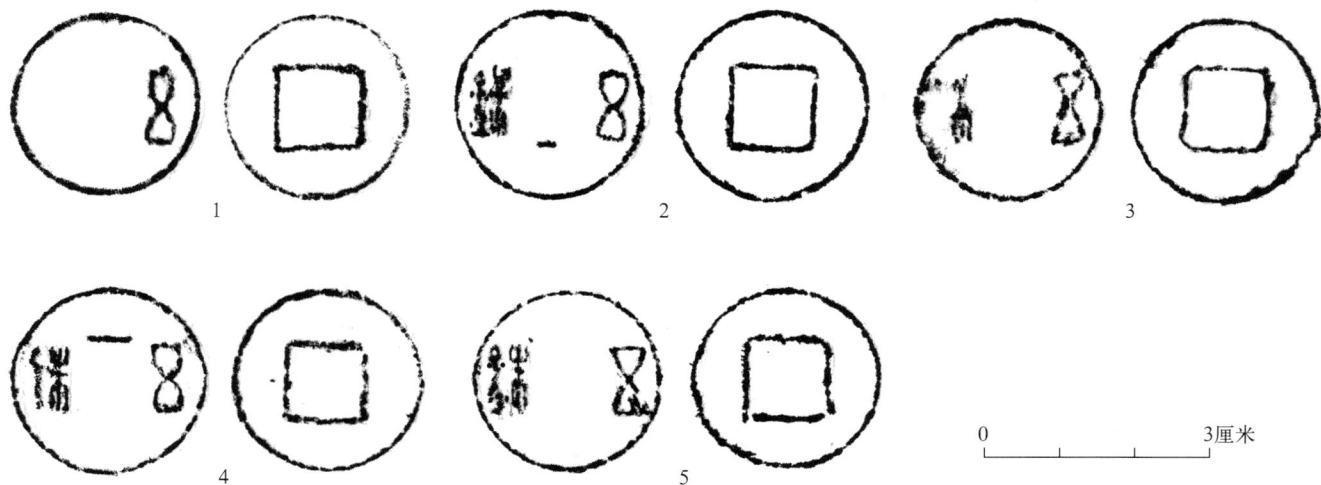

图六九　2009GYM13出土铜钱

1～5.五铢M13：12-1～5

3.漆器

漆器　1件。

标本M13：6，位于墓室前侧，出土时仅能看出椭圆状形制，残存有少量漆皮，具体器形不明。

四　2009GYM14

M14位于墓地西北侧，打破M15，南侧和M13相邻。

（一）墓葬形制

M14为长斜坡墓道砖室墓，墓向89°，近东西向。由墓道和墓室组成，墓道部分打破M15墓室（图七〇、七一；彩版二二，1）。

1.墓道

墓道并未清理完毕，已清理部分呈梯形。墓道口处较窄，向墓室方向逐渐变宽，到墓室口处达到最宽。已清理部分墓道长5.24、宽0.8～1.1、深1.28～3.16米。墓道底部为斜坡状，坡度21°，墓道底部临近墓室时，变为平底，便于铺设墓室底砖和封门。墓道壁面平整，未见工具痕迹。

2.封门

位于墓道和墓室之间，由前后2层砖封砌而成。外层用青砖单层侧置垒砌而成，有9层，顶上还有1层方砖平放，宽1.5、高1.62米，左上角破坏，可能塌方造成。内层和墓室口对齐，在墓室内用单砖平置顺砌，上层有错缝，20层，底宽1.14、高1.2米。砖缝用黄土和料姜石粉末的混合物填充（图七〇；彩版二二，2）。

3.墓室

由墓圹和砖室组成。墓圹为一竖穴方坑，呈长方形，长4.2、宽1.5、高1.44米。砖室用青色条砖所砌而成。砖室底部为单砖"人"字形所铺，直接铺于生土之上。两壁在铺地砖上向上垒砌，

M14砖室顶部

北

M14墓室底部

M14剖面

0 150厘米

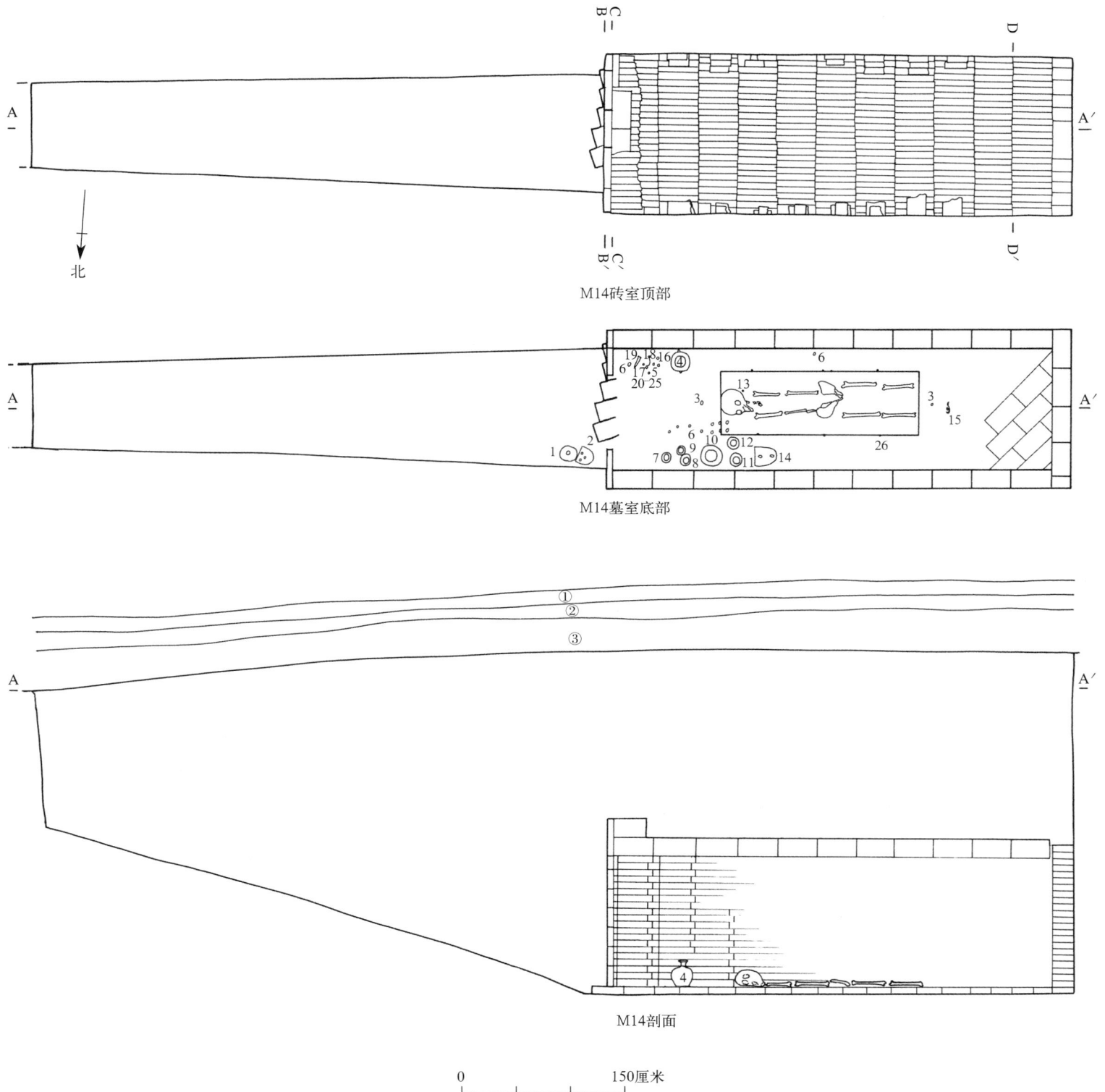

图七〇 2009GYM14平、剖面图

1.陶仓 2、14.陶灶 3、20、21.铜棺花 4、7、9～12.陶壶 5、17、25.铜构件 6.铜钱 8.陶罐 13.石块 15.铜带钩 16、24.铜车軎 18.铜衔镳 19.铜当卢 22～23.铜盖弓帽 26.铁棺钉

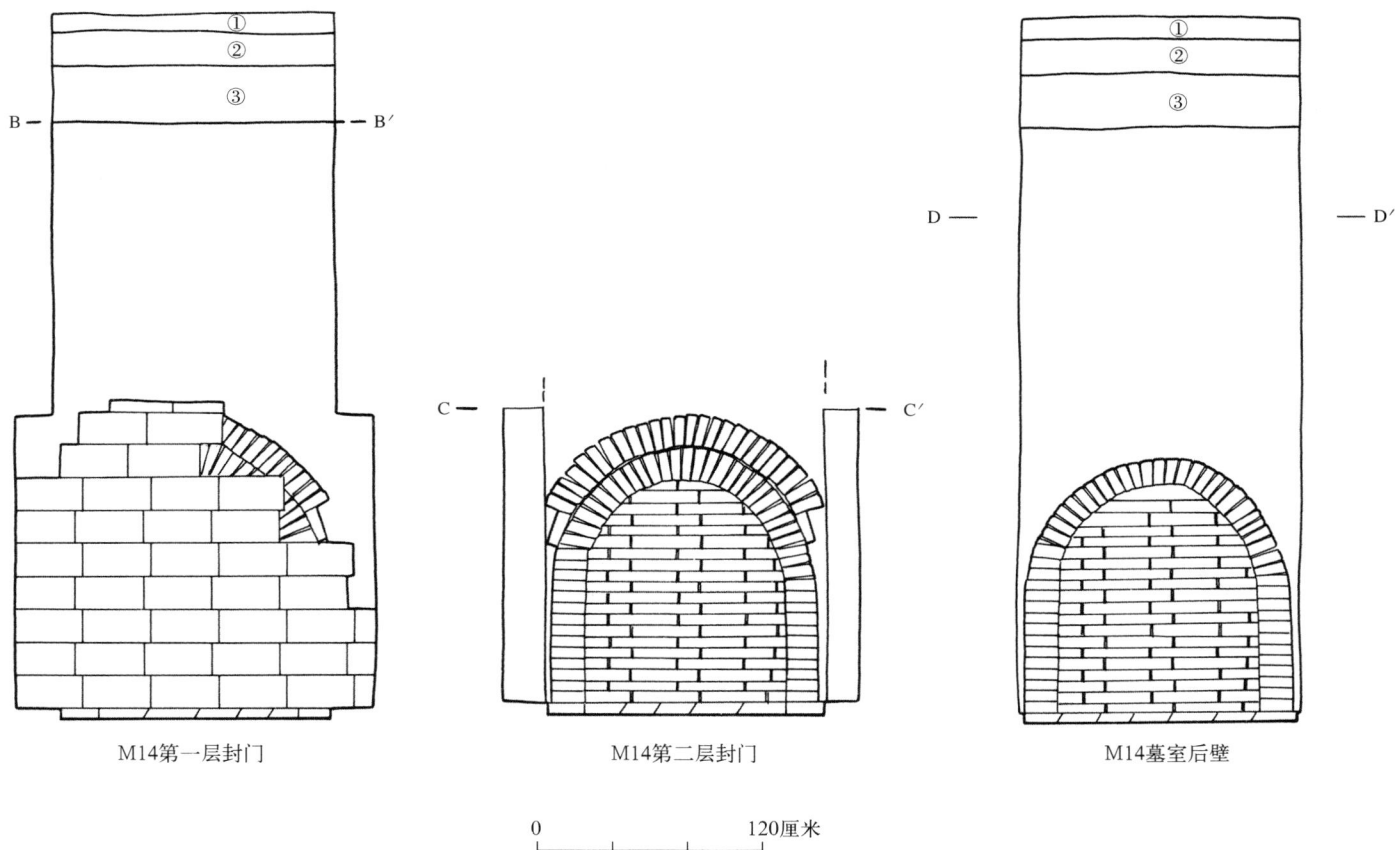

图七一　2009GYM14封门

单层东西向错缝垒砌，距砖室底部约 0.8 厘米起券，慢收形成拱顶。砖室内长 4.02、宽 1.32、高 1.24 米。券顶两侧有残砖放置于墓圹边缘，用于填充墓圹和券顶之间的空隙，加固其稳定性。在砖室的西侧紧贴土圹有单砖错缝顺砌而成的后壁，宽 1.4、高 1.36 米，与墓室顶部高度基本相等。墓砖多为青灰色条砖，有两种尺寸，分别为长 36、宽 18、厚 6 厘米，长 35、宽 15、厚 6 厘米。还有少量的楔形砖，尺寸为长 36、宽 18、厚 4 ～ 6 厘米。

（二）葬具与葬式

墓室内仅发现有朽木痕迹以及铁棺钉，下葬时应有木棺。现仅余痕迹。从棺木痕迹看棺长 1.80、宽 0.60 米。

棺内有 35 ～ 40 岁男性骨架 1 具，仰身直肢葬。保存状态较差，骨骼已经腐朽不存，身长 1.65 米。

（三）随葬品出土情况

券顶空隙较大，使得大量的雨水、淤泥多次进入墓室，墓室被淤泥填满，棺木和随葬器物应有位移现象。从墓室内的淤土堆积断面看，至少有 5 次大降雨导致的墓室灌水淤积现象。

墓葬随葬品均出土于墓室内。在墓道临近墓室处北侧发现有陶仓（M14：1）和陶灶（M14：2），这 2 件器物很有可能是 M15 的随葬器物，M14 打破 M15，修建 M14 时将 M15 破坏，遗物也被取出，在回填墓道填土时又被回填至 M14 墓道内。

墓室东南角随葬有陶罐（M14∶4），在其东侧有较多的铜制小件，如铜车軎、铜衔镳、铜当卢、铜盖弓帽、铜泡钉、铜钱等，墓室北侧棺外主要放置随葬陶器，陶壶（M14∶7、9～12）5件，陶罐（M14∶8）1件，陶灶（M14∶14）1件。在棺外东侧散落有10枚铜钱（M14∶6）。在棺外东西两侧各散落有1件铜棺花（M14∶3）。棺外西侧还出土1件铜带钩（M14∶15）。棺内仅在头部发现1块小石块（M14∶13），并无人工痕迹，未收集。除此之外，棺内再无其他随葬品。

（四）出土遗物

出土共计60件，其中陶器14件、铜器34件、铁棺钉12枚。

1.陶器

14件，其中陶壶6件、陶罐1件、陶灶2套6件、陶仓1件。

陶壶　6件。

标本M14∶4，泥质灰陶。盘口，方唇稍外斜，束颈，鼓腹，腹部有一对称乳丁状器耳，平底，假圈足。颈部和腹部各有两道凹弦纹。口径12.4、底径16.8、高32.4厘米（图七二，1）。

标本M14∶10，泥质灰陶。盘口，方唇稍外斜，束颈，鼓腹，腹部有一对称乳丁状器耳，平底，假圈足。颈部和腹部各有两道凹弦纹。口径13.2、底径15.5、高30.4厘米（图七二，2）。

标本M14∶7，泥质灰陶。盘口，方唇，束颈，溜肩，平底。肩部有对称乳丁状器耳。颈、腹部有数道凹弦纹。口径8.7、底径11.5、高17.2厘米（图七二，3）。

标本M14∶9，泥质灰陶。盘口，方唇，束颈，溜肩，肩部有对称乳丁状器耳，平底。颈、腹部有数道凹弦纹。口径8.4、底径11.2、高17厘米（图七二，4）。

标本M14∶11，泥质灰陶。盘口，方唇，束颈，溜肩，肩部有对称乳丁状器耳，平底。颈、腹部有数道凹弦纹。口径9、底径10.8、高17厘米（图七二，5）。

标本M14∶12，泥质灰陶。盘口，方唇，束颈，溜肩，肩部有对称乳丁状器耳，平底。颈、腹部有数道凹弦纹。口径8.4、底径12.8、高16.8厘米（图七二，6）。

陶罐　1件。

标本M14∶8，泥质灰陶。近直口，小方唇，矮领，圆腹，平底。腹部近底处有一圆形穿孔未透。器身有刮抹形成的类似弦纹饰。口径9.5、底径6.4、高9.2厘米（图七二，7；彩版二三，1）。

陶仓　1件。

标本M14∶1，泥质灰陶。直口，方唇，矮直颈，斜肩，略出檐，桶形腹，上粗下细，平底，底部黏附有三动物形象足。腹部有三道凹弦纹及轮制形成的类似弦纹的线条。底径14、高16.4厘米（图七二，8；彩版二三，2）。

陶灶　2套6件，均为泥质灰陶。

陶灶　双孔灶，1套2件。

标本M14∶2-1，灶，整体呈马蹄形，前方后圆，两个火眼前后分布，后侧有短柱形烟囱和圆形尾孔，前有长方形灶门。灶面有几何方格纹饰。长18.6、宽17、高10.2厘米（图七三，1）。

小陶盆　1件。

标本M14∶2-2，侈口，小平沿，尖唇，平底。口径9.3、底径5.5、高3.1厘米（图七三，2）。

陶灶　三孔灶，1套4件。

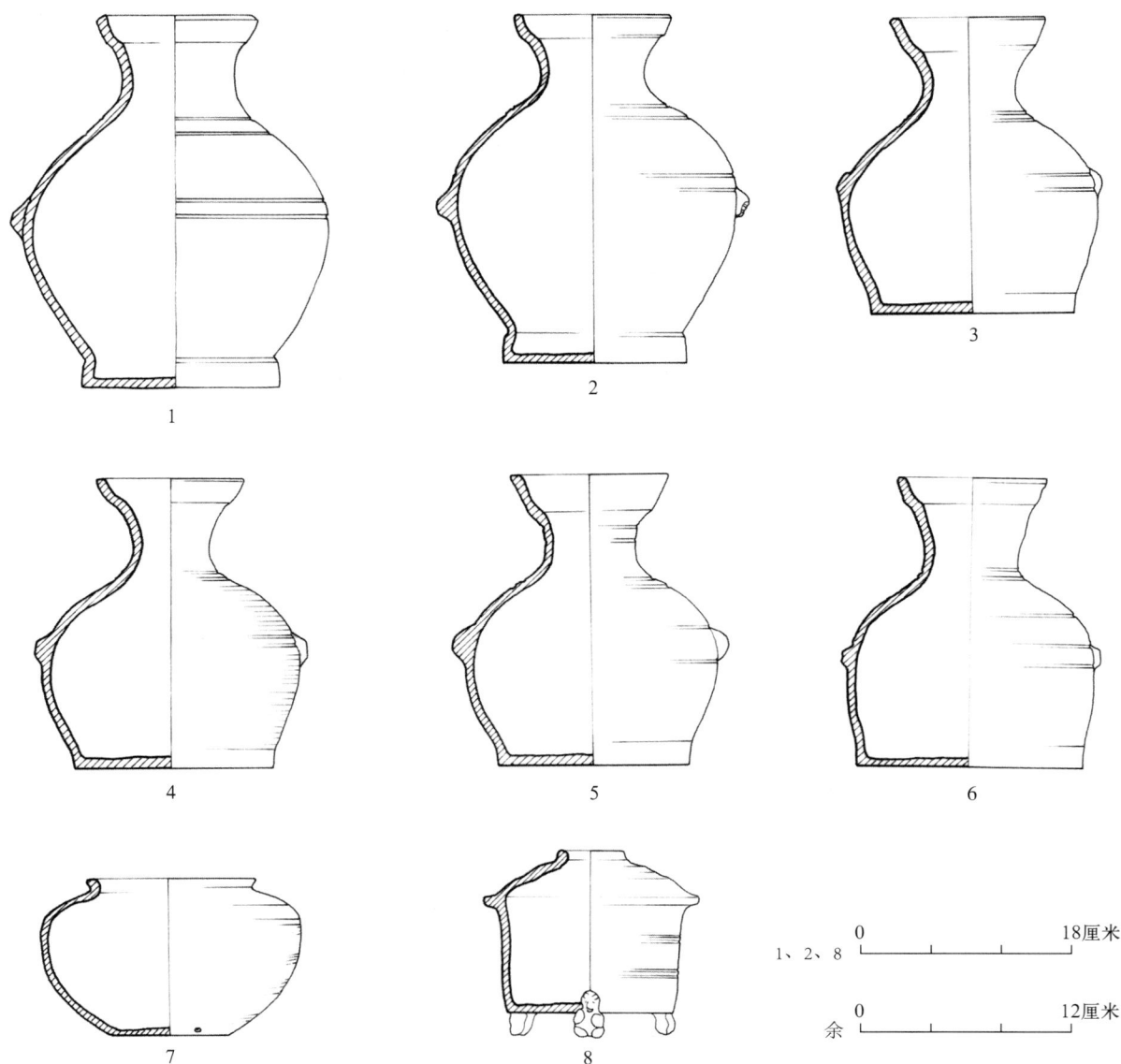

图七二　2009GYM14出土陶器

1~6.陶壶M14：4、10、7、9、11、12　7.陶罐M14：8　8.陶仓M14：1

标本 M14：14-1，灶整体呈马蹄形，前方后圆，三个火眼呈"品"字形分布，后侧有短柱形烟囱和圆形尾孔，前有长方形灶门。灶面有几何方格纹饰。长 18、宽 15.8、高 7.4 厘米（图七三，3）。

小陶盆　2 件。

标本 M14：14-3，直口，方唇，微有圈足。口径 7.2、底径 3.5、高 2.5 厘米（图七三，5）。

标本 M14：14-4，侈口，圆唇，小平底。下腹有切削痕迹。口径 7.6、底径 2.9、高 3.6 厘米（图七三，6）。

小陶甑　1 件。

标本 M14：14-2，近直口，圆唇，上腹较直，下腹有切削痕迹，底部不平整，底部有 3 个小孔。口径 7.8、高 4 厘米（图七三，4）。

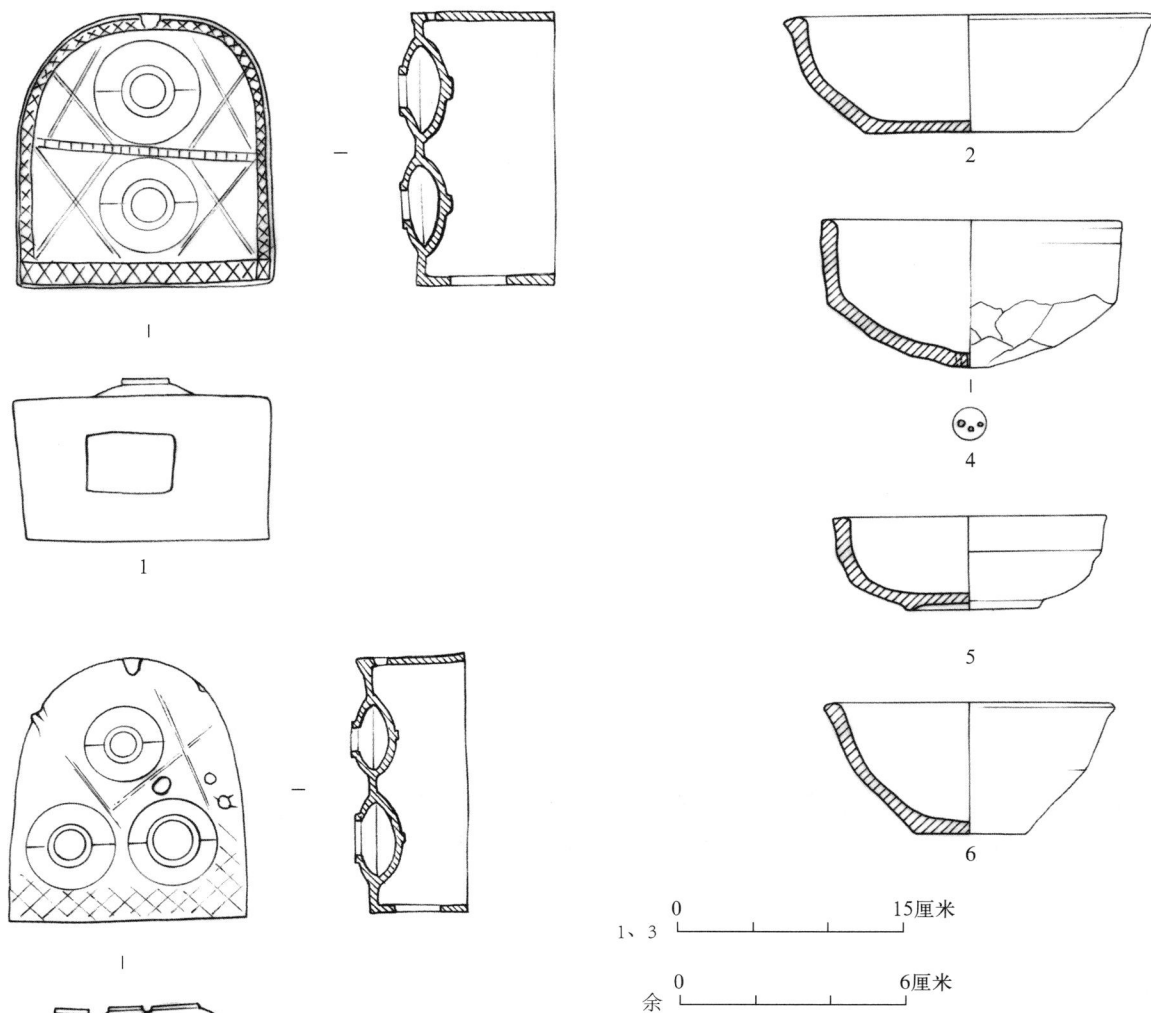

图七三　2009GYM14出土陶器

1、3.陶灶M14：2-1、14-1　2、5、6.小陶盆M14：2-2、14-3、4　4.小陶甑M14：14-2

2.铜器

34件，其中铜带钩1件、铜当卢1件、铜衔镳1件、铜盖弓帽8件、铜车軎4件、铜棺花3件、铜泡钉1枚、铜构件3件、铜钱12枚。

铜带钩　1件。

标本M14：15，整体呈"S"形，钩首蛇形，钩体琵琶形，剖面呈半圆形，圆柱帽形纽位于钩背中部。长11.3、纽径1.7厘米（图七四，1）。

铜当卢　1件。

标本M14：19，器表有锈蚀。整体扁平，似马面形，方形纽，纽上有一穿孔。长8.6、宽0.6～1.6厘米（图七四，2）。

铜衔镳　1件。

标本M14：18，器身有锈蚀。马镳呈棍形，中间稍宽，有两个圆形穿孔，两端微尖，马衔有2节，每节两侧各有一环用于衔接本身和马衔。马衔长7、马镳长6.8、宽0.4厘米（图七四，3）。

铜盖弓帽 共8件。帽顶形状稍有不同。

圆帽状盖弓帽 6件。柱状，一端中空，一端呈圆帽状，器身有倒刺。

标本M14：22-1，长2.1、直径0.8厘米（图七四，4）。

标本M14：22-2，长2.05、直径0.8厘米（图七四，5）。

标本M14：22-3，长2.1、直径0.8厘米（图七四，6）。

标本M14：22-4，长2.1、直径0.8厘米（图七四，7）。

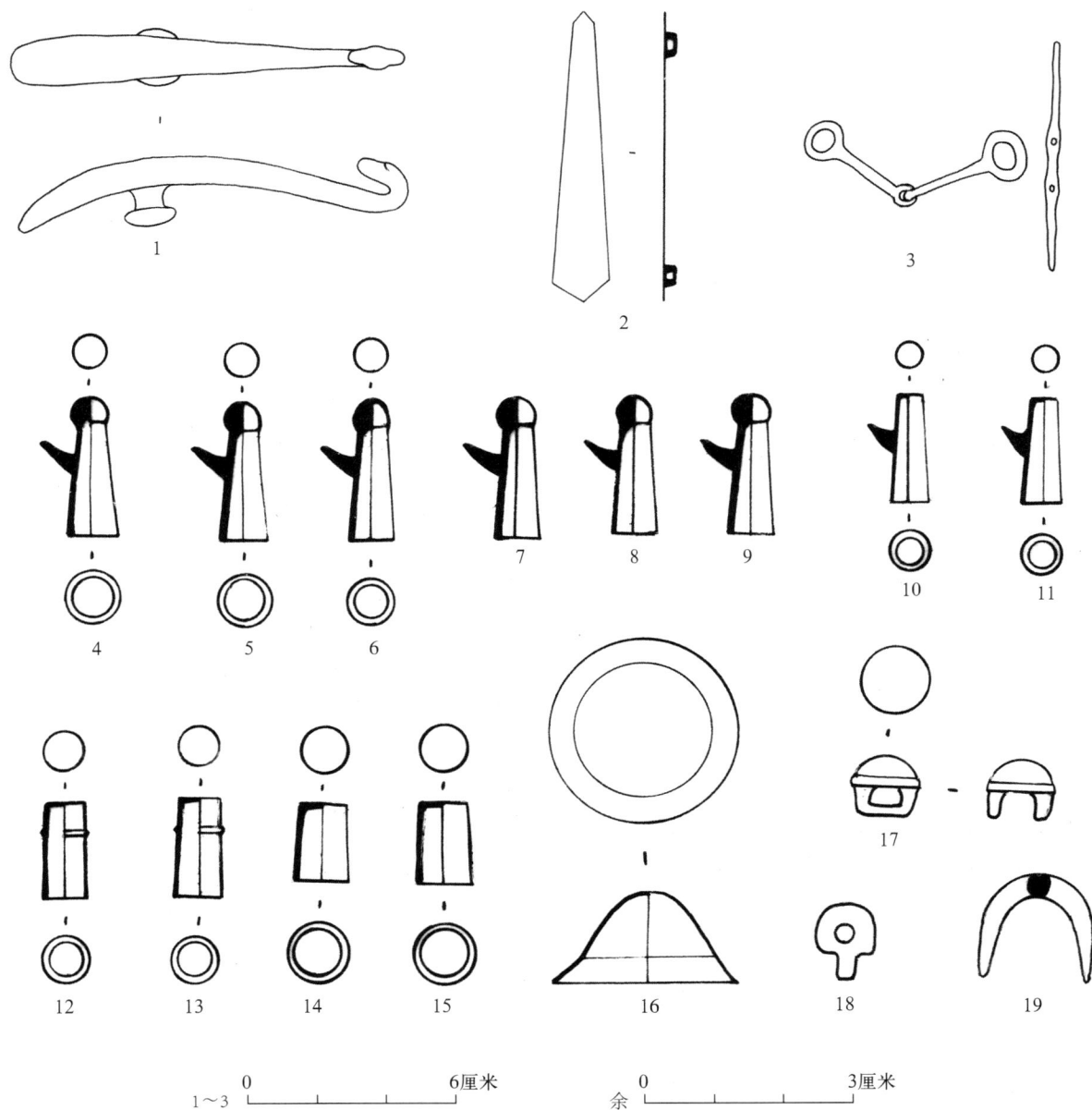

图七四 2009GYM14出土铜器

1.铜带钩M14：15 2.铜当卢M14：19 3.铜衔镳M14：18 4～9.铜盖弓帽M14：22-1～6 10、11.平顶盖弓帽M14：23-1、2 12～15.铜车軎M14：24-1、2、16-1、2 16.铜泡钉M14：21 17～19.铜车饰构件M14：5、17、25

标本 M14：22-5，长 2.05、直径 0.8 厘米（图七四，8）。

标本 M14：22-6，长 2.1、直径 0.8 厘米（图七四，9）。

平顶盖弓帽　2 件。柱状，一端中空，一端平顶，器身有倒刺。

标本 M14：23-1、2，长 1.6、直径 0.4 ～ 0.6 厘米（图七四，10、11）。

铜车軎　共 4 件。

标本 M14：24-1，近直桶状，顶部封闭，内部中空，器身有一周凸棱。内部残存有朽木。直径 0.55 ～ 0.7、高 1.4 厘米（图七四，12）。

标本 M14：24-2，近直桶状，顶部封闭，内部中空，器身有一周凸棱。直径 0.55 ～ 0.7、高 1.4 厘米（图七四，13）。

标本 M14：16-1，近直桶状，顶部封闭，内部中空。直径 0.65 ～ 0.9、高 1.1 厘米（图七四，14）。

标本 M14：16-2，近直桶状，顶部封闭，内部中空。直径 0.65 ～ 0.9、高 1.1 厘米（图七四，15）。

铜棺花　4 件。

标本 M14：3-1，残损，尖部缺失。器身有锈蚀，部分地方显现出铜黄色。整体呈柿蒂形。长 11、泡钉厚 2.35 厘米（图七五，1）。

标本 M14：20，残损，尖部缺失。器身有锈蚀，部分地方显现出铜黄色。整体呈柿蒂形。长 8、泡钉厚 1.25 厘米（图七五，2）。

标本 M14：21，仅余泡钉部分，整体呈圆顶帽子状，钉部缺失。直径 2.7、厚 1.3 厘米（图七四，16）。

铜车饰构件　3 件。

标本 M14：5，青铜材质，器身锈蚀。顶部呈圆帽状，下部有两个边柱，边柱镂空。宽 1、高 0.9 厘米（图七四，17）。

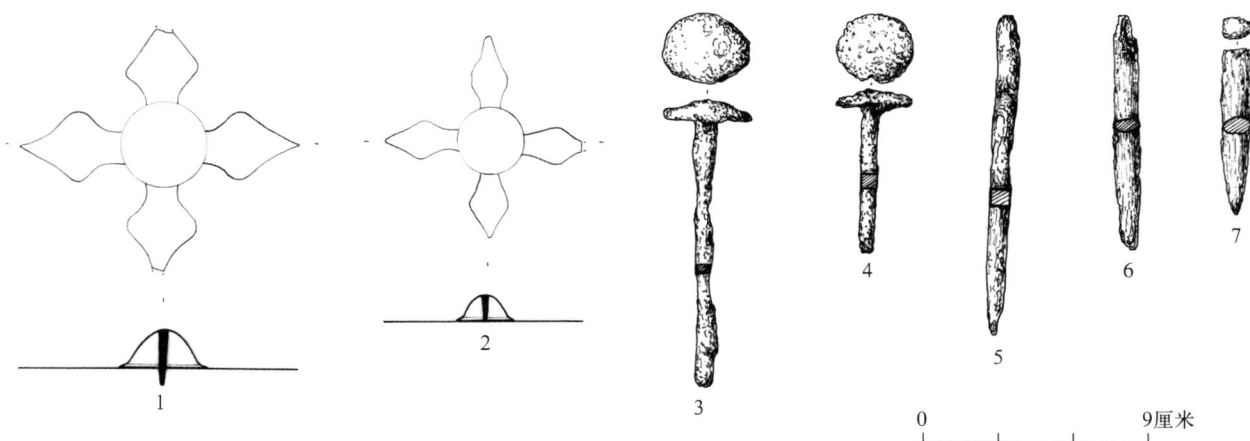

图七五　2009GYM14 出土遗物

1、2.铜棺花 M14：3-1、M14：20　3 ～ 7.铁棺钉 M14：26-1 ～ 5

表七　杨家庄M14出土铜钱统计表

（单位：毫米、克）

编号	特征		郭径	钱径	穿宽	郭宽	郭厚	肉厚	重量	备注
	文字	记号								
M14：6-1	"五"字中间两笔较弯曲，"铢"金字头三角形	穿上一横	25.1	22.8	10	0.6	1.4	1.197	3.56	
M14：6-2	"五"字中间两笔较弯曲，"铢"金字头三角形，朱字方折		25.7	22.8	9.8	1.1	1.5	1.777	3.49	
M14：6-3	"五"字中间两笔较弯曲，"铢"金字头三角形，朱字方折	穿下半星	25.1	23.6	8.9	0.7	1.7	1.394	4.14	
M14：6-4	"五"字中间两笔较弯曲，左侧稍出头，上下较对称，"铢"金字头三角形，朱字方折	穿上一横	25.6	22.9	8.9	1.1	1.3	1.621	3.37	
M14：6-5	"五"字中间两笔较弯曲，左有两侧稍出头，上下较对称，"铢"金字头三角形，朱字方折	穿上一横	24.7	22	9.8	0.9	1.9	1.514	3.6	
M14：6-6	"五"字中间两笔较弯曲，上下较对称，"铢"金字头三角形，朱字方折		24.1	21.1	9.8	0.8	1.1	1.1	2.51	
M14：6-7	"五"字中间两笔较弯曲，上下较对称，"铢"金字头三角形，朱字方折		25.8	21.5	9.1	1	2.1	1.553	4.26	
M14：6-8	"五"字中间两笔较直，"铢"金字头三角形		24.8	21.2	9.7	0.9	1.7	1.268	3.37	
M14：6-9	"五"字中间两笔较弯曲，"铢"金字头三角形带尾，朱字方折	穿下半星	25.7	21.8	9.5	1.2	1.4	1.59	3.25	
M14：6-10	"五"字中间两笔较弯曲，"铢"字不可辨		25.5	22.2	9.7	0.8	1.3	1.686	4.01	
M14：6-11	"五"字中间两笔较弯曲，"铢"金字头三角形带尾，朱字方折	穿下半星	25.5	21.4	9.7	0.9	1.3	1.229	3.23	
M14：6-12	"五"字中间两笔较弯曲，金字不存	穿上一横	25.6	21.6	10.5	1.2	2	1.79	3.2	

标本 M14：17，器身锈蚀。残存呈团扇状。宽 0.85、残高 1.1 厘米（图七四，18）。

标本 M14：25，器身锈蚀。整体呈耙钉状。宽 1.6、残高 1.6 厘米（图七四，19）。

五铢　铜钱共 12 枚（图七六），详情见表七。

3.铁器

铁棺钉　12 枚。均锈蚀严重，无完整器。

标本 M14：26-1，尾部呈圆帽状，前断尖部缺失。帽径 3.6、残长 11.8 厘米（图七五，3）。

标本 M14：26-2，尾部呈圆帽状，前断尖部缺失。帽径 3.1、残长 6.7 厘米（图七五，4）。

标本 M14：26-3，尾部缺失，前断尖部缺失。残长 13 厘米（图七五，5）。

标本 M14：26-4，尾部缺失，前断尖部缺失。残长 9.5 厘米（图七五，6）。

标本 M14：26-5，尾部缺失，前断尖部缺失。残长 6.8 厘米（图七五，7）。

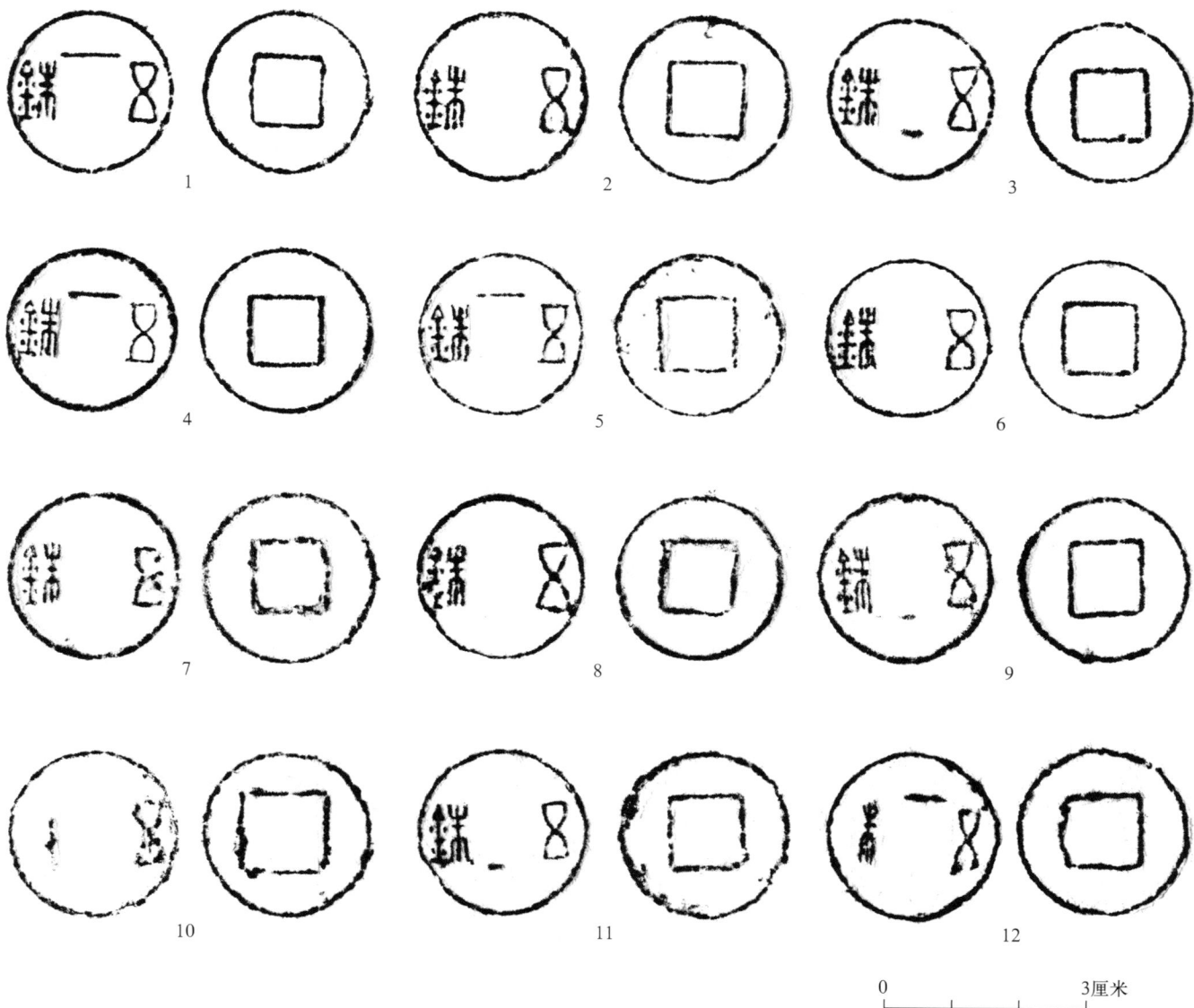

图七六　2009GYM14出土铜钱

1～12.五铢M14：6-1～12

五　2009GYM15

M15 位于墓地西北侧，墓道部分被 M14 打破，南侧与 M13 相近。

（一）墓葬形制

M15 为斜坡墓道土洞墓，墓向 124°。由墓道和墓室组成，墓葬全长 3.7 米，M15 墓道部分被 M14 所打破（图七七）。

1. 墓道

位于墓室东侧，被 M14 所打破，残存近三角形，残长 0.1 ~ 1.5、宽 1、深 2.04 ~ 2.2、距地表 2.72 ~ 2.88 米。残存墓道为斜坡，坡度 20°。在墓道临近墓室处，有地面铺砖，残存三排五块。墓砖尺寸长 36、宽 18、厚 6 厘米。墓道边放置有陪葬陶器。

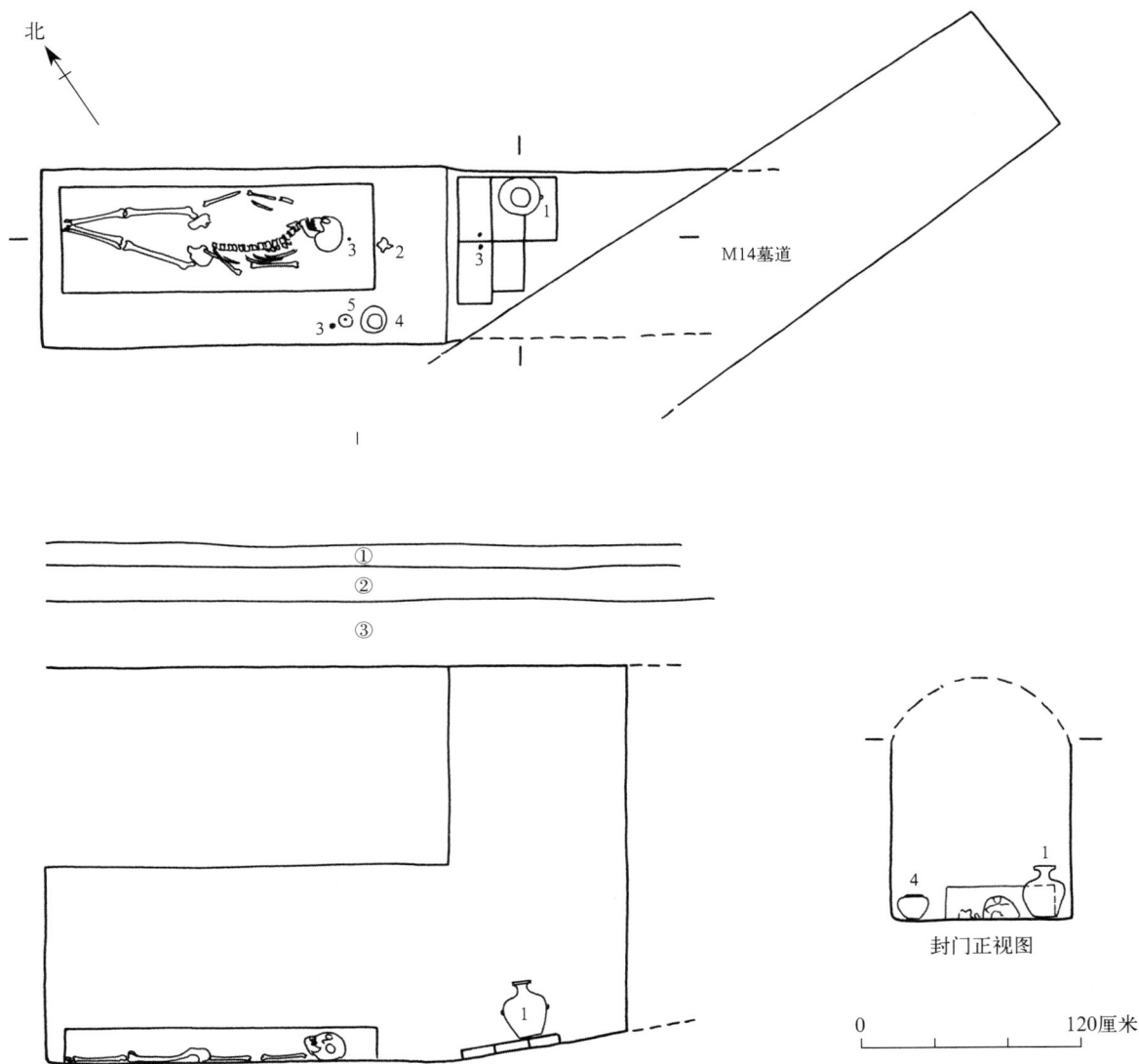

图七七　2009GYM15平、剖面图

1.陶壶　2.铜棺花　3.铜钱　4.陶罐　5.陶甑

2.墓室

为长方形洞室，长 2.2、宽 1.2、高 1.1 米。墓室底部距地表 2.88 米。

（二）葬具与葬式

墓室北侧有单棺，距北壁约 0.1、棺距后壁 0.1、距南壁 0.3 米。棺木已腐朽，仅余痕迹。棺长 1.7、宽 0.6、残高 0.2 米。

棺内发现 25 岁左右女性人骨 1 具，骨架基本完整，脊骨及盆骨已朽，仰身直肢，双手抱于腹部，双脚交错，头朝东南，面向北。

（三）随葬品出土情况

墓道虽经破坏，但是遗物基本保留在原位。墓道北侧发现有陶壶（M15：1）1 件，铜钱（M15：3）2 枚。

墓室前端发现有棺花（M15：2）1 件。墓室内棺东南角发现有陶罐（M15：4）1 件，陶甑（M15：5）1 件，在陶甑下有铜钱（M15：3）1 枚。棺内仅在人骨的头部、肩部、胸部各发现铜钱（M15：3）1 枚。

（四）出土遗物

出土器物 10 件，其中陶器 3 件、铜器 7 件。

1.陶器

陶器有陶壶 1 件、陶罐 1 件、陶甑 1 件。

陶壶 1 件。

标本 M15：1，泥质灰陶。盘口，束颈，鼓腹，中腹有对称乳丁状器耳，假圈足，平底。上腹和中腹各有两道凹弦纹。口径 13.6、底径 16.2、高 30 厘米（图七八，1）。

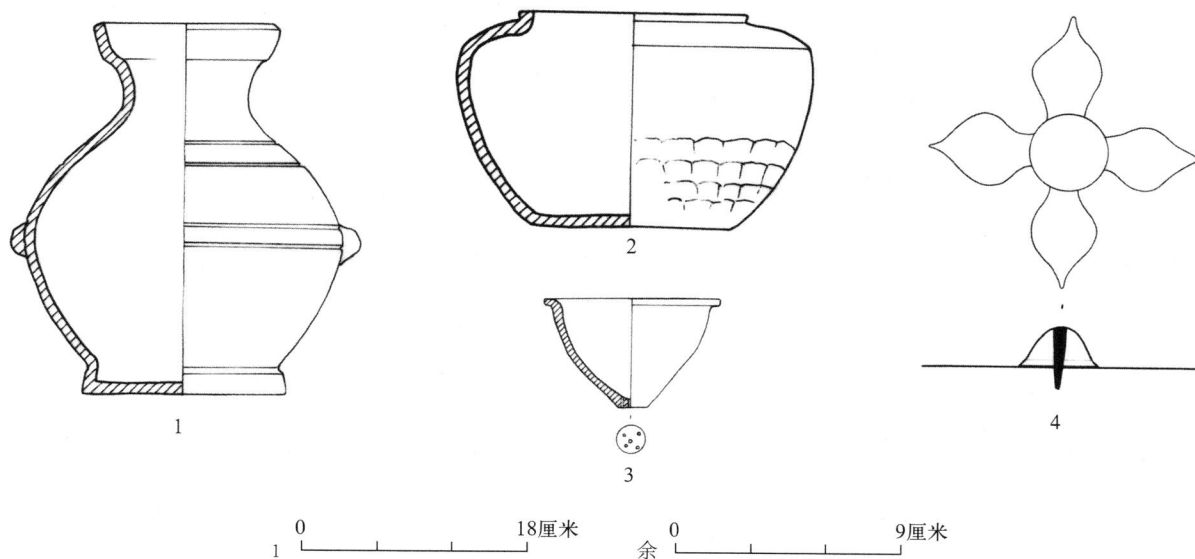

图七八 2009GYM15出土遗物

1.陶壶M15：1 2.陶罐M15：4 3.陶甑M15：5 4.铜棺花M15：2

陶罐　1件。

标本 M15：4，泥质灰陶。直口，方唇，矮颈，溜肩，弧腹，平底。器身有刮削时形成的类似鳞片状痕迹。口径 8.4、底径 7.8、高 8.6 厘米（图七八，2）。

陶甑　1件。

标本 M15：5，泥质灰陶。侈口，圆唇，弧腹，平底，底部有 5 个小孔。口径 7、底径 1.15、高 4.45 厘米（图七八，3）。

2. 铜器

共 7 件，其中铜棺花 1 件、铜钱 6 枚。

铜棺花　1件。

标本 M15：2，保存完整。器身有锈蚀，部分地方显现出铜黄色。整体呈柿蒂形。长 11、泡钉厚 2.2 厘米（图七八，4）。

铜钱　五铢 6 枚（图七九），详情见表八。

表八　杨家庄M15出土铜钱统计表

（单位：毫米、克）

编号	特征		郭径	钱径	穿宽	郭宽	郭厚	肉厚	重量	备注
	文字	记号								
M15：3－1	五"字中间两笔较弯曲，"铢"金字头三角形		25.2	21.7	9.5	1.1	1.7	1.745	3.65	
M15：3－2	五"字中间两笔较弯曲，"铢"金字头三角形，朱字方折	穿上一横	25.4	22.6	9.4	1.2	1.4	1.18	3.08	
M15：3－3	五"字中间两笔较弯曲，"铢"金字头三角形带尾，朱字方折		25.5	22.6	9.3	1	1.3	1.51	3.77	
M15：3－4	五"字中间两笔较直，"铢"金字头三角形，朱字方折		25	21.9	9.5	1	1.2	1.105	3.1	
M15：3－5	五"字中间两笔较弯曲，"铢"金字头三角形，朱字方折	穿上一横	25.4	21.9	8.9	1.1	1.7	1.451	3.51	
M15：3－6	五"字中间两笔较弯曲，上下对称，"铢"金字头三角形带尾，朱字方折		25.5	22	9.8	1	1.7	1.331	2.6	

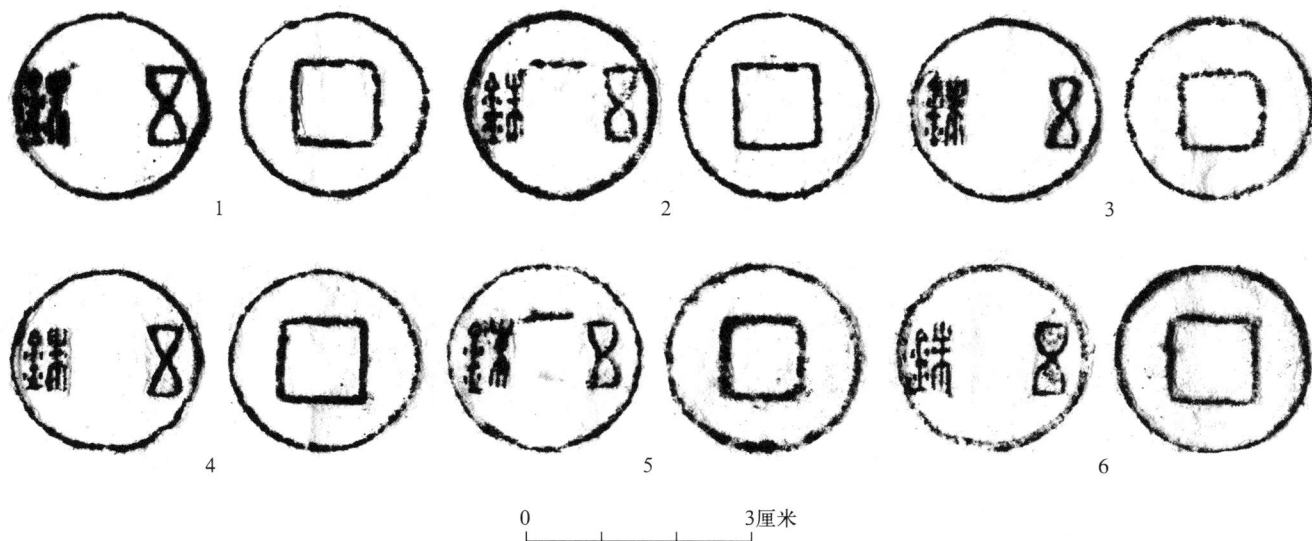

图七九　2009GYM15出土铜钱

1～6.五铢M15：3–1～6

第三节　明清墓

一　2009GYM4

M4 位于墓葬区南侧，打破 M5 墓道。南侧为 M1 ～ M3，北侧为 M6。

（一）墓葬形制

该墓为竖穴土洞墓，墓向 55°，为东西向。由墓道、甬道、墓室组成，墓道在东，墓室在西（图八〇）。

1.墓道

平面呈梯形，长 1.80 ～ 1.86、宽 1 ～ 1.14、深 2.06 ～ 2.26 米，至地表深 2.24 ～ 2.48 米，东部较高，墓道壁因坍塌而凹凸不平。

2.甬道

较短，拱顶土洞，平底。基本与墓室同宽，高于墓室底 0.26 米。甬道底长 0.32、宽 1.04、高 0.7 米。

在甬道口内土坯封门，因水浸或人为破坏坍塌。封门厚 0.32、宽 1.04、残高 0.14 米。

3.墓室

为拱顶土洞，平底，东头明显向北倾斜。长约 1.94、底宽 1.04 ～ 1.12、高 0.94 ～ 0.96 米。

（二）葬具与葬式

墓室内有一木棺，平面梯形，大头向西。长约 1.78、宽 0.42 ～ 0.56、残高约 0.3 米，棺板厚约 4 厘米。木棺用铁棺钉连接。

棺内有人骨 1 具，保留较好，为仰身直肢葬，头向西，面向南，为一成年男性，身长 1.76 米。

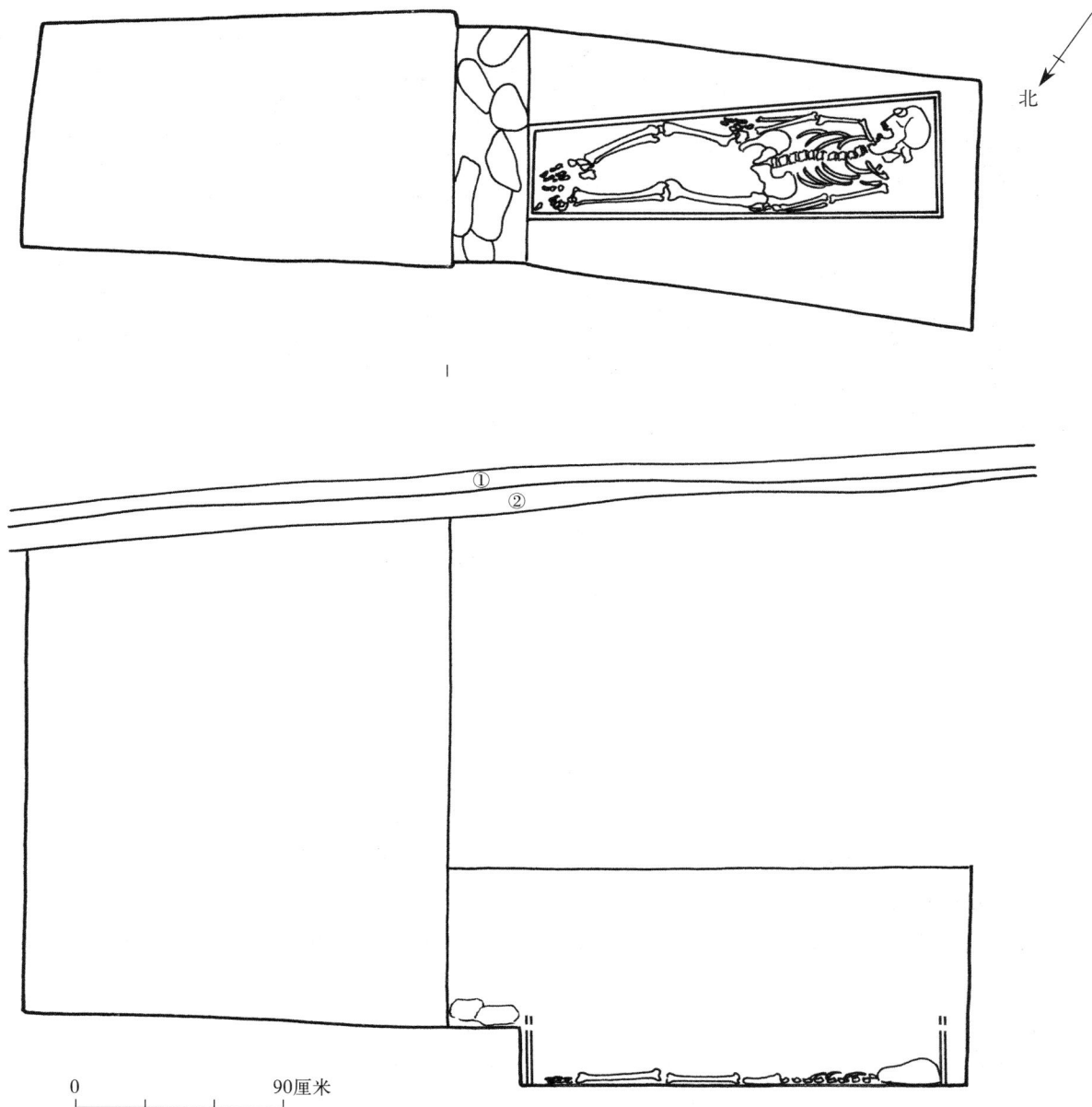

图八〇　2009GYM4平、剖面图

（三）随葬品出土情况

无随葬品，仅提取棺钉数枚。人骨部分因铜锈侵蚀呈微绿色，表明该墓原应有铜钱或其他青铜小件，清理时未发现，应该是早年被盗扰，清理时未发现盗洞，当是下葬后不久沿墓道甬道进入，甬道封门大概是此时被毁坏。

（四）出土遗物

除铁棺钉外，无其他遗物出土。

铁器

铁棺钉　收集 7 枚。均锈蚀严重，呈红褐色。

标本 M4：1-1，尾部和尖部残损，残存尾部扁平。残长 8 厘米（图八一，1）。

标本 M4：1-2，尾部和尖部残损，残存尾部扁平。残长 9.7 厘米（图八一，2）。

标本 M4：1-3，尾部和尖部残损，残存尾部扁平。残长 9 厘米（图八一，3）。

标本 M4：1-4，尾部和尖部残损，残存尾部弯曲、扁平。残长 10.6 厘米（图八一，4）。

标本 M4：1-5，尾部和尖部残损，残存尾部扁平。残长 9.5 厘米（图八一，5）。

标本 M4：1-6，尾部和尖部残损，仅留棺钉中部，残存略弯曲。残长 3.8 厘米（图八一，6）。

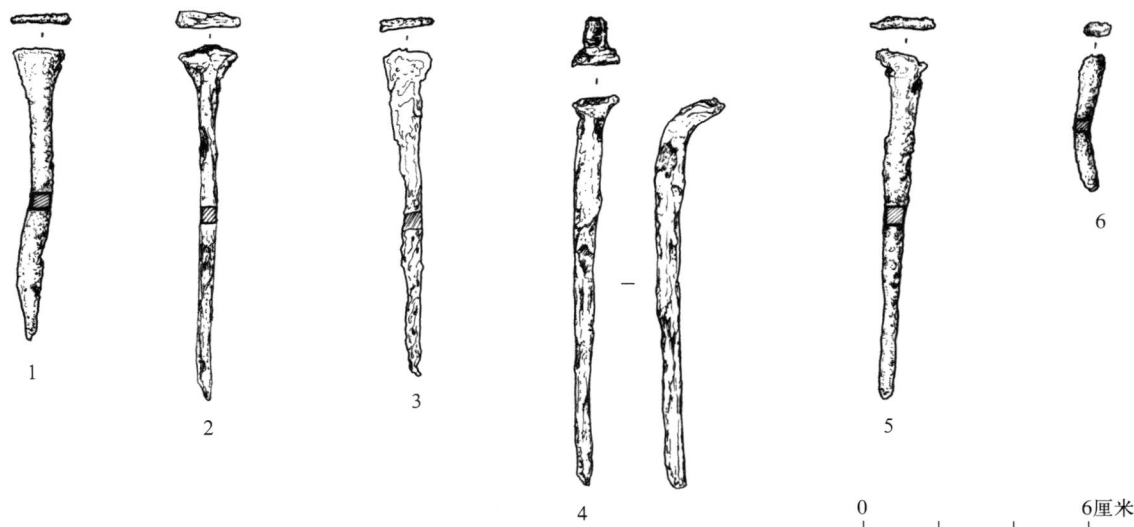

图八一　2009GYM4出土铁棺钉
1～6.M4：1-1～6

二　2009GYM9

M9 位于墓葬区中部，南侧紧邻 M7、M8，西侧和 M10 相邻，西北侧为 M12。

（一）墓葬形制

M9 为竖穴土坑墓，墓向 315°。全长 2.2、宽 0.60～0.69、深 0.45 米，距地表深 0.94 米（图八二）。

墓室内土质较松，为黄黑色五花土。墓室壁面未见工具痕迹。

（二）葬具与葬式

墓室内有单棺。棺盖已损，两侧较完整，脚挡已朽。棺长 1.74、宽 0.30～0.50、高 0.25 米，挡板厚约 3 厘米。

棺内有人骨 1 具。仰身直肢葬。头北向，身长 1.55 米。

（三）随葬品出土情况

仅在棺内头骨旁有 1 件黑釉罐。

（四）出土遗物

仅出土黑釉罐 1 件。

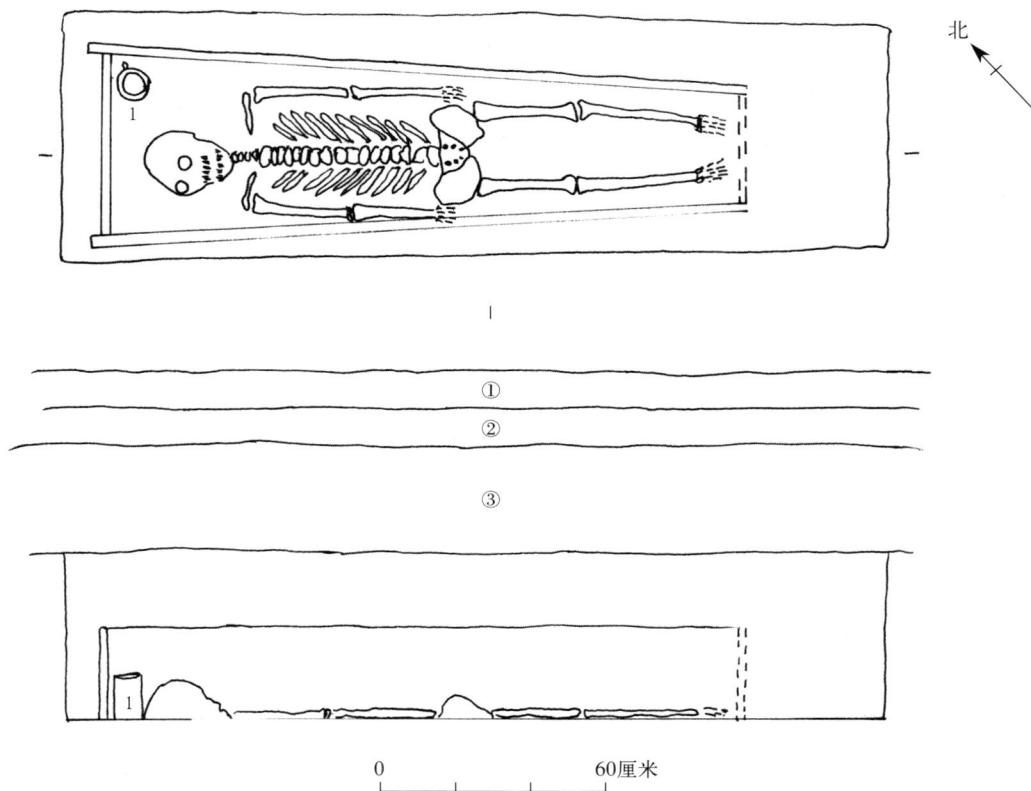

图八二　2009GYM9平、剖面图
1.黑釉罐

黑釉罐　1件。

标本 M9：1，口微敛，圆唇，口小底大，底部略圈足，腹有单耳，耳上宽下窄。器身除罐底和腹部近底处外均饰黑釉，内壁除罐底均饰黑釉。口径 10、底径 10.4、高 14.4 厘米（图八三，1）。

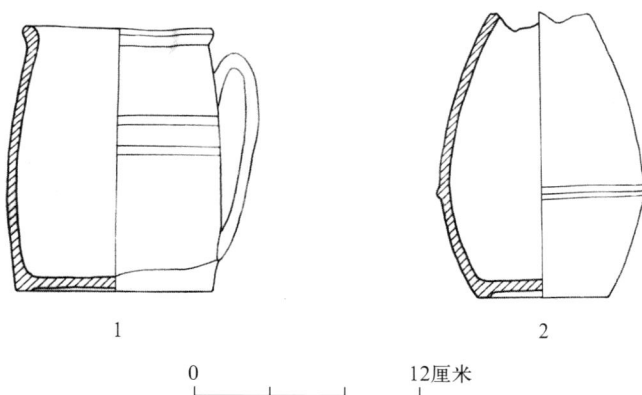

图八三　2009GYM9、M10出土遗物
1.黑釉罐M9：1　2.黑釉罐M10：1

三　2009GYM10

M10 位于墓葬区中部，南侧为 M7、M8，东侧紧邻 M10，西北侧为 M11。

（一）墓葬形制

M10 为竖穴土坑洞室墓，墓向 30°。由墓道和墓室组成，全长 5 米（图八四）。

1. 墓道

平面呈梯形，长 2.4、宽 0.8 ～ 1.12 米，底平直，深 2.6 ～ 2.76 米，至地表深 3.04 ～ 3.10 米，壁加工光滑垂直，未见工具痕迹。

2. 墓室

为拱顶土洞，平底，底长约 2.04、底宽 0.82 ～ 0.92、拱顶高约 0.96 米。墓室后侧有一壁龛，宽 0.8 ～ 0.9、高 0.54、进深 0.56 米。

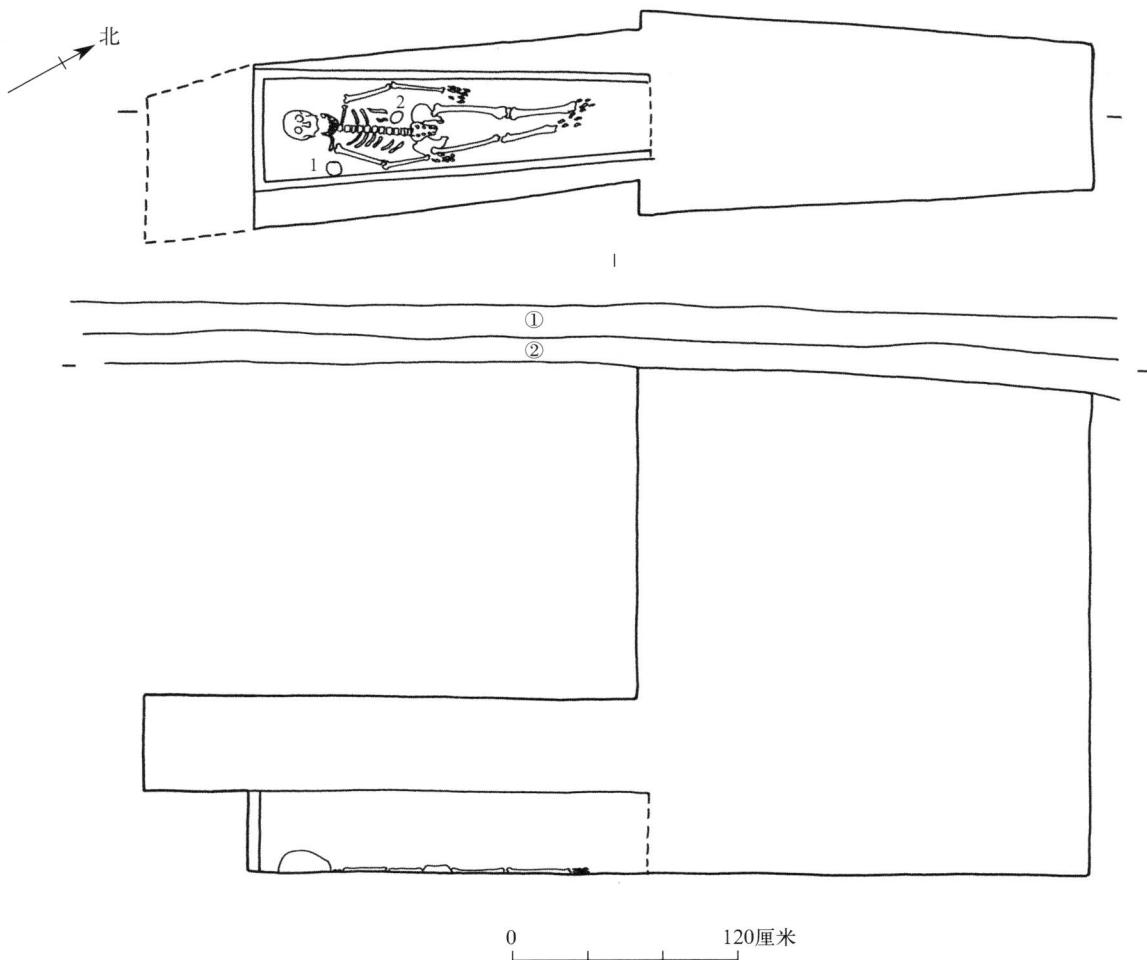

图八四　2009GYM10平、剖面图

1. 黑釉罐　2. 铁块

（二）葬具与葬式

墓室内有单棺，木棺保存较好，平面呈梯形，脚挡不存，部分延伸至墓道内。长约 2.1、宽 0.46 ～ 0.66、高约 0.44 米，板厚约 5 厘米。

棺内有人骨架 1 具，基本完整。仰身直肢葬，头向西。

（三）随葬品出土情况

在墓主人右肩处有 1 件破损的黑釉罐，左腹发现铁块 1 件。

（四）出土遗物

出土遗物 2 件，其中黑釉罐 1 件，铁块 1 件。

1. 瓷器

黑釉罐　1 件。

标本 M10：1，残损。整体呈锥状，腹部有一凸棱，圈足。器身外壁除罐底和近足处外均饰黑釉，内壁上腹近口处有黑釉。底径 6.8、残高 15.5 厘米（图八三，2）。

2. 铁器

铁块　1 件。

标本 M10：2，残损，锈蚀严重，具体用途不详。残存呈不规则状。残长 7.5、残宽 4.1 厘米。

第四章 南郊水厂墓地

南郊水厂墓地位于原州区开城镇小马庄村西南边缘，墓葬分布在拟建水厂西南、西北50～2400米处的黄土塬地，地势呈东北高、西南低的坡状，较低的区域已被规划为城市道路绿化带，周边地势较为平坦。

2015年5～8月，为配合宁夏中南部城乡饮水安全连通工程原州区南郊水厂及总管工程项目的实施，宁夏文物考古研究所在该区域共勘查清理22座古墓葬，其中汉代墓葬5座、北朝墓2座、隋唐墓5座、明清墓10座（图八五）。墓葬编号依发掘顺序排列。

第一节 西汉墓

汉墓共5座，编号为2015GNSM23～M27，均位于南郊水厂墓地西北部，分布在水厂输出管线自东北向西南施工的沿线上。墓葬为斜坡墓道土洞墓，朝向有南北向和东西向，随葬品以陶器为大宗，依形制和出土遗物判断，均为西汉时期墓葬。

一 2015GNSM23

M23位于南郊水厂墓地发掘区西北部，西邻M24，两墓相距26、东距M22约470米。

（一）墓葬形制

M23为坐北朝南的斜坡墓道单室土洞墓，方向160°。平面呈"中"字形，由墓道、天井、封门及墓室四部分组成，均位于同一中轴线之上，全长14.74米（图八六；彩版二四，1）。

1.墓道

位于墓葬南端，北接天井，与天井之间无过洞相连，墓道开口于②层扰土层下，打破生土层，开口处距现地表深约0.5米。为长方形竖井斜坡式，水平方向长9.34、南端宽1.3、北端上口宽1.38、北端下底宽1.5米。墓道中南部壁面平直，距墓道南壁6.44米处向北逐渐变宽，口小底大，该处墓道两壁上部1.3～2米的壁面光滑，之下为未做修整的粗糙壁面，墓道墙壁上残存工具痕迹，工具痕呈斜凹三角长条状，切口和收口以方形为主，工具痕宽13、深0～3厘米，长度不同，多数长度约1.5米（彩版二四，3）。整体呈搓衣板状，这种竖向紧密排列的脊状处理方法，类似于给墙壁加上筋骨，能起到加固壁面、防止垮塌的作用。

墓道底呈斜坡状，全长10.2米，自墓道南端延伸至天井，南部坡度较缓，坡度约20°，墓道中段相对平坦，北端坡度达27°，墓道口距底部最深处4.2米。墓道内填黄灰色的五花土，土

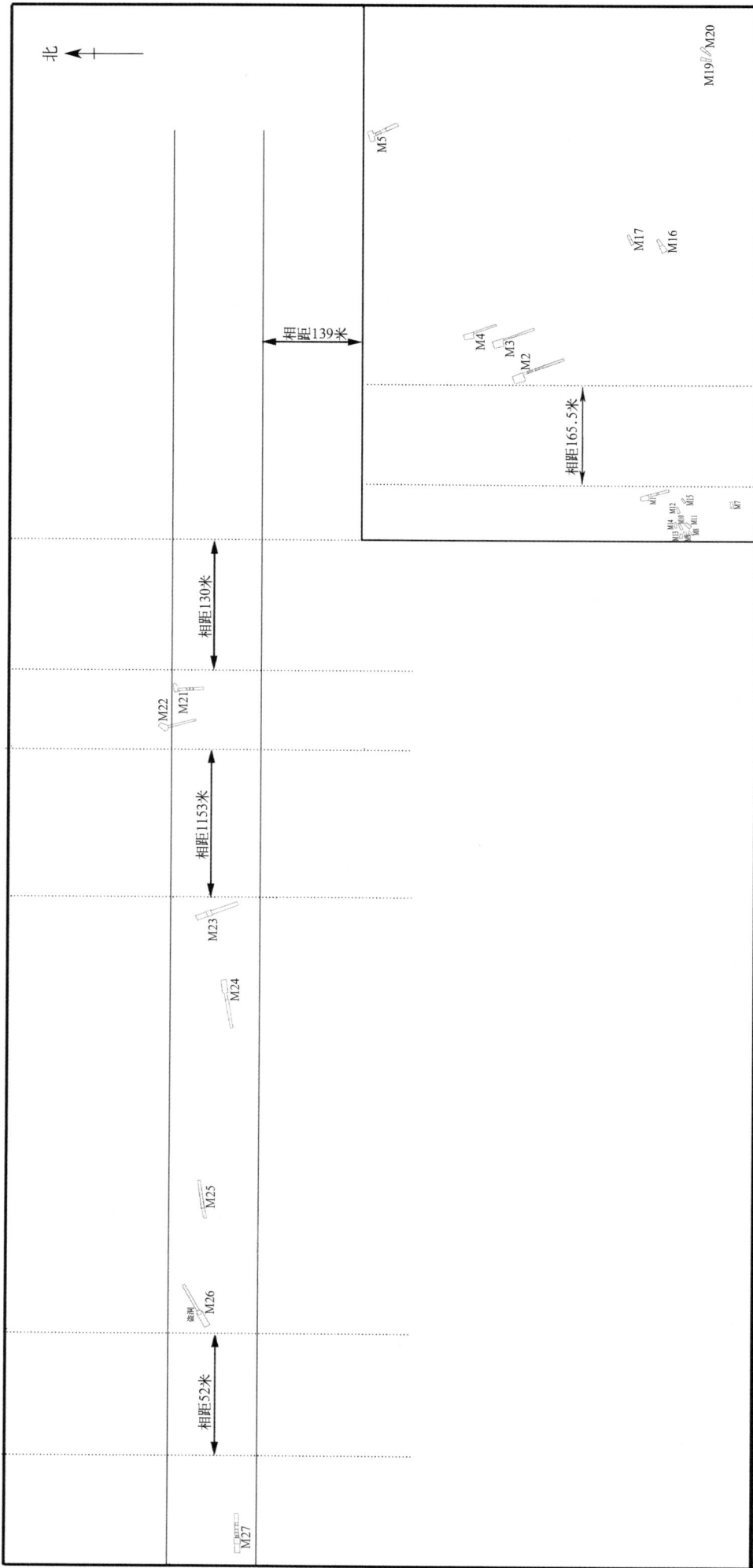

图八五 南郊水厂墓地墓葬分布平面图

北

相距139米

相距165.5米

相距130米

相距1153米

相距52米

M5

M17
M16

M4
M3
M2

M13 M14 M12 M5
M6 M10 M11
M8 M7

M19 M20

M22 M21

M23

M24

M25

M26
瓷罐

M27

0   60米

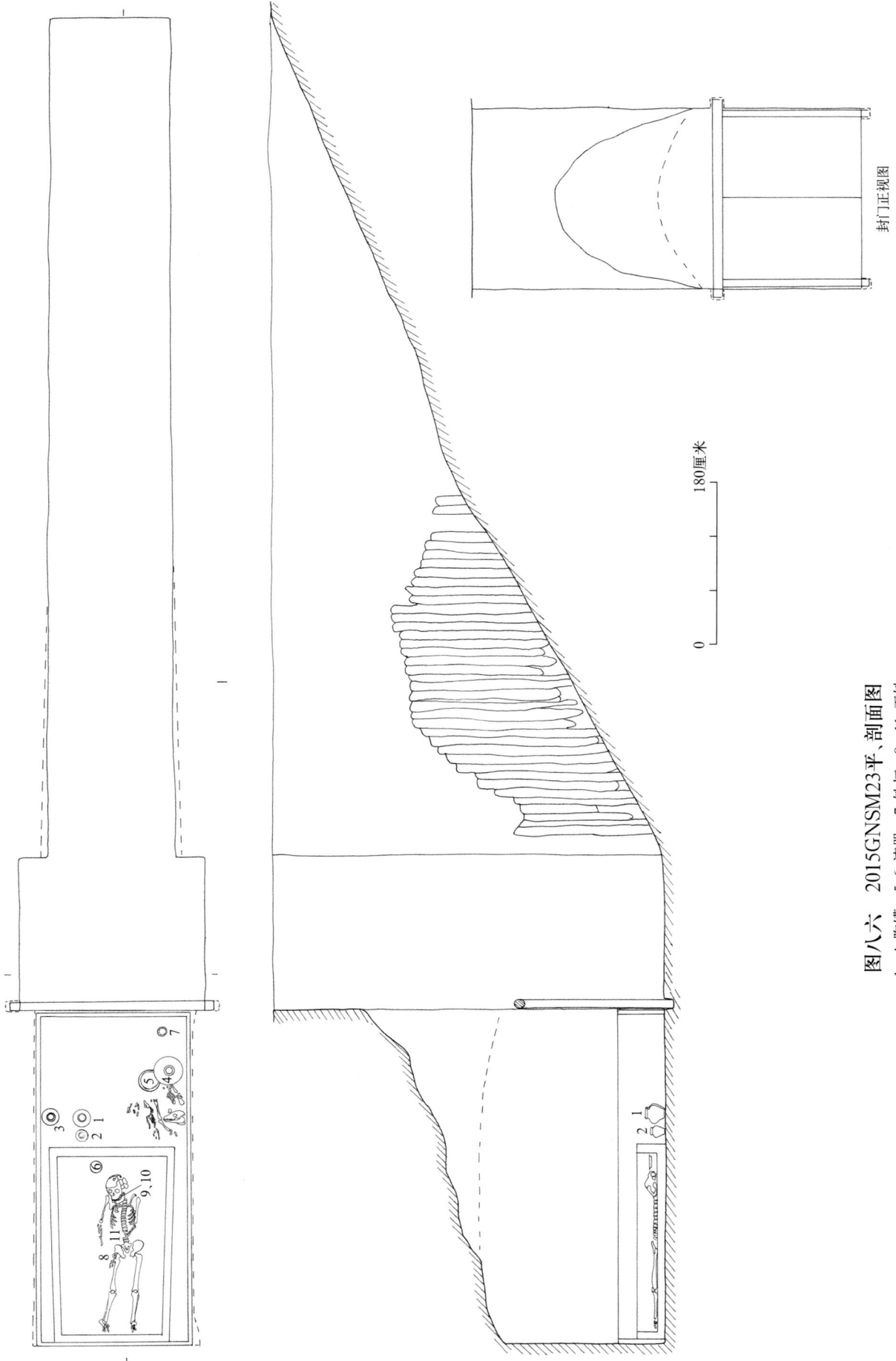

图八六 2015GNSM23平、剖面图

1~4.陶罐 5、6.漆器 7.铁灯 8~11.五铢

封门正视图

180厘米

质较软，结构疏松，无包含物。

2. 天井

位于墓道与墓室之间，南连墓道，北接墓室。开口距地表 0.50 米。平面呈横长方形，南北宽 1.7、东西长 2.0、最深处距地表 4.25 米。壁面经过修整，较光滑平直，未见明显的工具加工痕迹，天井底与墓底位于同一水平面上。因墓室是自天井北壁正中向北掏挖而成，天井北壁在开口下 1.0 米处以下垮塌。天井东西壁北端在高约 1.60 米处各掏挖一窝，用以安插门楣，横窝宽 0.11、进深 0.14 米。天井内填土与墓道内土一致，天井内无遗物出土。

3. 封门

天井北侧壁下为木封门，已腐朽无存，但从其残留痕迹仍可以看出封门的结构及规格。立面形状整体呈方形，由门框、门扇、门楣等部分组成，通高 1.6、宽约 2.0 米。

门框由两根长条形木柱构成，分别安插于东西壁北端的凹坑里，门框高 1.6、宽 0.08、厚 0.1 米。门框、门楣和门扇应是用榫卯组合而成，发掘中亦未见铁棺钉等连接构件。门楣为一根圆形木棍置于门框，横向搭在两根立柱顶端，两端插入掏挖好的横窝内，门楣直径 0.1、长 2.2 米。门扇有左右两扇，与门框贴合紧密，无移位现象，门扇的其他结构或附件已经无法辨识，两扇门分别由 3 块梯形木板竖向拼接而成，木板拼接紧密，之间应为榫卯结合。左右门扇均宽 0.9、高 1.5、厚约 0.08 米。

4. 墓室

位于墓葬最北端，南接天井，为长方形土洞室，墓室底部平坦（彩版二四，2），北端 0.3 米略向外扩，东、西、北三面墙壁竖直，壁面光滑规整，但未见明显工具痕迹，墓室南端为木门封堵，墓顶大部分均已坍塌，从残存的墓顶及壁面观测，可能为拱形顶。墓室长 3.7、宽 1.7、壁高约 2 米。

墓室近底部填土有明显的淤痕和淤层，自南向北呈斜坡状堆积，土色为黄灰相间，土质疏松，含大量黄沙，厚 4 ~ 25 厘米。

（二）葬式葬具

葬具为一椁一棺，均已腐朽，但朽痕非常清晰，木椁在外，椁四面挡板紧贴墓室四壁，木棺南北向居中放置在椁内中后部，棺椁底部均无垫板。

木椁平面呈长方形，在清理过程中未发现盖板和底板，因此，椁原来很可能只有四面侧板，四个拐角处均未伸出，挡板已腐朽成黑褐色颗粒状灰烬，椁上所用棺钉朽成红锈粉末，椁四侧板的原始高度及木板块的数量和尺寸不明。长 3.68、宽 1.66、残高 0.5 米，椁板厚 4 厘米。

木棺平面呈梯形，头挡在南，脚挡紧贴木椁北壁，东西侧挡距木椁 0.09 ~ 0.14、头挡距椁南壁 1.44 米。棺板已经腐朽成黑褐色灰烬颗粒状，棺钉朽蚀严重，棺长 2.16、南宽 1.32、北宽 1.24、残高 0.3、板厚 0.08 米。棺内填黄褐色淤土，淤层 0.01 米左右，土色呈黄褐色，较纯净。

棺内人骨 1 具，偏棺西侧放置，保存较差，受墓顶塌陷及淤土冲积，造成骨架有轻微错位，头骨被压扁、破裂、并向右错位，上肢多呈粉末状，脊椎向右错位弯曲，腿骨向东微弯，趾骨凌乱，特别是小臂和手骨仅存右侧少部。仰身直肢葬，头向南、面向上，右手自然放置在身体右侧，左手置于小腹上，两脚分开与肩同宽。骨架较粗壮，大腿骨长约 42、下肢小腿骨长 37 厘米，头骨暴露出的牙齿磨损严重、磨损面呈斜面三角锯齿状，有龋齿现象，经鉴定墓主为 55 岁左右的男性个体。

（三）随葬品出土情况

遗物均出土于墓室内，有陶器、铁器、铜钱、漆器以及动物骨骼等，除 1 件漆器和 2 枚铜钱随葬在棺内，其余的随葬遗物均放置在椁内南部棺椁之间。

由于木棺靠椁北壁放置，在木椁的南侧留有置放随葬品的较大空间，遗物分两处放置于椁室东西壁下方。东壁处放置陶罐 3 件，陶罐（M23 : 3）紧靠木椁东壁，距木棺 0.24 米，陶罐（M23 : 2）距木棺 0.06、距木椁东壁 0.36 米，罐口残损，陶罐（M23 : 1）放置在 M23 : 2 的正南侧。西壁下放置有铁灯、陶罐、漆器和大量动物骨骼。铁灯置于椁西南角，陶罐（M23 : 4）距椁西墙不足 0.1 米，距椁南墙 0.44 米，漆器（M23 : 5）口朝上放置在陶罐的东侧。动物骨骼放置在器物与木棺之间，尚可分辨的动物骨骼有三种，紧靠椁西墙的为 1 具山羊骨，羊头侧置，吻部朝东，其余肢骨放置在头骨的周侧。羊骨东侧南北向放置 1 具完整的乳猪骨骼，头朝北，四蹄朝下呈俯卧状。猪骨东侧放置 1 具鸡骨，摆放较整齐。

棺内人头骨右上侧放置漆器 1 件，距离头骨 0.1 米，器口朝上。人骨口中含五铢铜钱 2 枚，右手骨旁发现 1 枚五铢钱，左手骨下方出土 1 枚五铢钱。

（四）出土遗物

遗物有陶罐、铜钱、铁灯、漆器。

1. 陶器

陶罐　4 件。均为泥质灰陶，轮制。

标本 M23 : 1，罐口略有变形。直口微侈，平沿，方厚唇，束颈，圆肩，鼓腹，下腹斜弧收，平底。鼓腹处器壁略显不平整，留有刮修的浅棱。外底有横向线割的细条纹。口径 12、腹径 21.5、底径 12、高 20 厘米（图八七，1；彩版二五，1）。

标本 M23 : 2，口微残。直口微侈，平沿，沿面略微下凹，方唇，束颈，短斜肩，鼓腹，下腹弧收，平底。肩部四道凹弦纹，底部留有弧圈形轮旋痕。器壁较粗糙，下腹壁留有刮修的印痕，印痕面上布满不规则小凹坑。口径 8、腹径 9.6、底径 6.4、高 14.8 厘米（图八七，2；彩版二五，2）。

标本 M23 : 3，较完整。侈口，平沿略内斜，双唇，方唇上薄下厚，束颈，溜肩较长，肩腹结合处下移至器身中部，最大径位于此处，腹鼓尖，下腹斜收急快，平底，底部留有弧圈形轮旋痕，下腹壁上留有刮修痕，从痕迹的形态来看应为陶罐在快速旋转时修刀在器壁上跳动所留的跳刀痕。口径 10.8、腹径 18.8、底径 8、高 18.4 厘米（图八七，3；彩版二五，3）。

标本 M23 : 4，器形较大，胎壁厚重，大腹小口。侈口，窄沿略内斜，方厚唇，短束颈，广鼓肩，鼓腹处圆尖，最大径位于器身中部的肩腹结合处，下腹斜直急收，大平底。肩部数道横向平行加工痕迹，底部留有数圈轮旋痕。鼓腹上饰一周麦粒状绳纹，绳纹面及绳纹上方的器壁上留有较宽的刮修痕，刮修痕宽 1 厘米。下腹壁上布满细密的刮修印痕以及密密麻麻的小坑窝。口径 12.3、腹径 34.8、底径 18.5、高 30 厘米（图八七，4）。

2. 铜器

有铜钱 4 枚。

五铢　4 枚。

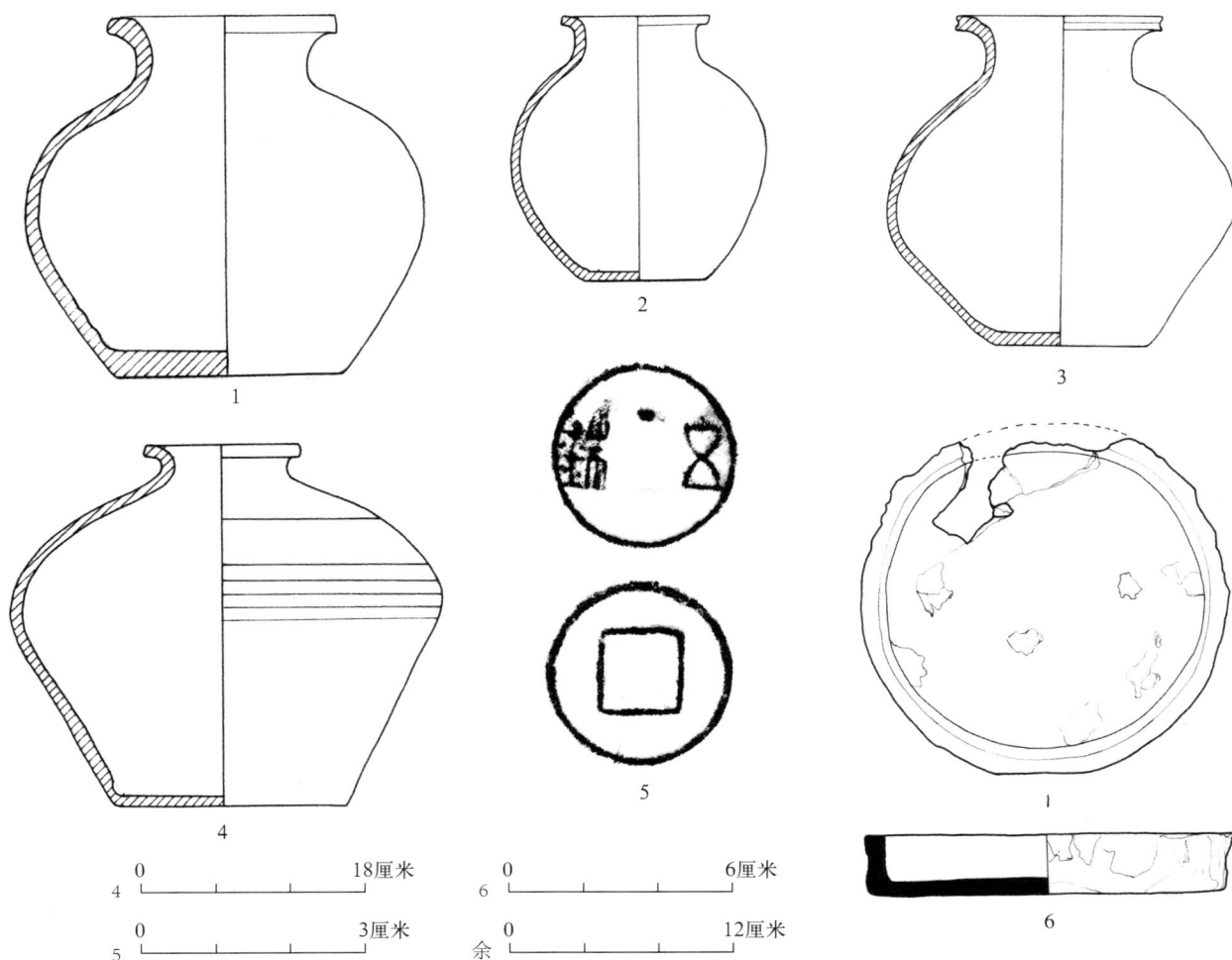

图八七　2015GNSM23出土遗物

1~4.陶罐M23：1~4　5.五铢M23：11　6.铁灯M23：7

标本M23：8，保存较好，铸造规整，钱文不甚清晰。正面有外郭而无内郭，穿下一短横，背面穿郭皆具，"五"字交笔弯曲，与上下端横画连接为锐角，"铢"字笔画模糊。直径2.45、穿径1、边郭厚0.15厘米，重3.7克。

标本M23：9，保存极差，无法识别。直径2.5厘米，重3.7克。

标本M23：10，铸造规整，钱文模糊，正背周郭较低且窄，宽0.1厘米，背穿有郭，面穿无郭，"五"腐蚀严重，"铢"字金字头呈三角形，朱字上下方折。直径2.5、穿径1.1、边郭厚0.2厘米，重2.9克。

标本M23：11，铸造规整，钱文深峻清晰。正面穿上一星，背面内外郭具备，"五"字交笔弯曲，"铢"字金字头呈箭镞形，朱字上方下圆。直径2.5、穿径1、边郭厚0.2厘米，重4.4克（图八七，5）。

3.铁器

铁灯　1件。

标本M23：7，圆形，直口，方唇，盏内面平，中部为一灯芯，平底，底部小锥形足支立。锥面0.5厘米，足底尖，足高0.5厘米，口径约10、底径10、高1.7厘米（图八七，6；彩版二五，4）。

4.漆器

有漆盒和漆盘各 1 件。

漆盒　1 件。

标本 M23：6，仅存部分漆皮，腐朽严重，无法提取。漆皮呈深黑褐色，似漆盒一件。口径约 15、底径 13.5、高约 4.8 厘米。

漆盘　1 件。

标本 M23：5，圆形似漆盘，腐朽严重，仅存深黑褐色漆皮。口径 22、底径 20、高约 3 厘米。

二　2015GNSM24

M24 位于发掘区西北部，西北与 M25 相距 55、东与 M23 相距 26 米。

（一）墓葬形制

该墓为坐东朝西的单室土洞墓，墓向 260°。平面呈"甲"字形结构，由墓道、甬道、封门及墓室四部分组成，均位于同一中轴线上，墓葬全长 16.9 米（图八八；彩版二六）。

1.墓道

位于整个墓葬西端，东端与甬道相接，开口于②层下，打破生土层，开口距现地表 0.8 米，平面呈长方形，上口与下底同大，全长 10、宽 1 米。墓道两壁平直，壁面光滑平整，未见明显的工具加工修整迹象。墓道底部为斜坡状，坡长 10.6 米，东接甬道，坡度 30°，墓道最深处位于其东端，距地表深约 4.4 米，墓道内填五花土，土色呈褐色，土质较松软，无遗物出土。

2.甬道

位于墓道与墓室之间，平面呈长方形，全长 2.4 米，为拱形顶，两壁平直，进口从墓道北壁内收 2、南壁内收 7 厘米，过洞宽 0.94、进深 2.4、东高 1.4、西高 1.8 米。斜坡状底，甬道东端起伏平缓，西端转而陡折，坡度 30°，底部距地表最深 4.6 米，过洞南壁东端有垮塌，面积 0.4 米 ×0.7 米。过洞内填土与墓道填土大致相同，为褐色五花土。

3.封门

位于墓室前部（西端），保存极差，仅存底部夯土门槛和两侧安放门框的门槽。

门槛设置于墓室西壁，平面呈横长方形，南北长 1.8、东西宽 0.9、高 0.3 米，分 3 层夯筑，每层厚约 10 厘米，上部一二层有明显的夯窝（彩版二七，1），夯窝大小不等，排列杂乱无规律，直径 8 ～ 14 厘米，底层夯窝不明显。墓门外填土中见有少量土坯残块，可能属于封门上原有的部分。

门槽位于墓室南北墙壁上，距墓室西壁 0.76 米。槽宽 0.16、北壁门槽进深 0.2、南壁门槽进深 0.12、残高 1.7 米，门槽接近垂直，整体略向东斜。

4.墓室

位于墓葬东端，西接甬道，为纵向的长方形土洞，全长 4.4、宽 1.84 ～ 1.86 米，墓室东部略向南偏斜。墓室分为东西两部分，西部为放置陶罐等随葬品的空间，平面呈横长方形，南北长 1.04 米。墓室东部则为棺室，南北长 2.26 米。墓室四壁平直，壁面多处垮塌，残存的壁面经过修整较光滑，但无明显的工具加工痕，墓室顶已塌陷，在南壁和北壁东端尚存起拱的拐角，据此推测墓

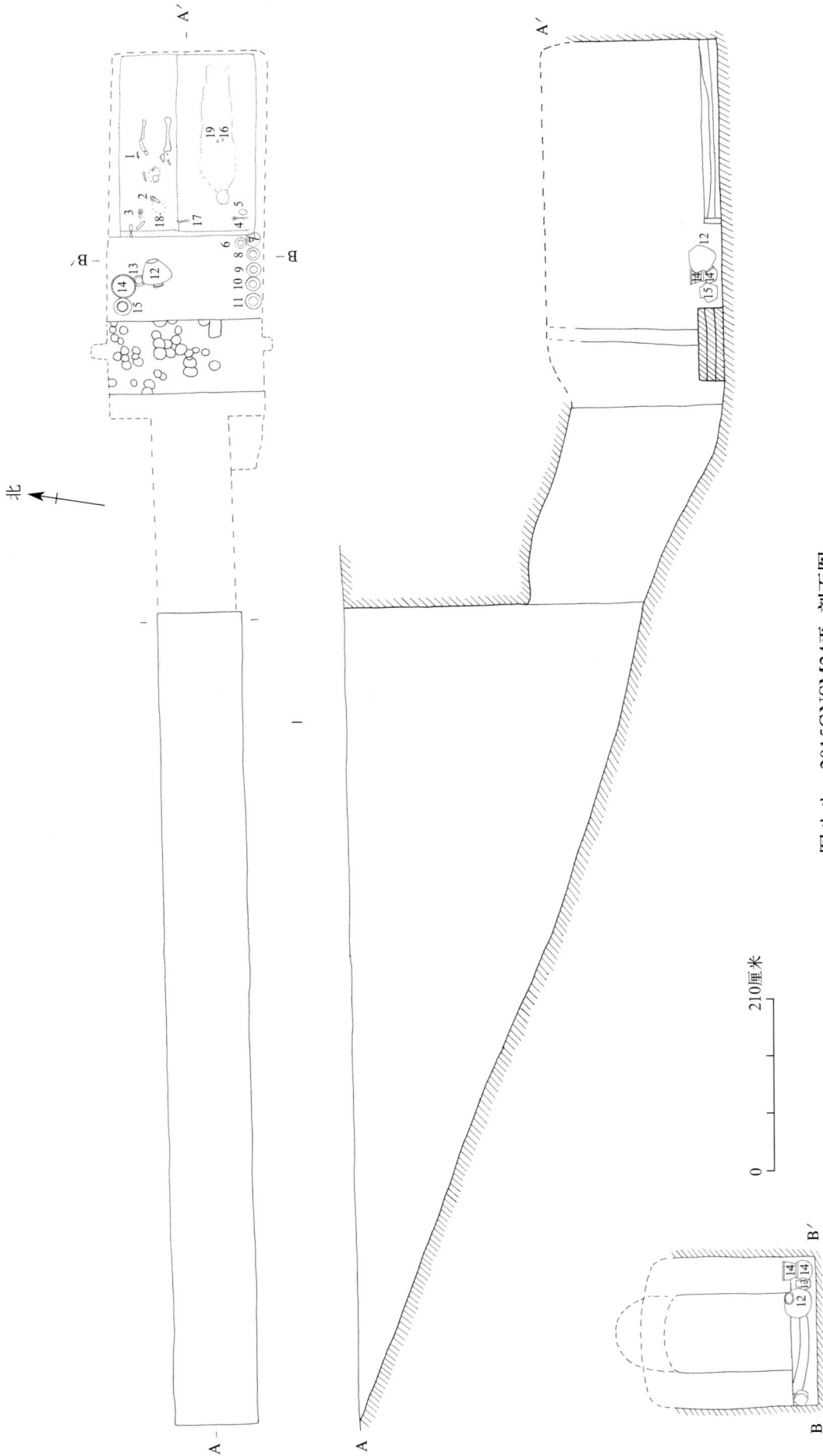

图八八 2015GNSM24平、剖面图

1.玉锥 2~4.铁削 5.铜镜 6~13、15.陶罐 14.陶瓶 16、19.五铢 17.铜刀 18.水晶饰

室应为拱形顶，墓壁残高 1.7、复原高度 2.1 米，墓底距现地表 5.4 米，与天井底部持平。

墓室填土主要为顶部塌土和淤土，土质较硬，根据塌痕判断为一次坍塌所形成，接近底部的淤层厚约 0.2 米。

（二）葬式葬具

墓室东部发现木棺 2 具，均腐朽严重，仅存黑褐色木棺痕迹。呈东西向并列放置，平面呈长方形，北棺窄小，南棺宽大，南棺朽木残迹明显，北侧棺朽迹仅显轮廓。两棺并排贴近放置，距墓室南北壁均为 0.1 米。棺痕长均为 2.22 米，南棺宽 0.93、残高 0.2 米，板厚约 6 厘米，北棺宽 0.67、残高 0.2 米。

南北棺内各葬人骨 1 具，保存极差，但人骨腐朽后的痕迹较清晰，未有扰动，仰身直肢葬，头向均向西。北棺人骨尚存少量肢骨残块，南棺人骨仅存头骨且已破损，其余骨骼情况不明。

（三）随葬品出土情况

遗物均出土在墓室内，陶器及附件铁釜放置于棺外西侧，铁削、铜镜、铜钱、玉饰等随身遗物均出自于棺内（彩版二七，2）。

由于 2 具木棺靠墓室东壁并列放置，在棺外西侧留有置放随葬品空间，集中分两处放置于墓室南北壁下。南壁下放置 6 件陶罐，大体呈一字形排列，自西向东分别为 M24：6 ～ 11。北壁下出土 4 件器物，其中陶罐 3 件，另 1 套为甗（下部为一铁鍑、上部为一陶甑），器形最大的 1 件陶罐（M24：12）倾倒，罐口朝西，距离墓室北壁 0.4、距离北棺头挡 0.26 米，甗和中型陶罐（M24：15）紧贴墓壁放置，陶罐在西，另 1 件小陶罐（M24：13）位于大陶罐和甗之间。

棺内除铜钱外，出土遗物均为墓主生前随身用品。

北棺人骨头顶部发现水晶饰品 1 件，腰部左侧发现玉锥 1 件，棺西北角和头骨附近各放置环首铁削 1 件，2 件环首铁削锈迹严重，均已残断。由于棺内未发现扰动迹象，故器物应是原位置。

南棺人骨腰部发现铜钱 2 枚，南北并列放置，棺的西南角（即头骨右上方）放置环首铁削（M24：4）和铜镜（M24：5）各 1 件，环首铁削在西，南北向放置，环首朝北，铜镜已损，残缺不全，棺西北角南北向平置铜刀 1 件（M24：17）。南棺也未经扰动，所葬器物应处在原始位置。

（四）出土遗物

遗物有陶罐、铜镜、铜刀、铜钱、铁鍑、环首铁削、玉锥、水晶饰等。

1.陶器

有陶罐 9 件，甗 1 套（下为铁鍑、上为陶甑）。

陶罐　9 件。均为泥质灰陶。

标本 M24：6，完整，轮制。罐口一边高一边低。小口微侈，平沿，沿面内侧略下凹，方唇，束颈，斜肩，鼓腹，下腹斜直急收，平底。下腹壁留有明显的旋转修整痕迹，口内和肩部有少许白色物质残留。口径 7.4、腹径 13、底径 8、高 12 厘米（图八九，1；彩版二八，1）。

标本 M24：7，轮制。侈口，平沿，双尖薄唇，束颈，斜肩，鼓腹，下腹斜直急收，平底。肩部饰有一周暗弦纹带，弦纹内填栉齿状纹饰，纹饰浅显模糊，肩腹部三道凸棱，下腹壁留有明显的横向刮削痕。口径 10、腹径 18、底径 11、高 14.8 厘米（图八九，2；彩版二八，2）。

标本 M24：8，口微侈，平沿，尖唇，束颈，斜肩，鼓腹，下腹斜弧收，平底。腹壁凹凸不平，

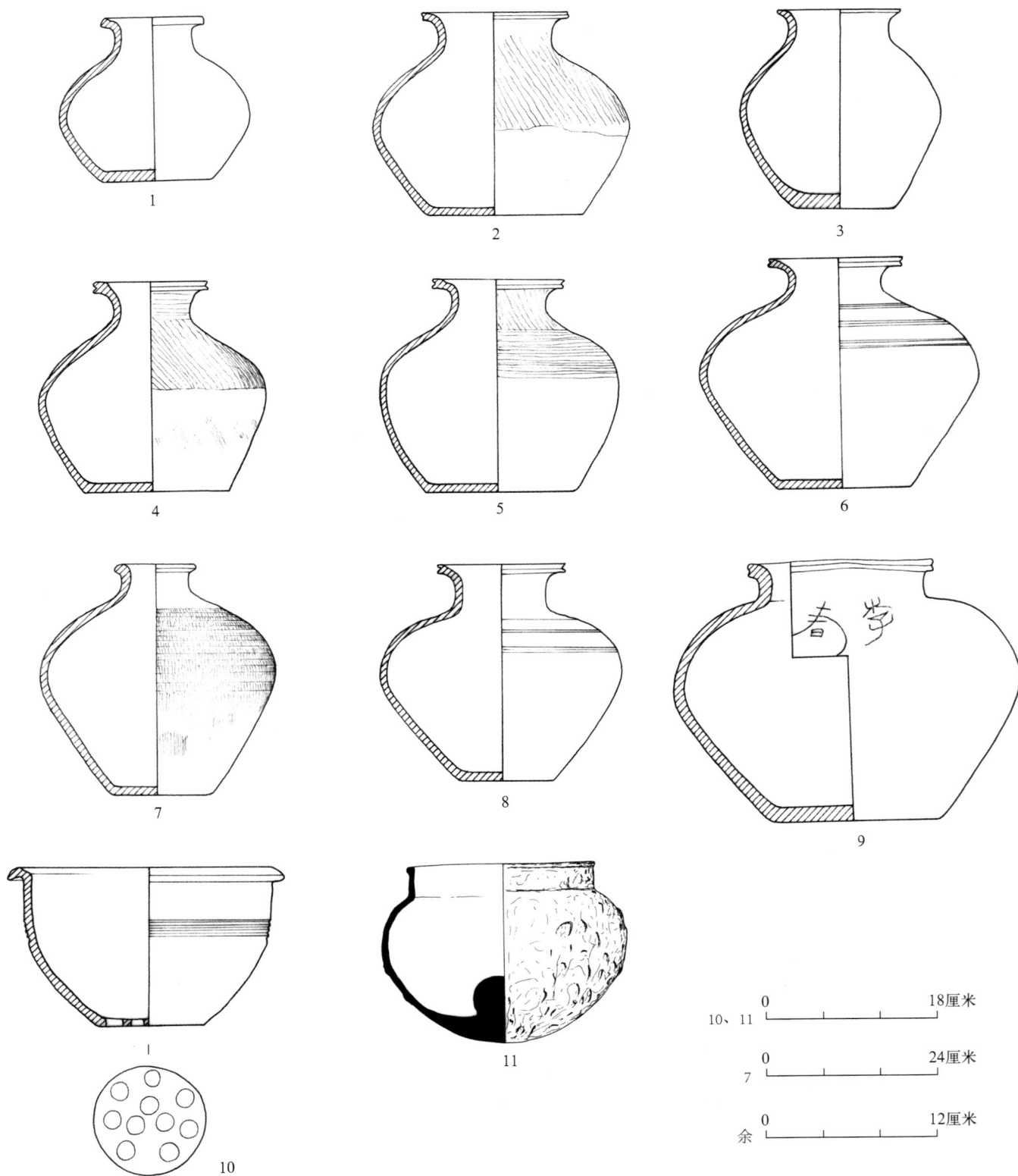

图八九　2015GNSM24出土遗物

1~9.陶罐M24：6~13、15　10.陶甑M24：14-1　11.铁镤M24：14-2

有类似手指按压的痕迹及横向修整痕迹，器底存在并不平行的切割痕，器表有少许白色物质残留。口径8.5、腹径14、底径6.8、高14.4厘米（图八九，3；彩版二八，3）。

标本M24：9，轮制，整体制作比较草率。近喇叭状侈口，平沿，双薄尖唇，束颈，斜肩，鼓腹，下腹斜收，平底略内凹。肩部饰有数道极浅的暗弦纹，下腹壁表面有较深的刮削痕，通过对刮削痕迹的观察可知，其修整的步骤为先进行左上-右下方向的刮削，大体平整后再进行横向刮削，使腹壁趋于平整，罐底部未见轮旋痕。口径8、腹径16、底径10、高15.2厘米（图八九，4；彩版二八，4）。

标本M24：10，完整，轮制。形制与M24：9相同，肩部暗弦纹更浅更模糊，鼓腹处留有多处刮削痕，底部未见轮旋痕，器壁有少许白色物质残留。口径9.2、腹径16.8、底径10、高15.6厘米（图八九，5；彩版二九，1）。

标本M24：11，较完整，轮制。近喇叭状侈口，双唇，束颈，斜肩，腹部鼓尖，下腹壁斜收急快，平底。肩部饰三组凹弦纹，每一组有三道，上腹部一道明显的刮削痕，腹壁下部留有多处刮削痕，底部无轮旋痕。口径9.5、腹径19、底径9.2、高17厘米（图八九，6；彩版二九，2）。

标本M24：12，口沿略残，器形较大。小口微侈，沿外斜，尖唇较厚，束颈，广肩，鼓腹，下腹斜收较快，平底。肩及鼓腹上饰弦断绳纹，竖向绳纹被24周凹弦纹平行分割，较均匀。下腹壁光滑平整，有修整时产生的横向及斜向刮痕，颈根部一侧印刻两个小字，字体笔画较模糊，近似为"二升"两字，二字均与罐体垂直，升在上，二在下。底部未见轮旋痕。口径11.2、腹径32.8、底径13.6、高34厘米（图八九，7；彩版二九，3）。

标本M24：13，形制、纹饰及其他特征均与M24：11相同，口径9、腹径16.9、底径6.4、高16厘米（图八九，8）。

标本M24：15，罐口略有变形，轮制。直口，平沿微斜，双唇，束颈，颈肩结合部转折较明显，肩部弧鼓，腹上部圆鼓，下腹斜直收，平底略向内凹。下腹壁有横线平行弦纹状的修整痕，底部无轮旋切割痕，肩部一侧刻"李君"两字，根据刻划特点，字是在陶罐烧成之后刻上去的。口径12.8、腹径24.4、底径12、高19.2厘米（图八九，9，图九〇）。

甑　1套。

标本M24：14，器型较完整。分为上下两层，下层为铁釜，上层置一个10孔陶甑。铁鍑侈口，斜沿，矮直领，溜肩，鼓腹向下斜收，小平底。锈蚀严重，一侧口沿残损，器底内部有一直径8厘米的半球形残缺，口径20、腹径25.5、底径8、高19、壁厚1厘米。陶甑直口微敛，宽沿

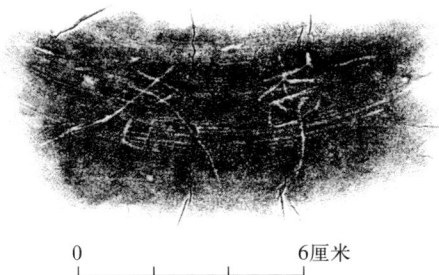

0　　　　　　　　　6厘米

图九〇　陶罐M24：15肩部刻字

外折，尖唇，折腹，上腹较直，下腹斜直收，平底有 10 个圆形穿孔，边侧 7 个，底心 3 个，甑底算孔均为自外向内的方向穿刺而成。折腹处饰一组四道凹弦纹，内壁下腹部四道凹弦纹。口径 28.8、底径 12、孔径 2、高 17 厘米（图八九，10、11；彩版三〇，1、2）。

2.铜器

有铜镜 1 枚、铜刀 1 件、铜钱 2 枚。

四乳草叶纹镜　1 枚。

标本 M24：5，残存约 1/4 部分，为四乳草叶纹镜。四叶纹纽座，纽部残缺不明。纽座外围为方格铭文带，每侧为三字，方格相交部为一对三角纹，一侧为"君行卒"，一侧残存一"令"字，方格四角各向外伸出一组双瓣叶，将方格与边缘间分成四区。各区分别以一乳丁为中心，每乳丁左右各一对连叠草叶纹，四区共有四乳八组草叶纹。内向连弧纹缘。残长 9.9 厘米（图九一，1；彩版二九，4）。

铜刀　1 件。

标本 M24：17，出土于南棺西北角棺壁处。刀身刀柄扁平，柄端一圆穿，凹背弧刃，刀锋上卷，刀尖残，布满铁锈。残长 13、宽 1.4、厚 0.2、刀刃处长 8、宽 0.7 ～ 1.5、背厚 0.2 厘米（图九一，2；彩版三〇，3）。

五铢　2 枚。锈蚀严重，字迹不清，隐约可辨为"五铢"。

标本 M24：16，直径 2.6、孔径、厚 0.1 厘米，重 3.7 克。

标本 M24：19，直径 2.7、孔径 0.7、厚 0.15 厘米，重 4.1 克。

3.铁器

环首铁削　4 件。

标本 M24：2，扁圆形环首，直背直刃，刃尖残失，背厚刃薄，断面呈楔形，已断为两截。残长 31.5、宽 1.6 ～ 2.7、刃厚 0.1 ～ 0.2、背厚 0.7 ～ 0.9 厘米，底面黏附棺木残块（图九一，3）。

标本 M24：3-1，扁圆形环首，直背直刃，刃尖残失，背厚刃薄，断面呈楔形，已断为两截。残长 15.9、环首内径 1.9 ～ 2.1、外径 3.3 ～ 3.9、刀身宽 2、背厚 0.4 ～ 0.8、刃厚 0.1 ～ 0.3 厘米（图九一，4）。

标本 M24：3-2，环首稍残，刀身中部和尾刃部残断，表面附着朽木残痕。残长 14.4、环首外径 2.4、刀身宽 1.8、背厚 0.3 ～ 0.5、刃厚 0.1 ～ 0.2 厘米（图九一，5）。

标本 M24：4，锻打而成，扁圆形环首，直背直刃，刀身上半部横断面呈半圆形，中下部背厚刃薄，断面则呈楔形，下端残断，刀身自上向下逐渐变薄，刃部不甚明显，一面黏有斜向木纹。残长 18、环内径 1.4 ～ 2、外径 2.8 ～ 4.4、背厚 0.3 ～ 0.5、刃厚 0.1 ～ 0.2 厘米（图九一，6；彩版三〇，4）。

4.玉器

玉锥　1 件。

标本 M24：1，出土于北棺内腿骨北侧，白色，龙形，角略残，锥尖尾，中穿一圆孔，断面方形，通体光滑，尖端发黄，磨损痕迹明显，应为长期使用所致。长 7.3、宽 1、厚 1、孔径 0.3 厘米（图九一，7；彩版三〇，5）。

5.水晶器

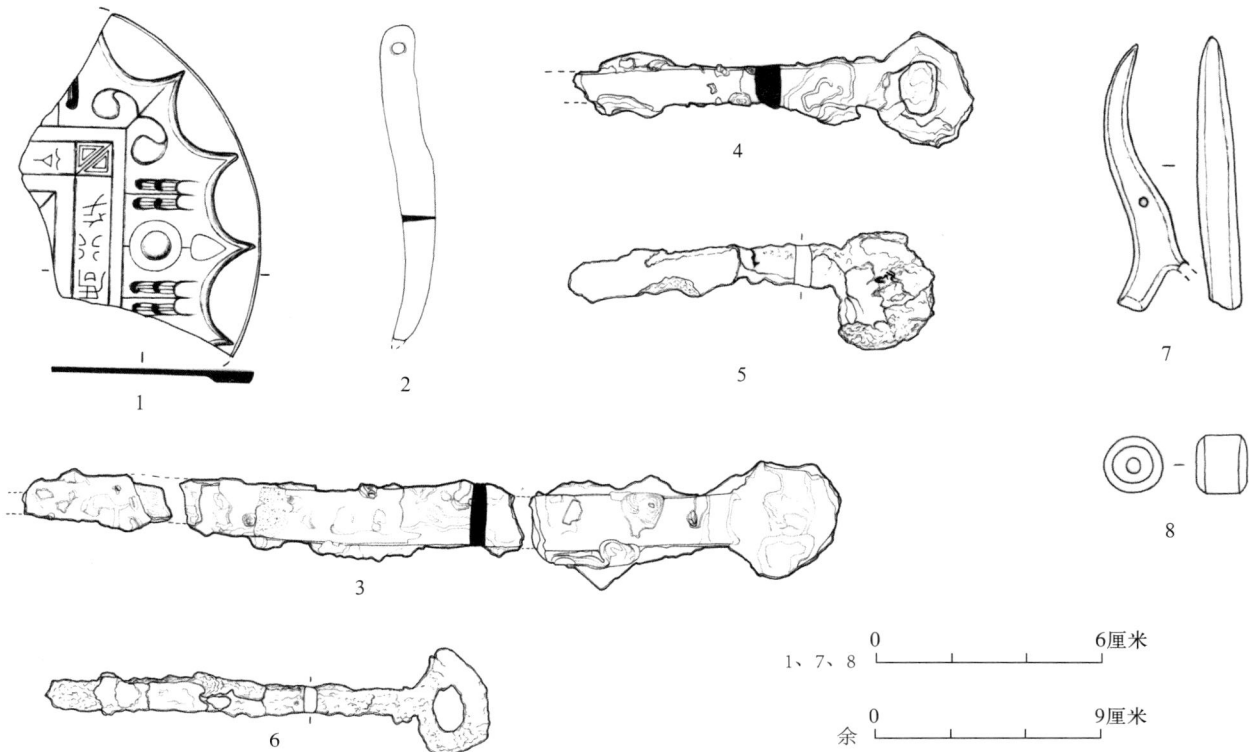

图九一　2015GNSM24出土遗物

1.铜镜M24：5　2.铜刀M24：17　3～6.环首铁削M24：2、3-1、3-2、4　7.玉锥M24：1　8.水晶饰M24：18

水晶饰　1件。

标本 M24：18，出土于北棺内头骨下，青灰色圆柱形，两端盝顶形，中间 1 个圆孔，通体圆润剔透。直径 1.5、高 1.2、孔径 0.2 厘米（图九一，8；彩版三〇，6）。

三　2015GNSM25

M25 位于水厂墓地发掘区西北部，西距 M26 约 22 米，东南距 M24 约 55 米。

（一）墓葬形制

该墓为坐西朝东的斜坡墓道单室土洞墓，墓向82°。平面大致呈"凸"字形，由斜坡墓道和墓室组成，两部分不在同一中轴线之上，墓葬全长 13.4 米（图九二；彩版三一，1）。

1.墓道

位于墓葬东端，西壁下端与墓室相接。开口于②层下，打破生土层，开口距现地表 0.52 ～ 0.55 米，平面呈西宽东窄的梯形，水平方向长 9.9 米，墓道东端壁面平直，上下等同，墓道中部及西端均为口小底大的梯形。墓道上口宽 0.86 ～ 0.98、下口宽 0.86 ～ 1.16 米，墓道斜坡底，由开口斜向下直通，坡面光滑规整，北端 1.3 米为平底，向西通向墓室，斜坡长 9.1 米，坡度20°，最深处 3.2 米，墓道南北壁有垮塌现象，在墓道开口以下 0.20 ～ 1.20 米处，墓道南北壁修理不规整，

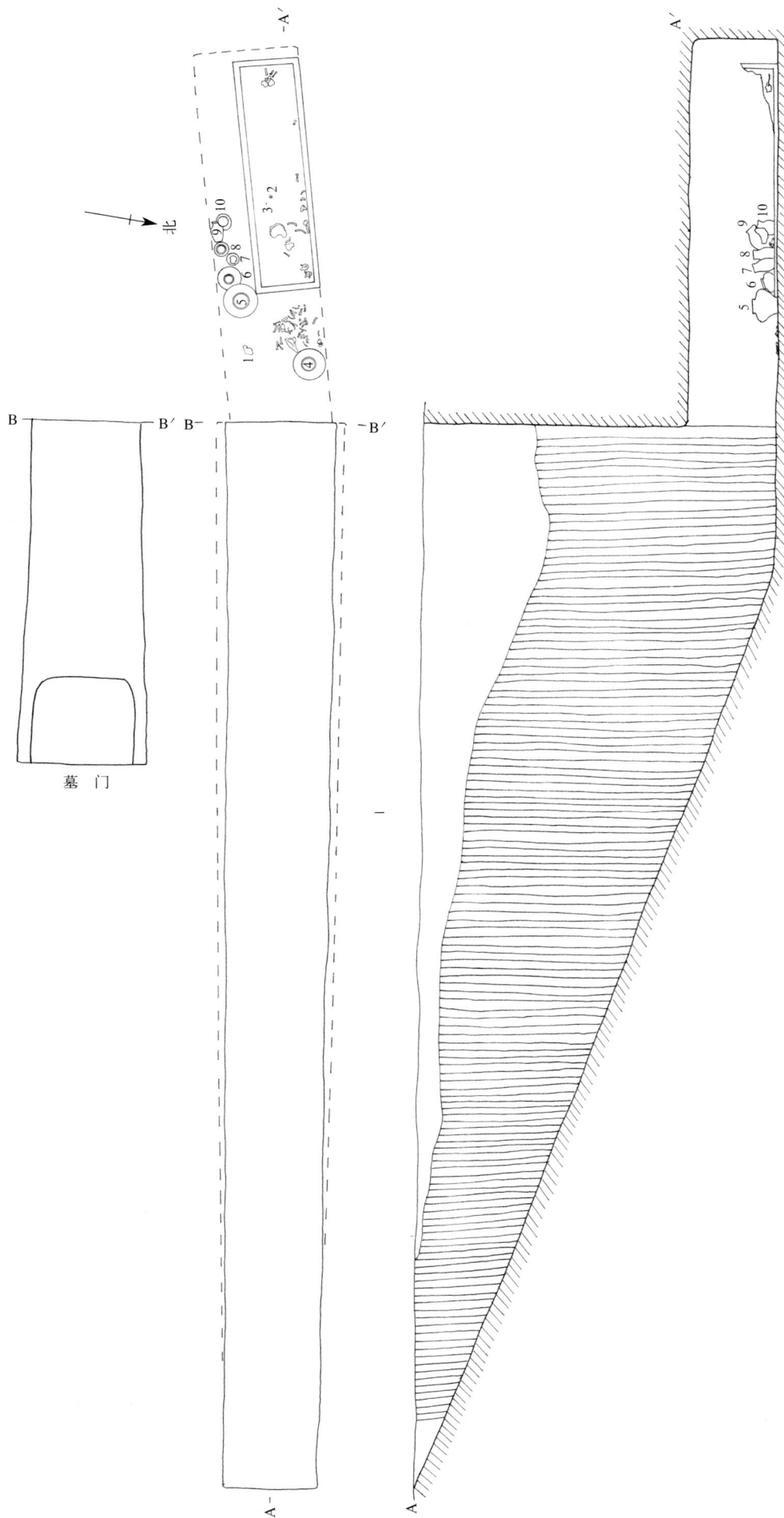

墓门

北

0　　　　　　　　　　　　165厘米

图九二　2015GNSM25平、剖面图

1.漆器　2.五铢　3.陶丸　4.铜盆　5～10.陶罐

壁面有若干道纵向的工具痕，壁面凿痕整体向东微微倾斜，可能是在修整壁面时，人面西而立，采用类似形短而刃宽的铲形工具由上至下竖切形成，工具印痕宽 4～8、深 1～2 厘米。墓道填五花土，土色黄褐，土质较疏松，包含大量植物根系等，无遗物出土。

墓道与墓室结合处未发现封门的迹象，墓室东端的填土与墓道填土完全相同，由此推测可能用填土进行封堵，而未使用其他材质的封门。

2. 墓室

位于墓道西侧，为东西纵向土洞，平面呈长方形，系在墓道西壁中间位置向内掏挖而成，面阔 0.92～0.96、进深 3.4、高 0.80 米，土洞平顶略弧，未发生坍塌。墓室南、西、北三壁为直壁，壁面光滑，墓室底部平坦（彩版三一，2）。墓室与墓道不在同一中轴线上，墓室整体偏南 6°。

墓室内填淤土，淤土细腻纯净。

（二）葬式葬具

墓室出土人骨 1 具，保存极差。人骨散乱不全，仅存 1 个头骨，和数块散落的肋骨、脊椎骨、脚骨。头骨位于东端，下有厚约 10 厘米的垫土，墓室东北角零星散落椎骨、肋骨、指骨等。根据人骨的位置关系大体可以推断，人骨应头东脚西，葬式不详，该墓可能为二次迁葬。

葬具为一木棺，腐朽严重，仅存棺痕，棺痕平面呈长方形，紧贴墓室北壁置于墓室东北，西侧挡板距墓室西壁 0.1、南侧板迹距墓室南壁 0.36、东侧挡板痕迹距墓室口 1.24 米。据棺痕测量得知木棺长 2.14、宽 0.60、残高 0.36 米，东、南、北三面挡板仅在墓室底残留边框印痕，板厚 5～6 厘米，西侧挡板灰印痕高 36、厚 6 厘米。室内未发现有棺钉。

（三）随葬品出土情况

M25 出土陶器、铜器和漆器共 11 件，另有 1 处动物骨骸。随葬品均出自墓室内，大部分置于棺外南侧，仅铜钱和陶球放置在棺内中部。

由于木棺紧靠北壁偏后放置，在棺南侧和东侧留有两处置放随葬品的空间。棺南侧放置 6 件陶罐，东西向一字排列，东距墓室口 0.98、西距墓室西壁 1.48 米。棺东侧墓室北壁下出土铜盆 1 件，因受填土挤压，出土时盆口受挤压变形，距墓室口 0.4 米。在铜盆与木棺之间发现鸡骨 1 具，鸡嘴向东朝洞口，鸡头破裂，堆积较分散，鸡骨的南侧放置漆器（M25：1）1 件，距墓室南壁 0.2、距墓室口 0.6 米，保存极差，从痕迹判断为盒类器物的底部，已残半，内髹红漆，残径 6、胎厚 0.3 厘米。棺内中部偏东，靠近棺南侧挡板处放置铜钱（M25：2）2 枚和陶丸（M25：3）1 件，2 枚铜钱黏在一起，陶丸紧邻铜钱东南侧放置。这 2 件器物的位置大致位于人骨的左手处。

（四）出土遗物

有陶罐、陶丸、铜盆、铜钱共 10 件。

1. 陶器

有陶罐 6 件、陶球 1 件。

陶罐 6 件。泥质灰陶。

标本 M25：5，完整，轮制。侈口，窄折沿，沿面外撇，尖唇，矮束颈，斜肩较缓，鼓腹，下腹斜收较快，平底。颈肩及鼓腹处满饰横向暗弦纹，肩腹结合处饰有一周索状绳纹，下腹壁表面有较明显的工具刮削痕迹。底部无轮旋印痕。口径 15、腹径 28.8、底径 16、高 20.8 厘米（图九三，1；彩版三二，1）。

　　标本 M25：6，口沿稍有残损。侈口，窄沿略内斜，双唇，束颈，斜肩，鼓腹，腹不规整，呈一边大一边小，下腹斜收，底部边缘一周较高，内部较平。肩下部饰一组五道凹弦纹。下腹壁留有明显的刮修印痕，器底不甚平整，有轮旋切割痕。口径 10、腹径 17、底径 10、高 11.6 厘米（图九三，2；彩版三二，2）。

　　标本 M25：7，口残。侈口，圆唇，束颈，溜肩，筒形深腹，下腹弧收，平底。器壁凹凸不平，

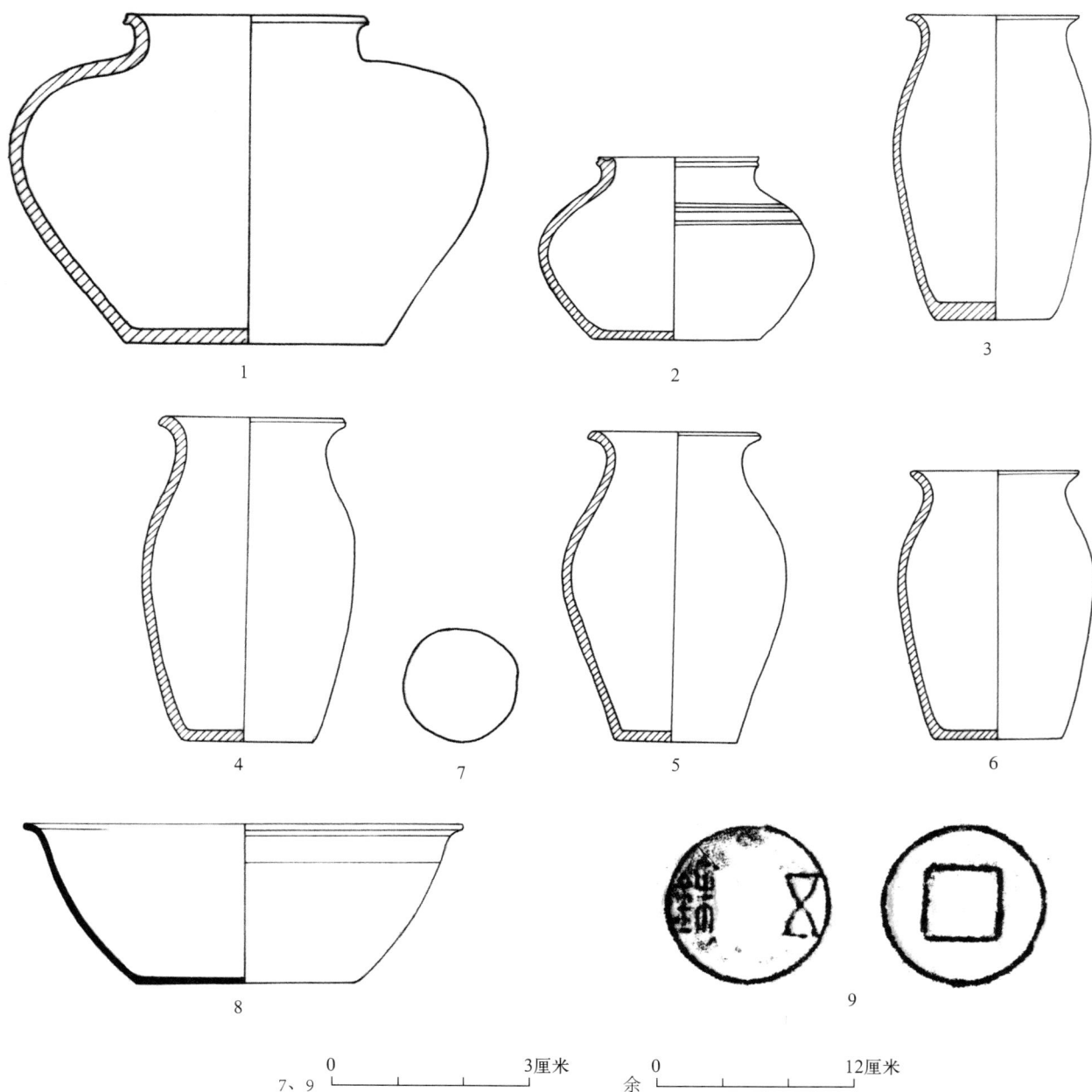

图九三　2015GNSM25出土遗物

1～6.陶罐M25：5～10　7.陶丸M25：3　8.铜盆M25：4　9.五铢M25：2

有数道横向的平行凹痕，下腹部及内壁有刷子类工具修整痕。底部有轮旋切割痕形成的水波状旋纹。口径 10.4、腹径 12、底径 7.5、高 19 厘米（图九三，3；彩版三二，3）。

标本 M25：8，口沿稍残，形制与 M25：7 相同。素面，轮制，器壁凹凸不平，有白色物质残留。底部轮旋痕呈波纹状，疏密均匀。口径 11、腹径 13、底径 8、高 20.4 厘米（图九三，4；彩版三二，4）。

标本 M25：9，轮制。直口微侈，平沿，尖圆唇，束颈，溜肩，筒状深腹，下腹弧收急快，小平底。底部光滑，器壁有大量白色物质残留。口径 10.4、腹径 13.6、底径 7.2、高 19.6 厘米（图九三，5；彩版三三，1）。

标本 M25：10，完整，轮制。侈口，圆唇，束颈，溜肩，肩腹结合部变化不明显，筒形腹，腹最大径偏上，下腹斜收较快，平底。器内壁近底部有白色物质残留。底部有波纹状轮旋切割痕，疏密均匀。素面。口径 10.4、腹径 12、底径 7.6、高 17 厘米（图九三，6；彩版三三，2）。

陶丸　1 件。

标本 M25：3，泥质，胎质呈红色，圆球形。直径 1.8 厘米（图九三，7；彩版三三，3）。

2. 铜器

有铜盆 1 件、铜钱 2 枚。

铜盆　1 件。

标本 M25：4，敞口，窄沿微内斜，方唇，深腹，腹壁斜弧收，平底。口沿下饰一周凸弦纹，铜盆内底有焊接修补的条形铜片。口径 27、沿宽 0.8、底径 13、高 10 厘米（图九三，8；彩版三三，4）。

五铢　2 枚。

标本 M25：2，保存较好。2 枚钱的钱文和穿郭的特征等均相同，正面有外郭无内郭，正面穿下一横，背面内外郭皆具，正面钱文"五铢"，"五"字交股弧曲，"铢"字金字头呈三角形，"铢"字金字头略高，朱字上下笔画弯曲。直径 2.5、穿径 0.9、郭宽 0.1 厘米，重 3.8 克（图九三，9）。

四　2015GNSM26

M26 位于南郊水厂墓地发掘区西北部，西距 M27 约 521 米，东距 M25 约 22 米。

（一）墓葬形制

该墓为坐西朝东的斜坡墓道单室土洞墓，墓向 60°。平面呈"甲"字形，由斜坡墓道、甬道、墓室三部分组成，三部分位于同一中轴线之上，墓葬全长 16.2 米（图九四；彩版三四，1）。

1. 墓道

位于墓葬东端，西端与甬道相接。开口于②层下，打破生土层，开口距现地表 0.50 米，开口平面略呈梯形，东端较窄，西端略宽，墓道东西壁垂直，两壁经过加工，较光滑平整，但未见明显工具痕迹。墓道开口东西长 10.2、东端宽 0.88、西端宽 0.92、西端距地表深 5.5 米。墓道底为斜坡状，由开口处斜向下直通至甬道底部，坡面中部微凸，坡面光滑规整，坡长 11.5 米，坡度 30°。墓道内填五花土，土色发黄泛灰，土质较软，包含少量烧土和木炭颗粒，无遗物出土。

2. 甬道

位于墓道和墓室之间，沿墓道北壁掏挖而成，平面呈横长方形，与墓室底部平齐，东西壁垂

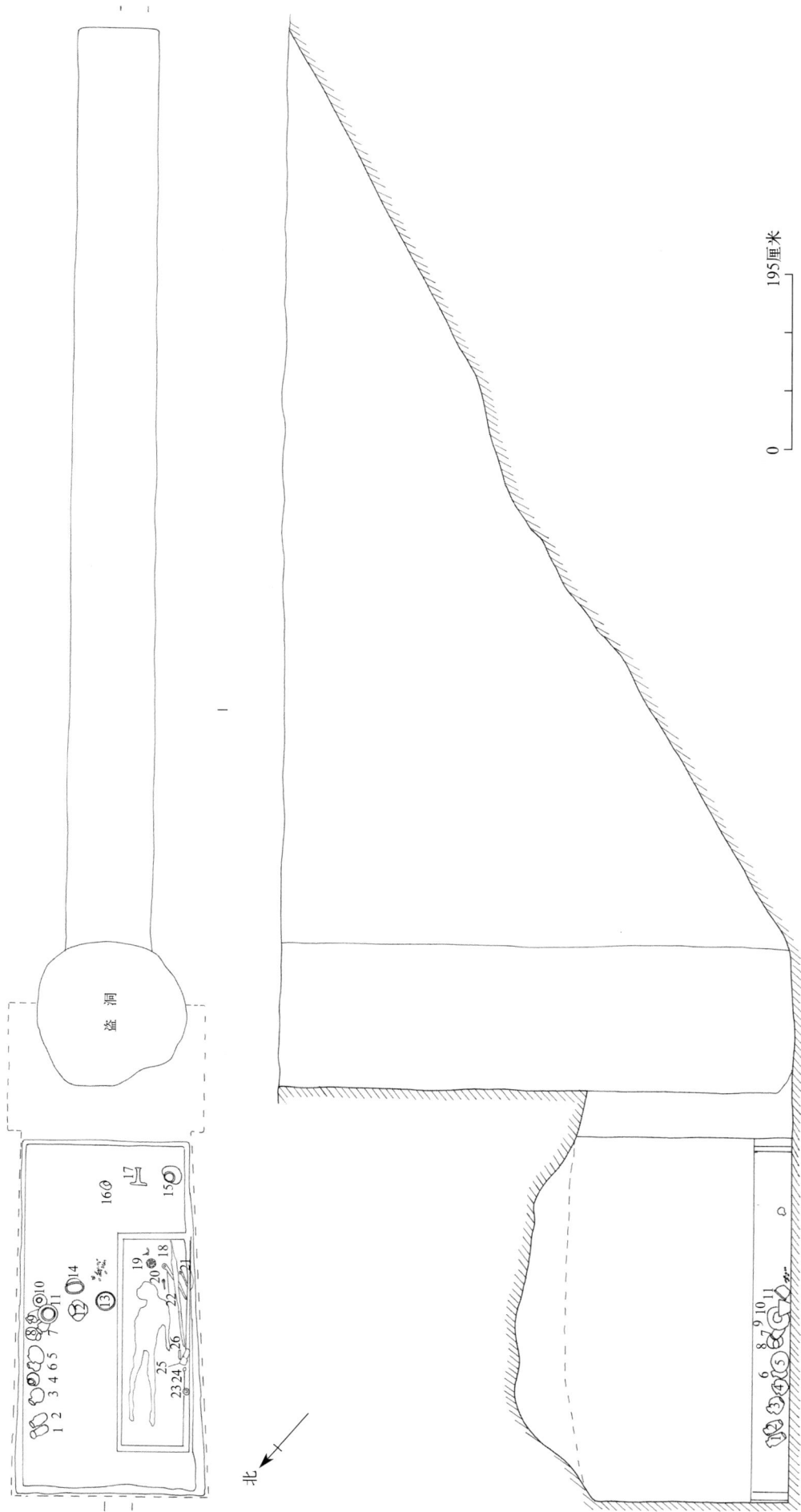

图九四　2015GNSM26平、剖面图

1~4、7~12、15、16.陶罐　5.陶壶　6.陶鍪　13、14.陶钵　17.铁灯　18.铁剑　19.铜镜　20、21.铁削22.铁刀　23.铜环　24.砚子　25.砚板　26.砺石　27.铜棺花　28.铁带扣

直，顶部已被盗洞破坏，从西端壁面残存的情况推测应为拱形顶，因早期被盗，顶部已坍塌，残存高度为 2.2、进深 1.4、南北宽 2.1 米。甬道内填塌土、淤土和扰土，无遗物出土。甬道与墓室、甬道与墓道之间均未发现封门迹象。

在甬道与墓道结合部发现一圆形盗洞，直径 1.6 米，贯穿至甬道底部，从实际发掘情况来看盗洞并未进入墓室，盗洞内填土为淤土，淤积层明显，自东向西淤积，对盗洞填土剖面进行了划分，共有 31 层，淤层厚 10 ～ 60 厘米，上部 6 层淤土呈浅黑色，包含少量烧土颗粒、木炭颗粒等，土质稍硬，下部 25 层土色为黄灰色，土质纯净，盗洞内无遗物出土。盗洞内虽无遗物出土，但根据盗洞内填土的成分和包含物等推断该盗洞时间较早。

3. 墓室

位于整个墓葬西端，从甬道向西掏挖而成，平面呈西北—东南方向的梯形，东窄西宽，长 3.9、东宽 1.6、西宽 2.1 米。墓壁垂直，壁面加工规整，但未见明显的工具印痕，墓顶坍塌无存，残高 2.8 米，从后壁顶端残存的形状可知墓室为拱形顶，拱顶从墓壁 2.0 米处开始内收成拱形，复原高度为 2.3 米。

墓室填土为淤土、塌土和扰土。淤土层厚 5 ～ 15 厘米（彩版三五，1）。

（二）葬式葬具

葬具为一棺一椁，均已朽为灰迹，仅存轮廓。

木椁紧贴墓室四壁放置，平面呈梯形。由前、后挡板及两侧板组成，其中东侧挡板距离墓室口 0.1 米，后挡板和两侧板均紧贴墓室墙壁。在清理过程中未发现有盖板和底板，椁很可能只有四侧挡板，四侧挡板的拐角均未伸出，因此木椁应为套接而成。木椁上有使用少量铁棺钉，铁棺钉锈蚀严重。椁长 3.78、东宽 1.82、西宽 2.05、残高 0.4 米，椁板厚 5 ～ 10 厘米。

木棺位于木椁内西部，棺西侧板紧贴椁西壁，棺南侧板距离椁室南壁 0.4 米。从棺木朽迹观察，其平面为长方形，长 2.4、宽 0.78、残高 0.18、厚约 0.06 米。在木棺四壁和棺盖共发现柿蒂形鎏金铜棺花 32 件，排列整齐，10 个一排，共 3 排，其中有 2 件掉落在棺木旁侧，棺花横向间距为 0.29、纵向间距为 0.24 米，应为木棺外侧的装饰。

棺内葬人骨 1 具，为单人葬，人骨位于棺内的北侧偏西，保存极差，人骨已朽成粉末状，无法提取。从朽迹判断其葬式为仰身直肢葬，头向东，人骨朽痕迹长 1.62 米，年龄与性别情况不详。

（三）随葬品出土情况

M26 共出土陶器、铜器、铁器和石器 28 件，另有 2 处小型动物骨骸，遗物集中出土于棺内和椁室北侧、东侧。

椁室内共置放随葬品 17 件，小型动物骨骸 1 处。由于棺木紧邻椁室西南放置，在椁室北部和东部留有较宽的空间放置遗物，遗物主要放置于椁室北部，仅 1 件铁灯和 2 件陶罐放置在椁室东南部。从遗物的出土位置来看，椁室北部的遗物大致可分为两处放置。第一处位于椁室北壁下，东西向一字形排列，从西往东编号 M26 ：1 ～ 11，西端距离椁后壁 0.5、东端距离椁东挡板 1.66 米，该处器物均为灰陶罐，共 11 件，出土时罐多呈倒斜状，罐口多朝向西北，东端两件位置未发生移动（M26 ：11、10），一件罐口朝西南（M26 ：8）。第二处位于第一处的西端南侧，相距 0.1 米，该处器物有陶钵 2 件（M26 ：13、14），陶罐 1 件（M26 ：12），在钵东侧发现小型动物骨骸 1 件，保存极差，骨呈粉末状。

放置在椁室东部的器物有铁灯 1 件和陶罐 2 件，南北向一字形排列，铁灯（M26 ： 17）距椁室东壁 0.24、距椁室南壁 0.2 米，大致位于棺正前方，距离木棺 0.52 米，灯盘朝西平倒。南侧陶罐（M26 ： 15）紧贴椁南壁，罐口朝北倾斜。北侧陶罐（M26 ： 16）器形较小，罐口朝东倾斜。

由于人骨在棺内北侧偏西处，在人骨南侧和东侧留有两处置放随葬品的空间。南侧器物紧靠棺壁，与人骨左腿骨同高度，有铁带扣（M26：28）1 件、石砚（M26：24、25）1 套、砺石（M26：26）1 件。东部器物除 1 件铜镜（M26：19）放置在墓主头顶上方位置，其余放置于棺的东南角处，有铁剑（M26：18）1 件、环首铁刀（M26：22）1 件、环首铁削（M26：20、21）2 件、铜环（M26：23）1 件。铁剑平置，剑首朝东，出土时插在木质剑鞘内，剑鞘木胎保存极差，但其外形较清晰，为笔直的长条状，表面光滑，涂有一层深褐色漆，木胎厚约 0.3 厘米。环首铁刀出土于铁剑下方，平置，环首朝向东北。在铜镜东侧发现少许小型动物骨骸，已朽无法辨识。

（四）出土遗物

有陶罐、陶钵、陶釜、陶壶、铜镜、铜环、铜柿蒂形棺花、铁剑、铁灯、环首铁刀、石砚、砺石。

1. 陶器

有陶壶 1 件、陶罐 12 件、陶镀 1 件、陶钵 2 件。

陶壶　1 件。

标本 M26：5，泥质灰陶，手制。口部残失。器形较小不甚规整，腹壁粗糙不平。长束颈，短斜肩，上腹微鼓，下腹斜收，平底。鼓腹上饰竖向的篦划条纹带，纹带被两周草率的凹弦带分割。颈上端直径 5.2、腹径 10.4、底径 6.4、残高 12 厘米（图九五，1）。

陶罐　12 件。均为泥质灰陶。

标本 M26：1，口沿处稍残。器形修长，侈口，沿外斜，薄尖唇，束颈，溜肩，肩腹结合处转折不明显，筒形深腹，上腹微鼓，下腹弧收，平底。腹壁上饰竖向绳纹，绳纹被一道自肩部延续至腹部的螺旋状横向弦纹隔断，器底凹凸不平，无轮旋切割痕，器内壁有手制留下的按窝印，由此判断该件标本的制法为手制轮修。口径 11.6、腹径 11.5、底径 7.2、高 20 厘米（图九五，2）。

标本 M26：2，口沿略残，器形修长，口大底小，口微侈，平沿，尖圆唇，束颈，颈部一道凸弦纹，溜肩，筒形深腹，肩腹结合处转折不明显，腹壁斜直急收，平底。器内壁残留有白色物质，器外壁有掉皮剥落现象。外底上有轮旋切割痕。口径 11.2、腹径 11.2、底径 6.4、高 19.2 厘米（图九五，3）。

标本 M26：3，口沿缺损。轮制。口微侈，平沿，方唇，束颈，斜肩，鼓腹，下腹斜收急快，平底。下腹壁留有明显的刮削印痕。外底有旋切割痕。口径 9.2、腹径 14.8、底径 7.2、高 16 厘米（图九五，4）。

标本 M26：4，罐口略残，敞口，沿内斜，尖圆唇，短束颈，斜肩，鼓腹，下腹斜收，罐底高低不平。肩中部刻划一周浅细的纹饰带，为两条弦纹之间连续的锯齿纹，纹饰刻划较草率随意。下腹壁经过纵向刮削后，然后横向抹平，腹壁上留有明显的刮削修整痕。口径 8.5、腹径 14、底径 9.2、高 11.6 厘米（图九五，5）。

标本 M26：7，口沿稍有残。口微侈，窄沿略内斜，尖唇，束颈，筒形深腹，腹壁斜直下收，平底。下腹壁在制成后经过纵向切削，然后通体进行横向抹平处理。口径 10、腹径 11.2、底径 7.6、高 16.8 厘米（图九五，6）。

标本 M26：8，罐口略残。侈口，沿内斜，沿面稍内凹，方唇，束颈，斜肩，鼓腹，下腹斜收，

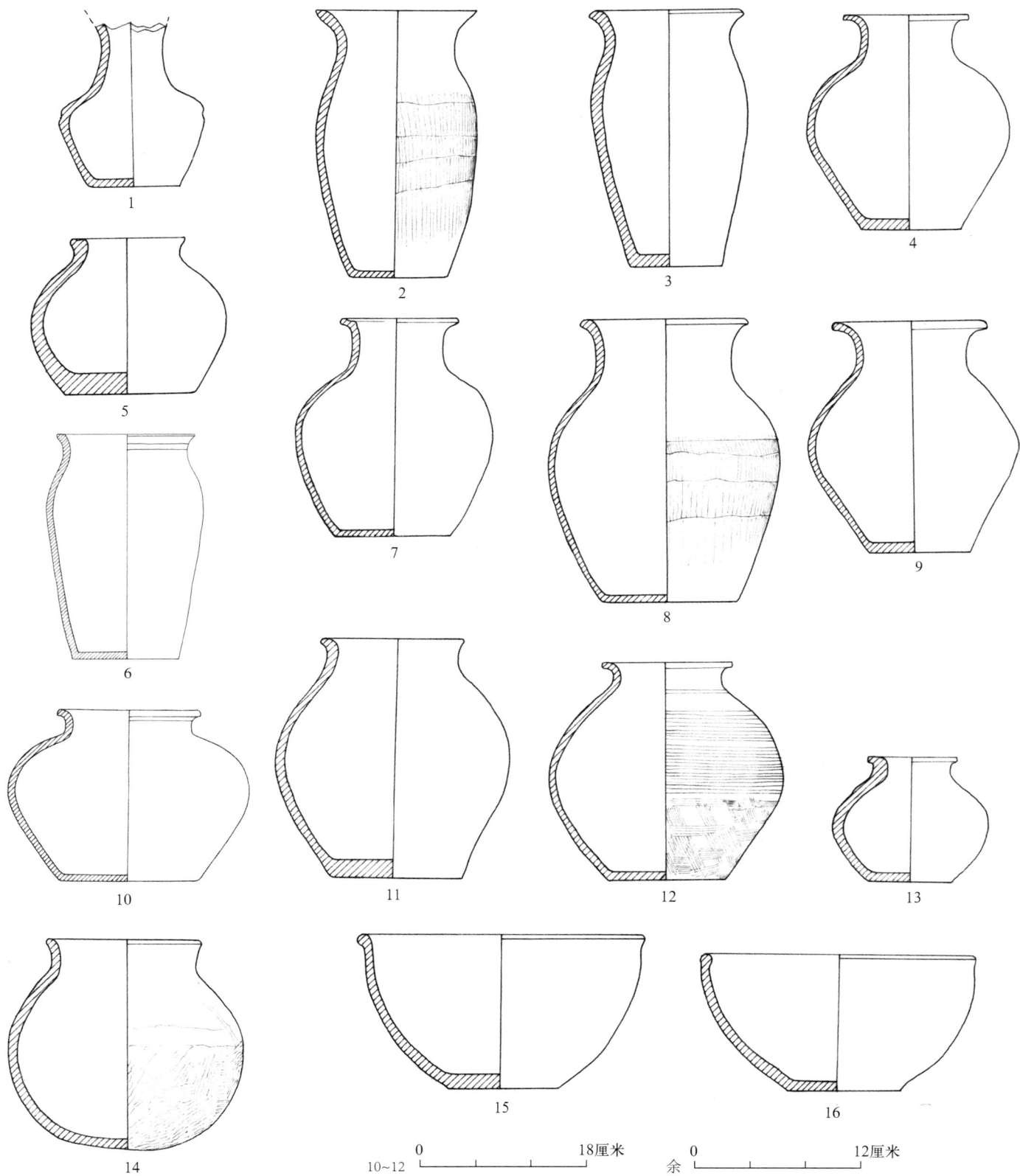

图九五　2015GNSM26出土陶器

1.陶壶M26：5　2～13.陶罐M26：1～4、7～12、15、16　14.陶鍑M26：6　15、16.陶钵M26：13、14

平底。肩及鼓腹上留有横向弦纹，下腹壁有刮削修整的痕迹，罐底有同心圆形的轮旋切割痕。口径8.4、腹径10、底径8、高16厘米（图九五，7）。

标本M26：9，口沿处略残。敞口，沿外翻，尖圆唇，粗束颈，溜肩，鼓腹，下腹斜收，平底。腹壁上满饰竖向绳纹，近底壁处抹光，竖向绳纹被一条自上腹处开始的连续的凹弦纹打断，下腹壁凹凸不平，经过横向刮削处理。口径12、腹径16.8、底径9.6、高21.2厘米（图九五，8；彩版三六，1）。

标本M26：10，口沿残。轮制。侈口，宽沿稍内斜，方唇，束颈，斜肩，鼓腹，下腹斜直，小平底。颈上部钻一圆形穿孔，圆孔十分规整，内外径同大，应是制坯时就已钻好。下腹壁留有明显的刮削痕迹。外底留有轮旋痕。口径11.2、腹径15.2、底径7.2、高17.2厘米（图九五，9）。

标本M26：11，罐口略残。轮制。大侈口，沿外斜，圆厚唇，短束颈，广肩，大鼓腹，下腹斜直急收，平底。肩腹上满饰暗弦纹，因器表外皮掉落严重，纹饰断续不全，器表斑驳灰黑相间。口径15.3、腹径26、底径15、高19.2厘米（图九五，10）。

标本M26：12，轮制。大侈口，平沿，圆唇，粗束颈，溜肩，鼓腹，下腹斜收，底凹凸不平。肩部两道较细的横向弦纹，鼓腹上饰两周凹弦带，下腹近底部有横向修整痕迹。口径15.5、腹径25、底径13.8、高26.5厘米（图九五，11）。

标本M26：15，口沿处有缺损。大侈口，平沿，方唇，束颈，斜肩，鼓腹，下腹斜收，平底。肩及鼓腹上饰有数道横向平行的暗弦纹，下腹壁上布满交错的篦划纹，外底无轮旋切割痕。口径13.8、腹径25.2、底径12.6、高24厘米（图九五，12）。

标本M26：16，口沿残损。器形较小，轮制。敛口，平沿，方唇，束颈，斜肩，鼓腹，下腹斜直急收，平底中心处一凹坑。下腹壁上留有一周明显的刮削面，为工具从上往下竖向刮削，左右连续进行，外底有线割痕。口径6.5、腹径11.5、底径5.5、高9厘米（图九五，13）。

陶鍑 1件。

标本M26：6，夹砂灰陶，手制轮修。侈口，圆厚唇，束颈，斜肩，鼓腹，圜底。腹及底满饰交错拍印的绳纹。底部有烟炱，系生活实用器。口径11.2、腹径17、高15.6厘米（图九五，14；彩版三六，2）。

陶钵 2件。均为泥质灰陶。

标本M26：13，器形似盆，轮制。大口内敛，方厚唇，深腹，腹上部较直，下腹弧收，小平底内凹。口径21、底径8、高11.2厘米（图九五，15）。

标本M26：14，形制与M26：13基本相同。钵口变形近椭圆形，上腹部有制作过程中用泥块修补痕迹。口径20、底径8、高10厘米（图九五，16；彩版三六，3）。

2.铜器

有铜镜1枚、铜环1件、铜柿蒂形棺花1件。

连弧星云纹镜 1枚。

标本M26：19，保存较好，是典型的连弧星云纹铜镜。博山式纽，圆座，座外饰一周细弦纹，并有三组对称分布的短弧线与纽座相连，短弧线分成的区间内紧贴细弦纹处各饰一月牙形纹，细弦纹外饰16个内向连弧纹，镜边缘处也饰16个连弧纹，内外连弧纹之间饰两组二细弦纹带，纹带内填饰栉齿纹，两组弦纹带形成的区间内对称分布四个圆形乳丁，两乳丁之间分布有 5 个小乳丁，5 个小乳丁的排列方式为中间 1 个两侧各 2 个，近曲尺状，它们之间又用弧形线条相连。直径 10、缘宽 1、边厚 0.4、纽高 1 厘米（图九六，1；彩版三七，1）。

铜环　1 件。

标本 M26：23，整体呈圆形，环体一端切割成椭圆形平面，长 2.67、宽 1.19 厘米，切削痕迹方向与平面长轴方向斜交。铜环外径 4.15、内径 2.55、外廓最短处长约 4.05 厘米，环体直径 0.8 ~ 0.85 厘米（图九六，2；彩版三四，2）。

铜棺花　32 件。形状较小，贴花样式相同。较完整者 28 件，残破者 4 件。

标本 M26：27，花叶采用薄铜片制成，呈四叶柿蒂形，中心有一孔，内插圆形伞状铜帽钉，器表均鎏金，部分帽钉与所固定的棺花脱离，少量泡钉上残存棺木残迹，据观察可知棺木和泡钉结合处衬有一层麻布。叶片帽钉完整套合者共 28 件，棺花长 3.2、厚 0.2 厘米，泡钉帽径 0.8、钉长 1 厘米（图九六，3 ~ 13；彩版三四，3）。

3. 铁器

有铁带饰 1 件、铁灯 1 件、环首铁削 2 件、环首铁刀 1 件、铁剑 1 件。

铁带扣　1 件。

标本 M26：28，由铁环和其内的扣环、扣舌等部分组成，铁环圆形直径 4 ~ 6 厘米。扣环长方形，

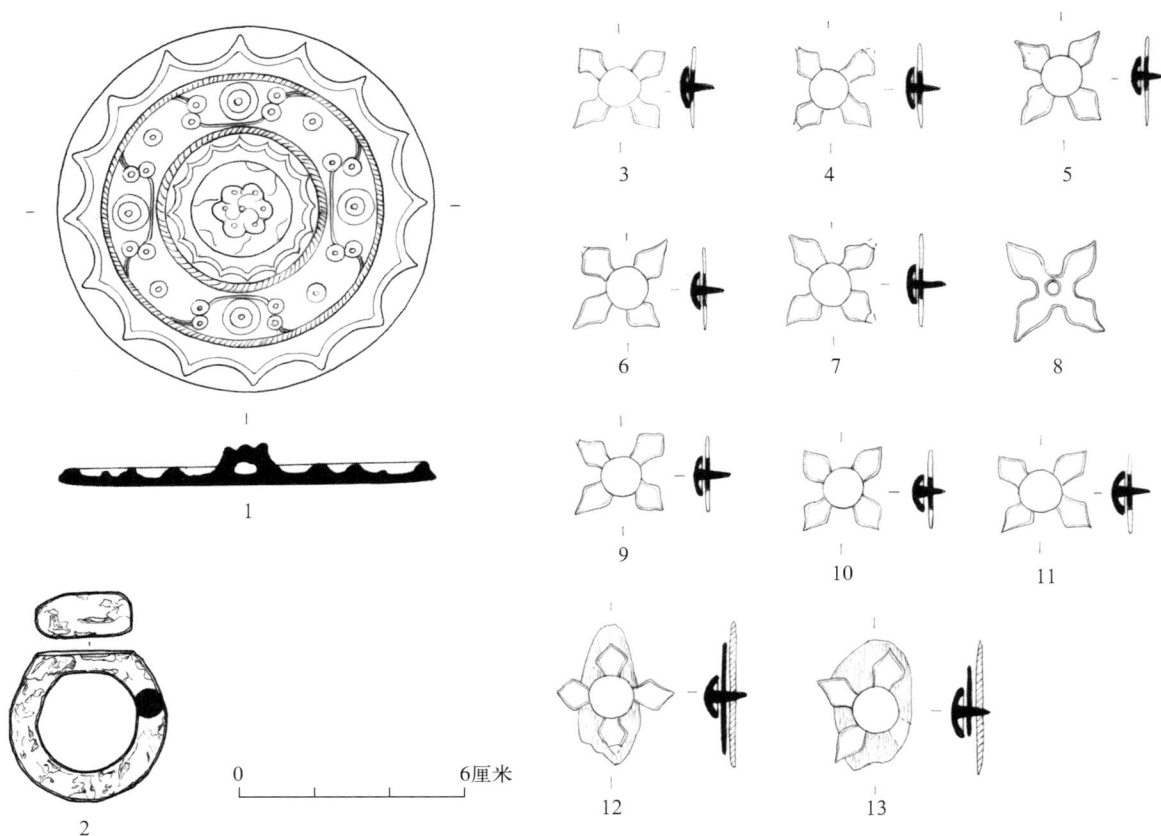

图九六　2015GNSM26 出土遗物

1. 铜镜 M26：19　2. 铜环 M26：23　3 ~ 13. 铜棺花 M26：27-1 ~ 11

其上附着一原来可以活动的短棍状扣舌，扣环内径 1～3.2、外径 2.3～4.2、扣舌长 2.3、宽 0.5、厚 0.6 厘米（图九七，1）。

铁灯　1 件。

标本 M26：17，灯盘残破，呈浅钵形，灯柱上细下粗，灯座下折为圈足。直径 6.6、残高 21.5 厘米（图九七，2；彩版三六，4）。

环首铁削　2 件。

标本 M26：20，锻制成型。环首系弯折而成，刀身上端截面圆形，由上向下逐渐变细，下端扁平，环首以下 2.5 厘米处残存木鞘痕迹，鞘残长 6.4 厘米，环首接口处似乎不封闭。全长 14.1、环首内径 1.4～2.1、外径 2.8～3.3、刀身长 11.3、直径 0.5～1 厘米（图九七，3；彩版三五，2）。

标本 M26：21，锻制成型，锈蚀严重。环首系锻制后弯折而成，直背直刃，刀锋末端上扬，背厚刃薄，截面呈三角形。通长 21.3、环内径 1.2～1.8、外径 2.5～3.5、刀身长 18.6、身宽 0.8～1.1、

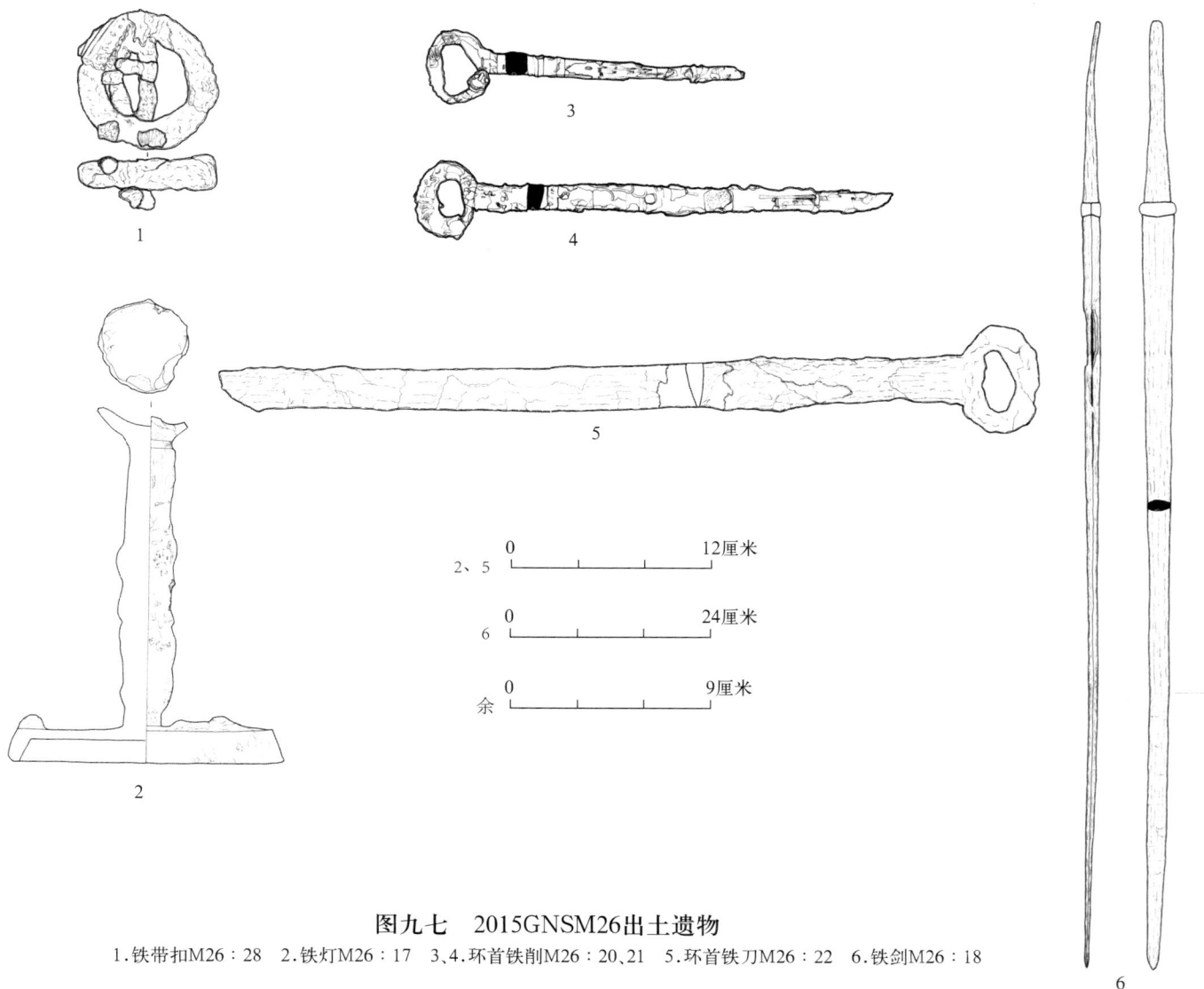

图九七　2015GNSM26 出土遗物

1. 铁带扣 M26：28　2. 铁灯 M26：17　3、4. 环首铁削 M26：20、21　5. 环首铁刀 M26：22　6. 铁剑 M26：18

厚 0.2 ～ 0.5 厘米（图九七，4；彩版三五，3）。

环首铁刀　1 件。

标本 M26：22，刀尖残，扁圆形环首，刀身保留有刀鞘，直背，自环首以下延伸至刀尖部，背宽约 1 厘米。刃部自环首以下延伸至接近尖端为直刃，尖端上弧与刀背相接。环首长轴长径 6.4、内径 4.1 厘米，短轴内径 2.2、通体残长 48.8 厘米（图九七，5）。

铁剑　1 件。

标本 M26：18，无剑首，剑茎略上翘，剑身、剑茎扁平，身、茎交接处有护手剑格。剑茎长22.5 厘米。铜质剑格，其上残存彩绘，连接剑身侧中间稍向前凸，连接剑茎侧中间向内稍凹入，中间隆起成脊，剑鞘尚存，横截面呈椭圆形，剑身宽 2.8、厚 1.4 厘米，剑锋至剑茎端长约 117.7、剑身长约 92.5 厘米（图九七，6；彩版三五，4）。

4. 石器

有石砚 1 套、砺石 1 件。

石砚　1 套共 2 件，由砚板和砚子组成。

砚板　1 件。

标本 M26：25，灰色页岩质，出土时断为两截。平面呈长方形，器胎极薄，且非常均匀，正面和边壁磨制光滑，背面加工平整。正面有墨痕残留。长 14.5、宽 5.7、厚 0.3 厘米（图九八，1；彩版三七，2）。

砚子　1 件。

标本 M26：24，出土在砚板旁，为一块页岩打制而成，圆形，两面均磨制光滑，侧边经过粗糙打制，一面呈黄色，另一面有黑色颜料痕迹，可能为研磨颜料之用。直径 3.1、厚 0.3 厘米（图九八，2；彩版三七，2）。

砺石　1 件。

标本 M26：26，长条状，石质细腻坚硬，因长期使用两宽面下凹极深，两侧面也有使用，整体呈束腰形。长 9.6、宽 2.2、厚 1.8 厘米（图九八，3；彩版三七，3）。

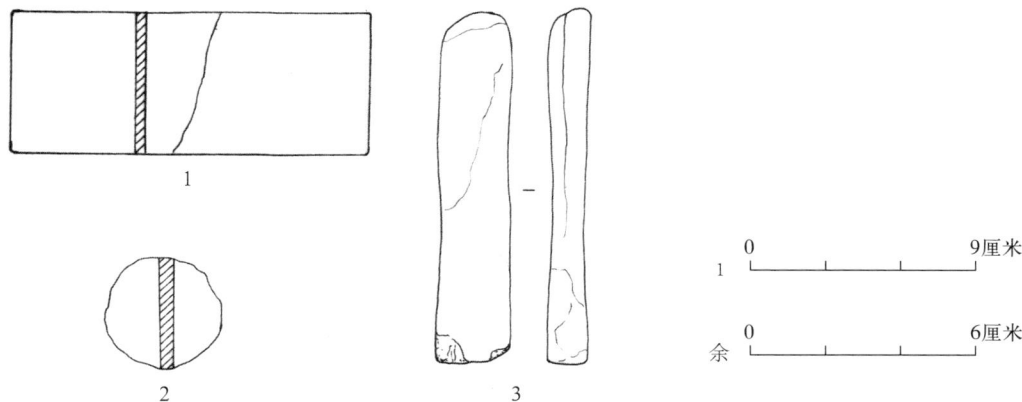

图九八　2015GNSM26 出土棺花
1. 砚板 M26：25　2. 砚子 M26：24　3. 砺石 M26：26

五 2015GNSM27

M27 位于水厂墓地发掘区西北角，北距文广路约 180、东距 M26 约 521 米。

（一）墓葬形制

该墓为坐西朝东的单室土洞墓，墓向 88°。平面呈"甲"字形，由斜坡墓道、天井、封门、墓室四部分组成，各部分位于同一中轴线之上，墓葬全长 13.90 米（图九九；彩版三八）。

1. 墓道

位于墓葬的东端，西端与天井相接。开口于②层下，打破生土层，距现地表 0.70 米。开口平面呈梯形，西窄东宽，南北壁垂直，墓道开口东西长 8.5、东端宽 1.3、西端宽 1.2、深 3.9 米。从墓道南端以北 5.5 米处，墓壁上自开口以下 2 米向内进行收分 4 厘米。墓道两壁留有类似若干道平行的槽状工具痕，自墓道南壁以北 2.6 米开始，延续至天井处，槽状工具痕竖向排列紧密整齐，底端平齐，顶端因脱落参差不齐，从残存的断面测量印痕厚 2 厘米，非常坚硬，应为使用夹板夯打形成，其目的可能是为了加固墓道壁面，以防止湿陷性黄土挖掘墓道过深而产生塌方。槽状工具痕宽 5～6、印深 1～2 厘米。从南壁印痕可看出 3 层夯板相接的痕迹。据上述夯痕可知夯板长为 60、宽约 6、厚约 4 厘米（参见彩版二四，3）。

墓道底为斜坡加阶梯式，斜坡部分位于墓道东端，由开口东端向西 3.3 米为斜坡，坡度 29°，坡长 3.74 米，以西的部分呈七级台阶状，台阶未经过仔细修整，略显粗糙，台面经过踩踏及处理较为平整，台阶踏面远宽于踢面。第一级台阶以东为 3.7 米长的斜坡墓道，台阶平面为狭窄的拱形，南北宽 1.26、踢面长 0.02～0.03、坎高 0.14 米。第二级台阶台面平整，踏面长 0.70、坎高 0.30、踢面长 0.14～0.18、宽 1.26 米。第三级台阶台面平整，踏面长 1.36、坎高 0.24、踢面长 0.10～0.20、宽 1.20 米。第四级台阶台面呈缓坡状，踏面长 0.96、坎高 0.24、踢面长 0.12～0.20、宽 1.10 米。第五级台阶台面较平整，踏面长 0.82、坎高 0.20、踢面长 0.04～0.20、宽 1.12 米。第六级台阶台面较平整，踏面长 0.4、坎高 0.20、踢面长 0.02～0.06、宽 1.10 米。第七级台阶台面较平整，踏面长 0.3、坎高 0.60、踢面长 0.1～0.14、宽 1.10 米，向下延伸至天井底部。

2. 天井

位于墓道与墓室之间，系由墓道西壁向内开挖而成，开口距现地表 0.70 米。平面略呈梯形，东宽西窄，口大底小。上口东西长 2.1、东宽 2.10、西宽 2.0、下底东西长 2.06、底宽 1.92～2.02、深 3.9 米。天井四壁垂直平整，与墓道西半部做法类似，天井西、南、北三壁自开口至 2.00 米留有若干道平行的槽状工具痕，之下的墓壁内收 4 厘米。平底，比墓室底深 0.16 米。天井内填土与墓道内填土相同。

3. 封门

位于墓室东侧，用填土直接封堵，再经拍打、修整而成，外侧与天井西壁平齐，封门所使用的填土与墓道、天井内填土有所区别，系采用较大的黏土块以及颗粒与黄沙土混合成带有黏性的沙土，土质略硬，封门保存极差，仅存底部，但墓门形制较明晰。封门墙的原始高度和宽度应与墓门形制一致，墓门高 2.24、底宽 1.92 米，为拱形顶，东西壁垂直，封门墙厚约 0.3 米。

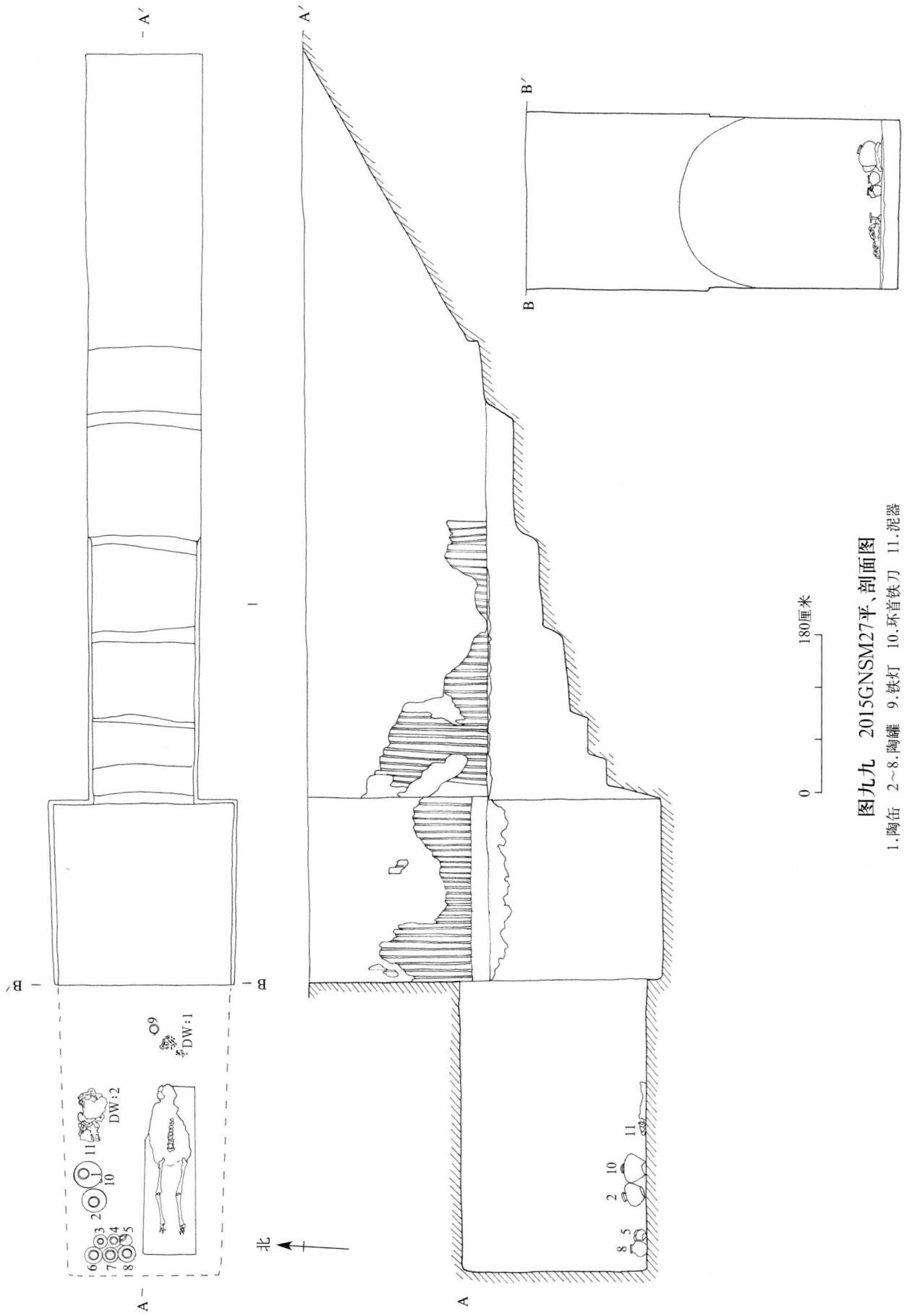

图九九 2015GNSM27平、剖面图

1.陶缶 2～8.陶罐 9.铁灯 10.环首铁刀 11.泥器

封门正视图

0　　　　　　　　180厘米

4.墓室

位于墓葬西端，在天井西壁向内掏挖而成。为东西向的纵向土洞，平面形状呈梯形，西窄东宽（彩版三九，1）。墓室保存较好，墓壁光滑平整，平底。墓室东端与天井相接，墓室东、南、北壁均较垂直，高 1.4 米，墓室西壁拐角处呈弧形弯折，根据残迹推测墓顶应为拱形顶。墓室进深 3.30、东宽 1.92、西宽 1.68、洞高 2.24 米。

墓室口因为多次进水，墓底形成厚约 0.8 米的淤土，土中夹杂从封门墙塌落的黏土颗粒。

（二）葬式葬具

墓室南壁置木棺 1 具，东西向放置，棺木腐朽严重，仅存棺痕，平面呈长方形，长 1.94、宽约 0.58 米，底板灰烬厚约 6 厘米，未发现棺钉。从棺内头骨朝向可知棺头居东，棺尾在西，棺南距墓壁 0.24 ～ 0.3、西距墓壁 0.24 米。

棺内人骨 1 具，腐朽严重呈粉末状，根据朽迹可知其葬式为仰身直肢，头向东。头部扁平，呈碎块状，上身肢骨及手臂无存，已腐朽成灰，仅有数节模糊的脊椎骨，盆骨无存，双腿微向北屈，腿骨呈碎末状。双脚仅存数块踝骨，趾骨不存，年龄与性别不详。

（三）随葬品出土情况

该墓未经盗扰，保存相对较好。随葬陶器、铁器和泥器及 2 处小型动物骨骼，均基本处于原位放置。

由于棺木靠近墓室南侧，墓室东部和北部留有较宽裕空间放置遗物，除了 1 件铁灯和 1 处小型动物骨骼放置于墓室东南部外，其余出土遗物集中放置于墓室北部。从遗物的出土位置来看，墓室北部的遗物大致分三处放置。第一处位于墓室西壁，距离墓室西壁不足 0.2 米，该处遗物均为器型较小的灰陶罐，共 6 件，分前后两排放置，排列整齐紧凑，应为原始随葬品的摆放位置，仅陶罐（M27：5）向东北稍倾斜。第二处位于第一处东侧偏北，相距 0.2 米，该处器物有陶缶（M27：1）1 件，陶罐（M27：2）1 件，环首铁刀（M27：10）1 件，东西向排列，罐缶紧靠一起，陶罐居西，环首铁刀位于罐缶之间，该处陶罐比第一处的陶罐器型较大。第三处位于第二处东侧 0.2 米，该处有一大片红胶泥残块（M27：11）和 1 件小型动物骨骼（M27DW：2），动物骨骼放置在红胶泥残块的紧西侧，因残破极甚，器形已无法辨别，泥器的破损范围长 40、宽 34、堆积厚 8 厘米。动物骨骼保存也极差，呈粉末状，骨骼分布范围为 20 ～ 24 厘米。放置在墓室东部的铁灯（M27：9）距墓室口 0.45、距墓室南壁 0.73 米，大致位于棺正前方，距离木棺 0.54 米，灯盘朝上正置。该处动物骨骼放置在铁灯西侧，保存极差，呈粉末状，骨骼范围呈直径 14 厘米的圆形，种类已无法辨识。

（四）出土遗物

有陶缶、陶罐、泥器、铁灯、环首铁刀。

1.陶器

有陶缶 1 件、陶罐 7 件。

陶罐　7 件。均为泥质灰陶，轮制。

标本 M27：2，口沿略残，侈口，沿内斜，方厚唇，唇面内凹，短束颈，广肩，肩腹结合处尖鼓，腹壁斜直下收，平底。颈部饰有两周较浅的凹弦纹，肩下部饰有一组六凹弦纹，鼓腹处饰有一周间断的麦粒状绳纹。肩部有两处刻划的文字，一处单字"杨"文体较大，笔画清晰纤细，该处文字笔画打破肩部弦纹，另一处并排刻"王东"两字，字体较小，笔画断续。腹壁上留有横向、斜向刮修痕，罐内发现一块蛇头骨。口径7.8、腹径20.4、底径11.4、高16.8厘米（图一○○，1、2、4；彩版三九，2、3）。

标本M27：3，敛口，斜沿，双唇，束颈，斜肩，鼓腹弧收，平底。腹壁上留有刮修印痕，外底未见切割痕。口径9.6、腹径15、底径8.4、高15厘米（图一○○，5）。

标本M27：4，喇叭状口，圆厚唇，束颈，溜肩，鼓腹较直，下腹斜收，下腹壁留有数道刮修印痕，平底，表面有多处小坑窝。口径9、腹径17、底径9、高13.2厘米（图一○○，6）。

标本M27：5，敛口，斜沿，双唇，束颈，斜肩，鼓腹弧收，平底。腹壁上留有刮修印痕，外底未见切割痕。口径9.6、腹径14.4、底径9、高13.8厘米（图一○○，7）。

标本M27：6，侈口，窄沿外斜，尖唇，短颈斜直，斜肩，鼓腹，肩腹结合处饰有两周凸弦纹，下腹斜收，平底。器物表皮脱落严重，呈浅灰色，罐底有偏向一侧的切割痕。口径12.6、腹径21、底径12、高16.2厘米（图一○○，8；彩版四○，1）。

标本M27：7，侈口，方唇，唇面有一周凹弦纹，短颈，窄斜肩，鼓腹，下腹斜收，平底。器表灰黑相间，下腹壁上留有较多的刮修痕，印痕均斜向左下方，这一现象应是陶罐在慢轮上逆时针旋转，制陶人右手拿刮修工具贴向陶罐下腹壁修整器壁所留。器内壁有少许白色物质残留，可能为谷物类碳化的痕迹，外底未见切割痕。口径12.4、腹径16.8、底径11、高12厘米（图

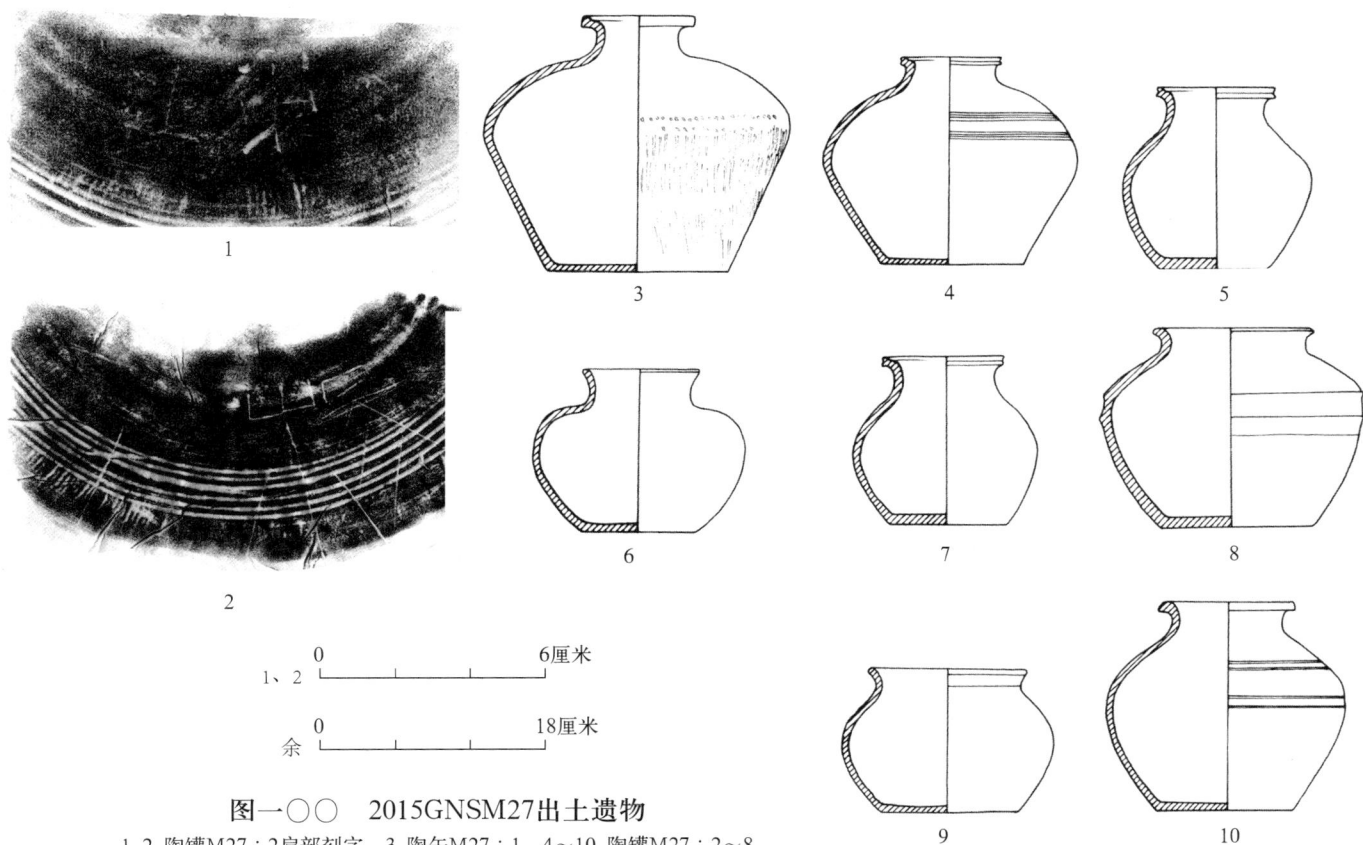

图一○○ 2015GNSM27出土遗物

1、2.陶罐M27：2肩部刻字 3.陶缶M27：1 4~10.陶罐M27：2~8

一〇〇，9)。

标本 M27:8，完整。直口，平沿，方唇，束颈，斜肩，鼓腹，下腹斜收急快，平底，底为手制。肩中部和鼓腹处各饰有一组二凹弦纹。器表因修磨灰黑相间，下腹壁上留有刮削痕。口径10.8、腹径19.2、底径10.8、高17厘米(图一〇〇，10；彩版四〇，2)。

陶缶　1件。

标本 M27:1，口沿略残，泥质灰陶，手制轮修。小侈口，沿内斜，方厚唇，短束颈，广肩，肩腹接合处尖鼓，腹壁斜直，平底。肩腹接合处饰有两周麦粒状绳纹，绳纹处经刮削呈间断状，绳纹紧下方留有一周竖向梳篦状印痕，印痕上部宽深，下部浅细，且断续延伸向下至底壁处。器表因修磨灰黑相间，肩腹接合处留有一周旋削痕，下腹壁有数道横向斜向刮削痕。口径12、腹径32.8、底径19.2、高28厘米(图一〇〇，3)。

泥器　1件。

标本 M27:11，采用红胶泥直接制成器形，未经烧制，出土时破损严重，加之进水浸泡，器胎已解体，器形及规格不明。

2. 铁器

有铁灯1件、环首铁刀1件。

铁灯　1件。

标本 M27:9，灯盘侈口，方唇，盘底中心一尖锥形灯芯，一侧口沿较厚，可能为搭灯捻处，灯盘背面呈三级阶面。灯柱呈竹节状，中间略粗，上下端较细，圈足。灯盘直径10.09、灯座径7.2、通高10.08厘米(图一〇一，1；彩版四〇，3)。

环首铁刀　1件。

标本 M27:10，锻制而成。扁环首，刀身平直，断面长方形，锈蚀较甚，刀背刀刃难以区分，刀身一面黏附棺木朽迹，刀身向末端逐渐变细。通长10.2、环首内径1.1～1.8、外径2.7～3.9、厚0.6～0.9厘米(图一〇一，2)。

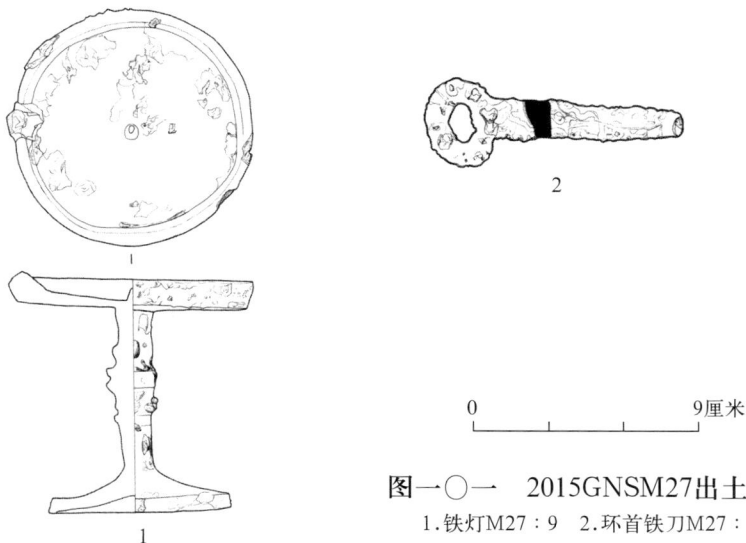

图一〇一　2015GNSM27出土遗物

1.铁灯M27:9　2.环首铁刀M27:10

第二节　北朝墓

北朝墓共 2 座，分别为 2015GNSM5、M22。

一　2015GNSM5

M5 位于水厂墓地发掘区东部，西邻 M4，两墓相距约 73.5 米，所处地势平坦，东侧为固原西南新区公路绿化带。

（一）墓葬形制

该墓为坐北朝南的斜坡墓道洞室墓，墓向 165°。平面形状近铲形，由墓道（含过洞、天井）、甬道、封门、墓室四部分组成，全长 10.9 米（图一〇二；彩版四一）。

1. 墓道

位于墓葬最南端，开口于①层扰土层之下，距地表 0.90 米，开口平面近梯形，墓道上口水平方向长 4.4 米。南端水平方向长 2.8 米处的墓道东西壁面基本垂直，宽度一致，宽 1.24 米，开口向北逐渐变窄，北端宽 1.00 米。墓道底为斜坡状，坡度 30°，斜坡表面光滑平整，斜坡总长 9.7 米。

墓道南端与天井之间以过洞相连接。过洞为一拱形顶土洞，顶距地表 1.1 ～ 1.88 米，东西两壁比墓道壁内收约 6 厘米，壁面光滑，未见明显工具加工痕迹，进深 1.8、南宽 1.12、北宽 1.12 米，通高 1.94、拱高 0.36 米，斜坡底，坡长 1.84 米。天井南接过洞，北连甬道，平面呈长方形，口小底大，壁面光滑平整，未见明显的工具痕。东西壁开口下 1.72 米处开始向下扩大，至底部每边扩宽 0.26 米。天井上口南北长 2.0、宽 0.6 米斜坡底，底长 2.15、底距地表 3.95 ～ 4.8 米。墓道内填五花土，土质较硬，无包含物出土。

2. 甬道

位于天井与墓室之间，是在天井北壁向北掏挖形成的拱顶土洞，下口平面呈西窄东宽的梯形，北端为斜边，通高 1.92 ～ 1.98、拱高 0.28、宽 1.00、西壁长 0.37、东壁长 0.54 米。

3. 封门

位于甬道北端，紧贴甬道东西两壁，以 4 层土坯垒砌而成，下部 2 层竖向丁砌，上部西侧错缝横向丁砌，东侧三块土坯竖向丁砌。土坯浅黑色，结构紧密，未见夹杂稻草类材料，土坯形状杂乱。土坯有两种规格，第一种长 32、宽 20、厚 8 厘米，第二种长 22、宽 20、厚 6 厘米。封门面阔 1.2、残高 0.45、进深 0.4 米。

4. 墓室

位于甬道北侧，为东西向的横室土洞墓。平面近长方形，西壁距甬道口 1.18、东壁距甬道口 1.48 米。东西长 3.63、西宽 1.67、东宽 1.70、残高 1.77、进深 1.8 米，墓道四壁垂直，平底，与甬道底位于同一水平（彩版四二）。墓室壁面加工规整，壁面光滑，无明显工具加工痕迹。墓室地面经过铲修，较平滑规整，未经夯打等处理。

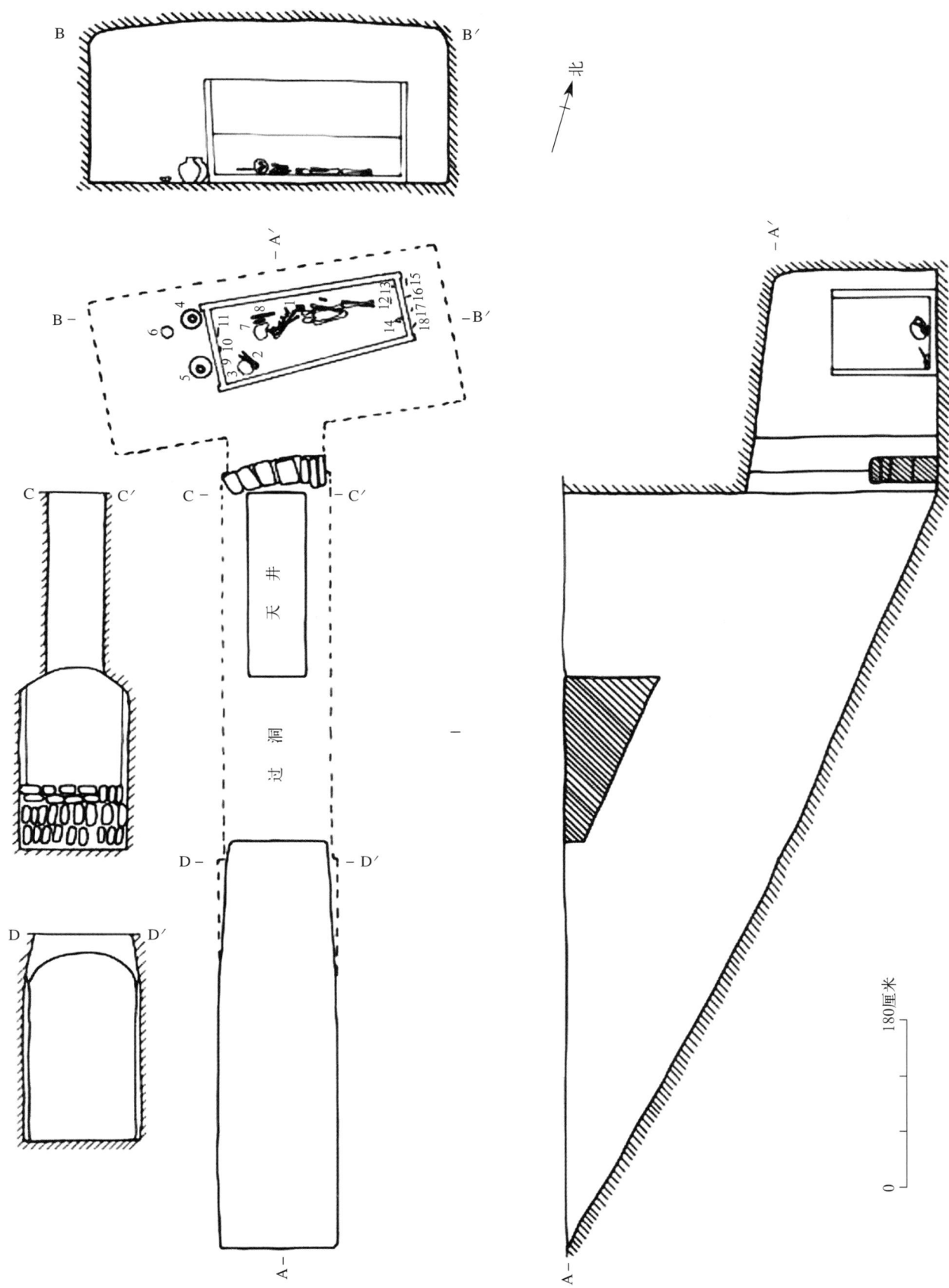

图一〇三　2015GNSM5平、剖面图

1.银指环　2.铁剪　3.铁镜　4.5.陶罐　6.漆盒　7.8.铜钗　9～18.铁棺钉

（二）葬式葬具

在墓室东北处放置木棺 1 具，距北壁 0.24、距东壁 0.30、距南壁 0.5、距西壁 1.2 米，棺木已朽，仅存朽木痕迹，由于棺木在未朽塌之前四周就已被淤土填塞，故木棺的规格可通过朽痕得知，平面呈梯形，东宽西窄，棺南侧板、西侧挡板均由上中下 3 块木板拼成，北侧挡板以上下两块木板拼成，南侧板 3 块木板自上而下分别宽 0.26、0.34、0.42 米。西侧挡板 3 块木板自上而下分别宽 0.24、0.36、0.42 米。北侧板上块木板宽 0.60、下块木板宽 0.42 米。东侧挡板腐朽严重，结构不明，棺板朽迹上残存红色漆皮，推测木棺上原来髹有红漆。在木棺周围共发现铁棺钉 10 枚。其中木棺前挡北侧出土 3 枚（标本 M5：9 ～ 11），木棺后挡板南侧出土棺钉 3 枚（标本 M5：12 ～ 14），木棺后挡板北侧出土棺钉 4 枚（M5：15 ～ 18）。

棺内葬人骨 1 具，骨架保存情况较差，人骨位置靠近棺北侧挡板，头向西，面朝北，侧身直肢，骨骼较纤细，骨架长度 1.3 米。根据头骨、盆骨鉴定墓主应为一女性个体，年龄在 20 ～ 25 岁。

（三）随葬品出土情况

遗物均出土于墓室内，共计 18 件，有陶器、铜器、铁器、银器、漆器等。陶器和漆器放置在棺前挡外紧西侧墓室地面之上，2 件陶罐一南（M5：5）一北（M5：4）摆放，罐口和双耳均残，漆器位于北侧陶罐的之西，保存极差，漆皮极薄，呈黑褐色，形状似漆盒（M5：6）。铜器、铁器、银器等小件器物出土在棺内人骨旁侧和人骨上，铁镜（M5：3）和铁剪（M5：2）放置在棺内西南角，铁剪压在镜之上，均锈蚀严重。人骨头部发现铜钗 2 件（M5：7、8）。手骨附近发现银指环 1 件（M5：1）。

（四）出土遗物

有陶器、银器、铜器、铁器、漆器。

1. 陶器

陶罐　2 件。均为泥质灰陶，轮制。

标本 M5：4，浅盘状侈口，沿外斜，尖圆唇，束颈，圆肩，鼓腹，下腹斜收，平底微凹。鼓腹两侧贴塑对称桥形耳，耳下方腹壁内凹，肩腹各饰一组二凹弦纹，罐耳系上腹部凹弦纹刻画后黏贴上，罐耳上端有手指按压的痕迹，外底无切割痕。口径 10、腹径 21、底径 12.8、高 26.8 厘米（图一〇三，1；彩版四三，1）。

标本 M5：5，浅盘状侈口，沿外斜，尖圆唇，束颈，圆肩，鼓腹，下腹斜收，平底微凹。鼓腹两侧贴塑对称桥形耳，耳下方腹壁内凹，肩腹各饰一组二凹弦纹，罐耳系上腹部凹弦纹刻画后黏贴上，罐耳上端有手指按压的痕迹，外底无切割痕。口径 8.8、腹径 21、底径 12.4、高 26.4 厘米（图一〇三，2）。

2. 银器

银指环　1 件。

标本 M5：1，圆形，锻造打制而成。直径 1.8、宽 0.25、厚 0.1 厘米（图一〇四，1；彩版四三，2）。

3. 铜器

2 件。均为铜钗。

铜钗　2 件。一长一短，均呈"n"形，双股浑圆，中间方折。

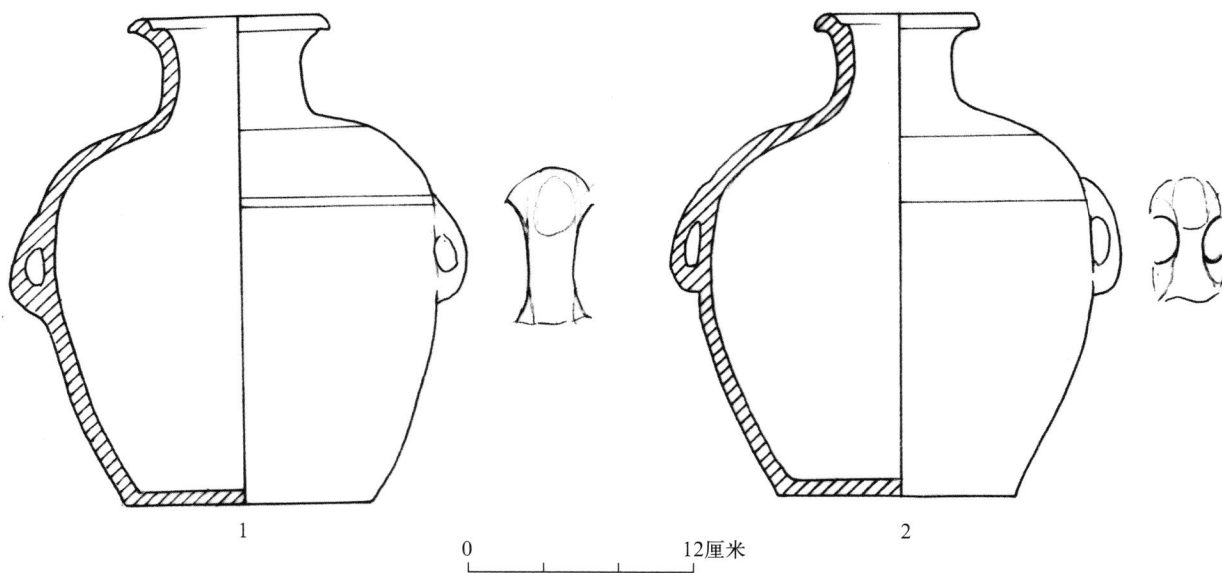

0　　　　　　　　　　12厘米

图一〇三　2015GNSM5出土陶器

1、2.陶罐M5∶4、5

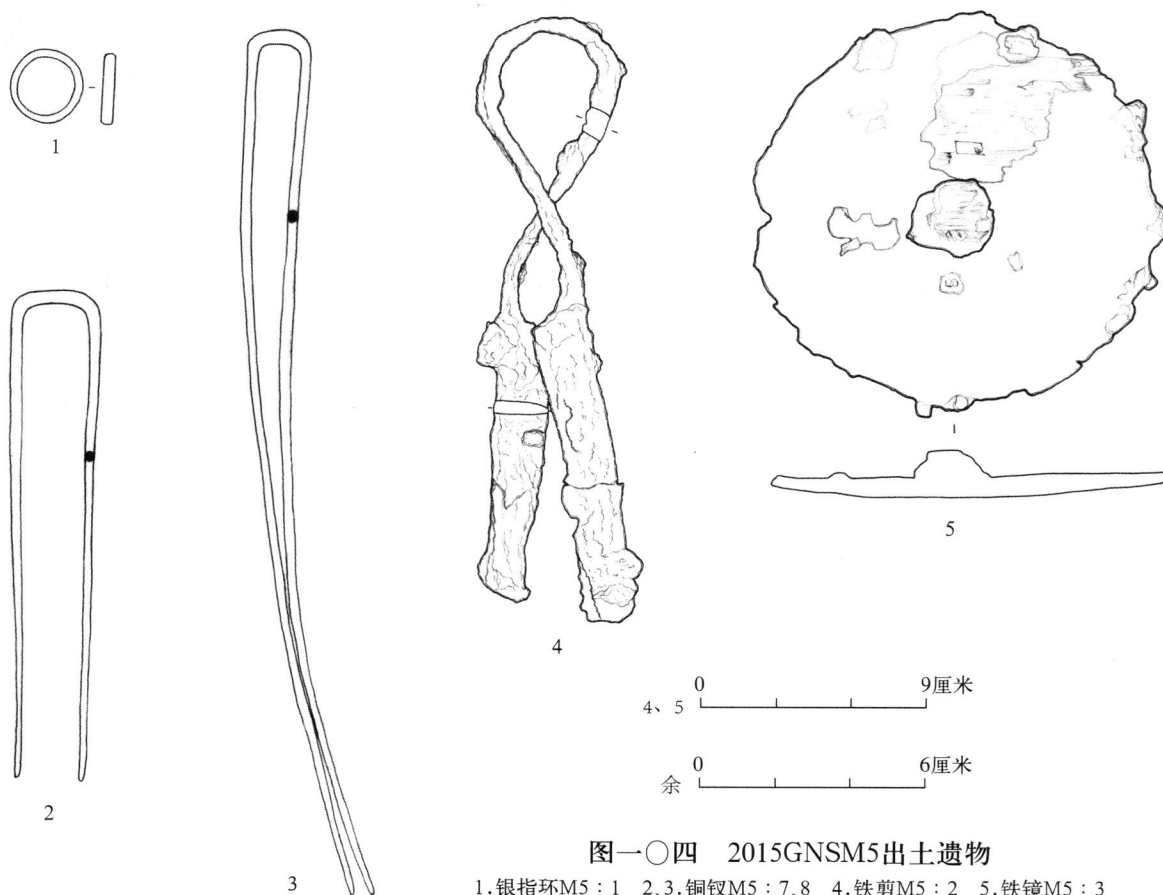

4、5　0　　　　　　　　9厘米

余　0　　　　　　　6厘米

图一〇四　2015GNSM5出土遗物

1.银指环M5∶1　2、3.铜钗M5∶7、8　4.铁剪M5∶2　5.铁镜M5∶3

标本 M5：7，长 13、宽 2.4、钗股径 0.2 ～ 0.3 厘米（图一〇四，2；彩版四三，3）。

标本 M5：8，长 24、宽 1.8、钗股径 0.2 ～ 0.3 厘米（图一〇四，3；彩版四三，4）。

4.铁器

14 件。有铁剪 1 件、铁镜 1 枚、铁棺钉 12 枚。

铁剪　1 件。

标本 M5：2，"8" 字形交股式，整体锈蚀，呈赤褐色，两边的穗顶端略有欠缺，后端圆环为较大的卵圆形，腕部至刃关呈长泪滴形，柄的横切面呈四棱形，穗两边大体加工平整，背部和镐部厚差较小，背厚刃薄，背呈山形。两穗里面接触重叠，保持剪裁状态。通长 25、环状部内长径 6.9、短径 4.1、棱宽 0.3 ～ 0.4 厘米，中间圆环长径 4.3、短径 1.8、刃长 11 ～ 12.5 厘米，穗后端现存宽 2.4 厘米。一侧穗的表面黏附有织物及朽木痕迹（图一〇四，4）。

铁镜　1 枚。

标本 M5：3，锈蚀严重，镜面较为平整，尚有纺织物印痕，据此推测该镜原为纺织物所包裹。镜背中心一锈点凸起，应为镜纽。直径 16.2、厚 0.4 厘米（图一〇四，5；彩版四三，5）。

棺钉　12 枚。

标本 M5：9，钉两端残断，钉身断面四棱形，由上端向下逐渐变细，中间部分钉身上附着朽木。残长 4.3、宽 0.2 ～ 0.3、厚 0.3 ～ 0.4 厘米（图一〇五，1）。

标本 M5：10，弧形，向一侧弯曲，钉身断面呈扁平的薄片，钉上残存朽木痕迹，木纹为斜向。残长 4.4、宽 0.1 ～ 1.1、厚 0.4 厘米（图一〇五，2）。

标本 M5：11，锈蚀较甚，椭圆形钉帽，钉身因黏附朽木形制不明，最上端木痕距钉帽下侧面 2 厘米，木痕呈斜纵向。通长 12.4、钉帽径 1.3 ～ 1.8 厘米（图一〇五，3）。

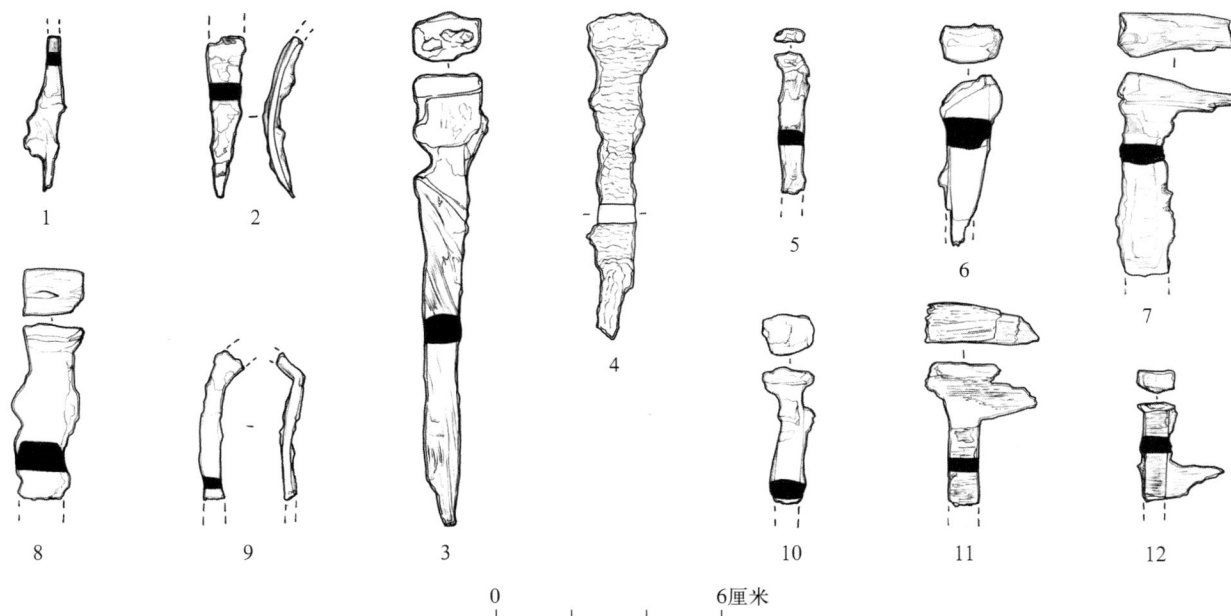

图一〇五　2015GNSM5出土铁棺钉

1～12.M5：9～13、14-1～3、15～18

标本 M5：12，残损严重，仅余钉头，横断面呈扁长方形，周身遍布横向木痕。残长 8.9、宽 1.1、厚 0.5 厘米（图一〇五，4）。

标本 M5：13，扁平的长条状，一端残断，相对的另一端则有不规则的凸起，应为钉帽残余部分，钉身满布横向木痕。残长 4、残宽 0.8 ~ 1.1、残厚 0.3 厘米（图一〇五，5）。

标本 M5：14，断为两截，钉帽近长方形，向一侧略翻卷，钉身为扁平的四棱形，表面有横向木痕，下端黏附另一枚铁棺钉的一部分。残长 4.6 ~ 5.4、钉帽径 1.4 ~ 1.7、最大宽 1.5、厚 0.7 厘米（图一〇五，6 ~ 8）。

标本 M5：15，仅存上半截，扁圆形钉帽，钉身呈扁四方体，表面有横向木纹。残长 4、钉身宽 1、厚 0.5 厘米（图一〇五，9）。

标本 M5：16，钉头长方形，扁长条形钉身，下端残断，钉上附着横向朽痕及一小块棺木。残长 3.8、钉帽径 0.8 ~ 1.5、钉身长 3.3、宽 0.7、厚 0.4 厘米（图一〇五，10）。

标本 M5：17，钉头长方形，扁长条形钉身，下端残断，钉上附着横向朽痕及一小块棺木。残长 3.8、钉帽径 0.8 ~ 1.5、钉身长 3.3、宽 0.7、厚 0.4 厘米（图一〇五，11）。

标本 M5：18，钉头椭圆形，钉身断面长方形，下端残断。残长 2.2、钉帽径 0.6 ~ 0.9、钉身径 0.3 ~ 0.5、钉身长 2.3 厘米（图一〇五，12）。

5.漆器

漆盒　1件。

标本 M5：6，保存极差，漆皮极薄，无法提取。漆呈黑褐色。直径约 10、高约 0.6 厘米。

二　2015GNSM22

M22 位于水厂墓地发掘区中部北端，东邻 M21，两墓相距 10 米，南侧 120 米处为锦绣苑小区绿化带。

（一）墓葬形制

该墓为坐北朝南的单室土洞墓，墓向 165°。平面呈铲形，由墓道、甬道、墓室三部分组成，墓葬全长 12.24 米（图一〇六；彩版四四，1）。

1.墓道

位于墓室南端，北端与墓室相连。开口于②层生土下，开口距现地表 0.70 米，地势平坦。开口平面呈梯形，南窄北宽，南北水平长 9.70 米，墓道南端 2 米部分墓壁垂直，口底等大，宽 0.64 米，以北的部分口小底大，东西侧壁向下斜收，口部宽 0.64 ~ 0.80、底宽 0.64 ~ 1.10。墓道东西壁较粗糙，未经仔细修整，北壁呈倾斜状内收。斜坡状底，坡面经过处理踩踏，光滑规整，坡上较窄向下渐宽，斜坡长 10.28、宽 0.64 ~ 1.10 米，坡度 22°，北端距现地表深 3.86 米。

墓道北端开口往下 0.4 米处正中放置墓志砖 1 合，盖志相扣合，横向斜靠于墓道北壁上。墓道内填五花土，土质较松，为黄沙土夹杂褐色颗粒，内含较多灰烬和植物根茎等。

2.甬道

甬道即墓门，墓门位于墓室的西南角，是在墓道北壁上向北掏挖而成，略窄于墓道北端。

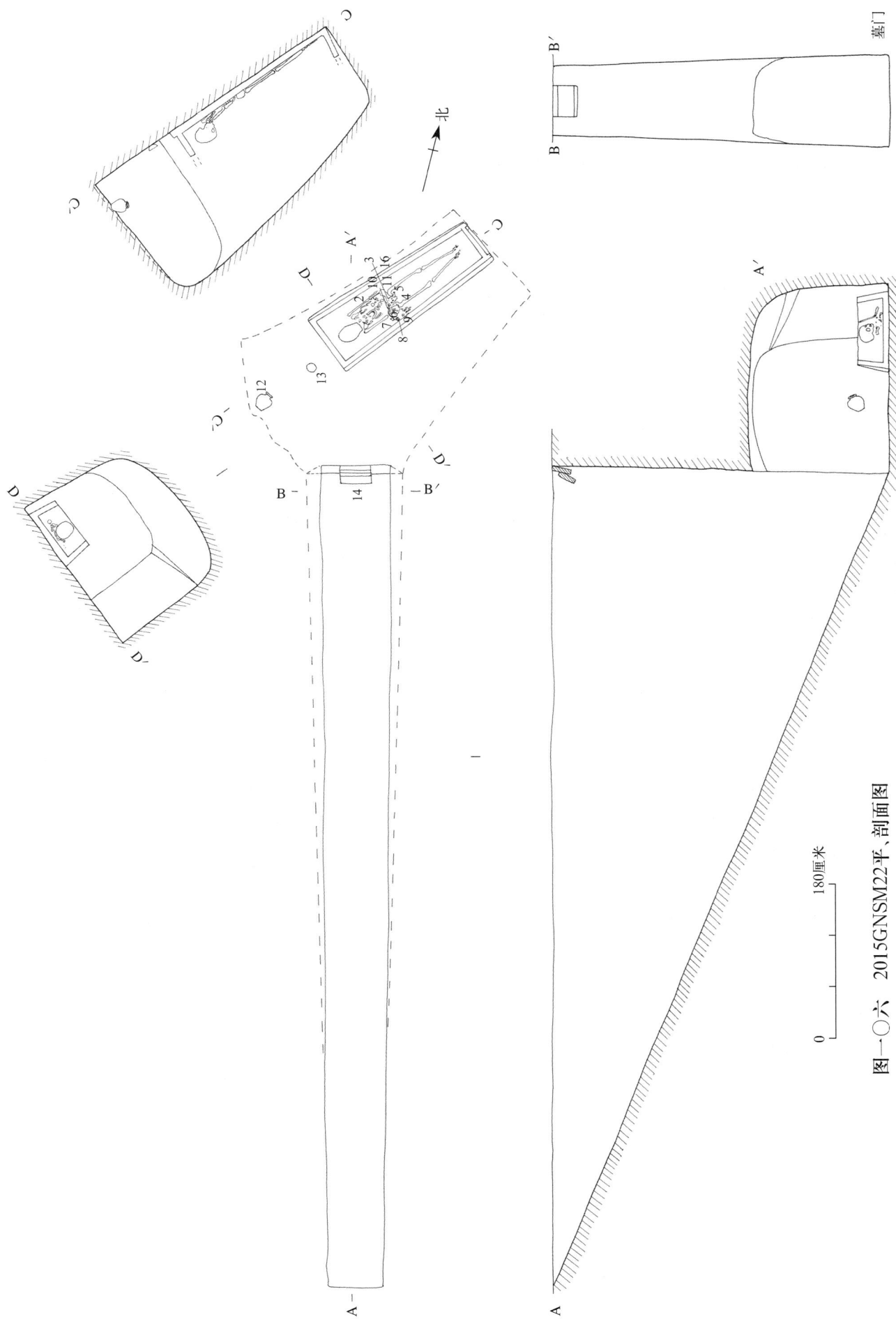

北

180厘米

图一〇六　2015GNSM22平、剖面图

1.铜带扣　2～5.铜鞬空饰　6～9.素面方銙　10、11.柿蒂纹方銙　12.陶罐　13.陶盏　14.墓志砖　15.五铢　16.铁棺钉

甬道较短，面阔 1.00 ～ 1.10、高 1.56、进深 0.12 米。拱形顶，上窄下宽，是用填土直接封实，填土与墓道内填土不一样，封口的填土是用较大的黏土块与黄沙土混合而成黏性沙质土，土质微硬，但没有夯打处理。

3. 墓室

位于墓葬北端，墓室为西南—东北方向的横室土洞墓。平面形状呈不规则梯形，西壁向西北倾斜，东壁向东北倾斜，墓室长 3.34、宽 1.36 ～ 2.44、高 1.02 ～ 1.65 米（彩版四四，2）。墓室为穹隆顶，北壁倾斜，下部内收，长 2.86、高 0.80 ～ 1.60 米，东壁与北壁夹角 95°，东壁宽 1.36、高 1.02 米，南壁与东壁夹角 102°，南壁长 2.60、高约 1.1 米，西壁不规整，大体呈弧形，与北壁夹角 105°，西壁宽 1.78、高 1.65 米。墓室底部平坦，距现地表 4.56 米。

墓室内积满淤土，淤土系从墓门外多次渗入，土质较硬细腻，夹杂较多灰烬和黏土颗粒等。

（二）葬式葬具

墓室北壁下放置木棺 1 具，棺木已朽，盖板无存，仅存棺痕，平面呈梯形，截面亦呈梯形，头挡朝向西南，距西壁 0.8 ～ 1.16 米，脚挡紧顶墓室东壁。棺东西长 2.16、南北宽 0.58 ～ 0.76、残高 0.36 米，板厚 5 厘米。左右侧板夹住前后挡板，伸出前后挡板 2 厘米，左右侧板残长 2.16、残高 0.30 米，厚 5 厘米。前挡板向西倾斜，板呈梯形，上窄下宽，板宽 0.56 ～ 0.64、残高 0.3 米，厚 4 ～ 5 厘米。后挡板位于脚骨东侧，向西倾斜，与前挡板呈平行状，板面呈梯形，上窄下宽，板宽 0.40 ～ 0.46、残高 0.3 米，厚 5 厘米。底板铺于四围挡板下，平面呈梯形，长 2.16、宽 0.58 ～ 0.76、残高 0.30 米，厚 5 厘米。棺内底板面上局部见有白灰颗粒，在左侧挡底板灰烬下发现 3 枚铁棺钉，是由底板钉入侧挡板上。在清理棺底时，发现多处铁棺钉锈渣颗粒，板灰为灰黑色粉末状。

棺内人骨 1 具，保存极差，腐朽严重呈碎渣状，加之进水等因素影响，上肢骨较乱，头骨保存较好，下颌骨脱落，脊椎骨、肋骨凌乱多有缺失，盆骨腐朽脱位，双腿微微分开，双脚并拢。腿骨仅存灰痕，脚趾骨无存，头向西南，脚朝东北，仰身直肢，头向 220°，骨架长 1.70 米。经鉴定墓主为一男性个体，年龄在 25 ～ 30 岁。

（三）随葬品出土情况

由于木棺靠近墓室西壁、北壁下放置，故墓室内空间较宽敞，虽未曾盗扰，但棺外随葬品极少，棺内随葬品也较少。

共出土遗物 12 件（套），墓志砖 1 合、陶器 2 件、铜器 6 件（套）、铁棺钉 3 枚。墓志砖（M22：14）出土于墓道北端开口处正中位置，盖底相扣合，盖在上未刻文字，砖志在下铭文朝上放置，盖略移位下滑，二者横向斜靠于墓道北壁上。五铢钱（M22：15）1 枚，出土于墓室开口部位的填土层中，棺外西南侧出土陶器 2 件，陶罐（M22：12）1 件位于西壁下方，距离北壁 0.6 米，出土时呈倾倒状，罐口朝东，陶盏（M22：13）1 件距离木棺头挡 0.24、距离墓室北壁 0.6 米。棺内人体盆骨周围出土一组革带上的饰件，大致位于墓主腰部位置，分布零乱无序，有铜带扣 1 件、柿蒂纹方銙 1 件、铜鞓空饰 2 件、方銙 3 件，1 件方銙上残存革带残迹，带饰均为铆钉结合，出土时均一分为二，似经人为拆毁后放入。

（四）出土遗物

有陶器、铜器、铁器、墓志砖等。

1.陶器

2件。有陶罐、陶盏各1件。均为泥质灰陶，轮制。

陶罐　1件。

标本M22：12，侈口，沿外斜，尖唇，短束颈，圆肩，鼓腹，下腹弧收，平底。口沿结合处作有一周棱台，棱台侧壁短直，台面窄平，肩上饰一周凹弦纹，器壁打磨光滑。外底有平行线状线割痕，并被工具戳刺形成类似"大"字的痕迹。口径8、腹径16.5、底径8.8、高18厘米（图一〇七，1；彩版四五，1）。

陶盏　1件。

标本M22：13，敞口，方唇，弧腹，平底。内底留有圆卷状轮旋痕，内壁有黑色烟炱痕，外底有切割痕，和陶罐（M22：12）的做法一致。口径10.5、底径6.4、高4.6厘米（图一〇七，2；彩版四五，2）。

2.铜器

7件，其中有6件组成一具铜带饰，另有五铢钱1枚。

铜带扣　1件。

标本M22：1，稍残。扣环呈扁椭圆形，中轴不见，长销扣针脱离。扣环长轴径3.3、短轴径2.0、背厚0.2厘米，轴径孔0.2、扣针长2.2厘米（图一〇八，1；彩版四五，3左1）。

铜鞓空饰　2件。

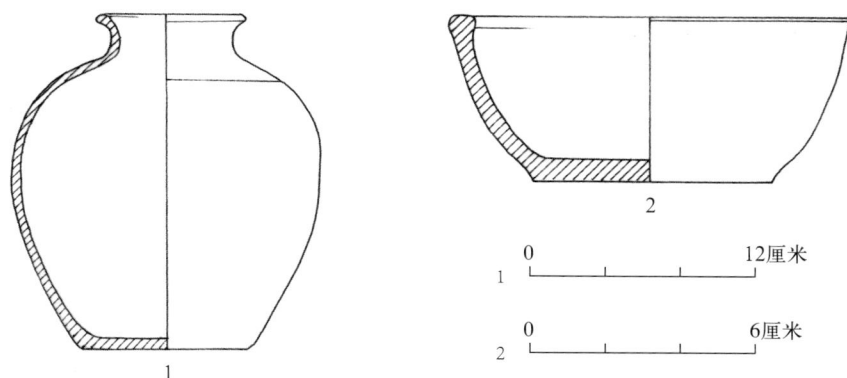

图一〇七　2015GNSM22出土陶器

1.陶罐M22：12　2.陶盏M22：13

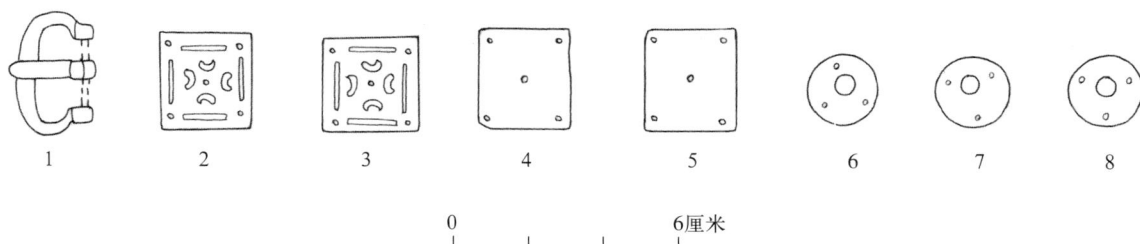

图一〇八　2015GNSM22出土铜带饰

1.铜带扣M22：1　2、3.柿蒂纹方銙M22：10、11　4、5.素面方銙M22：6、7　6~8.铜鞓空饰M22：2~5

标本 M22：2～5，每件由两片圆形铜片铆制而成，现存为 4 块铜片，合为 2 件铜鞓空饰。形制一致，铜片面有 3 孔，铆针均不见，偏中部有一圆孔，用来固定在革带脐孔内，起到护孔作用。直径 1.8、中孔径 0.5、铜片厚 0.1 厘米（图一○八，6～8；彩版四五，3 右 2、1）。

素面方銙　2 件。

标本 M22：6～9，每件由 2 件铜片铆合而成，现分解为 4 块铜片，合 2 件，铆针均不见。边长 2.6、铜片厚 0.1 厘米（图一○八，4、5；彩版四五，3 左 4、5）。

柿蒂纹方銙　1 件。

标本 M22：10、11，由 2 件铜片铆合而成，现分解成 2 件铜片，分正面镂空，有柿蒂纹图案。边长 2.5、铜片厚 0.1 厘米（图一○八，2、3；彩版四五，3 左 2、3）。

五铢　1 枚。

标本 M22：15，"铢"字金字头呈长三角形，"朱"字上下圆折，"五"字交股斜直，铸造规整，背面肉郭俱好。直径 2.2、穿径 0.8、郭宽 0.2 厘米（图一○九，1；彩版四五，4）。

3. 铁器

铁棺钉　3 枚。形制相似，其中 2 枚残断。

标本 M22：16，钉帽残损，钉身为四棱体。钉身残长 6.6～6.7、钉身径 0.7～0.9 厘米（图

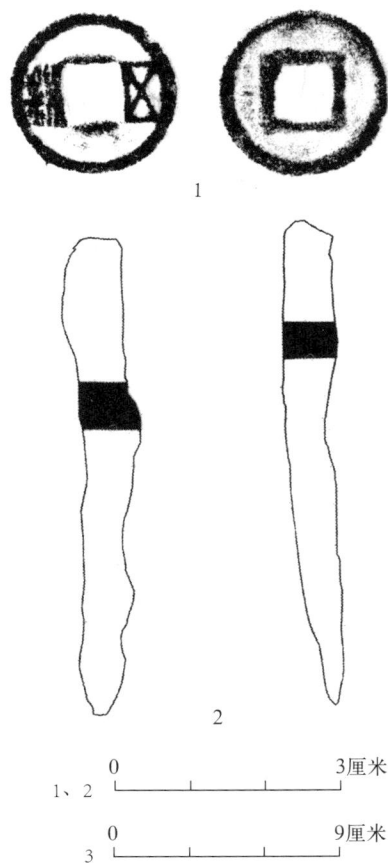

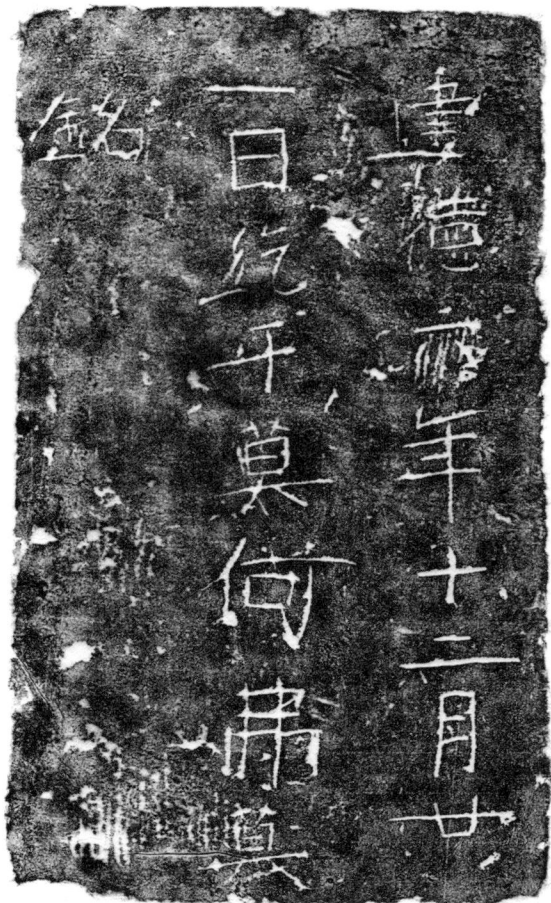

图一○九　2015GNSM22 出土遗物
1. 五铢 M22：15　2. 铁棺钉 M22：16　3. 墓志砖 M22：14 拓片

一〇九，2）。

4.其他

墓志砖　1合。

标本 M22：14，分上下两块青灰砖。上部为盖，素面无文字，背面有少许绳纹。下部为砖志，正面刻有志文。盖、志大小一致，均为泥质灰陶条形砖，长 37.5、宽 21.7、厚 5 厘米。墓志文阴刻楷书三行，共计 17 个字，自右向左依次为："建德六年十二月廿 / 一日纥干莫何弗墓 / 铭"（图一〇九，3；彩版四五，5）。

第三节　隋唐墓

隋唐墓中共清理 5 座。其中隋墓 1 座，编号为 2015GNSM21，形制呈铲形，出土砖志中有明确纪年，为隋开皇六年（586 年）埋葬。其余 4 座唐墓相距较近，朝向相同，形制相类，应属于家族墓地。

一　2015GNSM1

M1 位于水厂墓地发掘区东南部，西南与 8 座清代墓（M8 ~ M15）相邻，相距约 10 米，东距拟建水厂办公区约 50 米。

（一）墓葬形制

该墓为坐北朝南斜坡墓道单室土洞墓，墓向 165°。平面呈直背刀形，由斜坡墓道、过洞、天井、壁龛、甬道、墓室等组成，全长 9.96 米（图一一〇；彩版四六，1）。

1.墓道

位于墓葬南端，北接过洞、天井（彩版四六，2）。墓道开口距现地表深 0.60 米。平面呈梯形，南宽北窄，口小底大，南端宽 0.8、北端上口宽 0.64、最深处距现地表 3.72 米。墓道为斜坡状底，坡度 30°，南北水平长 6.32、坡长 6.5、宽 0.8 米，坡面经过修整及踩踏，较平整坚硬。墓道两侧壁光滑平整，东北角部分垮塌。

2.过洞

南端距墓道 3.7 米，土洞拱形顶，系在墓道向北掏挖而成，面阔 0.63 ~ 0.80、进深 0.42、高 1.60 ~ 1.78 米，洞顶距墓道开口 0.50 ~ 0.55 米，东西侧壁光滑平整。

3.天井

位于过洞与甬道之间，平面呈长方形，东西两壁由上向下外扩倾斜，口小底大，上口南北长 2.10、东西宽 0.64、底宽 0.80、深 2.34 ~ 3.12 米，底距现地表深 2.94 ~ 3.2 米。南壁垂直，北壁向下内收略呈坡状，壁面光滑平整，天井底部北端 0.60 米为平底，其余部分为斜坡。

4.壁龛

系在过洞和天井东壁向外掏挖而成，南端龛底大致与过洞墓道斜坡持平，北端龛底高于天井下斜坡 0.8 米，正视呈不规则的梯形，小龛面阔 1.36 ~ 1.74、高 0.60 ~ 0.96、进深 0.54 米，弧形顶，

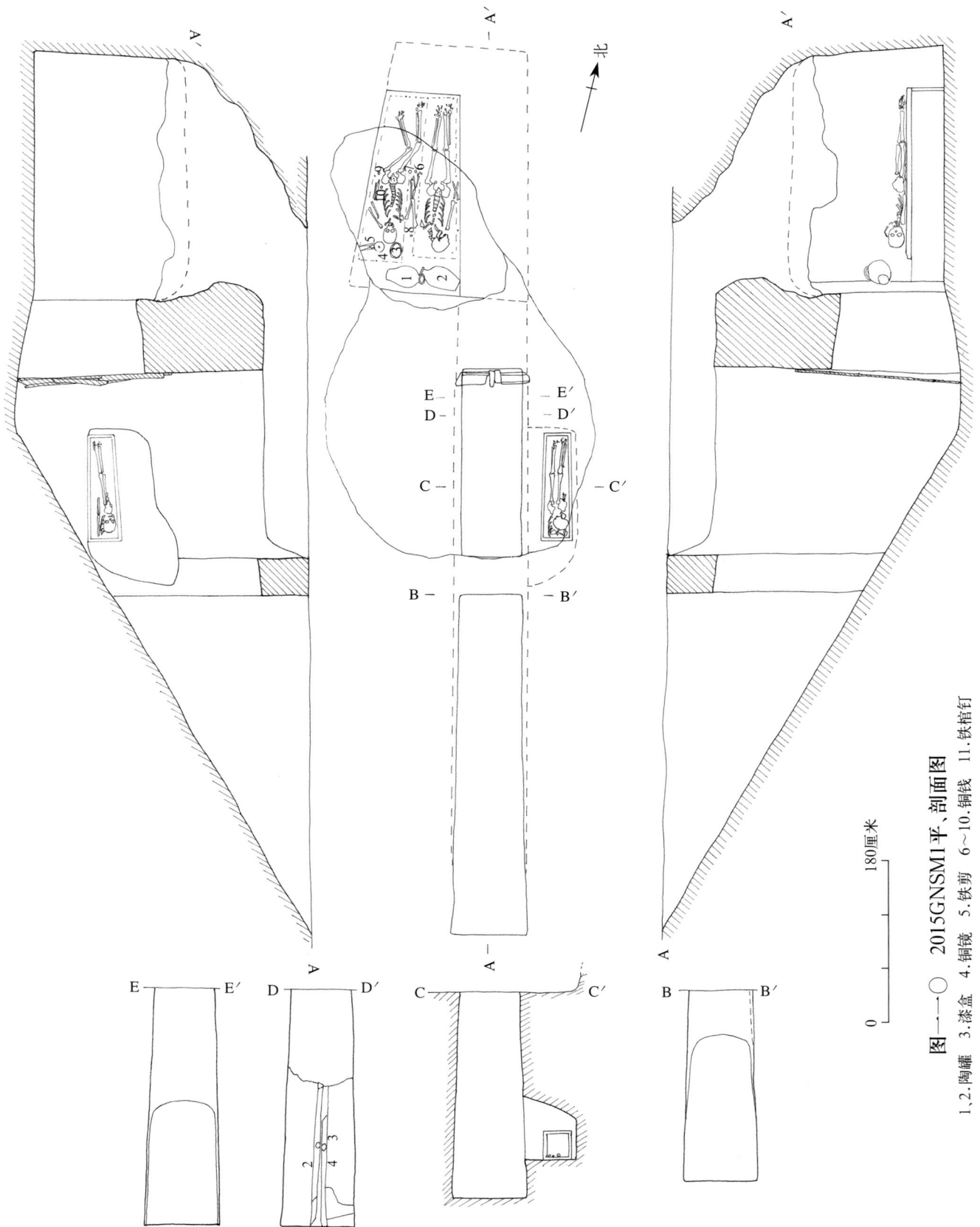

图一一〇 2015GNSM1平、剖面图

1、2.陶罐 3.漆盒 4.铜镜 5.铁剪 6~10.铜钱 11.铁棺钉

由口向里内收，东北两壁为直壁，南壁为斜弧至底凹收，壁面光滑，平底，龛内填淤土。

5.甬道

位于天井和墓室之间。在天井北壁向北掏挖而成，土洞拱形顶。壁面光滑，甬道底呈北高南低的缓坡状，顶宽 0.62 ～ 0.68、底宽 0.72 ～ 0.76、南高 1.38、北高 1.10、进深 0.86 米。与墓室相接处有 0.18 米的落差，顶距墓葬开口 1.83 米。

6.封门

墓门以木板、木条封堵，东西两侧各竖一木板，紧贴天井东西壁，木板中间立两支方棱形木条，受淤土挤压，木板中部以下弯曲，木条均断为两三截。东侧木板宽 0.27 ～ 0.30、残高 1.56 ～ 1.64 米，厚 2 厘米，西侧木板宽 0.32 ～ 0.35、残高 1.68 ～ 1.76 米，厚 2 厘米。

7.墓室

位于墓葬的最北端，东南角与甬道相连接，为南北纵向土洞。墓室平面呈梯形，南宽北窄，底部平整，拱形顶，墓室东壁与甬道、墓道东壁平行在一条直线上，墓室长 2.78、宽 1.4 ～ 1.92、残高 1.28 ～ 1.55 米，墓室底距现地表深 3.1 米（彩版四七，1）。东壁长 2.78、残高 1.28 ～ 1.55 米，西壁长 2.74、残高 1.18 ～ 1.48 米，南壁宽 1.92、残高 1.34 ～ 1.46 米，北壁宽 1.4、残高 1.40 ～ 1.52 米。墓门位于墓室南壁东侧，东西宽 0.72、距西壁 1.18 米。墓室东西北三壁自底部向上逐渐内收，壁面斜直光平，南壁垂直，墓顶已坍塌，从墓室东西壁、北壁向上斜收，以及南端保存的起拱处来看，似为穹隆顶墓室，在距墓底 1.4 米处向上起拱。墓室底非常平整，高出甬道口部地面 0.18、距现地表深 3.1 米。

因水浸灌，墓顶全部坍塌，形成南北向近葫芦形的塌陷坑，延伸至天井，坑底淤土堆积呈南高北低的台阶状，南北长 4.78、宽 1.00 ～ 2.84、坑口距地表 0.62 ～ 0.66 米，塌坑口距底至墓室深 0.50 ～ 2.32 米。

（二）葬式葬具

墓室西南部有一生土棺床，棺床平面呈梯形，表面平整光滑，棺床南北长 2.20、北宽 0.77、南宽 1.20、高 0.34 米，棺床之上南北向并列放置 2 具木棺。木棺均已腐朽，东棺下出土铁棺钉 13 枚，据棺钉分布及木棺朽迹可知，木棺呈梯形，棺长 1.84、宽 0.30 ～ 0.46 米。东侧棺内人骨 1 具，头南面东，仰身直肢，骨架保存完整，因淤土挤压略向北错位，骨骼总长 1.70 米，经鉴定墓主为 45 岁左右的男性个体。西棺已朽，棺下出土 10 枚棺钉，棺长 1.72、宽 0.28 ～ 0.46 米，棺内人骨 1 具，头南面上，仰身屈肢，整体保存较好，经鉴定为 35 岁左右的女性个体。

墓道壁龛内南北向放置棺木 1 具，腐朽严重，棺木朽痕呈梯形，棺残长 1.2、宽 0.28 ～ 0.36、残高 0.28 ～ 0.37 米，板厚 3 厘米，出土 6 枚棺钉。棺内人骨 1 具，头南面西，俯身直肢，双手压于腹下，盆骨压于肋骨上，双腿并膝脚并拢，骨架凌乱，应为二次迁葬所致，经鉴定为年龄约 20 岁的男性。

（三）随葬品出土情况

出土各类遗物共 10 件，均出土于墓室内棺床之上，2 件陶器置放在棺外南端，除 2 枚铜钱位于两棺之间外，其余铜器、铁器和漆器均放置在西棺内。

2 件陶罐横向倒置于棺外南侧与墓室南壁之间，大体保存着原来的出土位置，应是墓顶坍塌后导致倾覆，西棺内人头骨顶部自东向西放置漆器（M1∶3）1件、铜镜（M1∶4）1枚、铁剪（M1∶5）1件，漆器距棺西壁 0.40、南壁 0.40 米，残损较甚，仅具轮廓，铜镜保存完好，铁剪锈蚀严重，应为一组随身用品。西棺人骨左手处发现铜钱（M1∶9）1枚、左小臂内侧放置铜钱（M1∶10）1枚，东棺人骨左手、西棺人骨右手骨处发现铜钱（M1∶6、7）2枚，西棺人头骨东侧出土铜钱（M1∶8）1枚。位于人骨手部的铜钱应为手握。2具木棺周围均散落铁棺钉，东棺出土 13 枚铁棺钉，西侧板出土 4 枚，南北侧板处各发现 3 枚，东侧板出土 6 枚。西棺周围共出土 10 枚棺钉，均已锈蚀残断，余者多为钉帽部分，钉帽径约 2.3 厘米，西侧板出土 5 枚，南侧板 3 枚，东挡板 2 枚。

（四）出土遗物

出土有陶器、铜器、铁器、漆器等。

1. 陶器

陶罐　2件。器体纵长呈纺锤状。均为泥质灰陶，轮制。

标本 M1∶1，浅盘状侈口，宽平沿，方厚唇，沿下及唇里侧内凹，束颈，溜肩，长鼓腹，腹壁弧收，近底壁处斜急收，小平底。肩及鼓腹上满饰暗弦纹带，弦纹较随意，间距不等，下腹壁刮抹光平。罐身局部残存白色化妆土，肩部可见红色彩绘痕迹，所绘内容已无法辨识。外底有弧状轮旋切割痕。口径 14、颈径 8、腹径 25、底径 12、高 39.5 厘米（图一一一，1）。

标本 M1∶2，侈口，宽平沿，方厚唇，沿下方内凹，长束颈，溜肩，长鼓腹，腹壁弧收，器壁略呈凹凸状起伏，平底。肩部有彩绘残留，罐底与罐身似分开制作，罐底已接近脱落。外底有弧圈状轮旋痕。口径 14、颈径 8、腹径 25、底径 12、高 41.2 厘米（图一一一，2；彩版四八，1）。

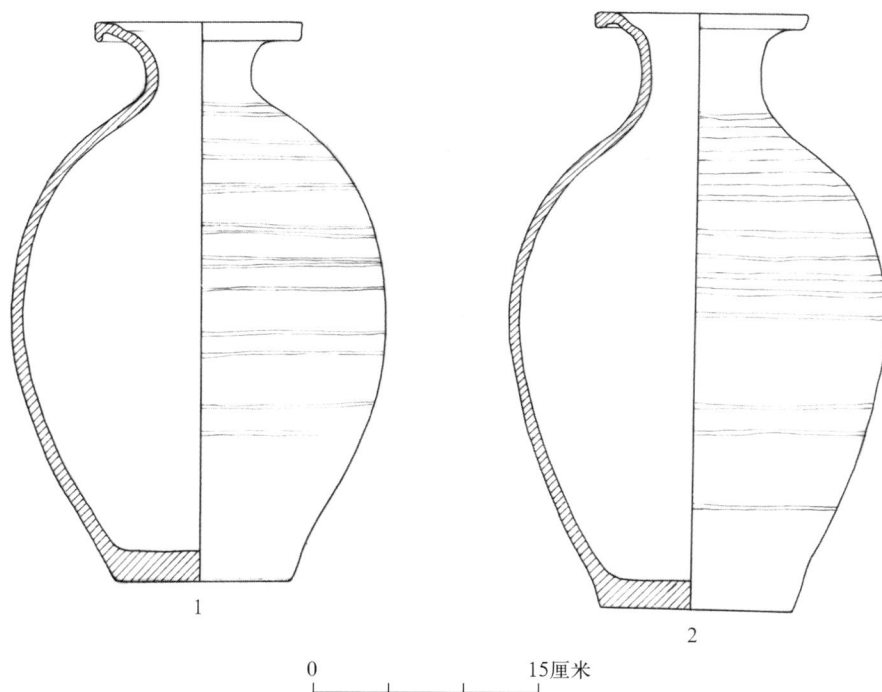

0　　　　　　　　　　15厘米

图一一一　2015GNSM1出土遗物

1、2.陶罐M1∶1、2

2. 铜器

有铜镜1枚、铜钱6枚。

瑞兽鸾鸟葡萄镜　1件。

标本M1：4，瑞兽葡萄纹铜镜，保存完整，含锡量高，呈银白色。圆形，伏兽纽，镜背由双线高凸圈分为内外两区，内区以六瑞兽及葡萄枝蔓叶实同向绕纽构成主题纹饰，外区饰以葡萄枝蔓、飞禽等，鸟或展翅，或栖于枝头，其间点缀蜂蝶掩映在枝蔓中。边缘饰一周三叠云纹。直径11.8、纽径2.8、厚0.9厘米（图一一二，1；彩版四八，3、4）。

开元通宝　5枚。

西侧人骨右手中2枚，为标本M1：6、7，西侧头骨附近1枚，为标本M1：8，东侧人骨左手中2枚，为标本M1：9、10（彩版四七，2、3），均为开元通宝，形制规格基本一致，唯重量略有差异。面背俱有肉好周郭，"开"字间架端庄，左右两竖笔略外撇，"元"字第一横较短，第二横笔左挑，"通"字走字部呈不相连的四点，甬上笔开口较大，"寶"字下部"贝"字部为两短横，不与左右竖笔相连。直径2.5、穿径0.7、郭宽0.2、郭厚0.12厘米，重3.0～4.4克（图一一二，2）。

3. 铁器

有铁剪1件、铁棺钉16枚。

铁剪　1件。

0　　　　　　　　　3厘米

图一一二　　2015GNSM1出土遗物

1.铜镜M1：4　2.开元通宝M1：8

标本 M1：5，出土于棺内西南角，被压于铜镜下。"8"字形交股式，整体锈蚀，柄部表面剥离较严重，后端环接近规整的圆形，腕部至刃关近椭圆形，柄的横切面呈四棱形，刃斜背直，顶端向内折收，背部和镐部厚差较小，背厚刃薄，背呈山形。两穗里面接触重叠，保持剪裁状态。两面穗表面黏附有织物朽迹。通长 24.5、后端环外径 4、内径 3、中环内长径 7.6、内短径 3.3、棱宽 0.55、刃长 12.5 ～ 13、厚 0.05、穗宽 0.9 ～ 2.4、厚 0.3 ～ 0.5 厘米（图一一三，1；彩版四八，2）。

铁棺钉　16 枚。可分两类。

A 型　为近长方形钉帽，锥形钉身，共 14 枚。

标本 M1：11-1，残长 8、钉帽径 1.2、钉身径 0.7 厘米。

标本 M1：11-3，残长 4.9、钉帽径 1.3、钉身径 0.6 厘米。

标本 M1：11-4，方形钉帽。残长 6.7、钉帽径 1.2、钉身径 0.8 厘米。

标本 M1：11-5，保存完整。长 8.2、钉帽径 1、钉身径 0.8 厘米（图一一三，2）。

标本 M1：11-6，下端残失。残长 5.4、钉帽径 0.6、钉身径 0.5 厘米。

标本 M1：11-7，残长 7.4、钉帽径 0.9、钉身径 0.8 厘米。

标本 M1：11-8，钉尖残失。残长 8、钉帽径 1、钉身径 0.9 厘米。

标本 M1：11-9，长方形钉帽。长 8.1、钉帽径 1.5、钉身径 0.6 厘米。

标本 M1：11-10，下端残。残长 6.7、钉帽径 1、钉身径 0.7 厘米（图一一三，3）。

标本 M1：11-11，上下端均残。残长 5.3、钉身径 0.5 厘米。

标本 M1：11-12，上下端残失。残长 6.5、钉身径 0.8 厘米。

标本 M1：11-14，上下端均残。残长 6.3、钉身径 0.6 厘米。

标本 M1：11-15，尖锥形。残长 5.6、钉身径 0.6 厘米（图一一三，4）。

标本 M1：11-16，断面方形。残长 3.8、钉身径 0.9 厘米。

B 型　为钉帽缺失，钉身弯曲，现存 2 枚。

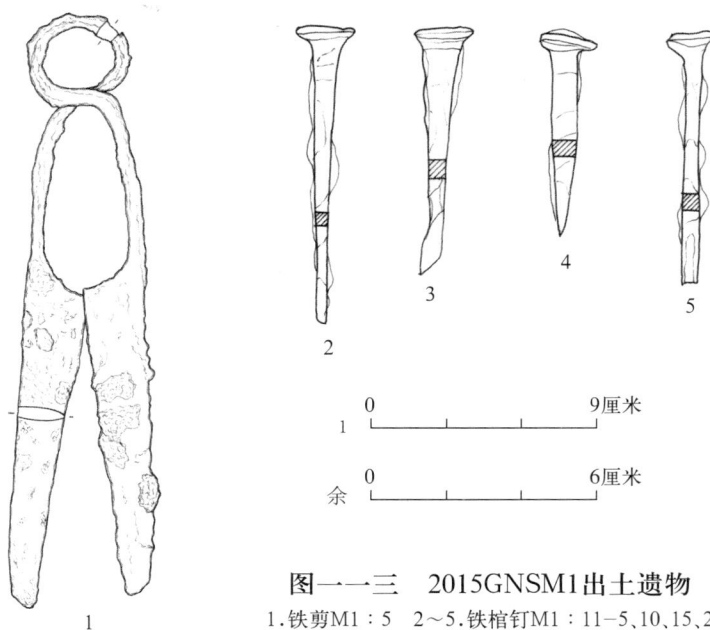

图一一三　2015GNSM1出土遗物

1.铁剪M1：5　2～5.铁棺钉M1：11-5、10、15、2

标本 M1：11-2，钉身弯曲。残长 6.8、钉帽径 1.8、钉身径 0.9 厘米（图一一三，5）。

标本 M1：11-13，钉帽残失，下端弯曲。残长 4、钉身径 0.7 厘米。

4.漆器

漆盒　1 件。

标本 M1：3，仅存器底，圆形直壁，里外均有黑漆。直径 17 厘米，形状似漆盒。保存较差，现场无法提取。

二　2015GNSM2

M2 位于水厂墓地发掘区东南部，东距 M3 约 10 米，西距 M1 约 50 米。

（一）墓葬形制

该墓为坐北朝南的斜坡墓道单室土洞墓，墓向 160°。平面呈直背刀形，由墓道、2 过洞、2 天井、甬道、封门、墓室组成，全长 18.40 米（图一一四；彩版四九，1、2）。

1.墓道

位于墓室南端，墓道开口于②层下，开口距现地表 0.50～0.56 米。开口平面呈长方形，墓道东西侧壁向下外扩，口小底大，上口宽 0.64～0.80、下宽 0.70～0.80 米，壁面光滑平整，东西壁有工具痕。斜坡状底，坡度 26°，坡长 13.14 米。

2.过洞

共 2 个。第一过洞南壁距墓道南端 7.6 米，土洞式拱形顶，高 2.20～2.42、进深 0.70、面阔 0.70 米，壁面光滑，有工具痕。第二过洞位于第一天井和第二天井之间，拱形顶，东西两壁倾斜下扩，口窄底宽，进深 0.80、面阔 0.7、南端高 2.03、北端高 2.36 米，壁面光滑，边缘痕迹明显。

3.天井

共 2 个。第一天井位于第一、第二过洞之间，平面呈长方形，东西两壁稍倾斜下扩，口窄底宽，南北壁较垂直，壁面光滑规整，水平长 1.90、口部宽 0.50、底部宽 0.70、南端深 3.12、北端深 4 米，斜坡底长 2.08 米。第二天井南接第二过洞，北接甬道。平面呈长方形，东西两壁倾斜下扩，口窄底宽，南北壁光滑规整。天井水平长 1.90、上宽 0.50、下宽 0.70、南端深 4.39、北深 4.86、斜坡底长 1.10 米，后端 1 米为平底。第二天井北端有一椭圆形盗洞，口径 1.12～1.36 米，贴天井北壁直下，通过封门抵达墓室。

4.甬道

位于第二天井和墓室之间，平面呈长方形，土洞形拱顶，平底。东西侧壁上下有收分，上窄下宽，顶宽 0.60、底宽 0.70 米，甬道进深 1.50、宽 0.70、高 2.20 米。壁面光滑，甬道顶部被盗洞打破，导致局部塌陷。

5.封门

位于甬道口外端，距第二天井南壁 1.5 米（彩版五○，1）。以土坯垒砌而成，封门分为内外两层，封门宽 0.70、厚 0.60 米，上部因盗扰被毁，残高 1.72 米。封门以内外两层土坯垒砌而成，内侧封门 19 层，外侧封门 10 层，墙体上窄下宽，内侧垂直，外侧倾斜，堆砌不甚规整，中下部均为横向丁砌，上部及边角采用竖向丁砌，封门墙下有厚 0.34 米的垫土。土质坚硬，未经夯打，似先进行垫土铺平以后，再垒砌土坯封门。

土坯为青灰色黏土质，经过烧制，火候较低，易碎，长方形，土坯长 30～32、宽 28～30、厚 8～10 厘米。

6. 墓室

清理从安全性能考虑，采用大揭顶的方式进行发掘。墓室为南北纵向土洞室，平面呈梯形，墓顶大部坍塌，仅西北角尚存，由残存的西北角可知墓室应为拱形顶，四壁面平整光滑，由残存墙壁起券部位可以看出，墓室东北西三壁均由下向上收分，口小底大，南壁垂直，墓壁均较光滑（彩版五〇，2）。东壁长 3.82、残高 1.1 米。北壁宽 2.6、残高 0.50～1.64 米。西壁长 3.82、残高 0.49～1.64 米。南壁宽 3.0、残高 0.5 米。墓底平坦。墓室南北长 3.8、东西宽 2.6～3.0、残高 0.5～1.6 米。

（二）葬式葬具

葬具一棺一椁，均为松木材质，朽毁呈深黄色灰烬状。木椁紧贴墓室北、西、南三壁放置，从朽痕观察平面呈梯形，椁底平行有六根四棱形龙骨，南北向平行排列，间距 0.6～0.7 米，木条为方形四棱柱状，直径 0.6、长 1.7～2.0 米，椁底板西南角保存较好，系以两块松木板拼接而成，长 1.52、宽 0.46～0.52 米，厚 6 厘米，西侧板痕距墓室西壁 0.4～0.6、残高 0.3～0.36、长 3.44 米，厚 6 厘米。东侧板痕残高 0.16～0.6、长 3.44 米，厚 6 厘米。足挡板朽痕距墓室北壁 0.8、残高 0.2～0.36 米，厚 6 厘米。头挡板朽痕距墓室南壁 0.28、残高 0.6～0.22、宽 1.70 米，厚 6 厘米。椁盖板由于墓顶坍塌而陷于棺内，腐朽严重，西侧盖板保存较好，观察可知盖板为上下两层结构，上层为一块纵向木板两块横向木板拼合而成，残长 0.9、宽 0.12～0.19 米，厚 6 厘米。下层为 39 块木板横向平铺而成，每块木板长 1.66～1.7、宽 0.5 米，厚 6 厘米。木椁长 3.44、宽 1.70～2.0、残高 0.36～0.6 米，板厚 3.6 厘米。木棺 1 具，置于椁内中间，腐朽严重，从朽痕得知其平面大致呈梯形，南宽北窄，头挡宽 1.5、残高 0.6、厚 6 厘米，西侧板痕长 2.78、残高 0.6～0.14、厚 6 厘米，足侧挡板痕宽 1.26、残高 0.6～0.11 米，厚 6 厘米，东侧板痕长 2.78、残高 0.6 米，板厚 6 厘米。木棺长 2.78、宽 1.26～1.5、残高 0.6～0.14 米。棺椁周围出土大量的铁棺钉，由此可知棺椁应为铁棺钉钉合而成。

棺内人骨 2 具，均头南脚北放置，西侧人骨盗扰严重，侧身屈肢，身高约 1.55 米，牙齿磨损呈凿刃状，骨骼纤细，经鉴定应为 50～55 岁的女性个体。东侧人骨仰身直肢，头南面西，骨架长 1.76 米，骨骼保存较差，多有缺失，头骨位于左肩南侧 15 厘米处，颈椎骨凌乱，上肢骨平行于体侧放置，尺骨、桡骨及指骨均呈残碎状，盆骨相对完整。双腿微屈，右腿骨紧合，趾骨不全。牙齿脱落缺失，臼齿磨损严重，骨骼较粗大，经鉴定为约 60 岁的男性个体。从两具人骨的出土状态可知，该墓早年被盗扰，而盗掘时间应在人体腐朽后发生。

（三）随葬品出土情况

墓室遭到盗扰，共出土各类小件遗物 83 件，其中陶器 2 件，铜器 36 件（铜钱 1 枚、泡钉 35 枚），铁棺钉 37 枚。遗物均出土于墓室内，棺椁之外仅发现一处陶器残片，位于棺椁南部与墓室南壁之间，经修复拼对陶片均属同一件陶罐（M2∶6）所有，在棺内南侧也发现了该件陶罐的少量残片，由此推断棺内的陶罐残片为盗掘者带入棺内，其原位应置于棺椁之外。棺椁之间未发现其他随葬品。

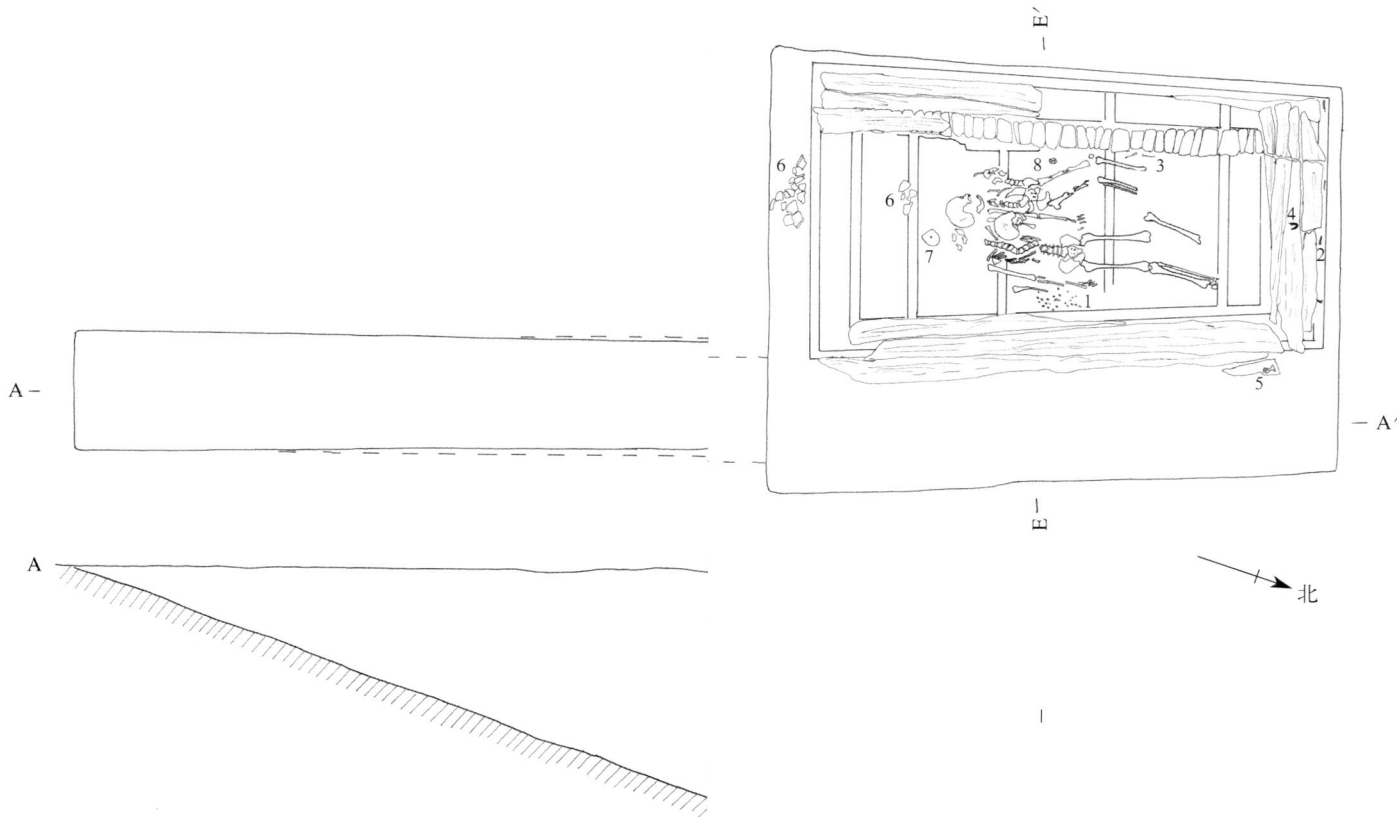

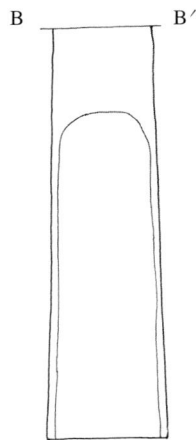

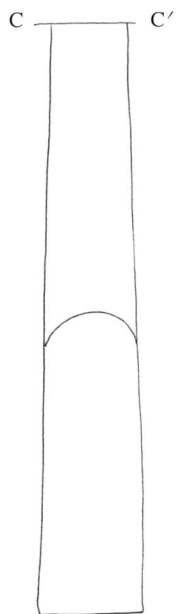

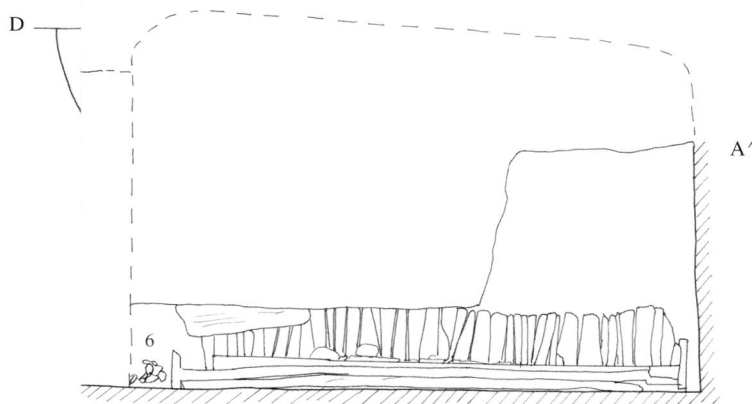

北

150厘米

GNSM2平、剖面图

陶罐残片   7.砖块   8.开元通宝

棺内共发现随葬品二处，第一处位于棺东侧中部，东侧人骨右臂上部处，全部为铜泡钉，无规律散置一处，共35枚（M2：1），因其集中出土在一处，加之泡钉上多附着朽木残块，故此推测泡钉应属于木器上的装饰之物。第二处位于棺南部，西侧人骨头部南侧，为一件形状不规则的砖块（M2：7）。西侧人腰骨附近出土开元通宝1枚（M2：8），原来可能握在死者左手中，后脱落所致。铁棺钉在棺、椁不同位置均有发现，木椁盖板处发现9枚，棺钉有长12.2和13.2厘米两种规格。另有22枚规格较小的棺钉发现于棺椁的侧板和后挡板处，由于棺椁朽塌后木痕混在一起，故不能分辨不同形制的棺钉哪些属椁哪些属棺使用，保存完整的有钉长8.3和9.7厘米两种。在椁后挡板处发现了3枚形状呈"U"形的铁棺钉。在椁前挡板处发现前端呈环形的铁棺钉3枚。

（四）出土遗物

出土有陶器、铜器、铁器等。

1.陶器

有陶罐、砖各1件。

陶罐　1件。

标本M2：6，残缺不全，器形不明。泥质红褐陶，口沿部分残片为侈口，平沿，方唇，束颈。烧制火候较低，质地疏松易碎。数块残片上有白色化妆土及红色彩绘残留。

砖块　1件。

标本M2：7，青灰色，形状不规则，底部半球形，上部平整，中心一圆形浅坑。长12、宽11、厚5.5、孔径0.4、深1厘米（图一一五，1）。

2.铜器

36件。有铜泡钉35枚、铜钱1枚。

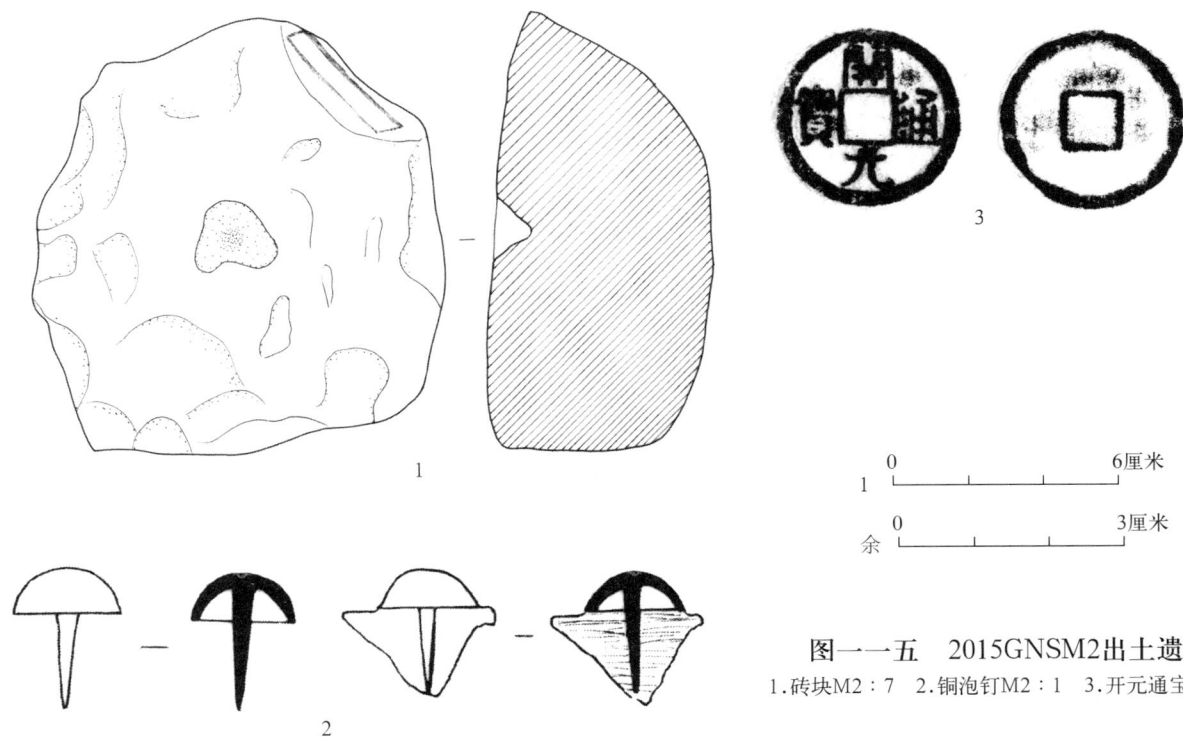

图一一五　2015GNSM2出土遗物

1.砖块M2：7　2.铜泡钉M2：1　3.开元通宝M2：8

铜泡钉　35 枚。器形大小相同。上端为圆形钉帽，钉身呈四棱尖锥形。

标本 M2：1，泡钉高 1.9、钉帽径 1.3、钉径 0.1 厘米（图一一五，2；彩版五〇，3）。

开元通宝　1 枚。

标本 M2：8，钱文"开元通宝"，面背俱有肉好周郭，"开"字间架端庄，左右两竖笔略外撇，"元"字第一横较短，第二横笔左挑，"通"字走字部呈不相连的四点，"甬"上笔开口较大，"寶"字下部"貝"字部为两短横，不与左右竖笔相连。直径 2.4、穿径 0.7、郭宽 0.2、郭厚 0.12 厘米，重 3.8 克（图一一五，3）。

3. 铁器

37 件。均为铁棺钉，其中大号棺钉 9 枚，小号棺钉 22 枚，"U"形棺钉 3 枚，环形棺钉 3 枚。

大号棺钉　9 枚。多锈蚀残损，扁圆形钉帽，四棱形钉身。其中 2 枚较为完整，1 枚钉帽略残。

标本 M2：2-1，长 12.2、钉帽径 1.1、钉身径 0.6 厘米（图一一六，2）。

标本 M2：2-2，钉身略弯曲。通长 13.2、钉帽径 1.3、钉身径 0.6 厘米（图一一六，1）。

小号棺钉　22 枚。圆形钉帽，四棱形钉身。其中 4 枚较完整。

标本 M2：3-3，钉下端弯折。残长 7.1、钉帽径 1.2、钉身径 0.6 厘米（图一一六，6）。

标本 M2：3-5，钉下端弯折。通长 6.8、钉帽径 1.3、钉身径 1.1 厘米（图一一六，5）。

标本 M2：3-6，保存完整。钉长 9.7、钉帽径 1.1、钉身径 0.5 厘米（图一一六，4）。

标本 M2：3-7，保存较完整。钉长 8.3、钉帽径 1.1、钉身径 0.6 厘米（图一一六，3）。

"U"形棺钉　3 枚。柱状钉身，锈蚀严重，有带棺木朽痕。

标本 M2：4-1，较完整。通长 6、宽 3.1、钉身径 0.8 厘米（图一一六，7）。

标本 M2：4-2，下端残。残长 4、宽 3.2、钉身径 0.7 厘米（图一一六，8）。

标本 M2：4-3，一端残失。残长 5、宽 2.9、钉身径 1 厘米（图一一六，9）。

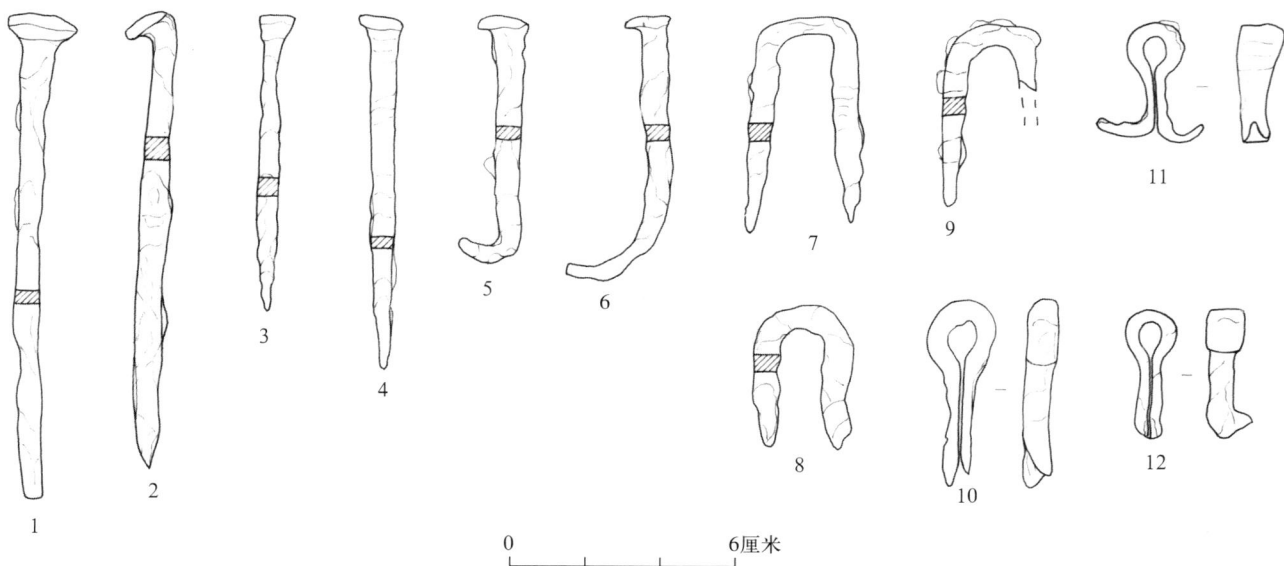

0　　　　　　6厘米

图一一六　2015GNSM2出土铁棺钉

1、2.大号棺钉M2：2-2、1　3～6.小号棺钉M2：3-7、6、5、3　7～9."U"形棺钉M2：4-1～3　10～12.环形棺钉M2：5-1～3

环形棺钉　3 枚。环首双钉，半圆形钉身长短不一，环形外径 1.5、内径 0.5、钉身长 3.2 厘米。

标本 M2：5-1，下端残。残长 5.2、钉环径 2、钉身径 0.7 厘米（图一一六，10）。

标本 M2：5-2，下部残。残长 3.3、钉环径 1.2、钉身径 0.7 厘米（图一一六，11）。

标本 M2：5-3，末端向两侧分开。残长 3.5、钉环径 1.3、钉身径 0.5 厘米（图一一六，12）。

三　2015GNSM3

M3 位于水厂墓地发掘区东南部，东距 M4 约 5 米，西距 M2 约 10 米，所处地形地势平坦。

（一）墓葬形制

M3 为坐北朝南的斜坡墓道单室土洞墓，墓向 160°。平面呈直背刀形，由墓道、2 过洞、2 天井、甬道、封门、墓室等组成，全长 14.8 米（图一一七；彩版五一，1）。

1. 墓道

位于墓室南端，第一过洞、墓道、甬道和墓室的东壁处在同一条直线上。墓道开口于①层下，开口距现地表 0.50 米。平面呈长方形，水平方向长 5.9、南端宽 0.80、北端宽 0.60 米，墓道东西侧壁垂直，口底同大，墓壁经过修整，平整光滑，未见明显工具痕迹。墓道底部呈斜坡状，坡面光滑规整，斜坡墓道长 10.9、北端距地表 4.72 米。第一过洞底为坡度约 30° 的斜坡，第一天井下为平底，第二过洞及天井下的墓道为 40° 的斜坡。墓道中填五花土，土质较疏松，无包含物。

2. 过洞

共 2 个。第一过洞处在墓道中部与第一天井之间，过洞南壁距墓道南端 5.76 米，土洞式拱形顶，东西壁垂直，较光滑平整，过洞较墓道两壁内收约 3 厘米，过洞高 2.27 ～ 2.54、宽 0.54、进深 0.60 米。第二过洞处于一号天井与二号天井之间，拱顶形，壁面光滑垂直，过洞西壁比一号天井西壁内收 6 厘米，第二过洞底宽 0.62、南端高 2.06、北端高 2.51、进深 0.60 米，底距地表 4.2 ～ 4.56 米，底为斜坡，坡长 0.46 米。

3. 天井

共 2 个。第一天井位于第一、二过洞之间，上口距地表 0.50 米，平面呈长方形，东壁平直，西壁向下略有收分，天井底部中间一段稍平，平底部分长 1.48 米，和南北端的斜坡面形成转折。长 1.9、口部宽 0.50、底部宽 0.54 米，南端深 3.2、北端深 3.45 米。第二天井位于第二过洞和甬道之间，平面呈长方形，壁面光滑平直，东壁平直，西壁向下略有收分，未见明显工具加工痕迹，天井水平长 1.8、口底等宽均为 0.50、距地表深 4.56 ～ 5.4 米。斜坡底光滑，坡度 40°，坡长 2 米。

在第二天井处有一盗洞，盗洞系早年盗扰，盗洞口正好与二号天井边缘吻合，盗洞在封门砖上部打开缺口通过甬道进入墓室，缺口直径约 1.1 米。

4. 甬道

甬道位于第二天井和墓室之间，系在第二天井北壁向北掏挖而成，顶部坍塌，根据残存痕迹判断为拱形顶，平面近长方形，平底与墓底持平。残高 2.25 ～ 2.6、复原拱高 0.35、进深 0.58、南宽 0.70、北宽 0.72 米，拱顶距开口深 2.26 ～ 2.56 米。

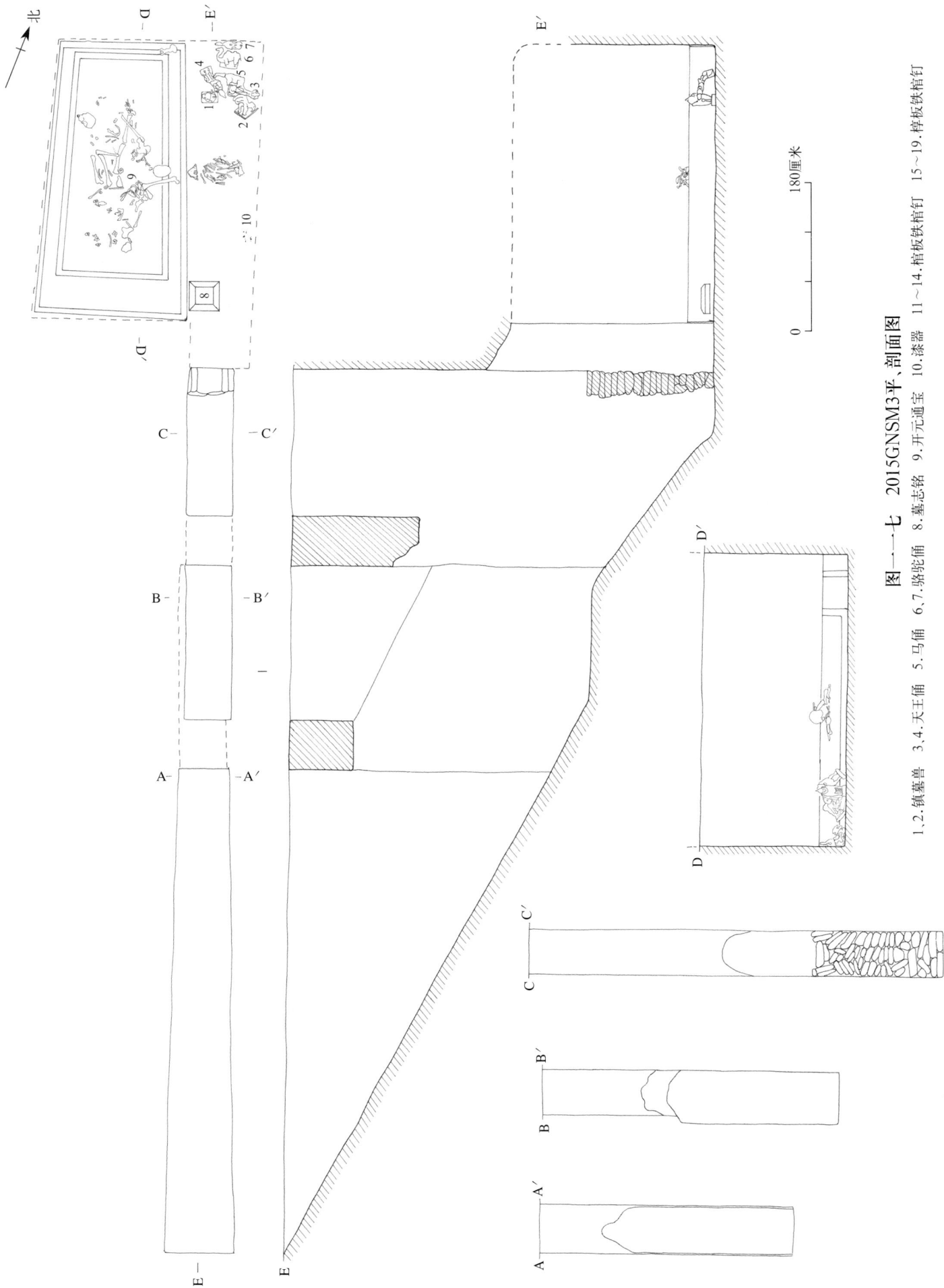

图一 七 2015GNSM3平、剖面图

1、2.镇墓兽 3、4.天王俑 5.马俑 6、7.骆驼俑 8.墓志铭 9.开元通宝 10.漆器 11~14.棺板铁棺钉 15~19.梓板棺铁钉

5. 封门

位于甬道口外端、第二天井下方，距第二天井南壁 0.97 米，墓门宽 0.54、厚 0.34 米，上部因盗扰被毁，残高 1.56 米（彩版五一，2）。封门以土坯砌筑而成，紧贴二号天井东西壁，砌法较为随意，无泥浆灌缝情况，残存 20 层，下部平砌，每层 3 ～ 5 块，上部斜向堆砌，土坯长 30、宽 22、厚 8 厘米。

6. 墓室

为南北纵向土洞室，平面呈梯形，墓顶因雨水冲陷已坍塌，依残存部分推测，可能为拱形顶（彩版五二，1）。南北长 3.4、宽 2.40 ～ 2.58、残高 1.70 米。西壁宽 3.4、残高 1.70 米，东壁宽 3.38、残高 1.70 米，墓室四壁经过修整，壁面光滑，无明显工具加工痕迹，墓底平坦。

墓室内有黄褐色细砂淤土，淤层明显，自北向南倾斜状堆积，土质疏松，淤土层厚 0.4 ～ 0.25 米。

（二）葬式葬具

葬具为一棺一椁。木椁紧贴墓室北、西、南三壁放置，仅见朽木痕，平面呈梯形，南宽北窄，椁长 3.32、南宽 1.78、北宽 1.48、残高 0.3 米，板厚 7 厘米。四个挡板处共发现铁棺钉 24 枚。其中椁东壁下发现棺钉 8 枚、椁北壁挡板下棺钉 4 枚、椁西壁板下棺钉 8 枚、椁南壁板下棺钉 4 枚，均呈一字形排列。

木棺位于椁内正中，从朽迹观察其形状为梯形，南宽北窄，棺长 2.87、宽 1.24 ～ 1.54、残高 0.3 米，板厚 7 厘米。在木棺四个挡板处共发现铁棺钉 27 枚。

棺内有人骨 2 具，保存较差，扰乱严重，东侧人体脊椎骨、颈椎骨、肋骨、指骨均有不同程度错位，从人骨的位置大致可判断其为仰身直肢，头向不明，骨架长 1.7 米，下颌骨位于西侧人骨盆骨附近，牙齿缺损严重，上颚右侧第二门齿已脱落，经鉴定东侧墓主为 40 ～ 45 岁的男性个体。西侧人骨保存差，脊椎骨、颈椎骨、肋骨、指骨均有不同程度错位，从残存骨架判断其葬式为仰身屈肢，骨骼较纤细，牙齿磨损严重，磨损面光滑，呈三角锯齿状，经鉴定为约 30 岁左右的女性个体。

（三）随葬品出土情况

该墓出土部分动物骨骸现象（彩版五二，2），位于墓室中部，棺椁的东侧，集中放置一堆小型动物骨骸，堆积呈椭圆形，兽骨残骸共计有 50 余块，多数为小动物的头骨、肱骨、肩胛骨、尺骨、颌骨、跖骨等，尚可分辨的动物种类以鸟类和兔为主。

出土各类随葬器物 18 件，均出土于墓室内。棺椁紧靠墓室东部放置，在棺椁的西侧留有置放随葬品的较大空间。棺椁之间未放置随葬品。棺内 9 枚铜钱集中出土于 1 号墓主人和 2 号墓主中间位置，铜钱黏在一起，钱文"开元通宝"。椁外共出土遗物 9 件，分三处放置于墓室底部。第一处位于墓室东北角，共 7 件，均为汉白玉石刻雕像（彩版五三，1），倒伏状，多残断，有骆驼 2 件，马 1 件，天王俑 2 件，镇墓兽 2 件。2 件骆驼放置在墓室北壁下，1 件（M3：7）紧靠墙壁，另 1 件（M3：6）在其紧南侧并列放置，两件头向均朝西。马倒伏在骆驼的南侧，头向西。两件天王俑分别倒伏在马的头部和尾部位置（彩版五三，2、3），且均面向上向后倾倒，根据现状分析两件天王俑最初均面朝向西侧的棺椁放置。两件镇墓兽分别放置在两件天王俑的紧南侧。第二处位于椁外东南部，为一件漆器，保存极差，漆皮散乱，器形不明。第三处位于墓室南端接近甬道处，为墓志（M3：8）1 合，汉白玉质，端正平置，志盖在上，紧贴椁东挡板，距墓室东壁 0.38 米。

（四）出土遗物

出土器物共 10 件。有汉白玉石刻雕像、墓志、漆器、铜钱等。

1.铜器

有铜钱 1 组 9 枚。

开元通宝　9 枚。出土时重叠黏在一起。

标本 M3：9，钱文均为"开元通宝"，面背俱有肉好周郭，"開"字间架端庄，左右两竖笔竖直，"元"字第一横较短，第二横笔左挑，"通"字走字部呈不相连的四点，甬上笔开口较大，"寶"字下部"貝"字部为两短横，不与左右竖笔相连。直径 2.4、穿径 0.7、郭宽 0.2、郭厚 0.1 厘米，重 3.3 ～ 4.6 克（图一一八，1 ～ 3）。

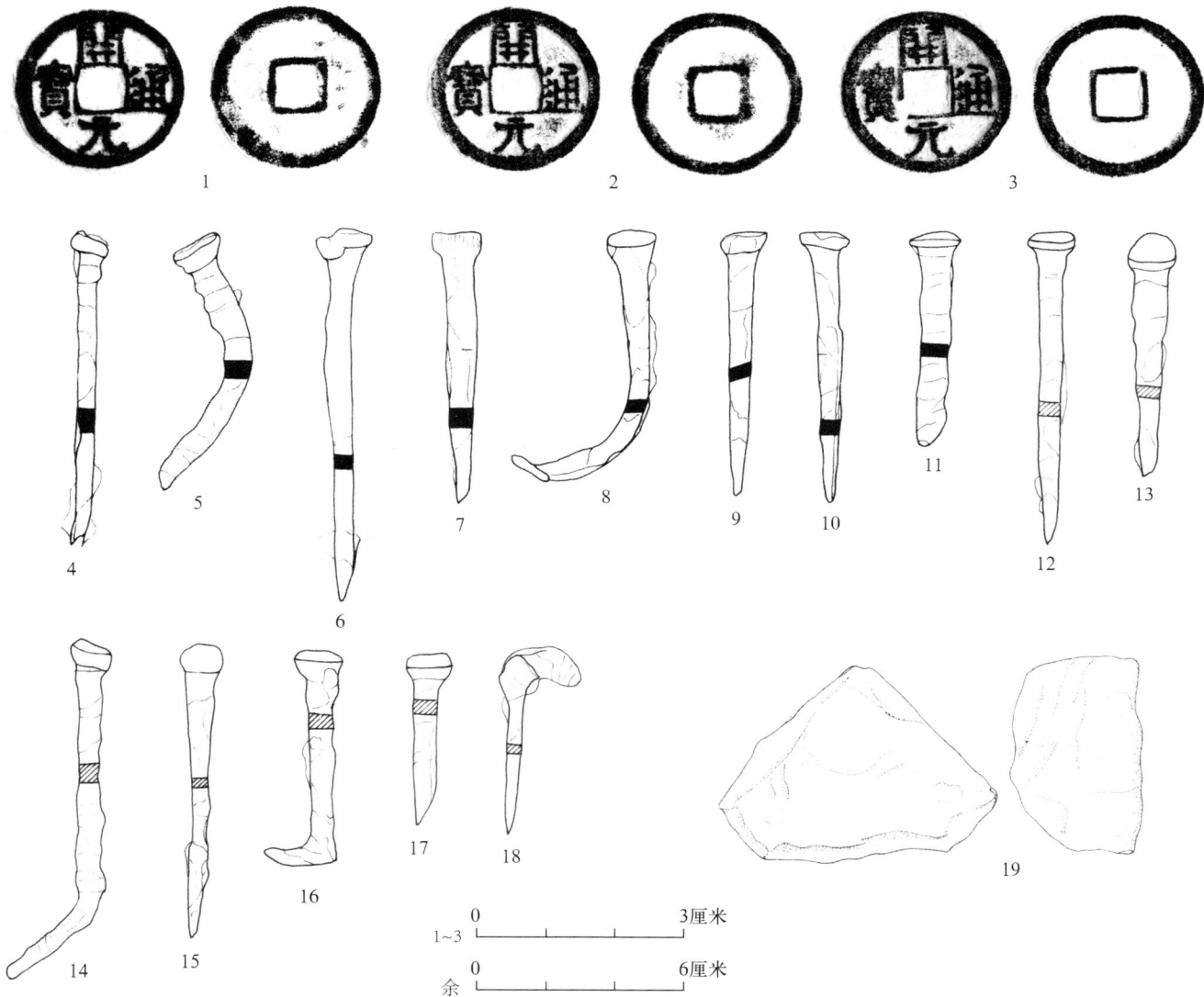

图一一八　2015GNSM3出土遗物

1～3.开元通宝M3：9-1～3　4～18.铁棺钉M3：12-1,2,14-3,1,8,15-2,6,1,16-1,2,19-1～5　19.青石块M3：20

2. 铁器

出土棺、椁四壁挡板铁棺钉 56 枚，因棺钉长短及用途不同，故依出土位置区分予以描述。

椁东板棺钉　8 枚。

标本 M3：15，锈蚀严重，钉帽为长方形，钉身四棱形，钉身有的带棺木朽痕，依棺东南角为首，顺次编号。

标本 M3：15–1，残长 6.6、钉帽径 1.5、钉身径 0.7 厘米（图一一八，11）。

标本 M3：15–2，较完整。通长 8、钉帽径 1.1、钉身径 0.5 厘米（图一一八，9）。

标本 M3：15–3，残长 7.1、钉帽径 1.1、钉身径 0.6 厘米。

标本 M3：15–4，上下端均残。残长 9.4、钉身径 0.7 厘米。

标本 M3：15–5，上端略弯。残长 7.8、钉身径 0.6 厘米。

标本 M3：15–6，下端残。残长 8.3、钉帽径 1.5、钉身径 0.5 厘米（图一一八，10）。

标本 M3：15–7，下端残。残长 6.8、钉帽径 1.2、钉身径 0.6 厘米。

标本 M3：15–8，残长 7.2、钉身径 0.9 厘米。

椁北板棺钉　4 枚。

标本 M3：16，锈蚀严重，残存多为钉帽，长方形开帽，钉身呈四棱锥形，部分钉附着棺木，依椁东北角为首，依次编号。

标本 M3：16–1，长 9.3、钉帽径 0.5 ～ 1.3、钉身径 0.8 厘米（图一一八，12）。

标本 M3：16–2，长 7.2、钉帽径 1.3、钉身径 1 厘米（图一一八，13）。

椁西板棺钉　8 枚。

标本 M3：17，锈蚀严重，残存多为钉帽，长方形开帽，钉身呈四棱锥形，部分钉附着棺木，依椁西北角为首，依次编号。

标本 M3：17–1，长 8、钉帽径 1、钉身径 0.5 ～ 0.7 厘米。

标本 M3：17–2，长 8、钉帽径 0.5 ～ 1.2、钉身径 0.7 厘米。

标本 M3：17–3，长 8、钉帽径 0.6 ～ 1、钉身径 0.7 厘米。

标本 M3：17–4，长 5.7、钉帽径 0.5 ～ 1、钉身径 0.5 ～ 0.7 厘米。

椁南板棺钉　4 枚。

标本 M3：18，残存多为钉帽，长方形开帽，钉身呈四棱锥形，部分钉附着棺木，棺钉依椁西南角为首，依次编号。

标本 M3：18–1，长约 10.8、钉帽径 0.5 ～ 1.7、钉身径 1 厘米。

标本 M3：18–2，长 15.6、钉帽径 0.6 ～ 1.7、钉身径 0.7 ～ 1 厘米。

标本 M3：18–3，长 13.5、钉帽径 0.5 ～ 1.7、钉身径 1 厘米。

标本 M3：18–4，长 13.6、钉帽径 0.5 ～ 1.8、钉身径 0.5 ～ 1.2 厘米。

在椁外侧东部有排列零乱的铁棺钉 10 枚。

标本 M3：19，大小不等，锈蚀严重，钉帽呈长方形，钉身残断严重。残长 5.5 ～ 10.2 厘米（图一一八，14 ～ 18）。

棺东板棺钉　8 枚。

标本 M3：11，残存多为钉帽，长方形钉帽，钉身呈四棱锥形，部分钉附着棺木，棺钉依椁西南角为首，依次编号为 M3：11-1 ～ 8。

标本 M3：11-1，残长 12.1、钉身径 0.7 厘米。

标本 M3：11-2，残长 11.6、钉帽径 1.1、钉身径 0.7 厘米。

标本 M3：11-3，残长 7.9、钉帽径 0.7、钉身径 0.5 厘米。

标本 M3：11-4，残长 7.2、钉帽径 1.4、钉身径 0.8 厘米。

标本 M3：11-5，残长 7.7、钉帽径 1.4、钉身径 0.7 厘米。

标本 M3：11-6，残长 5、钉帽径 1.4、钉身径 0.7 厘米。

标本 M3：11-7，残长 5.6、钉帽径 1.4、钉身径 0.7 厘米。

标本 M3：11-8，残长 7.9、钉帽径 0.8、钉身径 0.5 厘米。

棺北板棺钉　4 枚。

标本 M3：12，残存多为钉帽，长方形开帽，钉身呈四棱锥形，部分钉身附着棺木，棺钉依椁东北角为首，依次编号为 M3：12-1 ～ 4。

标本 M3：12-1，残长 9.4、钉帽径 1.2、钉身径 0.5 厘米（图一一八，4）。

标本 M3：12-2，钉身弯曲。长 8、钉帽径 1.5、钉身径 0.5 ～ 1 厘米（图一一八，5）。

标本 M3：12-3，长 4.2、钉帽径 0.5 ～ 1.7、钉身径 0.7 厘米。

标本 M3：12-4，长约 11、钉帽径 0.5 ～ 1.7、钉身径 0.7 厘米。

棺西板棺钉　8 枚。

标本 M3：13，锈蚀严重，残存多为钉帽，长方形开帽，钉身呈四棱锥形，部分钉身附着棺木，棺钉依椁西北角为首，依次编号为 M3：13-1 ～ 8。

标本 M3：13-1，钉帽残失。残长 10、钉身径 0.7 ～ 0.9 厘米。

标本 M3：13-2，长 9、钉帽径 0.9、钉身径 0.8 ～ 0.1 厘米。

标本 M3：13-3，长 10.5、钉帽径 1.2、钉身径 0.5 ～ 0.9 厘米。

标本 M3：13-4，长 6.4、钉帽径 1.2、钉身径 0.8 厘米。

标本 M3：13-5，长约 5.7、钉帽径 0.5 ～ 1.7、钉身径 0.7 厘米。

标本 M3：13-6，长 13、钉帽径 0.5 ～ 1.7、钉身经 0.7 厘米。

棺南板棺钉　8 枚。

标本 M3：14，间距 29 ～ 32 厘米，锈蚀严重，残存多为钉帽，长方形开帽，钉身呈四棱锥形，部分钉身附着棺木，棺钉依椁西南角为首，依次编号为 M3：14-1 ～ 8。

标本 M3：14-1，残长 8.1、钉帽径 1.6、钉身径 0.6 厘米（图一一八，7）。

标本 M3：14-2，下端弯曲。残长 7.2、钉帽径 1.5、钉身径 0.7 厘米。

标本 M3：14-3，长 10.9、钉帽径 1.4、钉身径 0.7 厘米（图一一八，6）。

标本 M3：14-4，残长 7.4、钉帽径 1.1、钉身径 0.6 厘米。

标本 M3：14-5，长 8、钉帽径 1.3、钉身径 0.5 厘米。

标本 M3：14-6，长 7.2、钉帽径 1.6、钉身径 0.7 厘米。

标本 M3：14-7，残长 6.6、钉帽径 1.4、钉身径 0.5 厘米。

标本 M3：14-8，长 7.7、钉帽径 1.1、钉身径 0.5 厘米（图一一八，8）。

3. 玉石器

8 件。有汉白玉天王俑 2 件、汉白玉立马 1 件、汉白玉骆驼 2 件、汉白玉镇墓兽 2 件、汉白玉墓志 1 合。

汉白玉天王俑　2 件。

标本 M3：3，天王直立于小鬼上方，身穿明光铠，两脚踩踏小鬼，天王身体微向后倾，左胯微曲，腰部以上半身明显右倾。天王头部残缺。两臂从肘部开始弯曲，左手叉腰，右臂上抬，手部残缺，可能握拳或持拄兵器。小鬼仅着内裤，腰部以上上扬头部后仰，手脚伏卧支撑于底座上。天王身着圆领战袍，外套明光铠，胸部束甲带呈倒"丁"字形，左右两侧经腋下绕至后背亦以倒"丁"字形结束于后背上方。肩部及后背上方披长巾，巾角系结于胸前，披巾褶皱呈两层，后背部风化严重，披巾位置很模糊。披巾下从两肩至两臂的肘部穿戴披膊两层，外层为肩部的虎首吞兽，怒目圆睁，额、颊部肌肉微凸，虎口大张，唇缘凸起，咬缚吐出内层披膊，内层披膊一直覆盖到肘部，其边缘向外侧翻卷。从肘部到手腕穿着有臂护，臂护上缠绕有一道凸起的带饰，似为披帛，手部暴露无护具。胸甲从中间分为左右两部分，两侧各褸饰一圆形护镜，镜心凸起，边缘为一道凸棱。左手叉腰，手部暴露无护甲。左肘弯曲上抬，肱部薄弱残断，手部残缺。腰间束带，后侧腰带的位置明显较前侧略高。腰带前侧中部为腹甲吞兽所咬缚，吞兽为圆形狮首，面部漶灭，但其威仪自现，怒目圆睁，额、颊、眉弓微凸，大口紧咬腰带，獠牙外扩。腰带下方尚有一凸起的带饰，呈凹弧状紧贴前侧膝裙，左端与右手相接。腰带的下部围有膝裙。膝裙共有 3 层。最外层膝裙在前面中部敞开并不衔接，应为铠甲，该层膝裙前部边缘以一道阴线刻表现宽条带，后部则变为两条阴线刻表现其边缘。中层膝裙比最外层的略长，前侧边缘为纵向的细密衣褶，后侧边缘为素面。最内侧的膝裙前部下及膝盖上方，其边缘以一道刻槽表现衣褶，裆部有一斜向右后方的衣褶向右上方扬起。最底层膝裙后侧下至天王脚下的小鬼腰间的石料未凿剔。根据天王脚下小鬼腰际两侧的带饰断茬推断，天王躯干两侧应有带饰，可能与腰间的披帛相连，皆用来加强雕像整体审美的平稳程度。小腿缚护腿，下及脚踝部，脚蹬软靴。护腿两端为凸起的横向带状边缘，与上下两端带状边缘相接。两腿分开直立，左脚微向外侧张开，右脚直立，两脚脚面皆呈斜坡状，足跟高而脚尖低，踏于一小鬼两肩部。右腿后侧尚有部分石料未凿剔。小鬼作俯卧状，上身赤裸，下身仅着内裤。头位于天王两足之间，发缕皆上聚呈火焰状，与天王最内层膝裙后部相连。头部后仰，直视前方，面相方圆，怒目圆睁，厚唇，嘴部微张，眉弓、眼部、鼻、唇及额头微凸。无明显的颈部。两臂紧贴身体两侧做俯卧撑状，挺胸，胸肌突出，手部各指具现，各指第一指节内屈。后肢明显较前肢粗壮很多。两腿外张呈跪姿，两脚内收于臀下，脚跟朝外脚尖内聚，显得极不自然。腰部左右两侧向外上伸出一条带饰，可能上延与天王腰间的披帛相连。小鬼的内裤后部凿呈纵向阶面状，中间高而两侧低。残高约 38 厘米，长方形底座，长 12.9 ～ 17.1 厘米，参考天王前后左右方位，底座左侧宽 12.1、右侧宽 12.7、前侧厚 3.1、后侧厚 2.1 厘米（图一一九；彩版五四，1）。

标本 M3：4，天王直立于小鬼上方，身体微向左倾。天王头梳高髻，发髻根部束冠，束冠前部呈三角形，头顶发髻自四周向顶部中心收聚并挽束高髻，发髻中部高而左右两侧略低。面

图一一九　汉白玉天王俑M3：3

相方阔，额头微皱，双眉紧蹙，双目圆鼓，直视左前偏下方，双唇紧闭，无胡髭，下颌略显短促，微收。双耳紧贴头部两侧，耳廓上界位置明显高于两眉，耳垂细长，与口部相平。后颈部凿琢不甚明显，即左耳及脑后发部下缘皆与天王领部相连。身着圆领战袍，外套明光铠，胸部束甲带呈倒"丁"字形，左右两侧经腋下绕至后背亦以倒"丁"字形结束于后背上方。肩部及后背上方披长巾，巾角系结于胸前，披巾褶皱呈3层，后背部披巾的褶皱位置高于胸前披肩的褶皱位置。披巾下两肱披膊为素面，边缘微翘，披膊下方小臂露出箭袖，右臂肘部及腕部有一道微凸起的带饰，似为披帛。背面出土时原粘有一土块，上着有墨色的甲片痕迹。胸甲分为左右部，素面突出。腹甲缀饰一圆形护镜，镜微凸，边缘为一道凸棱。右手叉腰，手部暴露无护甲，肘部与腰间未彻底凿透，尚有石料牵连。左臂弯曲，拐向前内侧上方，小臂残断，手部残缺，左臂后外侧残存部分石料未凿剔。腰间束带，腰带下方尚有一凸起的带饰，呈凹弧状紧贴前侧膝裙，左端束于腰带左侧腰间，右端与右手相接。腰带的下部围有膝裙。膝裙共有3层。最外层膝裙在前面中部敞开并不衔接，应为铠甲，该层膝裙前部边缘以一道阴线刻表现宽条带，后部则变为两条阴线刻表现其边缘。中层膝裙比最外层的略长，左侧随着最内层的膝裙向外延伸，后侧尚有一道阴线刻来表现衣褶。最内侧的膝裙前部下及膝盖上方，裆部有一纵向衣褶，其末端与天王足下小鬼的发端相接，向左侧下方斜向呈波浪状上扬连至身后，膝裙后部呈弯月状，明显长于前部。最底层膝裙后侧下至天王脚下的小鬼腰间的石料未凿剔，另外，左后侧为一带饰，弯曲下垂于小鬼左侧腰间，从其断茬判断，可能与左腰间的披帛相连，皆用来加强雕像整体审美的平稳程度。小腿缚护腿，护腿上及膝盖部下缘，下及脚踝部，脚蹬软靴。护腿两端为凸起的横向带状边缘，前面中部有一凸起的纵向带子，与上下两端带状边缘相接。两腿分开直立，左脚微向外侧张开，右脚直立，两脚脚面皆呈斜坡状，足跟高而脚尖低，踏于一小鬼两肩部。右腿后侧尚有部分石料未凿剔。小鬼作俯卧状，上身赤裸，下身仅着内裤。头位于天王两足之间，发缕皆上聚呈尖状，与天王最内层膝裙下垂的衣褶相连。面相方圆，两眉上扬，双目圆睁，嘴部紧闭。无明显的颈部。两臂紧贴身体两侧做俯卧撑状，挺胸，胸肌突出，手部各指未表现。两腿外张呈跪姿，两脚内收于臀下，脚跟朝外脚尖内聚，整体状态呈伏降状。腰部左侧向外上伸出一条带饰，向上与天王最底层裙带左后角相连。内裤后部凿呈纵向阶面状，中间高而两侧低。小鬼臀部及右脚残损。天王高45厘米。立于方形底座，长12.4、宽10、厚2～2.5厘米（图一二〇；彩版五五，1、2）。

汉白玉马 1件。

标本M3：5，汉白玉质，体形高大，四肢直立于方形底座之上，参照马蹄之前后左右方位，底座左侧边长约23、右侧边长21.8、宽6厘米，厚度从前侧2.2厘米向后侧逐渐减至1.9厘米。底座上前蹄左右相平，蹄距约4.5厘米，左后蹄较右后蹄位置略偏前外侧，蹄距约5厘米。马头及颈部纵向开裂，仅存右半部。马头小巧而躯干肥壮。双目硕大炯炯有神，眼部以上部位残缺，面部肌线明显。颈部前探，鬃部中轴为一道沟槽，应与2015NSM4：1相同，自马头顶部延伸至肩部上方，残存肩部上方的鬃部沟宽5.81毫米。肩部宽阔，胸部、肱部肌肉圆鼓。腹部两侧丰满圆鼓，底部粗糙未经细致修琢。马背左右两侧表面有划刻痕迹，但似非有意为之。臀部圆润丰满，两尻界线明显。马尾根部琢有一孔，似为连接尾巴的卯眼，孔径11.93、深14.85毫米。四肢残断。该马为立体圆雕，细部以阴线刻加以修饰，如眼部。整体造型匀称、线条流畅。残高34厘米（图一二一；彩版五四，2）。

汉白玉骆驼 2件。

标本M3：6，汉白玉质地，骆驼颈部、腿上及踏板表面均可见空隙及青色条斑，空隙中填充有红色黏土，为一站立姿态的骆驼，下有踏板。踏板长方形，各个面均打磨平整，底座长20、宽16.6、高2～2.5厘米。骆驼形体高大，引颈昂首，颈部细长平直，脖颈前后均塑造出鬃毛，张口嘶鸣，因风化破损严重，五官已模糊不清，仅可见轮廓。颈部下端尚存一小块未经打磨处理的不规则区域。体型壮硕，腹部略有下垂，臀部浑圆，四肢粗壮，背上双峰高耸，呈圆柱状，驼峰顶分别朝向不同的方向，应是加工方向不同所致，长尾下垂，骆驼身上无鞍鞯等装饰，造型手法简洁洗练，细部多不加修饰。因石质体重，颈部以上及腿均不同程度地残断。身长31、高33厘米（图一二二；彩版五四，3）。

标本M3：7，汉白玉质地，其中包含杂质，骆驼颈部石头空隙中填充有红色黏土颗粒，为

图一二○　汉白玉天王俑M3：4

一站立姿态的骆驼，下有踏板。踏板呈不规则的梯形，长 22 ～ 22.5、宽 11 ～ 13、厚 1.5 ～ 3
厘米，底板右侧薄左侧厚，底面不平整。骆驼形体高大，引颈昂首，颈部细长平直，脖颈前后
均塑造出鬃毛，张口嘶鸣，耳朵短小，因风化破损严重，五官已模糊不清，仅可见轮廓。颈部
下端两前腿之间位置有一不规则凸起，其上可见明显的断茬，体型壮硕，腹下部粗糙，臀部浑圆，
四肢粗壮，背上双峰高耸，短尾下垂，骆驼身上无鞍鞯等装饰，右侧剥离脱落严重。造型简洁，
细部多不加修饰。因石质体重，颈部以上及腿部亦有不同程度残断。身长 31、高 37 厘米（图
一二三；彩版五四，4）。

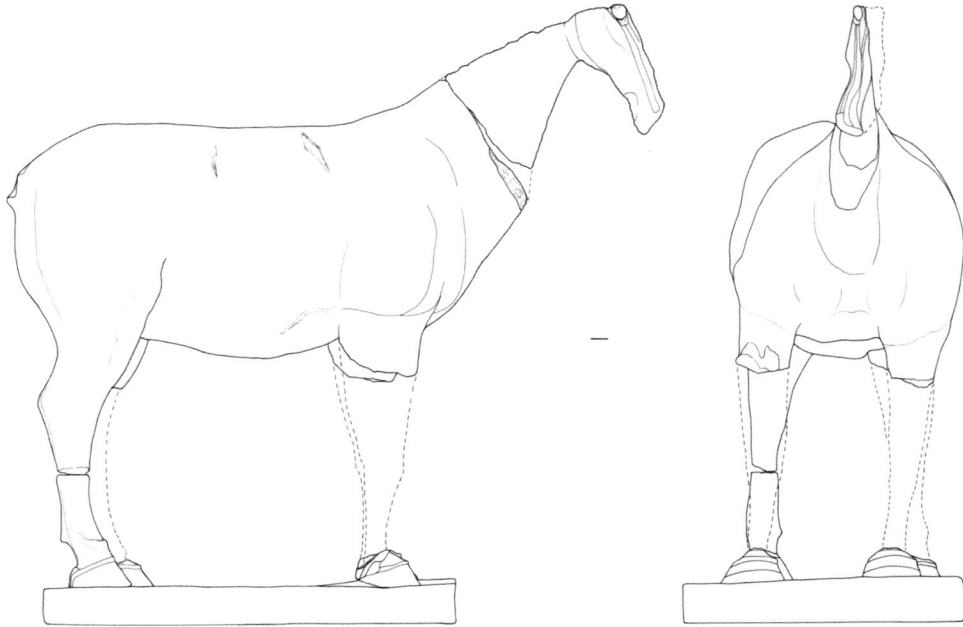

0   12厘米

图一二一 汉白玉马M3：5

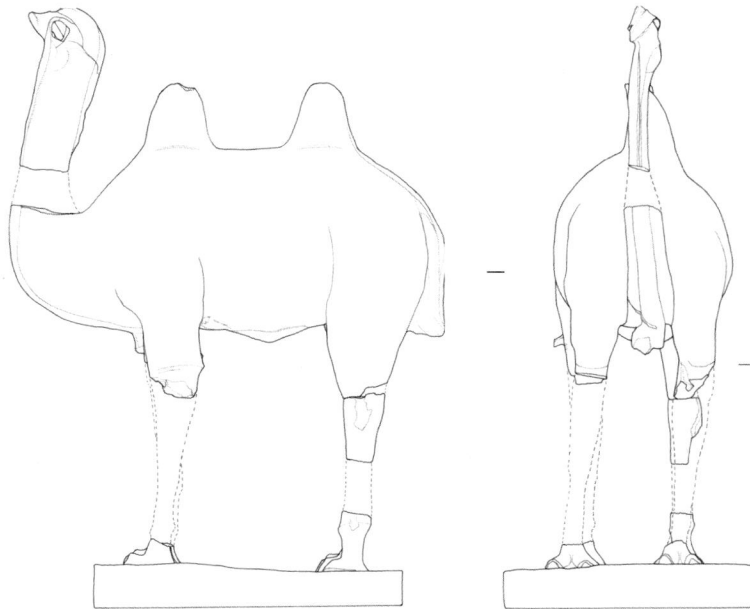

0   12厘米

图一二二 汉白玉骆驼M3：6

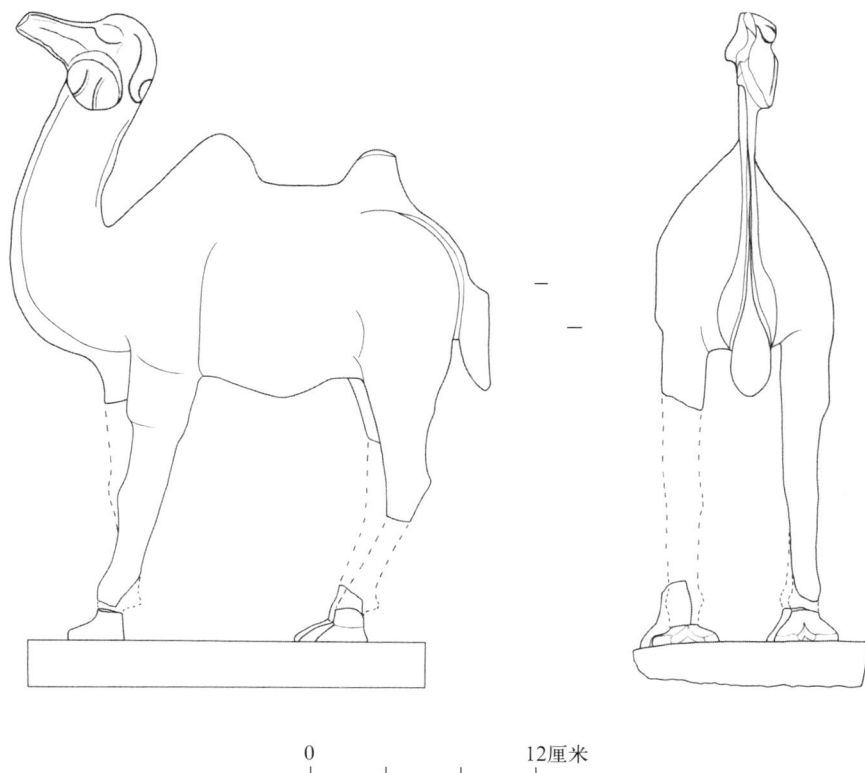

图一二三　汉白玉骆驼M3：7

汉白玉镇墓兽　分人面兽身和狮面兽身两种（彩版五六，1）。

汉白玉人面镇墓兽　1件。

标本M3：1，石质纯净，表面有明显剥离脱落现象。人面兽身，呈蹲踞式，头顶结有火炬状发髻，前额突出，双眼圆睁，凝视前方，表情威武庄重，嘴唇和鼻翼处有一道纵向裂痕，耳下至肩侧饰以鬃毛，嘴呈"一"字形紧闭状，蹲坐于基座上，前腿蹬直，后腿弯曲，蹄状足，长尾上翘，贴于背部。通高35厘米，踏板呈梯形，左右侧面不甚平整。座长21、宽11.5～12.8、厚3.6～4.1厘米（图一二四；彩版五六，2～4）。

汉白玉狮面镇墓兽　1件。

标本M3：2，石质纯净，表面有明显剥离脱落的现象。为一蹲狮造型，头生竹节状角，张口露齿，双目圆睁，呈狰狞状，面朝前，从肩部开始到头两侧有联弧状羽翼，蹲坐在底板上，前腿伸直，后腿弯曲，足似狮爪分开，尾紧贴后背上卷。造型生动轻巧，栩栩如生，呈现出一副恐吓入侵者的姿态。底板近长方形，长15.6～16.3、宽12.5～13.5、通高33.5厘米（图一二五；彩版五七，1～3）。

汉白玉墓志铭　1合。分志盖、志石。

标本M3：8，均为汉白玉质，表面抛光处理光滑（彩版五七，4）。志盖略呈方形，盝顶式，盖顶平素，上阴刻篆书三行，每行三字，篆文为"大唐故处士刘公志铭"，志盖边长35.2～36.6、厚2.6、通高3.5厘米（图一二六；彩版五八，1），志盖呈现裂纹两道。志石呈方形（彩版五八，2），

图一二四　汉白玉人面镇墓兽M3：1

图一二五　汉白玉狮面镇墓兽M3：2

边长 36.5 ～ 37、厚 5.3 ～ 6 厘米。志铭阴刻楷书，分为志石、志盖背面两部分，志石正面内容共十八行，志盖背面刻铭十五行。墓志录文如下：

志石部分：

图一二六　汉白玉墓志铭M3：8

大唐故上柱國劉君墓誌並序 /

劉氏之先，其来尚矣，陶唐盛族，漢皇興沠（派）。高祖提三 /

尺之劍，三王功草（草）；帝堯欽四岳之道，四凶伏罪。子政芬 /

芳之頌，氣入青天；伯倫不羈之才，志高雲漢。示耻以 /

蒲訓，光禶南陽；明辯以桎梏，時開輸属。冭（冠）盖襲輔 /

國承家者矣。君諱靜，彭城人也。少好書劍，先崇禮義， /

負鄉曲之譽，有緯代之才。運籌三邊，投筆五校，壇場 /

遠肅，飛輪挺劍，單于是禍，激羽彎弓，殉命國恩，凱 / 歌旋獻。以垂供（拱）二年，勳成上柱國。功就身退，名遂不 / 進。閟（閉）門却掃，靜志丘園，動合楷模。非類不狎者之智、仁 / 者之仁矣。父通，祖英，並先朝處士。壯志脩身，善 / 鄰不孤，懄（傲）行淪隱。君猒代歸正，背妄崇真，清澄 /

其心，恬怕（泊）篤志。見流川之長逝，悽傷孔丘；悟壑 / 舟之無寁（定），軫（軫）懷莊子。何曽（圖）兩楹示瘵，雙豎徵灾， / 劍没龍津，弓成虵礨。天道難測，庚袄喪神，良木 / 其摧，

哲人斯往。開元六年九月十三日殡（終）于私第，春/秋七十一。登以權殯伯達原。夫人南陽
郡范氏，氣分/巫峽，姿凝洛川。皎性貞明，婦周四德，克和中外，母圓。/

　　禮輕羅吐鳳□□□□飛彩爛錦蛟龍時□□□/

　　□出，豈期凌波去俗，昇月無歸。悲粉邑以沉樓，惜黛/

　　□而昏鏡。歲在困敦，月惟正陬，開元十二年歲次甲/

　　子正月壬戌朔廿一日壬午，合葬于伯達原，禮也。海田/

　　□及，二鼠循環，刻石為銘，式旌不朽。其詞曰：/

　　□盛大漢，族茂今古。威震八紘，功格率土（土）。天下密尔，/

　　氛銷群虜。登彼克昌，雄雄其武。其一。/□哉劉君，功成上聞。灺矛日曜，龍劍飛輪。
謀沉/□拒，無復張鱗。屯營五校，可以三軍。其二。/鬱鬱佳城，蒼蒼松檟。爐銘尚在，琱
弓已弛。牧竪□/□，琴咽人謝。玄堂未開，寂寂長夜。其三。/生為哲人，沒為明神。殂（終）
題齊物，荒郊匪春。弦/□易斷，光館猶新。圓石銘紀，天道相親。其四。/衣哀上親，舉號
何已。軫（軫）慮循陔，崩心陟屺。色□/期絕，聲孤候音。孝非董君，猶愍楊子。其五/

4. 漆墓器

漆器　1件。

标本 M3：10，仅存部分漆皮，漆皮呈深黑褐色，受淤泥冲击凌乱散开，器形不明。

5. 其他

青石块　1件。

标本 M3：20，出土于动物骨骸中，青褐色石质，平面呈三角棱状，器表有人工敲剥痕迹，
底较平整。长 8、宽 5.8 厘米（图一一八，19）。

四　2015GNSM4

　　M4 位于水厂墓地发掘区东南部，西距 M3 约 5 米，东邻 M5，两墓相距约 73.5 米，所处地势
较平坦。

（一）墓葬形制

　　该墓为坐北朝南斜坡墓道土洞墓，墓向 160°。平面呈直背刀形，由墓道、甬道、封门、墓
室四部分组成，全长 11.5 米（图一二七；彩版五九，1）。

1. 墓道

　　位于墓室南侧，墓道开口于①层扰土层下，开口距地表 0.50 米，东壁和甬道东壁基本位于同
一直线上，墓道东西壁面平直光滑，口底同大，未见明显工具加工痕迹。斜坡底，坡面光滑平整，
应经过初步修整。填土为黄色五花土，土质疏松，包含物较少，因为渗水等原因，墓道壁面和填
土之间较容易剥离。墓道水平长 8、宽 0.60、斜坡长 8.54 米，坡度 30º。墓道底距现地表 3.3 米。
墓道中部被一现代管道打破，形成宽 1、深 0.5 米的缺口。

2. 甬道

　　位于墓道与墓室之间，是在墓道北壁向内掏挖而成，土洞拱形顶，平面呈横长方形，其东壁

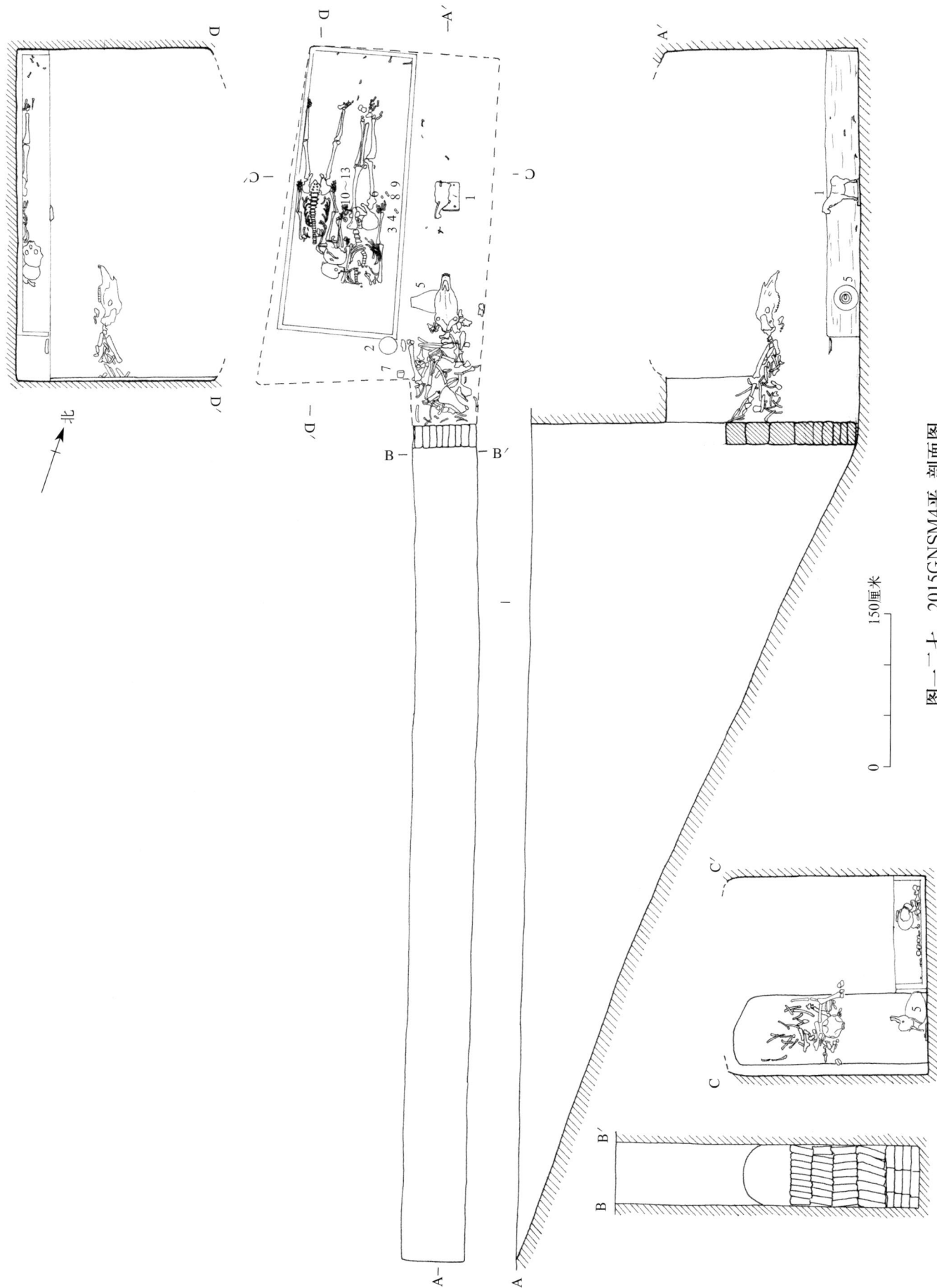

图一二七 2015GNSM4平、剖面图

1.马俑 2.漆盒 3、4.开元通宝 5.陶罐 6～11.铁棺钉 12.陶片 13.砖块

与墓室东壁成一条直线，西壁与墓室南壁垂直相接，平底，顶距开口 0.98、南宽 0.60、北宽 0.65、高 1.72、进深 0.44 米，坡长 0.46 米。

3.封门

封门位于墓室的东南角，拱形顶，面阔 0.65、通高 1.66 米。土坯封砌于甬道口外侧，两侧紧贴墓道墙壁，上部塌毁。封门采用土坯垒砌而成，共 8 层，下部 4 层错缝横向平铺而成，上部 4 层斜向立砌，土坯规格有长方形和不规则形两类，前者长 23、宽 20、厚 8 厘米，后者主要排在每层边角，起到填塞的作用。封门墙宽 0.6、厚 0.22、残高 1.18 米。

4.墓室

位于墓葬北端，受雨水冲击，墓顶坍塌严重，形成不规则的塌陷坑，并延伸至墓室底。在墓室北壁上部尚存高 6 厘米的拱形拐角，由此推测墓室应为拱形顶。

墓室平面形状呈梯形，四壁略带外弧，南壁稍向内斜折，和西壁夹角呈锐角，西壁长 3.30、残高 1.80 米，东壁宽 3.1、残高 1.80 米。墓室墙壁加工规整，壁面光滑，但无明显工具加工痕迹，墓室北宽 1.80、南宽 2.10、残高 1.86、进深 3.1 米。

（二）葬式葬具

木棺 1 具，靠墓室西壁和北壁放置，棺保存极差，朽痕大致呈梯形，南宽北窄，长 2.72、南宽 1.22、北宽 1、残高 0.30 米，棺周围散落有 27 枚铁棺钉。

棺内葬人骨 2 具，头南脚北，南北向并排放置。因墓顶坍塌，头骨位置移动。东侧人骨保存相对较差，仰身直肢，左手掌中及右手东侧附近各出土开元通宝 5 枚，骨架长 1.82 米，骨骼较粗壮，牙齿磨损程度较轻，经鉴定为 25 岁左右的男性个体。西侧人骨骨架保存较好，仰身直肢，双臂置于体侧，双腿略呈外"八"字形向外分开，骨架长 1.62 米，整体骨架纤细小巧，经鉴定为 30 岁左右的女性。

（三）随葬品出土情况

该墓有祭祀殉牲现象。位于甬道内及墓室南端部分，主体为马骨，且分两层置放，上层为成年个体，下层为幼年个体。上层马骨几乎包含了马的所有部位，分布比较凌乱，马骨下方为淤土。殉牲完整马骨系在墓室填土与甬道底部持平时再放置，马头骨朝向墓室，颈部以下置身于甬道内（彩版五九，2）。从马骨的保存程度看，大部分骨骼完整，分布虽乱但位置集中，且个别关节部位的骨骼尚未分离，如第 2～4 掌骨、腕跗关节、胸椎至蹄端相连等现象，皆说明马在殉葬时肢解程度较高。由此推测，以老幼马作为殉牲对象，在祭祀前很可能将附着在骨骼上的肉身早已取食，只将完整骨架作为祭食，象征性表达了对逝者的哀思。

除殉牲以外出土随葬器物 13 件，均出自墓室内，有陶器、汉白玉马、铜钱、漆器等。

甬道填土中发现 1 残砖块（M4：13），砖上残存红色颜料。棺外东南角出土漆盒 1 件，紧贴棺外东南角。漆盒东侧发现 1 件陶罐，口朝东底朝西倾倒于墓室地面，应是墓室填土或顶部塌陷时形成。棺外东侧出土汉白玉马（M4：1）1 件，马头朝向甬道，与殉牲马头相对视，出土时仍旧保持着站立的姿态，只是左前腿中下部断裂并向西倾斜，应是墓顶坍塌后被砸断（彩版五九，3）。棺中填土中发现一块三角形的夹砂灰陶片（M4：12）。木棺各侧板周围则散落着大量铁棺钉，东西侧壁板周围棺钉均为等距离分布，间距 65～66 厘米（M4：6、8），北侧板棺（M4：7）钉则以 26 厘米的间距分布，南侧板附近棺钉（M4：9）分布较散乱，无法辨析明显的排列规律，另有 6 枚棺钉散落在棺床东侧，靠近石马的位置。东侧人骨双手各出土 5 枚开元通宝铜钱（M4：3、4），出土时均黏在一起。

（四）出土遗物

有陶器、铜钱、铁棺钉、汉白玉器等。

1. 陶器

3 件。有陶罐、陶片、砖块。

陶罐　1 件。

标本 M4：5，泥质灰陶，轮制。侈口，宽平沿，方厚唇，束颈上粗下细，肩腹圆鼓，深腹，腹壁弧收，下腹斜收急快，小平底。下腹壁不平整，呈凹凸状。罐身饰以朱砂红，彩绘条带宽 3.5 厘米，腹以上部分脱落严重，图案无法辨识。底部有弧圈形轮旋痕。口径 12.5、腹径 22、底径 9、高 37.5 厘米（图一二八，1；彩版六〇，1）。

陶片　1 件。

标本 M4：12，呈三角形，夹砂灰陶，外壁饰以凹面宽带，所属器形不明。残长 4、残宽 2.2、厚 0.9 厘米（图一二八，2）。

砖块　1 件。

标本 M4：13，青灰色，仅存一角，一面光素，一面有斜向绳纹并残存红色颜料，用途不详。残长 9.4、残宽 8.5、厚 5.3 厘米（图一二八，3）。

2. 铜器

有开元通宝铜钱 10 枚，出土时重叠黏在一起，分左、右两组，一组各 5 枚。

开元通宝　10 枚。

标本 M4：4，特征均相同，形制规整，钱文深竣清晰，"开"字方正，间架结构均匀，下部

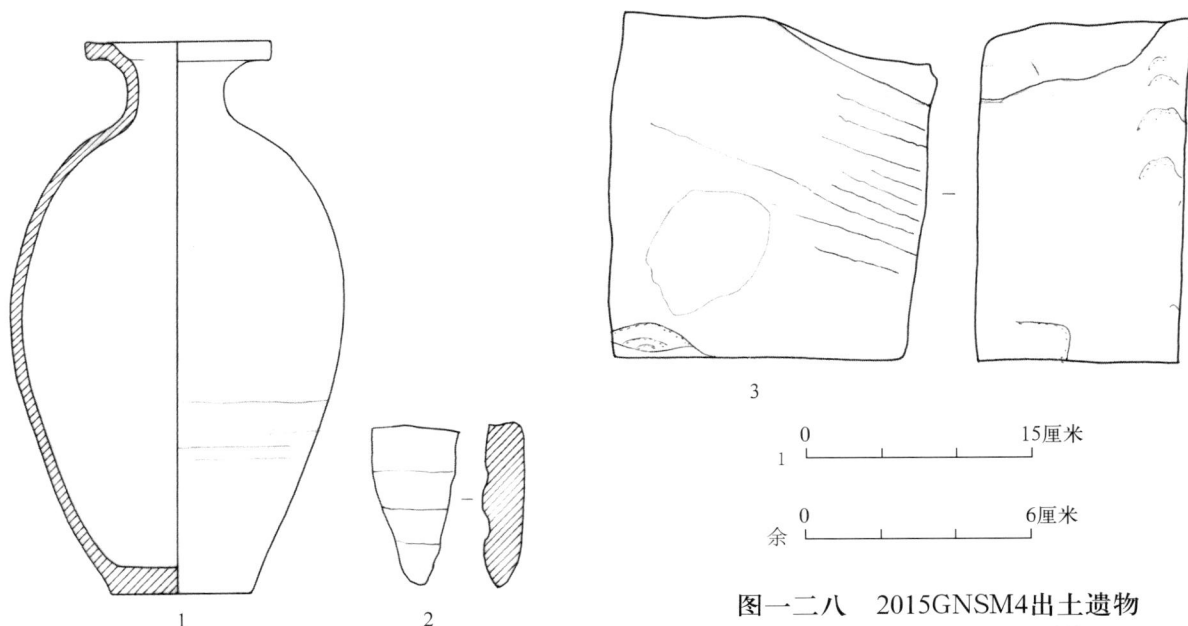

```
0              15厘米
1 ├──┼──┼──┼──┤

0               6厘米
余 ├──┼──┼──┼──┤
```

图一二八　2015GNSM4出土遗物

1. 陶罐M4：5　2. 陶片M4：12　3. 砖块M4：13

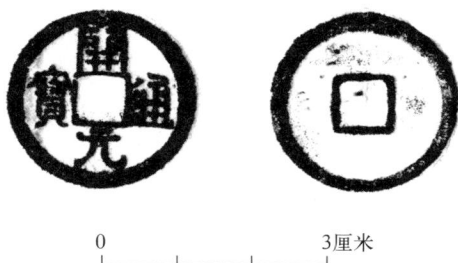

0 ⸺ 3厘米

图一二九 开元通宝M4：4

两竖笔略外撇，"元"字首划短小，次笔较长且向左上挑，"通"字走之偏旁为部相连接的四顿点，"甬"字上部开口较宽扁，"寶"字"貝"中两短横居中，不与左右竖笔相连。直径2.5、穿径0.7、郭宽0.2、郭厚0.1厘米，重2.4～4.1克（图一二九；彩版六〇，2）。

3.铁器

出土棺四壁挡板铁棺钉27枚，均为圆形钉帽，四棱形尖锥状钉身，因铁棺钉长短及用途不同，故依出土位置区分予以描述。

东侧板棺钉 4枚。

标本M4：6，在一条直线排列，相间距均为65厘米，棺钉锈蚀严重，多存钉帽部分，依棺东南角为首，顺次进行编号。

标本M4：6-1，残长7.5、钉帽径1.3、钉身径0.4厘米（图一三〇，1）。

标本M4：6-2，残长7.3、钉帽径1.6、钉身径0.5厘米（图一三〇，2）。

标本M4：6-3，残长10、钉帽径0.7、钉身径0.4厘米（图一三〇，3）。

标本M4：6-4，残长5.5、钉身径0.3厘米。

北侧板棺钉 4枚。

标本M4：7，在一条直线排列，相间距均为26厘米，棺钉依棺东北角为首，顺次编号。

标本M4：7-1，残长7.2、钉帽径1.6、钉身径0.5厘米（图一三〇，4）。

标本M4：7-2，残长7.2、钉帽径1.4、钉身径0.7厘米（图一三〇，5）。

标本M4：7-3，残长5.5、钉帽径1.1、钉身径0.4厘米（图一三〇，6）。

标本M4：7-4，钉帽残失。残长5.3、钉身径0.5厘米（图一三〇，7）。

西侧板棺钉 4枚。

标本M4：8，在一条直线排列，相间距均为66厘米，棺钉依棺西北角为首，顺次编号。

标本M4：8-1，残长4、钉帽径0.8、钉身径0.5厘米（图一三〇，8）。

标本M4：8-2，残长4.9、钉帽径0.7、钉身径0.5厘米（图一三〇，9）。

标本M4：8-3，残长6.4、钉帽径0.9、钉身径0.7厘米（图一三〇，10）。

标本M4：8-4，残长7.5、钉帽径0.7、钉身径0.7厘米（图一三〇，11）。

南侧板棺钉 8枚。

标本M4：9，排列较散乱，依棺西南角为首，顺次编号。

标本M4：9-1，长11.9、钉帽径1.8、钉身径0.6厘米（图一三〇，12）。

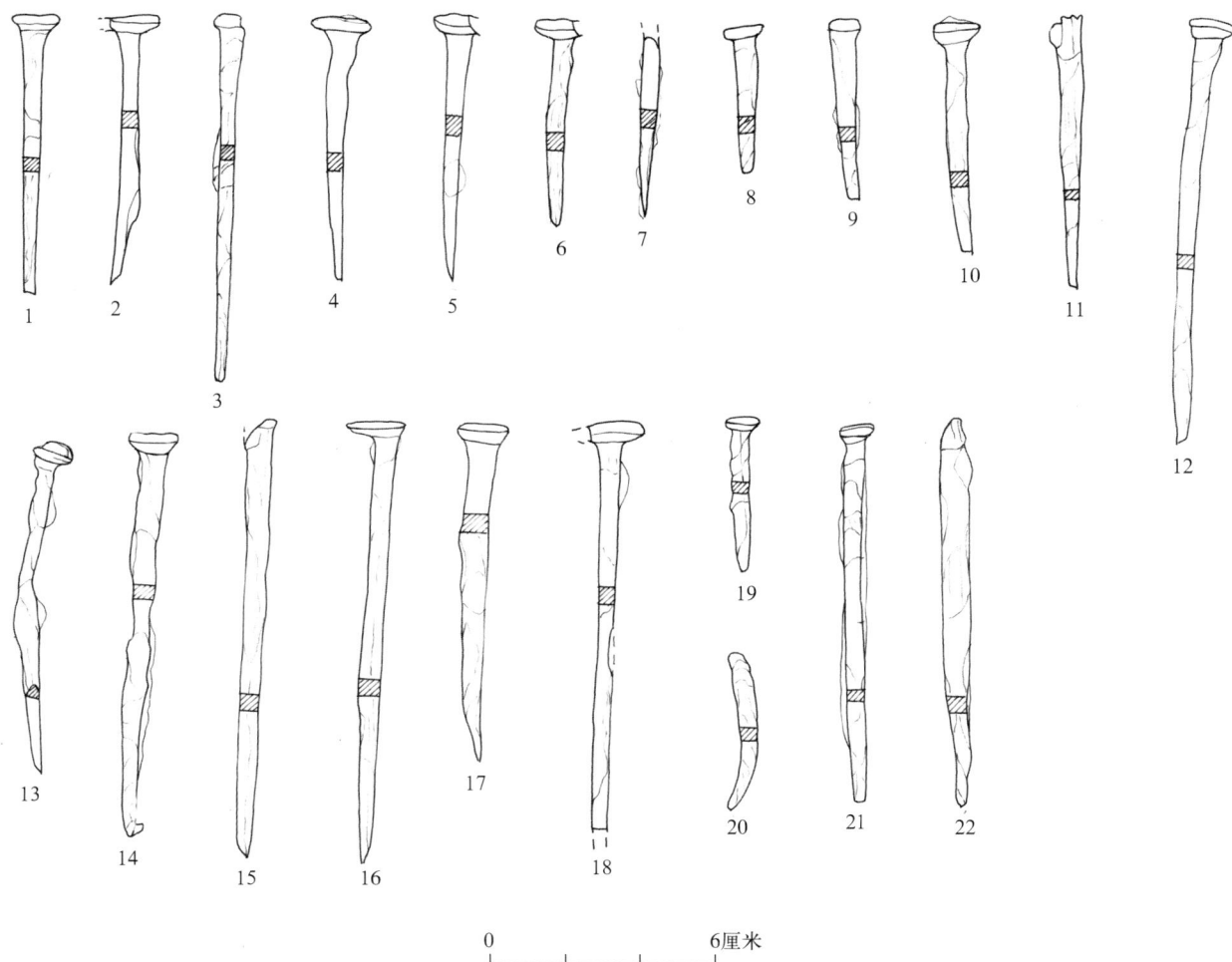

图一三〇　2015GNSM4出土铁棺钉

1~22.M4：6-1~3、7-1~4、8-1~4、9-1、2、4、5、7、8，M4：10，M4：11-3~6

标本 M4：9-2，残长 9.2、钉帽径 1.5、钉身径 0.6 厘米（图一三〇，13）。

标本 M4：9-3，长 10.3、钉帽径 1.3、钉身径 0.7 厘米。

标本 M4：9-4，长 11.2、钉帽径 1.4、钉身径 0.7 厘米（图一三〇，14）。

标本 M4：9-5，长 12.1、钉身径 0.6 厘米（图一三〇，15）。

标本 M4：9-6，长 13.4、钉帽径 1.2、钉身径 0.6 厘米。

标本 M4：9-7，长 12.2、钉帽径 1.6、钉身径 0.5 厘米（图一三〇，16）。

标本 M4：9-8，长 9.3、钉帽径 1.4、钉身径 0.5 厘米（图一三〇，17）。

棺内北部散落铁棺钉　1 枚。

标本 M4：10，长 11.4、钉帽径 2、钉身径 0.7 厘米（图一三〇，18）。

棺外侧东部散落铁棺钉　6 枚。

标本 M4：11，排列散乱，大小不等，锈蚀严重，仅存钉身。

标本 M4：11-1，残长 12、钉帽径 2、钉身径 0.5 厘米。

标本 M4：11-2，残长 10.8、钉帽径 1.1、钉身径 0.6 厘米。

标本 M4：11-3，长 4.2、钉帽径 0.7、钉身径 0.5 厘米（图一三〇，19）。

标本 M4：11-4，残长 4.2、钉身径 0.4 厘米（图一三〇，20）。

标本 M4：11-5，残长 10.4、钉帽径 0.9、钉身径 0.5 厘米（图一三〇，21）。

标本 M4：11-6，残长 10.6、钉身径 0.5 ～ 0.9 厘米（图一三〇，22）。

4.汉白玉器

汉白玉马　1件。

标本 M4：1，汉白玉质，体形高大，四肢直立于方形底座之上，参照马蹄之前后左右方位，底座左侧边长约 22、厚 1.8 厘米，右侧边长约 23、厚 2.5、宽 6 厘米。底座上左前蹄较右前蹄略偏后，前蹄间距约 5.6 厘米，左后蹄较右后蹄位置略偏向内侧，后蹄间距约 3.8 厘米。马头仅存上半部，马头中部截面平整，有一圆孔，该孔应为连接马嘴部的卯眼，孔径 2.78、深约 2.67 毫米。马头小巧而躯干肥壮。双耳短小竖立，左耳尖端破损，双目硕大炯炯有神，前额窄长，面部肌线明显。颈部前探，鬃部中轴为一道沟槽，自马头顶部延伸至肩部上方，沟宽也自 9.09 毫米逐渐变窄至 6.26 毫米。肩部宽阔，胸部、肱部肌肉圆鼓。腹部两侧丰满圆鼓，底部粗糙未经细致修琢。马背右侧有三道阴线刻划，似为表现障泥或鞯，左侧不甚明显。臀部浑圆饱满，两尻界线明显。马尾根部琢有一孔，似为连接尾巴的卯眼，孔径 10.70 毫米。四肢残断，左股后侧石质有空隙，已被黄土填充。马为立体圆雕，细部以阴线刻加以修饰，如眼部及马身右侧的鞯具。整体造型匀称、线条流畅。体长 36、肩宽 13、臀宽 14、通高 34、底座长 26、宽 16、厚 2 厘米（图一三一；彩版六〇，3）。

5.漆墓器

漆盒　1件。

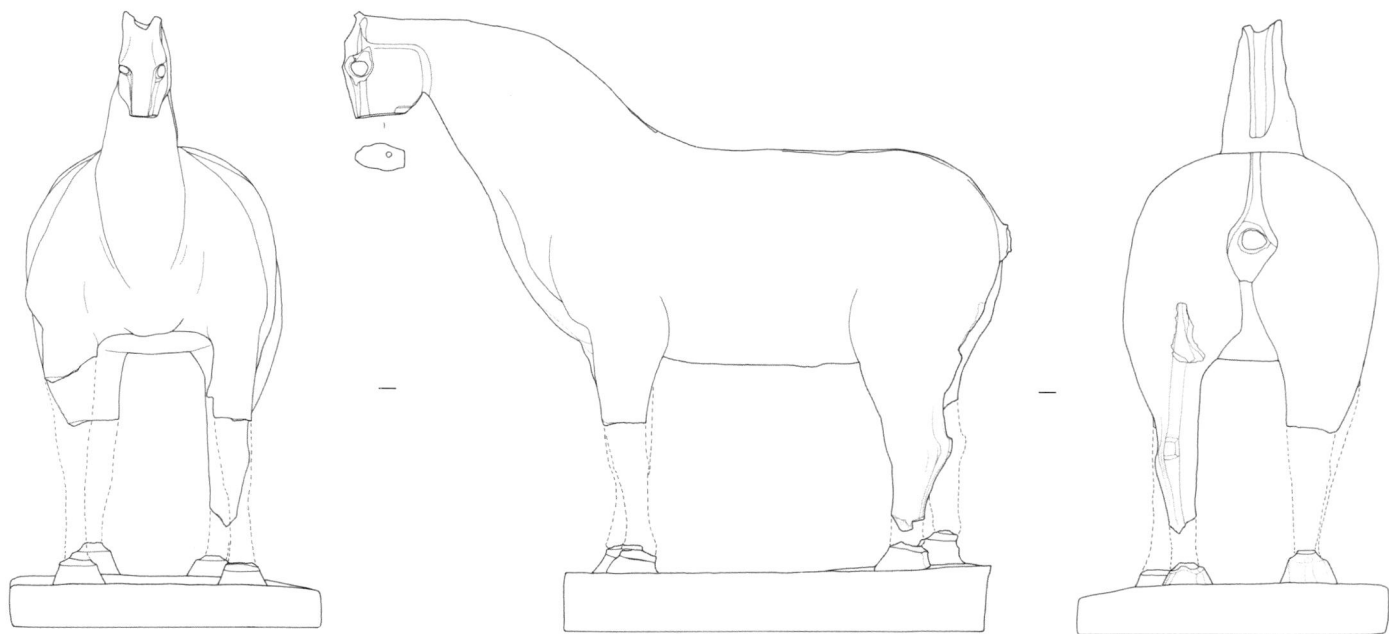

0 ————————— 12厘米　　　　　图一三一　汉白玉马M4：1

标本 M4：2，黑褐色夹杂红色漆片，残损严重，无法提取。圆形，直壁，平底。口径 16、高 3、胎厚 0.1 厘米。

五　2015GNSM21

M21 位于水厂墓地发掘区中部北端，西邻 M22，两墓相距 10 米，南侧 120 米为西南新区锦绣苑小区。

（一）墓葬形制

M21 为坐北朝南的斜坡阶梯状墓道单室土洞墓，墓向 177°。平面形状呈铲形，由墓道、甬道、墓室三部分组成，墓葬全长 10.22 米（图一三二；彩版六一，1）。

1. 墓道

墓道开口于②层下，开口距现地表 0.70 ～ 0.75 米。墓道开口平面呈长方形，水平方向长 8.70、宽 0.9 米，自墓道南端向北 1.2 ～ 1.3 米处东西侧壁垂直，口底同大，向北东西壁向内斜收，口小底大，下底宽 0.9 ～ 1.10 米。墓道侧壁上口不甚规整，壁面较粗糙，下部壁面经过处理，较光滑平整。

墓道底部南北端为斜坡状，中间为三级台阶。南端斜坡坡度 28°，水平方向长 3.4、斜坡长 3.84、北端距现地表 1.8 米。台阶不甚规整，表面未经仔细处理略显粗糙，台面均平整，坎面倾斜近弧边长方形。第一级台阶坎高 0.50、踢面长 0.20、东西宽 1.02 米。第二级台阶坎高 0.56、踏面长 0.90、踢面长 0.24、东西宽 1.04 米。第三级台阶坎高 0.70、踏面长 0.76、踢面长 0.24、东西宽 1.08 米。

在第一、第二台阶踢面上发现有工具修整痕迹，似采用铁铲一类工具形成，铲面宽 11、棱边厚 1.5 厘米，在墓道东西两壁近底处，也有多处铁铲修整墓壁时遗留的棱角状划痕。

墓道北端填土中出土砖志 1 合，位于墓道东壁下，墓门上方。盖志相合，两者竖向斜靠于墓道东壁上。墓道内填五花土，土质较松，为黄沙土夹杂褐色颗粒，夹杂少许灰陶残片及较多灰烬和植物根茎等。

2. 甬道

是在墓道北壁向北凿挖形成，底与墓室底相平，拱形顶，甬道开口与墓道东西壁大致平齐，从顶部向下逐渐外扩呈拱状，面阔 1.03 ～ 1.10、高 1.50 米。封门系用填土封堵，封门填土是用较大的黏土块及黄沙土混合的黏性沙质土，土质微硬，无夯打的痕迹。

3. 墓室

位于墓葬北端，为南北向横室土洞，系从墓道向北掏挖而成。墓室平面略呈五边梯形（彩版六一，2），拱形顶，西高东低，墓室底部平坦。墓室东壁较直，其余四壁自底部开始向上内收，壁面光滑，北壁长 2.90、高 0.52 ～ 1.40 米，东壁与北壁夹角 101°。东壁宽 0.77、高 0.52 ～ 0.70 米，东壁与南壁夹角 109°。南壁长 2.15、高 1.3 米，向西南方向拐折，拐折部分主要放置棺木，南壁西端 1.10 米为洞室开设处，高 0.70 ～ 1.50 米。西壁与北壁夹角 93°，西壁宽 1.60、高 1.40 ～ 1.50 米。墓室底部平整，距现地表 4.75 米。墓室通长 2.8、东端宽 0.77、中部宽 1.78、西端宽 1.6、洞顶高 0.8 ～ 1.52 米。

墓室内积满淤土，淤土是从墓门外多次渗入，土质细腻较硬，夹杂较多灰烬和黏土颗粒等。

北

墓门

150厘米

0

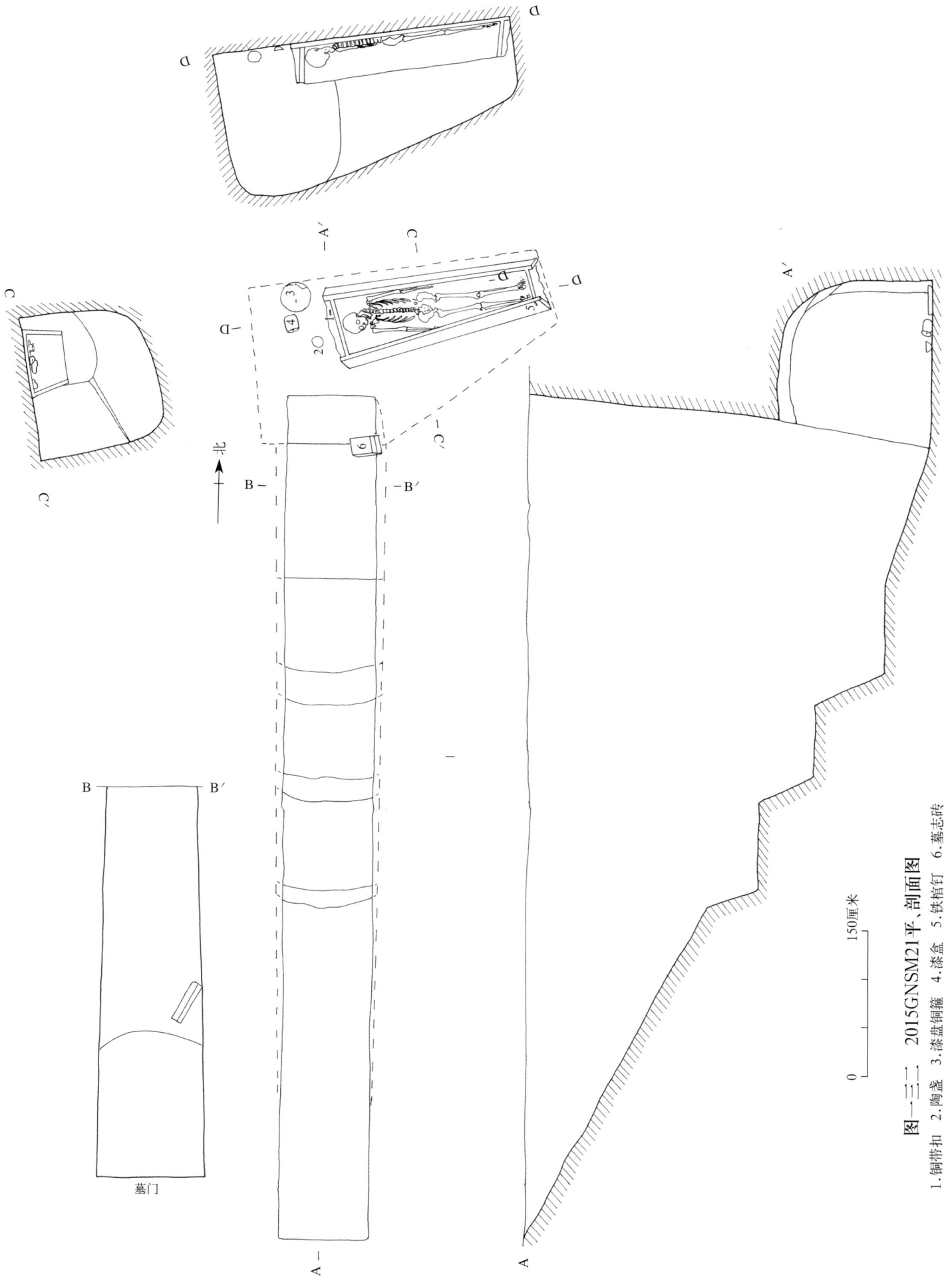

图一三三　2015GNSM21平、剖面图

1.铜带扣　2.陶盏　3.漆盘铜箍　4.漆盒　5.铁棺钉　6.墓志砖

（二）葬式葬具

墓室北壁下东西向放置木棺 1 具，棺木已朽，仅存棺痕，头挡朝向西，距西壁 0.8 米，脚挡紧顶墓室东壁。棺痕平面呈梯形，截面亦呈梯形，棺上口残宽 0.54 ～ 0.84，棺底长 2.1、宽 0.54 ～ 0.84、残高 0.40 米，板厚 5 厘米。棺盖板无存，前后挡板夹于左右侧板之间，皆位于底板之上，左右侧板超出前后挡 0.05 米。南侧挡板残长 2.10、残高 0.40 米，厚 5 厘米。北侧挡板残长 2.12、残高 0.35 米，厚 5 厘米。前挡板向西倾斜，板面呈上窄下宽的梯形，宽 0.60 ～ 0.76、残高 0.36 米，厚 4 ～ 5 厘米。后挡板向西倾斜，板面呈上窄下宽的梯形，板宽 0.30 ～ 0.45、残高 0.34 米，厚 5 厘米。底板位于四围挡板之下，平面呈梯形，长 2.20、宽 0.54 ～ 0.86 米，厚 5 厘米。

在前挡底板朽木中发现 3 枚铁棺钉，西南角、西北角、中端各一枚，铁棺钉系由底板从下方钉入，以连接底板和前挡，后挡底板下发现 3 枚铁棺钉，分布于后挡两端及中间。北侧板西端、南侧板东端各发现 1 枚铁棺钉，是由侧板外侧钉入挡板上。另在清理骨架棺底时，多发现有铁棺钉锈渣颗粒。板灰烬呈黑色粉末状，似刷过黑漆。

棺内人骨 1 具，头向西，面向南，为仰身直肢，头向 258°，骨架整体保存较好。头偏南斜侧，颅骨顶有 2 个 5 毫米孔洞，门齿残缺，双臂平置于身两侧，双腿并膝，脚微分开呈八字形，骨架长 1.78 米，经鉴定墓主为 30 岁左右的男性个体。

（三）随葬品出土情况

由于木棺放置在墓室东北部，随葬品多置于棺外，集中在墓室西部。出土遗物 13 件，有墓志砖 1 合、陶器 1 件、铜器 1 件（套）、漆器 2 件、铁棺钉 8 枚。墓志砖 1 合，盖志相扣合，出土于墓道北端、墓门上方填土中，斜靠在墓道东壁上。棺外西部放置有陶盏（M21：2）1 件、漆盘（M21：3）1 件、漆盒（M21：4）1 件。陶盏距离木棺头挡 0.1、距离墓室北壁 0.6 米。漆盘（M21：3）和漆盒（M21：4）南北向并排放置在北壁下，漆盘周边有 5 件散落的铜箍片（M21：3），棺内人骨腰部出土铜带扣（M21：1）1 件。

（四）出土遗物

出土有陶器、铜器、铁器、漆器、墓志砖等。

1. 陶器

陶盏　1 件。

标本 M21：2，泥质灰陶，轮制。敞口，方唇略内斜，弧腹，平底。器内壁呈灰黑色，表皮脱落严重，一侧口沿有黑色的烟炱痕，应为搭灯捻处。外底有弧形切割痕。口径 11.2、底径 5.6、高 4 厘米（图一三三，1）。

2. 铜器

铜带扣　1 件。

标本 M21：1，前端铜质扣环近扁圆形，横向扣舌无存，后端柱状扣轴，革带以两块银片折叠，绕过扣轴，一端方角与扣轴相连，然后以小钉铆合。通长 2.6、宽 2.3 ～ 2.9 厘米，扣环高 2.7、宽 1、背厚 0.3 厘米，轴径 0.2、后端革带残存部分长 1.7、宽 2.2、厚 0.1 厘米（图一三三，2）。

3. 铁器

铁棺钉　10 枚。

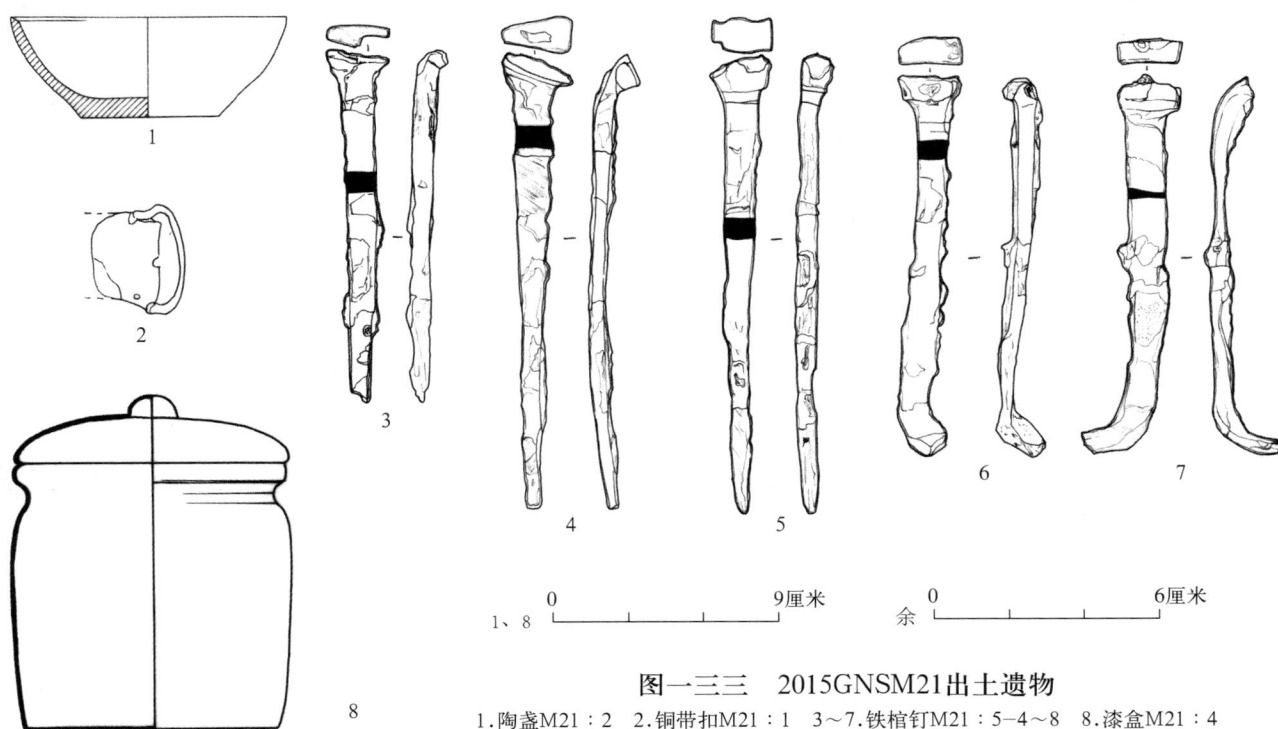

图一三三　　2015GNSM21出土遗物

1.陶盏M21：2　2.铜带扣M21：1　3～7.铁棺钉M21：5-4～8　8.漆盒M21：4

标本 M21：5，可分为两种类型。钉帽平面近长方形，有向一侧或两侧翻卷，应是重力敲击钉帽所致，个别钉身上部有弯曲现象，钉身上布满木痕。采集 5 枚保存相对完整的标本。

第一类，钉帽长方形，钉身向一侧略弧形弯曲，由上向下逐渐变细，钉身附着横向斜向木痕。

标本 M21：5-4 ～ 6，残长 10.8 ～ 12.7、钉帽长 1.7 ～ 2、帽宽 0.9 ～ 1、钉身宽 0.8 ～ 1、厚 0.5 厘米（图一三三，3 ～ 5）。

第二类，钉帽圆角长方形，钉身断面呈扁长方形，尖锥状，均锈蚀严重，近末端弯折。

标本 M21：5-7、8，残长 9 ～ 10.3 厘米，身前段长 9、末端向外弯折 2.7 ～ 3.5、钉帽长 1.6 ～ 1.8、帽宽 0.8 ～ 0.9、钉身宽 1、厚 0.4 厘米（图一三三，6、7）。

4.漆器

有漆盘、漆盒各 1 件。

漆盘　1 件。

标本 M21：3，圆形，腐朽严重，口沿残损。敞口，尖唇。木胎，盘外壁刷一层枣红色漆，略泛黑，盘内壁刷朱砂红色漆。底外缘发现有 5 块铜箍片和铆钉加固，铆钉长 4、宽 0.5、厚 0.5、铜片厚 0.1 厘米，口沿下采用 3 块铜箍片加固，其一为铜合页状，长 4、宽 2、厚 0.4 厘米，另两块为一字形，圆角，长 2.4、宽 0.5、厚 0.1 厘米。盘口径 28、底径 26、残高 3 厘米（图一三四，1）。

漆盒　1 件。

标本 M21：4，筒形，平底，带盖。圆形盖，盖面隆起。盖正中一乳状纽，盖径 11、高 3、纽径 2 厘米。盒敞口，圆唇，直腹，平底，涂枣红色漆，漆分为三层，厚达 0.3 厘米。口径 11、底径 10、高 11 厘米（图一三三，8）。

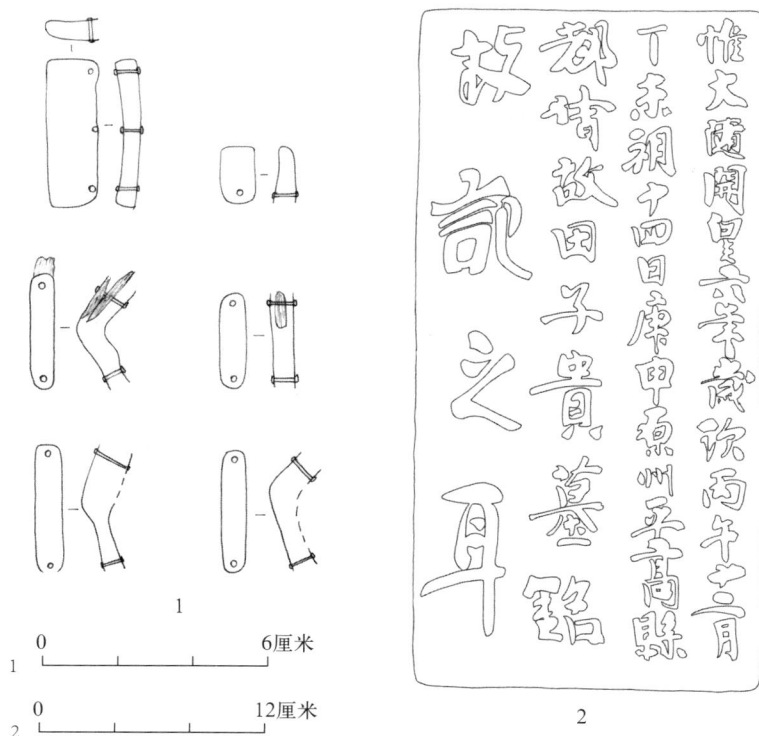

图一三四　　2015GNSM21出土遗物

1.漆盘铜箍M21：3　2.墓志砖M21：6

5.其他

墓志砖　1合。

标本 M21：6，由志盖和砖志两部分组成，两砖均为青灰色，规格一致，长 37.5、宽 19、厚 5.2厘米。上志盖为素面，下志文系墨书题写，楷书四行，自右向左依次为（图一三四，2；彩版六一，3）："惟大随开皇六年丙午歲次十二月 / 丁未朔十四日庚申原州平高县 / 都督故田子贵墓铭 / 故记之耳 /"。

第四节　明清墓

发掘清理清代墓 15 座，编号为 2015GNSM6 ～ M20。墓葬多集中分布在南郊水厂发掘区的东南部，可分为东西两组。东边一组 5 座，编号 M16 ～ M20，除 M18 为竖穴土坑墓外，其余 4 座均为竖穴墓道土洞墓。西边一组 10 座，均为长方形竖穴土坑墓，墓向东北—西南，除 M6 和 M7 相距较远外，其余 8 座分布密集且排列有序，一排 3 座共两排，每排呈扇形排列，其余 3 座各自一排。15 座墓葬的葬具均为木棺，其中单人葬 14 座，双人合葬 1 座。出土随葬品的墓葬仅 6 座，而且数量极少，主要有铜钱、陶盆、瓷盆等。

依墓葬形制保存程度，本报告公布典型墓例 10 座，其中竖穴土坑墓 6 座，编号 M7、M8、M10、M11、M14、M18。竖穴墓道土洞墓 4 座，编号 M16、M17、M19、M20。其余墓葬信息参见墓葬登记表（表三〇）。

一　2015GNSM7

M7位于水厂墓地发掘区东南部,北邻M8、M11,相距12.8米,东南距M6约16米,地势较平坦。

(一)墓葬形制

M7为竖穴土坑墓,方向260°。平面呈梯形,西宽东窄,开口于扰土层下,开口距现地表深0.9米,东西长2.24、西宽0.76、东宽0.9、深1.7米(图一三五;彩版六二,1)。墓壁平整垂直,壁面无明显的加工痕迹,平底。墓坑内填五花土,土质较硬,无包含物。

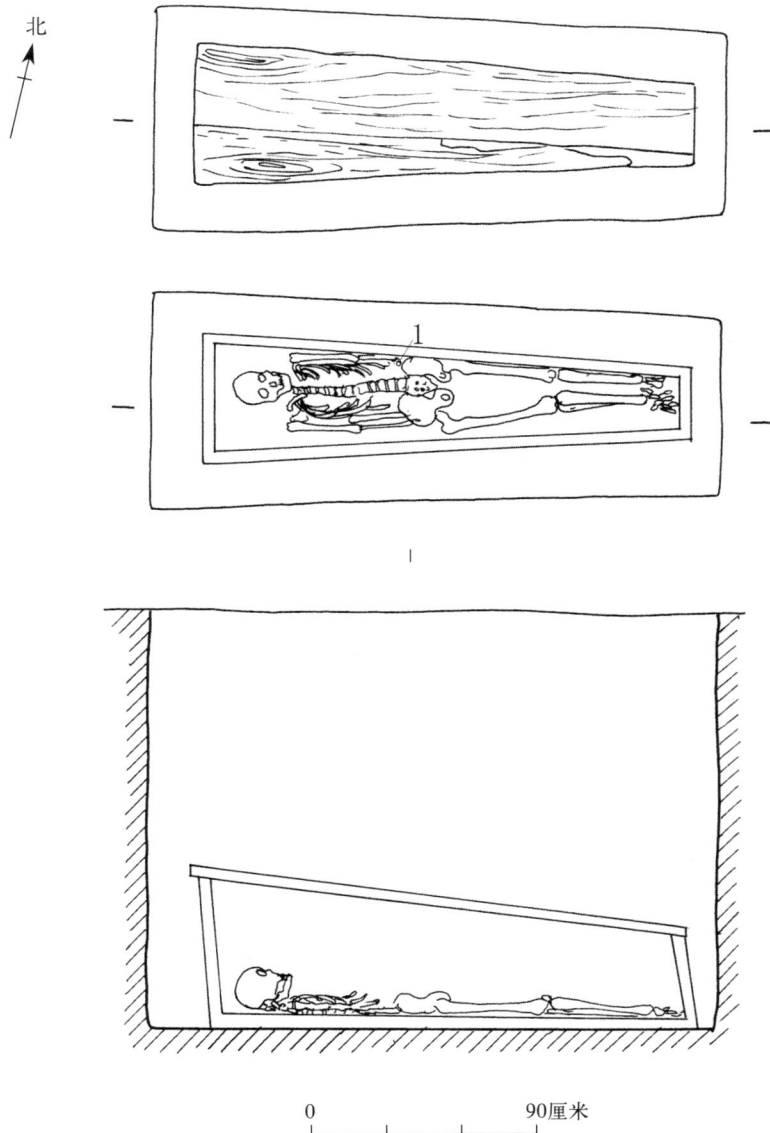

图一三五　2015GNSM7平、剖面图
1.铜钱

（二）葬式葬具

木棺 1 具，棺木已朽，棺侧板尚存朽痕。木棺平面呈梯形，头宽脚窄，棺盖由两块木板组成（彩版六二，2），长 1.98、宽 0.32 ～ 0.68 米，棺底板长 1.94、宽 0.30 ～ 0.55 米，棺高 0.42 ～ 0.66 米，棺板厚 5 厘米。

棺内葬人骨 1 具，保存较完整，头向西，面向上，仰身直肢，双手置于身体两侧，双脚并拢。经鉴定为 25 岁左右的男性个体。

（三）随葬品出土情况

棺内共出土铜钱 7 枚（M7：1），人骨腰部左侧处出土铜钱 2 枚，骨架下出土 5 枚。腰部出土的 2 枚铜钱的钱文及特征完全相同，钱文"康熙通宝"，背面满文有"宝泉"两字。散置的 5 枚铜钱中仅有 2 枚钱文较清，1 枚为"康熙通宝"，1 枚为"雍正通宝"，其余 3 枚残甚，破损严重，钱文不清晰。

（四）出土遗物

仅出土清代铜钱 7 枚。

铜器

铜钱　7 枚。

康熙通宝　2 枚。

标本 M7：1-1，圆形方穿，钱文"康熙通宝"，钱面文字以楷书书写，背面满文"宝泉"两字。直径 2.75、穿径 0.6、边郭宽 0.4、郭厚约 0.1 厘米，1 枚重 3.3、1 枚重 3.8 克（图一三六，1；彩版六二，3）。

标本 M7：1-2，钱文"康熙通宝"，钱面文字以楷书书写。直径 2.6、穿径 0.5、边郭宽 0.5、郭厚 0.1 厘米，重 4.3 克（图一三六，2；彩版六二，3）。

雍正通宝　1 枚。

标本 M7：1-3，锈蚀严重，字迹模糊，钱文"雍正通宝"，钱面文字以楷书书写，背面满文"宝泉"两字。直径 2.5、穿径 0.5、边郭宽 0.5、郭厚 0.1 厘米，重 3.9 克。

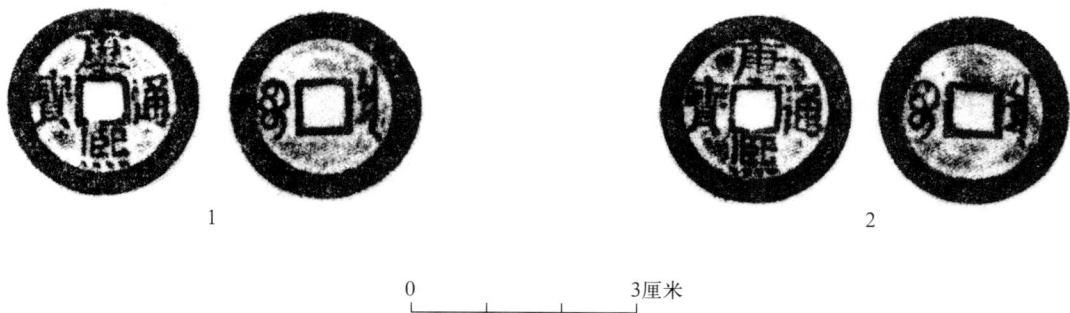

1　　　　　　　　　　2

0 ———————— 3厘米

图一三六　2015GNSM7出土铜钱

1、2.康熙通宝M7：1-1、2

二 2015GNSM8

M8 位于水厂墓地发掘区东南部，西组西排南端，北距 M9 约 0.64 米，东距 M11 约 0.72 米，地势较平坦。

（一）墓葬形制

M8 为竖穴土坑墓，东西向，墓向 230°。开口平面呈梯形，西宽东窄，开口距现地表深 0.9 米，长 2.06、西端宽 0.56、东端宽 0.75、深 1.3 米（图一三七；彩版六三，1）。四壁垂直，无明显的加工痕迹，平底。墓坑内填五花土，土质较硬，未经夯打，无包含物。

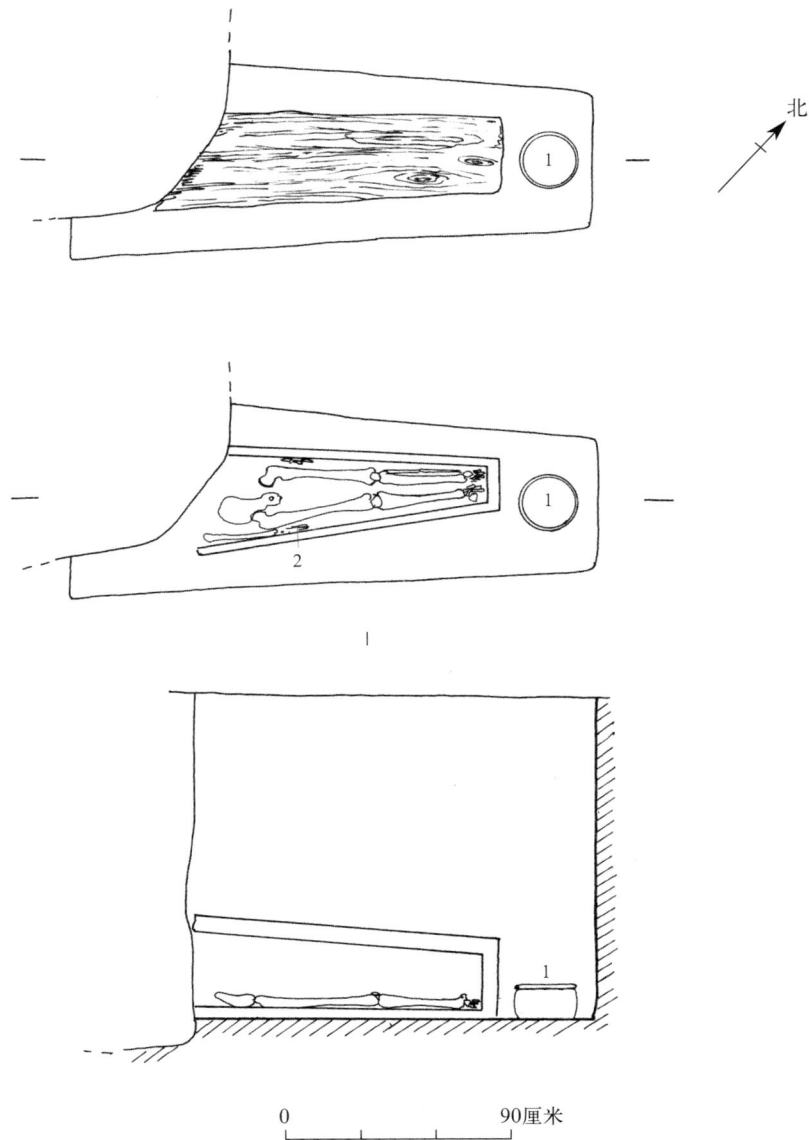

图一三七 2015GNSM8平、剖面图

1.黑釉盆 2.铁棺钉

（二）葬式葬具

木棺 1 具，腐朽严重，但木质纹理清晰可见。棺平面呈梯形，头宽脚窄，棺西端被破坏。棺盖长 1.38、宽 0.32 ～ 0.4 米，棺残长 1.2、宽 0.26 ～ 0.47、残高 0.3 ～ 0.4 米，棺板厚 5 厘米。在棺木周围发现铁棺钉 2 枚，锈蚀严重，圆形钉帽，钉身断面呈四棱形，钉帽径 2、长 12 厘米。

棺内葬人骨 1 具，骨架上半身早年已破坏无遗，仅存髋骨及以下部分，由下半身可知葬式为仰身直肢，头向西，骨架残长 1.14 米，年龄不详。

（三）出土遗物

出土有瓷盆、铁棺钉。在墓坑底东部与木棺脚挡之间放置黑釉盆 1 件，木棺周围发现铁棺钉 2 枚。

1. 瓷器

黑釉盆　1 件。

标本 M8：1，大口微敛，圆厚唇，唇部内外均凸出，口唇下方内凹一周，深腹较直，腹壁微弧收，平底内凹。粗白胎，内壁黑釉杂小褐斑，外壁黑釉杂大褐斑，满釉，内底心无釉，外底露胎。口径 24、底径 19、高 14.4 厘米（图一三八，1；彩版六四，1）。

2. 铁器

铁棺钉　2 枚。

标本 M8：2-1，圆角长方形钉帽，锥形钉身，钉身截面呈横长方形。下半部钉身上附着横向木痕，上半部无木痕，应是和表面锈层一起脱落。残长 14.7、钉帽长 2、宽 1.6、钉身最大宽 0.7、最大厚 0.5 厘米（图一三八，2）。

标本 M8：2-2，圆形钉帽，四棱锥形钉身，钉身表面一层已经剥离，故仅能测得残存部分规格。残长 12.7、钉帽径 1.9、钉身最大宽 1.1、最大厚 0.8 厘米（图一三八，3）。

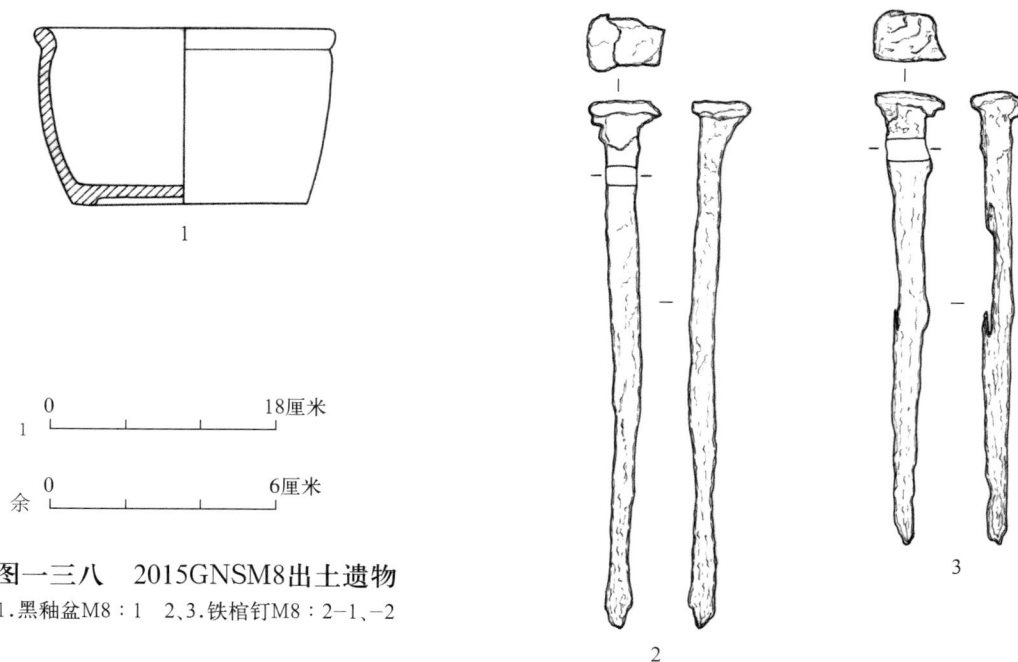

图一三八　2015GNSM8 出土遗物
1. 黑釉盆 M8：1　2、3. 铁棺钉 M8：2-1、-2

三　2015GNSM10

M10 位于水厂墓地发掘区东南部，西组第二排中间位置，北距 M14 约 0.5、南距 M11 约 1.8 米，地势较平坦。

（一）墓葬形制

M10 为竖穴土坑墓，东西向，墓向 245°。开口于扰土层下，开口平面呈梯形，西宽东窄，开口距现地表深 0.9 米，长 2.1、西端宽 0.8、东端宽 0.6、深 1.8 米（图一三九；彩版六三，2）。墓壁垂直，无明显的加工痕迹，平底，墓坑内填五花土，土质较硬，无包含物。

（二）葬式葬具

棺木腐朽严重，但木质纹理清晰可见，棺木平面呈梯形，头宽脚窄，棺长 1.74、宽 0.4 ～ 0.54、残高 0.3 米，棺板厚 5 厘米，在棺木周围未发现棺钉。

棺内葬人骨 1 具，头向西，面朝上，仰身直肢，双手置于身体两侧，双脚自然分开，牙齿磨损度较重，经鉴定为 40 ～ 45 岁男性个体。

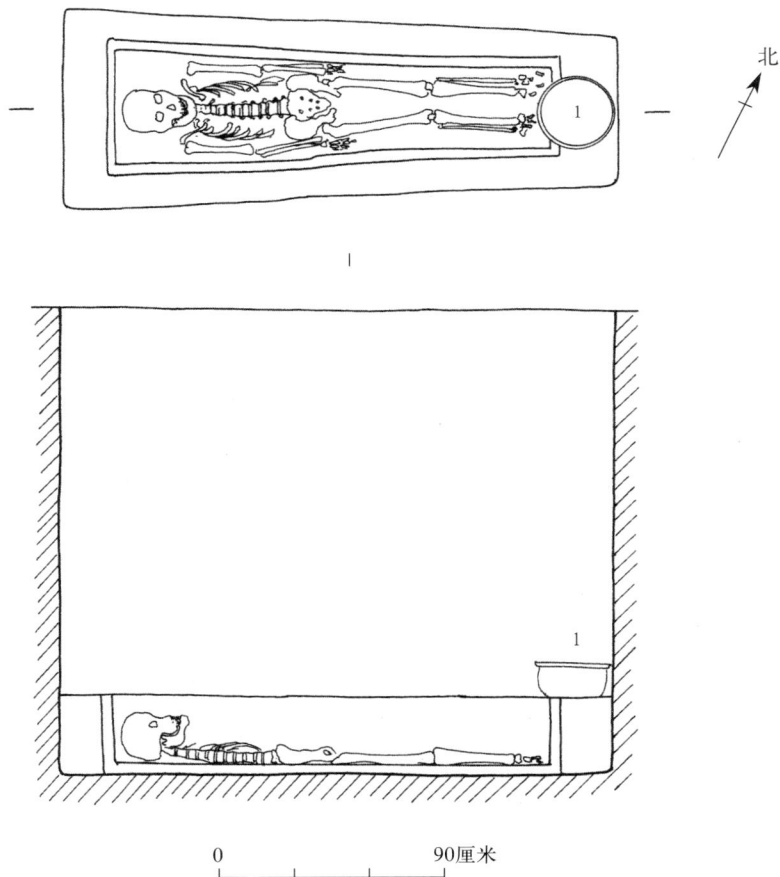

图一三九　2015GNSM10平、剖面图

1.陶盆

（三）出土遗物

仅在墓室东部，木棺脚挡朽痕处出土陶盆 1 件。

陶盆　1 件。

标本 M10：1，泥质灰陶，轮制。大口内敛，卷沿，尖圆唇，沿下方内凹呈束颈状，深腹较直，腹壁微弧收，平底。器外壁呈灰黑色，较光滑，器内壁及底部呈浅灰色。底部无轮旋痕。口径 28、底径 21.5、高 11.5 厘米（图一四〇；彩版六四，2）。

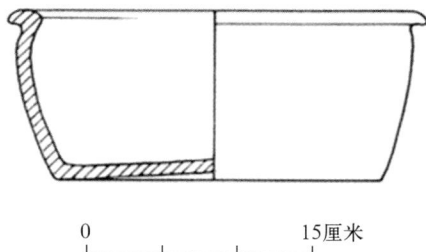

0 ————— 15厘米

图一四〇　陶盆M10：1

四　2015GNSM11

M11 位于水厂墓地发掘区东南，西组第二排南端，北距 M1 约 1.8、西距 M8 约 0.72 米，地势较平坦。

（一）墓葬形制

M11 为竖穴土坑墓，东西向，墓向 220°。开口于扰土层下，开口距现地表深 0.9 米，平面形状近梯形，长 2.26、西端宽 1.2、东端宽 0.78、深 1.7 米（图一四一；彩版六五，1）。墓壁垂直，无明显的加工痕迹，平底，墓坑内填五花土。

（二）葬式葬具

木棺 1 具，腐朽严重，棺木平面呈梯形，头宽脚窄，棺长 1.88、宽 0.5～0.8、残高 0.38 米，棺板厚 5 厘米。在棺木周围未发现棺钉。

棺内葬人骨 1 具，头向西，面向上，仰身直肢葬，双手放于身体两侧，双脚自然分开，牙齿磨损度一般，经鉴定为 35 岁左右的女性个体。

（三）出土遗物

仅在墓穴东南角，木棺脚挡处出土陶盆 1 件。

陶盆　1 件。

标本 M11：1，泥质灰陶，轮制。大口内敛，宽沿外翻，尖圆唇，沿下方内凹略呈束颈状，深腹较直，腹壁微弧收，平底。器壁呈浅灰色。外底无轮旋痕。口径 23.6、底径 18、高 11 厘米（图一四二；彩版六四，3）。

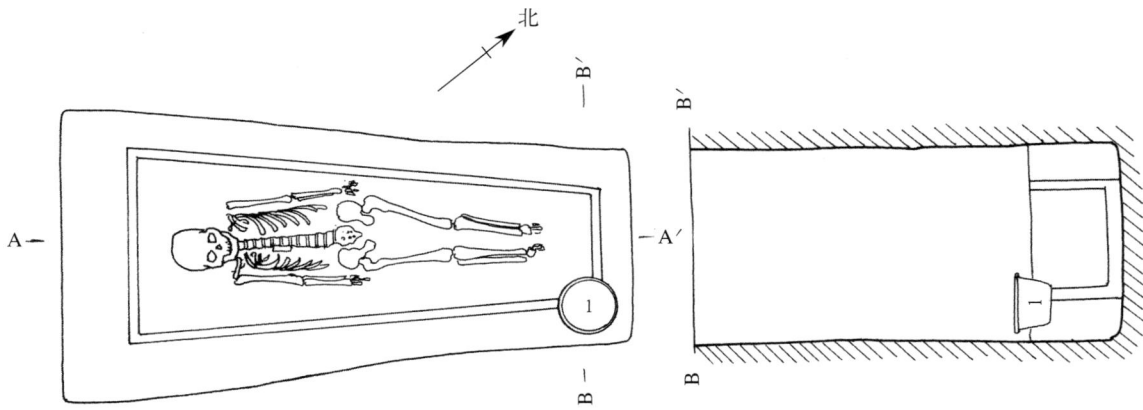

图一四一 2015GNSM11平、剖面图
1.陶盆

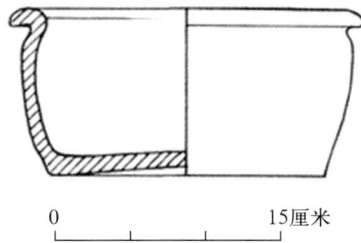

图一四二 陶盆M11：1

五 2015GNSM14

M14 位于水厂墓地发掘区东南，西组第二排最北端，南与 M10 相距 0.5、东南与 M12 相距 2.57 米，所处地势较平坦。

（一）墓葬形制

M14 为竖穴土坑墓，东西向，墓向 260°。平面呈梯形，长 2.1、西端宽 0.8、东端宽 0.5 米（图

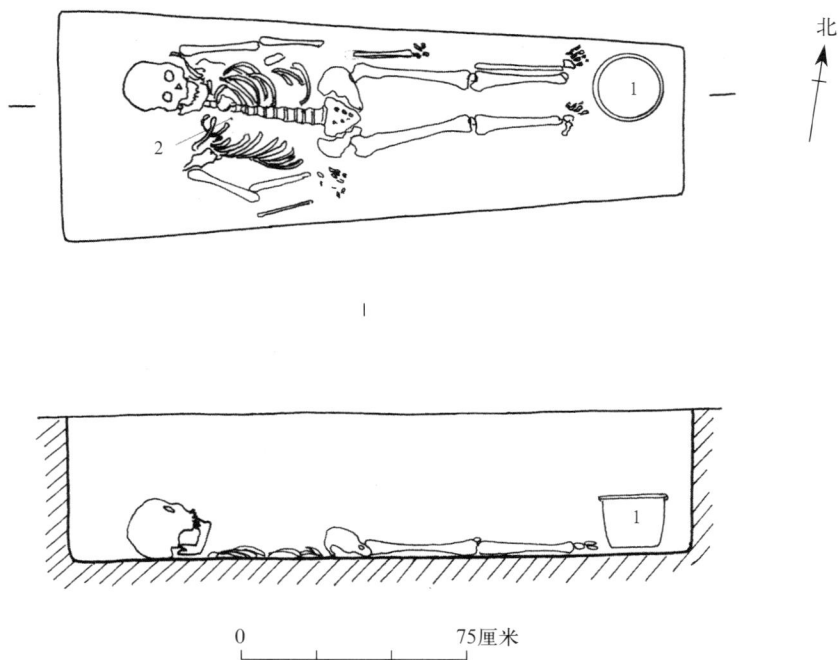

图一四三　2015GNSM14平、剖面图
1.瓷盆　2.铜扣

一四三；彩版六五，2）。墓壁平整，无明显的工具痕迹，平底。墓坑内填五花土，土质较硬，无包含物。

（二）葬式葬具

木棺 1 具，腐朽严重，棺痕平面呈梯形，头宽脚窄，棺长 1.74、宽 0.4 ～ 0.54、棺板厚 5 厘米，木棺周围未发现棺钉。

棺内葬人骨 1 具，保存较差，头偏向西，面向上，仰身直肢葬，双手放于身体两侧，左小臂移位至肱骨处，右臂向外弯曲，双脚自然分开，脚尖向北。经鉴定为 45 岁左右的男性个体。

（三）出土遗物

在墓坑东北角，木棺痕脚挡外放置白瓷盆（M14：1）1 件，人骨胸部发现铜扣 2 件。

1.瓷器

白瓷盆　1 件。

标本 M14：1，器残，白瓷，胎质细腻，色灰白。敛口，圆厚唇，领部和口内沿内壁对应位置内凹，领下方尖突，与腹部结合处形成一周折沿，深腹弧收，平底，矮圈足，足跟较平。满釉，领部和器内壁施白釉，器外壁施黑釉，下腹壁处积釉较厚，釉面光亮，无开片，外底露胎。口径 23.6、底径 15、高 13.5 厘米（图一四四，1）。

2.铜器

铜扣　2 件。

标本 M14：2，1 件纽残，1 件较完整，二者形制大小均相同。扁球形，一端做一水滴形环纽，环纽内一圆形套环。纽直径 0.9、高 1.1、套环直径 0.8 厘米（图一四四，2；彩版六四，4）。

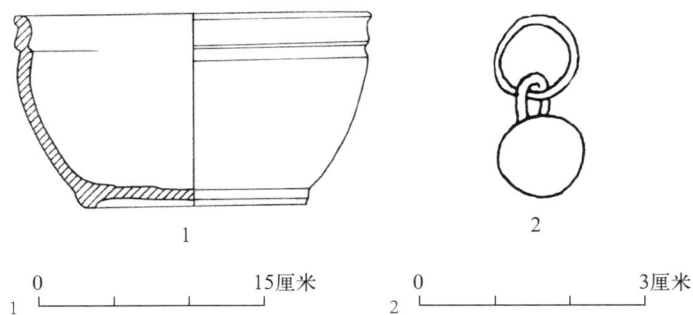

图一四四　2015GNSM14出土遗物

1.白瓷盆M14：1　2.铜扣M14：2

六　2015GNSM18

M18 位于水厂墓地发掘区东南部，与 M6 相距 21 米，地形较平坦。

（一）墓葬形制

M18 为竖穴土坑墓，南北向，墓向 320°。平面近梯形，开口距现地表深 0.5 米，长 2.2、北端宽 0.66、南端宽 0.78、深 1.4 米（图一四五；彩版六六，1）。墓壁垂直，平底，墓坑内填五花土，土质较硬，无包含物。

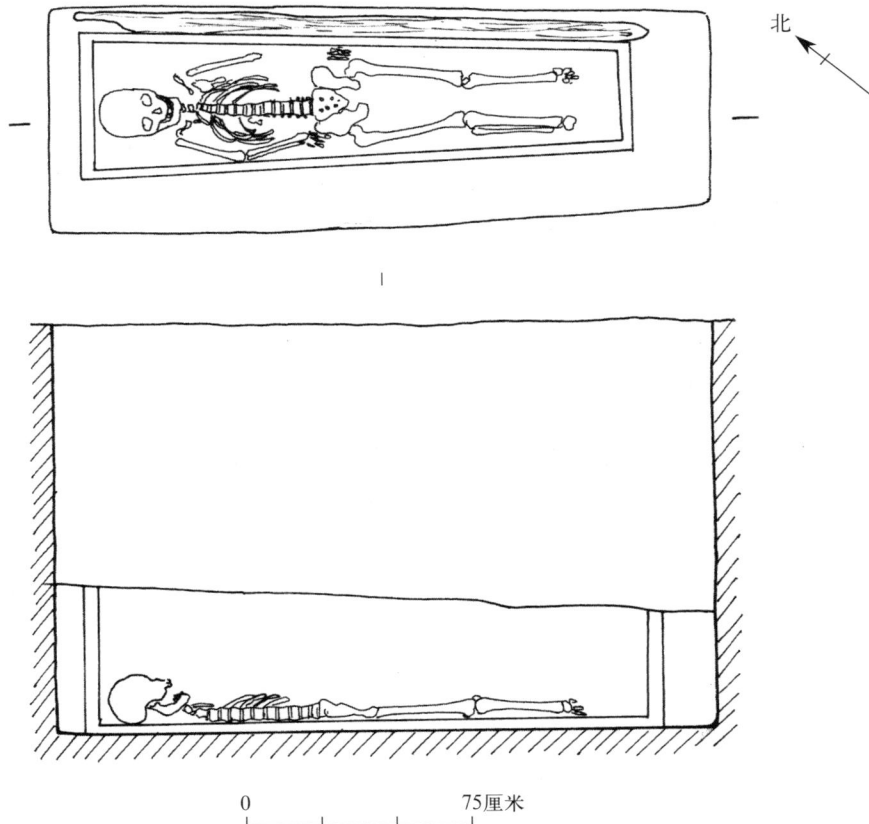

图一四五　2015GNSM18平、剖面图

（二）葬式葬具

棺木 1 具，放置于墓室东北。平面呈梯形，头挡在北。棺盖滑落于木棺东侧，棺盖长 1.92、宽 0.36 ～ 0.528、厚 0.08 米，棺长 1.84、宽 0.38 ～ 0.5、南端残高 0.4、北端残高 0.5 米，板厚 6 厘米。

棺内人骨 1 具，保存较差，仰身直肢葬，头向北，面朝上，双手放于身骨两侧，经鉴定为 35 ～ 40 岁的男性个体。

（三）出土遗物

铁棺钉 30 枚。出土于棺木周围。

铁器

铁棺钉　30 枚（彩版六六，2）。其中有 16 枚残钉，钉身截面均呈方形。另外 14 枚根据有无钉帽可分为两种。

标本 M18：1-1、2，共 3 件，无钉帽，梭形，截面呈方形，中间粗两端呈尖锥状。钉长 10.2 ～ 12.2 厘米（图一四六，1 ～ 3）。

标本 M18：2-1、2，共 11 件，带帽钉，其中 3 件钉子末端残，其余相对比较完整。盖帽呈扁三角形，有两件钉帽外拐，钉身呈四棱锥状。长 7.2 ～ 7.7、钉帽径 1.3 ～ 1.7 厘米（图一四六，4、5）。

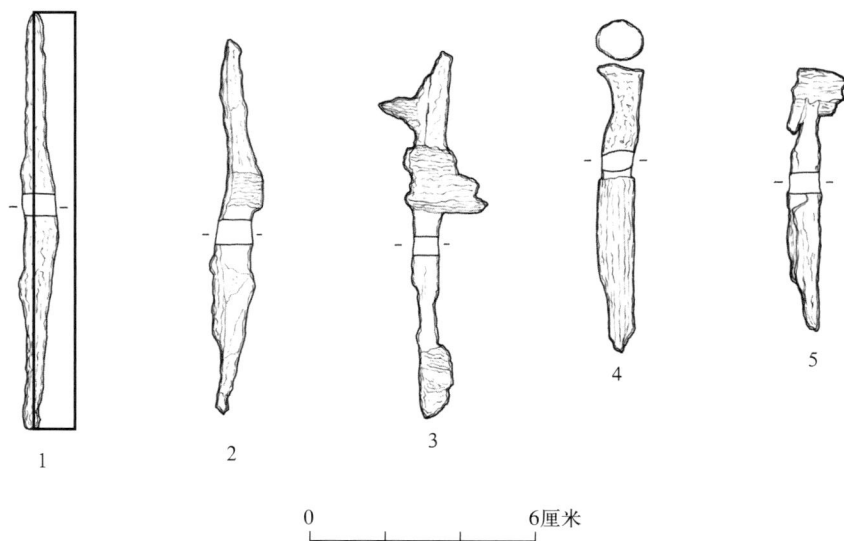

图一四六　2015GNSM18出土铁棺钉
1～5.M18：1-1～3、2-1、2

七　2015GNSM16

M16 位于水厂墓地发掘区东部，北邻 M17，两墓相距约 5 米，所处地势较平坦。

（一）墓葬形制

M16 为坐西朝东竖穴墓道土洞墓，墓向 60°。平面呈"甲"字形。由墓道、墓门、墓室三部分组成，墓葬全长 5.0 米（图一四七；彩版六六，3）。

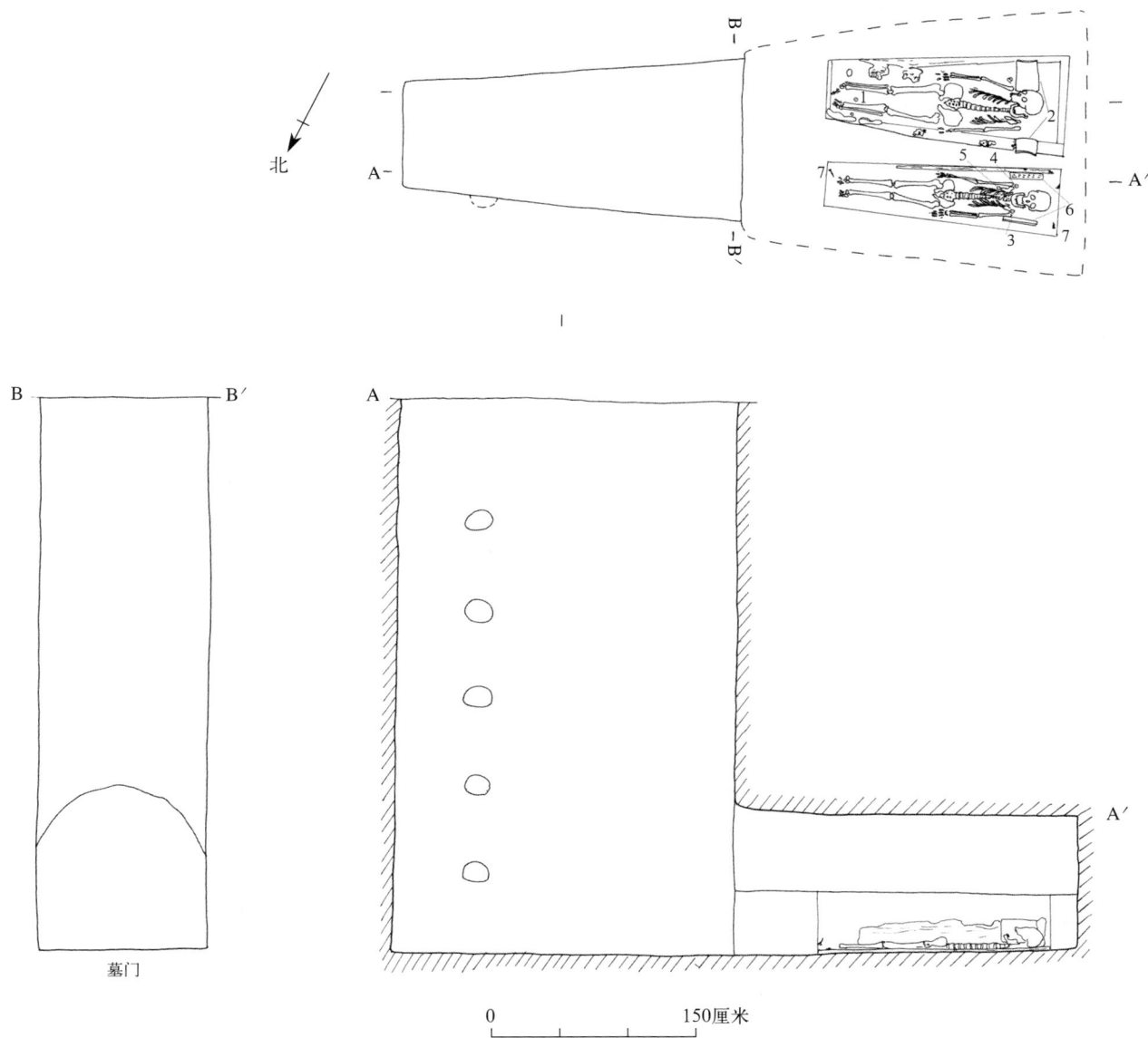

图一四七　2015GNSM16平、剖面图

1.万历通宝　2、6.板瓦　3.元丰通宝　4.开元通宝　5.大观通宝　7.铁棺钉

1.墓道

位于墓葬东侧，开口于现代扰土层下，开口距地表深 0.5 米。平面呈梯形，墓道壁面垂直，上下口等宽，平底。东西长 2.5、东端宽 0.8、西端宽 1.2、深 4.2 米，墓道填黄灰色五花土，土质较软，结构疏松，无包含物。

在墓道东端南北两壁分布有对称的脚窝，南北壁各有 5 个，"一字形"竖向排列，立面均呈椭圆形，踩踏处近平，自上向下按编号分述。

墓道北壁脚窝：

①脚窝　距墓道口 80 厘米，宽 20、高 18、进深 10 厘米。

②脚窝　距①号脚窝 50 厘米，宽 20、高 15、进深 10 厘米。

③脚窝　距②号脚窝 50 厘米，宽 20、高 18、进深 10 厘米。

④脚窝　距③号脚窝 50 厘米，宽 20、高 18、进深 10 厘米。

⑤脚窝　距④号脚窝 50 厘米，宽 20、高 18、进深 10、距墓道底部 54 厘米。

墓道南壁脚窝：

①脚窝　距墓道开口 84 厘米，宽 20、高 16、进深 10 厘米。

②脚窝　距①号脚窝 50 厘米，宽 20、高 15、进深 10 厘米。

③脚窝　距②号脚窝 50 厘米，宽约 20、高 16、进深 10 厘米。

④脚窝　距③号脚窝 50 厘米，宽 20、高 16、进深 10 厘米。

⑤脚窝　距④号脚窝 50 厘米，宽 20、高 16、进深 10、距墓道底 54 厘米。

2. 墓门

系从墓道西壁掏挖而成，墓门较低矮，与墓道西端等宽，向内变宽，拐角处呈弧形。墓门底宽 1.2、高 1.07 米。未发现封门痕迹。

3. 墓室

东西纵向土洞墓室，从墓门向西掏挖而成，平面呈梯形，四壁垂直。长 2.52、东宽约 1.34、西宽 2.00、残高 1.0～1.12 米。墓室底部呈西高东低的缓坡状。

墓室内有明显淤积现象，淤层明显，自北向南倾斜堆积，厚 4～10 厘米，淤土呈黄灰色，土质松软细腻。

（二）葬式葬具

墓室中部北壁下东西向并列放置木棺 2 具，两棺头挡和脚挡方向一致，均头挡朝西（内），足挡朝东（外），两棺间距 0.1～0.32 米，中间填活土。

1 号棺紧邻南壁埋葬，脚挡及北侧挡板均腐朽无存，头挡和南侧挡板尚存，腐朽呈黑褐色颗粒状，从朽迹观察平面呈梯形，头挡夹于南北侧板之间，棺长 1.74、西宽 0.66、东宽 0.40、残高 0.34～0.42 米，板厚 6 厘米。棺内人骨 1 具，头向西，面朝上，仰身直肢，双手置于身体两侧，保存较完整，牙齿磨损度一般，经鉴定为 30 岁左右的女性个体。头骨南北两侧各发现小板瓦 1 件，南侧板瓦紧贴头骨，北侧板瓦相斜靠于棺侧板内，应起到固定头骨的作用，头骨处疑似有枕头。人骨周围放置有 6 块木炭。

2 号棺紧靠北壁埋葬，腐朽严重，仅南壁侧板尚存少许，从腐朽痕迹观察形状为梯形，棺长约 1.72、西宽 0.5、东宽 0.34、残高 0.40～0.47 米，板厚 6 厘米。棺内人骨 1 具，头向西，面朝上，仰身直肢，双手放于身体两侧，保存较为完整，经鉴定为 50 岁左右的男性。头骨左右两侧紧贴棺侧板放置小板瓦各 1 件，头骨距离板瓦 0.1 米，板瓦的上沿与头骨额头部平，应是起到固定头骨的作用，头骨之下似有软枕。

（三）随葬品出土情况

遗物均出土于棺内，共计 19 件，其中 1 号棺内，人小腿骨之间出土万历通宝铜钱 1 枚，陶板瓦 2 件置于头侧。2 号棺出土铜钱 3 枚，1 枚元丰通宝放置在左肩胛骨上，1 枚开元通宝放置在右肩胛骨上，另 1 枚大观通宝出土在右肩胛骨下方，板瓦 2 件置于头左右侧。棺内棺外散布有棺钉 11 枚。

（四）出土遗物

出土有陶器、铜器、铁器等。

1. 陶器

有 4 件板瓦。

板瓦 4 件。均为灰陶，瓦面上宽下窄，外表光素，内面施布纹。

标本 M16：2-1，长 29、上宽 17、下宽 18、厚 1.4 ～ 1.6 厘米（图一四八，1）。

标本 M16：2-2，长 26、上宽 16.2、下宽 13.2、厚 1.3 厘米（图一四八，2）。

标本 M16：6-1，长 26.5、上宽 16、下宽 15、厚 1.2 ～ 1.6 厘米。

标本 M16：6-2，长 26.2、上宽 16.2、下宽 15.5、厚 1.2 ～ 1.7 厘米。

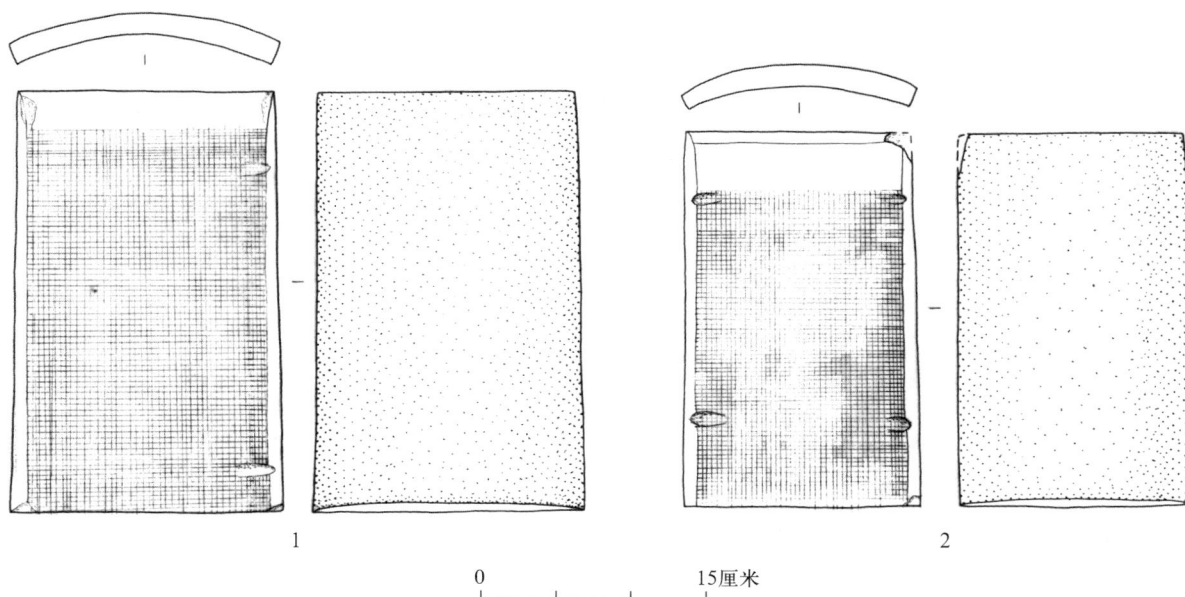

0   15厘米

图一四八 2015GNSM16出土板瓦

1、2. M16：2-1、2

2. 铜器

铜钱 4 枚。1 号棺出土明"万历通宝"1 枚，2 号棺出土有"开元通宝""元丰通宝""大观通宝"。

开元通宝 1 枚。

标本 M16：4，保存较好，铜质较差，钱文"开元通宝"，面背俱有肉好周郭，"开"字间架端庄，左右两竖笔略外撇，"元"字第一横较短，第二横笔左挑，"通"字走字部呈不相连的四顿点，甬上笔开口较大，"寶"字下部"貝"字部为两短横，不与左右竖笔相连。直径 2.4、穿径 0.6、郭宽 0.2、郭厚 0.1 厘米，重 3.7 克（图一四九，1；彩版六七，1 左 1）。

元丰通宝 1 枚。

标本 M16：3，保存较好，铜质较差，钱文"元丰通宝"，旋读，行书，笔画清晰。直径 2.4、穿径 0.5、郭宽 0.3、郭厚 0.1 厘米，重 3.3 克（图一四九，2；彩版六七，1 右 2）。

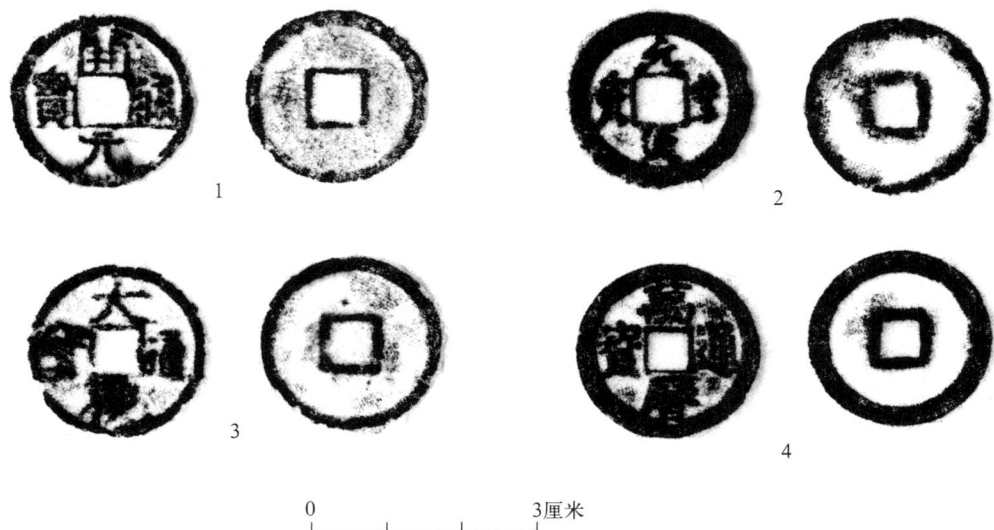

图一四九　2015GNSM16出土铜钱
1.开元通宝M16：4　2.元丰通宝M16：3　3.大观通宝M16：5　4.万历通宝M16：1

大观通宝　1枚。

标本 M16：5，保存较差，铜质差，钱文"大观通宝"对读，楷书，笔画清晰，直径 2.4、穿径 0.6、郭宽 0.15、郭厚 0.1 厘米，重 2.8 克（图一四九，3；彩版六七，1左2）。

万历通宝　1枚。

标本 M16：1，保存完整，铜质较好，钱文"万历通宝"，对读，楷书，笔画清晰。直径 2.4、穿径 0.5、郭宽 0.2、郭厚 0.1 厘米，重 4 克（图一四九，4；彩版六七，1右1）。

3.铁器

铁棺钉　11枚。长方形钉帽，四棱形钉身。

标本 M16：7-1，长 7.3、钉帽径 1.3、钉身径 0.7 厘米（图一五○，1）。

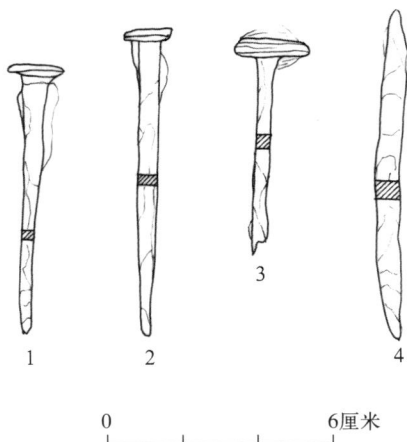

图一五○　2015GNSM16出土铁棺钉
1～4.M16：7-1～4

标本 M16：7-2，长 8.5、钉帽径 1.2、钉身径 0.7 厘米（图一五〇，2）。

标本 M16：7-3，残长 5.7、钉帽径 2、钉身径 0.7 厘米（图一五〇，3）。

标本 M16：7-4，残长 8.9、钉身径 0.7 厘米（图一五〇，4）。

标本 M16：7-5，长 6.2、钉帽径 1.6、钉身径 0.6 厘米。

标本 M16：7-6，长 6.1、钉帽径 1.4、钉身径 0.9 厘米。

标本 M16：7-7，长 8.2、钉帽径 2、钉身径 0.9 厘米。

标本 M16：7-8，残长 8.6、钉身径 1.3 厘米。

标本 M16：7-9，残长 7.7、钉身径 0.5 厘米。

标本 M16：7-10，长 8.9、钉帽径 1.9、钉身径 0.8 厘米。

标本 M16：7-11，长 8.5、钉帽径 1.4、钉身径 1 厘米。

八　2015GNSM17

M17 位于水厂墓地发掘区东部，南邻 M16，两墓相距约 5 米，地势较平坦。

（一）墓葬形制

该墓为坐西朝东竖穴墓道洞室墓，墓向 65°。平面近"日"字形。由墓道、墓门、墓室组成，墓葬全长 3.8 米（图一五一；彩版六七，3）。

1. 墓道

位于墓室东端，开口于现代扰土层下，墓口距地表深 0.5 米。开口平面呈梯形，东西长 2.0、东端宽 0.76、西端宽 0.9、深 4.0 米，底距地表 4.5 米，墓道壁面平直，上下底同宽，底面平整。墓道填土为黄灰色五花土，土质软，结构疏松，无包含物。

在墓道东端南北两壁向内掏挖对称的脚窝，两壁均有 7 个，"一字形"自上向下竖向排列，立面均呈椭圆形，踩踏处近平，自上向下按编号分述。

墓道北壁脚窝：

①脚窝　距墓道开口 44 厘米，宽 20、高 12、进深 10 厘米。

②脚窝　距①号脚窝 64 厘米，宽 20、高 14、进深 10 厘米。

③脚窝　距②号脚窝 42 厘米，宽 20、高 10、进深 10 厘米。

④脚窝　距③号脚窝 22 厘米，宽 18、高 10、进深 10 厘米。

⑤脚窝　距④号脚窝 38 厘米，宽 18、高 10、进深 10 厘米。

⑥脚窝　距⑤号脚窝 32 厘米，宽 20、高 10、进深 10 厘米。

⑦脚窝　距⑥号脚窝 36 厘米，宽 20、高 11、进深 10、距墓道底 47 厘米。

墓道南壁脚窝：

①脚窝　距墓道开口 30 厘米，宽 20、高 12、进深 10 厘米。

②脚窝　距①号脚窝 26 厘米，宽 20、高 12、进深 10 厘米。

③脚窝　距②号脚窝 60 厘米，宽约 20、高 12、进深 10 厘米。

④脚窝　距③号脚窝 30 厘米，宽 20、高 14、进深 10 厘米。

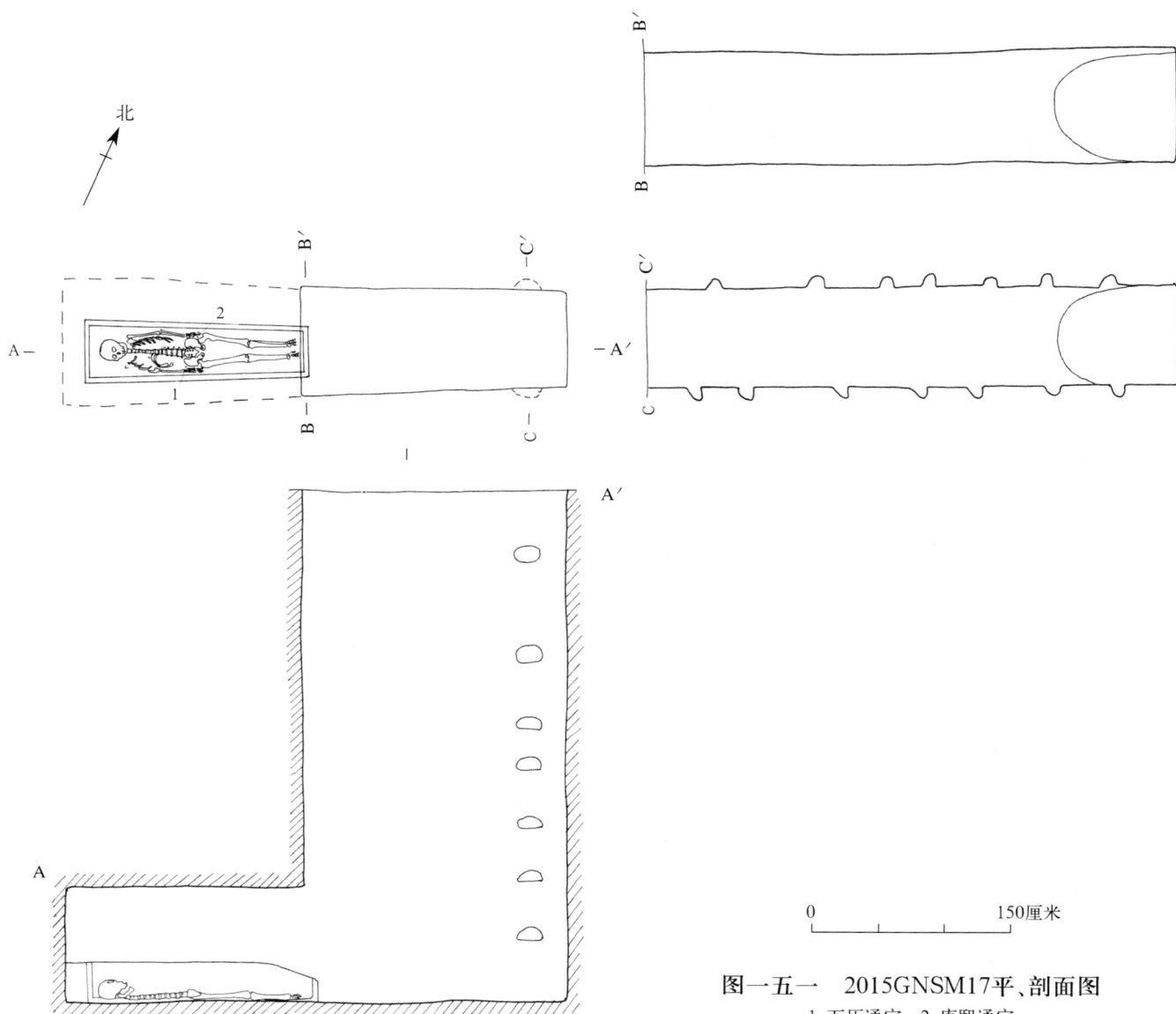

图一五一　　2015GNSM17平、剖面图
1.万历通宝　2.康熙通宝

⑤脚窝　距④号脚窝 50 厘米，宽 20、高 12、进深 10 厘米。

⑥脚窝　距⑤号脚窝 46 厘米，宽 20、高 10、进深 10 厘米。

⑦脚窝　距⑥号脚窝 46 厘米，宽 20、高 12、进深 10、距墓道底 38 厘米。

2.墓门

从墓道西壁掏挖而成，墓门较低矮，比墓道西端内收 5 厘米，向内变宽，拐角处呈弧形。墓门底宽 0.84、高 0.89 米。未见封门痕迹。

3.墓室

为东西方向的纵向土洞墓室，平面呈梯形，四壁垂直，长 1.8、东宽约 0.85、西宽 1.0、高 0.9 米。墓室底部与墓道底相平。

墓室内有明显的淤积现象，淤层明显，自北向南部倾斜堆积，土色为黄灰色，土质软、细腻，结构疏松，厚 4～8 厘米。

（二）葬式葬具

墓室中部木棺 1 具，腐朽严重，南侧挡板尚存少部分，可见明显的木质纹理，从朽木痕迹观察平面呈梯形，在棺木周围出土较多棺钉。棺长约 1.7、西宽 0.5、东宽 0.4、残高 0.3 米，板厚 6 厘米。

棺内人骨 1 具，头向西，面向上，仰身直肢，双手放于身体两侧，保存较完整，牙齿磨损较轻，右侧肋骨残断，应系墓室坍塌所致，经鉴定墓主为一位年龄 20～25 岁的女性。

（三）出土遗物

铜钱 2 枚均出土于人骨腰部，铁棺钉散落在木棺周围。

1. 铜器

铜钱　2 枚。1 枚"万历通宝"，1 枚"康熙通宝"。

万历通宝　1 枚。

标本 M17：1，保存完整，铜质较好，钱文"万历通宝"，对读，楷书，笔画模糊。直径 2.4、穿径 0.5、郭宽 0.2、郭厚 0.1 厘米，重 3.3 克。

康熙通宝　1 枚。

标本 M17：2，保存较好，铜质较差，钱文"康熙通宝"，对读，楷书，正背面锈蚀严重。直径 2.6、穿径 0.5、郭宽 0.12、郭厚 0.1 厘米，重 3.9 克。

2. 铁器

铁棺钉　10 枚。长方形钉帽，四棱形钉身。

标本 M17：3-1，残长 10、钉帽径 1.6、钉身径 0.7 厘米（图一五二，1）。

标本 M17：3-2，残长 8.2、钉身径 1 厘米（图一五二，2）。

标本 M17：3-3，长 8.5、钉帽径 1.5、钉身径 0.8 厘米（图一五二，3）。

标本 M17：3-4，残长 6.8、钉帽径 1.2、钉身径 0.8 厘米。

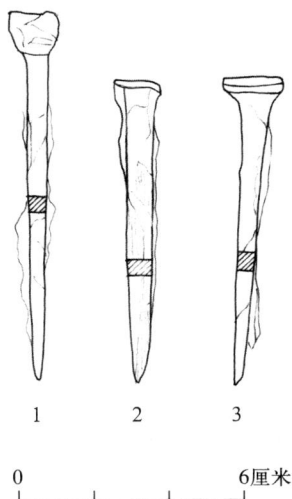

图一五二　2015GNSM17出土铁棺钉
1～3.M17：3-1～3

标本 M17：3-5，长 7.9、钉帽径 1.2、钉身径 0.6 厘米。

标本 M17：3-6，残长 7.5、钉身径 0.6 厘米。

标本 M17：3-7，残长 7.5、钉身径 0.6 厘米。

标本 M17：3-8，残长 6.2、钉帽径 0.7、钉身径 0.8 厘米。

标本 M17：3-9，长 7.7、钉帽径 1.7、钉身径 0.7 厘米。

标本 M17：3-10，残长 8、钉帽径 1.3、钉身径 1 厘米。

九　2015GNSM19

M19 位于水厂墓地发掘区东南角，东邻 M20，两墓相距约 1.2 米。

（一）墓葬形制

该墓为坐北朝南竖穴墓道土洞墓，墓向 190°。平面呈"日"字形。由墓道、墓门、墓室组成，墓葬全长 3.61 米（图一五三；彩版六八，1）。

1. 墓道

位于墓室南端，开口于现代扰土层下，墓口距地表深 0.7 米。开口平面呈梯形，南北长 2.0、南宽 0.66、北宽 0.8 米，底距地表 3.0 米，墓道壁面垂直，上下口等同，底面平整。墓道内填土

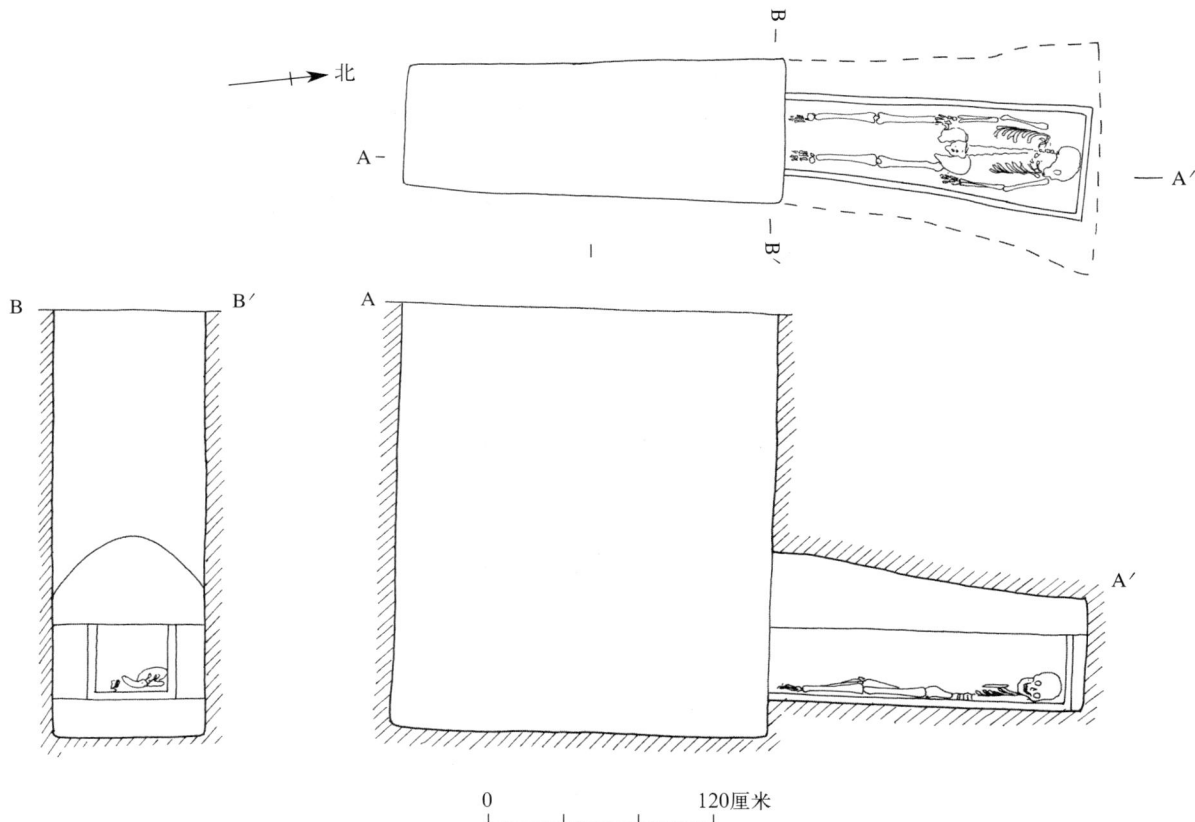

图一五三　2015GNSM19平、剖面图

为黄灰色五花土，土质较软，结构疏松，无包含物。

2.墓门

在墓道北壁掏挖而成，墓门较低矮，墓室口与墓道北端等宽，向内变逐渐加宽，墓门底宽 0.81、高 0.75 米。未发现封门迹象。

3.墓室

为南北纵向洞室，平面呈梯形。四壁垂直，长 1.68、南宽 0.80、北宽 1.27、高 0.60 ～ 0.80 米。墓室口与墓道北端等宽，墓室底部平整，高于墓道底部 0.2 米。

墓室内有明显淤泥堆积现象，淤层明显，自北向南倾斜状堆积，土色灰黄，土质较软，结构疏松。

（二）葬具及葬式

墓室中部南北向放置木棺 1 具，腐朽严重，据朽痕可知木棺平面呈梯形，未见使用棺钉的现象，应为榫卯结构，棺长约 1.6、北宽 0.64、南宽 0.46、残高 0.4 米，板厚 4 厘米。

棺内人骨 1 具，头向北，面朝东，仰身直肢，双手置于体侧，双脚自然分开，经鉴定墓主为年龄 35 ～ 40 岁的男性。

（三）出土遗物

无随葬器物出土。

一〇　2015GNSM20

M20 位于水厂墓地发掘区的东南角，西邻 M19，两墓相距约 1.2 米，地势较为平坦。

（一）墓葬形制

该墓为坐东朝西的竖穴墓道洞室墓，墓向 230°。平面近"日"字形，由墓道、墓门、墓室组成，墓葬全长 3.90 米（图一五四；彩版六八，2）。

1.墓道

位于墓葬南端，开口于现代扰土层下，开口距地表深 0.7 米，开口平面呈梯形，东西长 2.0、西宽 0.56、东宽 0.8 米，底距地表 3.4 米，墓道壁面垂直，上下底等大，墓底平整。墓道内填五花土，土质疏松，无包含物。

2.墓门

在墓道东壁上掏挖而成，墓口与墓道东端等宽，向内逐渐加宽，墓门底宽 0.78、高 0.81 米。

3.墓室

为东西纵向土洞室，平面呈梯形，四壁垂直，墓室周壁稍有垮塌，长 2.0、西宽 0.80、东宽 1.1、高 0.80 米。墓室底部东高西底，高差 0.1 米。

墓室内有明显淤积现象，淤层明显，自北向南部倾斜，土色灰黄，土质松软细腻，质地疏松，厚 4 ～ 10 厘米。

（二）葬具及葬式

墓室中部木棺 1 具，腐朽严重，棺痕平面呈梯形，未见使用棺钉的现象，应为榫卯结构。棺长约 1.97、西宽 0.44、东宽 0.64、残高 0.2 ～ 0.4 米，板厚 4 ～ 5 厘米。

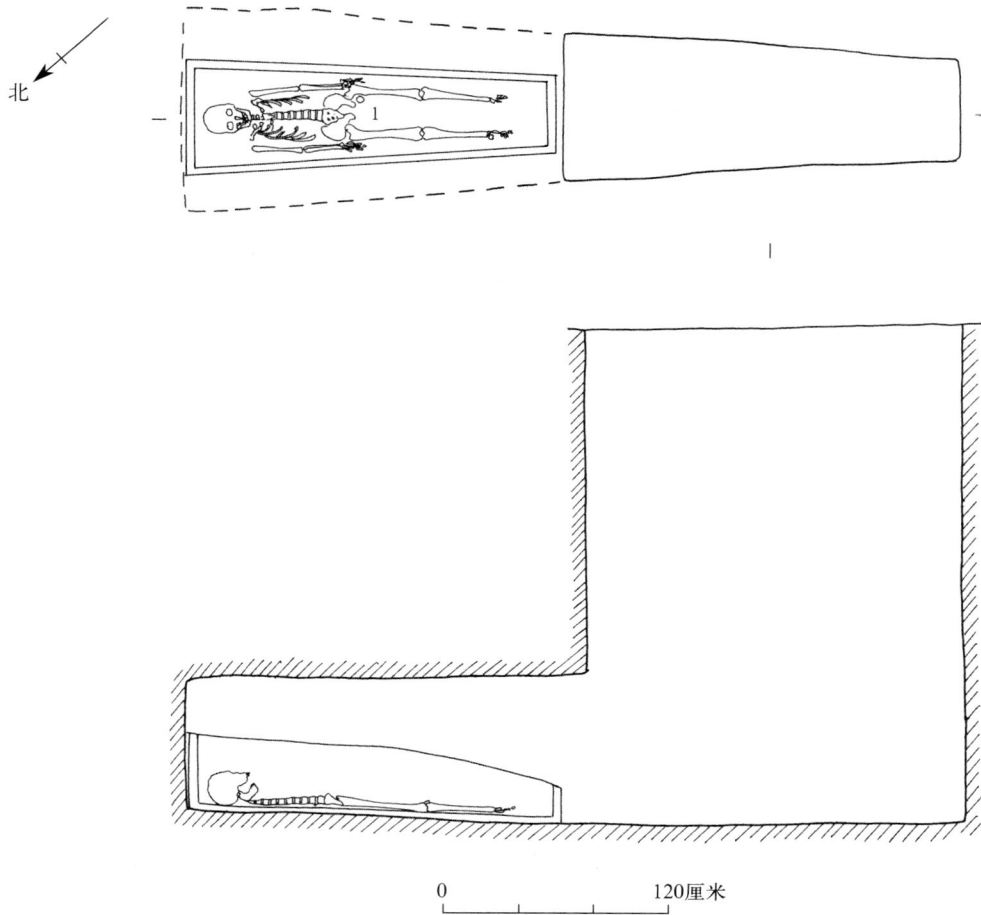

图一五四　2015GNSM20平、剖面图
1.顺治通宝

棺内人骨 1 具，头向东，面朝上，仰身直肢，双手放于身体两侧，双脚向前直伸自然分开，保存较为完整，经鉴定为一位年龄约 35 岁左右的女性。

（三）出土遗物

在人骨腰部下方发现铜钱 1 枚。

顺治通宝　1 枚。

标本 M20：1，正面钱文"顺治通宝"，背面锈蚀严重。直径 2.3、穿径 0.5、郭宽 0.2 厘米，重 3.2 克（彩版六七，2）。

第五章　人骨研究

第一节　杨家庄墓地出土人骨研究

杨家庄墓地位于宁夏回族自治区固原市原州区开城镇杨家庄村北的农田中,东北距固原市约5千米。2008年"西气东输"二线管线从此处经过,前期钻探中发现此处为一处较为密集的墓葬区。2009年4～7月,宁夏文物考古研究所对该墓地进行抢救性发掘,发掘西汉～明代墓葬15座,出土陶器、铜器、铁器、石器等遗物数百件,为研究固原地区历史、经济、文化等提供了一批重要的历史资料。2015年6月,应宁夏回族自治区文物考古研究所之邀,本人对该批人骨进行了性别年龄鉴定(鉴定结果见表九),并对其中保存较完整的4例(男性1例,女性3例)成年个体的颅骨标本进行了人类学测量与形态观察工作(表一〇),各项测量与观察参照《人体测量方法》[1]和《人体测量手册》[2]中的各项标准,现将研究结果报告如下。

一　形态观察与测量分析

1. 2009GYM8(**女性**,**30～35岁**,**汉代**)

颅骨保存较为完整,颅形卵圆,前额平直,眉弓突度中等,额中缝全(彩版六九,上)。颅顶缝前囟段、顶段均为微波型,顶孔段和后段为锯齿型,翼区 H 型,乳突中等,枕外隆突显著,颅顶部矢状嵴发育显著,眼眶方形,梨状孔形态为心形,下缘鼻前窝型,鼻前棘呈 Broca Ⅱ 级,犬齿窝显著,鼻根凹陷中等,颧颌下缘转角处欠圆钝,颧弓粗壮,颧骨缘结节明显。腭形为 U 形,无腭圆枕,下颏呈圆形,下颌角外翻,无下颌圆枕。

颅长宽指数78.6,为接近圆颅的中颅型;颅长高指数71.1,为接近低颅的正颅型。颅宽高指数90.4,为接近中颅的阔颅型;额宽指数66.6,为接近狭额的中额型;颅面垂直指数(sd)57.2;上面指数(pr)53.0,属于中上面型。鼻根指数32.2,鼻指数52.8,属于接近中鼻型的阔鼻型;眶指数Ⅰ(L)80.0,为中眶型;腭指数76.6为狭腭型;面突指数102.5,接近突颌的中颌型;总面角83.0°为中颌型;齿槽面角73.0°为突颌型。鼻颧角151.0°,显示该颅骨具有较大的上面部扁平度。

2. 2009GYM15(**女性**,**25±**,**汉代**)

颅骨保存较为完整,未见下颌骨。颅形椭圆,前额平直,眉弓突度较弱,无额中缝(彩版六九,下)。颅顶缝前囟段微波型,顶段、顶孔段为锯齿型,翼区 H 型,乳突较小,枕外隆突中等,

---

[1]　吴汝康、吴新智,张振标:《人体测量方法》,科学出版社,1984年,第14、15页。

[2]　邵象清:《人体测量手册》,上海辞书出版社,1985年,第34～56页。

颅顶部矢状嵴无，眼眶斜方形，梨状孔形态为梨形，下缘锐型，鼻前棘呈 Broca Ⅲ 级，犬齿窝中等，鼻根凹陷 Ⅰ 级，颧颌下缘转角处欠圆钝，颧弓较细。腭形为 U 形，无腭圆枕。

颅长宽指数 73.2，为接近中颅的长颅型；颅长高指数 69.6，为接近正颅的低颅型；颅宽高指数 95.0，为中颅型。额宽指数 68.3，为接近阔额的中额型。颅面垂直指数（sd）57.2；上面指数（pr）56.6，属于狭上面型。鼻根指数 30.0，鼻指数 43.6，属于狭鼻型；眶指数 Ⅰ（L）88.6，为高眶型。腭指数 95.6 为阔腭型；面突指数 94.2，为正颌型；总面角 83.0° 为中颌型；齿槽面角 76.0° 为突颌型；鼻颧角 141°，显示该颅骨具有中等偏小的上面部扁平度。

杨家庄墓地颅骨的 2 例女性非测量性观察特征可以概括为：女性颅型为卵圆和椭圆两类，眉弓中度或发育较弱、前额较平直、乳突发育中等或偏弱等。总结该墓地颅骨标本的测量性体质特征，我们发现大部分个体的颅长宽指数位于中颅或接近中颅的长颅型，颅长高指数反映出的颅型特征为正颅或接近正颅的低颅型，颅宽高指数多为中颅型或者接近中颅的阔颅型，额宽指数多为接近狭额的中额型，总面角显示多为中颌型，齿槽面角为突颌型，鼻颧角显示具有较大的上面部扁平度或者中等偏小的上面部扁平度。鉴于 2 例汉代组颅骨标本上所反映出的简单的颅顶缝、欠发达的眉弓突度和鼻根凹、颇为扁平的面部形态、转角处欠圆钝的颧骨上颌骨下缘等特点，我们认为杨家庄墓地汉代组颅骨应归属于亚洲蒙古人种的范围。

3. 2009GYM9（男性，20～25岁，明代）

颅骨保存较为完整，颅形椭圆，前额较为倾斜，眉弓和眉间突度中等，无额中缝（彩版七〇，上）。颅顶缝前囟段、顶孔段、后段均为微波型，顶段为锯齿型，翼区 H 型，乳突较大，枕外隆突呈喙状，颅顶部矢状嵴发育不明显，眼眶斜方形，梨状孔形态为梨形，下缘锐型，鼻前棘呈 Broca Ⅲ 级，犬齿窝中等，鼻根点略有凹陷，颧颌下缘转角处欠圆钝，颧骨缘结节明显。腭形为 U 形，无腭圆枕，下颏呈方形，下颌角外翻，无下颌圆枕。

颅长宽指数 68.8，为接近长颅的特长颅型；颅长高指数 73.0，为正颅型；颅宽高指数 106.2，为狭颅型。额宽指数 76.1，为阔额型。鼻根指数 38.9，鼻指数 40.6，属于狭鼻型；眶指数 Ⅰ（L）87.3，为高眶型。腭指数 97.9 为阔腭型；鼻面角 84.0°；齿槽面角 84.0° 为中颌型；鼻颧角 141.5°，显示该颅骨具有中等偏小的上面部扁平度。

4. 2009GYM10（女性，成年，明代）

颅骨保存较为完整，下颌骨破损严重。颅形卵圆，前额平直，眉弓突度较弱，额中缝无（彩版七〇，下）。颅顶缝前囟段和后段愈合，顶段、顶孔段均为锯齿型，翼区 H 型，乳突小，枕外隆突稍显，颅顶部矢状嵴无，眼眶圆形，梨状孔形态为梨形，下缘锐型，鼻前棘处破损，犬齿窝较弱，鼻根凹陷 Ⅰ 级，颧颌下缘转角处欠圆钝，颧弓较细。腭形为 U 形，无腭圆枕，下颏呈圆形，下颌角直形，无下颌圆枕。

颅长宽指数 78.4，为接近圆颅的中颅型；颅长高指数 76.0，为高颅型；颅宽高指数 97.0，为接近狭颅的中颅型。额宽指数 66.5，为接近狭额的中额型。鼻根指数 27.0，鼻指数 54.3，属于阔鼻型；眶指数 Ⅰ（L）85.0，为接近中眶型的高眶型。总面角 83.0° 为中颌型；鼻颧角 147.5°，显示该颅骨具有中等的上面部扁平度。

二　讨论与小结

1.讨论

杨家庄汉墓以洞室墓为主，墓道均较狭长，墓室则较小，葬式均为单人葬，仰身直肢，头向多向墓道。随葬品以陶器为大宗，有陶罐、陶灶等，多座墓随葬羊骨等动物骨骼，整体而言，杨家庄汉墓的文化特征与同时期中原地区的汉墓基本一致。匈奴问题一直是两汉时期的边防要害，据历史文献记载，汉朝对西北边境曾进行多次大规模的移民，武帝时期就有三次，其中，元狩四年（公元前119年），关东地区因连年水灾，流民亟待安置，《史·平准书》记载"乃徙贫民于关以西，及充朔方以南新秦中，七十余万口"，据《汉书·武帝纪》，这次移民主要的移入地是"陇西、北地、西河、上郡、会稽"，这也是对西北边疆移民人数中最多的一次，固原杨家庄地区正处于西汉时期的新秦中、北地郡境内[1]。汉代中央政府对该地区实行的长期的"徙民实边"政策，无疑促进了中原文化在宁夏地区的传播和文化的交流与融合，对该地区的考古学文化产生了影响。

固原位于宁夏南部的六盘山地区，地处黄河流域的农耕人群和草原游牧畜养人群之间的文化碰撞、交流、融合之地，在此生活的古代居民种族属性也比较复杂，是东亚蒙古人群和北亚蒙古人群类型的交错地带。东周时期，一类与现代北亚类型居民体质特征相似的"古蒙古高原类型"的游牧人群出现在宁夏地区，例如：宁夏固原彭堡组[2]、中庄东周组[3]、永昌三角城组、九龙山东周组[4]等，这些居民的体质特征表现为圆颅、正颅、阔颅型相结合的颅型特点，颇大的颧宽绝对值和中等偏大的上面部扁平度等一系列特点，且这种类型的居民在宁南地区多有出现，且与新石器时代活跃在该地的"古西北类型"差异显著。宁夏汉代墓地的人骨资料发表较少，以中卫常乐等墓地的居民体质特征[5][6]与东周时期该地的游牧人群差异较大，与蒙古人种中的东亚类型较为接近，更进一步说与自先秦时期就一直活动在黄河中下游地区的"古中原类型"有较多的相似性，表现为以偏长的中颅型以及高而偏狭的颅型，中等偏狭的面宽和中等的上面部扁平度，低面、阔鼻倾向，推测中卫常乐墓地居民为一支屯边固土的移民，这与汉代对匈奴的驱逐及移民政策有关。

从杨家庄墓地出土2例汉代女性人骨的观察和测量特征来看，2例女性标本的个体差异较大，其女性组平均值显示为偏长的中颅型（75.9），偏低的正颅（70.35），偏阔的中颅型（92.7），面颅特征为接近狭上面的中上面型（54.8），中鼻型（48.2），中眶型（84.3），阔腭（86.1），中颌（83.0°），中等的上面部扁平度（146.0）。从这2例汉代女性居民的状况分析，以中颅、长颅结合中颅、正颅，不同于东周时期活跃在该地的圆颅、阔颅的北亚类型，也不完全等同于东亚的高颅、狭颅，整体而言，相比于生活在该地的东周居民，杨家庄墓地汉代居民在颅型上有更长、更狭的倾向，面部也更为狭窄、中鼻，具有中等的面部扁平度，但其颅长高指数依然为正颅。杨家庄墓地居民独特

[1] 葛剑雄：《西汉人口地理》，商务印书馆，2014年。

[2] 韩康信：《宁夏彭堡于家庄墓地人骨种系特点之研究》，《考古学报》1995年第1期。

[3] 张全超、朱泓：《宁夏彭阳县中庄墓地出土人骨研究》，《王大户与九龙山——北方青铜文化墓地》，文物出版社，2016年，第456~458页。

[4] 张全超、周亚威、韩涛等：《宁夏固原九龙山墓地东周时期人骨研究》，《王大户与九龙山——北方青铜文化墓地》，文物出版社，2016年，第618~622页。

[5] 韩康信、谭靖泽：《中卫—中宁汉代人骨研究》，《宁夏古人类学研究报告集》，科学出版社，2009年，第80~84页。

[6] 韩康信、谭靖泽：《中卫宣河、常乐汉代人骨》，《宁夏古人类学研究报告集》，科学出版社，2009年，第102~103页。

的体质特征类型可能是东周时期当地游牧蓄养人群与中原移民不断交流融合的结果，呈现混合的体质特征。杨家庄汉代组居民与该地区东周时期游牧蓄养类型的古代居民在体质特征上存在较大差异，暗示了宁南地区东周～汉代这一时期可能存在人群上的迁徙与文化上的交流与传播。

杨家庄墓地明代保存完好的有2例人骨，其中男性个体的基本形态为接近长颅的特长颅型（68.8）、正颅型（73.0）、狭颅型（106.2），代表长、正而狭窄的脑颅。面颅特征为阔额（76.1）-狭鼻（40.6）-高眶（87.3）-中等偏小的上面部扁平度（141.5°），较大的颧骨宽（29.0），绝对面宽（140.0），其与自东周时期在此地活动的以圆颅、正颅、阔颅为特征的游牧人群体质特征差异也较大。宁夏地区明清时期的人骨资料也相对较少，目前已公开发表有固原九龙山和南塬墓地中的明清时期人骨资料，近年发掘的固原南塬水厂墓地中也有明清时期人骨出土。在汉唐至西夏、金、元及明清时期，宁夏地区古代居民的种族类型渐趋单一和稳定，由于各人群长期的聚居融合，已难以再用先秦时期的区域人种类型来加以划分，故用接近现代蒙古人种东亚或北亚类型来概括。宋、金、元及明清时期发现的人骨材料明显少于汉唐时期，所反映出的人种类型也相对简单。汉唐再到后来的历史时期，各人群已经融合繁衍了很多年，目前发现的宋、金、元及明清时期的人群总体上以近东亚类型和近北亚与东亚的融合类型为主，已没有再细分区域人种类型的必要。

2. 小结

杨家庄墓地出土的能够测量的标本非常有限，时代跨度也比较大，本文将保存完好的人骨材料进行测量和描述，希望能对该地区居民的体质类型以及人群间的交流融合等问题研究希望有一定的帮助。

表九　杨家庄墓地性别年龄鉴定一览表

序号	墓葬编号	性别	年龄
1	2009GYM3	男	30±
2	2009GYM4	男	成年
3	2009GYM5	男	20~25
4	2009GYM6	不详	30±
5	2009GYM7	男	30~35
6	2009GYM8	女	30~35
7	2009GYM9	男	20~25
8	2009GYM10	女	成年
9	2009GYM11	男	35~40
10	2009GYM12	女	35~40
11	2009GYM13	男	20~25
12	2009GYM14	男	35~40
13	2009GYM15	女	25±

表一〇　杨家庄墓地颅骨个体测量表

（长度：毫米；角度：度；指数：%）

马丁号	测量项目	M9	M8	M10	M15
1	颅长 (g-op)	189.0	173.0	171.0	179.0
5	颅基底长 (ba-n)	108.0	90.0	96.0	90.0
8	颅宽 (eu-eu)	130.0	136.0	134.0	131.0
9	最小额宽 (ft-ft)	98.9	90.6	89.1	89.4
11	耳点间径 (au-au)	130.0	121.0	114.0	125.0
12	枕骨最大宽 (ast-ast)	112.2	104.0	118.8	111.0
7	枕大孔长 (ba-o)	38.7	34.1	33.3	34.7
16	枕骨大孔宽	31.7	27.0	26.7	27.7
17	颅高 (ba-b)	138.0	123.0	130.0	124.5
21	耳上颅高 (po-v)	116.0	106.5	107.0	106.0
23	颅周长 (g-op-g)	534.0	502.0	506.0	504.0
24	颅横弧 (po-b-po)	315.0	305.0	311.0	300.0
25	矢状弧 (arcn-o)	366.0	359.0	359.0	362.0
26	额矢弧 (arcn-b)	126.0	118.0	130.0	125.0
27	顶矢弧 (arcb-l)	118.0	125.0	111.0	123.0
28	枕矢弧 (arcl-o)	122.0	116.0	118.0	114.0
29	额矢弦 (chordn-b)	114.4	101.8	102.9	106.9
30	顶矢弦 (chordb-l)	109.7	111.0	102.3	112.6
31	枕矢弦 (chordl-o)	98.1	90.9	98.1	93.2
40	面基底长 (enba-pr)	—	92.3	—	84.8
43	上面宽 (fmt-fmt)	106.4	98.0	97.8	90.5
44	两眶宽 (ek-ek)	98.3	93.6	94.1	87.8
45	颧宽 (zy-zy)	140.0	131.0	—	122.0
46	中面宽 (zm-zm)	112.3	102.4	98.0	91.4
47	全面高 (n-gn)	134.9	110.4	—	—
48	上面高 (n-pr)	—	69.4	—	69.0
	上面高 (n-sd)	—	70.4	—	71.2
50	眶间宽 (mf-mf)	14.2	15.7	18.6	13.7
51	眶宽 (mf-ek) L	43.8	38.9	40.8	40.8
	眶宽 (mf-ek) R	45.1	41.5	39.3	39.4

马丁号	测量项目	M9	M8	M10	M15
51a	眶宽（d-ek）L	–	36.4	38.2	37.3
	眶宽（d-ek）R	–	38.0	38.1	36.1
52	眶高　L	38.4	30.8	34.7	36.2
	眶高　R	38.8	30.3	35.1	37.1
MH	颧骨高（fmo-zm）L	46.7	41.4	43.4	47.7
	颧骨高（fmo-zm）R	47.8	42.1	43.2	45.1
MB	颧骨宽（zm-rim.Orb.）L	29.0	24.5	24.9	24.3
	颧骨宽（zm-rim.Orb.）R	29.3	24.8	23.1	22.4
54	鼻宽	23.7	26.3	25.4	21.9
55	鼻高（n-ns）	58.4	49.8	46.7	50.2
SC	鼻最小宽	5.7	8.7	10.4	4.9
SS	鼻最小宽高	2.2	2.8	2.8	1.5
60	齿槽弓长	–	43.7	–	43.7
61	齿槽弓宽	71.1	59.3		58.3
62	腭长（ol-sta）	47.0	47.2	–	38.6
63	腭宽（enm-enm）	43.1	36.1	–	36.9
FC	两眶内宽（fmo-fmo）	101.9	91.2	93.6	83.1
FS	鼻根点至两眶内宽之矢高（sub.fmo-n-fmo）	16.5	11.0	13.8	11.0
DC	眶间宽（d-d）	–	22.9	22.2	18.1
32	额侧角Ⅰ（n-m-FH）	69.0	85.0	83.0	80.0
	额侧角Ⅱ（g-m-FH）	62.0	82.0	80.0	77.0
	前囟角（g-b-FH）	43.0	48.0	40.0	44.0
72	总面角（n-pr-FH）	–	83.0	–	83.0
73	鼻面角（n-ns-FH）	84.0	86.0	81.0	85.0
74	齿槽面角（ns-pr-FH）	–	73.0	–	76.0
75	鼻尖角（n-rhi-FH）	–	–	76.0	–
77	鼻颧角（fmo-n-fmo）	141.5	151.0	147.5	141.0
	颧上颌角（zm-ss-zm）	125.0	134.0	–	123.0
	鼻梁角	–	–	–	–
面三角	上齿槽点角（n-pr-ba）	–	66.3	–	70.4
	鼻根点角（ba-n-pr）	–	68.2	–	62.4

马丁号	测量项目	M9	M8	M10	M15
	基底角（pr–ba–n）	–	45.5	–	47.2
8 : 1	颅指数	68.8	78.6	78.4	73.2
17 : 1	颅长高指数	73.0	71.1	76.0	69.6
17 : 8	颅宽高指数	106.2	90.4	97.0	95.0
9 : 8	额宽指数	76.1	66.6	66.5	68.3
16 : 7	枕骨大孔指数	81.9	79.1	80.1	79.7
40 : 5	面突指数	–	102.5	–	94.2
48 : 17	颅面垂直指数（pr）	–	56.4	–	55.4
	颅面垂直指数（sd）	–	57.2	–	57.2
48 : 45	上面指数（pr）	–	53.0	–	56.6
	上面指数（sd）	–	53.7	–	58.4
48 : 46	中面指数（pr）	–	67.8	–	75.5
	中面指数（sd）	–	68.7	–	77.9
54 : 55	鼻指数	40.6	52.8	54.3	43.6
52 : 51	眶指数（mf–ek）L	87.3	80.0	85.0	88.6
	眶指数（mf–ek）R	86.0	73.0	89.4	94.0
52 : 51a	眶指数（d–ek） L	–	84.6	90.8	96.8
	眶指数（d–ek） R	–	79.7	92.1	102.6
54 : 51	鼻眶指数L	54.4	68.3	62.1	53.7
	鼻眶指数R	52.5	63.4	64.6	55.5
54 : 51a	鼻眶指数L	–	72.2	66.3	58.6
	鼻眶指数R	–	69.1	66.5	60.6
SS : SC	鼻根指数	38.9	32.2	27.0	30.0
63 : 62	腭指数	97.9	76.6	–	95.6
45 :（1+8）/2	横颅面指数	87.8	84.8	–	78.7
17 :（1+8）/2	高平均指数	86.5	79.6	85.2	80.3
65	下颌髁间径	126.9	–	–	–
66	下颌角间径（go–go）	105.2	103.4	89.2	–
67	下颌额孔间径	51.8	48.3	47.6	–
68	下颌体长	81.0	69.0	76.0	–
68（1）	下颌体最大投影长	114.0	105.0	101.0	–

马丁号	测量项目	M9	M8	M10	M15
69	下颌颏联合高（id–gn）	–	–	–	–
MBH I	下颌枝高　L	64.3	60.8	55.6	–
	下颌枝高　R	64.3	62.8	–	–
MBH II	下颌体高（磨牙处）L	34.1	29.9	22.5	–
	下颌体高（磨牙处）R	35.2	29.3	29.2	–
MBT I	下颌体高（颏孔处）L	31.77	26.6	18.4	–
	下颌体高（颏孔处）R	32.1	26.9	30.2	–
MBT II	下颌体厚（磨牙处）L	11.2	12.8	11.7	–
	下颌体厚（磨牙处）R	11.5	13.1	16.1	–
70	下颌体厚（颏孔处）L	13.6	13.7	10.5	–
	下颌体厚（颏孔处）R	17.8	15.9	14.1	–
71	下颌枝宽　L	44.5	41.8	–	–
	下颌枝宽　R	43.7	42.9	–	–
71a	下颌枝最小宽　L	36.2	31.5	35.3	–
	下颌枝最小宽　R	36.6	33.4	34.2	–
79	下颌角	124.0	125.0	120.0	
68：65	下颌骨指数	63.8	–		
71：70	下颌枝指数L	69.2	68.8	–	
	下颌枝指数R	68.0	68.3	–	
	颏孔间弧	67.0	56.0	60.0	–

第二节　南郊水厂墓地出土人骨研究

南郊水厂地处原州区开城镇小马庄村西南，墓葬分布在拟建水厂西南、西北 50 ～ 2400 米处的黄土塬上。在考古调查与勘探中发现 22 座古墓，其中汉墓 5 座、北朝—隋唐墓 7 座、明清墓 10 座。宁夏回族自治区文物考古研究所于 2015 年 5 月 24 日至 7 月 28 日，对这些墓葬分东、西两区进行发掘。东区共发掘墓葬 13 座，其中明清墓葬均为土坑竖穴墓，隋唐墓葬均为带长斜坡墓道土坑洞穴墓。西区发掘墓葬 9 座，早期有北周、隋朝和汉代墓，平面形制均为长斜坡墓道土坑洞穴墓。晚期有清代墓，平面形制为竖穴土坑墓。早期墓葬出土随葬器物有陶器、铜器、铁器、漆器、玉器、铜钱、墓志等。南郊水厂发掘的这批墓葬为研究古代埋葬习俗提供了极为宝贵的实物资料[1]。

2015 年 11 月，应宁夏回族自治区文物考古研究所之邀，本人赴固原对南郊水厂墓地出土的

---

[1]　南郊水厂墓地的考古学背景材料由宁夏文物考古研究所提供。

人骨材料进行了性别年龄鉴定，并对其中保存较完整的 18 例颅骨个体进行了形态观察和测量，其中包括北周颅骨标本 1 例、隋朝颅骨标本 1 例、唐代颅骨标本 5 例、明清颅骨标本 11 例。观察与测量标准依据《人体测量方法》[1] 和《人体测量手册》[2] 的相关著述，现将研究结果报告如下。

（一）北周颅骨个体

该时期能供体质人类学观察和测量的仅有 1 例男性个体，年龄在 25 ～ 30 岁之间，编号为 2015GNSM22（彩版七一，上）。

2015GNSM22（男性，25～30 岁）

颅骨保存较差，下颌骨缺失。颅形卵圆形，眉弓突度中等，眉间突度稍显，前额较平直，无额中缝。颅顶缝前囟段、顶段为复杂型，顶孔段为微波型，后段为锯齿型。翼区 H 型，乳突发育中等，枕外隆突稍显，矢状嵴发育中等。眼眶、梨状孔、梨状孔下缘及鼻前棘破损暂无法观察，犬齿窝中等发育，鼻根点中等凹陷。颧颌下缘转角处欠圆钝，腭形为 U 形。

颅长宽指数 78.1，为中颅型；颅长高指数 80.2，为高颅型；颅宽高指数 102.7，为狭颅型。额宽指数 66.8，为中额型；颅面垂直指数（sd）49.3；面突指数 92.0，为正颌型；总面角 78.0°，为突颌型。齿槽面角 62.0°，为特突颌型。

（二）隋朝颅骨个体

保存相对完好的仅有 1 例男性个体，年龄在 30 岁左右，编号为 2015GNSM21（彩版七一，下）。

2015GNSM21（男性，30±）

颅骨保存较完整，颅形卵圆形，眉弓显著，眉间突度中等，前额较倾斜，无额中缝。颅顶缝前囟段为微波型，顶段、后段为复杂型，顶孔段为深波型。翼区 H 型，乳突较大，枕外隆突呈喙状，矢状嵴发育较弱。眼眶近圆形，梨状孔呈梨形，梨状孔下缘为锐型，鼻前棘呈 Broca Ⅲ 级，犬齿窝中等发育，鼻根点中等凹陷。颧颌下缘转角处欠圆钝，颧弓较粗。腭形为抛物线形，腭中缝附近有丘状的腭圆枕。颏型呈圆形，下颌角区外翻明显，发育有较弱的下颌圆枕。

颅长宽指数 74.9，为接近中颅的长颅型；颅长高指数 74.6，为接近高颅的正颅型。颅宽高指数 99.7，为狭颅型；额宽指数 64.6，为狭额型。颅面垂直指数（sd）53.6；上面指数（pr）53.1，为中上面型；眶指数 Ⅰ（L）80.5，为中眶型；鼻指数 46.2，属于狭鼻型；腭指数 95.6，为阔腭型；面突指数 96.3，为正颌型；总面角 85.0°，为偏中颌的平颌型；齿槽面角 82.0°，为中颌型；鼻颧角 145.4°，显示该颅骨具有中等的上面部扁平度。

（三）唐代颅骨个体

保存较好的唐代颅骨个体共 5 例，其中成年男性个体 2 例（M1 东和 M3 东），女性个体 3 例（M1 西、M2 西和 M5），现分别对其进行形态观察和测量性特征描述。

1. 2015GNSM1 东（男性，45±）

颅骨保存完整，颅形卵圆形，眉弓显著，眉间突度中等，前额较倾斜，无额中缝（彩版七二，上）。颅顶缝基本愈合。翼区 H 型，乳突较大，枕外隆突显著，矢状嵴发育较弱。眼眶近方形，梨状孔呈心形，梨状孔下缘为钝型，鼻前棘呈 Broca Ⅲ 级，犬齿窝中等发育，鼻根点中等凹陷。颧颌下

---

[1]　吴汝康、吴新智、张振标：《人体测量方法》，科学出版社，1984 年。

[2]　邵象清：《人体测量手册》，上海辞书出版社，1985 年。

缘转角处欠圆钝，颧弓较粗。腭形为 U 形，腭中缝附近有瘤状的腭圆枕。颏型呈圆形，下颌角区外翻，发育有较弱的下颌圆枕。

颅长宽指数 73.0，为长颅型；颅长高指数 76.7，为高颅型；颅宽高指数 105.1，为狭颅型。额宽指数 69.0，为偏中额的阔额型；颅面垂直指数（sd）51.3；眶指数Ⅰ（L）74.5，为低眶型；鼻指数 54.7，属于阔鼻型。腭指数 79.0，为狭腭型。面突指数 96.6，为正颌型。总面角 83.0°，为中颌型；齿槽面角 71.0°，为突颌型；鼻颧角 140.0°，显示该颅骨具有偏小的上面部扁平度。

2. 2015GNSM1西（女性，35±）

颅骨保存完整，颅形卵圆形，眉弓突度中等，眉间突度稍显，前额中等倾斜，无额中缝（彩版七二，下）。颅顶缝前囟段为微波型，顶段为深波型，顶孔段、后段为锯齿型。翼区 H 型，乳突较大，枕外隆突中等发育，矢状嵴发育较弱。眼眶近方形，梨状孔呈心形，梨状孔下缘为鼻前窝型，鼻前棘呈 Broca Ⅱ级，犬齿窝中等发育，鼻根点中等凹陷。颧颌下缘转角处欠圆钝，腭形为抛物线形，腭中缝附近有瘤状的腭圆枕。颏型呈圆形，下颌角区呈直形，发育有较弱的下颌圆枕。

颅长宽指数 74.2，为接近中颅的长颅型；颅长高指数 74.7，为接近高颅的正颅型；颅宽高指数 100.7，为狭颅型；额宽指数 69.6，为阔额型；颅面垂直指数（sd）53.7；上面指数（pr）54.8，为中上面型。眶指数Ⅰ（L）76.7，为中眶型；鼻指数 52.1，属于阔鼻型；腭指数 88.0，为阔腭型。面突指数 102.2，为中颌型；总面角 81.0°，为中颌型；齿槽面角 74.0°，为突颌型；鼻颧角 142.0°，显示该颅骨具有中等偏小的上面部扁平度。

3. 2015GNSM2西（女性，40±）

颅骨保存较完整，颅形卵圆形，眉弓显著，眉间突度中等，前额中等倾斜，无额中缝（彩版七三，上）。颅顶缝前囟段、顶段、后段为深波型，顶孔段为微波型。翼区 H 型，乳突较小，枕外隆突中等发育，矢状嵴发育较弱。眼眶近方形，梨状孔呈心形，梨状孔下缘为鼻前窝型，鼻前棘呈 Broca Ⅱ级，犬齿窝显著，鼻根点中等凹陷。颧颌下缘转角处欠圆钝，腭形为 U 形，腭中缝附近有瘤状的腭圆枕。颏型呈圆形，下颌角区外翻明显，发育有较弱的下颌圆枕。

颅长宽指数 74.3，为长颅型。额宽指数 66.4，为中额型；眶指数Ⅰ（L）80.2，为中眶型；鼻指数 49.7，属于中鼻型；腭指数 80.3，为中腭型；总面角 81.0°，为中颌型；齿槽面角 71.0°，为突颌型。

4. 2015GNSM3东（男性，40～45岁）

颅骨保存较差，颅形卵圆形，眉弓显著，眉间突度中等，前额较倾斜，无额中缝（彩版七三，下）。颅顶缝前囟段、后段为复杂型，顶段为锯齿型，顶孔段为深波型。翼区 H 型，乳突较大，枕外隆突呈喙状，矢状嵴发育较弱。眼眶近方形，梨状孔呈心形，梨状孔下缘为鼻前窝型，鼻前棘呈 Broca Ⅲ级，犬齿窝显著，鼻根点凹陷稍显。颧颌下缘转角处欠圆钝，颧弓较粗。腭形为 U 形，腭中缝附近有瘤状的腭圆枕。颏型呈圆形，下颌角区呈直形，发育有较弱的下颌圆枕。

颅长宽指数 71.4，为长颅型；额宽指数 70.5，为阔额型；上面指数（pr）54.9，为偏狭的中上面型。眶指数Ⅰ（L）92.0，为高眶型；鼻指数 51.6，属于阔鼻型；腭指数 99.8，为阔腭型；鼻颧角 140.0°，显示该颅骨具有较小的上面部扁平度。

5. 2015GNSM5（女性，35±）

颅骨保存完整，颅形卵圆形，眉弓发育较弱，眉间突度稍显，前额平直，无额中缝（彩版七四，上）。颅顶缝前囟段为微波型，顶段、后段为锯齿型，顶孔段为深波型。翼区 H 型，乳突较小，枕外隆突稍显，矢状嵴发育较弱。眼眶近方形，梨状孔呈心形，梨状孔下缘为锐型，鼻前棘残损，犬齿窝中等发育，鼻根点凹陷较浅。颧颌下缘转角处欠圆钝，腭形为 U 形，腭中缝附近有丘状的腭圆枕。颏型呈圆形，下颌角区呈直形，发育有较弱的下颌圆枕。

颅长宽指数 74.6，为接近中颅的长颅型；颅长高指数 74.1，为接近高颅的正颅型；颅宽高指数 99.3，为狭颅型。额宽指数 65.2，为狭额型；颅面垂直指数（sd）48.0；上面指数（pr）61.7，为特狭上面型；眶指数Ⅰ（L）86.0，为高眶型；鼻指数 59.6，属于特阔鼻型；腭指数 94.9，为阔腭型；面突指数 94.8，为正颌型；总面角 85.0°，为偏中颌的平颌型；齿槽面角 73.0°，为突颌型。

由于北周、隋朝和唐代之间时间跨度较小，水厂墓地这三个时期保存完整的颅骨个体又非常少，在此我们将这三个时段的颅骨标本归为北朝—隋唐组，以方便总结概括。南郊水厂墓地北朝—隋唐组颅骨标本的总体形态特征可以概括为：颅形均为卵圆形，眉弓凸度发育多显著或中等，额部以中等倾斜者居多，普遍没有额中缝。颅顶缝结构普遍发育简单。乳突男性以发育较大为主，而女性则以发育较小者居多。眶型以方形为主，梨状孔主要为心形。梨状孔下缘以鼻前窝型为主，其次为锐型。鼻前棘较为凸显，犬齿窝均欠发达，鼻根凹多数表现为 2 级。翼区均为 H 型，颧骨上颌骨下缘转角处多欠圆钝，腭型以 U 形为主，腭圆枕以瘤状、丘状居多。颏形均为圆形，下颌角区男性多外翻，女性多直形，下颌圆枕和铲型齿均有较高的出现率（表一一）。据水厂墓地北朝—隋唐组颅骨测量性特征的分类结果来看，该组男性颅骨的主要体质特征可以概括为：一般具有长颅型、高颅型和狭颅型相结合的颅形特点，额型和鼻型多较阔，较为垂直的面形和中等程度的齿槽面性质。女性组在主要颅面部测量特征上，与男性组相比，除颅型略微偏低、鼻型稍阔以外，其余各项性状与男性基本一致（表一二）。

（四）明清颅骨个体

保存较好的明清颅骨个体共 11 例，其中成年男性个体 7 例（M6、M7、M10、M14、M18 北、M19），女性个体 5 例（M12、M16、M17、M18 南、M20），现分别对其进行形态观察和测量性特征描述。

1.2015GNSM6（男性，20～25 岁）

颅骨保存完整，颅形卵圆形，眉弓发育较弱，眉间突度稍显，前额平直，无额中缝（彩版七四，下）。颅顶缝前囟段、顶孔段为微波型，顶段、后段为锯齿型。翼区 H 型，乳突较小，枕外隆突显著，矢状嵴发育较弱。眼眶近斜方形，梨状孔破损，梨状孔下缘为锐型，鼻前棘呈 Broca Ⅱ级，犬齿窝发育较弱，鼻根点凹陷较浅。颧颌下缘转角处欠圆钝。腭形为抛物线形，腭中缝附近有瘤状的腭圆枕。颏型呈圆形，下颌角区呈直形，发育有较弱的下颌圆枕。

颅长宽指数 77.0，为中颅型；颅长高指数 79.8，为高颅型；颅宽高指数 100.4，为狭颅型。额宽指数 67.4，为中额型；颅面垂直指数（sd）57.2；上面指数（pr）62.6，为特狭上面型；眶指数Ⅰ（L）93.7，为高眶型；鼻指数 46.3，属于狭鼻型；腭指数 106.5，为阔腭型；面突指数 90.0，为正颌型；总面角 85.0°，为偏中颌的平颌型；齿槽面角 80.0°，为偏突颌的中颌型；鼻颧角 149.9°，显示该颅骨具有较大的上面部扁平度。

表一一　　南郊水厂墓地北朝—隋唐时期男女两性颅骨非测量性形态特征的统计

观察项目		性别	体质特征	观察项目	性别	体质特征
颅形		男（4）	卵圆形4	梨状孔下缘	男（3）	锐型1，钝型1，鼻前窝型1
		女（3）	卵圆形4		女（3）	锐型1，鼻前窝型2
眉弓凸度		男（4）	中等1，显著3	鼻前棘	男（9）	BrocaⅢ级3
		女（3）	弱1，中等2		女（2）	BrocaⅡ级2
前额		男（4）	平直1，中等1，倾斜2	犬齿窝	男（4）	中等3，显著1
		女（3）	平直1，中等2		女（3）	中等2，显著1
额中缝		男（4）	无4	鼻根凹	男（4）	1级2，2级2
		女（3）	无3		女（3）	1级1，2级2
颅顶缝	前囟段	男（3）	微波1，复杂2	翼区	男（4）	H型4
		女（3）	微波2，深波1		女（3）	H型3
	顶段	男（3）	锯齿1，复杂2	腭形	男（4）	U形3，抛物线形1
		女（3）	深波2，锯齿1		女（3）	U形2，抛物线形1
	顶孔段	男（3）	微波1，深波2	腭圆枕	男（3）	丘状1，瘤状2
		女（3）	微波1，深波1，锯齿1		女（3）	丘状1，瘤状2
	后段	男（3）	锯齿1，复杂2	颧骨上颌骨下缘	男（4）	转角处欠圆钝4
		女（3）	深波1，锯齿2		女（3）	转角处欠圆钝3
乳突		男（4）	中等1，大3	额形	男（3）	圆形3
		女（3）	小2，大1		女（3）	圆形3
枕外隆突		男（4）	稍显1，显著1，喙状2	下颌角区	男（3）	外翻2，直形1
		女（3）	稍显1，中等2		女（3）	外翻1，直形2
眶形		男（4）	圆形2，方形2	下颌圆枕	男（3）	弱3
		女（3）	方形3		女（3）	弱3
梨状孔		男（3）	心形2，梨形1	铲形齿	男（3）	铲形3
		女（3）	心形3		女（2）	铲形2

2.2015GNSM7（**男性，25±**）

颅骨保存完整，颅形卵圆形，眉弓显著，眉间突度显著，前额中等倾斜，无额中缝（彩版七五，上）。颅顶缝前囟段为微波型，顶段、后段为锯齿型，顶孔段为深波型。翼区 H 型，乳突中等发育，枕外隆突稍显，矢状嵴发育较弱。眼眶近圆形，梨状孔呈梨形，梨状孔下缘为鼻前沟型，鼻前棘呈 Broca Ⅱ 级，犬齿窝发育较弱，鼻根点中等凹陷。颧颌下缘转角处欠圆钝。腭形为 U 形，腭中缝附近有丘状的腭圆枕。颏型呈方形，下颌角区呈直形，发育有较弱的下颌圆枕。

表一二　南郊水厂墓地北朝—隋唐时期颅骨主要测量项目的平均值

（长度：毫米，角度：度，指数：%）

马丁号	项目	男（例数）	女（例数）	马丁号	项目	男（例数）	女（例数）
1	头长（g-op）	191.3（4）	186.0（3）		额侧角（g-m-FH）	76.0（3）	78.3（3）
8	头宽（eu-eu）	142.1（4）	138.3（3）		前囟角（g-b-FH）	46.3（3）	46.3（3）
17	头高（ba-b）	146.3（3）	139.5（2）	77	鼻颧角（fmo-m-fmo）	141.8（3）	142.0（1）
21	耳上颅高（po-v）	125.3（3）	119.7（3）		颧上颌角（zm-ss-zm）	128.9（3）	126.7（3）
9	最小额宽（ft-ft）	96.2（4）	92.9（3）	75	鼻尖角（n-rhi-FH）	64.5（2）	65.0（1）
23	颅周长（g-op-g）	546.8（4）	528.7（3）	75	鼻根点角（ba-n-pr）	65.3（3）	67.0（2）
24	颅横弧（po-b-po）	324.7（3）	326.3（3）		上齿槽点角（n-pr-ba）	62.7（3）	71.5（2）
25	矢状弧（arcn-o）	399.3（3）	387.0（3）		基底角（pr-ba-n）	52.0（3）	41.5（2）
26	额矢弧（arcn-b）	134.5（4）	129.3（3）	8：1	颅指数	74.4（4）	74.4（3）
27	顶矢弧（arcb-1）	136.0（4）	131.7（3）	17：1	颅长高指数	77.2（4）	74.4（2）
28	枕矢弧（arc1-o）	129.3（3）	126.0（3）	17：8	颅宽高指数	102.5（3）	100.0（2）
29	额矢弦（chordn-b）	118.3（4）	115.0（3）	54：55	鼻指数	51.5（4）	53.8（3）
30	顶矢弦（chordb-1）	118.8（4）	118.3（3）	SS：SC	鼻根指数	32.9（4）	24.4（3）
31	枕矢弦（chord1-o）	108.0（3）	105.7（3）	52：51	眶指数（mf-ek）左	87.6（4）	81.0（3）
5	颅基底长（ba-n）	106.2（3）	98.5（2）		右	84.7（4）	76.4（1）
40	面基底长（ba-pr）	100.9（3）	97.0（2）	52：51a	眶指数（d-ek）左	94.0（4）	86.5（3）
48	上面高（n-pr）	74.8（4）	70.2（3）		右	92.1（4）	81.9（1）
	（n-sd）	76.6（4）	73.0（3）	63：62	腭指数	91.5（3）	87.7（1）
45	颧宽（zy-zy）	144.1（2）	117.5（2）	9：8	额宽指数	67.7（4）	67.1（3）
46	中面宽（zm-zm）	105.1（4）	99.7（3）	40：5	面突指数	95.0（3）	98.5（2）
54	鼻宽	28.5（4）	28.3（3）	48：45	上面指数（pr）	54.0（2）	58.3（2）
55	鼻高（n-ns）	55.3（4）	52.9（3）		（sd）	54.9（2）	60.9（2）
SC	鼻最小宽	7.7（4）	9.8（3）	47：45	全面指数	90.8（2）	101.1（2）
SS	鼻最小宽高	2.5（4）	2.3（3）	48：17	垂直颅面指数（pr）	50.3（3）	48.8（2）
51	眶宽（mf-ek）左	42.7（4）	43.0（3）		（sd）	51.4（3）	50.9（2）
	右	43.3（4）	42.9（1）	45：8	颅面宽指数	101.3（2）	84.3（2）

马丁号	项目		男（例数）	女（例数）	马丁号	项目		男（例数）	女（例数）
51a	眶宽（d-ek）	左	39.7（4）	40.3（3）	17：0.5（1+8）	高平均指数		88.0（3）	85.4（2）
		右	39.9（4）	40.0（1）	16：7	枕孔指数		81.7（3）	88.3（2）
52	眶高	左	37.2（4）	34.8（3）	65	下颌髁间径		138.2（2）	127.4（3）
		右	36.5（4）	32.8（1）	66	下颌角间径（go-go）		107.4（3）	96.5（3）
50	眶间宽（mf-mf）		20.1（4）	19.1（3）	67	下颌颏孔间径		49.2（3）	48.3（3）
49a	眶内缘点间宽（d-d）		24.2（4）	21.5（3）		下颌颏孔弧		56.3（3）	55.7（3）
43（1）	两眶外缘宽（fmo-fmo）		100.4（4）	101.2（1）	68（1）	下颌髁颏长		112.0（3）	105.0（3）
11	耳点间径（au-au）		131.2（4）	123.2（3）	69	下颌颏联合高（id-gn）		37.6（2）	30.6（3）
60	齿槽弓长		51.5（4）	51.3（3）	70	下颌枝高	左	71.5（2）	59.2（3）
61	齿槽弓宽		68.9（4）	57.3（3）			右	69.5（2）	60.0（3）
62	腭长（ol-sta）		45.3（3）	44.2（3）	71（a）	下颌枝最小宽	左	37.9（2）	32.0（3）
63	腭宽（enm-enm）		41.5（4）	38.8（3）			右	38.3（2）	33.5（3）
7	枕大孔长（ba-o）		39.6（3）	34.3（2）	MBH I	下颌体高（M1M2）	左	35.3（2）	30.6（3）
16	枕大孔宽		32.1（3）	30.2（2）			右	35.5（3）	30.6（3）
47	全面高（n-gn）		125.5（3）	118.5（3）	MBT I	下颌体厚（M1M2）	左	15.0（2）	13.5（3）
72	总面角（n-pr-FH）		82.0（3）	82.3（3）			右	15.1（2）	13.5（3）
73	鼻面角（n-ns-FH）		86.7（3）	84.7（3）	79	下颌角		122.3（3）	127.0（3）
74	齿槽面角（ns-pr-FH）		71.7（3）	72.7（3）	68	下颌体长		80.3（3）	74.3（3）
32	额角（n-m-FH）		80.3（3）	83.7（3）	68：65	下颌骨指数		57.2（2）	58.4（3）

颅长宽指数 77.1，为中颅型；颅长高指数 77.1，为高颅型；颅宽高指数 100.0，为狭颅型。额宽指数 64.4，为狭额型。颅面垂直指数（sd）52.6；上面指数（pr）53.3，为中上面型；眶指数 I（L）85.0，为接近中眶的高眶型；鼻指数 45.1，属于狭鼻型；腭指数 84.2，为接近阔腭的中腭型。面突指数 98.7，为中颌型；总面角 89.0°，为平颌型；齿槽面角 75.0°，为突颌型；鼻颧角 145.9°，显示该颅骨具有中等的上面部扁平度。

3. 2015GNSM10（男性，40～45岁）

颅骨保存完整，颅形卵圆形，眉弓突度中等，眉间突度稍显，前额较平直，无额中缝（彩版七五，下）。颅顶缝前囟段、顶段为锯齿型，顶孔段为微波型，后段为深波型。翼区 H 型，乳突和枕外隆突中等发育，矢状嵴发育较弱。眼眶近方形，梨状孔呈心形，梨状孔下缘为鼻前窝型，鼻前棘呈 Broca Ⅱ级，犬齿窝中等发育，鼻根点凹陷较浅。颧颌下缘转角处欠圆钝，颧弓较粗。腭形为 U 形，腭中缝附近有瘤状的腭圆枕。颏型呈圆形，下颌角区呈直形，发育有较弱的下颌圆枕。

颅长宽指数 78.0，为中颅型；颅长高指数 75.8，为高颅型；颅宽高指数 97.3，为接近狭颅的中颅型。额宽指数 69.2，为接近中额的阔额型；颅面垂直指数（sd）58.9；上面指数（pr）57.5，为狭上面型；眶指数 Ⅰ（L）87.9，为高眶型；鼻指数 51.8，属于阔鼻型；腭指数 97.7，为阔腭型；面突指数 103.0，为突颌型；总面角 80.0°，为中颌型；齿槽面角 74.0°，为突颌型；鼻颧角 141.0°，显示该颅骨具有较小的上面部扁平度。

4.2015GNSM12（女性，40±）

颅骨保存较完整，颅形卵圆形，眉弓发育较弱，眉间突度稍显，前额平直，无额中缝（彩版七六，上）。颅顶缝前囟段、顶段、后段为复杂型，顶孔段为微波型。翼区 H 型，乳突较小，枕外隆突稍显，矢状嵴发育较弱。眼眶近方形，梨状孔呈心形，梨状孔下缘为钝型，鼻前棘呈 Broca Ⅱ级，犬齿窝显著，鼻根点凹陷稍显。颧颌下缘转角处欠圆钝，腭形为 U 形，腭中缝附近有丘状的腭圆枕。颏型呈圆形，下颌角区呈直形，无下颌圆枕。

颅长宽指数 77.9，为中颅型；额宽指数 67.1，为中额型；上面指数（pr）53.8，为中上面型；眶指数 Ⅰ（L）89.3，为高眶型；腭指数 84.0，为中腭型；总面角 80.0°，为中颌型；齿槽面角 64.0°，为特突颌型；鼻颧角 154.0°，显示该颅骨具有很大的上面部扁平度。

5.2015GNSM14（男性，45±）

颅骨保存完整，颅形卵圆形，眉弓突度中等，眉间突度稍显，前额较平直，无额中缝。颅顶缝前囟段、顶孔段为微波型，顶段为锯齿型，后段为复杂型。翼区 H 型，乳突和枕外隆突中等显著，矢状嵴发育较弱。眼眶近方形，梨状孔呈梨形，梨状孔下缘为钝型，鼻前棘呈 Broca Ⅱ级，犬齿窝显著，鼻根点凹陷较浅。颧颌下缘转角处欠圆钝。腭形为 U 形，腭中缝附近有丘状的腭圆枕。颏型呈圆形，下颌角区呈直形，发育有较弱的下颌圆枕。

颅长宽指数 74.7，为接近中颅的长颅型；颅长高指数 78.9，为高颅型；颅宽高指数 105.7，为狭颅型。额宽指数 68.4，为中额型；眶指数 Ⅰ（L）95.7，为高眶型；鼻指数 46.5，属于狭鼻型；腭指数 85.6，为阔腭型；鼻颧角 147.0°，显示该颅骨具有中等偏大的上面部扁平度。

6.2015GNSM16（女性，30±）

颅骨保存完整，颅形卵圆形，眉弓突度中等，眉间突度稍显，前额平直，无额中缝（彩版七六，下）。颅顶缝前囟段为微波型，顶段锯齿型，顶孔段、后段为深波型。翼区 H 型，乳突较小，枕外隆突稍显，矢状嵴发育较弱。眼眶近圆形，梨状孔破损，梨状孔下缘为钝型，鼻前棘呈 Broca Ⅱ级，犬齿窝中等发育，鼻根点凹陷较浅。颧颌下缘转角处欠圆钝，颧弓较细。腭形为 U 形，腭中缝附近有瘤状的腭圆枕。颏型呈尖形，下颌角区呈直形，发育有较弱的下颌圆枕。

颅长宽指数 76.7，为中颅型；颅长高指数 80.8，为高颅型；颅宽高指数 105.5，为狭颅型。额宽指数 65.8，为狭额型；颅面垂直指数（sd）54.8；眶指数 Ⅰ（L）83.0 为中眶型；鼻指数 42.6，属于狭鼻型；腭指数 83.3，为中腭型；面突指数 96.5，为正颌型；总面角 84.0°，为中颌型；齿槽面角 74.0°，为突颌型。鼻颧角 148.4°，显示该颅骨具有较大的上面部扁平度。

7. 2015GNSM17（女性，20～25岁）

颅骨保存完整，颅形卵圆形，眉弓发育较弱，眉间突度稍显，前额较平直，无额中缝（彩版七七，上）。颅顶缝前囟段、顶孔段为微波型，顶段为锯齿型，后段为深波型。翼区H型，乳突较小，枕外隆突稍显，矢状嵴发育较弱。眼眶近方形，梨状孔呈梨形，梨状孔下缘为钝型，鼻前棘呈Broca Ⅱ级，犬齿窝中等发育，鼻根点凹陷较浅。颧颌下缘转角处欠圆钝，腭形为U形，腭中缝附近有瘤状的腭圆枕。颏型呈尖形，下颌角区呈直形，无下颌圆枕。

颅长宽指数79.5，为中颅型；颅长高指数76.1，为高颅型；颅宽高指数95.7，为中颅型。额宽指数60.9，为狭额型；眶指数Ⅰ（L）85.1，为高眶型；鼻指数44.0，属于狭鼻型；腭指数88.4，为阔腭型；鼻颧角139.0°，显示该颅骨具有较小的上面部扁平度。

8. 2015GNSM18南（女性，40±）

颅骨保存完整，颅形卵圆形，眉弓发育较弱，眉间突度稍显，前额较平直，无额中缝（彩版七七，下）。颅顶缝前囟段为锯齿型，顶段、后段为复杂型，顶孔段为深波型。翼区H型，乳突较小，枕外隆突稍显，矢状嵴发育较弱。眼眶近方形，梨状孔呈心形，梨状孔下缘为锐型，鼻前棘呈Broca Ⅱ级，犬齿窝中等发育，鼻根点凹陷较浅。颧颌下缘转角处欠圆钝，腭形为U形，腭中缝附近有瘤状的腭圆枕。颏型呈圆形，下颌角区外翻明显，无下颌圆枕。

颅长宽指数77.1，为中颅型；颅长高指数76.5，为高颅型；颅宽高指数99.3，为狭颅型。额宽指数68.0，为中额型。颅面垂直指数（sd）52.3；上面指数（pr）52.5，为中上面型；眶指数Ⅰ（L）85.1，为高眶型；鼻指数57.1，属于阔鼻型；腭指数73.0，为狭腭型；面突指数98.8，为中颌型；总面角79.0°，为突型；齿槽面角62.0°，为特突颌型；鼻颧角142.0°，显示该颅骨具有中等偏小的上面部扁平度。

9. 2015GNSM18北（男性，35～40岁）

颅骨保存完整，颅形卵圆形，眉弓突度中等，眉间突度稍显，前额较平直，无额中缝。颅顶缝前囟段和顶段愈合，顶孔段、后段微波型。翼区H型，乳突中等，枕外隆突显著，矢状嵴发育较弱。眼眶近方形，梨状孔呈梨形，梨状孔下缘为锐型，鼻前棘呈Broca Ⅰ级，犬齿窝中等发育，鼻根点凹陷较浅。颧颌下缘转角处欠圆钝，腭形为抛物线形，腭中缝附近有瘤状的腭圆枕。颏型呈尖形，下颌角区呈直形，发育有明显的下颌圆枕。

颅长宽指数77.2，为中颅型；颅长高指数76.7，为高颅型；颅宽高指数99.3，为狭颅型。额宽指数67.3，为中额型；颅面垂直指数（sd）52.8；上面指数（pr）54.3，为中上面型；眶指数Ⅰ（L）85.1，为高眶型；鼻指数46.0，属于狭鼻型；腭指数80.9，为中腭型；面突指数96.1，为正颌型；总面角84.0°，为中颌型；齿槽面角70.0°，为突颌型；鼻颧角144.0°，显示该颅骨具有中等的上面部扁平度。

10. 2015GNSM19（男性，35～40岁）

颅骨保存完整，颅形卵圆形，眉弓和眉间突度中等，前额较平直，无额中缝（彩版七八，上）。颅顶缝前囟段、顶段、后段为复杂型，顶孔段为深波型。翼区H型，乳突较小，枕外隆突中等发育，矢状嵴发育较弱。眼眶近方形，梨状孔呈心形，梨状孔下缘为钝型，鼻前棘呈Broca Ⅱ级，犬齿窝中等发育，鼻根点凹陷较浅。颧颌下缘转角处欠圆钝，腭形为U形，腭中缝附近有嵴状的腭圆枕。

颏型呈尖形，下颌角区外翻明显，发育有较弱的下颌圆枕。

颅长宽指数 73.6，为长颅型；颅长高指数 76.9，为高颅型；颅宽高指数 104.5，为狭颅型。额宽指数 69.0，为阔额型。颅面垂直指数（sd）47.9；上面指数（pr）49.8，为阔上面型；眶指数 I（L）80.8，为中眶型。鼻指数 53.2，属于阔鼻型；腭指数 104.8，为阔腭型；面突指数 91.3，为正颌型。总面角 86.0°，为平颌型；齿槽面角 70.0°，为突颌型；鼻颧角 134.0°，显示该颅骨具有较小的上面部扁平度。

11.2015GNSM20（女性，35±）

颅骨保存较完整，下颌骨缺失。颅形卵圆形，眉弓发育较弱，眉间突度稍显，前额较平直，无额中缝（彩版七八，下）。颅顶缝前囟段为深波型，顶段、后段为锯齿型，顶孔段为微波型。翼区 H 型，乳突较小，枕外隆突稍显，矢状峰发育较弱。眼眶近方形，梨状孔呈心形，梨状孔下缘为锐型，鼻前棘呈 Broca II 级，犬齿窝发育较弱，鼻根点凹陷较浅。颧颌下缘转角处欠圆钝，腭形为 U 形，腭中缝附近有丘状的腭圆枕。

颅长宽指数 78.2，为中颅型；颅长高指数 79.3，为高颅型；颅宽高指数 101.5，为狭颅型。额宽指数 65.5，为狭额型；颅面垂直指数（sd）53.3；上面指数（pr）54.2，为中上面型；眶指数 I（L）86.0，为中眶型；鼻指数 47.6，属于中鼻型；腭指数 102.8，为阔腭型；面突指数 96.2，为正颌型；总面角 79.0°，为突型；齿槽面角 60.0°，为特突颌型；鼻颧角 145.0°，显示该颅骨具有中等的上面部扁平度。

南郊水厂墓地明清组颅骨标本的形态特征可以概括为：颅形均为卵圆形，眉弓凸度发育多中等或较弱，额部以平直居多，普遍没有额中缝。颅顶缝结构发育较为简单。乳突男性以中等发育为主，而女性则以发育普遍较小。眶型以方形为主，梨状孔以心形和梨形居多。梨状孔下缘多钝型和锐型。鼻前棘较以 Broca II 级为主，犬齿窝多发育中等或较弱，鼻根凹多数表现为 1 级。翼区均为 H 型，颧骨上颌骨下缘转角处多欠圆钝，腭型以 U 形为主，腭圆枕以瘤状、丘状居多。颏形多圆形、其次为尖形，下颌角区男女均以直形为主，并有少量外翻，下颌圆枕和铲型齿均有较高的出现率（表一三）。从南郊水厂墓地明清组颅骨测量性特征的分类结果来分析，该组男性颅骨的主要体质特征可以概括为：一般具有中颅型、高颅型和狭颅型相结合的颅形特点，偏高的眶型和偏阔的额型，较为垂直的面形和中等程度的齿槽面性质。女性组在主要颅面部测量特征上，与男性组相比，除额型稍狭、眶型偏低以外，其余各项性状与男性基本一致（表一四）。

（五）病理特征观察

对古代人类遗骸上的病理现象进行观察和确认是体质人类学研究的重要内容之一。深入研究古代居民的疾病情况不仅可以为某些现代疾病起源和发展提供非常重要的线索，而且可以为进一步探索古代居民的生活方式、生存环境和健康状况等问题提供重要的信息，对骨骼创伤以及人工畸形或是功能压力等方面的研究，则可以更多地反映出古代社会政治、生活及习俗等诸多方面的重要内容。

1.强直性脊柱炎

强直性脊柱炎是一种以关节强直为病变特点的慢性炎性疾病，多累及中轴骨和骶髂关节。病变始于脊椎小关节融合，而后由腰椎椎体向上融合，不仅累及各个关节，还使脊柱内外的韧带骨化融合，形成骨外部竖直生长的薄骨片，使得椎间盘外层纤维骨化。严重者可至颈椎，肩关节和髋关节也可累及。脊柱融合后，椎体重新塑形，整个脊柱的正常外形丧失，最终脊柱表面变得光滑，椎体呈方形或"竹节样脊柱"[1]。水厂墓地明清墓葬 M19 男性墓主的第 2 至第 4 腰椎患有强直性脊柱炎（彩版七九，1）。

表一三　南郊水厂墓地明清时期男女两性颅骨非测量性形态特征的统计

观察项目		性别	体质特征	观察项目	性别	体质特征
颅形		男（6）	卵圆形6	梨状孔下缘	男（6）	锐型2，钝型2，鼻前沟型1，鼻前窝型1
		女（5）	卵圆形5		女（5）	锐型2，钝型3
眉弓凸度		男（6）	弱1，中等4，显著1	鼻前棘	男（6）	Broca I 级1，Broca II 级5
		女（5）	弱4，中等1		女（5）	Broca II 级5
前额		男（6）	平直5，中等1	犬齿窝	男（6）	弱2，中等3，显著1
		女（5）	平直5		女（5）	弱1，中等3，显著1
额中缝		男（6）	无6	鼻根凹	男（6）	1级5，2级1
		女（5）	无5		女（5）	1级5
颅顶缝	前囟段	男（5）	微波3，锯齿1，复杂1	翼区	男（6）	H型6
		女（5）	微波2，深波1，锯齿1，复杂1		女（5）	H型5
	顶段	男（5）	锯齿4，复杂1	腭形	男（6）	U形4，抛物线形2
		女（5）	锯齿3，复杂2		女（2）	U形5
	顶孔段	男（6）	微波4，深波2	腭圆枕	男（6）	嵴状1，丘状2，瘤状3
		女（5）	微波3，深波2		女（5）	丘状2，瘤状3
	后段	男（6）	微波1，深波1，锯齿2，复杂2	颧骨上颌骨下缘	男（6）	转角处欠圆钝6
		女（5）	深波2，锯齿1，复杂2		女（5）	转角处欠圆钝5
乳突		男（6）	小2，中等4	颏形	男（6）	方形1，圆形3，尖形2
		女（5）	小5		女（4）	圆形2，尖形2
枕外隆突		男（6）	稍显1，中等4，显著1	下颌角区	男（5）	直形5，外翻1
		女（5）	稍显5		女（5）	直形3，外翻1
眶形		男（6）	圆形1，方形4，斜方形1	下颌圆枕	男（6）	弱5，明显1
		女（5）	方形5		女（5）	无3，弱1
梨状孔		男（5）	心形2，梨形3	铲形齿	男（5）	铲形5
		女（4）	心形3，梨形1		女（3）	铲形3

---

[1]　夏洛特·罗伯茨等著，张桦译：《疾病考古学》，山东画报出版社，2010年。

表一四　南郊水厂墓地明清时期颅骨主要测量项目的平均值

（长度：毫米，角度：度，指数：%）

马丁号	项目	男（例数）	女（例数）	马丁号	项目	男（例数）	女（例数）
1	头长（g-op）	179.6（6）	175.4（5）		额侧角（g-m-FH）	82.3（6）	82.0（5）
8	头宽（eu-eu）	136.9（6）	136.6（5）		前囟角（g-b-FH）	47.7（6）	46.0（5）
17	头高（ba-b）	139.2（6）	136.0（4）	77	鼻颧角（fmo-m-fmo）	143.6（6）	145.7（5）
21	耳上颅高（po-v）	117.6（6）	113.6（5）		颧上颌角（zm-ss-zm）	129.2（6）	132.0（4）
9	最小额宽（ft-ft）	92.6（6）	89.4（5）	75	鼻尖角（n-rhi-FH）	67.8（4）	67.3（3）
23	颅周长（g-op-g）	453.5（6）	507.2（5）	75	鼻根点角（ba-n-pr）	65.0（5）	67.0（3）
24	颅横弧（po-b-po）	320.2（6）	314.4（5）		上齿槽点角（n-pr-ba）	65.4（5）	71.0（3）
25	矢状弧（arcn-o）	374.8（6）	364.4（5）		基底角（pr-ba-n）	54.8（5）	42.0（3）
26	额矢弧（arcn-b）	127.0（6）	122.6（5）	8：1	颅指数	76.3（6）	77.9（5）
27	顶矢弧（arcb-l）	130.5（6）	124.0（5）	17：1	颅长高指数	77.5（6）	78.2（4）
28	枕矢弧（arcl-o）	117.3（6）	117.8（5）	17：8	颅宽高指数	101.2（6）	100.5（4）
29	额矢弦（chordn-b）	112.2（6）	109.3（5）	54：55	鼻指数	48.2（6）	47.8（4）
30	顶矢弦（chordb-l）	117.5（6）	111.0（5）	SS：SC	鼻根指数	37.6（6）	21.6（5）
31	枕矢弦（chordl-o）	98.6（6）	100.1（5）	52：51	眶指数（mf-ek）左	88.0（6）	85.5（5）
5	颅基底长（ba-n）	101.0（8）	98.9（4）		右	88.0（6）	83.6（5）
40	面基底长（ba-pr）	97.7（6）	96.7（3）	52：51a	眶指数（d-ek）　左	96.2（6）	93.3（5）
48	上面高（n-pr）	73.2（5）	68.9（4）		右	96.2（6）	92.6（5）
	（n-sd）	74.8（5）	72.7（4）	63：62	腭指数	93.3（6）	86.3（5）
45	颧宽（zy-zy）	127.4（6）	126.0（4）	9：8	额宽指数	67.6（6）	65.5（5）
46	中面宽（zm-zm）	100.4（6）	93.0（4）	40：5	面突指数	95.8（5）	97.2（3）
54	鼻宽	24.7（6）	24.1（5）	48：45	上面指数（pr）	55.5（5）	53.5（3）
55	鼻高（n-ns）	51.4（6）	49.9（4）		（sd）	56.8（5）	56.8（3）
SC	鼻最小宽	9.7（6）	10.0（5）	47：45	全面指数	84.0（6）	90.4（3）
SS	鼻最小宽高	3.0（6）	1.9（5）	48：17	垂直颅面指数（pr）	53.7（5）	50.8（3）
51	眶宽（mf-ek）左	40.1（6）	40.2（5）		（sd）	53.9（5）	53.5（3）
	右	40.3（6）	41.0（5）	45：8	颅面宽指数	93.0（6）	90.8（4）
51a	眶宽（d-ek）左	36.7（6）	37.0（5）	17：0.5（1+8）	高平均指数	88.0（6）	87.9（4）
	右	36.8（6）	37.0（5）				

马丁号	项目	男（例数）	女（例数）	马丁号	项目	男（例数）	女（例数）
52	眶高左	35.3（6）	34.5（5）	65	下颌髁间径	116.1（6）	112.9（4）
	右	35.4（6）	34.3（5）	66	下颌角间径（go-go）	95.2（6）	91.9（4）
50	眶间宽（mf-mf）	17.8（6）	17.7（5）	67	下颌颏孔间径	45.8（6）	44.9（4）
49a	眶内缘点间宽（d-d）	22.4（6）	23.0（5）		下颌颏孔弧	52.2（6）	54.3（4）
43（1）	两眶外缘宽（fmo-fmo）	94.7（6）	93.7（5）	68（1）	下颌髁颏长	106.3（6）	99.8（4）
11	耳点间径（au-au）	119.7（6）	120.1（5）	69	下颌颏联合高（id-gn）	34.9（5）	30.5（3）
60	齿槽弓长	54.3（5）	49.9（4）	70	下颌枝高　左	66.0（6）	55.9（4）
61	齿槽弓宽	55.2（5）	59.1（5）		右	65.5（6）	57.2（4）
62	腭长（ol-sta）	41.4（6）	40.4（5）	71（a）	下颌枝最小宽　左	35.0（5）	32.0（4）
63	腭宽（enm-enm）	38.4（6）	34.7（5）		右	34.6（6）	31.8（4）
7	枕大孔长（ba-o）	35.3（6）	36.5（4）	MBH I	下颌体高（M1M2）左	32.5（6）	28.2（4）
16	枕大孔宽	28.9（6）	28.3（4）		右	32.2（6）	29.0（4）
47	全面高（n-gn）	106.1（6）	113.8（4）	MBT I	下颌体厚（M1M2）左	12.9（6）	11.5（4）
72	总面角（n-pr-FH）	84.8（5）	80.5（4）		右	13.0（6）	11.9（4）
73	鼻面角（n-ns-FH）	87.2（6）	85.6（5）	79	下颌角	123.5（6）	125.0（4）
74	齿槽面角（ns-pr-FH）	73.8（5）	65.0（4）	68	下颌体长	74.9（6）	69.3（4）
32	额角（n-m-FH）	83.8（6）	85.0（5）	68:65	下颌骨指数	64.5（6）	61.4（4）

2. 牙结石

牙结石又称牙石，它是由食物残渣、坏死脱落的口腔上皮细胞及唾液中的矿物质钙化后附着在牙齿表面而形成的，是附着在牙面上的矿化菌斑和其他沉积物的总称[1]。水厂墓地明清墓葬 M12 女性墓主的下颌右侧第 1 臼齿舌侧附着有明显的牙结石沉积（彩版七九，2）。

3. 根尖脓肿

根尖脓肿，又称根尖周病，是指发生于根尖周围组织的炎症性疾病，多为牙髓病的继发病，主要是由根管内的感染通过根尖孔作用于根尖周组织引发的[2]。在古人骨标本中，根尖脓肿常累及上下颌牙槽骨，牙槽骨周边受损后形成窦洞，在牙齿脱落后，局部齿槽骨有吸收愈合的痕迹。水厂墓地明清墓葬 M6 男性墓主的下颌右侧第 1 臼齿齿根和 M10 男性墓主上、下颌多处齿根部均有明显的根尖脓肿现象（彩版七九，3、4）。

---

[1] 樊明文：《牙体牙髓病学》，人民卫生出版社，2008年。

[2] 樊明文：《牙体牙髓病学》，人民卫生出版社，2008年。

4.龋齿

龋病是在以细菌为主的多种因素影响下,牙体硬组织发生慢性进行性破坏的一种疾病[1]。龋齿是古代人群牙齿疾病中发现最多的一种,它使牙齿表面形成较大的斑点或者形成较大的洞。致龋因素包括细菌和牙菌斑、食物以及牙齿所处的环境等[2]。龋病的发病一般从牙冠开始,如不及时治疗,病变会继续发展形成龋洞,其发展的最终结果是牙齿丧失。水厂墓地明清墓葬 M6 男性墓主的下颌右侧第 1 臼齿下原尖部位出现大面积龋洞(彩版七九,5)。

(六)小结

南郊水厂墓地北朝—隋唐组和明清组颅骨标本的形态特征有很多不同之处,比如:北朝—隋唐组眉弓、鼻前棘更为凸显,鼻根凹陷和乳突发育更显著。北朝—隋唐组额部以中等倾斜居多,明清组额部以平直为主。北朝—隋唐组下颌角区男性多外翻,女性多直形,而明清组下颌角区男女均以直形为主。男性颅骨北朝—隋唐组具有长颅型、高颅型和狭颅型相结合的颅形特点,明清组具有中颅型、高颅型和狭颅型相结合的颅形特点等。但两组颅骨也有很多共同的特征:颅型均为卵圆形,普遍没有额中缝,颅顶缝结构普遍发育简单,眶型以方形为主,犬齿窝欠发达,翼区均为 H 型,颧骨上颌骨下缘转角处多欠圆钝,腭型以 U 形为主,下颌圆枕和铲型齿均有较高的出现率等。鉴于以上这些性状,我们认为南郊水厂墓地出土的各个时期颅骨标本所代表的居民应归属于现代蒙古人种东亚类型居民的范围。

通过对南郊水厂墓地人骨各个部位的病理学观察,我们发现具有明显病理特征的人骨个体均属明清时期。其中 M19 男性墓主患有强直性脊柱炎,M12 女性墓主的下颌臼齿附着有明显的牙结石沉积,M6 男性墓主的下颌臼齿根尖脓肿,并出现大面积龋洞,M10 男性墓主有多处明显的根尖脓肿。

由于此次发掘的墓葬时代跨度较大,各历史时期保存完整的颅骨标本相对较少,目前仅能对所有颅骨标本进行初步地描述和分析,无法进行深入的比较研究。全面的系统研究还有待于该地区田野发掘工作的持续开展,以积累更多的人骨材料。

[1] 陈山:《喇嘛洞墓地三燕文化居民人骨研究》,吉林大学2009年博士论文。

[2] 夏洛特·罗伯茨等著,张桦译:《疾病考古学》,山东画报出版社,2010年。

第六章　南郊水厂动物骨骼鉴定报告

本次研究主要对墓葬出土的动物种类、个体数量、年龄、性别、骨骼部位、摆放的位置及状态等进行较全面的报告，并作一些讨论。

一　材料与整理结果

本次研究所用材料均为墓葬出土的动物骨骼，收集方式主要为手选，大部分保存较好。风化程度较高的动物骨骼多出自墓葬填土堆积中，可能并非有意填埋。动物骨骼鉴定主要参照中英文动物骨骼图谱[1]和比对宁夏考古所收藏的以往考古发掘出土的猪、狗、马、羊等古代标本。整理时首先以墓葬为单位对动物骨骼进行编号和种属鉴定[2]，确定骨骼所属部位和左右，判断骨骼特征，记录骨骼保存状况、愈合状况、牙齿的萌出与磨蚀、病理现象，统计骨骼数量，并对牙齿、颌骨、肢骨及部分脊椎进行测量，观察并记录骨骼表面有无动物啃咬痕迹、有无切割等人工痕迹和风化程度。个别单位出土的动物骨骼在后期搬运中有破损，因此对保存较好的标本以可鉴定标本数（NISP）进行记录，对破损严重的标本结合照片信息以最小个体数（MNI）进行记录。骨骺判断年龄则依据希尔弗（Silver）[3]的研究。骨骼测量参考学界普遍采用的《考古遗址出土动物骨骼测量指南》[4]，测量数据以毫米（mm）为单位。

固原南塬水厂墓地此次发掘出土的动物遗存的种属如下。

脊椎动物 Vertebrate

　鸟纲 Aves

　　隼形目 Falconiformes

　　鸡形目 Galliformes

　　　雉科 Phasianidae

　　　　原鸡属 *Gallus*

　　　　家鸡 *Gallus gallus domesticus*

---

[1]　伊丽莎白·施密德著，李天元译：《动物骨骼图谱》，中国地质大学出版社，1992年。中国社会科学院考古研究所科技中心：《考古遗址出土动物骨骼图谱》，文物出版社，待刊。中国人民解放军兽医大学编著：《马体解剖图谱》，吉林人民出版社，1970年。

[2]　无法确定种属的哺乳动物按照体型分为大型哺乳动物、中型哺乳动物、小型哺乳动物。绵羊、山羊无法辨别的标本统一归为"羊"。

[3]　Silver, I. The ageing of domestic animals, in Brothwell, D and Higgs E. (eds.), Science in archaeology. London: Thames and Hudson, 1969.

[4]　安哥拉·冯登德里施著，马萧林、侯彦峰译：《考古遗址出土动物骨骼测量指南》，科学出版社，2007年。

哺乳纲 Mammalia

　兔形目 Lagomorpha

　　兔科 Leporidae

　　　兔属 *Lepus*

　　　　草兔 *Lepus capensis*

　奇蹄目 Perissodactyla

　　马科 Equidae

　　　马属 *Equus*

　　　　马 *Equus caballus*

　　　驴 *Equus asinus*

　偶蹄目 Artiodactyla

　　猪科 Suidae

　　　猪属 *Sus*

　　　家猪 *Sus scrofa domesticus*

　牛科 Bovidae

　　盘羊属 *Ovis*

　　　绵羊 *Ovis aries*

　　山羊属 *Capra*

　　　山羊 *Capra hircus*

二　各遗迹单位骨骼保存分布情况

1. M1唐墓

墓室填土出土动物遗存 3 件。

马左股骨 1 件，近端愈合，残存近端股骨头，股骨头表面有数道斜向砍痕。另外，其大转子出土于 M3，此马骨年代可能要早于 M1 和 M3 填埋的时间。

猪右桡骨 1 件，保存完整，两端未愈合，关节缺失。

羊臼齿 1 件，残。

2. M2唐墓

墓室填土出土动物遗存 2 件。

马右上颌游离臼齿 1 件，略残。

狗枢椎 1 件，愈合，后半部被砍断，腹侧面有两组砍痕，一为腹侧面向背侧面的 5 道横向砍痕，一为自后下方向前上方的 2 道横向砍痕。

3. M3唐墓

墓室填土中出土马、驴、猪、羊、猛禽、野兔等动物的骨骼，仅猛禽和野兔出土位置明确。

马左股骨大转子 1 件，近端愈合，与 M1 所出马的左股骨可拼合。大转子后内侧表面有 2 道斜向划切痕迹，可能为肢解痕迹。

马左肋骨 1 件，保留近端，近端未愈合，与 M4 所出土的未成年马个体的肋骨可拼合。

马左盆骨 1 件，残存髂骨和髋臼部，髋臼愈合。髂骨颈外侧面有 2 道斜向划切痕迹，髂翼背侧面有食肉动物啃咬痕迹。

驴第 1 趾骨 1 件，风化严重。最大长 57.20、近端最大宽 32.62、近端关节面最大宽 30.16、近端厚 23.02、骨干最小宽 19.27、远端最大宽 29.04、远端关节面最大宽 27.21mm。

猪右尺骨 1 件，保存基本完整，两端未愈合，关节缺失。近端骨干后侧缘有 2 道自后方向前方砍切的横向砍痕。

羊右桡骨 1 件，残，近端愈合。前侧骨干表面有 1 道横向划切痕迹，内侧骨干表面有 1 道斜向划切痕迹。骨干两端被食肉动物啃咬。

羊跖骨 1 件，两端食肉动物啃咬，风化严重。

大型哺乳动物的头骨碎块 1 件，肢骨 1 件。肢骨骨干中部表面有 2 道斜向砍痕，一端表面有成组平行的划痕。

以上几件风化严重者应在进入 M3 墓室填土之前已在地表暴露过一定时间，年代当早于 M3 的填埋时间，并非墓葬随葬之物。其他骨骼虽然未风化，但也不排除混入的可能性，如填土中出土的马左肋骨，该标本所从属的个体基本全部出自 M4，只此左肋骨被填埋进 M3。

猛禽和野兔出土于墓室东中部，椁室顶部东侧，分布较为集中，但骨架已散乱，属大型鸟类和草兔两个个体（图一五五）。大型鸟类的跗跖骨骨干发育粗壮、宽扁，且骨壁很厚。另外，其远端 3 个滑车的位置上下基本位于一条直线上，前后位置近于同一平面。同时滑车间的间距也较小，滑车间相对的内外侧面相互平行，3 个滑车的远端面形成类似的滚轴形态，即"滚轴模式"[1]。又第 Ⅱ 跖骨滑车最为粗大，靠下不仅易于形成"滚轴模式"，利于在抓获猎物时辅助其他趾来撕碎猎物 [2]，此为猛禽跗跖骨的典型特征。

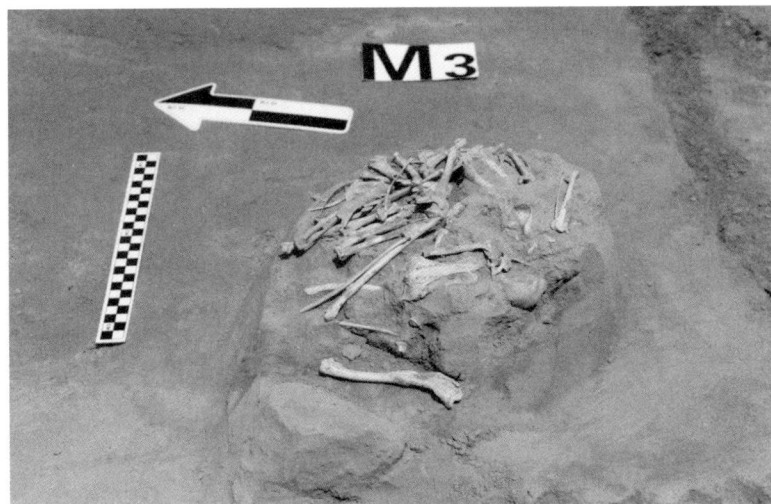

图一五五　M3椁室东侧出土动物骨骼

---

[1]　张玉光：《鸟类跗跖骨远端形态的两种模式及其栖息行为》，《四川动物》2006年第1期。
[2]　张玉光：《猛禽类跗跖骨形态特征与功能的分析》，《动物学杂志》2004年第6期。

4.M4唐墓

甬道及墓室东南部出土大量马骨，整理后确认属于两个个体：成年个体为雌性，约19岁；未成年个体性别不明，约9～12个月。

成年个体的骨骼共119件，包括头骨、左下颌、右下颌、寰椎、枢椎、第3颈椎、第4颈椎、第5颈椎、第6颈椎、第7颈椎、第1胸椎、第2胸椎、第3胸椎、第4胸椎、第5胸椎、第6胸椎、第7胸椎、第8胸椎、第9胸椎、第10胸椎、第11胸椎、第12胸椎、第13胸椎、第14胸椎、第15胸椎、第16胸椎、第2腰椎、第3腰椎、尾椎5件、左肩胛骨、右肩胛骨、左肱骨、右肱骨、左第3腕骨、左第4腕骨、左中间腕骨、右桡腕骨、右中间腕骨、右尺腕骨、右第2腕骨、右第3腕骨、右第4腕骨、左第2掌骨、右第2掌骨、左第3掌骨、右第3掌骨、左第4掌骨、右第4掌骨、左第1指骨、右第1指骨、左第2指骨、右第2指骨、左第3指骨、右第3指骨、左盆骨、右盆骨、左胫骨、右胫骨、左跟骨、左距骨、左中央跗骨、左第2跗骨、左第3跗骨、右跟骨、右距骨、右中央跗骨、右第2跗骨、右第3跗骨、右第4跗骨、左第2跖骨、右第2跖骨、左第3跖骨、右第3跖骨、左第4跖骨、右第4跖骨、左第1趾骨、右第1趾骨、左第2趾骨、右第2趾骨、左第3趾骨、右第3趾骨、籽骨7件、肋骨27件（左肋骨9件、右肋骨18件）。除个别骨骼外，大部分骨骼表面均有较为严重的人工痕迹，详情如下。

头骨上颚板有1道前后向纵向划痕；梨蝶骨两侧腹侧面有3处横向划痕（左侧中段及后段两处，右侧中段一处）；右侧茎突远段外侧面有2道横向划痕，左侧茎突中段前缘有2道横向划痕；右枕髁外下缘有纵向切割痕迹；左侧颅阔点外侧缘有5道前后向划痕；右眶后缘有1道斜向划痕。

左侧舌骨大角内侧面中角端有2道斜向划切痕迹，推测用刀方向为自后上方向前下方，意在分割中角和小角；大角的肌角外侧面下缘有6处斜向或纵向划切痕迹，根据斜向切口倾斜方向判断用刀方向为前下方向后上方，意在分割舌头与下颚的软组织。

右侧舌骨大角的肌角内侧面中段有1组纵向划切痕迹，推断用刀方式为立刀上下滑动；外侧面接近中角端有2道斜向划切痕迹，根据切口倾斜方向判断用刀方向为前上方向后下方，也是为了分割舌头与下颚的软组织。

左右下颌骨下颌体连接部后侧缘有3道纵向砍痕。左下颌M3下方下颌体外侧缘有三四道横向划痕；下颌角外侧有1道纵向划切痕迹，可能是为了切割咬合肌；上升支前缘外侧面有18道横向砍切痕迹，上升支外侧嵴面有1道横向切痕；下颌体舌侧面M1和M2下方有两处明显的砸击痕迹，形成凹窝；下颌角外侧面下半部有2道纵向、数道斜向划痕。右下颌齿隙唇侧下缘有十余道纵向砍切痕迹；P3下方唇侧有2道斜向划痕，划痕下方有一处明显砸击痕迹，砸击痕迹位于下颌体开裂缝处；P4、M1下方下颌舌侧有较为明显的刮剔痕迹；上升支前缘外侧有六处横向划切痕迹；冠状突外侧靠近末端有两道斜向划切痕迹，与枕骨外侧缘斜向划切缺口一致；下颌髁下方外后缘有六道横向划切痕迹，内后方有一道横向划切痕迹；下颌角腹侧点前部有三道斜向划切痕迹，划痕为前外后内斜向；上升支唇侧面有不太明显的纵向划切及刮痕。

寰椎椎孔前面左侧背侧缘有6道砍切痕迹，意在分离枕髁与寰椎前面关节窝；左侧椎翼背侧后端有至少3道划切痕迹，意在分割寰椎与枢椎；右侧椎翼前缘背侧有2道划切痕迹、2道砍切形成的缺口，右侧椎翼后段腹侧有2道较浅的砍切痕迹；右前关节腹侧前缘有4道明显的斜向划切痕迹；腹侧末端结节右后侧有一处"×"划痕；左前关节面腹侧缘有一处砍削痕迹；左侧椎翼腹侧前缘有一砍切形成缺口，后段腹侧有 2 道斜向划切痕迹。

第 3 颈椎前关节面左下方有一处重度划切痕迹、右下方有 1 道较浅的划切痕迹，刀子在前后划拉的过程中，在左右横突前端内侧留下划痕，其意均在分割第 3、4 颈椎之间的软组织。左侧横突前端腹侧有三道横向划切痕迹。椎体腹侧左侧接近远端表面有 2 道不连续的斜向划切痕迹，远端关节腹侧突表面的砍痕尤为明显；椎体腹侧右侧接近远端表面有 1 道不连续的斜向划切痕迹，痕迹不明显。椎体、椎板的后 1/4 及左侧横突后端被砍断。椎板的砍痕方向为背侧向腹侧，断面上方留有两道不连续的横向砍痕。椎体及左侧横突后端砍痕方向为背侧左上方向腹侧右下方，椎体腹侧左侧断面茬口松质片状陷裂，方向与砍痕方向一致。

第 5 颈椎前关节面左下方有 2 道重度划切痕迹。椎体近前关节处腹侧表面有 1 砍痕。左侧横突前端被砍断，方向不明，可能与 4 颈椎左横突后端砍痕方向一致。右侧横突前端外侧及腹侧表面有 10 道纵向划切痕迹。右前关节突被砍断，痕迹方向为背侧后方向腹侧前方。右前关节突被砍断，方向为背侧向腹侧砍切。右后关节突外侧缘有 3 道纵向砍痕，在椎体右外侧表面留下连带砍痕。左前关节突被砍断，方向分为背侧向腹侧和右下向左上两次砍断，断面后侧背侧缘有一道砍痕。左前关节突关节面外缘有 1 道纵向砍痕，其后外侧有一处 2 道斜向划切痕迹，关节突后方接近椎体前 1/3 处有一处 2 道砍切痕迹，其中一道在棘突前端留下砍痕，方向为背侧向腹侧。左右椎弓后缘有 5 道横向砍痕，方向为后向前。后关节面下半部被砍断，方向为腹侧向背侧，显为分解 5、6 颈椎所留。

第 6 颈椎前关节砍切严重，方向以腹侧向背侧为主，两侧为左右向环切，并在前关节突腹侧留下划切痕迹，此部砍切痕迹与第 5 颈椎后端关节面的砍切相关，旨在分解二者之间的软组织。椎体腹侧的砍划痕迹包括：左侧横突前结节前端内侧面有一处砍痕，前向后；左侧缘中段有 1 道横向划切痕迹；左侧缘后 1/3 处有 1 道斜向划切痕迹；右侧横突前结节腹侧有 4 道斜向划切痕迹；右侧缘中部有一处 4 道较浅的斜向划切痕迹；远端腹侧中轴两侧各有 1 组纵向划切痕迹。左右横突腹侧、背侧面均各 1 组纵向划切痕迹。左侧椎弓前端外侧有 2 处纵向划切痕迹，右侧椎弓前缘外侧有 3 处纵向划切痕迹，左右椎弓后缘各有 2 处纵向划切痕迹。椎体后端接近关节面左右两侧面各有 2 道横向划切痕迹。椎体后端关节面结节表面有 2 道纵向砍痕，方向为后向前，砍痕前外侧有 1 道明显的纵向划切痕迹。前关节突腹侧有横向或斜向划切痕迹，为分割第 5 颈椎后端关节面与第 6 颈椎前端关节面所留。左前关节突背侧外侧缘有 1 处斜向砍切痕迹，左前关节突关节面后外侧缘有砍削痕迹，后端边缘有两道纵向划切痕迹。左侧椎弓板前外侧缘有砍削痕迹。右前关节突后方外侧缘有两处横向划切痕迹。椎弓板背侧右半部有两处纵向划切痕迹，右半部后端边缘有 6 道纵向划切痕迹。左后关节突关节面前缘有 3 处纵向划切痕迹，后缘有一纵向砍痕，方向为后向前。左后关节面前部有一斜向砍痕，从砍痕下缘为缓坡状、上缘锐直推测，方向为后下向前上。左后关节面腹侧后部有一横向砍痕，方向为腹侧向背侧。右后关节突关节面后端有 1 道纵向划切痕迹。从椎孔观察，椎体背侧被利器捣切有凹陷。

第 7 颈椎残存后半部及左前关节突。左前关节突背侧中部砍断，断面上方有两道横向砍痕，左前关节后端有至少 2 道砍痕，三处砍痕方向均为背侧向腹侧。断面松质有一道砍痕，方向为腹侧向背侧。左椎弓根外侧表面有三道纵向砍痕，方向为背侧向腹侧。左前关节突关节面后内缘（即椎弓板近端）有一道明显的砍痕，方向为背侧向腹侧。整个颈椎前半部分被砍掉，从断面看，砍痕方向应为背侧右外侧向腹侧左内侧，椎体断面不甚平整，多为劈裂面。椎体腹侧后端接近远端表面左右两侧各有 2 道斜向划切痕迹。右后肋凹关节面上有 2 道斜向划切痕迹。棘突背侧缘左侧有 1 道斜向的划切痕迹。右横突背侧外侧缘有 2 道前后向划切痕迹，方向为背侧向腹侧。

第 1 胸椎左前肋凹关节面有两处斜向划痕，关节面后侧腹侧缘有砍削痕迹。椎体右外侧缘有两道斜向划切痕迹。左横突腹侧缘有三处纵向砍切痕迹，前端腹侧缘砍痕方向为腹侧向背侧，外侧腹侧缘砍痕方向为后外向前内。左椎弓根外侧缘有一组砍切痕迹，方向为外向内（左向右）。右侧横突前端背侧缘有 1 道斜向较浅的划切痕迹，方向为前上向后下。右前关节突关节面前缘有砍削痕迹。

第 2 胸椎椎体右下肋凹背侧面有 1 道很浅的划痕。左横突外侧面有 2 道纵向划切痕迹。后关节突背侧面有至少 3 道横向砍痕，方向为背侧向腹侧。棘突左侧面中部靠近后部有 1 道斜向划痕，右侧面中部及后部有 3 处划切痕迹。

第 3 胸椎左前肋凹关节面腹侧前缘有 1 道前后向划痕，意在分离肋骨。左下肋凹关节面腹侧内外侧缘各有 1 道斜向划痕，意在分离肋骨。左横突内侧背侧面有一处划切痕迹，意在分解第 3、4 胸椎。右横突外侧面有 1 道纵向、1 道斜向划切痕迹，方向为右向左。右横突背侧面有 2 道横向砍切痕迹，方向为背侧向腹侧。棘突根部后面（即后关节突关节面上方）两侧有砍痕，方向为背侧向腹侧。棘突右侧面前后缘有划切痕迹。棘突后段右侧面有凹陷，似为砸击所致。

第 4 胸椎椎体腹侧面正中有前后向砍削痕迹，方向似为前向后。左横突外侧面有 2 道横向划切痕迹，与第 5 胸椎左横突外侧面横向划切痕迹相连；左横突背侧缘有两道横向砍痕，方向为背侧向腹侧；左横突内侧后侧面有划切痕迹，意在分解第 4、5 胸椎。右横突背侧缘有 2 道纵向砍痕，方向为背侧向腹侧。左椎弓背侧面有刮痕，意在分解第 4、5 胸椎。左后肋凹外侧缘有 1 道横向砍痕，方向为后向前。棘突根部左侧面有 1 道斜向划切痕迹，右侧面前侧缘有 1 道斜向划切痕迹、数道纵向刮痕。棘突末端似为砸端。

第 5 胸椎椎体后关节面唇缘、后肋凹内侧缘、后关节突关节面均有砍痕，方向为腹侧向背侧，第 6 胸椎前侧砍痕与此相关。后关节面有剔刮痕迹，第 6 胸椎前关节面背侧缘刮痕与此相关。左横突外侧面有至少 3 道横向划切痕迹，与第 4 胸椎左横突外侧面横向划切痕迹相连；左横突内侧背侧面有划切痕迹。左后肋凹外侧缘有 1 横向砍痕，左右肋凹背侧内侧缘各有 1 道斜向砍痕，椎后切迹横向砍痕可能也与此有关，方向为后向前。棘突左右两侧面有 5 处剔划痕迹，另有隐约可见刮痕。

第 6 胸椎前关节突关节面前缘、椎前切迹背侧均有明显的砍痕，方向为腹侧向背侧，与第 5 胸椎后侧的砍痕相关。前关节面背侧有刮痕，与第 5 胸椎后关节面刮痕相关。左横突外侧面有至少 4 道横向划切痕迹，与第 4、5 胸椎相连。左侧前肋凹外侧缘及椎弓根外侧面各有 1 处纵向砍痕。棘突末端右侧面有 2 道斜向划切痕迹。

第 7 椎体腹侧面正中靠近后关节面有 2 道横向划切痕迹。后肋凹内侧缘、后关节突关节面均有明显的砍痕，方向为腹侧向背侧，可能与缺失的第 8 胸椎有关。后关节面右半部有旋转剔刮痕迹。

左右横突内侧背侧面各有 1 组划切痕迹，意在分割第 6、7、8 胸椎。棘突断面呈斜坡状，右侧面断面后侧尚有 1 道剔划痕迹。

第 9 胸椎椎体前关节面靠近腹侧有 5 道横向砍痕，方向为腹侧向背侧。椎体腹侧面有前后向砍削痕迹。后关节面后两侧唇缘、左后肋凹前内侧缘、右后关节突关节面均有砍痕，方向为腹侧向背侧。左椎弓后缘内侧面（椎孔内、椎体后侧面左下方）有 1 道斜向砍痕，方向为背侧尾端向腹侧头端。后关节面靠近背侧后半部有刮痕。左椎后切迹有明显的划切痕迹。左右横突背侧缘有明显的砍切痕迹，方向为背侧向腹侧。

第 10 胸椎左椎弓前侧面（左前肋凹与横突肋凹之间）有 1 道纵向的划切痕迹。左横突肋凹关节面腹侧缘有 1 道横向砍痕，方向为腹侧向背侧。左横突背侧前端表面有 1 道横向砍痕，方向为背侧向腹侧。

第 11 胸椎椎体腹侧正中靠近后侧有 2 道横向砍痕，方向为腹侧向背侧。右前关节突外侧有 1 道纵向划切痕迹，应为前后向划切所留。后关节面后两侧唇缘、后肋凹内侧缘、后关节突关节面均有砍痕，方向为腹侧向背侧，与第 12 胸椎前侧的砍痕相关。后关节面右半部有划刮痕迹。后关节左外侧缘有 1 横向划切痕迹。左椎弓后缘内侧面（椎孔内、椎体后侧面左下方）有 1 处斜向砍痕，方向为棘突左右两侧面均有划痕。

第 12 胸椎右前关节突腹侧有 2 道横向砍痕，方向为腹侧向背侧，与第 11 胸椎后侧的砍痕相关。椎体腹侧面正中有 5 道横向砍痕，方向为腹侧向背侧。椎体左侧面前后两端靠近关节面处有 3 道横向划切痕迹。左右横突前结节背侧面各有 1 组横向砍痕，方向为背侧向腹侧。左横突内侧背侧面有 1 组至少 3 道横向的划切痕迹，右横突内侧背侧面靠近前侧缘有 1 道前后向的划痕。后关节突后端、棘突后侧缘被纵向砍削，方向为腹侧向背侧，第 13 胸椎椎体前半部分被砍断与此相关。棘突末段左右两侧面有横向划痕。

第 13 胸椎椎体前半部分被砍掉，从断面松质所留砍痕判断，方向为腹侧后方斜向背侧前方，断面腹侧凹陷方向与此相同。椎体后关节腹侧右侧面有 2 道斜向砍切痕迹。右后肋凹前侧外侧面有 1 道纵向划痕，左横突前结节背侧面有砍削痕迹，内侧面有划痕。右横突前结节面外侧面有 1 道横向划痕。棘突两侧面有多处剔划痕迹。

第 14 胸椎椎体左右两侧横突后侧表面均有斜向划切痕迹。横突背侧面均有前后向（横向）划切痕迹。棘突两侧面有多处剔划痕迹。

第 15 胸椎左前关节突背侧缘有 2 道前后向划切痕迹。右前关节突外侧的结节外侧面有 1 道横向划切痕迹。右后关节突后端被砍断，方向为腹侧向背侧。棘突两侧面有多处横向划切、剔划痕迹。

第 16 胸椎残存前 1/3 部，后 3/4 连同第 15 胸椎右后关节突后端被砍断，方向为腹侧向背侧，砍痕右高左低。左横突外侧面有两道斜向划切痕迹。

第 2 腰椎椎体前关节面及前关节突前端被砍断，断面平整，方向为腹侧向背侧。椎体前关节面腹侧缘左侧有 2 道较浅的斜向划痕。椎体腹侧正中嵴表面有 7 道横向、1 道斜向砍痕。椎体腹侧左外侧表面有 2 道纵向划切痕迹。椎体远端关节右侧腹侧缘中部、右外侧及背侧缘左外侧有砍削痕迹，意在分离第 2、3 腰椎。左横突背侧前缘接近椎弓根部有 1 道前后向划切痕迹，腹侧面接近椎弓根部有 2 道前后向划切痕迹。左前关节突背侧面有 2 道前后向划切痕迹。棘突前侧缘有至少 3 道左右向砍切痕迹，后侧缘有至少 2 处砍削痕迹。后关节突背侧面与棘突根部相接部，有 2 道砍切痕迹，方向为背侧向腹侧，棘突后侧缘的砍削痕迹有可能是后关节突背侧面的砍切过程中留下的，旨在分离第 2 腰椎后关节突与第 3 腰椎的前关节突。椎弓板腹侧面右后部有 2 道斜向的划切痕迹。

第 3 腰椎残存前 3/4 部，椎体下半部被砍断，从断面松质所留砍痕观察，砍痕左高右低，砍的方向为腹侧左侧向背侧右侧，椎体上部骨密质凹陷方向与此一致，应为两次砍断。椎体前关节面有旋转切削痕迹，方向为右侧向左侧、腹侧向背侧。椎体腹侧近端靠近近端关节面有 3 道横向砍切痕迹。右横突根部背侧后侧缘有 2 道后向前的纵向划切痕迹，腹侧前侧表面有 2 道腹侧向背侧的斜向划切痕迹。左后关节突腹侧面外侧缘有 1 道斜向的划切痕迹。右后关节突背侧面有 2 道横向的砍痕，方向为背侧向腹侧。棘突根部右侧后部表面有一处纵向刮痕，方向为背侧向腹侧。棘突与右后关节突相接处背侧缘有一处砍痕，方向为背侧向腹侧。棘突末端背侧缘有 3 道横向砍痕形成的缺口，方向为背侧向腹侧。右横突腹背两面均有尖状物（刀尖）戳刺形成的凹陷。右横突前侧缘靠近末端有两道斜向的划切痕迹，方向为左前向右后。

左肩胛骨肩胛冈最高点外侧面有四道明显的横向砍痕，肩胛冈远段有 2 道横向划痕。冈后窝有五六道纵向剔划痕迹、两道斜向剔划痕迹。肩胛骨颈部内侧面有 2 道斜向划痕。

左肱骨骨干有 2 处砸击痕迹，第一处位于近端骨干前侧表面中部，第二处位于中段骨干外侧表面中部。近端骨干前侧面中部有一处明显的砸击痕迹，凹窝边缘明显，近端骨干自此砸击点横向断裂开，除内侧骨干断面呈 L 形，其余部位骨干断面平齐。中段骨干外侧面中部有一处明显的砸击痕迹，凹窝边缘明显。除上述 2 处砸击外，近端骨干后内侧表面也应有一处砸击，憾无此部，只能作此推测。3 处砸击合力之下，骨干前侧、前内侧、内侧、外后侧因此纵向断裂。近端关节大节结外侧有 2 道斜向砍切痕迹，沟间脊前内侧下方有 1 道纵向砍切痕迹，三角肌粗隆上方有 3 道斜向划切痕迹，三角肌粗隆嵴线远段表面有 2 处横向砍痕。肱骨骨干结节表面有 7 道斜向砍切痕迹。前侧骨干中段表面有 2 道斜向划切痕迹。远端骨干前内侧有刮剔痕迹。远端关节外侧滑车前外侧缘有十余道砍切形成的缺口。滑车中部远端有 1 道斜向、1 道纵向划切痕迹。鹰嘴窝有 2 组斜向相交呈"V"字形戳刺痕迹，应为折屈肘关节后刀尖刺入鹰嘴窝处所留。

右肩胛骨肩峰外侧面有至少 3 道斜向划切痕迹。肩胛冈外侧面至少有 6 处斜向划切痕迹。冈前窝有 3 道纵向的剔划痕。冈后窝有一组纵向剔划痕迹，至少有 12 道，个别剔痕端（远口缘）有戳刺形成的凹点；在冈后窝中部有 3 道痕迹为弧形而非直线式，痕迹深浅不一，底部有连续不断的凹点。颈部前侧缘连续分布有横向砍痕，方向为后侧向前侧。后侧缘被砍断，砍痕自颈部开始，方向为远口缘向进口缘。肩胛结节前侧面有 2 处斜向划切痕迹；颈部前外侧面（肩胛结节与关节盂之间）有至少 8 道横向划切痕迹；颈部内后侧表面有 1 道斜向划切痕迹；关节盂缘前内侧（关节盂前端凹口）缘、内侧缘、后外侧缘、前外侧缘均有斜向划切痕迹，以上 4 处划切痕迹皆意在割断肩关节关节囊。

右肱骨骨干中段前内侧表面有十余道较浅的斜向划痕。骨干远段前外侧表面有二十余道斜向划痕。外侧髁外侧缘有 1 处明显的斜向砍痕。远端滑车内侧缘有四道斜向划痕，外侧缘有至少七道横向划切形成的缺口。鹰嘴窝外侧髁内侧缘有 1 组明显的斜向戳刺痕迹，应为折屈肘关节后刀尖刺入鹰嘴窝处所留。

左第 3 腕骨掌侧（后侧）近端关节处有一处横向划切痕迹，共 7 道。

左第 4 腕骨掌侧（后侧）近端关节面内侧缘有 1 道横向砍切痕迹，应为左第 3 腕骨掌侧横向划切痕迹的连带痕迹。近端关节面前外隅有 3 道斜向划切痕迹，应为分割左尺腕与左第 4 腕骨所留。近端关节后侧缘有横向砍削痕迹，方向为前外侧向后内侧，其墓地与前外隅表面的划切痕迹相同。

右桡腕骨近端关节内侧缘中部下方为一道横向砍切形成的缺口，后内隅下方为两三道斜向砍切形成的缺口，两处砍切皆为斩断桡骨与桡腕之间的软组织。掌侧（后侧）结节下方、远端关节上方有一横向砍切痕迹，缺口两端浅窄，中部宽深。掌侧中部靠近内侧有一处砍痕。

右尺腕骨近端关节前外隅边缘有残缺，似为磕碰所致。后侧关节外侧缘有斜向砍切痕迹，砍痕呈明显的坡状，斜向前内侧上方，旨在斩断桡骨与尺腕之间的软组织。

左盆骨髂骨翼前缘靠近末端有 2 道斜向砍切痕迹。髂骨翼外侧中部偏上有五六道斜向划痕，划痕后即为髂骨翼后缘，划痕后上方有 3 道砍切形成的缺口。髂骨的荐椎联合面有两处较浅的划痕、一处较明显的 2 道斜向砍切痕迹，联合面下方（髂骨翼内侧面中部）有 4 道斜向划痕，痕迹不连续。髂骨颈部后方背侧缘有 5 道纵向砍切形成的缺口及缺口周边崩裂呈台阶状。髂骨颈部前内侧缘有 6 道由内侧向外侧砍切形成的缺口及缺口周边崩裂呈台面状，腹侧面滋养孔内侧有一道连带的很短的砍痕。此砍切位置与髂骨颈部后上侧的砍切位置相对，对髂骨颈形成环切。髋臼前端腹侧凹窝周缘有三道较浅的砍痕，痕迹不连续。髋臼前缘有至少 8 道自前向后横向划切痕，痕迹不连贯，髂骨靠近耻骨部的前内侧缘有一处连带的划切痕。髋臼前外侧缘有砍削。耻骨腹侧面有 3 处斜向划痕。左右耻骨联合部前端及前段腹侧面有至少 5 道自前向后纵向砍划痕迹，后端及后段腹侧面也有至少 6 道自后向前纵向砍痕（个别砍痕留在右侧坐骨后端腹侧面），意在分割左右。右侧耻骨联合部中段腹侧面有两道砍切痕迹，砍痕边缘有塌陷。右侧坐骨被砍掉，为多次砍切，但断面较平整，几乎与盆骨闭孔内侧缘相平，右侧耻骨砍切断面与其相平。坐骨砍痕方向基本为自后下向前上，耻骨砍痕方向为自前下向后上。

右盆骨残存耻骨、坐骨部分，耻骨联合部中段腹侧面有两道砍切痕迹，砍痕边缘有塌陷。坐骨被砍掉，为多次砍切，但断面较平整，几乎与盆骨闭孔内侧缘相平，耻骨砍切断面与其相平。

左胫骨近端关节内侧凹窝部有四处划切痕迹（胫骨崤近端胫骨结节内侧缘有两道横向砍切痕迹、凹窝内侧前缘有一道纵向划切痕迹、凹窝中部下方接近骨干部有两道纵向砍切痕迹、凹窝中部上方亦即内侧关节面前缘有一道斜向划切痕迹）。近端内侧关节面前内侧缘有砍削痕迹，其下方有一道斜向划切痕迹。近端内侧关节内后侧接近关节面边缘部有一道斜向划切痕迹。近端关节最高处（中间部位）前缘有一道横向砍切痕迹。近端外侧关节面中部有两道斜向划切痕迹。胫骨崤前内侧缘接近近端关节前内侧缘有一道横向划切痕迹。后侧中段骨干中部偏上肌线表面有一道斜向、两道横向划切痕迹。后侧中段骨干中部后内侧一两道横向划切痕迹。远端关节后内侧缘上方有一道斜向划切痕迹。前侧中段骨干前内侧缘有一道横向划切痕迹。前侧远端骨干前外侧缘有两处横向砍切痕迹。远端关节前内侧缘上方有一处"X"形砍切痕迹。

右胫骨近端关节内侧凹窝部有一处砍切痕迹，两道纵向砍切。胫骨崤近端有 1 道斜向砍切痕迹。

胫骨嵴表面凹窝近端内侧缘有 1 道斜向砍切形成的缺口。胫骨嵴前侧表面靠近近端有一处 2 道横向砍切痕迹。近端内侧关节面前内侧缘有一道斜向划切痕迹。近端内侧关节外侧边缘（近端关节中部）有一处横向砍切痕迹。近端关节最高处（中间部位）前缘有一处横向砍切痕迹，约三四道。近端外侧关节面外侧缘中部有三道横向砍切痕迹，其中两道较为明显。胫骨近端关节后外侧下方有 1 道斜向砍切痕迹。胫骨近端关节后内侧缘有两道斜向划切痕迹。胫骨后侧近端骨干后内侧肌线上方表面有 1 道横向砍切痕迹。胫骨中段骨干中部有一周一两道横向划切痕迹，骨干断裂皆自此处，胫骨嵴远端骨骼表面有翘起，疑似用近端骨干后侧碰击硬物所致。后内侧骨干环切痕迹上方有砍削痕迹。后侧骨干环切痕迹下方靠近外侧有两道横向砍切痕迹。远端关节后侧上方有 1 道斜向划切痕迹。

左跟骨近端关节面偏后部有 4 道斜向划切痕迹。近端关节下方跖面（后面）偏外侧有 3 道斜向的划切痕迹。近端关节面下方外侧面有 2 道斜向的划切痕迹，痕迹不明显。外侧骨干中部前缘有 1 道较浅的横向划切痕迹。远端外侧骨干有 7 道斜向后上方的划切痕迹。下方接近最远端关节面处前外隅表面有 6 道横向砍切痕迹，痕迹不连续但在隆起部形成明显的缺口，此处砍切痕迹与左距骨滑车背面（前面）远端表面的砍痕及远端关节面前缘的划切痕迹、左中央跗骨近端关节前缘的划切痕迹形成一组环切，意在斩断跗关节表面的肌腱。

左距骨外侧滑车背面（前面）中部偏下有至少 7 道斜向划切痕迹。外侧滑车背面（前面）远端表面有两道横向的砍切痕迹。内侧滑车背面（前面）远端表面有 1 道横向砍切、3 道横向划切痕迹。远端关节上方前内侧面有 1 道横向划切痕迹，痕迹不连续，且在左中央跗骨近端关节前侧缘中部留下一道划切痕迹。远端关节前内隅有 1 道横向划切痕迹。距骨远端的划切及砍切痕迹与跟骨远端骨干前外隅表面的 6 道横向砍切痕迹形成一组环切，意在斩断跗关节表面的肌腱。

左中央跗骨近端关节前侧缘中部有 1 道横向划切痕迹，当为左距骨远端关节上方前内侧面横向划切痕迹的牵延，此处痕迹与左跟骨远端骨干接近最远端关节面处前外隅表面的砍切痕迹及左距骨滑车腹侧（前面）远端表面的砍切、划切痕迹形成一组环切，意在斩断跗关节表面的肌腱。近端关节内侧缘中部有一处横向砍切形成的小台面，砍切方向为前内向后外。

右跟骨近端关节下方前侧骨干前外侧表面有 2 道斜向砍切痕迹，形成浅凹窝。近端关节下方前侧骨干前内侧表面有 2 道横向砍切痕迹，形成浅凹窝。近端关节内侧骨干下方中部有 2 道斜向划切痕迹。内侧骨干中段表面有两三道横向划切痕迹，痕迹不连续。后侧骨干中段后内侧表面有 1 道横向划切痕迹。前侧骨干中段表面有至少 5 道横向划切痕迹。内侧骨干远段表面（内侧结节上方）至少有 9 道横向划切痕迹，个别为砍切痕迹。前侧骨干远段表面有至少 5 道横向划切痕迹，与内侧骨干远段表面的横向划切痕迹形成环切。外侧骨干中段后外侧表面有数道砍切形成刮削面或 1 道横向的砍切痕迹。下方接近最远端关节面的跟骨表面有 6 道横向砍切痕迹，痕迹不连续但在隆起部形成明显的缺口，此处砍切痕迹在右距骨远端关节面前外侧缘有延伸。

右距骨内侧滑车近端外侧面（接近内外滑车之间的沟）有 1 道斜向的划痕，内侧面有 1 道斜向的划痕，疑其意在分割胫骨远端关节面与距骨之间的软组织。外侧滑车外侧缘中部有两道横向的砍切痕迹，为右跟骨外侧骨干中段后外侧表面的砍切痕迹的延伸。外侧滑车远段内侧面（位于内外滑车之间的沟中）有 1 道横向的划痕，意在分割距骨与右跗骨之间的软组织。远端关节面前外侧缘有

4 道横向砍切痕迹，为右跟骨最远端前外侧表面横向砍切痕迹的延伸。远端关节面上方前内侧表面有 4 道横向砍切痕迹，同右中央跗前侧、前内侧表面的横向砍切痕迹，旨在肢解跗关节与距骨。

右中央跗骨前侧及前内侧骨干表面有十余道横向砍切痕迹，同右距骨远端关节面上方前内侧表面的横向砍切痕迹，旨在肢解跗关节与距骨。

右第 3 跗骨前侧及前内侧骨干表面有至少 7 道横向砍切痕迹，同右中央跗前侧表面的横向砍切痕迹，旨在肢解跗关节与距骨。

右第 4 跗骨前外侧表面有 4 道横向砍切痕迹，同右跟骨最远端关节面前外侧表面的横向砍切痕迹，意在肢解跗关节与距骨。

左肋骨肋颈前外侧面有 3 道纵向划切痕迹。肋结节后内侧面有 1 道横向划切痕迹。骨干中部前面有 1 道横向划痕。

左肋骨背侧段被横向砍断，断面呈铲状。腹侧段断面为斜坡状，断面上方有较多横向划痕。

左肋骨骨干内侧面及其前后缘有连续的刮痕，腹侧段外侧面有一处刮痕，远端断面呈铲状，应为折断。

左肋骨背侧段断面呈齿状。腹侧段断面呈铲状。

左肋骨背侧段断面（肋颈下方）呈齿状，骨干中段前面有 1 道斜向划痕。

左肋骨颈下方前侧缘有 1 道较明显的斜向划痕。肋结节下方后外侧缘有数道明显的划痕。骨干中部被砍断，外侧面有横向砍痕，断面呈铲状。腹侧端后侧缘有明显的斜向砍痕。

左肋骨颈断面呈斜坡状。骨干中部外侧缘有横向划切痕迹。腹侧端后侧缘有横向的砍切痕迹。腹侧段（骨干下 1/3 处）折断。

左肋骨肋结节外侧面有 2 道横向砍痕。肋结节下方内侧面有 1 道斜向划痕。

左肋骨肋头外侧面有 1 道斜向的砍痕，意在分解胸椎，此部砍痕或可在胸椎上找到相应的痕迹（该肋骨宽而短，胸椎应在前 7 节）。肋颈下方内侧面前侧缘有 2 处横向的划痕。腹侧端骨干内侧面前侧缘有 3 道横向砍切痕迹。

右肋骨肋头内侧面及肋颈腹侧面各有 1 道横向划切痕迹，意在分解胸椎，相应的胸椎肋凹上或可找到相关的痕迹（该肋骨宽而短，胸椎应在前 7 节）。骨干中部外侧面有横向砍切痕迹，断面前部呈"V"字缺口，其余部平齐。腹侧端内侧面前侧缘有 1 横向划切痕迹，方向似为腹侧向背侧，可能与剖腹有关。

右肋骨骨干中部后侧缘有 1 横向划痕迹，骨干自此处折断，断面呈齿状。

右肋骨颈下方前侧面内侧缘有 3 道横向划痕。骨干中部内外侧表面各有 1 横向的划痕，另有零星戳刺形成的点状凹陷。骨干中部偏下折断，断面平齐。

右肋骨颈下方内侧面前侧缘有 1 道较浅的横向划痕。骨干中部偏下内外侧表面各有 1 道横向划痕，自此处折断，断面呈齿状。

右肋骨肋结节外侧面有 1 道横向划痕。骨干中部前外侧表面有 1 道横向砍痕，将骨干砍断，断面平齐，内侧缘呈"V"字形缺口。

右肋骨肋头似为砍断，肋结节后侧表面及其下方骨干后侧缘各有 1 道横向划切痕。背侧端段干前内侧缘有 1 道斜向划痕。腹侧段骨干后侧缘有 2 道横向划痕。腹侧端骨干折断，断面呈铲状。

右肋骨背侧端呈齿状。骨干中部砍断，断面平齐。骨干中部偏上外侧面有一处刮痕。骨干中部前内侧缘有一处 3 道横向划切痕迹。

右肋骨背侧端呈齿状。腹侧段骨干折断，断面呈铲状。

右肋骨背侧段骨干后外侧缘有砍削痕迹。骨干中部折断，断面呈铲状。骨干前内侧缘、外侧表面、后外侧缘各有 1 处划痕。

右肋骨肋颈下方骨干后内侧缘有砍削痕迹。骨干中部砍断，断面平齐，断面一周横向砍痕明显。

右肋骨肋头似为砍断？背侧段骨干外侧面有 2 处横向划切痕迹。骨干中部外侧面有 3 道横向砍切痕迹，自此处折断，断面呈铲状，断面内侧骨壁缺失。

右肋骨肋颈平齐。骨干中部砍断，断面平齐，断面上方外侧面有 3 道横向砍痕。背侧段骨干外侧面有 3 处划痕、内侧面有 1 处划痕。腹侧段骨干外侧面有 2 处划痕。

右肋骨肋颈平齐。骨干中部砍断，断面上方有 2 道横向划切痕迹。

右肋骨背侧段，背侧端呈螺旋状。骨干中部偏下折断，断面平齐。骨干中部外侧面有一处 3 道横向划切痕迹。

右肋骨骨干中部，背侧端呈斜坡状。腹侧端折断，断面平齐。腹侧端骨干外侧骨干有 3 道横向划切痕迹。

右肋骨腹侧段，背侧端砍断。

右肋骨腹侧段，背侧端砍断。断面下方外侧面有 2 道横向划切痕迹。

右肋骨腹侧段，背侧端砍断。断面下方外侧面有 2 道、内侧面有 1 道横向划切痕迹。

另外，该成年个体的肩高可以保存完整的骨骼的测量数据为基础，根据日本学者林田重幸、山内忠平总结的公式[1]（表一五），取平均值 138.81 厘米作为其最终的肩高（表一六）。

未成年个体的骨骼共 84 件，包括头骨、左下颌骨、右下颌骨、寰椎、枢椎、第 3 颈椎、第 4 颈椎、第 5 颈椎、第 6 颈椎、第 7 颈椎、第 1 胸椎、第 2 胸椎、第 3 胸椎、第 4 胸椎、第 5 胸椎、第 6 胸椎、第 7 胸椎、第 8 胸椎、第 9 胸椎、第 10 胸椎、第 11 胸椎、第 12 胸椎、不确定位置的胸椎 3 件、第 1 腰椎、第 2 腰椎、第 3/4 腰椎、第 5 腰椎、第 6 腰椎、荐椎、左肩胛骨、右肩胛骨、左肱骨、右肱骨、左尺骨、右尺骨、左桡骨、右桡骨、左盆骨、右盆骨、左股骨、右股骨、左胫骨、右胫骨、左跟骨、左距骨、右距骨、右中央跗骨、右第 3 跗骨、左跖骨、右跖骨、第 1 指 / 趾骨 4 件、第 2 指 / 趾骨 3 件、肋骨 25 件（左肋骨 12 件、右肋骨 10 件、左右不明者 3 件）。个别骨骼表面留有人工砍划痕迹，详情如下。

头骨左侧面嵴中有 1 道纵向砍痕；

右桡骨远端关节背侧面内半部有 3 道纵向砍痕；

左侧盆骨耻骨腹侧面前侧缘有 1 道纵向砍痕，闭孔下方腹侧面有 3 道纵向砍痕，方向均为腹侧向背侧。髋臼前侧缘有 2 道自前向后砍的横向砍痕；

右侧盆骨髋臼腹侧面遭受 2 道纵向砍切，方向为腹侧向背侧，其前后缘各留有 2 道砍痕。

右股骨颈后侧缘有 1 道斜向砍痕。

---

[1]　Shigeyuki Hayashida, Chuhe Yamauchi, Deduction of withers heigtht from the length of the bone in the horse（馬における骨長より体高の推定法）.Bulletin of the Faculty of Agriculture. Kagoshima University 1957(6): 146-156.

表一五　马肩高的推算公式

骨骼部位名称	马肩高推算公式
肱骨	$Y=-0.2009x^2+16.291x-168.92$
桡骨	$Y=-0.1425x^2+13.719x-165.42$
掌骨	$Y=-0.3423x^2+20.871x-160.02$
第1指节骨	$Y=-8.5307x^2+163.219x-632.27$
第2指节骨	$Y=-13.9958x^2+151.408x-260.09$
股骨	$Y=+0.0195x^2+1.933x+27.22$
胫骨	$Y=-0.1343x^2+13.629x-178.91$
跟骨	$Y=-1.6312x^2+47.517x-190.65$
距骨	$Y=-0.0084x^2+5.337x-2.99$
第1趾节骨	$Y=-3.2046x^2+68.875x-213.94$
第2趾节骨	$Y=-9.5456x^2+112.943x-183.11$

$Y=ax^2+bx+c$，Y代表马的肩高，X代表各骨测得的最大长，X单位为厘米，a、b、c代表系数，不同骨骼系数不同。

表一六　M4成年个体马的肩高

（单位：厘米）

骨骼	GL	肩高
左掌骨	22.664	137.18
右掌骨	22.622	136.95
左第一指节骨	8.645	141.21
右第一指节骨	8.670	141.60
左第二指节骨	4.711	142.58
右第二指节骨	4.796	144.14
左胫骨	36.393	139.22
左跟骨	11.397	139.02
右跟骨	11.320	138.22
左距骨	26.733	133.68
右距骨	26.702	133.53
左第一趾节骨	8.384	138.25
右第一趾节骨	8.370	138.04
左第二趾节骨	4.796	139.00
右第二趾节骨	4.819	139.49
平均肩高		138.81

5.M5唐墓

墓葬填土出土马骨2件，均为炮骨远端，骨干残存1/2长。

6.M23汉墓

动物骨骼遗存出土于椁室西南部、陶罐（M23 ： 4）和漆盘（M23 ： 5）北侧、棺室外西南侧，集中放置，摆放有序（图一五六），自西向东可分五个单元。

（1）陶罐北侧为一堆羊骨，包括股骨及部分胸椎、肋骨，股骨干破损，断裂面呈螺旋状，应为放入墓室之前人为破坏。骨骺均愈合，已成年（大于 3 ～ 3.5 岁）。

（2）羊骨北侧为一完整猪头，包括头骨和下颌骨，上下颌未分离，猪头面朝南，吻部朝东。上下颌齿列为I1-M2(E-1/2)，年龄 7 ～ 13 个月。

（3）猪头东侧为一条羊的右前腿，包括肱骨、尺骨、桡骨和部分腕骨，南北向放置，近端朝北，远端朝南。肱骨近端关节、桡骨近端关节愈合而远端关节尚未愈合，年龄当在 1 ～ 3.5 岁。

（4）羊腿东侧为一只幼猪，骨架完整，俯卧状，头朝南，尾朝北。

（5）幼猪东侧为一只鸡，疑似为完整个体，头部可能在清理过程中未收集，侧卧状，背朝东南，

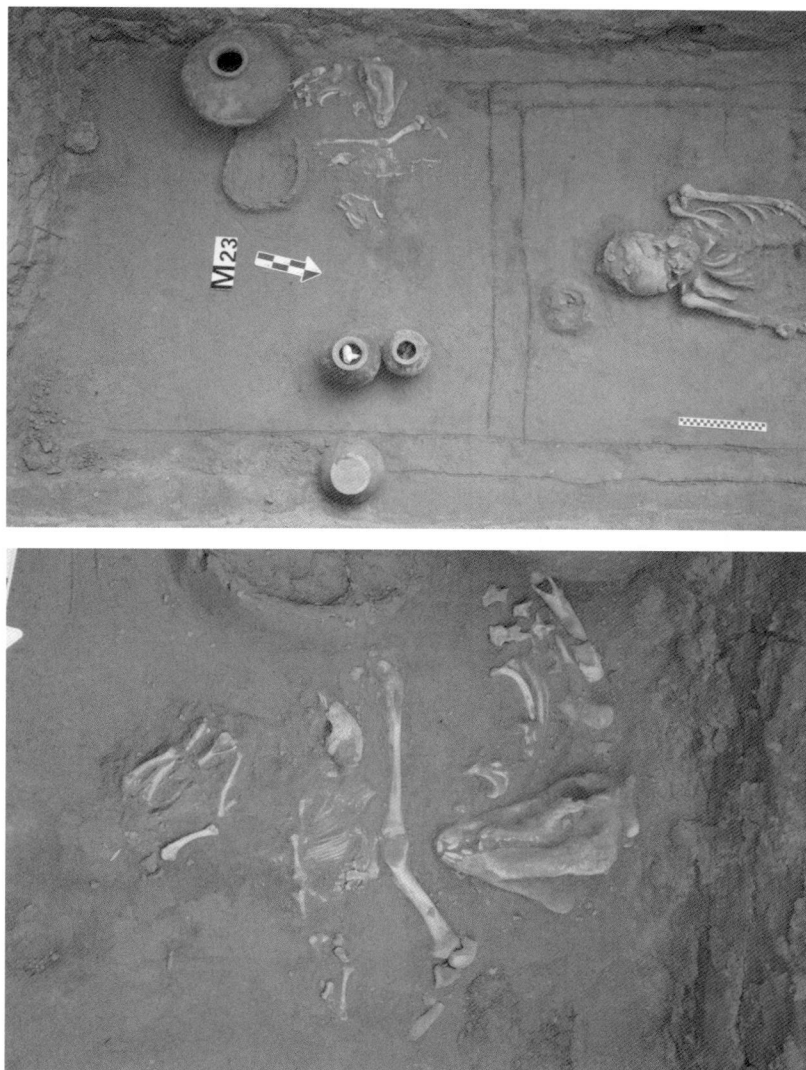

图一五六　M23墓室西南部出土动物

尾向西南，腿部蜷曲。

7. M25 汉墓

动物骨骼出土于墓室东北部，靠近墓门，木棺与铜洗（M25：4）之间。经鉴定，骨骸属于一只鸡和一头幼猪。两个体骨架均已散乱，但堆积分布较为集中。

8. M27 汉墓

动物骨骼共 2 处：一处是位于木棺东侧、墓室东端的鸡骨；另外一处为墓室北部略偏东，腐朽严重，已不可辨。鸡骨凌乱，但堆积较为集中呈圆形分布，分布范围直径约 14 厘米。

三　讨论

此次发掘的墓葬中除唐墓 M4 出土马骨较为丰富外，其余墓葬出土动物遗存并不多，标本量有限，下面仅就个别墓葬加以小议。

（1）同一墓葬填土埋藏环境相同，同一批随葬的动物在白骨化后骨骼的风化程度也应接近，不会表现出较大差异。因此，那些风化程度较高且部位零碎的兽骨作为随葬或殉牲出现在墓葬中的可能性微乎其微，很有可能是回填过程中将早于墓葬营造时间的动物残骨混入其中。另外，风化程度较低的骨骼能否作为墓葬丧葬用牲也值得推敲，残损且数量较少、不能以局部完整的部位（如头骨、成组的肋骨和脊椎、前 / 后腿等）出现在墓葬填土中亦恐难以丧葬用牲对待。

（2）M3 出土的马左肋骨可与 M4 出土的未成年个体左肋骨拼合，而该个体几乎所有骨骼均出自 M4，说明此马宰杀后只为 M4 所用，单件左肋骨进入 M3 并非有意为之。鉴于马骨存在较高程度的肢解，极有可能是在两墓同时回填的情况下将这件左肋骨不慎混入 M3 填土中。从 M3 随葬墓志铭、两件天王俑、两件镇墓兽、两件骆驼俑、一件马俑和 M4 随葬的一件马俑来看，石材一致，马俑形态相近，两墓同时营造并回填的可能性很大，因此 M4 殉马将一件左肋骨遗落进入 M3 也在情理之中。

（3）M23、M25、M27 墓室出土的猪、羊、鸡是汉墓中比较常见的几种随葬动物，而且往往和饮食用具同时出现，从汉墓盛行随葬生活气息较为浓厚的仓、井、灶等陶明器来看，汉墓出土的几种比较常见的家养动物一般都是作为肉食盛放在漆器中进行陪葬的。

（4）M3 椁室东侧的猛禽和野兔，以及 M4 甬道和墓室东南部的两匹马，肉食丝毫未取或取食殆尽，这种现象出现在墓葬中可能并非简单的肉食意义所能解释的。前者的象征意义有待于今后资料的积累来解读，后者极有可能是作为遣奠用牲进行墓内祭祀后填埋进入墓葬中，详见后文。

第七章　结语

第一节　汉墓

一　南郊水厂汉墓

南郊水厂汉墓共发现 5 座，分别为 M23 ～ M27，集中分布于水厂墓地西北部。

（一）墓葬形制

5 座汉墓均为斜坡墓道单室土洞墓，墓葬全长 13.4 ～ 16.9 米。墓向分为南北向和东西向两种。墓道平面呈长方形或梯形，大多为斜坡底，墓道坡度为 20°～ 30°，墓道最深处距地表 3.2 ～ 5.5 米，墓道口宽集中在 0.9 ～ 1.4 米。值得注意的是，5 座墓葬的墓道壁面均经过修整处理，其中 M23、M25、M27 墓道壁面保留有明显的槽状工具痕，墓葬分布区域属于湿陷性黄土地带，此种措施意在加固墓壁，防止垮塌。部分墓室中设有简单的封门，封门分为木封门、土坯封门或用黏土直接封堵三种形式。洞室均呈纵向长方形，墓顶多已不存，根据墓壁残迹推知墓顶应为拱形顶或略弧的平顶，洞室长 1.8 ～ 3.3、宽 0.9 ～ 2.1 米，墓室内放置棺、椁。根据有无天井墓葬形制可分为 A、B 型。

1. A 型

A 型墓葬有 2 座，即 M23、M27。墓道两壁均有槽状工具痕，平面近"中"字形，为带天井的单室土洞墓，天井均呈横长方形，位于墓道和甬道之间。但两座墓的朝向不同，M23 坐北朝南，M27 坐西朝东，墓室均宽于墓道，与其他斜坡墓道不同的是，M27 墓道上半段为斜坡底，下部为七级台阶，并延伸至天井下。M23 采用木板封门，M27 则直接用黏性土块直接封堵。

2. B 型

B 型墓葬有 3 座，即 M24、M25、M26。均为斜坡墓道，墓道下接甬道、墓室。M24 坐东朝西。M25、M26 坐西朝东。M25 墓道略宽于墓室，M24、M26 墓室宽于墓道。除 M24 采用土坯封门，其他墓无封门痕迹。

（二）葬式葬具

汉墓中均发现有木质葬具的朽痕，朽蚀严重，从清理的朽迹可以测量其具体的规格，现将汉墓棺椁的痕迹尺寸数据统计如下（表一七）。

从表一七中可以看出，这五座汉墓中，M23、M26 墓室中均为一棺一椁，木椁均紧贴墓室四壁放置，在清理过程中未发现木椁的盖板及顶板，仅有四面的侧板朽痕尚存，木椁四个拐角均未伸出，应为套接而成，M26 木椁侧板上残存锈蚀的铁棺钉，证明木椁侧板以铁棺钉钉合而成。M23 木椁平面呈长方形，椁内正中放置木棺一具，M26 木椁平面呈梯形，前挡窄于后挡，椁内西部放置长方形木棺 1 具。

表一七　南郊水厂汉墓葬具形制统计表

（单位：米）

板材 墓号		尺寸			板厚	高（朽痕）	有无棺钉
		长	前挡宽	后挡宽			
M23	木椁	3.68	1.66	1.66	0.04	0.5	无
	木棺	2.16	1.32	1.24	0.08	0.3	无
M24	南侧木棺	2.22	0.93	0.93	0.06	0.2	无
	北侧木棺	2.22	0.67	0.67	0.05	0.2	无
M25　木棺		2.14	0.6	0.6	0.05～0.06	0.36	无
M26	木椁	3.78	1.82	2.05	0.05～0.1	0.4	有
	木棺	2.4	0.78	0.78	0.06	0.18	带棺花
M27　木棺		1.94	0.58	0.58	0.06		无

表一八　南郊水厂汉墓埋葬情况统计表

埋葬情况 墓号	墓道朝向	头向	葬式	具体情况
M23	南	南	仰身直肢	单人葬
M24	西	西	仰身直肢	两具人骨，合葬
M25	东	东	仰身直肢	单人葬，迁葬
M26	东	东	仰身直肢	单人葬
M27	东	东	仰身直肢	单人葬

　　另外 3 座墓有木棺而无木椁，其中 M24 墓室东部东西向并列放置木棺 2 具。M25 木棺紧贴墓室北壁置于墓室东北，M27 墓室南壁下木棺 1 具，呈东西向放置。除了 M23 木棺呈梯形外，其余木棺均为长方形。整体而言，木棺规格出入不大，从表一七中可以看出，木棺最小者为 M27，长 1.94、宽仅 0.58 米，最大者为 M26 木棺，棺长 2.4、宽 0.78 米，其表面装饰也异于其他木棺，棺盖、侧板上均装饰有柿蒂形铜棺花，显得更为奢华，棺花中间固定的圆形泡钉和棺木之间，衬垫有一层麻布。木棺宽度亦有明显的差异，M23 木棺最宽，前挡宽 1.32、后挡宽 1.24 米，M27 木棺最为窄小。只有 M24 为双人异棺合葬墓，其余各墓均为单人葬，一人一棺。无论是否为迁葬，葬式均为仰身直肢，引人注目的是，墓中人头骨的朝向与墓道方向完全一致（表一八）。因人骨保存条件较差，只有 M23 的墓主经鉴定为约 55 岁的男性个体，其余性别年龄均不详。

（三）随葬器物

　　汉墓中出土器物以陶器为大宗，均为泥质夹细砂灰陶，器形有陶罐、陶瓿、陶缶、陶钵等，共出土陶罐 37 件、陶缶 4 件、陶瓿 1 件、陶钵 2 件。

陶器

大口罐

5 件。形体略小于缶，但体积远大于其他罐类，根据腹径与罐高的关系分为两型。

A 型　3 件。该类型的罐腹径大于罐高，呈扁平状，大口，短颈，广肩，鼓腹，平底。

标本 M24 ：15，凹唇，肩部刻有篆书"李君"二字。

标本 M25 ：5，方唇，罐身施以数道平行凹弦纹。

标本 M26 ：11，圆唇，罐身有数道加工形成的凹弦纹。

B 型　2 件。罐高大于罐腹径，较为高大。

标本 M26 ：12、15，罐身上有数道横向平行暗纹。这种类型的陶罐，除罐口较大外，形制上与缶均较接近，尤其是如标本 M24 ：15 肩部刻字的做法，多见于汉墓的陶缶上，M25、M26 其他罐体型均较小，同时出土一两件这种类型的陶罐，参考 M23、M24、M27 墓中有一到两件陶缶、数件小陶罐的特点，我们认为这种陶罐很可能与陶缶的功能接近。

根据陕西地区汉墓以往发现来看，陶缶出现自秦代或汉初，延续至西汉中期，约在西汉宣帝以后，汉墓中陶缶这一类器物消失，有学者认为，"某氏某斗""某氏"类缶为代表的刻铭缶为赗赙之物[1]。南塬 5 座汉墓中 M23、M24、M27 均出土陶缶，两件陶缶肩部亦有刻字，表明墓葬年代在西汉中晚期。

卷沿折肩罐

15 件。有领，束颈，鼓腹，平底。根据唇的形状，可分为四型。

A 型　8 件。凹唇，腹径大于罐高。

标本 M24 ：7、M24 ：9、M24 ：10、M27 ：3、M27 ：5，罐身均为素面。

标本 M24 ：11、M24 ：13、M25 ：6，肩部施以凹弦纹。

B 型　共 1 件。凹唇，罐高大于腹径。

标本 M23 ：3，束颈，溜肩较长，腹鼓尖。有学者对西安地区中小型墓葬进行了分期，其中凹唇罐仅出现在汉初至武帝时期[2]。

C 型　尖唇，共 2 件。

标本 M24 ：8，素面。

标本 M27 ：8，卷沿，束颈，肩部施以两组两道凹弦纹。

D 型　方唇，共 4 件，均为素面。

有标本 M23 ：1、M23 ：2、M24 ：6、M26 ：16，标本 M26 ：16 器型较小，标本 M23 ：2 烧制火候较高，罐身呈灰黑色。

深腹筒形罐

7 件。侈口，尖唇，束颈，直筒形深腹，平底。根据有无纹饰分为两型。

A 型　素面无纹饰。共 6 件。

标本 M25 ：7、M25 ：8、M25 ：9、M25 ：10、M26 ：2、M26 ：7。

[1] 王洋：《西汉陶缶赗赙说》，《考古》2016 年第 11 期。

[2] 韩国河、张翔宇：《西安地区中小型西汉墓的分期与年代研究》，《考古学报》2011 年第 2 期。

B 型　有纹饰，仅 1 件。

标本 M26：1，罐腹壁施以弦断绳纹。

直口罐

1 件。

标本 M27：4，圆肩，鼓腹，小平底。下腹壁有刮削痕。

长束颈罐

4 件。敞口、束颈、鼓腹。

标本 M26：3、M26：8、M26：10，素面无纹饰。

标本 M26：9，侈口，尖唇，肩部以下饰弦断绳纹。

短颈罐

3 件。敞口、卷沿，短颈，鼓腹，平底。

标本 M26：4，素面，烧制火候偏高呈灰黑色。

标本 M27：7，素面。

标本 M27：6，肩部两道凹弦纹，形成一周宽带。

细颈罐

1 件。

标本 M26：5，罐口残，长束颈，鼓腹，腹部两道凹弦纹，平底。

盆形甑

1 件。

标本 M24：14，腹壁外饰四道凹弦纹，下原有一铁釜，腹壁残存铁釜朽痕。

陶釜

1 件。

标本 M26：6，敞口，圆唇，直领，鼓腹，圜底，底部有折线形的绳纹，釜底可见烟炱痕迹。

陶缶

4 件。为小口，束颈，广肩，斜腹，小平底，肩腹部形成一道明显的转折。

标本 M23：4，方唇，素面。

标本 M24：12，尖唇，颈部以下饰弦断绳纹，下腹壁经过刮削。

标本 M27：1，口沿略残，方唇，素面。

标本 M27：2，较 M27：1 略小，口沿微残，凹唇，肩部饰五道凹弦纹，肩部刻一“杨”字。

陶钵

2 件。敞口，深腹，小平底。

标本 M26：13、14，器形似盆，形制基本相同。

（四）遗物出土位置

汉墓出土遗物主要有陶器、铜器、铁器，另有少量漆器、珠饰、石器等。根据功能可分为随葬器物、随身器物、铜钱等三类。随葬物品主要是满足葬礼需要而放置的物品，主要有陶器、铁器、漆器等，随身器物是指墓主生前随身物品以及装饰品等。铜钱似为开通冥路需要而放置的铜钱（表一九）。

表一九　南郊水厂汉墓出土器物位置统计表

墓号 \ 类别	随葬器物		随身物品		铜钱		所属骸骨及性别
	类别及数量	出土位置	类别及数量	出土位置	类别及数量	出土位置	
2015GNSM23	3件陶罐	棺外东南角墓室西壁下			2枚五铢钱	口中	55岁男性
	1件铁灯	椁室内西南角			1枚五铢钱	左手	
	1件漆器、1件陶罐	棺外西南角椁室西壁下			1枚五铢钱	右手	
	1件漆器	棺内人头骨右上侧					
2015GNSM24	6件陶罐	棺外墓室南壁下	1件水晶饰件	北棺内人骨头顶			不明
	3件陶罐、1件铁釜	棺外墓室北壁下	1件玉饰件	北棺内人腰骨左侧			
			2件环首铁削	北棺内人头骨左上方			
			1件环首铁削、1件铜镜	南棺内人头骨右上方			
			1件铜削	南棺内人头骨左上方			
2015GNSM25	6件陶罐	棺外东南侧贴南墙	1枚陶球	棺内南侧挡板，左手骨附近	2枚五铢钱	棺内南侧挡板，左手骨附近	不明
	1件铜盆	棺外东侧北壁下近墓门处					
2015GNSM26	11件陶罐	棺外北侧椁室北壁下	1件铜镜	棺内墓主头顶			不明
	2件陶罐、1件陶盆	棺外东北椁室中部	1件石砚板、1件砺石	棺内南侧壁、人骨上半身左侧			
	2件陶罐、1件铁灯	棺外东侧椁室东南角	1件铁剑、1件环首铁刀、2件环首铁削、1件铜环	棺内东南角、人头骨左上方			
2015GNSM27	2件陶缶	棺外北侧墓室北壁中部下	1件环首小刀	棺外北侧墓室北壁中部下			不明
	1件泥器	棺外北侧墓室东南					
	6件陶罐	棺外西北角墓室西北角					
	1件铁灯	棺外墓室东部墓门附近					

从表一九中观察可知，随葬器物主要有陶罐、陶缶、陶盆、铜盆、铁灯、漆器等，陶器均放置于棺外，虽然在各个墓葬中的具体位置有所不同，但均出土于远离木棺一侧的墓壁附近，多呈一字形直线排列。3 件铁灯分别出自于 M23、M26、M27，位于木椁内一角或墓门附近，其放置的方向与墓主头部朝向保持一致。漆器仅 M23 出土 2 件，1 件位于棺外西南角椁室西壁下，附近有陶罐及动物骨骼，推测原来可能为盛放动物类肉食品等，另 1 件位于棺内人头骨右上侧，则可能是用于盛放某种祭品的容器。随身物品主要有环首削刀、铜镜、石砚、水晶饰、玉饰等。这类器物均出自于棺内，集中于墓主头顶附近显著位置，表明了与墓主有密切关系，个别有磨损使用痕迹，应属于实用器，可能是墓主生前所用之物，从一定程度反映了墓主人的身份。M24 的水晶饰件出自头骸顶部附近，当属头饰，腰间左侧出土的玉锥可能为日用品挂饰之类。铜钱仅 M23 和 M25 两座墓中出土，均为五铢钱，M23 出土的 4 枚五铢钱分别为口琀、左、右手手握，M25 出土的两枚铜钱位于左手骨附近，应为左手手握。

（五）时代特征

1. 墓葬形制特点

南郊水厂 5 座汉墓均为斜坡墓道单室土洞墓，墓道平面呈长方形或梯形，大多为斜坡底，个别附加天井，墓顶为拱形顶或略弧的平顶，长方形或呈梯形洞室内放置棺、椁。斜坡墓道单室土洞墓，在西安地区为西汉早期新出现的墓型[1]，西安北郊郑王村西汉墓地中斜坡墓道洞室墓，自西汉早期出现直至新莽时期，但以西汉早期后段和西汉中期前段所占比例最高[2]。韩国河等认为西安地区墓室宽于墓道的斜坡墓道土洞墓在文帝至武帝前期出现，延续到西汉末期[3]。而宁夏发现的汉代墓葬，依据已发表的资料进行梳理后可以看出，斜坡墓道土洞墓自西汉中晚期延续至东汉前期，其形制演变大体经过了竖穴土坑→斜坡墓道土洞墓→斜坡墓道砖室墓三个阶段的演变。宁夏地区以往发现的斜坡墓道单室土洞墓，主要有吴忠市韩桥 M2[4]、盐池张家场 M2、M8（四壁有木椁）[5]、固原九龙山 2004YKJM14、2004YKJM20（带天井）、2004YKJM21（带天井）、2004YKJM22（带天井）、2004YK25、2004YKJM40、YJ2003M2（带过洞、椁室）[6] 等。水厂墓地 5 座汉墓形制尤其与固原九龙山汉墓的形制接近，其中 A 型带天井的斜坡墓道土洞墓，在西安白鹿原汉墓中发现有 5 座[7]，竖井墓与斜坡墓道连为一体，位于斜坡墓道与墓室之间，平面一般呈长方形，在临潼上焦村 M11、M18[8]、陕西常兴西汉早期 M34[9]、西安东郊国棉五厂西汉早期 M5、M6[10] 等墓例中均发现这种类似 "天井" 的竖穴土圹。《白鹿原汉墓》中认为，临潼上焦村的 M11、M18 被称为 "土圹" 的竖井墓道，属于墓室的一部分，面积大于墓室，平面呈纵向长方形（顺墓长轴方向），应该是

[1]　西安市文物保护考古所：《西安龙首原汉墓》，西北大学出版社，1999 年，第 215 页。

[2]　陕西省考古研究院：《西安北郊郑王村西汉墓》，三秦出版社，2008 年，第 461 页。

[3]　韩国河、张翔宇：《西安地区中小型西汉墓的分期与年代研究》，《考古学报》2011 年第 2 期。

[4]　宁夏文物考古研究所、吴忠市文管所：《吴忠市韩桥汉墓发掘简报》，《宁夏考古文集》，宁夏人民出版社，1994 年，第107 ～ 118 页。

[5]　宁夏文物考古研究所等：《宁夏盐池县张家场汉墓》，《文物》1988 年第 9 期。

[6]　宁夏文物考古研究所：《固原九龙山汉唐墓葬》，科学出版社，2012 年。

[7]　陕西省考古研究所：《白鹿原汉墓》，三秦出版社，2003 年，第 39 页。

[8]　秦俑考古队：《临潼上焦村秦墓发掘简报》，《考古与文物》1980 年第 2 期。

[9]　宝鸡市考古队：《陕西眉县常兴汉墓发掘报告》，《文博》1989 年第 1 期。

[10]　呼林贵等：《西安东郊国棉五厂汉墓发掘简报》，《文博》1991 年第 4 期。

竖井墓道土圹木椁墓向斜坡墓道土洞墓的过渡形式，西汉早中期这种竖井墓道仍然流行于斜坡墓道土洞木椁墓中，西汉早期，这种竖井墓道面积急剧缩小，平面呈横长方形，面积小于墓室，至西汉中期以后，竖井墓道进一步缩小，少数宽度甚至接近于墓道最宽处，至西汉晚期，这种连体式竖井墓道消失，而被间隔式竖井墓道所取代。从这种角度而言，这种竖井墓道并不能算严格意义的天井，应该是从竖井墓道向天井转变过程的过渡形式。水厂 M23、M27 墓道末端的天井也属于"一体式"天井，天井之前并无过洞，与墓室保持着紧密的关系，与后期北朝隋唐时期的墓葬天井尚有一定的区别。固原九龙山 2004YKJM20、2004YKJM21、2004YKJM22 斜坡墓道和天井之前带有一生土隔梁，形成天井与斜坡墓道之间的过洞，与南北朝隋唐时期的墓葬天井在位置形制等方面更为接近。倘若与陕西地区具有同样的演变轨迹，那么水厂 M23、M27 应略早于固原九龙山 2004YKJM20、2004YKJM21、2004YKJM22，属于其早期的形式。因此初步推断 M23、M27 年代约在西汉中期。B 型 M24、M25、M26 并无天井，根据学界观点，可认为其年代约在西汉中晚期延续至东汉早期。

值得注意的是，这种带"一体式"天井的汉墓，某种程度上被认为具有身份地位的指示功能，直接来源于战国时期的竖井墓道土洞木椁墓，随着礼法观念的松弛，部分官吏仿效诸侯王或列侯葬制，在竖井墓道一端开设长斜坡墓道，以表示其身份特殊，大约为官秩五百石左右的下层官吏至千石左右的县令 [1]。这类墓葬的"天井"，被认为是某一特定群体（大夫一级）身份地位的象征，有人认为，这种墓葬的出现，逐与部分响应节俭的中上层官吏接受中小型墓葬中常用的土洞墓有关 [2]。水厂汉墓 M23、M27 墓葬规模接近白鹿原汉墓的第三类墓葬，出土随葬品同样以日常生活用品陶器为主，墓主身份地位应与此接近，即官秩二百至四百石左右的下层官吏或者身份相当的豪强地主。M24、M25、M26 虽形制规模与此不同，但出土部分铜器，表明墓主身份地位也具有一定经济实力。

2. 典型器物及时代

5 座汉墓共出土 2 件铜镜，其中 M24 出土 1 件草叶纹铜镜、M26 出土 1 件星云纹铜镜。M24 出土的这件铜镜具有四叶纹纽座的特点，与河南、山东、安徽等地出土的草叶纹镜类似，据研究草叶纹镜流行于西汉前期和中期 [3]。星云纹铜镜在洛阳烧沟汉墓中，与武帝和昭帝五铢同时出土，大体可以肯定这类铜镜是武帝、昭帝时期的，从更广的地域范围来看，星云纹铜镜则主要流行在西汉中期的武帝、昭帝、宣帝时期 [4]。

5 座汉墓中共有 3 座出土铜钱，俱为五铢。其中标本 M25：2 "五"字交笔处斜直，"朱"字之头方折，正面穿下一横，标本 M23：11 "五"字交笔处略弯曲，"朱"字之头方折，均与洛阳烧沟汉墓 I 型五铢钱类似 [5]，属于西汉中期武帝、昭帝时期的五铢。

出土陶器主要为罐、缶、鍑、甑，并伴出土陶钵。陶器组合更接近西安地区西汉早中期汉墓 [6]。综合墓葬形制及随葬品的特征，我们认为这 5 座汉墓时代当属西汉中期或略偏晚期，下限至东汉早期。

[1] 陕西省考古研究所：《白鹿原汉墓》，三秦出版社，2003年，第252页。

[2] 侯宁彬：《秦汉墓葬天井述略》，《古代文明（第四卷）》，北京大学出版社，2005年，第144、145页。

[3] 孔祥星、刘一曼：《中国古代铜镜》，文物出版社，1984年，第64页。

[4] 孔祥星、刘一曼：《中国古代铜镜》，文物出版社，1984年，第6页。

[5] 中国科学院考古研究所：《洛阳烧沟汉墓》，科学出版社，1959年，第215~224页。

[6] 韩国河、张翔宇：《西安地区中小型西汉墓的分期与年代研究》，《考古学报》2011年第2期。

二　杨家庄汉墓

（一）墓葬形制

杨家庄发掘清理的 12 座汉墓中，斜坡墓道土洞墓有 7 座，为 M1、M2、M3、M5、M8、M13、M15。斜坡墓道土圹墓 1 座为 M7。斜坡墓道砖室墓 1 座为 M14。斜坡墓道土洞墓带 1 天井 M6，竖穴土坑洞室墓 2 座，为 M11、M12。墓葬均为单人葬，未见合葬墓。

除 M5、M11 为南北向，墓道在南，墓室在北外，其余 10 座墓葬均为东西向，墓道在东侧，墓室在西侧。墓葬之间除 M14、M15 外，无打破关系，表明该处墓地有一定的规划，后期墓葬开挖时，墓地表面还残存有一定的封土或其他祭祀现象，使得墓葬之间并无打破关系。M1、M2 两座墓葬彼邻而葬，或是夫妻，或是家族合葬，因人骨缺失，不得而知。

除在 M11 封门外可见木板痕迹外，其余墓葬均因年代久远封门情况不详。12 座墓葬因年代久远，封土情况亦不可知。

汉代带天井的墓葬较为少见，均为长斜坡墓道土洞墓，杨家庄墓地整体墓葬规模较小，总长度除 M6 外不超过 10 米，而水厂墓地规模稍大，总体长度均超过 13 米，而带有天井的墓葬只有 2 个，占 30%。固原九龙山墓地的 M20、M21、M22 也属于带天井的长斜坡墓道土洞墓[1]。西北地区多为湿陷性黄土，结构极差，易塌陷，不适宜构筑长坡洞室墓，故而才在长斜坡墓道上凿天井，以满足人们在构建大规模墓葬上的礼仪需要。西汉时期带天井的长斜坡墓道土洞墓的出现是否是依照礼仪所建尚不得而知，但是却是一种身份和财力的象征，有了天井，才能构建规模更大的、更深的墓葬。而水厂墓地墓葬整体规模稍大，所需要的人力和财力更多，所以带天井的墓葬稍多，正是一种财力的体现[2]。

陕西地区部分土洞墓均对墓道夯筑，部分竖穴土圹墓对墓室填土也进行夯筑。填土之所以经过夯打，一方面是习俗传承，填实防水。另一方面是防盗所致，随着秦汉时期盗墓之风的兴盛，这个作用越来越明显[3]。M7 为斜坡墓道土圹墓，在墓室内填土后进行夯筑，夯窝清晰可见，可以防水防盗，在墓室西南角有一盗洞，或因夯筑后的墓室填土过于坚硬，盗掘困难，盗洞并未到达墓室底部即放弃了。

12 座墓葬均为木质棺木，部分可以见到腐朽后木痕，也有墓葬中木痕亦不可见。除在 M14 中发现有棺钉外，其余均未见棺钉，其他墓葬内并未发现，表明两汉时期的葬具大部分以榫卯结构相连接。M6、M14、M15 出土的铜泡及棺花是一种用于棺木装饰的配件。

（二）随葬器物类型及时代特征

杨家庄墓地的 12 座汉墓中，共出土器物 465 件，其中陶器 98 件、铜器 327 件、铁器 21 件、玉器 1 件、石器 3 件、玛瑙器 2 件、漆器 12 件（表二〇）。

---

[1]　宁夏文物考古研究所：《固原九龙山汉唐墓葬》，科学出版社，2012年，第45～72页。
[2]　罗丰：《固原南郊隋唐墓地》，文物出版社，1996年，第143页。
[3]　西安市文物保护考古所：《西汉龙首原汉墓》，西北大学出版社，1999年，第215页。

表二〇 杨家庄汉墓出土遗物登记表

墓葬	出土遗物编号
M1	陶单耳罐D（2）；陶罐A（1）、C（3~6）
M2	陶罐A（1，2）、E（3）、Jb（4）
M3	陶单耳罐A（3，6）、B（4，5）；土块（2）；铜印章（9）；环首铁刀（8）；玉手握（10）；石砚（7）2件；漆器（1）
M5	陶单耳罐C（3，4）；陶罐A（2）、E（5）、F（6）、Jb（1）；铜带钩（9）；五铢铜钱（8）5件；环首铁刀（7）；漆器（未编号）2件
M6	陶单耳罐E（14）；陶罐A（16）、I（17~24）、Jc（15）；陶灶Ba（13）3件；铜带钩（32）；铜棺花C[1，2（2件），3（9件），5（24件），6（3件）]，D[（2，4（8件），5（22件），6（4件），34]、残损未分型13件；五铢铜钱[10（83件），11，33（4件）]；铁剑（25）；环首铁刀（12，26）；铁块（8）；石球（9）；玛瑙器A（7）；漆器（未编号）1件
M7	陶壶Aa（18~22，24~27）；陶单耳三足罐A（44）；陶罐Da（30，31，34）、G（32）、H（28，29，33）；陶灶Bb（23）4件；陶球（9）；铜带钩（6）；铜当卢（13）；铜衔镳A（8）；铜盖弓帽B（14）4件；铜车害A[2（2件），3，12]、Ba（41，43）；五铢铜钱[1（6件），4（2件），5（40件），10（4件），11（11件）、42（8件）]；环首铁刀（16）；铁锸（17）；铁钱（7）；玛瑙器B（15）；漆器（未编号）3件
M8	陶单耳三足罐B（4）；陶罐B（1）、1（2，3）；陶灶Bb[7（3件），8（3件），9（3件）]；五铢铜钱[5（8件）、10]；漆器（6）
M11	陶罐Ja（1，2，4）、K（3）；铜镜（5）；漆器（未编号）3件
M12	陶罐B（1）、Ja（4）、K（2）；圜底釜（3）；半两铜钱[5、6（2件）]
M13	陶罐Db（5）、H（11）、1（1~4，7）；陶灶Bb[8（3件），9（3件）、10（3件）]；五铢铜钱（12）5件；漆器（6）
M14	陶壶Ab（4，10）、B（7，9，11，12）；陶罐H（8）；陶仓（1）；陶灶A（2）2件、Bb（14）4件；铜带钩（15）；铜当卢（19）；铜衔镳B（18）；铜盖弓帽A（22）6件、B（23）2件；铜车害Ba（24）2件、Bb（16）2件；铜棺花A（3）2件、B（20，21）；铜构件（5，17，25）；五铢铜钱（6）12件；铁棺钉（26）12枚
M15	陶壶Ab（1）；陶罐H（4）；陶灶A（5）；铜棺花A（2）；五铢铜钱（3）6件

1.陶器

98件，多为泥质灰陶，主要为陶壶、单耳三足罐、单耳罐、陶罐、陶仓、陶釜、陶球等，现分别介绍。

陶壶

16件。根据有无圈足可以分为两型。

A型 12件，有圈足。根据圈足分高圈足的Aa型和假圈足的Ab型。

Aa型 9件。高圈足。

标本 M7：18～22、24～27，均为泥质灰陶。侈口，方唇稍外斜，束颈，鼓腹，高圈足。腹部有一对称器纽，和器物本身之间有一穿孔。

标本 M7：19，较为特殊，器身整体饰白色底色，在其上墨绘衔环铺首，器纽刚好用作铺首鼻子。一侧铺首保存较好，另外一侧仅余圆环。上腹和中腹各有两道凹弦纹。

Ab　3件。假圈足。

标本 M14：4、10、M15：1，泥质灰陶。盘口，方唇稍外斜，束颈，鼓腹，腹部有一对称乳丁状器耳，平底，假圈足。颈部和腹部各有两道凹弦纹。

B 型　4件。

标本 M14：7、9、11、12，泥质灰陶。盘口，方唇，束颈，溜肩，平底。肩部有对称乳丁状器耳。颈、腹部有数道凹弦纹。

单耳三足罐

2件，根据器身形态分 A、B 两型。

A 型　1件。

标本 M7：44，器身较为瘦高。夹砂红陶。侈口，圆唇，束颈，鼓腹，圜底。口沿及颈部有一单耳，足部有三矮短足。

B 型　1件。

标本 M8：4，器身较为矮胖。夹砂红陶。侈口，尖圆唇，束颈，鼓腹，口腹间有一桥形耳，圜底，底有三乳丁状足。上腹及耳部饰竖向绳纹，中腹饰交错绳纹，下腹饰横向绳纹。

单耳罐

8件。根据器形分五型。

A 型　2件。

标本 M3：3、6，泥质灰陶。侈口，尖唇，束颈，鼓腹，圜平底。颈腹有一圆条状单耳，颈部以下整体饰竖向绳纹。

B 型　2件。

标本 M3：4、5，泥质灰陶。侈口，尖唇，束颈、鼓腹，平底。口腹间有一桥形单耳，器耳表面饰有竖向绳纹，腹部整体饰斜向绳纹。

C 型　2件。

标本 M5：3、4，泥质灰陶。侈口，方唇，束颈，鼓腹，平底，口腹间有一桥形耳，以器耳下部为界，器身有一浅棱，讲器身分为上下两个区域。器身有制坯后刮抹形成的类似弦纹的纹饰，罐底有从制陶托盘上切割形成的圆环纹饰。

D 型　1件。

标本 M1：2，夹砂灰陶。侈口，圆唇，束颈，鼓腹，平底稍内凹。器身有烟炱痕迹。

E 型　1件。

标本 M6：14，器型较 D 型稍瘦高。夹砂灰陶。侈口，圆唇，束颈、鼓腹，平底。口颈间有一桥形耳。器身有烟炱痕迹。

陶罐

49 件。是出土最多的一种器物，形制也较为多变，根据器物形制分 11 型。

A 型 5 件。

标本 M1：1、M2：1、2、M5：2、M6：16，泥质灰陶。器型整体较大，器身修长。侈口，小平沿，方唇，束颈，圆腹，小平底。

B 型 2 件。

标本 M8：1、M12：1，泥质灰陶。侈口，小平沿稍内斜，方唇，唇上有一周浅槽，矮直颈，鼓腹，平底。

C 型 4 件。

标本 M1：3 ～ 6，器型较小，喇叭口，束颈，圆腹，平底。

D 型 4 件。

标本 M7：30、31、34、M13：5，口部较小，根据器身形制分 2 个亚型。

Da 型 3 件。

标本 M7：30、31、34，泥质灰陶。腹部最大径偏上。侈口，小平沿，方唇，唇上有一周凹槽，束颈，鼓腹，平底。上腹有刮抹形成的弦纹。腹部饰有竖向绳纹，用三道弦纹将其划分为不同的区域，最下一条弦纹用作区分绳纹和下腹部素面的界限。

Db 型 1 件。

标本 M13：5，泥质灰陶。侈口，小平沿微卷，方唇，唇上有一周浅槽，束颈，鼓腹，平底稍内凹。腹部有数道凹弦纹。

E 型 2 件。

标本 M2：3、M5：5，泥质灰陶。侈口，束颈，鼓腹，平底。

F 型 1 件。

标本 M5：6，侈口，小平沿，方唇，束颈，溜肩，平底。

G 型 1 件。

标本 M7：32，泥质红陶。大口，小平沿，尖圆唇，束颈，鼓腹，平底。下腹部饰横向篮纹。

H 型 6 件。

标本 M7：28、29、33、M13：11、M14：8、M15：4，泥质灰陶。近直口，方唇，唇上有一周凹槽，矮直颈，鼓腹，平底。

I 型 15 件。

标本 M6：17、18、19、20、21、22、23、24、M8：2、3、M13：1、2、3、4、7，泥质灰陶。侈口，方唇，唇上有一周浅槽，束颈，鼓腹，平底。上腹有刮抹形成的弦纹。罐底有切割形成的圆环纹。

J 型 7 件。

标本 M2：4、M5：1、M6：15、M11：1、2、4、M12：4，侈口，口部较大，直颈或束颈，圆腹，平底。器身整体较为矮平，根据颈部长短分 3 个亚型。

Ja 型 4 件。

标本 M11：1、2、4、M12：4，泥质灰陶。侈口，方唇，唇上有一周凹槽，束颈，鼓腹，平底。

器身有数道弦纹。

Jb 型　2 件。

标本 M2：4、M5：1，泥质灰陶。侈口，平沿稍卷，方唇，束颈较矮，鼓腹，平底。

Jc 型　1 件。

标本 M6：15，泥质灰陶。侈口，小平沿，方唇，唇上有一周凹槽，鼓腹，平底。器身有数道弦纹。罐底有一不规则缺口，似为直接从罐底外侧向内敲击破坏形成。

K 型　2 件。

标本 M11：3、M12：2，泥质灰陶，口沿部分残损，颈腹部有穿孔，鼓腹，平底。

陶仓　1 件。

标本 M14：1，泥质灰陶。直口，方唇，矮直颈，斜肩，略出檐，桶形腹，上粗下细，平底，底部黏附有三动物形象足。腹部有三道凹弦纹及轮制时形成的类似弦纹的线条。

圜底釜

1 件。

标本 M12：3，泥质灰陶。直口微侈，圆唇，矮直颈，圆腹，圜底。下腹饰有横向篮纹。

陶灶

6 套 20 件。根据灶面可以分为两型。

A 型　2 孔灶，1 套 3 件。

标本 M14：2、M15：5，泥质灰陶。标本 M14：2-1，灶，整体呈马蹄形，前方后圆，两个火眼孔前后分布，后侧有短柱形烟囱和圆形尾孔，前有长方形灶门。灶面有几何方格纹饰。

B 型　3 孔灶，5 套 17 件。

标本 M6：13、M7：23、M8：7、M13：10、M14：14，根据火门形状又可以分为两个亚型。

Ba 型　半圆形火门，均为泥质灰陶。

标本 M6：13-1，灶，整体呈马蹄形，前方后圆，三个火眼呈"品"字形分布，后侧有短柱形烟囱，前有半圆形灶门。灶面有几何方格纹饰。

Bb 型　方形火门，4 套 14 件。

标本 M7：23、M8：7（8、9）、M13：10（8、9）、M14：14，泥质灰陶。标本 M7：23-1，灶，整体呈马蹄形，前方后圆，三个火眼呈"品"字形分布，后侧有短柱形烟囱和圆形尾孔，前有长方形灶门。灶面有几何方格纹饰。

2. 铜器

327 件。主要为铜镜、铜带钩、铜棺花、铜当卢、铜盖弓帽、铜钱等。

铜带钩

4 件。

标本 M5：9、M6：32、M7：6、M14：15，整体呈"S"形，钩首蛇形，钩体琵琶形。

铜镜

1 件。

标本 M11：5，四乳镜。在四乳之间阳刻有"常乐未央长毋相忘"八字。

铜印章

1 枚。

标本 M3：9，印章整体呈一方形，印章阴刻有"庄山树（梻）"三字。

铜当卢

2 件。

标本 M7：13、M14：19，整体扁平，似马面形，方形纽，纽上有一穿孔。

铜衔镳

2 件。

标本 M7：8、M14：18，根据镳的形状分两型。

A 型　镳为反桨状，1 件。

标本 M7：8，马镳呈"S"形，马衔有 2 节，每节两侧各有一环用于衔接本身和马衔。马镳一侧保存较好，另一侧残损。

B 型　镳为直棍状，1 件。

标本 M14：18，马镳呈直棍形，中间稍宽，有两个圆形穿孔，两端微尖，马衔有 2 节，每节两侧各有一环用于衔接本身和马衔。

铜盖弓帽

12 件。

标本 M7：14、M14：22、23，根据冒顶形状可以分为两型。

A 型　冒顶为圆帽形，6 件。

标本 M14：22，柱状，一端中空，一端呈圆帽状，器身有倒刺。

B 型　冒顶为平顶，6 件。

标本 M7：14、M14：23，柱状，一端中空，一端平顶，器身有倒刺。

铜车軎

10 件。根据是否有车辖分两型。

A 型　有车辖，4 件。

标本 M7：2、3、12，喇叭形，器身上部较下部细，连接处似凸棱鼓起，下部两侧各有一辖孔，器身内中空。

B 型　无车辖，6 件。

标本 M7：41、43、M14：16、24，根据器身有无凸棱可以分为 2 个亚型。

Ba 型　4 件。

标本 M7：41、43、M14：24，近直桶状，顶部封闭，内部中空，器身有一周凸棱。

Bb 型　2 件。

标本 M14：16，近直桶状，顶部封闭，内部中空，器身无凸棱。

铜棺花及泡钉

93 件，形制一致，其中 13 件残损较为严重，其余 80 件根据棺花大小，可以分为四型。

A 型　3 件。器型最大。

标本 M14：3、M15：12。

B 型　2 件。器型稍大。

标本 M14：20、21。

C 型　39 件。器型较小。

标本 M6：1、3、5–2、6–2 等。

D 型　36 件。器型最小。

标本 M6：4、5–1、6–1、34 等。

铜构件

3 件，用途不详，根据其形态不同分三型。

A 型　1 件。

标本 M14：5，顶部呈圆帽状，下部有两个边柱，边柱镂空。

B 型　1 件。

标本 M14：17，残存呈团扇状。

C 型　1 件。

标本 M14：25，整体呈耙钉状。

铜钱

共 199 枚，其中 196 枚为五铢，3 枚为半两。

半两

3 枚。

标本 M12：5、6。

五铢

196 枚。

标本 M5：8、M6：10、11、33、M7：1、4、5、10、11、42、M8：5、10、M13：12、M14：6、M15：3，部分存在穿上一横或穿下半星标记。铜钱年代集中在西汉末年至东汉中期。

3. 铁器

21 件。主要为铁剑、铁锸、环首铁刀、铁棺钉、铁钱等。

铁锸

1 件。

标本 M7：17，表面锈蚀严重。器身整体呈长方形。

环首铁刀

5 件。

标本 M3：8、M5：7、M6：12、26、M7：16，锈蚀严重，部分留有木质刀鞘痕迹。

铁剑

1 件。

标本 M6：25，剑身锈蚀严重，铜制剑格保存较好，剑柄亦锈蚀严重，剑首不存。

铁钱

1 枚。

标本 M7：7，锈蚀严重，无法辨识字体。

铁块

1 件。

标本 M6：8，锈蚀残毁严重。在铁剑上部出土。残存呈铁柱状。用途不详。

铁棺钉

采集 12 枚（标本 M14：26），均锈蚀严重，无完整器。

4. 玉器

1 件。

玉手握

1 件。

标本 M3：10，青色玉质。整体呈方形，中间有一单面钻孔。

5. 石器

3 件。主要为石球、石砚。

石球

1 件。

标本 M6：9，边缘略残损。乳白色。

石砚

1 套 2 件。

标本 M3：7，分为砚板和砚子。均用青灰色页岩制成。

6. 玛瑙器

2 件。根据形制分两型。

A 型　1 件。

标本 M6：7，橘红色，整体呈七面凸棱体，上下较小，中间较粗，中间有一圆形穿孔。

B 型　1 件。

标本 M7：15，橘红色。整体呈扁圆球状，腹部较宽，中部有一圆形穿孔。

7. 漆器

12 件。因只有残存漆皮，无法收集提取。

这批墓葬均为中小型墓葬，随葬器物不多，规格不高，应为汉时高平城内或附近的普通居民。除铜钱和铜镜外，无明确纪年器物出土，只能根据出土遗物和周边墓地进行对比判断。

陶器因为在日常生活中使用较多，损坏快，变化的节奏也最快，经常被用作分期断代的依据。

据陶器器型划分，基本上可以将 12 座汉墓划分为两组，其出土陶器为：

甲组：单耳罐、A、C、E、F、J、K、I 型罐、圜底釜、Ba 型灶。

乙组：壶、单耳三足罐、B、D、G、H、I 型罐、仓、Bb 型灶。

除 I 型罐在甲乙两组均有分布外，其余陶器均分布在不同组。

甲组的墓葬有 7 座，分别为 M1 ～ M3、M5、M6、M11、M12，乙组墓葬有 5 座，分别为

M7、M8、M13 ～ M15。根据出土陶器和周边墓地的对比可以得知甲组年代为西汉时期，乙组年代为东汉时期。

根据出土铜钱可以看到，M12 出土的半两钱，和西汉白鹿原汉墓出土的 G 型半两钱相似，年代可以早至西汉武帝初年[1]，M7 出土的五铢钱，字面"五字在左，铢字在右"，年代可以至东汉中晚期[2]。墓葬整体年代为西汉中晚期至东汉中晚期。

西汉武帝时期，将战败和内附的匈奴人移民安置在西北地区五郡。宁夏南部地区归于北地郡内，因治地和人口的增加，原来的北地郡已经无法实行有效的管理，从北地郡析出安定郡，用于管理如今宁夏的中南部地区。自西汉武帝元鼎三年（公元前 114 年），固原（高平）就已经成为安定郡的治所。东汉时期因羌族暴动，使得安定郡内迁陕西武功等地，后战乱平息后，又复迁，以甘肃临泾（今甘肃镇原县）为郡治。表明两汉时期，虽有间断，但大多时间固原仍接受汉王朝的统治，因此，墓葬文化的主体仍旧是接近中原地区，但是会有个别游牧文化因素。

（三）杨家庄和水厂汉墓对比分析

杨家庄墓地和水厂墓地西汉时期墓葬均为西汉中晚期，墓葬形制多为长斜坡墓道土洞墓，有 7 座（2009GYM1、M2、M3、M5、2015GNSM24、M25、M26），长斜坡墓道带 1 座天井的墓葬有 3 座（2009GYM6、2015GNSM23、M27），竖穴土坑墓 2 座（2009GYM11、M12）。墓葬方向以东向为主，7 座（2009GYM1、M2、M3、M6、M12、2015GNSM25、M27），南向的 2 座（2009GYM5、M11），西向的有 1 座（2015GNSM24），西南向 1 座（2015GNSM26），北向 1 座（2015GNSM23），表明西汉时期墓葬方向以东向为主。墓葬方向是否和同时期的家族墓地有关尚不得而知，但杨家庄墓地的 M1、M2、M3 三座墓葬彼邻而葬且没有打破关系，或许是和家族墓地有关。

墓葬内多为一棺 1 人埋葬，有 8 座（2009GYM1、M2、M3、M5、M11、M12、2015GNSM25、M27），一棺一椁 1 人埋葬的 3 座（2009GYM6、2015GNSM23、M27），两棺 2 人埋葬的有 1 座（2015GNSM26）。单人单棺埋葬是主流，在贫民和中层阶层中较为流行，一棺一椁和两棺的主要在中层以上阶层流行。

除 2009GYM1、M11、2015GNSM24 三座墓葬在墓葬内未发现随葬兽骨外，其余均发现有不同数量的兽骨，或与固原地区接近匈奴人、戎人等游牧民族有关。

随葬器物多出土于甬道和墓室内。以陶器为主，主要器形为陶罐、单耳罐、圜底釜、灶、甑，另外还有铜镜、铜印章、带钩、铜钱、铁剑、环首铁刀、铁釜、石砚、水晶饰品、玛瑙饰品等。其中 2015GNSM25、M26 出土的深腹筒形罐在其他墓葬中未见，两座墓葬彼邻而葬且墓向接近，是否存在某种亲缘关系或某种文化因素，皆因人骨保存较差而无法确定。

东汉时期的墓葬仅有杨家庄墓地 5 座（2009GYM7、M8、M13、M14、M15），墓葬形制依旧以长斜坡墓道土洞墓为主，有 2 座（2009GYM8、M15），长斜坡墓道砖室墓 1 座（2009GYM14），长斜坡墓道土圹墓 1 座（2009GYM7）。根据墓葬形制及出土遗物看，墓葬年代可至东汉中晚期。

杨家庄汉墓形制规模普遍较小，除 2009GYM7 外，其余长度均不超过 10 米，表明该处墓地下葬的人群自西汉起一直为高平城内或附近的普通居民。2009GYM7 在墓道和墓室内进行夯土填

[1] 陕西省考古研究所：《白鹿原汉墓》，三秦出版社，2003 年，第 211 ～ 213、246 页。
[2] 洛阳区考古发掘队：《洛阳烧沟汉墓》，科学版出版，1959 年，第 220 ～ 225 页。

实，是一种盗墓与防盗墓相互较量发展的结果。

2009GYM7、M8、M13 墓内均发现有少量动物骨陪葬，随葬品以陶器为主，器形主要有罐、壶、单耳三足罐、灶、仓，另外还有带钩、当卢、车軎、盖弓帽、铁锸、环首铁刀等。墓地中出土的单耳三足罐在关中地区不见出土，一般认为其来源应是游牧民族。

杨家庄汉墓和水厂汉墓年代过渡大致为西汉中晚期至东汉中晚期阶段，其出现和发展演变应当与两汉时期的时代背景有关。自汉武帝以后，固原逐渐成为该地区政治、经济、文化中心，随着民族融合增加，使得高平城演变为西北军事重镇，迁徙人口大量涌入，城池周边墓葬数量也随之增多。西汉晚期以后西北地区多有动乱，安定郡有多次内迁复迁的经历，两汉政府间断性的对固原地区进行统治，游牧民族也曾在此生活，加之安定郡本就是为降汉匈奴和内迁匈奴所置，本地居住的匈奴人数量亦不会少。因此墓葬文化因素主体为汉文化因素，亦有少量的游牧文化因素，虽然随葬器物并不全代表墓主人的族属。

杨家庄墓地和水厂墓地的发掘，对研究固原地区两汉时期的丧葬习俗以及民族融合提供了重要的实物资料。

第二节　北朝墓

一　羊坊墓地北魏墓

羊坊墓地共发掘 5 座北魏墓，分别为 2005GYFM1 ～ M5。

（一）墓葬形制

羊坊墓地发掘的五座北魏墓的形制一致，平面形状均呈"凸"字形，为斜坡墓道单室砖墓，西南—东北向，墓道朝向东北。

（二）葬式葬具

由于 2005GYFM1 ～ M5 均遭盗扰，葬式葬具情况不明，但未发现棺钉，证明葬具很可能为榫卯结构。从 M1、M4 墓室填土中发现的红黑色漆皮推断，这两座墓葬应原来有漆绘葬具。尤其是 M1，墓中同时出土了 2 件鎏金铜铺首、3 件鎏金铜棺环。这些鎏金铜铺首、鎏金铜棺环，均为漆棺上的附属构件，在山西大同地区北魏墓葬中多有发现。如雁北师院北魏墓群 M2 北侧大棺表面装饰 10 件鎏金铜铺首[1]、大同南郊北魏墓群 M116 棺外装饰 4 件鎏金铜铺首[2]、大同七里村北魏墓群 M25 墓室背部棺四周装设鎏金铺首衔环和泡钉[3]，宋绍祖夫妇墓出土石椁板上装饰有类似的衔环铺首图案。无独有偶，固原北魏漆棺画墓也出土类似的木棺装饰，墓室中出土 5 件鎏金铜棺环、2 件透雕铜铺首、3 件透雕铜饰[4]。《酉阳杂俎》"尸穸"篇中云："后魏俗竞厚葬，棺厚高大，多用柏木，两边作大铜镮钮"[5]，便是对这种葬具装饰的生动描绘。M3 墓室西壁铺地砖之上置一砖砌棺

[1] 大同市考古研究所：《大同雁北师院北魏墓群》，文物出版社，2007年，第67页。
[2] 山西省考古研究所、大同市博物馆、山西大学历史文化学院：《大同南郊北魏墓群》，科学出版社，2006年，第244页。
[3] 大同市考古研究所：《山西大同七里村北魏墓群发掘简报》，《文物》2006年第10期。
[4] 宁夏固原博物馆：《固原北魏漆棺画墓》，宁夏人民出版社，1988年，第5、6页。
[5] （唐）段成式撰，方南生点校：《酉阳杂俎》卷十三，中华书局，1981年，第123页。

床，据此可知，葬具原应置于墓室西壁棺床上。M5 墓室北壁下放置木棺一具，平面呈梯形，头挡朝向西南放置，均为棺钉钉合而成，棺南侧板、西侧挡板均由上中下三块木板拼成。

M1 出土人头骨 2 具，M3 发现人骨 2 具，其中 1 具位于墓室西北，头骨破碎，肢骨散乱堆叠在头骨东侧，另 1 具位于墓室中东部，仅见头骨。M2 墓室内发现人头骨 1 具，葬式不明。M5 棺内人骨 1 具，头向西南，侧身直肢。

（三）随葬器物

由于墓葬早年均遭盗扰，2005GYFM1 ～ M5 出土遗物一定程度上偏离原始的摆放位置。2005GYFM3 墓道西端与甬道结合部的填土内出土砖志 1 合，甬道近底部淤土内出土 1 件漆木杖，显然未经扰动。

北魏墓清理出土有陶器、铜器、铁器、珠饰等，以陶器为主，铜器、铁器次之。

陶器

均为泥质灰陶，除 2005GYFM1 出土的陶盏外，其他器物均为轮制。

陶壶

5 件。分为两型。

A 型　4 件。喇叭口，平沿，圆厚唇，长束颈，圆肩，鼓腹，下腹部斜收小平底。腹部呈纺锤状，颈部以上和壶身分开制作，颈根部有明显的黏接痕迹，肩腹部施二至四道凹弦纹。有标本 M1：10、M3：2、M5：2。其中标本 M5：2 壶身施以通体纵向的暗纹，器底均无轮旋切割痕。

B 型　1 件。

标本 M1：9，浅盘口，平沿，圆唇，细颈，圆肩，鼓腹，下腹斜收，平底，腹部圆鼓，颈部以上和壶身分开制作，颈根部有明显的黏接痕迹，颈至下腹处饰竖条形暗纹。

平沿大口罐

3 件。

标本 M3：3、M4：1、M5：1。侈口，平沿，方厚唇，粗束颈，溜肩，下腹斜收，平底。颈根部及肩上施以凹弦纹，罐身则施以纵向暗纹，其中标本 M5：1 罐身上腹部有两对上下方向的钻孔，应为修补时所钻之孔，据此可以认为标本 M5：1 应为实用器。

陶盏

1 件。

标本 M1：11，内壁有黑色烟炱痕。

动物俑

1 件。标本 M1：12，陶质残缺，应为手制。

墓志砖

2005GYFM3 甬道中出土 2 方墓志砖，砖志所刻"大代熙平元年"，盖砖书云"□□平二年岁次丁酉"，"平"前一字，刻痕浅显暂无法辨识，考诸北魏带"平"字且达到二年者只有"和平""熙平""永平"，而符合"岁次丁酉"这一条件的只有"熙平二年"[1]，即 517 年，墓砖上残存笔画，

---

[1] 方诗铭：《中国历史纪年表》，上海辞书出版社，1980年，第63～77页。

也符合"熙"字特征，因此盖砖文首所题应为"□熙平二年岁次丁酉"。

（四）典型器物及时代特征

这五座墓葬均为斜坡墓道单室砖墓，无天井、过洞，墓室为平面近方形四角攒尖顶，与固原北魏漆棺画墓[1]、吴忠明珠公园北魏墓[2]形制接近，墓中出土的陶器均系泥质灰陶，主要器形为细颈盘口壶、平沿罐，饰有纵向暗纹、网格纹、细弦纹，在北魏平城时期墓葬中较为常见，所以这批墓葬当属于北魏时期。

2005GYFM1出土的鎏金铜铺首，为漆棺上的附属构件，一般认为这种铺首源于大夏[3]，在山西大同齐家坡北魏墓、大同湖东北魏一号墓、大同七里村北魏墓群墓均有发现，宋绍祖墓石椁外浮雕铺首[4]也与此相似，这种类型铺首及图案，在大同地区流行于太和年间[5]，太和十三年（489年）的固原北魏漆棺画墓[6]亦出土类似的鎏金铜铺首，故M1的年代当在太和年间。M2出土的五铢钱，正面钱文"五"字左边似有一竖的特征与陕西咸阳西魏侯义墓[7]、北周若干云[8]等墓出土的"大统五铢"相类，但"五"字交笔处较弧，直径、郭宽尤其是重量上出入较大。应属于"永平五铢"[9]，其钱文风格、重量与稍后铸造的"永安五铢"两型[10]极相似，因此M2的年代可能在永平三年（510年）之后。M4出土的铜铛（鐎斗），与福州市仓山区桃花山师院附中南齐永明七年（489年）墓[11]、山西大同二电厂M37[12]、甘肃张家川"大赵神平二年"（529年）墓[13]出土鐎斗极相似，所以M4的年代应与此接近。固原县河川乡、固原县南郊乡峡口村[14]曾出土与M4∶1相似的铁鍑，均具有敛口、折肩、鼓腹、圜底的特征，这种鍑一般认为具有辽西地区的特征，与进入本地区的前燕移民有关，其消失时间约在北魏中期[15]。2005GYFM3甬道中出土的2方砖志，表明墓葬年代为"大代熙平元年""熙平二年"，为确定墓葬年代提供了直接的证据。综上所述，这批墓葬的年代大约在太和年间至6世纪上半叶。

据砖志推测，M3应为一夫妇合葬墓，丈夫戴雙受葬于熙平元年，其妻则次年下葬，墓中发钗也应是其夫人饰物。《魏书·地形志》"凉州"条称："番禾郡户一百三十九，领彰、燕支二县"[16]，《元和郡县图志》"凉州天宝县"条下记载："天宝县，本汉番（音盤）禾县，属张掖郡，北凉沮渠蒙

[1]　宁夏固原博物馆：《固原北魏墓漆棺画》，宁夏人民出版社，1988年。

[2]　宁夏文物考古研究所、吴忠市文物管理所：《吴忠北郊北魏唐墓》，文物出版社，2009年，第49～52、112～135页。

[3]　郭物：《一人双兽母题考》，《欧亚学刊》（第四辑），第1～33页。

[4]　山西省考古研究所等：《大同市北魏宋绍祖墓发掘简报》，《文物》2001年第7期。

[5]　白月：《大同地区出土北魏葬具的类型学研究》，西北大学2017年硕士论文，第45页。

[6]　宁夏固原博物馆：《固原北魏墓漆棺画》，宁夏人民出版社，1988年。罗丰：《固原北魏漆棺畫年代的再確定》，(The Painted Northern Wei Lacquer Coffin of Guyuan: Dating Revised), in Shing Müller, Thomas O. Höllmann, Sonja Filip (eds.), Early Medieval North China: Archaeological and Textual Evidence（从考古与文献看中古早期的中国北方），Mainz: Harrassowitz, January 2019, pp.133-149.

[7]　咸阳市文管会、咸阳博物馆：《咸阳市胡家沟西魏侯义墓清理简报》，《文物》1987年第12期。

[8]　贠安志：《中国北周珍贵文物》，陕西人民美术出版社，1992年，第55页。

[9]　王泰初：《永平五铢考辨》，《陕西金融》1998年9月。杨鲁安：《新出土北魏永平五铢》，《中国钱币》2003年S2期。

[10]　杜维善：《永安五铢断代纠谬》，《中国钱币论文集》第三集，中国金融出版社，1998年，第245页。

[11]　福建省文管会：《福州市桃花山南齐古墓清理简报》，《福建考古资料汇编（1953～1959）》，第125～128页。

[12]　大同市考古研究所：《山西大同二电厂北魏墓群发掘简报》，《文物》2019年第8期。

[13]　秦明智、任步云：《甘肃张家川发现"大赵神平二年"墓》，《文物》1975年第6期。

[14]　姚蔚玲：《宁夏固原县出土的铜鍑》，《考古》2001年第11期，第92、93页。

[15]　潘玲：《中国北方晚期鍑研究》，科学出版社，2015年，第67、99、100页。

[16]　（北齐）魏收：《魏书》卷一百六下"地理志"，中华书局，1974年，第2623页。

逊立为番禾郡,后魏太武帝平凉,罢郡置军。"[1]砖铭中的"槃和郡",系墓主之郡望,或即北魏的"番禾郡"[2],位于现在甘肃省永昌县。北魏太延二年(436 年)在今固原设置高平镇,正光五年(524 年)改为原州。北魏在征讨过程中,迁徙被征服地区的人口是其常见的做法,太延五年(439 年)北魏军队攻灭北凉后,从姑臧及其附近向平城等地开始了大规模的徙民,番禾郡当时属于北凉,戴雙受及其家族很可能是在此背景下转徙至高平的。

(五)毁器习俗

值得注意的是,在这 5 座北魏墓中,陶罐、陶壶等随葬器物均残损不全,这些墓葬早年均遭到盗扰,加之墓室坍塌等因素,随葬器物有一定残损可能应该比较正常。但是大多数陶壶、陶罐的碎片不全,且难以完全复原。标本 2005GYFM5:2 的陶壶保存相对完整,但口沿部分同样残缺。类似的情况在水厂墓地北朝墓 M5、M22 中同样可以见到。2015GNSM5 双耳罐整体保存较好,但口沿一部分及双耳均残。2015GNSM22 棺内人骨腰部出土带饰 1 具,大致位于墓主腰部位置,但分布散乱,其中带扣 1 件(M22:1),柿蒂纹方銙 1 件、铜鞓空饰 2 件、方銙 3 件,一件方銙上残存革带残迹,带饰均为铆钉结合,出土时均一分为二,似经人为拆毁后放入。表明这些器物很可能在埋葬之前便遭到毁坏。宁夏地区北朝隋唐墓葬中,类似的现象见于吴忠北郊北魏墓[3]、彭阳海子塬北魏至宋代的墓葬[4]中。有人将自新石器时代至辽金墓葬的毁器习俗经过梳理后认为,这种毁器行为应是在万物有灵观念的统摄下,对他们认为这些具有生命、伴有灵魂的物品,只有使其失去完整性跟随死者,才能"开始永久不变的新生活"[5]。固原新区南塬发现的 7 座北朝墓,2005GYFM1 ~ M5 无论从墓葬形制还是随葬的陶壶、陶罐等特征分析,均具有鲜明的鲜卑文化特点,2015GNSM22 据砖志可知,墓主为纥干莫何弗,很显然属于鲜卑族。有学者研究后指出,鲜卑墓葬中出土的具有"毁器"特征的随葬品有陶器、金属牌饰、铜镜和铜(铁)鍑等,被认为属于中国北方民族一贯的丧葬传统,鲜卑墓葬中陶器和铜镜的"毁器"现象,可被看作鲜卑在其发展历程中与外界(主要是以汉文化为代表的中原文化)进行互动的结果[6]。因此这几座北朝墓的毁器习俗当为鲜卑丧葬文化的传统特点,与彭阳海子塬墓地情况类似,毁器的随葬品集中在随身的带具和陶器这两类上,呈现出一定的地域性特点。

二　南郊水厂北朝墓

固原南郊水厂墓地共发现两座北朝墓,分别为 2015GNSM5、M22。

(一)墓葬形制

两座北朝墓葬平面呈铲形,为斜坡墓道单室土洞墓。

---

[1] (唐)李吉甫:《元和郡县图志》,中华书局,1983年,第1020页。

[2] 番,"槃""槃"古音系同音,皆为"并元",据郭锡良《汉字古音手册》,北京大学出版社,1986年,第196页,北朝铭刻中多用异体、别体、俗体字。

[3] 宁夏文物考古研究所、吴忠市文物管理所:《吴忠北郊北魏唐墓》,文物出版社,2009年。

[4] 宁夏文物考古研究所、彭阳县文物管理所:《彭阳海子塬墓地发掘报告》,上海古籍出版社,2013年,第127、128页。

[5] 张碧波:《关于毁尸葬、毁器葬、焚物葬的文化思考》,《中原文物》2005年第2期,第36~61页。

[6] 孙危:《鲜卑"毁器"葬俗研究》,《边疆考古研究》2009年第8期,科学出版社,2009年,第139~147页。

（二）葬式葬具

2015GNSM5、M22墓室北壁下放置木棺一具，平面呈梯形，头挡朝向西南放置，均为棺钉钉合而成，M5木棺南侧板、西侧挡板均由上中下三块木板拼成。

M5棺内人骨1具，头向西南，侧身直肢。M22棺内人骨1具，头向西南，仰身直肢。

（三）遗物出土位置

2015GNSM5、M22均未遭到盗扰。可以看出，陶罐、灯盏、漆盒均出土于棺前挡外墓室西南部，应为满足葬礼所需（表二一），M22墓道开口北端正中出土砖志1合，与2005GYF1M3砖志出土位置接近，显示了该地区葬俗的共同特点。M5墓主为一女性，棺内西南角出土的铁镜、铁剪可能为其日常生活用具。M5出土的银钗、银指环与M22出土的铜带具，均为墓主随身装饰品。

表二一　南郊水厂北朝墓出土器物位置统计表

类别＼墓号	随葬器物		随身物品		铜钱		所属骸骨及性别
	类别及数量	出土位置	类别及数量	出土位置	类别及数量	出土位置	
2015GNSM5	2件陶罐、1件漆盒	出土于棺前挡外墓室西南	2件银钗	棺内人骨头部			女
	1件铁镜、1件铁剪	出土于棺内西南角	1件银指环	人手骨附近			
2015GNSM22	1合墓志砖	墓道开口北端正中	1具铜带饰	棺内墓主腰部	1枚五铢	墓室扰土	不明
	1件陶灯盏	棺外墓室中部偏西南					
	2件陶罐	棺外西南侧墓室西壁下					
	3枚铁棺钉	木棺周围					

（四）随葬器物

北朝墓出土有陶器、铜器、铁器、银器、漆器等，以陶器为主，铜器、铁器次之。

陶器

均为泥质灰陶，均为轮制。

陶罐

3件。分两型。

A型　1件。小口鼓腹弦纹罐。

标本2015GNSM22：12，侈口，沿外斜，尖唇，短束颈，圆肩，鼓腹，下腹弧收，肩上饰一周凹弦纹。与北周天和四年（569年）李贤夫妇墓出土陶罐形制接近。

B 型　双耳罐 2 件。

与北周田弘墓双耳罐 [1]、北周宇文猛墓（565 年）标本 113 双耳罐 [2]、甘肃张家川宣武帝时期（500 ～ 515 年）王真保墓 [3] 出土的双耳罐形制接近。

陶钵

1 件。

标本 2015GNSM22：13。内壁均有黑色烟炱痕，可能用作灯盏。

（五）时代特征

M5 为坐北朝南的斜坡墓道洞室墓，平面形状近铲形，含一天井、一过洞，墓室平面为不规则的长方形，与固原南塬 M3、M24、M35[4] 形制接近，这几座墓被认为属于西魏至北周时期 [5]，大致可从。M5 墓中出土双耳罐与北周宇文猛墓（565 年）双耳罐 [6]、北周田弘墓（575 年）双耳罐 [7]、甘肃张家川宣武帝时期（500 ～ 515 年）王真保墓双耳罐 [8]、固原南塬开皇三年（583 年）M5 出土双耳罐 [9] 形制接近。从固原地区发现的北魏墓多为东西向、不带天井，而北周隋唐墓多为坐北朝南、大型墓带天井、过洞等因素综合判断，M5 年代大致在西魏北周，最晚或可至隋。

M22 出土砖志内容为："建德六年十二月廿／一日纥干莫何弗墓／铭"。据此可知，墓葬埋藏年代为北周武帝建德六年（578 年），墓主系纥干莫何弗。

《魏书·官氏志》"内人诸姓"载："纥干"氏，后改为"'干'氏。"[10]。《元和姓纂》"十一没"条称：纥干代人，孝文帝改为干氏 [11]。一般认为纥干氏与乞伏鲜卑有密切关系。《晋书·乞伏国仁载记》云："乞伏国仁，陇西鲜卑人也。在昔存如弗（与）斯（引）、出连、叱卢三部，自漠北南出大阴山，遇一巨虫于路，状若神龟，大如陵阜，乃杀马而祭之，祝曰：'若善神也，便开路；恶神也，遂塞不通。'俄而不见，仍有一小儿在焉。时又有乞伏部有老父无子者，请养为子，众隶咸许之。老父欣然自以有所依凭，字之曰纥干。纥干者，夏言依倚也。年十岁，骁勇善骑射，弯弓五百斤。四部服其雄武，推为统主，号之曰乞伏可汗托铎莫何。托铎者，言非神非人之称也。"[12] 如弗即乞伏，可知魏晋之际陇西鲜卑原自"漠北南出大阴山"，乞伏 [13] 等部之统主名为纥干，后因以为氏。

《周书》载宇文护叔母为纥干氏 [14]，谷川道雄考证此纥干氏系宇文泰第三兄宇文洛生之妻，二

　[1]　原州联合考古队：《北周田弘墓》，文物出版社，2009 年，第 71 ～ 80 页。

　[2]　宁夏文物考古研究所固原工作站：《固原北周宇文猛墓发掘简报》，《宁夏考古文集》，宁夏人民出版社，1994 年，第134 ～ 147 页。

　[3]　马明达：《北魏王真保墓志考略》，《（甘肃）社会科学》1979 年第 3 期。

　[4]　宁夏文物考古研究所：《固原南塬汉唐墓地》，文物出版社，2009 年，第 28 ～ 31、68 ～ 70、88 ～ 90 页。

　[5]　朱存世：《固原南塬汉唐墓地中的几座北朝墓》，《边疆考古研究》第 15 辑，第 163 ～ 170 页。

　[6]　耿志强：《宁夏固原北周宇文猛墓》，黄河出版传媒集团，2014 年，第 50、51 页。

　[7]　原州联合考古队：《北周田弘墓》，文物出版社，2009 年，第 70 ～ 75 页。

　[8]　秦明智、任步云：《甘肃张家川发现"大赵神平二年"墓》，《文物》1975 年第 6 期。

　[9]　宁夏文物考古研究所：《固原南塬汉唐墓地》，文物出版社，2009 年，第 34 ～ 37 页。

　[10]　（北齐）魏收：《魏书》卷一百一十三"官氏志"，中华书局，1974 年，第 3010 页。

　[11]　（唐）林宝：《元和姓纂（附四校记）》卷十，1994 年，第 1525 页。

　[12]　（唐）房玄龄等：《晋书》卷一百二十五"乞伏国仁载记"，1974 年，第 3113 页。

　[13]　罗新先生从发音转写角度将乞伏与叱卢部联系起来，认为乞伏就是叱卢部之大人酋首。参见罗新：《论阙特勤之"阙"》，《中国社会科学》2008 年第 3 期。

　[14]　（唐）令狐德棻等：《周书》卷十一，中华书局，1971 年，第 100 页。

者生宇文菩提[1]。宇文洛生等自武川南下被配属于定州，后于晋阳被尔朱荣所杀，此时贺拔岳、宇文泰等尚未西征，因此宇文洛生之妻纥干氏，似乎来自北方。提及纥干氏，很容易联想到同样埋葬于固原的北周田弘，《周书》记载："（田弘）从太祖复弘农，战沙苑，解洛阳围，破河桥阵，弘功居多，累蒙殊赏，赐姓纥干氏。"[2]田弘后人《唐纥干墓志夫人墓志》云："初，《官氏志》载有纥干，与后魏同出于武川，孝文南迁洛阳，改为干氏。逮周氏之赐，则与彼殊途，实以司空才冠一时，尽忠王业，虏言'纥干'夏言'依倚'，为国家之依倚"[3]。罗丰先生推断田弘之祖上或出自鲜卑乞伏，随之迁徙至高平，被赐姓"纥干"[4]。纥干莫何弗这块墓铭的发现，可知在原州（今固原）存在着纥干氏一系，或是田弘获赐纥干的某种依据。

莫何弗，亦作莫贺弗、莫何、莫弗等，首先见于东胡裔诸民族中，很多时候明显是部落酋首的称号，有"勇健"之意[5]。陈三平先生认为莫弗原意为神之子，后来这个名号经历了贬值的过程，被北方诸族用于指称部落酋首[6]。值得注意的是，陇西鲜卑乞伏部纥干，"四部服其雄武，推为统主，号之曰乞伏可汗托铎莫何。"[7]其中的"莫何"被解释为完水流域诸族的"君长称号"[8]。北齐河清三年（564年）赵信可能为氐族略阳赵氏后裔，其墓志云："祖以智谋从时，父宦当世，袭爵为莫何弗、第一领民酋长"[9]，考稽史籍北朝时期"领民酋长"之职多由"世为酋帅""世为部落大人"者及其后裔任之，由此观之，赵信墓志中其祖在北魏时"袭爵为莫何弗、第一领民酋长"之莫何弗为酋帅之意无疑。

有人认为高平镇的李贤，其祖父于太武帝时期领父兵（当是部落民）镇于高平，似乎是以领名酋长的身份出征的，到魏末李贤这一代已经转化为高平镇豪族[10]。处于同一时代的宇文猛，其墓志亦云"唯祖唯父，世为民酋"[11]，而宇文猛本人"永安元年，任都将，二年，补都督。"似乎表明宇文猛一系也可能经历了同样的转变过程。即便如此，北魏末年，高平一地仍存在着酋长之类，正光五年（524年）发动高平镇起义的便有"高平酋长胡琛"[12]（或作敕勒酋长胡琛[13]），因此，稍后活跃于原州的纥干莫何弗亦很可能为一酋帅。

北周墓葬就目前发现而言，土洞墓占绝对主流，在固原地区发现纪年明确的北周墓葬有宇文猛（565年）[14]、李贤夫妇墓（569年）[15]、田弘墓（575年）[16]三座高等级墓葬，墓葬均为带天井、带过洞

[1]　〔日〕谷川道雄著，李济仓译：《隋唐帝国形成史论》，上海古籍出版社，2018年，第329～331页。

[2]　（唐）令狐德棻等：《周书》卷二十七，中华书局，1971年，第252页。

[3]　赵超主编：《唐代墓志汇编》（下册），上海古籍出版社，1992年，第2453页。

[4]　原州联合考古队：《北周田弘墓》，文物出版社，2009年，第174～176页。

[5]　姚薇元：《北朝胡姓考（修订本）》"内篇"第二"勋臣八姓·贺氏"条，中华书局，2007年，第41页。

[6]　Sanping Chen，Son of Heaven and Son of God:Interactions among Acient Asiatic Cultures regarding Sacral Kingship and Theophoric Names，in Journal of the Royal Asiatic Society，Series 3，vol.12，no.3，（2002），pp.289-325.

[7]　（唐）房玄龄等：《晋书》卷一百二十五"乞伏国仁载记"，1974年，第3113页。

[8]　陈发源：《柔然君名"可汗"考》，《新疆社会科学》1988年第2期。

[9]　山西省考古研究所：《山西太原开化墓群2012～2013年发掘简报》，《文物》2015年第12期。刘辉等：《北齐赵信墓志考略》，《文物》2015年第12期。

[10]　康乐：《从西郊到南郊：北魏的迁都与改革》，北京联合出版公司，2020年，第90页。

[11]　耿志强、陈晓桦：《北周宇文猛墓志考释》，《西夏研究》2013年第2期。

[12]　（北齐）魏收：《魏书》卷九"肃宗纪"，中华书局，1974年，第243页。

[13]　（唐）李延寿：《北史》"魏本纪第四"，中华书局，2004年，1075页。

[14]　耿志强：《宁夏固原北周宇文猛墓》，黄河出版传媒集团，2014年，第98～100页。

[15]　宁夏回族自治区博物馆：《宁夏固原北周李贤夫妇墓发掘简报》，《文物》1985年第11期。

[16]　原州联合考古队：《北周田弘墓》，文物出版社，2009年，第116～188页。

的斜坡墓道方形土洞墓，墓葬长度分别为 47、32.4、52 米，3 座墓葬基本呈一条直线东西向排列。

南郊水厂 M5 全长 10.9、墓道长 8.8 米，M22 全长 12.24、墓道长 9.70 米，规模远远小于上述 3 座北周上层官吏墓葬，从随葬品和墓葬规格判断，两座墓葬当系中小型墓葬。固原南郊水厂墓地与南塬汉唐墓地位置接近，可视为一处较大的墓地，南塬汉唐墓地的 M3、M11、M24、M35 被认为属于西魏至北周时期的鲜卑族平民墓[1]，南郊水厂 M5 出土的双耳罐[2] 和梯形木棺表明，墓主为少数民族的可能性很大，M22 墓主为纥干莫何弗，从姓名看亦显然为少数民族。诚如是，则表明此处应属于北朝时期的中下层人群墓地，而有别于其西南侧约 2 千米处的北朝高等级墓葬区，固原南塬汉唐墓地 M24 形制与纥干莫何弗墓极其接近，南塬汉唐墓地 M3、M35 出土与纥干莫何弗墓类似的铜带銙，表明其存在某种内在的联系，值得注意的是纥干莫何弗墓出土带銙为银质，暗示纥干莫何弗地位或经济实力较其他墓主稍高[3]。

有学者指出晋北地区的北朝墓葬形制多元，随葬品组合亦形成不同的风格：汉族多使用陶俑作为随葬组合，鲜卑族（或其并入的北方民族）则多出陶器[4]。宇文猛、李贤、田弘墓一般认为属于鲜卑等非汉族的上层[5]，与北朝政权有密切的关系，墓中均出土有陶俑等汉文化典型随葬品。而以固原南塬汉唐墓地为代表的中下层北朝鲜卑等少数民族，墓葬随葬品则以陶制明器、铜带銙等为主，另有五铢钱作为手握等传统汉文化的葬俗出现，则表明了在固原地区鲜卑等少数民族在逐渐汉化的过程中，在随葬品方面不同阶层人群所采取的不同选择。

第三节　隋唐墓

一　羊坊墓地唐墓

（一）墓葬形制

羊坊墓地共发掘 2 座唐代墓葬。2005GYFM6、M7 均为斜坡墓道土洞墓，平面均呈直背刀形，由斜坡墓道和梯形墓室两部分组成，墓葬全长 8.1 ～ 8.8 米，M6 采用砖封门，M7 则为土坯封门。

（二）葬式葬具

M6、M7 的木棺则紧贴墓室西壁放置。木棺则以铁棺钉钉合而成，木棺形制规格接近，长 1.98 ～ 2、宽 0.6 ～ 0.8 米，头挡、足挡均夹在左右侧板之间。葬式均为仰身直肢，头向朝南。

（三）随葬器物及时代

2 座墓葬中随葬器物较少，以陶器为主，M5 出土的塔式罐，可能反映了墓主人的佛教信仰，

[1]　朱存世：《固原南塬汉唐墓地中的几座北朝墓》，《边疆考古研究》第15辑，第163～170页。

[2]　这种双耳罐被认为属于本地区一种特有的随葬品，目前发现的这种双耳罐，见于宇文猛墓、田弘墓、甘肃张家川王真保墓、固原南郊M5，除固原南郊M5墓主族属尚不能确定外，其他各墓墓主均为少数民族。

[3]　宋丙玲：《北朝带具考》，《服饰导刊》2016年第5期。

[4]　龙如凤：《山西北朝墓葬民族文化交融研究》，花木兰文化出版社，2014年，第33页。

[5]　宇文猛被认为属于北方少数民族，参见耿志强、陈晓桦：《北周宇文猛墓志考释》，《西夏研究》2013年第2期。一般认为李贤族属为鲜卑族，参见宁夏回族自治区博物馆等：《宁夏固原北周李贤夫妇墓发掘简报》，《文物》1985年第11期，罗丰：《李贤夫妇墓志考略》，《美术研究》1985年第4期。田弘被认为属于北方少数民族可能性很大，参见原州联合考古队：《北周田弘墓》，文物出版社，2009年，第211页。

开元通宝分别出土于墓主人左手、口中，显然是作为手握和口琀。

两座唐代墓葬，均出土开元通宝，墓葬形制为直背刀把型的斜坡墓道土洞墓，这种墓葬形制在唐代较为流行，初唐至晚唐均有。M6 出土的双耳罐，与吴忠公园乙区唐代墓葬 M10：1 双耳壶 [1]、西安郊区隋唐墓 M586：148 双耳罐 [2] 形制接近。M6、M7 出土的"开元通宝"。质量轻薄，钱文模糊粗率，穿不甚规整，正面钱文"元"字第一横较短，第二横笔左挑，钱文较模糊，钱文与钱穿连接一起，背部穿郭近平，此类钱币多流行于唐代中晚期，综合墓葬形制及出土遗物分析，M6、M7 的年代大致在唐代晚期。

二　南郊水厂隋唐墓

南郊水厂墓地共发掘 5 座隋唐墓，编号 2015GNSM1 ～ M4、M21。

（一）墓葬形制

墓葬的形制结构，可以分为两种类型。

A 型　1 座。

为 2015GNSM21，墓葬平面呈铲形，为坐北朝南的斜坡阶梯墓道单室土洞墓，墓室为南北向横室土洞，平面略呈五边形，拱形顶，据墓志砖可知，该墓为一座隋墓。固原地区隋代墓葬，发现较少，主要有固原南塬 M5 开皇二年（582 年）孝令穆墓 [3]、大业六年（610 年）隋史射勿墓 [4]。孝令穆墓为坐西朝东的斜坡墓道土洞墓，平面呈铲形，史射勿墓为坐北朝南的斜坡墓道土洞墓，带两天井、两过洞，墓室平面近正方形。无论墓葬形制还是规模，2015GNSM21 与孝令穆墓更为接近。固原地区的这种墓葬形制，追本溯源影响至彭阳地区北魏墓，并自北魏延续至北周，隋唐时期继续使用。

B 型　4 座。

直背刀形长方形土洞墓，2015GNSM1 ～ M4。这种类型的唐代墓葬，在洛阳地区隋至初唐便已出现，但墓室不甚规整，墓室近纵长方形直背刀形墓盛唐时出现，并流行至晚唐 [5]。固原地区唐代直背刀把形墓，初唐至盛唐时期发现较多，中晚唐时也有少量发现 [6]，但区别在于出现竖井短斜坡墓道 [7]。

（二）葬式葬具

根据表二二可知，5 座隋唐墓木椁、木棺均呈梯形。2 座墓一棺一椁，其余 3 座墓为单棺或多棺。木棺长度有 2.7 ～ 2.9、2.2、1.84、1.2 米四种规格。长 2.7 ～ 2.9 米的木棺其中三具分别均为双人合葬，其宽度也大大超过于单人葬的木棺，M2、M3 的木棺位于木椁内。棺长 1.84 米的两具木棺均位于 M1 中，很可能出自同一作坊，M1 墓道壁龛出土的木棺长仅 1.2 米，其棺材宽度厚度均最

---

[1]　宁夏文物考古研究所、吴忠市文物管理所：《吴忠北郊北魏唐墓》，文物出版社，2009年，第88页。

[2]　中国科学院考古研究所：《西安郊区隋唐墓》，科学出版社，1966年，第61页。

[3]　宁夏文物考古研究所：《固原南塬汉唐墓地》，文物出版社，2009年，第34～37页。

[4]　罗丰：《固原南郊隋唐墓地》，文物出版社，1996年，第7～30页。

[5]　徐殿魁：《洛阳地区隋唐墓的分期》，《考古学报》1989年第3期。

[6]　宁夏文物考古研究所：《固原南塬汉唐墓地》，文物出版社，2009年。

[7]　陈晓桦：《宁夏地区隋唐墓葬形制研究》，《宁夏师范学院学报（社会科学）》2017年第4期。

小，很可能因所葬之人年龄偏小有关。棺长 2.2 米的木棺出土于 M21，虽然为单棺，其规格也较一般单人葬木棺较大。

　　M21 木棺前后挡板夹于左右侧板之间，共同位于底板之上，用铁棺钉衔接。M2 椁底平行有六根四棱形龙骨，椁底板系以两块松木板拼接，而椁盖板有上下两层结构，上层为一块纵向木板两块横向木板拼合而成，下层为 39 块木板横向平铺而成。

表二二　南郊水厂隋唐墓葬具形制统计表

（单位：米）

墓号　　板材	长	前挡宽	后挡宽	板厚	高	人骨数量
M21　木棺	2.2	0.86	0.54	0.05	0.40	1
M1　东侧木棺	1.84	0.46	0.30			1
M1　西侧木棺	1.84	0.46	0.28			1
M1　壁龛木棺	1.2	0.36	0.28	0.03	0.37	1
M2　木椁	3.44	2.00	1.70	0.06	0.36	
M2　木棺	2.78	1.50	1.26	0.06	0.14	2
M3　木椁	3.32	1.78	1.48	0.07	0.30	
M3　木棺	2.87	1.54	1.24	0.07	0.30	2
M4　木棺	2.72	1.22	1	0.06	0.30	2

　　5 座隋唐墓葬中，合葬占 4 座，合葬墓中男性均居东侧、女性均居西侧。除 M21 头向朝西、M3 头朝向不明外，其余均头朝向南，与墓道朝向一致，这是当时的主流，仰身直肢葬为流行的葬式，同一座墓葬中，女性年龄均低于男性（表二三）。

表二三　南郊水厂隋唐墓葬式性别年龄统计表

墓号	葬式			性别	年龄	备注
	葬式	头向	面向			
M21	仰身直肢	西	南	男	55	
M1　墓道壁龛	俯身直肢	南	西	男	20	疑似迁葬
M1　墓室东侧骸骨	仰身直肢	南	东	男	45	
M1　墓室西侧骸骨	仰身直肢	南	上	女	35	
M2　东侧骸骨	仰身直肢	南	西	男	60	
M2　西侧骸骨	侧身屈肢	南	东北	女	50～55	

墓号		葬式			性别	年龄	备注
		葬式	头向	面向			
M3	东侧骸骨	仰身直肢	？	？	男	40～45	
	西侧骸骨	仰身屈肢	？	？	女	30	
M4	东侧骸骨	仰身直肢	南	？	男	25	
	西侧骸骨	仰身直肢	南	？	女	30	

（三）遗物出土位置

经发掘清理观察，陶罐、灯盏、漆盒、石刻雕像等均出土于棺外墓室较宽敞的空间，棺内出土只有随身用品、铜钱等。2015GNSM21棺中人骨腰部出土带銙，2015GNSM1西棺内为一女性，人头骨附近出土1件漆器、1枚铜镜、1件铁剪，当为其生前所用之物。2015GNSM1、M3、M4棺内均出土开元通宝，均位于左右手或腰部，当属于手握。2015GNSM21的砖志盖底相扣合，出土于墓道北端开口填土内、墓门上方处，此系关陇地区北朝墓葬中常见的做法，M3为唐墓，墓室南端近甬道处出土墓志1合，表明了墓志形制不断成熟的进程中，其埋藏位置也在发生着变化（表二四）。

表二四　南郊水厂隋唐墓出土器物位置统计表

墓号 \ 类别	随葬器物		随身物品		铜钱		所属骸骨及性别
	类别及数量	出土位置	类别及数量	出土位置	类别及数量	出土位置	
2015GNSM1	2件陶罐	棺外南侧与墓室南壁之间			1枚开元通宝	西棺人骨左手	女
	1件铜镜、1件铁剪	于西棺内西南角，西侧人头骨附近			2枚开元通宝	西棺人骨右手	
	1件漆器	西棺内头挡处，西侧人头骨附近			1枚开元通宝	西棺人头骨东侧	
	10枚棺钉	西侧棺材周围					
	13枚棺钉	东侧棺材周围			1枚开元通宝	东棺人骨左手	男
2015GNSM21	1合墓志砖	墓道开口北端正中	1具铜带饰	棺内墓主腰部	1枚五铢	墓室扰土	不明
	1件陶灯盏	棺外墓室中部偏西南					
	2件陶罐	棺外西南侧墓室西壁下					
	3枚铁棺钉	木棺周围					

（四）典型器物及时代特征

南郊水厂发掘的 5 座隋唐墓中，2015GNSM1、M2、M4 分别出土一组开元通宝，面背皆俱肉好周郭，钱文深峻清晰，属于典型的武德开元通宝[1]，在固原地区以往初唐、盛唐纪年墓中多次发现，例如显庆三年（658 年）史道洛墓出土 16 枚[2]、麟德元年（664 年）史所岩墓出土 1 枚、咸亨元年（670 年）史诃耽墓出土 2 枚、咸亨元年史铁棒墓出土 1 枚、圣历二年（699 年）梁元珍墓出土 104 枚[3]，开元十二年（724 年）南郊水厂 M3 出土了 9 枚，大致为固原地区武德开元通宝流行时间提供了框架，同样值得注意的是，部分铜钱标本因为铜质不纯，存在锈蚀的现象，个别铜钱重量甚至在 3 克左右，而钱文与其他标本并无差异，与西安证圣元年（695 年）郭嚞墓、景龙二年（708 年）郭恒墓出土者同类，这类开元通宝被认为可能是高宗武天时期民间私铸的一种[4]。故 M1、M2、M4 的年代上限不早于 7 世纪中期至 7 世纪末。

2015GNSM1 出土的瑞兽葡萄镜，即流行于武则天时期的典型瑞兽葡萄镜[5]，这枚铜镜和西安武则天神功二年（698 年）独孤思贞夫妇墓[6]、河南偃师开元十年（722 年）卢氏墓出土者[7]在内外区纹饰布局及内容较相似，但也有区别，与 M1 铜镜相较，独孤思贞夫妇墓铜镜内区瑞兽数量多出两个，内外区之间凸棱上无葡萄枝蔓；卢氏墓铜镜内区四只瑞兽呈攀附状，隔梁上缠绕葡萄枝蔓，不同于 M1 铜镜内区舒展状瑞兽，葡萄藤蔓"过梁"。M1 铜镜与河南洛阳唐安菩夫妇墓（709 年）出土瑞兽葡萄镜[8]则极其相似，考虑到内区瑞兽的数量和"藤蔓过梁"的现象，按照瑞兽葡萄镜演变规律，可知 M1 铜镜应是介于独孤思贞夫妇墓铜镜和河南偃师卢氏墓铜镜的中间类型，这种类型应是瑞兽葡萄镜最为流行阶段之后的余绪[9]，那么其流行年代也应在此区间内，即 8 世纪初左右。M4 出土的汉白玉马，与 M3 出土的石质镇墓兽、骆驼、马等材质工艺相同，显然属于同一批产品，应与 M3 的年代相近或稍晚。而 M3 出土的墓志中明确记载墓葬的年代在开元十二年（724 年）。因此，这四座墓葬的年代，均应在 7 世纪中叶至 8 世纪上叶为宜。

2015GNSM1 ～ M4，四座墓均为中小型直背刀形土洞墓，和多数已发掘的固原南塬隋唐墓形制相近，在初唐至晚唐都存在，主要为低级官吏和庶民使用的一种墓葬形制。齐东方对西安地区唐高宗至玄宗时期的墓葬进行分类研究后认为[10]，这种刀形单室土洞墓属于第六等级即无官职的庶民墓葬；但同时却随葬较为罕见且体量不小的汉白玉天王俑、镇墓兽、骆驼及马等石刻雕像，反映了墓主所蒙"殊遇"或不俗的经济实力。

M4 出土的汉白玉马与 M3 出土的系列石雕像，在质地、规格、制作手法上均相似，且两处墓葬相距较近，朝向相同、形制相类，关系密切，年代或有先后之分，但应当属于家族墓。这批

[1]　徐殿魁：《唐代开元通宝的主要品类和分期》，《中国钱币》1992 年第 9 期。
[2]　原州联合考古队：《唐史道洛墓》，文物出版社，2014 年，第 71～72 页。
[3]　罗丰：《固原南郊隋唐墓地》，文物出版社，1996 年。
[4]　徐殿魁：《试论唐开元通宝的分期》，《考古》1991 年第 6 期。
[5]　孔祥星、刘一曼：《中国古铜镜》，艺术图书公司，1994 年，第 106 页。
[6]　中国社会科学院考古研究所：《唐长安城郊隋唐墓》，文物出版社，1980 年，第 29～42 页。
[7]　中国社会科学院考古研究所：《偃师杏园唐墓》，科学出版社，2001 年，第 65～76 页。
[8]　洛阳市文物工作队：《洛阳龙门唐安菩夫妇墓》，《中原文物》1982 年第 3 期。
[9]　徐殿魁：《唐镜分期的考古学探讨》，《考古学报》1994 年第 3 期。
[10]　齐东方：《试论西安地区唐代墓葬的等级制度》，《纪念北京大学考古专业三十周年论文集》，文物出版社，1990 年，第 294 页。

石刻雕像组合清晰，雕刻工艺精巧细腻，线条简洁流畅而不失生动，造型高大厚重且比例和谐，在全国同期墓葬中较为少见，与西安杨思勖墓（740年）出土的汉白玉侍俑[1]、北京房山区幽州刺史刘济（810年）汉白玉文武俑[2]、河北曲阳五代王处直墓前室壁龛出土汉白玉十二生肖像（924年）[3]比较，其石质、造型接近，为研究唐代丧制文化及石雕艺术的演变提供了极为宝贵的新资料。

（五）唐刘静墓志解读

2015GNSM3出土墓志铭1合，均为汉白玉质，表面抛光处理光滑。从志盖志文并序铭文可知，墓主人刘静系彭城人，即今徐州人氏，生于贞观二十一年（647年），其"父通祖英，并先朝处士"表明其出身非贵。因军功徵拜上柱国，但战后却"功就身退，名遂不进"脱离官场，归家闲居，选择了归隐田园的处士生活，成为只有勋级而未步入仕途之人。开元六年卒，终年71岁，"权殡"于百达原，直至开元十二年（724年）才与夫人范氏合葬于此，由此推测该墓可能为二次葬。百达原即现在的南塬，位于固原市原州区与其西南的白马山之间，东侧为清水河、饮马河，塬上集中埋葬着北朝至隋唐时期数十座墓葬，在以往发掘的墓志中屡屡提及[4]。志文记载彭城刘氏是中古时期著姓之一，唐代闻名者如刘德威、刘知几、刘禹锡等。刘知几曾指出"至于碑颂所勒，茅土定名，虚引他邦，若乃称袁则饰之陈郡，言杜则加之京邑，姓卯金者咸曰彭城"碑刻中普遍存在的冒姓现象[5]，彭城刘氏亦在此列，充分显示了唐人重视郡望的心态，《新唐书·高俭传》则指出这股冒姓之风自唐代中叶以来抬头，愈演愈烈的趋势。"激羽弯弓，殉命国恩，凯歌旋献，以垂拱二年，勋成上柱国。"是对墓主刘静从戎获勋的概括。《旧唐书》卷一百九《黑齿常之传》载："垂拱二年，突厥犯边，命常之率兵拒之，蹑至两井……（黑齿常之）以功进封燕国公"[6]。黑齿常之墓志云："制曰：局都温雅，机神爽晤……可封燕国公，食邑三千户。仍改授右武威卫大将军、神武道经略大使。徐如故。於是，董兹哮勇，煎彼凶狂。胡马无南牧之期，汉使静北游之望。灵、夏冲要，妖羯是瞻。君之威声，无以为代。又转为怀远军经略大使，以遏游氛也……"[7]。李之龙推断黑齿常之任经略大使的怀远军，极有可能是置于"灵夏冲要"中灵州境内的怀远[8]。刘静受勋上柱国和黑齿常之被封为燕国公同时，其埋葬地原州距离灵州、夏州亦近，因此，墓主刘静参加的这场战事，或许与唐与突厥之间的"两井之战"有关。

上柱国系勋官，隋文帝时定勋级为上柱国至都督共十一等，唐初与散官名称相同，渐至混乱，唐高宗咸亨五年（674年）加以改造，定为十二转，上柱国作为最高一转，"比正二品"。据研究[9]唐代授勋存在两种情况：一是根据战功，即根据作战时具体的表现，或长期镇守边镇将士服役年限的长短，授予不同的勋功劳，有着明确的计算方法；二是大赦或其他活动时对相关人员的赏赐。后因战事稀少，朝官中文臣和其他无战功者也可授勋[10]。刘静则明显属于按军功授勋的情况。

[1] 中国社会科学院考古研究所：《唐长安城郊隋唐墓》，文物出版社，1980年，第65～86页。

[2] 刘乃涛：《刘济墓考古发掘记》，《大众考古》2013年第2期。

[3] 河北省文物研究所，保定市文物管理处：《五代王处直墓》，文物出版社，1998年，第31～40页。

[4] 在史诃耽、史道德、梁元珍等墓志中有直接的记载，亦即史索岩墓志所云的"原州城南高平之原"。

[5] （唐）刘知几著，黄寿成点校：《史通》邑里下第十九，辽宁教育出版社，1997年，第42页。

[6] （后晋）刘昫等：《旧唐书》卷一百九，中华书局，1975年，第3295页。

[7] 束有春：《唐代百济黑齿常之、黑齿俊父子墓志解读》，《东南文化》1996年第4期。

[8] 李之龙：《唐代黑齿常之墓志文考释》，《东南文化》1996年第3期。

[9] 傅玫：《唐代的勋官》，《中国史论文集》，天津古籍出版社，1994年，第97页。

[10] 阎步克：《中国历代官制》，齐鲁书社，1993年，第176～180页。

第四节　宋墓

宋代墓葬位于羊坊村西南，在新区城市郊区道路开发建设中勘探发现，编号2005GYFM8～M10。分布在振兴街、警民南路公路两侧，振兴街南接福银高速，北连银平公路，东端与警民南路相接。

（一）墓葬形制

羊坊墓地发掘的3座宋代墓葬，平面呈"日"字形，由竖井墓道和长方形土洞墓室组成，墓葬长度接近，在4.1～6.3米，墓葬朝向一致，均为坐西朝东。

（二）葬式葬具

墓葬中均有梯形木棺，木棺均放置于墓室中间或稍偏的位置。木棺的形制亦显然有别，2005GYFM8的木棺中间呈两段亚腰形，棺外一周围挡，木棺外带一周木框的这种结构，很可能与唐庆山寺舍利塔基出土的银椁、唐代泾川大云寺塔基出土的金棺银椁、江苏扬州南塘田氏墓出土的木棺等接近，应属于舍利棺的一种，周围未见铁棺钉，应为榫卯结构。2005GYFM9、M10木棺则以铁棺钉钉合而成，M9木棺呈梯形箱状，M10棺头挡、足挡夹于左右侧板之间。3座宋墓均为单人葬，头向朝西，仰身直肢。墓中随葬品较少，主要有陶罐、铁棺钉、瓷碗、陶俑、铜钱、漆器等。其中M10出土的陶罐、瓷碗位于竖井墓道靠近墓室入口处，其余4座墓葬陶罐均位于木棺一侧靠近墓室入口处。M1墓室南壁东端淤土内出土的彩绘泥塑童子俑，下有朽木痕迹，应当是放置在一木质底座之上，其造型生动，栩栩如生，与墓中的舍利式木棺、塔式罐一道，共同暗示墓主生前应信奉佛教。墓中出土的铜钱，均位于人手骨和下颌骨附近，应作为手握和口琀的用途，表明地域之间的葬俗文化交流对人们意识形态领域所产生的影响是极其深远的。

（三）时代特征

2005GYFM8、M9均出土有铜钱，其中2005GYFM8出土3枚"祥符元宝"，M9出土1枚祥符通宝，属于宋神宗大中祥符年间（1008～1016年）铸造的铜钱，为北宋前期铜钱，与彭阳海子塬墓地宋墓M24[1]接近，故M1、M2年代大致应该在北宋前期。

M10出土的敞口斜壁的瓷碗，常见于宋代墓中，类似的瓷碗以及与陶罐扣合放置的情况同样见于宁夏彭阳张湾金墓[2]。由于M10与M8、M9位置接近，墓葬形制、墓向等方面相似，可以认为其年代应相去不远，就墓葬形制而言，三座墓均为平面呈"日"字形的竖穴墓道土洞墓，在固原及其附近地区，这种墓葬一般多流行于中晚唐至宋元时期，是唐代刀把形土洞墓进一步发展的结果。典型者如彭阳北宋宣和六年（1124年）宋墓[3]、彭阳海子塬唐宋墓[4]、固原开城元墓[5]、固原城西墓地等。M8、M9均出土宋真宗时期铸造的祥符元宝、祥符通宝（1008～1016年），尤其

[1]　宁夏文物考古研究所、彭阳县文管所：《彭阳海子塬墓地发掘报告》，上海古籍出版社，2012年，第71～75页。

[2]　宁夏文物考古研究所、彭阳县文物管理所：《宁夏彭阳县张湾金代砖雕墓发掘简报》，《北方文物》2020年第2期。

[3]　宁夏文物考古研究所资料。

[4]　宁夏文物考古研究所、彭阳县文物管理所：《彭阳海子塬墓地发掘报告》，上海古籍出版社，2013年。

[5]　宁夏文物考古研究所：《固原开城墓地》，科学出版社，2006年。

M1 出土的塔式罐和彭阳海子塬宋代墓葬 M24[1]、甘肃陇西建炎二年（1128 年）宋墓 [2]、甘肃镇原宣和五年（1123 年）宋墓 [3] 出土的塔式罐相似，M10 出土的双耳罐，亦为固原地区宋元墓葬中常见的器形，综上所述我们认为这三座墓葬年代应为北宋时期。

M8 出土的围栏木棺较有特点，类似的木棺并不多见，相似者如江苏邗江五代墓 [4]、扬州南唐田氏墓 [5]、辽代翁牛特旗广德公墓 [6] 出土的木棺。这种形制的葬具，多见于唐宋时期埋葬舍利之金棺银椁的理念，应与佛教的影响不无关系。

值得关注的是，M8 墓室内出土的陶制彩绘童子俑，在以往的宋元时期墓葬中较为少见。其造型生动，表情自然、栩栩如生，让人容易联想到宋元时期仿木结构砖室墓中的童子形象，此类题材常以童子乐舞、童子戏莲等形式表现 [7]，童子均手舞足蹈、憨态可掬，带有浓厚的世俗气息。甘肃地区宋元时期的雕砖墓中，多有童子持莲或戏于莲中的形象出现，童子或着短衣，或赤身裸体、肩绕飘带，或装饰墓门门楣、墓壁四角，或装饰于壁龛及其附近 [8]。宁夏地区宋金时期仿木结构雕砖墓中，尚未见明确的童子图像，但莲花莲叶却得到一定程度的表现。在较早的固原南郊初唐墓 82M2 中曾出土一石幢，幢身线刻缠枝花卉，花间刻有童子、动物、怪兽等纹饰。童子赤裸身体，佩项圈，手持花枝，端坐于花丛中 [9]。可见这种装饰题材具有一定的传承性，并随着时代的推移，逐渐呈现出世俗化、生活化的特点。

第五节　明清墓

南郊水厂墓地发掘清理明清墓 15 座，墓葬编号为 2015GNSM6 ～ M20。墓葬多集中分布在南郊水厂发掘区的东南部。杨家庄墓地清理明清墓 3 座，分别为 2009GYM4、M9、M10。

（一）墓葬形制

依水厂墓地保存较为完整的 10 座明清墓的墓葬形制为例，分两型。

A 型　竖穴土坑墓，共有 6 座，为 2015GNSM7、M8、M10、M11、M14、M18，平面均呈梯形，长 2 ～ 2.3、宽 0.6 ～ 0.8、深 1.3 ～ 1.8 米，规格基本一致。其中 M16、M17 墓道南北两壁各有数个对称的脚窝。

B 型　竖穴墓道土洞墓，共 4 座，为 2015GNSM16、M17、M19、M20。2015GNSM16、M17 墓道朝向东北，M19、M20 墓道朝向西南，均为平面呈铲形梯形的土洞墓室。其中 3 座墓墓道长 2、宽 0.6 ～ 0.9、深 3 ～ 4 米，墓室长 1.7 ～ 2、宽 0.8 ～ 1.3、高 0.8 ～ 0.9 米。M16 墓葬形制较大，墓道墓室规格均超过另外 3 座墓葬。

[1] 宁夏文物考古研究所、彭阳县文物管理所：《彭阳海子塬墓地发掘报告》，上海古籍出版社，2013年，第73页。

[2] 陈贤儒：《甘肃陇西县的宋墓》，《文物参考资料》1955年第9期。

[3] 庆阳地区博物馆：《甘肃镇原县出土北宋浮雕画砖》，《考古与文物》1983年第6期。

[4] 扬州博物馆：《江苏邗江蔡庄五代墓清理简报》，《文物》1980年第8期。

[5] 扬州市文物考古研究所：《江苏扬州南唐田氏纪年墓发掘简报》，《文物》2019年第5期。

[6] 项春松：《内蒙古翁牛特旗辽代广德公墓》，《北方文物》1989年第12期。

[7] 即《营造法式》"雕混作之制"下所云"化生"，参见（宋）李诫撰、梁思成：《营造法式》，生活·读书·新知三联书店，2010年，第282页。

[8] 郭永利：《甘肃境内宋金元墓葬的调查、整理与研究》，科学出版社，2019年。

[9] 罗丰：《固原南郊隋唐墓地》，文物出版社，1996年，第98～111页。

杨家庄墓地发掘明清墓葬 3 座。分别为 2009GYM4、M9、M10。其中 M9 为 A 型竖穴土坑墓，另外 2 座墓为竖穴墓道土洞墓。

（二）葬式葬具

南郊水厂墓地明清墓中均有梯形木棺，除 2015GNSM16 为双棺外，其余各墓均为单棺，棺以铁棺钉钉合。木棺规格出入不大。竖穴土坑墓中除了 2015GNSM18 头朝向北以外，其余 5 座竖穴土坑墓均头朝向西，竖穴墓道土洞墓情况较复杂，2 座墓头朝向西，1 座墓朝北，1 座墓头朝向东，整体而言，这个时期的墓葬，头朝西无疑是主流，葬式均为仰身直肢。只有 M16 一座明墓为男女合葬墓。

杨家庄墓地 3 座明清墓中均出土梯形木棺，且均为单棺，M4 木棺以铁棺钉钉合，均头朝向西，仰身直肢。

（三）随葬器物

水厂墓地明清墓随葬器物有陶器、瓷器、铜器、铁器等，其中以陶瓷器和铜钱为主。瓷器仅有盆，皆出土于竖穴土坑墓中，出土位置基本一致，即墓坑一端和木棺足挡之间。2015GNSM16 发现 2 件铜扣，系随身用品，位于墓主胸骨部，两具头骨附近对称出土板瓦 2 件，当系为固定头颅使用。出土铜钱有早期的开元通宝、大观通宝及明代时期的货币，铜钱出土于墓主肩胛骨、腰部、小腿骨之间，寓意大致为指引逝者的灵魂依托四季轮回的观念早日抵达天国。

杨家庄明清墓随葬器物较少，有黑釉瓷罐 2 件、铁棺钉 6 枚。黑釉瓷罐均出土于棺内头挡附近。

这批明清墓葬布局规整，不存在叠压打破关系，应当经过统一规划，墓葬形制普遍较小，墓主当属平民阶层。

第八章　相关问题讨论

第一节　北魏墓出土波斯萨珊银币相关问题研究

北魏时，宁夏固原置高平镇，后改为原州，是著名的丝绸之路北方重镇之一，被视为"国之藩屏"。北周时，原州设置总管府，并成为北周政权的"霸业所基"。这一时期固原地处丝绸之路东段北道的咽喉孔道，成为贡使、商贾、僧侣频繁往来的重要区域。随着固原考古工作的深入，该地区丝路遗存的不断被发现，显现出诸多的外来文化因素，波斯萨珊银币无疑是其中的重要组成部分。近20年来，固原及附近地区相继出土了几批波斯萨珊银币，本文拟以这些波斯银币作为研究对象，对其铭文、合金成分、制作工艺及相关问题做一些探讨。

一　固原地区近年发现的萨珊银币概况

第一，2005年，在固原市原州区羊坊墓地抢救性发掘了5座北魏墓，并出土了4枚波斯银币，M1墓葬年代大致在北魏太和年间，M3的年代在北魏熙平元年、熙平二年（516、517年）[1]。

标本 M1：1，直径2.8厘米，重3.2克。为卑路斯Ⅲ式银币。边缘不甚规整，银币正反两面的主题图案呈80°左右的错位。正面一周联珠圈边框，中为萨珊王侧面半身肖像，王像前后似有铭文，但模糊不清。背面亦有一周联珠纹边框，中央为拜火教祭坛。祭坛上方火焰右侧有一新月，左侧为一五角星。祭坛两面相对站立两个祭司，作拱手状，左侧祭祀背后铭文模糊不清，右侧祭司背后有一行帕勒维文铭文"⌇⌇⌇"，表示铸币地点，转写为拉丁文是"AB"，其全称是阿巴尔沙尔（Abarshahr），今地为 Nishapur（彩版八〇，1）。

标本 M1：2，直径2.7厘米，重3.7克，为卑路斯Ⅱ式银币。银币正反两面的主题图案呈90°左右的错位。正面有一周联珠圈边框，中为萨珊王侧面肖像，前部有一新月，冠顶上为新月托一圆球，冠顶后似有两条细飘带。从冠前至肩有帕勒维文铭文"ℓ⌇⌇℈ℑ"即"KaDI PiRUCI MaKA"之省略，一般可译作"主上，卑路斯，王。"[2]背面亦有一周联珠纹边框，中央为拜火教祭坛。火坛上火焰右侧有一新月，左侧为一五角星。祭坛两面相对站立两个祭司，作拱手状，右侧祭司背后有帕勒维文铭文"⌇⌇"，是铸币地点的缩写，转写为拉丁文是"AU"，其全称是奥哈默德·阿尔达希尔（Auhrmazd-Artashir）[3]，位于萨珊波斯库吉斯坦省。左侧祭司后铭文为"℟"，转写拉丁文为"M"，

[1]　宁夏文物考古研究所：《固原南郊北魏墓发掘简报》，《中原文物》2020年第5期。

[2]　J.de Morgan.Manuel de Numisthque Orienhale，La Perse2. Ravis，1923－1936:319.

[3]　大卫·塞尔伍德等著，付瑶译：《萨珊王朝货币史》，中国金融出版社，2019年，第28页。杜维善：《萨珊王朝卑路斯银币之型式》，《中国钱币》2001年第4期。

完整铭文转写为“MALKA”，即“国王”的意思（彩版八〇，2）。

标本 M3∶5，直径 2.7 厘米，重 3.6 克。为卑路斯Ⅲ式银币。银币正反两面的主题图案呈 90° 左右的错位。正面有一周联珠圈边框，中为萨珊王侧面肖像，前部有一新月，冠顶上有一双翼状物翘起，其上饰一新月，新月托一圆球。肖像前部自下而上有半周铭文，已模糊不清。背面亦有一周联珠纹边框，中央为拜火教祭坛，火焰右侧有一新月，左侧为一五角星。祭坛两面相对站着两个祭司，作拱手状，右侧祭司背后有铸造地点的铭文“”，拉丁文的转写形式为“VH”，即萨珊波斯的赛琉西亚-韦·阿尔达希尔[1]，左侧祭司背后铭文模糊不清（彩版八〇，3）。

标本 M3∶6，直径 2.6 厘米，重 4 克，为卑路斯Ⅲ式银币。边缘略残不甚规整，银币正反两面的主题图案呈 90° 左右的错位。正面有一周联珠圈边框，中为萨珊王侧面肖像，前部有一新月，冠顶上有一双翼状物翘起，再上有一新月，新月托一圆球。背面亦有一周联珠纹边框，中央为拜火教祭坛，祭坛火焰右侧有一新月，左侧为一五角星。祭坛两面相对站着两个祭司，作拱手状。左侧祭司身后为铭文“PIRUCI”，即卑路斯（peroz）之名。右侧祭司背后有一行帕勒维文铭文“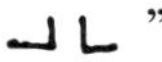”，应当是铸币地点的缩写，转写为拉丁文是“NI”，其全称是尼哈旺德（Nihavand），据冯承钧考证，即《新唐书·大食传》你诃温多城、《元史·西北地附录》那哈完的，在伊朗西北境，今哈马丹西南之纳哈文德[2]（彩版八〇，4）。

第二，2010 年 7 月，在彭阳县新集乡姚河村海子塬发掘了 1 座北魏墓[3]。虽然银币等信息得到刊布，但对银币的图像辨识不够准确，铭文亦未进行解读，故有进行重新说明的必要。

标本 M14∶3，直径 2.6 厘米，重 3.7 克，为卡瓦德一世Ⅰ型银币。银币正反两面的主题图案呈 90° 左右的错位。轮廓不甚规整，正面一周联珠边框，正中为戴冠的萨珊王侧面头像，王冠前部一弯月，冠顶为新月托一圆球，冠顶后飘两条细飘带，冠中及冠后似有雉堞状饰物，冠后侧一五角星，王像前后各一新月，耳坠珠饰，脑后垂髻呈梅花形，项饰两道。肖像前自下而上半周草写的帕勒维文铭文，属于一种赞语，完整的拉丁文转写是“MaZDaYaSN”，一般可译作“马兹达崇拜者”[4]。背面亦有一周联珠纹边框，中央为拜火教祭坛，祭坛上火焰右侧有一新月，左侧为一五角星。祭坛两面相对站着两个祭司，银币背面右侧祭司背后有一行帕勒维文的年份铭文“”，拉丁文转写为“SIJDEH”[5]，对应阿拉伯数字“13”，即 499 年。银币背面左侧祭司背后有铸造地点的铭文“”，拉丁文的转写形式为“VH”，即萨珊波斯的赛琉西亚-韦·阿尔达希尔[6]（彩版八一，1）。

标本 M14∶4，直径 2.6 厘米，重 3.7 克，为卑路斯Ⅲ式银币。银币正反两面的主题图案亦呈 90° 左右的错位。正面一圈联珠，中为戴冠萨珊王像，顶上似有一双翼状物翘起，再上有一新月，新月托一圆球。背面为联珠圈中的祭坛，左侧祭司身后铭文不易辨识，右侧祭司身后的铭文很可能与标本 M14∶3 相近（彩版八一，2）。

[1] 大卫·塞尔伍德等著，付瑶译：《萨珊王朝货币史》，中国金融出版社，2019年，第26页。

[2] 冯承钧编，陆俊岭增订：《西域地名（增订本）》，中华书局，1982年，第69页。

[3] 宁夏文物考古研究所等：《彭阳海子塬墓地发掘报告》，上海古籍出版社，2013年，第10、105页。

[4] 李铁生：《古波斯币》，北京出版社，2006年，第181页。

[5] 大卫·塞尔伍德等著，付瑶译：《萨珊王朝货币史》，中国金融出版社，2019年，第21页。

[6] 大卫·塞尔伍德等著，付瑶译：《萨珊王朝货币史》，中国金融出版社，2019年，第26页。

第三，1981 年发掘的固原漆棺画北魏墓，墓葬主人是北魏使持节、镇西将军、高平镇督大将冯始公，埋葬时间为太和十三年（489 年）七月中旬[1]，墓中出土有 1 枚萨珊朝卑路斯Ⅲ式银币[2]（彩版八一，3）。

第四，固原南郊大业五年（609 年）史射勿墓[3]（彩版八一，4）、固原南塬唐墓[4]（彩版八一，5）各出土 1 枚卑路斯Ⅲ式银币，币面边缘均有穿孔。其基本信息均以刊布，故不赘述。

如上所述到目前为止，固原地区北朝隋唐墓葬中发现的波斯萨珊银币数目已达 9 枚，其中 8 枚为卑路斯银币，1 枚为卡瓦德一世银币。

二　萨珊银币的合金成分及制作工艺分析

新疆吐鲁番阿斯塔那墓葬区 135 号墓曾出土了 1 件高昌延寿十六年（639 年）的粟特文女奴买卖契约，记载了交易时使用的货币是“萨珊朝卑路斯制高纯度的 120 德拉克麦”[5]，强调了交易时使用的萨珊卑路斯银币含有较高含银量的特点。

有学者指出中国和西域之所以接受萨珊和萨珊-阿拉伯钱币进行交易流通，就是因为它们保证了银币有很高的质量[6]，而成为丝路交易的硬通货。由此我们对固原以往发现的这几枚银币进行了表面成分测定，采用便携式 X 射线荧光光谱分析仪（XRF），每个标本取 3 ~ 4 个点，然后择其接近均值的一组数据（表二五），囿于条件所限，我们仅对固原地区考古出土的 7 枚银币进行了分析。仪器型号：惠普 α-2000 便携式 XRF。仪器测试条件：硅探头，电压 40kV，电流 200μA，分析模式：合金模式，测试时间：30s。

另在彭阳博物馆调查的过程中，我们发现了 1 枚征集的卑路斯Ⅲ式银币，直径 2.6 ~ 2.7 厘米，于是一并进行了成分测定。通过检测可以看出，这批萨珊银币表面的含银量可达 90.99% ~ 99.30%，并普遍含铜、铅成分，部分标本中含铁、锡、锌、铋，应为表面黏附的污染物，彭阳海子塬 M14：4，表面多有剥离、脱落，部分基体暴露，因此其数据对于了解波斯萨珊银币内部的合金成分有一定参考价值。

隋史射勿墓出土的波斯萨珊银币，曾通过扫描电子显微镜（SEM）进行无损分析，结果表明其含银量为 83.5% ~ 84%，含铜为 0.6% ~ 1.2%[7]，与我们的分析结果接近，只是含银量略低一点。

[1] Luofeng. The Painted Northern Wei Lacquer Coffin of Guyuan: Dating Revised. Early Medieval North China: Archaeological and Textual Evidence, Mainz: Harrassowitz, 2019. P133–149.

[2] 参考宁夏固原博物馆：《固原北魏墓漆棺画》，宁夏人民出版社，1988年。罗丰：《胡汉之间——“丝绸之路”与西北历史考古》，文物出版社，2004年，第162、163页。

[3] 罗丰：《固原南郊隋唐墓地》，文物出版社，1996年，第16页。罗丰：《胡汉之间——“丝绸之路”与西北历史考古》，文物出版社，2004年，第162~163页。

[4] 余军、陈晓桦：《宁夏固原唐墓出土一枚萨珊卑路斯银币》，《中国钱币》2005年第1期。宁夏文物考古研究所：《固原南塬汉唐墓地》，文物出版社，2009年，第56~58页。

[5] 参见吉田丰、森安孝夫、新疆维吾尔自治区博物馆：《麹氏高昌國時代ソグド文女奴隷売買文書》[J]，《内陸アジア言語の研究 (IV)》，1989年，第1~50页。柳洪亮译：《麹氏高昌国时代粟特文买卖女奴隶文书》，《新疆文物》1993年第4期。林梅村：《粟特文买婢契与丝绸之路上的女奴贸易》，《文物》1992年第9期。

[6] E.V.Zeimal. "The Circulation of Coins in Central Asia during the Eraly Medieval Period(Fifth–Eighth Centuries A.D)" Bulletion of the Asia institute, (1994) 8: 245–267.

[7] 罗丰：《固原南郊隋唐墓地》，文物出版社，1996年，第248~262页。

波斯萨珊银币不是铸造币，而是采用钢模打压而成的打制币，这是东西方钱币文化的重要差异。萨珊银币属于手工打压成形，所以也叫冲制币、锤制币、打压币等，特征是纯度高，打造技术极好，虽薄如片纸，但图案清晰。其铸造方法是将金属熔铸成板条，冲成较薄的毛坯，然后置于上下类似钢制的模具之间，用木锤纯手工打制成型，再进行修剪、抛光、称量等工序，制成符合标准的钱币。有人认为萨珊人打制银币时使用的上下模（正反面模）并不相连，用钳子或手将其接合，他们的目的是令中轴线呈现 90° 的夹角 [1]。固原地区出土的这九枚萨珊波斯银币，除了北魏漆棺画墓出土的标本正反面图案的夹角为 40° 左右外，其他标本正反面主题图案的夹角均为 90° 或接近 90°，大体符合这一情况。

表二五　固原地区出土波斯萨珊银币合金成分表

编号	成分百分比（%）						
	银（Ag）	铜（Cu）	铅（Pb）	铁（Fe）	锡（Sn）	锌（Zn）	铋（Bi）
固原南塬M1：1	95.68	1.91	2.41				
固原南塬M1：2	98.92	0.40	0.68				
固原南塬M3：5	99.30	0.47	0.23				
固原南塬M3：6	99.31	0.37	0.32				
固原漆棺画墓银币	97.08	0.72	0.59	1.61			
彭阳海子塬M14：3	98.31	0.67	0.67	0.35			
彭阳海子塬M14：4	90.99	5.65	0.80	0.55	0.87	1.13	
彭阳博物馆征集银币	98.56	0.57	0.12	0.42			0.32

三　相关问题的讨论

1. 卑路斯银币的时空分布

固原地区发现的 9 枚波斯萨珊银币，其中 8 枚为卑路斯银币。据不完全统计（表二六），到目前为止中国境内发现的萨珊卑路斯银币约 566 枚，其中 A 型 113 枚、B 型 337 枚，从 5 世纪延续至 7 世纪，分布范围西至和田，东达洛阳，北抵朝阳，南到遂溪。

---

[1]　大卫·塞尔伍德等著，付瑶译：《萨珊王朝货币史》，中国金融出版社，2019年，第14页。

表二六　中国境内出土波斯萨珊卑路斯银币统计表[1]

出土地点	埋葬时间	出土时间	类型	数量（枚）	出土状况	资料来源
河北定县塔基	481年	1964年	A型	31	石函内	《考古》1966.5
			B型	6		
固原北魏漆棺画墓	489年	1981年	B型	1	不明	《文物》1984.6
固原南塬北魏墓M1	477～499年	2003年	B型	2	不明	未刊
广东英德南齐墓	497年	1960年	A型	1	涂朱木盒内	《考古》1961.3
			B型	2		
青海西宁城隍庙	约5世纪	1956年	A型	15	地基中，与货泉、开元通宝等共出土于陶罐内	《考古学报》1958.1
			B型	61		
朝阳市开发区M1	5世纪	2006年	A型	2	尸骨颈部	《文物》2013.7
固原南塬北魏墓M3	516～517年	2003年	A型	1	不明	未刊
			B型	1		
固原彭阳海子塬北魏墓	5世纪末至6世纪初	2010年	B型	1	墓主右手处	《彭阳海子塬墓地发掘报告》
广东曲江南华寺墓3	5世纪末	1973年	B型	1	出土9片残片2片可缀合	《考古》1983.7
广东遂溪县窖藏	约5世纪末	1984年	A型	1	出土于带盖陶罐内，均有穿孔	《考古》1986.3
			B型	11		
南京东八府塘国税大厦工地地基	5、6世纪	1997年	B型	1	与刘宋四铢、萧梁铁五铢、银器出土于地层	《江苏钱币》2009.1
青海乌兰县大南湾遗址	约5、6世纪	2000年	A型	1	与1枚罗马金币等共出于井内	《考古》2002.12
			B型	4		
西安张家坡213号墓	约6世纪	1957年	B型	1	不明	《西安郊区隋唐墓》
陕西耀县照金社隋舍利塔基	604年	1970年	B型	1	与其他金银饰件出土于涂金盝顶铜盒内	《考古》1974.2

---

[1]　此表以孙莉《萨珊银币在中国的分布及其功能》一文中数据增加近年发现而成。表中所称的A型对应学界一般所谓的卑路斯Ⅰ式、Ⅱ式，B型对应卑路斯Ⅲ式；因银币保存状态参差不齐，加之出版物质量影响，多数难以详细区分，故分为A、B两大类型；以埋藏年代先后排序，埋藏时间不明者则以地域为别。

出土地点	埋葬时间	出土时间	类型	数量（枚）	出土状况	资料来源
西安隋李静训墓	608年	1957年	B型	1	与指甲套等同出土于铜钵内，边缘钻1孔	《唐长安城郊隋唐墓》
固原隋史射勿墓	609年	1987年	B型	1	可能置于死者口中边缘钻2孔	《固原南郊隋唐墓地》
新疆阿斯塔那墓115	6世纪末7世纪初	1973年	B型	1	不明，钻有一孔	《考古学报》1974.1
敦煌北区222窟	6世纪末至7世纪	1988年	B型	1	人体草席下	《文物》1998.10
湖北安陆吴王妃墓	7世纪初	1980年	A型	3	边缘钻1孔	《文物》1985.2
			B型	12		
固原南塬M15	约7世纪	2005年	B型	1	人骨架盆骨左下侧边缘钻1孔	《固原南塬汉唐墓地》
洛阳岳家村30号唐墓	7世纪	1955年	A型	3	墓主头部，与铜镜、铜盒、瓷盒同出	《四川文物》2006.2
			B型	13		
新疆和田	？	？	？	6/7	黏成两团	转引自《吐鲁番学新论》
新疆焉耆博格达沁古城	？	？	B型	1	城内偏北土堆采集	《文物》1982.4
甘肃张掖大佛寺	？	1970年	B型	5	与金银、玛瑙、玉饰件等出土于舍利石函内	《文物鉴定与鉴赏》2016.2
甘肃陇西华光寺遗址	？	1998年	B型	1	与贝币、珊瑚、琥珀珠、东魏五铢、东罗马金币等共出土于瓷瓶内	《甘肃省钱币学会第四次会员代表大会专辑》2001
甘肃陇西仁寿山	？	1995年	？	1	采集	《甘肃省钱币学会第四次会员代表大会专辑》2001
甘肃临夏	？	1990年	B型	1	收购，装饰于千家锁上，钻2孔	《甘肃金融》2002.S2
		1996年	A型	2	收购于积石山县	
			B型	1		
		1999年	B型	1	收购于东乡县，边缘钻2孔	

出土地点	埋葬时间	出土时间	类型	数量（枚）	出土状况	资料来源
甘肃康乐县	?	2000年	B型	1	古玩市场收购	《西部金融》2008.10
甘肃陇南成县	?	1998年	B型	1	古玩市场收购	《西部金融》1999.3
甘肃天水玉泉乡皇城村	?	1991年	B型	3	据说盛一罐内	《中国钱币》1994.2
甘肃天水	?	1983年	A型	1	旧货市场收购	《内蒙古金融研究》2003.S1
山西大同市天镇县	?	1988年	A型	7	长城洞一锦囊内	《民族汇聚与文明互动——北朝社会的考古学观察》
			B型	31		
河南洛阳伊川县司马沟村	?	1991年	A型	44	木质方盒内	《中国钱币》1995.1
			B型	271		
洛阳邙山砖厂窖藏	?	1994年	?	1	与隋五铢同出	《洛阳泉志》
西安附近	?	?	?	3	与隋五铢、东罗马银币同出土于井内	《中国钱币》1995.1
合计				566		

通过整理可以看出，卑路斯银币的埋藏大致可以分为两个阶段，第一阶段为 5 世纪末至 6 世纪中晚期。较早的埋藏出现在沿青海湖西侧的乌兰县[1]、宁夏固原[2]、河北定县[3]、洛阳[4]、辽宁朝阳[5]的这一线上。甘肃天水、临夏、陇西等地发现的卑路斯银币（参见表二六）虽然埋藏时间不明，有人认为这些萨珊银币应为五六世纪到达该处[6]，大致不误。有学者根据固原等地北魏至隋唐时期的考古遗存，结合历史文献，勾勒出北魏时期从高平镇（今固原）向东延伸至平城（今大同）的"丝绸之路"[7]。固原地区近年发现的这几批北魏时期的卑路斯及卡瓦德一世银币，与东侧的河北定县、山西大同市天镇县发现的卑路银币、西侧的甘肃天水、陇西出土的卑路斯银币，让当时的这条"丝绸之路"更加明晰起来。第二阶段即 6 世纪末至 7 世纪。属于卑路斯银币传播的尾声，其分布地点自西向东为吐鲁番、阿斯塔那、敦煌、固原、西安、耀县、湖北安陆、洛阳（参见表二六），

---

[1]　青海省文物考古研究所：《青海乌兰县大南湾遗址试掘简报》，《考古》2002年第12期。

[2]　宁夏固原博物馆：《固原北魏墓漆棺画》，宁夏人民出版社，1988年。

[3]　河北省文化局文物工作队：《河北定县出土北魏石函》，《考古》1966年第5期。夏鼐：《河北定县塔基舍利函中波斯萨珊朝银币》，《考古》1966年第5期。

[4]　于倩、霍宏伟：《洛阳出土波斯银币探索》，《中国钱币》1995年第1期。这批银币虽然缺乏明确的埋藏时间，罗丰认为其埋藏时间或距卑路斯不远，参见罗丰：《胡汉之间——"丝绸之路"与西北历史考古》，文物出版社，2004年，第166页。根据同时发现的嚈哒钱币，我们倾向于其埋藏时间接近于5世纪末至6世纪中晚期。

[5]　朝阳博物馆：《辽宁朝阳博物馆收藏的波斯萨珊王朝银币》，《文物》2013年第7期。

[6]　孙莉：《萨珊银币在中国的分布及其功能》，《考古学报》2004年第1期。

[7]　罗丰：《胡汉之间——"丝绸之路"与西北历史考古》，文物出版社，2004年，第163～188页。

且集中发现于西安、洛阳一带当时的政治文化中心。这一阶段，固原仍作为"丝绸之路"上的一个重要中转站和节点，西接敦煌、张掖，并向东延伸至西安、洛阳。

2. 波斯萨珊银币的拥有者

根据波斯萨珊银币出土墓葬资料的梳理，我们对其拥有者的身份进行初步分析，大致可以分为四类：一是皇室贵族。河北定县塔基、陕西耀县塔基石函的银币分别是北魏冯太后、隋文帝施舍之物，隋李静训、安陆王子山吴王妃都是皇室成员，故墓中出土卑路斯银币；二是与"丝绸之路"有关的官吏。固原漆棺画墓墓主系北魏使持节、镇西将军、高平镇督大将冯始公，因此墓中出土有萨珊式的银杯、卑路斯银币[1]；河南陕县刘伟夫妇合葬墓（564～583年）中出土2枚萨珊库思老一世银币，可能与墓主曾"以元帅府中郎将从征吐谷浑"[2]相关；据文献记载北魏元琛任秦州刺史时曾"遣使向西域求名马，远至波斯……金瓶银瓮百余口，瓯檠盘盒称是，自余酒器，有水晶钵、玛瑙琉璃碗、玉卮数十枚，作工奇妙，中土所无，皆从西域而来。"[3]详细描述了元琛利用职务之便，搜刮而得西域珍宝；三是"丝绸之路"沿线附近的中下层民众。如固原南塬M3出土2枚卑路斯银币，墓中出土刻铭砖一方，内容为："维大代熙平元年/岁次丙申二月二十四日凉/州槃和郡民戴/雙受之墓"，砖铭中的"槃和郡"，系墓主之郡望，或即北魏的"番禾郡"，位于现在甘肃省永昌县，倘如此墓主则是自"番禾郡"东迁至固原，番禾郡当时属于北凉，戴雙受及其家族很可能是在太延五年（439年）北魏攻灭北凉后的徙民浪潮中转至高平的。彭阳海子塬北魏墓具有较明显鲜卑文化的特点[4]，其墓葬规模较小，可能为一平民墓；四是粟特人等西域少数民族或外来民族。固原隋史射勿墓系粟特史氏后裔[5]，洛阳岳家村30号唐墓有学者根据墓葬朝向与安菩夫妇墓相似、且出土波斯银币，推测墓主人很可能也是来自西域的少数民族[6]，或是有祆教信仰的胡人[7]。青海乌兰县出土的波斯银币，被认为可能与粟特人的商贸活动有关，敦煌莫高窟222窟发现的萨珊银币，也应与粟特胡人在河西地区的频繁活动和集中居住有关[8]。陇右地区附近的卑路斯银币虽无明确的时空信息，但与作为丝绸之路的前站，粟特商人在陇右展开的商业贸易有着密切的关系[9]。荣新江先生指出，丝绸之路沿线发现的大量萨珊银币，应是粟特商人而非波斯商人带来[10]。

3. 波斯萨珊银币的功能

波斯银币的功能，一般归纳为交易通货、宝物、贡物、葬仪品、装饰品[11]等，但值得注意的是这些功能之间的区别并非绝对存在。固原地区发现的这8枚萨珊银币则为了解卑路斯银币的功

[1] Luofeng. The Painted Northern Wei Lacquer Coffin of Guyuan: Dating Revised. Early Medieval North China: Archaeological and Textual Evidence, Mainz: Harrassowitz, 2019. P133-149.

[2] 黄河水库考古工作队：《一九五六年河南陕县刘家渠汉唐墓葬发掘简报》，《考古通讯》1957年第4期。

[3] （魏）杨衒之撰，周祖谟校释：《洛阳伽蓝记》卷四"开善寺"下，中华书局，1963年，第165页。

[4] 宁夏文物考古研究所等：《彭阳海子塬墓地发掘报告》，上海古籍出版社，2013年，第6~11页。

[5] 罗丰：《固原南郊隋唐墓地》，文物出版社，1996年，第7~30、185~195页。

[6] 霍宏伟、程永建：《洛阳岳家村30号唐墓出土波斯萨珊朝银币》，《四川文物》2006年第2期。

[7] 沈睿文：《中古中国祆教信仰与丧葬》，上海古籍出版社，2019年，第273、274页。

[8] 沙武田：《莫高窟石室瘗窟随葬波斯银币与中古敦煌佛教》，《西夏研究》2013年第4期。

[9] 冯培红：《丝绸之路陇右段粟特人踪迹钩沉》，《浙江大学学报（人文社科版）》2016年第5期。

[10] 荣新江：《波斯与中国》，《中国学术》2002年第4期。

[11] 参见夏鼐：《综述中国出土的波斯萨珊银币》，《考古学报》1974年第1期。孙莉：《萨珊银币在中国的分布及其功能》，《考古学报》2004年第1期。荣新江：《丝路钱币与粟特商人 丝绸之路与东西方文化交流》，北京大学出版社，2015年，第241页。

能嬗变提供了一个较好的视角。

　　固原彭阳海子塬 M14 北魏墓 2 件卑路斯银币出土于人体骸骨左右手处，系手握[1]无疑，其埋葬用途推测应用来开通冥路的。固原漆棺画墓、固原南塬北魏墓发现的卑路斯银币出土位置均不明确，但部分标本存在磨损痕迹，这些银币都未出现钻孔。一般认为萨珊银币在吐鲁番地区确实起到货币的作用[2]，北周时"河西诸郡或用西域金银之钱，而官不禁"[3]，隋书中所言的"银钱"很可能是指萨珊银币[4]。固原南塬 M3 刻铭砖表明戴雙受及其家族来自于北凉，《魏书·西域传》[5]记载："粟特国在葱岭之西，故之奄蔡，一名温那莎……其国人多诣凉土，及魏克姑臧，悉见虏。"其墓中的卑路斯银币当与姑臧（武威）的粟特人有很大的关系。据研究固原南郊唐墓史索岩先辈迁徙至灵武、高平，可能是 435 年北魏灭北凉后的结果[6]。诚如是，戴雙受和史索岩先辈很可能是在相同背景下从河西迁至高平的，北魏漆棺画出土的波斯银币也应当来自河西。换言之，固原地区北魏墓中发现的卑路斯银币，应均自河西输入，从其均无穿孔、部分标本存在磨损使用等痕迹，以及河西地区很可能为萨珊币的流通区域等诸多因素考量，固原地区北魏墓中发现的波斯萨珊银币，在进入墓葬之前可能具备流通货币或宝藏的功能。隋末唐初墓葬中发现的卑路斯银币，钻孔出现的比例相对较高，史射勿墓和固原南塬 M15 均是如此，钻孔的波斯银币一般被视为装饰品或佩饰[7]。由此观之，从北魏至隋唐，固原地区发现的作为葬仪用品的波斯萨珊银币，在进入墓葬之前，均存在功能上的变迁。

第二节　唐刘静墓志考释

　　固原南郊水厂 M3 出土汉白玉墓志铭 1 合，表面抛光处理光滑。志盖略呈方形，盝顶式，盖顶平素，上阴刻篆书三行，每行三字，篆文为"大唐故处士刘公志铭"。四面斜刹线刻花草、动物纹饰。志盖边长 35.2～36.6、厚 2.6、通高 3.5 厘米。志盖呈现裂纹两道。志石呈方形，边长 36.5～37、厚 5.3～6 厘米。志铭阴刻楷书，分为志石、志盖背面两部分，志石正面内容共十八行，志盖背面刻铭十五行。

一　墓志录文

　　大唐故上柱國劉君墓誌並序 /

　　劉氏之先，其來尚矣，陶唐盛族，漢皇興派（派）。高祖提三 / 尺之劍，三王功草（草）；

[1]　宁夏文物考古研究所等：《彭阳海子塬墓地发掘报告》，上海古籍出版社，2013年，第10页。
[2]　姜伯勤：《敦煌吐鲁番文书与丝绸之路》，文物出版社，1994年，第198、199页。孙莉：《萨珊银币在中国的分布及其功能》，《考古学报》2004年第1期。康柳硕：《波斯萨珊银币在中国西北地区流通的若干问题》，《中国钱币论文集（第五辑）》，中国金融出版社，1985年，第464～474页。
[3]　（唐）魏征等：《隋书》卷二四"食货志"，中华书局，1973年，第690页。
[4]　夏鼐：《咸阳底张湾隋墓出土的东罗马金币》，《考古学报》1959年第9期。
[5]　（北齐）魏收：《魏书》卷一〇二"西域传"，中华书局，1974年，第3270页。（唐）李延寿：《北史》卷九十七"西域传"，中华书局，1974年，第3221页。
[6]　罗丰：《固原南郊隋唐墓地》，文物出版社，1996年，第196、197页。
[7]　夏鼐：《综述中国出土的波斯萨珊银币》，《考古学报》1974年第1期。余军、陈晓桦：《宁夏固原唐墓出土一枚萨珊卑路斯银币》，《中国钱币》2005年第1期。

帝堯欽四岳之道，四凶伏罪。子政芬/芳之頌，氣入青天；伯倫不羈之才，志高雲漢。示恥以/蒲訓，光襶南陽；明辯以桎梏，時開輸屬。衽（冠）蓋襲輔/國承家者矣。君諱靜，彭城人也。少好書劍，先崇禮義，/負鄉曲之譽，有緯代之才。運籌三邊，投筆五校，壇場/遠肅，飛輪挺劍，單于是禍，激羽彎弓，殉命國恩，凱/歌旋獻。以垂供（拱）二年，勳成上柱國。功就身退，名遂不/進。閊（閉）門却掃，靜志丘園，動合楷模。非類不狎者之智、仁/者之仁矣。父通，祖英，並先朝處士。壯志脩身，善/鄰不孤，憿（傲）行淪隱。君猒代歸正，背妄崇真，清澄/其心，恬怕（泊）篤志。見流川之長逝，悽傷孔丘；悟壑/舟之無定（定），軯（軿）懷莊子。何啚（圖）兩楹示瘵，雙豎徵灾，/劍没龍津，弓成地壃。天道難測，庚祅喪神，良木/其摧，哲人斯往。開元六年九月十三日殁（終）于私第，春/秋七十一。登以權殯伯達原。夫人南陽郡范氏，氣分/巫峽，姿凝洛川。咬性貞明，婦周四德，克和中外，母圓。/

　　禮輕羅吐鳳□□□□飛彩爛錦蛟龍時□□□/□出，豈期凌波去俗，昇月無歸。悲粉邑以沉樓，惜黛/□而昏鏡。歲在困敦，月惟正陬，開元十二年歲次甲/子正月壬戌朔廿一日壬午，合葬于伯達原，禮也。海田/□及，二鼠循環，刻石為銘，式旌不朽。其詞曰：/□盛大漢，族茂今古。威震八絃，功格率土（土）。天下密尔，/氛銷群虜。登彼克昌，雄雄其武。其一。/□哉劉君，功成上聞。虵矛日曜，龍劍飛輪。謀沉/□拒，無復張鱗。屯譽五校，可以三軍。其二。/鬱鬱佳城，蒼蒼松檟。爐銘尚在，珦弓已弛。牧豎□/□，琴咽人謝。玄堂未開，寂寂長夜。其三。/生為哲人，沒為明神。殁（終）題齊物，荒郊匪春。弦/□易斷，光館猶新。圓石銘紀，天道相親。其四。/衣哀上親，舉號何已。軯（軿）慮循陔，崩心陟屺。色□/期絕，聲孤候音。孝非董君，猶憨楊子。其五/

二 考释

唐代丧葬中使用墓志随葬为其主流，上至达官贵人下到平民百姓，为死者刻写墓志已成为丧葬礼仪不可或缺的部分。和大多数的墓志一样，刘静墓志也分志、铭两部分。前者记其勋庸，曰祖出、曰姓氏、曰名字、曰籍邑、曰履历、曰勋绩、曰性行、曰祖、曰父、曰卒日、曰寿年、曰妻、曰葬；后者铭其大烈，归纳志文事略，以类夸颂，骈语雅润，四字铿锵，赞美悼念死者。全文记颂结合，骈散相扶。

墓主刘静，生于贞观二十一年（647年），卒于开元六年（718年）九月十三日，得寿七十一。开元十二年（724年）正月二十一日，与夫人南阳郡范氏，合葬于伯达原。

志文开篇追溯刘氏祖先渊源，认为其祖先是唐尧，又汉代皇室刘姓之后。墓志文中攀附盛族兴派者，比比皆是，显赫的姓氏望族，自然能够扇尘后叶、遗美后世。将墓主人比附刘汉，"明厥氏所从出"[1]，有自抬身价之意，也是魏晋至隋唐标榜门第社会风气的映射。从志文中交代的刘氏世系，我们仅可知道墓主刘静，其父刘通、祖父刘英是先朝处士，隐而不仕。与唐尧、刘汉的渊源关系据此实在难以联系。不过，刘氏为陶唐之后却在文献中可以找到依据。《新唐书·宰相世系表》"刘氏出自祁姓。帝尧陶唐氏子孙生子有文在手曰'刘累'，因以为名。能扰龙，事夏为

[1] 岑仲勉：《唐史馀瀋》，中华书局，2004年，第229页。

御龙氏，在商为豕韦氏……自为刘氏。"[1] 刘姓渊源久远，支脉繁多，而祁姓刘氏、姬姓刘氏、匈奴刘氏、赐姓刘氏是主要的四个支系。其中，祁姓刘氏被视作帝尧陶唐氏的后代。林宝《元和姓纂》卷五亦载"帝尧陶唐之后，受封于刘。裔孙刘累，事夏后孔甲，在夏为御龙氏，在商为豕韦氏，在周为唐杜氏。杜伯子隰叔奔晋为士氏，孙士会适秦，后归晋，其处者为刘氏。又周大夫食采于刘，亦为刘氏。康公、献公其后也。士会之后周末家于魏，又徙丰、沛。至丰公生煓，字执嘉，生汉高祖。至光祖至献帝逮王莽十八帝，年计四百二十五年。"[2] 刘邦称帝之后，汉室"承尧运，得天统"。据《广韵》记载，刘氏郡望二十五个，其中十八个著名郡望的开派始祖都是汉室后裔。分布全国各地，故有"汉后无二刘"之说。

志文称墓主为彭城人，彭城即今江苏徐州，传尧封彭祖于徐州，始称彭城。隋时设徐州，后改彭城增添郡，治彭城。唐初，徐州与彭城郡名称多次互易，中后期为节度使驻地。《旧唐书·地理志》载："武德四年，平王世充，置徐州总管府，管徐、邳、泗、鄯、沂、仁六州。徐州领彭城、萧、沛、丰、滕、符离、诸阳七县。贞观元年，废诸阳县入符离。二年，省鄯、邳二州，仍以谯州来属。七年，以沂州属海州都督。八年，废仁州入谯州。其徐州都督，管徐、泗、谯三州。十七年，罢都督府。以废谯州之蕲县来属。天宝元年，改徐州为彭城郡。干元元年，复为徐州。"[3] 彭城有"彭祖故国""刘邦故里"之称，是著名的"帝王之乡"，彭城刘氏是著名的世家大族。《元和姓纂》卷五载"（彭城）汉高弟楚元王交，生休侯富。富生辟强。辟强生阳城侯德。德生向。向生歆。子孙居彭城，分居三里，丛亭、绥舆、安上里。又丰县、吕县并附后。"[4] 又《宋书·刘延孙传》载"刘氏居彭城县者，又分为三里，帝室居绥舆里，左将军刘怀肃居安上里，豫州刺史刘怀武居丛亭里，及吕县凡四刘。"[5] 可知，彭城刘氏最早始自汉代楚元王刘交，居绥舆、安上、丛亭里及丰县、吕县，后繁衍壮大。唐代，居彭城者有刘德威、刘知几等支系。同时也有徙居他处者，如曹州南华刘氏自彭城避地徙南华、唐代宰相刘瞻徙居桂阳等。墓主刘静或是彭城刘氏徙居原州的一支。

有显赫的世袭渊源自然会传承给墓主人不凡的禀赋，这是此类墓志的一般撰颂格式。志主刘静亦自幼文韬武略，称誉乡里。垂拱二年（686年），获上柱国。在唐代勋官制度中，勋级分上柱国、柱国、上大将军、大将军、上轻车都尉、轻车都尉、上骑都尉、骑都尉、骑骑尉、飞骑尉、云骑尉十二等，最高的"上柱国"为正二品，最低的云骑尉也有从七品的官阶。李唐王朝为了争取人心和保证军队向心力，用勋官制度来授予立功战士。从志文"运筹三边，投笔五校，坛场远肃，飞轮挺剑，单于是碼，激羽弯弓，殉命国恩，凯歌旋献"可知，刘静也是因边疆克敌有功获此殊荣。《唐六典》中对授勋的标准有着详细的记载"若牢城苦战第一等，酬勋三转，第二、第三等差减一转。凡破城、阵，以少击多为上阵，数略相当为中阵，以多击少为下阵……常据贼数以十分率之，杀获四分已上为上获，二分已上为中获，一分已上为下获。"[6] 因此，刘静的上柱国勋级与他的功

[1] （北宋）欧阳修等：《新唐书》卷七十一上，中华书局，1975年，第2244页。
[2] （唐）林宝：《元和姓纂》卷五，中华书局，1994年，第662页。
[3] （后晋）刘昫：《旧唐书》卷三十八，中华书局，1975年，第1447页。
[4] （唐）林宝：《元和姓纂》卷五，中华书局，1994年，第663页。
[5] （南朝梁）沈约：《宋书》卷七十八，中华书局，1974年，第2019、2020页。
[6] （唐）李林甫等撰，陈仲夫点校：《唐六典》，中华书局，1992年，第160页。

劳大小是分不开的。铭文中"功成上闻。虵矛日曜，龙剑飞轮。谋沉□拒，无复张鳞。屯营五校，可以三军"之语，也可佐证其军功不虚。

志主刘静的父亲、祖父皆先朝"处士"。处士是古代士人中的一个重要群体，由来已久。《孟子·滕文公章句下》曰："圣王不作，诸侯放恣，处士横议，杨朱、墨翟之言盈天下。"[1]《史记·殷本纪》："或曰，伊尹处士，汤使人聘迎之，五反然后肯往从汤，言素王及九主之事。汤举任以国政。"[2]《汉书·异姓诸侯王表》云："秦既称帝，患周之败，以为起于处士横议，诸侯力争，四夷交侵，以弱见夺。"颜师古注曰："处士谓不官于朝而居家者也。"[3]古时把有德才而隐居不愿做官的人称为处士，著名的有商末周初的伯夷、叔齐，秦末汉初的商山四皓、黄石公等。当然，因自身或社会原因无法入仕而退隐的"处士"当为多数。刘静也并非一个完全意义上的处士，他早年有过运筹三边、投笔五校、驰骋沙场的经历，并获上柱国勋阶。当然这只是个荣誉性头衔，并非实质性官职，他的仕途并无其他建树，而最终和他父亲、祖父那样，成为退隐乡野、潜心丘园的"处士"。期间或许隐含着功名追求的失败与无奈，作为隐恶扬善的墓志文自然不会明言。和大多处士墓志一样，本篇志文叙事也重在模写德行，强调他淡泊名利、闲居自逸、出处无闷的内在状态。开篇追溯刘氏先祖时，还以刘向、刘伶比拟墓主。言及其祖、父"壮志修身，善邻不孤，傲行沦隐"，也侧重个人内在道德修养的书写。

三　墓志体例反映出的几个问题

该志是刘静和夫人范氏的合志，首题理应兼书两人，但实际上中国古代夫妻合志首题的书写经历了"题不书妻到夫妇双标的演变"。除文体自身完善的需要，服母丧制度的变化也是重要的外在促进因素。[4]黄宗羲《金石要例》"书合葬例"条云："妇人从夫，故志合葬者，其题只书某官某公墓志铭或墓表，未有书暨配某氏也。"[5]王芑孙《碑版文广例》卷八"志夫妇合葬不标妇姓例"云："凡合葬者额题标目只及其夫，自是唐人通例。"[6]

志盖与首题写法相异，志盖书"大唐故处士刘君之铭"，首题书"大唐故上柱国刘君墓志并序"。志盖所言"处士"，而首题"上柱国"则是唐代正二品的勋阶。志盖以墓主人的性情雅趣为尊，志文首题以身份勋阶为尊，反映出不同的倚重。当然，撰文者和篆盖者通常并非一人。

墓志撰文者、篆书者、镌刻者等信息皆无，这些行为的完成者主体意识尚隐而不显，与后期墓志有所不同。当然，唐初墓志撰者署名并不普遍，盛唐以后渐多，中唐以后成为常例。另外，子嗣信息也隐。

墓志文在皇帝、圣贤、祖先、天、神等字前有空字留白的习惯，或一、二字，或更多，以此表示尊崇。该志原文在"国思"的"国"字、"先朝"的"先"字、"上闻"的"上"字前均有空格。

[1] 杨伯峻：《孟子译注》，中华书局，1960年，第155页。
[2] （西汉）司马迁：《史记》卷三，中华书局，1963年，第95页。
[3] （东汉）班固撰，（唐）颜师古注：《汉书》，中华书局，1962年，第364页。
[4] 杨向奎：《中国古代墓志义例研究》，中国社会科学出版社，2018年，第16页。
[5] （清）朱记荣辑：《金石全例（外一种）》第一册，北京图书馆出版社，2008年，第418页。
[6] （清）朱记荣辑：《金石全例（外一种）》第三册，北京图书馆出版社，2008年，第494页。

作为饰终之物的墓志，书善不书恶是基本事实，无论是对仗用典的志文还是用韵的铭文，都有鲜明的谀饰性。

援引典故比拟墓主也是本墓志文的一大特点。篇首言"陶唐"以追溯先祖，"陶唐"即唐尧，帝喾之子，姓伊祁，名放勋。初封于陶，后徙于唐。尧为圣贤，有东岳羲仲、南岳羲叔、西岳和仲、北岳和叔四大臣僚，凡是有重大决策，尧都要与四岳一起商量。时有浑敦、穷奇、梼杌、饕餮"四凶"，投诸四裔，以御魑魅。"三尺之剑"，指汉高祖刘邦凭藉非凡才智和超人的胆略，推翻暴秦、打败项羽，一统天下。《史记·高祖本纪》："吾以布衣提三尺剑取天下，此非天命乎？命乃在天，虽扁鹊何益！"[1]

葬地伯达原。"原"用在地名中多指广平之地，《尔雅》："广平曰原"。《太平寰宇记》卷三十二"泾州"有卧龙原、白石原、望儿原，卷三十三"原州"有和戎原等。原州也有"高平""平高"之称，盖因地而名。从墓葬位置所处固原南塬地势来看，与地名相合。固原市城区东、北、南三面环山，市区东侧由北而南是希家大山、东岳山、太白山，西侧为东北—西南向的古雁岭，东南面有九龙山、墩墩梁。清水河绕其东流。在市区西南的白马山与固原城之间有一片开阔平坦的塬地，固原南塬隋唐墓地就位于这片塬地的东北侧。[2]刘静墓与固原南塬隋唐史氏家族墓地很相近，史索岩墓志载"迁神窆于原州城南高平之原"。"伯达原"同"百达原"，在唐代为原州平高（高平）县辖，今固原城南小马庄一带。据史道洛、史诃耽、史道德、梁元珍墓志铭记载，唐显庆三年（658年）史道洛与夫人合葬在原州平高县城南百达原。咸亨元年（670年）史诃耽与夫人合葬于平高百达原。仪凤三年（678年）史道德"窆于原州百达之原"。圣历二年（699年）梁元珍"迁窆于原州百达原"。

墓志在唐代时达到顶峰，精美的书法文字、繁复华丽的纹饰已不鲜见，当然这与墓主人的身份地位密切相关的。刘静墓志没有任何纹饰，志文满石，不留白边。且采用汉白玉材质的选择却很罕见，亦十分宝贵。北朝隋唐时期有些佛造像选用汉白玉高档石材，大都取自华北地区的曲阳、幽州[3]。结合其他随葬品来看，刘氏家族算得上地方富绅。

第三节　唐刘静墓出土汉白玉石刻雕像几点认识

南郊水厂唐刘静墓随葬一批造型精美的石刻雕像，器形包括镇墓兽2件、天王俑2件、骆驼2件、马1件与M4出土的1件马，其质地、规格、制作工艺相似，均为汉白玉质地，石质洁白细腻，雕刻工艺精湛，不失为唐代随葬石刻艺术雕像中的珍品，在同期墓葬中较为少见。

石刻雕像是古代丧葬文化中一个重要的组成部分，它是作为一种明器随葬，时代特征比较明显，其中蕴含着历史、民族、民俗宗教及神话信息。这批石刻雕像组合明晰，是唐墓中基本的组合形式，内容涉及西晋以来逐渐形成的丧制文化，镇墓兽、武士俑、以及含鞍马、鞍马牛车等组

---

[1]　（西汉）司马迁：《史记》卷八，中华书局，1963年，第391页。

[2]　宁夏文物考古研究所：《固原南塬汉唐墓地》，文物出版社，2009年，第1～6页。

[3]　参见金申：《古代佛造像的石料产地问题》，原载《纪念西安碑林九百二十年国际研讨会论文集》，后收入《佛教美术考古丛考续编》，华龄出版社，2010年，第140～148页。

合在西晋已基本具备[1]；镇墓兽是专为死者设置的辟邪压胜之物，它源于战国，流行于西晋，而有人面和兽面之分的情形则出现在北魏墓中；进入隋唐，北齐谱系的镇墓兽已在全国流行[2]，天王俑取代武士俑作为一种新的镇墓神煞在墓葬中出现是在盛唐时期，其特点是脚踏伏兽或鬼魅。作为丝绸之路象征之物的骆驼，自魏晋时期，尤其自北魏以来，墓葬中随葬骆驼的数量明显增加，至唐代与其相伴的鸡、狗、马、猪、羊等随葬品构成明器群，与中国传统丧葬文化融为一体。

一　以往的发现

在以往已经发掘的隋唐墓葬中，出土石质随葬品者寥寥，通过检索已有的考古资料，隋唐时期墓葬中，有一定数量的石俑造像发现，可分为挂刀武士俑、侍奉俑、小型动物模型、人物坐像等。

1. 石雕武士俑

这类石雕以双手挂剑的武官俑为主，石质主要有青石、汉白玉等。山东嘉祥隋开皇四年（584年）恒山太守徐之范墓，壁龛内出土 2 件青石质挂刀石人，高 81 ～ 82 厘米[3]；济南隋开皇十二年（592 年）皇亲济南太守吕道贵兄弟墓被盗扰，墓内出土 2 件汉白玉挂仪刀武士俑[4]；山东章丘隋大业三年（607 年）庶人周皆墓，墓门外左侧出土青石质挂剑俑 1 件，俑高 55 厘米[5]；山西调露元年（679 年）曾任上骑都尉、壶关县令的王深墓出土 2 件执兵武士俑[6]；北京房山区唐代（810 年）幽州刺史刘济墓出土彩绘汉白玉文武俑[7] 等。有学者指出，类似隋徐之范、周皆墓在石墓门前随葬的这种石挂刀门吏俑的做法，是接受了东魏北齐的文化因素，而东魏北齐则是接受了北魏文化因素的影响[8]。

2. 石雕侍奉俑

这类石雕持各种日常用品，一般认为是侍奉墓主。陕西礼泉麟德元年（664 年）右武卫大将军郑仁泰墓室中发现 5 件石马、4 件石人，石马鞍鞯辔镫具备，均涂彩剪鬃缚尾，高 50 ～ 53、长 56 ～ 62 厘米；石人分青白石两种，均戴幞头，着交领大衣，尖黑鞋，手执物或握拳于腹部，通高 50 ～ 54 厘米，造型粗拙[9]；西安南郊开元二十八年（740 年）骠骑大将军杨思勖墓，墓中出土的 2 件随身携带兵器的贴金彩绘汉白玉俑，俑高 40.1 ～ 40.2 厘米[10]；云南安宁县咸亨五年（674 年）河东州刺史王仁求墓棺床上出土 1 件黄砂石质女俑，高 32 厘米，双手捧函，站立于方形底座上[11]。

[1]　杨泓：《北朝陶俑的源流、演变及其影响》，《中国考古学研究——夏鼐先生考古五十年纪念论文集》，文物出版社，1986年，第268页。

[2]　〔日〕小林仁：《北朝镇墓兽——胡汉融合的一个侧面》，《4～6世纪的北中国与欧亚大陆》，科学出版社，2006年，第148～165页。

[3]　嘉祥县文物管理所：《山东嘉祥英山二号隋墓》，《文物》1987年第11期。

[4]　济南市考古研究所：《济南吕道贵兄弟墓》，《文物》2005年第1期。

[5]　宁荫棠：《山东章丘隋代周皆墓》，《考古与文物》1996年第1期。

[6]　山西省文物管理委员会：《山西长治唐墓清理简报》，《考古通讯》1957年第5期。

[7]　程利、刘乃涛：《房山区长沟镇唐幽州节度使刘济墓》，《中国考古学年鉴·2013》，文物出版社，2014年，第145、146页。

[8]　尹夏清：《北朝隋唐石墓门及其相关问题研究》，四川大学2006年博士学位论文，第66页。

[9]　陕西省博物馆、礼泉县文教局唐墓发掘组：《唐郑仁泰墓发掘简报》，《文物》1992年第7期。

[10]　中国社会科学院考古研究所：《唐长安城郊隋唐墓》，文物出版社，1980年，第75～83页。

[11]　云南省考古研究所等：《云南安宁县小石庄唐墓清理简报》，《文物》1993年第6期。

3. 小型动物石雕

第一种：玉、石质地的动物模型和生活器皿等，多见于河南偃师。河南偃师杏园村会昌三年（843年）知盐铁庐寿院殿中侍御史内供奉李郁夫妇墓，墓中出土的滑石器有杯、盒、羊、熏炉等，和铁牛铁猪置于墓室四角[1]；会昌五年（845年）庐州录事参军李存墓出土的玉石器有羊、牛模型及盒、杯、罐、盘等[2]。一般认为这些滑石器经打磨光滑，和玉器一样，可以起到"能和百神，置之墓内，以助神道……"压胜作用。陕西西安三桥车辆厂裴利物夫妇合葬墓[3]出土有软石小罐、石猪、尺形石器等，和偃师唐墓出土的常见石制品在种类和形制上极其相似，其墓志称自己祖先在汉文帝时被封为清河镇人，自己也"以茅亲箓仕出身"，皆表明了其与道教的密切关系，墓中随葬的石罐、石猪、尺形石器等，暗示其具有一定的道教色彩。

第二种，十二生肖，见于河南、河北等地。洛阳北郊的M1038唐墓[4]，墓中出土一方镇墓石，志石上的孔中填充朱砂、云母、白色水晶、紫色水晶等，镇墓石四角逆时针安放砂石质石狗、石猪、石马、石猴生肖俑等，有学者认为这些生肖俑属于道教葬仪[5]；河南新郑市摩托城M11[6]出土石马、石狗、石公鸡生肖俑、铁铧犁等，很可能具有着类似的功用，墓中的这些随葬品共同组成用于"压胜"的一个整体。北京西城区唐信州刺史薛府君墓出土的兽首人身汉白玉龙、鸡、蛇、羊、猪等十二生肖俑，高约一尺[7]；河北曲阳（923年）义武军节度使王处直墓前室壁龛出土汉白玉十二生肖俑，高约0.5米[8]。其功能大致相同。

4. 人物坐像

长安县南里王村第36号唐墓[9]，出土一件汉白玉女雕像，头梳乌蛮底髻，上着交领阔袖短襦，下着背带曳地长裙，双手交于胸前捧一小鸟，端坐在束腰长鼓形圆凳之上，下设一个方形台座，像高13.5厘米，发掘者认为可能为墓主雕像。河北元氏县使庄村唐墓出土汉白玉女俑坐像一件，梳双髻、着条纹裙、坐于圆形束腰台上，像高24.7厘米[10]。这类小型人物坐像，或与稍较晚的前蜀王建墓出土的王建本人雕像[11]具有类似功能，即替代墓主真身之"石真"[12]。

除此之外，在一些入华粟特人墓中也发现石雕作品，主要有甘肃天水石马坪隋唐石棺床墓、山西太原隋虞弘墓、河南登封隋安备墓、法国吉美博物馆石棺床墓。

天水隋代屏风棺床墓[13]出土蛇纹岩坐部乐伎俑5件，通高32～33厘米，位于棺床前左右两侧，手持各种乐器。

原出土于甘肃天水秦州区石马坪，在吉美博物馆展出时在左右各有一站立的持刀石人，均为

[1] 中国社会科学院考古研究所河南二队：《河南偃师杏园村唐墓的发掘》，《考古》1996年第12期。
[2] 中国社会科学院考古研究所河南第二工作队：《河南偃师杏园村的两座唐墓》，《考古》1984年第10期。
[3] 桑绍华：《西安三桥车辆厂工地发现唐裴利物夫妇墓》，《考古与文物》1991年第6期。
[4] 洛阳市文物工作队：《洛阳市北郊唐代墓葬的发掘》，《华夏考古》1996年第1期。
[5] 程义：《关中唐代墓葬里的道教因素钩沉》，《唐史论丛》（第十二辑），2010年。
[6] 河南省文物考古研究所：《河南新郑市摩托城唐墓发掘简报》，《华夏考古》2005年第4期。
[7] 周耿：《介绍北京市的出土文物展览》，《文物》1954年第8期。
[8] 河北省文物研究所，保定市文物管理处：《五代王处直墓》，文物出版社，1998年，第31页。
[9] 负安志：《陕西长安县南里王村与咸阳飞机场出土大量隋唐珍贵文物》，《考古与文物》1993年第6期。
[10] 石家庄市文物局、元氏县文保所：《河北元氏县使庄村唐墓》，《北方文物》2008年第3期。
[11] 冯汉骥：《前蜀王建墓发掘报告》，文物出版社，1964年，第38页。
[12] 张勋燎：《试说前蜀王建永陵发掘材料中的道教遗迹》，《四川考古论文集》，文物出版社，1996年，第213～223页。
[13] 天水市博物馆：《天水市发现隋唐屏风石棺床墓》，《考古》1992年第1期。

胡人相貌，石人前有镇墓兽，左侧者为匍匐状，右侧则为半蹲姿势[1]，墓葬年代一般认为属于北朝或隋代[2]。

虞弘墓[3]中出土10件汉白玉伎乐俑、4件砂石侍从俑、2件汉白玉拄刀俑，石俑通体施褐彩，其上再加衣纹彩绘，墓葬年代下限在隋开皇十八年（589年）。

隋开皇九年（589年）安备墓出土物已流散各地，墓中出土有汉白玉围屏石榻，石榻旁的一对汉白玉质石人，分别手捧大扇贝和盝顶宝函，石人足下有一楔，与方形石座相契[4]。

朝阳市黄河路墓唐墓年代被推定为八世纪上半叶。其甬道中部壁龛内出土青灰色砂岩质地男女俑，被认为是古代粟末靺鞨族人的石像[5]或粟特人形象[6]。

沈睿文先生认为天水石棺床墓出土的伎乐石俑，与鸡首壶、烛台、石榻壶门内的坐部伎乐一起，共同组成了所谓"夜宴"的场景[7]。山西太原虞弘墓侍从俑中手持的酒壶、墓室西南的石灯、伎乐俑的组合，与天水石棺床墓中"夜宴"场景中构成要素极为相似，暗示二者可能具有相似的功能和意义。但需要注意的是，这些粟特人墓中出土的拄刀侍卫俑和镇墓兽，应该是汉文化的传统，表明这些墓葬较多遵循了汉文化传统[8]。

二　相关分析

综上所述，隋唐墓葬中出土的石刻雕像，主要分布在山东、山西、河南、河北、陕西等地，其中石雕武士俑以山东地区最为集中，邻近的山西、河北等地亦有发现。隋代发现石俑的三座墓葬都在山东，分布集中，具有一定的规律性。这三座墓的共同特点是：为石室墓或者至少有石质墓门，甬道之侧的壁龛处放石俑，石俑的形制为戴小冠，着交领大袖长袍，双手拄仪刀于胸前，立于长方体座上。墓主人一般都具有较高的身份，这类石雕的产生和演变分析有以下几方面原因。

第一，从甬道处呈现有武士形象开始，在北朝时期的墓葬中这一特点较为显著。例如在山东地区发现的北朝墓葬中，有刻一大头环眼，头束髻，包巾，着袍，双手拄剑于胸前，立于方形石座上的武士等。齐临朐崔芬墓甬道两壁以阴线刻出双手执仪刀的武士、山东临朐北朝画像石墓右门柱上在这些墓葬中，甬道之处的武士像很突出，和隋代山东地区的三座墓中石俑相似。第二，山东地区盛产石料，石室墓、画像石墓都比较流行，在北朝时期其他地区相比，山东地区相似石门的墓主人身份相对较低。从侧面反映出可能山东地区制造石墓门成本较低的现实。第三，这种

[1] 德凯琳、黎北岚著，施纯琳译：《巴黎吉美博物馆展围屏石榻上刻绘的宴饮和宗教题材》，《4～6世纪的北中国与欧亚大陆》，科学出版社，2016年，第109页。

[2] 天水市博物馆：《天水市发现隋唐屏风石棺床墓》，《考古》1992年第1期。

[3] 山西省考古研究所等：《太原隋代虞弘墓清理简报》，《文物》2001年第1期。

[4] 吕建中：《西安大唐西市博物馆》，陕西人民出版社，2009年，第120页；另据葛承雍：《祆教圣火艺术的新发现——隋代安备墓文物初探》，《美术研究》2009年第3期，一文图版可知墓中似乎同时出土有至少1件汉白玉蹲狮形镇墓兽。

[5] 姜念思：《辽宁朝阳市黄河路唐墓出土靺鞨石俑考》，《考古》2005年第10期。

[6] 霍巍、赵其旺：《辽宁朝阳黄河路唐墓石俑族属考》，《社会科学战线》2019年第6期。

[7] 沈睿文：《天水石马坪棺床墓的若干问题》，《粟特人在中国：考古发现与出土文献的新印证（下册）》，科学出版社，2016年，第466～500页。

[8] 孙武军：《入华粟特人墓葬图像的丧葬与宗教文化》，中国社会科学出版社，2014年，第74页。

石俑的产生应该受到南朝墓葬中盛行的随葬石俑的风气的影响，南朝许多高等级墓葬中都随葬有石俑。今山东地区在南北朝时期属青齐之地，地处南北交界地带，先后被刘宋、北魏、东魏、北齐统治，但各政权对此地区鞭长莫及，因此青齐地区在历史上是一个特殊地区，既延续着浓厚的文化传统，又强烈的受到政权中心尤其是长江下游文化的强烈影响，其丧葬文化主要由本地传统和大量的南朝因素构成。墓葬中随葬石俑的这种启发性，可能就导致了隋代山东地区出现了石雕武士俑形象。

另外值得关注的是，山东嘉祥英山二号隋墓的墓主先后在萧梁、北齐、北周、隋担任官职，其墓为长方形弧壁单室砖墓。李梅田认为，弧壁砖室墓在南北朝时期南北方的发展出现了异途[1]：南方远不如北方普遍，西晋时期原本出现于三吴、湖南等地的高规格墓葬基本消失，仅在南京地区的极少数高等级墓中使用，而且以弧壁长方形墓为主。北方的北魏、东魏、北齐的高等级墓葬几乎都是弧壁砖室，使用非常普遍，主要流行于各政治中心附近，其他地区只是偶尔出现。因此山东嘉祥英山二号隋墓的形制上，可视为吸收了南朝长方形弧壁砖墓的特点，这也是对南朝墓葬文化的一种吸收。综合以上三点，或导致了山东地区隋代墓葬中石俑的出现。

石雕小型动物造型，在河南、河北等地的唐墓中均有发现，石雕十二生肖模型见于河南河北的唐墓之中，均具有厌胜的意义；石雕侍奉俑多出土唐长安附近，小型人物坐像也是该地区唐墓中石雕的一个特点。而墓葬中汉白玉的石雕，以河北曲阳、北京以及唐代长安附近为多，济南也偶有发现。总体而言，出土大型石雕的墓葬，纪年墓占大多数，其墓主一般为高级官僚，可能属于"殊遇"的结果。

三　石刻雕像的产地及内涵

南郊水厂M3出土成双成对的镇墓兽、天王俑、石马、石骆驼，与M4出土的石马在形制、规格、制作手法方面几乎没有差别，二者结合起来刚好是一套完整的随葬品，所以这批汉白石雕很可能原本就是同一批东西，后来因为某种原因分成两组分别葬入，但至少可以确定，这两组随葬品应是同时制作，所以两座墓葬的年代应该比较接近。根据墓志可知，这批石雕的初次埋葬年代应是在开元六年，至开元十二年才与夫人合葬。从志盖背面续写的墓主夫人志文可知，这批石雕像在开元六年就已经存在了，因此石刻人物雕像均呈现出八世纪初期的风格。

2座墓出土的这一组汉白玉镇墓兽、天王俑、石马、骆驼石雕制品，种类丰富，体量较大，殊为罕见。以往隋唐墓中出土的大体量汉白玉制品者，如前所述有太原隋虞弘墓（592年）、济南吕道贵兄弟墓（592年）、西安等驾坡杨思勖墓（740年）、北京房山区幽州刺史刘济墓（810年）、河北曲阳王处直墓（924年）等，其墓主均具有较高的官职，其分布地域从河北、山东、绵延至陕西。在已发现的大量隋唐墓中，M3可以说是很个别的现象，应视为一种在葬制上的"殊遇"，并非常人或等级较低的阶层可以使用，应该是得到恩准才破例随葬的。

在以往的研究中，唐代长安地区出土汉白玉造像获得了较多的关注。唐长安城安国寺遗址出

[1]　李梅田：《魏晋南北朝墓葬中的弧壁砖室现象研究》，《中国国家博物馆馆刊》2012年第7期。

土的白石造像，被认为应来自河北或北京郊区，或是将这些地区开采的白石原料运到长安地区雕造而成[1]。有研究表明，北朝至唐代河北地区的白石造像从石材到造像样式均有输入长安地区，并对长安地区的佛教造像注入了新的因素[2]。

根据文献和相关的考古发现，幽州、定州白石制品输入长安地区的情况大致有两种：其一，将这些地区的白石原料运到长安地区进行加工；其二，直接输入已加工成型的白石产品，包括装饰用材、建筑材料、造像等。

幽州地区向外输出的汉白玉产品的例子不少，集中表现在安禄山对玄宗的进献。《明皇杂录》[3]载："元宗幸华清宫新广汤池，制作宏丽。安禄山于范阳以白玉为鱼龙凫雁，仍为石梁及石莲花以献，雕镌巧妙，殆非人工……"可知安禄山曾为华宫汤清池中进献的石雕、石梁，系幽州石雕制品直接输入长安。安禄山从幽州进献的宗教造像也频频见于史书，《安禄山事迹》[4]记载："……安禄山进玉石天尊一铺，天尊并侍坐、真人、玉女神、天丁力士、六乐童子及狮子、辟邪、香炉、五案三十六事，故呼为一铺。"则是安禄山为了逢迎玄宗进奉的幽州天尊造像。今藏于陕西省历史博物馆的汉白玉老君像，是唐朝元阁内的老君造像，被认为来自幽州进献而来[5]，杨思勖墓出土两件汉白玉石雕[6]、法门寺塔基地宫出土的景龙二年（708年）的汉白玉灵帐[7]、碑林博物馆收藏的神龙二年（706年）白石造像座[8]、西安公路学院发现的汉白玉天王像[9]也被认为同样为来自幽州的产品，可见长安地区的汉白玉造像，有很大一部分来自于幽州。

金申先生认为河北曲阳也是唐长安汉白玉造像的一个重要来源地。河北曲阳白石造像之风，从北魏晚期至唐代蔚为壮观，形成所谓的"定州样式"，并进而影响到太行山、山东北部、定州以南地区[10]。王处直墓出现的大量汉白玉浮雕，其石材也应来自于曲阳黄山之石，均为站立状，与曲阳石造像较相似，应是当地的汉白玉石造像传统的进一步延伸。幽州地区（今北京房山）的汉白玉石雕，从考古发现和文献记载来看，种类较为多样，输入长安地区的作品集中于开元天宝年间，定州地区（今河北曲阳）的汉白玉石雕，延续时间较久，其汉白玉石雕多为佛教造像，且以背屏式为主，王处直墓的浮雕也属于这一类型。

因此，南郊水厂唐墓出土的这一组汉白玉石雕像，当是来源于北京房山或定州曲阳一带。M3墓主刘静身份虽然仅为一处士，墓葬形制及规模较为简约，但同时却随葬较为罕见且体量不小的汉白玉天王俑、镇墓兽、骆驼、马及相同材质的墓志，反映了墓主所蒙"殊遇"或不俗的经济实力。类似的汉白玉质地墓志、文武吏俑在河北有一定数量的发现，但同时包含镇墓兽、石马、石骆驼随葬品的墓例极少。

[1]　〔日〕松原三郎：《中国仏教彫刻划史論》，吉川弘文馆，1995年；金申：《西安安国寺遗址的密教石像考》，《敦煌研究》2003年第4期。

[2]　冉万里：《唐代长安地区佛教造像的考古学研究》，科学出版社，2017年，第211～214页。

[3]　（唐）郑处悔撰，田廷柱点校：《明皇杂录》卷下，中华书局，1994年，第28、29页。

[4]　（唐）姚汝能撰：《安禄山事迹》，上海古籍出版社，1983年，第12页。

[5]　朱捷元、单暐：《关于唐朝元阁白石老君像的制作年代及作者问题》，《考古与文物》1984年第4期。

[6]　杨宗荣：《唐杨思勖墓的两件石雕像》，《文物》1961年第2期。

[7]　陕西省考古研究院等：《法门寺考古发掘报告》，文物出版社，2007年，第236～247页。

[8]　冉万里：《唐代长安地区佛教造像的考古学研究》，科学出版社，2017年，第213页。

[9]　李静杰、田军：《定州系白石佛像研究》，《故宫博物院院刊》1999年第3期。

[10]　李静杰、田军：《定州系白石佛像研究》，《故宫博物院院刊》1999年第3期。

这批石刻雕像组合清晰，雕刻工艺精巧细腻，线条简洁流畅而不失生动，造型高大厚重且比例和谐，在全国同期墓葬中较为少见。

第四节 南郊水厂唐墓M4随葬马骨研究

2015年6～7月，宁夏文物考古研究所对固原市原州区南郊水厂汉唐墓地进行抢救发掘，其中1座唐代早期墓葬（2015GNSM4）出土2具较为完整的马骨。目前所知隋唐时期墓葬中鲜有随葬马的现象，因此这批马骨为研究这一时期随葬用牲习俗提供了重要资料。

一 M4概况及马骨的埋藏状况

M4为竖穴墓道土洞墓，坐北朝南，平面呈直背刀形，由墓道、甬道、墓室三部分组成，墓主为一男一女，男性25岁、女性30岁，随葬白石质马俑、陶罐、漆器各1件，甬道内及墓室东南与甬道相接处出土大量马骨。该墓与其西南侧5米的M3方向一致，形制相近，墓主应为同一家族。另外，M4所出马俑与M3随葬墓志铭及镇墓俑石质相同，加之后者随葬的镇墓兽、骆驼俑、天王俑均成对出现，唯独马俑仅1件，而两墓所出马俑形制相同，明显为一套随葬品，分置两墓而已。因此推断二者的年代相同，据M3所出墓志铭记载其墓主合葬于开元十二年（724年），M4亦当同年。

马骨出土于甬道内及墓室东南部，马骨下方为填土，马头下方墓底有一件陶罐。墓葬所出马骨几乎包括了马的大部分部位，分布比较零乱，但大都集中于甬道内（彩版八二，1）。上层为成年个体，下层为幼年个体。上层马骨基本呈南高北低之势分布，推测为自南向北倾倒所致，但马头位于甬道北侧已进入墓室范围，且其面朝上、头朝北放置。墓室内随葬石马头南尾北，二者马头相对似乎是有意为之（彩版八二，2）。两具马骨均遭受过不同程度的肢解。但埋藏特征显示，成年个体的个别关节部位尚未分离，如腕跗骨直至蹄端除个别腕骨缺失外，整体保存完整；左侧胫骨与其跟骨、距骨相互连接；第四至第六胸椎前后相连等，皆说明此马虽然肢解程度较高，但仍有部分相连，尤其是腕跗以下的肢梢部分保留完整。

二 马骨的鉴定与测量

在发掘过程中，我们对所有马骨进行了采集。成年个体骨质坚硬，保存良好。幼年个体骨质较差，收集装箱后除头骨、长骨保存较好外，其他骨骼破碎严重。这批马骨的鉴定主要参照2016年固原博物馆周边旧城改造北区汉墓群发掘的M30殉葬的完整马牲骨骼，此外还参考了《动物骨骼图谱》[1]和《考古遗址出土动物骨骼图谱》[2]。骨骼测量主要参考学界普遍采用的《考古遗址出土动物骨骼测量指南》[3]。马的性别和年龄判断主要参考《马体解剖图谱》[4]。下面按个体对骨骼标本进行描述。

---

[1] 伊丽莎白·施密德著，李天元译：《动物骨骼图谱》，中国地质大学出版社，1992年。
[2] 中国社会科学院考古研究所科技中心：《考古遗址出土动物骨骼图谱》，文物出版社，待刊。
[3] 安哥拉·冯登德里施著，马萧林、侯彦峰译：《考古遗址出土动物骨骼测量指南》，科学出版社，2007年。
[4] 中国人民解放军兽医大学编著：《马体解剖图谱》，吉林人民出版社，1970年。

（一）成年个体

成年个体骨骼标本共计 119 件，头骨和下颌骨的基本情况如下：

1. 头骨

基本完整，齿列为 3·0·3·3，牙齿完整。上颌犬齿齿槽为两个小浅孔，未见犬齿。左下颌犬齿齿槽孔较明显，但未见犬齿，右下颌犬齿齿槽小孔可见一发育较弱的犬齿，未露出齿槽。综合上下颌判断该个体为雌性。上颌两侧颊齿磨蚀程度差异较大，咀嚼面磨灭不正，多有斜齿、过长齿、波状齿、阶梯齿等症状。右上颌较左上颌颊齿磨蚀严重，右上颌 P2 与 P3 已磨损至齿根，且两齿舌侧部分磨蚀程度明显高于唇侧部分，尤以 P2 为甚，齿冠磨蚀殆尽，齿根呈前后两部分（彩版八三，1）。另外，右上颌 M2 咀嚼面中部有龋齿现象。

2. 下颌

左下颌破碎成 3 块，右下颌破碎成 6 块，除局部残缺外，整体基本完整。齿列为 3·0·3·3，牙齿完整。下颌恒门齿和恒中间门齿的咀嚼面均呈高三角形，且门齿唇缘长接近其唇舌侧方向轴长的 1/2，据此判断其年龄约为 19 岁。同上颌颊齿相对应，下颌颊齿磨蚀程度的差异也较大，左下颌 P2 较右下颌 P2 明显严重。左右两侧颊齿咀嚼面磨灭不正，也存在斜齿、过长齿、波状齿、阶梯齿等症状。左下颌齿隙处发现有骨骼缺失现象，齿隙犬齿孔后方明显下凹，呈现的凹窝较浅，从颊侧观察，其所呈凹弧尤为明显。凹陷部后半部唇侧伴有明显的骨质增生现象，新骨形成程度较高。但在右下颌相应的位置并未发现骨骼缺失或骨质增生的现象（彩版八三，2）。

（二）幼年个体

幼年个体骨骼标本共计 84 件，骨骺均未愈合。上下颌保留乳门齿、乳前臼齿、第 1 臼齿和第 2 臼齿，M1 均为刚露出齿槽，M2 均尚未露出齿槽，据此推测该幼年个体的年龄为 9 ～ 12 个月，因犬齿的萌出时间在 48 ～ 60 个月，故无法判断其性别。

三　肢解情况

M4 出土的 2 具马骨均有不同程度的肢解痕迹，结合马骨的埋藏特征和缺失状况，可以大致推测其肢解情况。肢解痕迹主要分为以下四类：第一类为划切痕迹，分布最为广泛，也是最常见的肢解痕迹；第二类为砍痕，主要分布在关节部及个别不规则骨的骨体（如腕跗骨、舌骨等）；第三类为砸击痕迹，集中出现在成年个体的下颌以及肱骨、胫骨等长骨上；第四类为刮、剔痕，主要出现在平直的骨骼表面，多为宰杀、肢解之后从骨骼上剔取肌肉等软组织留下的痕迹；第五类为戳刺痕迹，多为剔痕的起点，因为骨骼表面光滑或油脂的作用，刀尖偶有滑脱所致，偶见戳刺进入骨体的现象。

幼年个体的 84 件骨骼中，仅 6 件标本表面有明显的人工痕迹，肢解程度较低，或许是因为骨化程度远不及成年个体，那些留在软骨和骨膜上的人工痕迹自然未能保留下来。成年个体的 119 件骨骼中，有 75 件表面有明显的肢解痕迹，占 63.03%。无肢解痕迹的 44 件标本主要包括掌跖骨及其连属的指／趾骨，这与甬道中掌跖骨与各自的指／趾骨相连的出土状态相吻合，说明成年个体除腕跗以下的肢梢部分外，几乎全身都有肢解痕迹，其肢解程度较高（彩版八三，3）。

下面按照痕迹类型对成年个体肢解痕迹保存较好的部位举例说明：

1. 划切痕

除腕、跗以下部位，划切痕迹几乎遍布周身。在关节相接的部位划切痕分布较为密集，且常与砍痕伴生，都是为了将关节部位临近的骨骼分解开来。一般情况下，划痕比较短促，但会在相邻的结构相似的骨骼上留下连贯的划切痕迹，比如胸椎的棘突部位。另外还有一些骨骼表面会出现环状划切，比如舌骨、寰椎、胸椎的肋凹关节面边缘、肩胛骨颈部、肱骨远端、腕关节、左盆骨的髂骨干和髋臼边缘、胫骨骨干中部以及踝关节。这些环切痕迹往往和其他类型的肢解痕迹相配合，比如骨体较长的骨干中部及关节部位的环切痕迹伴有砍痕，肋骨骨干中部的断裂面外侧或内侧骨干多呈起翘状，应为环切后直接用手折断（彩版八四，1）。

2. 砍痕

砍痕表面一般比较平整，局部较为光滑，形成的劈裂面长且直，主要分布于脊椎前后关节相接处及个别脊椎的椎体、肢骨两端或骨干中部、腕关节表面、踝关节表面、左盆骨髂骨干以及右盆骨闭孔内侧缘之耻骨和坐骨。其中，第 3 颈椎椎体、第 4 颈椎椎体及前关节面、第 5 颈椎前后关节面及前后关节突、第 6 胸椎前关节面、第 7 颈椎椎体、第 5 胸椎后关节面及后关节突、第 7 胸椎后关节面及后关节突、第 9 胸椎前关节面及右后关节突、第 11 胸椎后关节突、第 12 胸椎后关节突及棘突、第 13 胸椎椎体及右后关节突、第 15 胸椎右后关节突、第 16 胸椎椎体、第 2 腰椎前关节面及前关节突、第 3 腰椎椎体、左肩胛骨肩胛冈、右肩胛后侧缘、左盆骨髂骨干、右盆骨耻骨及坐骨上的砍痕尤为明显。以盆骨为例，其劈砍行为对骨骼破坏程度极高，沿闭孔内侧缘将耻骨、坐骨砍断，劈裂面与耻骨联合面平行（彩版八四，2）。

3. 砸击痕

实际操作中，砍和砸的行为动作相差无几，旧石器时代考古中所谓的"砍砸器"即是此意。在这里我们将砸击定义为非锐刃钝器的砍砸行为，其形成的骨骼形态变化表现为骨骼表面局部塌陷、骨干破裂或前两者兼有。砸击痕主要出现在下颌骨的下颌体、肱骨和胫骨的骨干上。以左肱骨为例，砸击点位于肱骨近端骨干前侧表面中部以及外侧骨干表面正中部（彩版八四，3）。近端骨干前侧面中部的砸击痕为一处凹窝，凹窝边缘明显有下陷，近端骨干自此砸击点横向断裂开，除内侧骨干断面呈 L 形，其余部位骨干断面平齐。外侧骨干表面正中部的砸击痕迹也表现为一处凹窝，凹窝边缘明显。除上述 2 处砸击外，近端骨干后内侧表面也应有一处砸击，遗憾的是未发现这部分，只能作此推测：三处砸击合力之下，骨干纵向开裂。

4. 刮、剔痕

刮、剔痕迹多位于脊椎的背侧面及前后关节面，主要集中于棘突左右两侧表面，主要是为了剔除附着的软组织，前后关节面的刮痕主要是刀尖在分割前后相邻的脊椎时刃口滑动所致。另外，肋骨上的刮痕尤为特殊，经过显微观察，我们发现肋骨骨干表面刮痕沿骨干弯曲弧度延伸，据此推测肋骨上附着的肉体已被去除。以左肋骨（M4D：102）为例，骨干中部偏上外侧面有一处刮痕，刮痕呈丝缕状并排分布（彩版八五，1）。

5. 戳刺痕

戳刺痕多与剔痕伴生，所以大部分都被归为剔痕。值得注意的是第 6 颈椎椎孔内椎体背侧面的戳刺痕迹，从椎体裂痕自后向前由浅变深的特征来看，发力方向应为自椎孔后侧面进入刺向前侧面，且应该是掰开第 6 颈椎后关节面与第 7 颈椎前关节面，意图取下被砍断的第 7 颈椎前半部（彩版八五，2）。

另外，缺失的骨骼也有可能与肢解行为有关，联系出土骨骼表面的痕迹，这些缺失的部位中某些骨骼上可能存在的人工痕迹也能揣测一二。比如，根据肱骨远端骨干以及鹰嘴窝的痕迹，我们可以推测出尺骨鹰嘴上方近端骨干前缘可能有划切痕迹；根据肱骨远端滑车上的砍痕，我们可以推测出桡骨近端关节边缘部可能存在横向砍痕或划切痕迹；根据左盆骨髋臼边缘的砍痕和划切痕迹，我们可以推测出股骨的股骨头可能存在环状砍切痕迹。当然也有一些缺失的部位虽有相邻骨骼出土，但不足以说明其具体的肢解方式，如膝关节、荐髂关节。

从以上列举骨骼及其痕迹类型，可以看出马的肢解程度相当高。大而坚硬如肱骨，小而脆弱如舌骨，均遭肢解破坏，并且大部分肉体也已被去除，因此我们可以确认 M4 甬道中放置的基本上为马骨。

四   讨论

（一）病理现象

1. 磨蚀不对称

成年个体上颌两侧颊齿有错位，如左右两侧齿隙分别为 112.22、105.46mm，左右两侧颊齿齿后点的连线与颅骨正中矢状面并非垂直而呈斜交，左侧颊齿位置明显偏后，右侧颊齿位置明显偏前。上下颌左右两侧 P2、P3 磨蚀差异较大可能与此相关。颊齿齿列先天生长即如此，加之后天磨蚀习惯一旦形成之后无法改正，年岁日久，最终导致上下颌颊齿咬合不正，磨蚀程度左右两侧均不对称，整体呈上颌左轻右重、下颌左重右轻之状（见彩版八三，1、2）。另外，右上颌 M2 的龋齿可能与食用淀粉和含糖量较高的农作物饲料有关。

2. 骑乘问题

成年个体左下颌犬齿后方齿隙处有骨骼缺失以及唇侧缘骨质增生现象，而右下颌相应位置却并未发生类似病变，下颌左右两侧齿隙处的不对称发育现象极有可能与马衔的使用相关[1]。左下颌齿隙处的骨骼缺失现象和骨质增生现象表明，此处明显受到来自上方的作用力压迫。结合右下颌齿隙并无骨骼缺失或骨质增生现象来看，左右两侧下颌齿隙处受力不均，左侧较重，右侧较轻，可能与马衔的使用习惯有关。已有研究表明，左手握缰是右利手骑手最常见的一种牵引方式，当骑手需要向右侧倾斜俯身时，左手会将缰绳拉向左侧以保持平衡[2]，马衔也会在缰绳的牵引下左右两端失衡。如果该成年个体经常被右利手骑手驾驭，随着年龄的增长，马衔在失衡状态下频繁向左下颌齿隙施加压力，左右两侧下颌齿隙处的形态差异可能会越来越大，左下颌的这种病理现象也会越来越明显。骑乘以外的其他役使方式下，马衔长期斜置使用也有可能让这种病理发生。

---

[1] R. Bendrey，2007.New methods for the identification of evidence for bitting on horse remains from archaeological sites. *Journal of Archaeological Science* 34：1036-1050.

[2] Willam Taylor, Tumurbaatar Tuvshinjargal. Horseback Riding, Asymmetry, and Changes to the Equine skull: Evidence for Mounted Riding in Mongolia's Late Bronze Age. In László Bartosiewicz and Erika Gál(eds) *Care or Neglect? Evidence of Animal Disease in Archaeology.* Oxford: Oxbow Books，2018，pp.136.

另外，我们还在其脊椎上发现不对称发育现象。第 2 胸椎前后关节突、第 3 胸椎前关节突、第 4 胸椎后关节突、第 7 胸椎后关节突、第 9 胸椎后关节突、第 11 ～ 15 胸椎前后关节突、第 2 腰椎前后关节突左右两侧发育不对称，其中尤以第 13 ～ 15 胸椎为甚（彩版八五，3）。此外，第 9 胸椎、第 13 ～ 15 胸椎右后切迹明显较左后切迹发育，第 14 胸椎右后切迹直接发育闭合呈孔状。尤其是尾端胸椎和腰椎前后关节突上的不对称发育现象，表明其生前可能被骑乘。但需要说明的是，胸椎和腰椎前后关节突的不对称发育现象较为常见，个体的运动习惯、年龄增长、马鞍的结构和放置方式等因素都有可能造成这种现象。结合下颌和末端胸椎的病理现象来看，成年个体长期被骑乘的可能性较大。

（二）马牲的性质

东汉马伏波有言："马者，甲兵之本，国之大用。安宁则以别尊卑之序，有变则以济远近之难。"[1] 一语道明马在中国古代社会所起的重要作用。墓葬之中瘗埋马匹，至少可以说明墓主之家的富有程度，加之中国古代礼仪制度的约束，更足以体现墓主身份等级的尊贵。但从目前见诸报告的唐代墓葬来看，上至帝王勋贵，下至平民黎庶，少有殉马者，仅河北涞水张佑明墓和宁夏固原南塬的一座晚唐墓中出土有少量零散马骨[2]。总体来看，唐代丧葬文化中似乎并无殉马之俗。

文献中提及唐墓殉马者，仅见于玄宗时右相张说奉敕为藩将论弓仁撰写的《撥川郡王碑》中，其文曰："（开元）十二年四月，诏葬于京城之南……封辈殉马，吉凶之仪举……"[3] 从论弓仁的族属和地位来看，其殉马之俗在唐代丧葬文化中仍属个例。论弓仁为吐蕃名相禄东赞曾孙，后随其叔父投唐，战功卓著，死后赠为撥川郡王[4]。吐蕃时期贵族墓葬常见殉葬动物，且以牛、马、羊为主[5]。要之，如碑文所述属实，则其殉马实属遵其故俗。新近公布的甘肃天祝吐谷浑喜王墓慕容智墓和青海都兰血渭一号墓在墓道靠近墓室的位置也殉有马匹[6]。固原地区隋唐时期的居民构成较为复杂[7]，葬俗自是有别，但也少见在墓葬中瘗埋马匹。

实际上，除了从大型牲畜自身的役用价值考虑外，从国家为保护畜牧业发展而颁布的一系列法令来看，有唐一代也不太可能形成随葬牛、马、驴等大型牲畜之葬俗。《唐律疏议》卷 19《盗贼》载："诸盗官、私马牛而杀者，徒二年半"，即使是马匹的主人，也不能随意杀掉自己的马，否则"徒一年半"[8]，唐律保护马匹之严厉可见一斑。又玄宗于开元十一年十一月颁布《禁杀害马牛驴肉勅》，"（牛马驴）先有处分，不令宰杀。如闻比来尚未全断。群牧之内，此弊尤多。自今已后，非祠祭所须，更不得进献牛马驴肉。其王公以下，及今天下诸州，并诸军宴设及监牧，皆不得辄有杀害"，并令"州

[1]　（南朝宋）范晔：《后汉书》，中华书局，1965年，第840页。

[2]　朱学武：《河北涞水唐墓清理简报》，《文物春秋》1997年第2期。宁夏文物考古研究所：《固原南塬汉唐墓地》，文物出版社，2009年，第59、60页。

[3]　（清）董诰等：《全唐文》，中华书局，1983年，第2297、2298页。

[4]　（宋）欧阳修、宋祁等：《新唐书》，中华书局，1975年，第4126页。李宗俊：《唐禄赞萨逻墓志考释》，《民族研究》2010年第3期。

[5]　霍巍：《西藏古代墓葬制度史》，四川人民出版社，1995年，第225～254页。

[6]　甘肃省文物考古研究所等：《甘肃武周时期吐谷浑喜王慕容智墓发掘简报》，《考古与文物》2021年第2期。中国社会科学院考古研究所等：《青海都兰县热水墓群2018血渭一号墓》，《考古》2021年第8期。

[7]　罗丰：《固原南郊隋唐墓地》，文物出版社，1996年，第5页。韩涛、朱存世、王晓阳、张全超：《宁夏地区古代居民的体质类型研究》，《文博》2019年第4期。

[8]　刘俊文：《唐律疏议笺解》，中华书局，1996年，第1372～1375页。

县及监牧、诸军长官切加禁断,兼委御史随事纠弹"[1]。此禁令是针对"群牧之内,此弊尤多"的日常宰杀牛马驴的现象制定的。"非祠祭所须,更不得进献牛马驴肉"可以理解为,国家祭祀活动进行的宰杀不在此禁之内。另外,"王公"阶层进行的宰杀也不在此禁之内,大明宫太液池遗址共出土至少9匹马,部分骨骼表面有加工痕迹,说明宫廷宴飨中杀马取肉即不在此禁[2]。通观全文,所禁范围涵盖社会不同阶层以及社会生活的各个方面。从这两条律令来看,牛马驴等大型牲畜在"王公以下"阶层的日常生活中鲜有宰杀。目前已知的唐代墓葬中也确实很少发现随葬这类大型牲畜的现象,从某种程度上来说M4中出土的马也不属于"辄有杀害"的范畴,有可能与其用于丧葬祭祀活动有关。M4所出两马缺失的部位也呈现出一定的规律性,比如两马的荐椎基本都缺失,成年个体的尺骨、桡骨、股骨以及幼年个体的掌骨均成对缺失,显然都是有选择的去除,这可能与丧葬祭祀活动中具体用牲的细节要求有关。

关于墓葬随葬肉食的记载中也有马的出现。《旧唐书·让皇帝宪传》记载玄宗长兄李成器死后,按帝陵规格安葬,"所司请依诸陵旧例,圹内置千味食,监护使、左仆射裴耀卿奏曰:'尚食料水陆等味一千余种,每色瓶盛,安于藏内,皆是非时瓜果及马牛驴𪉛獐鹿等肉,并诸药酒三十余色。仪注礼料,皆无所凭。臣据礼司所料,奠祭相次,事无不备,典制分明。天恩每申让帝之志,务令俭约,礼外加数,窃恐不安……千味不供,礼无所阙。伏望依礼减省,以取折衷。'制从之。"[3]《新唐书·让皇帝传》将"千味不供,礼无所阙"进一步阐释为"考求礼据,无所凭依",最终玄宗同意"蠲省折中"[4],可见"千味食"的置备是帝陵随葬之"旧例",而非礼仪制度所必备。又《旧唐书·穆宗纪》载:"(五月)壬子,诏:'入景陵玄宫合供千味食,鱼肉肥鲜,恐致薰秽,宜令尚药局以香药代食。'庚申,葬宪宗于景陵。"[5]宪宗景陵也未严格按照旧例放置"千味食",也说明其并非礼仪所必备。前所引裴耀卿之建言,首先言明礼司所料的奠祭事宜已十分完备,其次指出尚食所料的千味之食实为"礼外加数",业已超出礼司所料的奠祭之制。据此推测,"千味食"可能是行遣奠之礼所用的祭食。至于帝陵以下等级的墓葬,"千味食"可能就会根据墓主身份等级和财力状况有差而降为"百味食""十味食"等,如河北涞水晚唐张佑明墓所出牛骨、马骨、鸡骨、鱼骨、蚌等[6],西安曲江晚唐博陵郡夫人崔氏墓所出驴骨和牛骨[7],可能就与此有关。

我们推测M4所出马骨为象征性随葬肉食。从殷墟晚期至秦汉时期,墓葬殉牲以及祭祀坑中多有马牲出现,汉代以后墓葬中鲜有马牲发现,这种变化与葬俗的演变有关。先秦时期丧葬祭祀活动中需要随葬或殉杀的动物牺牲,到秦汉时期逐渐被木、陶、石、铜质俑类替代,至隋唐时期已基本实现明器化。M4既随葬有石马俑又有马牲,说明墓主人的亲属在遵照葬俗放置随葬品外,还有杀马向其行遣奠之礼的意向。而所选马牲均非壮年个体,则说明其在做出杀马行祭的决策中,充分考虑到了经济适用问题。18岁的母马在繁殖能力及身体机能都已经开始下降,而马驹正值

[1]　(宋)宋敏求编:《唐大诏令集》,商务印书馆,1959年,第565页。

[2]　邓惠:《历史时期中国动物考古学研究》,中国科学院大学2014年博士论文,第116~118、139页。

[3]　(后晋)刘昫等:《旧唐书》,中华书局,1975年,第3014页。

[4]　(宋)欧阳修、宋祁等:《新唐书》,中华书局,1975年,第3598页。

[5]　(后晋)刘昫等:《旧唐书》,中华书局,1975年,第478页。

[6]　朱学武:《河北涞水唐墓清理简报》,《文物春秋》1997年第2期。

[7]　西安市文物保护考古研究院:《西安曲江唐博陵郡夫人崔氏墓发掘简报》,《文物》2018年第8期。郑旭东:《西安曲江唐故博陵郡夫人崔氏墓相关问题略论》,《文博》2017年第3期。

M4 宰杀需要则无须再养，这或许正是它们出现在 M4 中的原因。另外，从马骨的肢解痕迹来看，我们基本可以认为 M4 随葬的马牲肉体早在放入墓圹之前已被取食殆尽，放入墓圹中的只是骨骸。唐人杜佑在《通典》中对周制遣奠礼之"包牲"注有"象既殡而归宾俎也"[1]，反映了唐人对"包牲"的理解。据此我们可以推测，M4 出土的马身上的肉体可能被用来款待参加葬礼的宾客，而骨骸作为遣奠礼毕的余物被放置于甬道内。奠祭所选马匹并非壮年，且肉已为生人取食，唯余骸骨置于墓中，杀马行祭是为表达对逝者的哀思，肢解取肉是从其食用价值出发，这种折中之举显然是生者情感诉求与经济考量相调和的结果。

（三）唐开元时期养马业发展之管窥

"唐世牧地，皆与马性相宜"[2]，"原州当西塞之口，接陇山之固，草肥水甘"[3]，固原地区处于我国的半干旱区，温暖湿润的东南季风和干燥寒冷的西北季风在此交会，400 毫米年降水量线从此穿过，长冬无夏，春秋相连。境内六盘山整体呈南北走向，海拔 2000 ～ 2500 米，是清水河、泾河的发源地以及其与葫芦河的分水岭[4]。六盘山以其较大的山体、较高的海拔及特定的山脉走向，对固原地区气候影响很大，是水热状况再分配的重要因素[5]。六盘山山地雨量多，植被覆盖度厚，水分涵养好，故六盘山俗有黄土高原的"湿岛"之美誉[6]。独特的地理气候条件造就了以六盘山为中心的固原地区这一天然养马场。

另外，唐以原州刺史为都监牧使，除了其本身就是重要的牧场，还充分考虑到该地区以畜牧业为主的生业经济传统。从目前的考古发现来看，固原地区早在唐以前可能就开始大规模养马。1983 年固原孙家庄地点即有西周墓葬和车马坑发现[7]，2017 年发现的彭阳姚河塬西周遗址高等级墓地发掘有马坑、车马坑，个别墓葬中也有殉马现象[8]。春秋战国时期固原地区戎人墓地发现较多，墓道或墓室口部放置头蹄殉牲的种类中就有马[9]。2013 年彭阳县幸福城汉墓随葬有车马[10]，2016 年固原博物馆周边配合基建发掘的汉墓中也有殉马的现象[11]。值得注意的是，这些马骨骼遗存也确实是和"西戎"文化有关联。姚河塬遗址西周墓葬出土的甲骨文中"戎"字出现至少五次，且遗址中也发现有寺洼文化的陶片[12]。春秋战国时期固原地区的戎人墓葬的文化属性也基本为学界所认同。彭阳幸福城汉墓和固原博物馆周边的汉墓都有头蹄殉牲现象，可能与匈奴文化有关。现有考古资料已证明，这些不同时期的"西戎"文化都是以畜牧业为主要生计方式，养马是其重要组成部分，其养马的传统由来已久。如果说固原地区的自然地理环境为养马提供了理想的客观条件，"西戎"文化则为养马业的发展提供了深厚的文化和技术积淀。

---

[1] （唐）杜佑：《通典》，中华书局，1988年，第2334页。

[2] （宋）李焘：《续资治通鉴长编》，中华书局，2004年，第4642页。

[3] （后晋）刘昫等：《旧唐书》，中华书局，1975年，第3411页。

[4] 中国自然资源丛书撰委员会：《中国自然资源丛书·宁夏卷》，中国环境科学出版社，1995年，第10页。

[5] 宁夏百科全书编纂委员会：《宁夏百科全书》，宁夏人民出版社，1998年，第34页。

[6] 《宁夏农业地理》编写组：《宁夏农业地理》，科学出版社，1976年，第3页。

[7] 韩孔乐、武殿卿、杨明：《宁夏固原县西周墓清理简报》，《考古》1983年第1期。

[8] 宁夏回族自治区文物考古研究所等：《宁夏彭阳县姚河塬遗址》，《考古》2021年第8期。

[9] 罗丰：《北方系青铜文化墓的殉牲习俗》，《考古学报》2018年第2期。

[10] 资料尚在整理中。

[11] 资料尚在整理中。

[12] 资料尚在整理中。

唐代正是充分利用上述两点来发展养马业。贞观中设监牧使，并以原州刺史为都监牧使[1]。固原南郊隋唐墓地一些墓主生前即担任过监牧官职，史可耽因"明敏六闲"于武德九年（626年）任"左二监"，史铁棒于显庆三年（658年）任"司驭寺右十七监"，管理上"牧养尽其方，服习不违其性。害群斯去，逸足无遗"，史道德分别于龙朔三年（663年）、总章二年（669年）任"兰池监"和"玉亭监"，三人皆具粟特人血统，因在养马方面具有专业才能而被任命为监牧官长[2]。

玄宗时期通过一系列举措将唐代养马业的发展推向高峰。开元九年（721年）的诏令彻底废除马禁，鼓励民间养马。"自今诸州民勿限有无荫，能家畜十马以上，免帖邮驿递征行，定户无以马为赀"；若政府临时急需民户马匹，也要"率户出钱市买"，不得无偿征用[3]。开元十一年（723年）针对禁止宰杀马匹的法令没有严格执行，又颁布了《禁杀害马牛驴肉勅》[4]，极大地促进了民间养马业的发展。就在此禁令颁发的第二年，M4安葬时宰杀马匹，明显有违此禁令，颇有"顶风作案"之嫌，时属关内道的原州尚不能令行禁止，由此可见此禁短时间内较难落实执行。

开元年间奖励和保护养马业的政策，对私牧的发展起了很大的推动作用，私家养马数量之多竟超过了官牧[5]。正是在这样一个公、私养马业繁荣兴盛的大背景下，才会出现固原南郊水厂M4墓主这样的富庶之家敢违禁宰杀马匹，亦可想见其家或许本就蓄养马匹。

五　小结

固原南郊水厂M4出土马骨经鉴定，分别属于成年母马和马驹2个个体，至于两者是否存在血缘关系则有待于下一步古DNA分析。成年个体相关病理现象表明存在骑乘的可能。针对两马的肢解现象，我们通过梳理相关历史文献，认为其仍属于遣奠礼中祭食的范畴。以老幼为宰杀对象，且附着在骨骼上的肉体早已被取食，这也是礼中求曲的折中之举。另一方面，正是由于唐代开元年间民间养马业的繁荣发展，个别如墓主的富庶人家偶有杀马行祭的意向，才有此例。希望今后能有更多此类发现，为开展唐马的动物考古学研究以及唐代丧葬用牲的讨论积累资料。

通过研究这一案例我们认识到，历史时期动物考古学研究应该充分发挥历史文献的作用，正是借助文献，我们才有可能对这批马骨做出如上推测。今后我们在对个案进行分析研究时，应尽可能与当时的社会背景相结合，从历史情境中去理解古代人们的行为。另一方面，个案研究如何避免过度解读也是历史时期动物考古学研究需要注意的问题。

第五节　南郊水厂隋墓漆器实验报告

1.文物信息

漆盘　1件。

---

[1]（唐）李吉甫，贺次君点校：《元和郡县图志》，中华书局，1986年，第59页。

[2] 罗丰：《固原南郊隋唐墓地》，文物出版社，1996年，第69、82、95、215页。

[3]（宋）王钦若等：《册府元龟》，凤凰出版社，2006年，第7197页。（宋）欧阳修、宋祁等：《新唐书》，中华书局，1975年，第1338页。

[4]（宋）宋敏求编：《唐大诏令集》，商务印书馆，1959年，第565页。

[5] 马俊民、王世平：《唐代马政》，西北大学出版社，1995年，第102页。

标本 2015GASM21：3，圆形，腐朽严重，口沿残损，敞口，尖唇。木胎已朽，盘外壁刷一层枣红色漆，略泛黑，盘内壁刷朱砂红色漆。仅存漆皮，标本无法提取。

2.样品信息

所分析样品为漆膜，来自宁夏固原南郊水厂隋墓。漆膜有两种，分别是红色、黑色漆膜。

3.实验目的

分析样品层次结构及成分。

4.实验方法与仪器

通过光学显微镜（OM）观测样品剖面层次结构，通过 X 射线荧光光谱（XRF）、热裂解−气相色谱 / 质谱联用仪（Py-GC/MS）对待测样品组分进行定性分析。

5.数据分析与讨论

（1）红色漆膜样品分析

红色漆膜样品剖面显微图如彩版（彩版八六，1）所示。可看出样品包括漆灰及一层红色漆皮。

红色漆皮及漆灰样品 Py-GC/MS 分析结果见彩版（彩版八六，2）。在红色漆皮中主要检测到中国大漆和微量油脂；在漆灰样品中检测到中国大漆和植物油。

红色漆皮 XRF 面分析结果见彩版（彩版八七，1），在样品中检测到大量 Hg 元素，表明样品所用颜料为朱砂（HgS）。

漆灰 XRF 面分析结果见彩版（彩版八七，2），在样品中主要检测到 Al、Si、Ca、K、Fe、Ti、Mn 等元素，表明漆灰主要无机成分是黏土。

（2）黑色漆膜样品分析

黑色漆膜样品剖面显微图如彩版（彩版八七,3）所示。可看出样品包括漆灰及一层黑色漆皮。

黑色漆皮及漆灰样品 Py-GC/MS 分析结果见彩版（彩版八八）。在黑色漆皮中主要检测到中国大漆和植物油；在漆灰样品中同样检测到中国大漆和植物油。

6.结论

根据实验结果，确定宁夏固原南郊水厂隋朝墓葬出土漆膜主要有机成分是中国大漆和植物油，其中红色漆膜所用颜料为朱砂。漆灰主要成分是黏土，所用胶结材料为中国大漆和植物油的混合物。

附表一　羊坊、南郊水厂墓地出土铜钱统计表

（单位：毫米、克）

种类	编号	特征	郭径	钱径	穿径	郭宽	郭厚	重量	备注
开元通宝	2005GYFM6：2	"開"上部开口较大，"元"字第一横较短，第二横笔左挑，钱文较模糊，钱文与钱穿连接一起，背面穿上一道月牙	25	19.8	7.7	2.232	1.3	2.9	
开元通宝	2005GYFM7：2	"元"字第一横较短，第二横笔左挑，钱文较模糊，钱文与钱穿连接一起，背部穿郭近平	23.7	19.5	7.6	1.5～2.28	1.2	2.7	
祥符元宝	2005GYFM8：3		24.6	18.5	9.6	2～4	1	3.1	
祥符元宝	2005GYFM8：4		25.3	18.4	8.8	3.69	1.3～1.4	4.3	
祥符通宝	2005GYFM9：2		26.0	19.2	9.8	3.5～3.9	1.1～1.3	4.1	
开元通宝	2015GNSM1：6	"開"字间架端庄，左右两竖笔略外撇，"元"字第一横较短，第二横笔左挑，"通"字走字部呈不相连的四点，甬上笔开口较大，"寶"字下部"貝"字部为两短横，不与左右竖笔相连	24.7	20.7	10.1	2.1～2.5	1.58	3.9	
开元通宝	2015GNSM1：7	同上	24.5	20.2	9.5	2.1～2.5	1.40	2.9	
开元通宝	2015GNSM1：8	同上	24.8	20.1	10.0	2.21	2.05	3.9	
开元通宝	2015GNSM1：9	同上	24.6	20.5	10.5	1.8～2.2	1.85	4.4	
开元通宝	2015GNSM1：10	同上	24.9	21	10.6	2.0	1.5～1.6	3.9	
开元通宝	2015GNSM3：9－1	"開"字间架端庄，左右两竖笔竖直，"元"字第一横较短，第二横笔左挑，"通"字走字部呈不相连的四点，甬上笔开口较大，"寶"字下部"貝"字部为两短横，不与左右竖笔相连	24.8	20.8	8.7	1.95	1.67	3.8	
	2015GNSM3：9－2	同上	24.0	19.6	8.6	2	1.5	3.7	

种类	编号	特征	郭径	钱径	穿径	郭宽	郭厚	重量	备注
开元通宝	2015GNSM3：9—3	同上	24.7	21.6	9.5	2.3	1.54	4.1	
	2015GNSM3：9—4	同上	24.0	20.0	8.6	2.3	1.41	3.8	
	2015GNSM3：9—5	同上	24.8	20.5	9.1	2.25	1.61	4.7	
	2015GNSM3：9—6	同上	24.5	21.2	9.7	2.24	1.74	3.8	
	2015GNSM3：9—7	同上	24.8	20.2	10.2	2.41	1.38	3.3	
	2015GNSM3：9—8	同上	24.8	20.6	10.2	9.53	1.50	3.9	
	2015GNSM3：9—9	同上	24.4	20.5	10.2	1.65	1.50	3.6	
开元通宝	2015GNSM4：3—1	"開"字方正，间架结构均匀，下部两竖笔略外撇，"元"字首划短小，次笔较长且向左上挑，"通"字走之偏旁为部相连接的四顿点，"甬"字上部开口较宽扁，"寶"字"貝"中二短横居中，不与左右竖笔相连	24.3	20.6	10.0	2.1	1.71	3.9	
开元通宝	2015GNSM4：3—2	同上	24.6	20.5	9.9	2.3	1.57	3.9	
开元通宝	2015GNSM4：3—3	同上	24.0	20.5	10.2	2.0	1.43	4.1	
开元通宝	2015GNSM4：3—4	同上	24.4	20.7	10.0	2.0	1.28	2.4	
开元通宝	2015GNSM4：3—5	同上	24.0	20.6	9.8	1.8～2.2	1.53	3.9	
开元通宝	2015GNSM4：4—1	同上	24.5	20.8	9.6	2.19	1.65	4.1	
开元通宝	2015GNSM4：4—2	同上	24.2	20.1	10.2	2.12	1.44	4.0	
开元通宝	2015GNSM4：4—3	同上	25.1	20.2	9.9	2.39	1.46	3.5	
开元通宝	2015GNSM4：4—4	同上	24.7	20.4	9.6	1.8～2	1.4～1.5	3.7	
开元通宝	2015GNSM4：4—5	同上	24.5	20.5	9.6	2.37	1.68	3.8	
康熙通宝	2015GNSM7：1—1	背面满文"宝泉"两字	27.6	20.1	8.0	3.46	1.10	3.3	
康熙通宝	2015GNSM7：1—2	背面满文"宝泉"两字	27.9	21.0	7.1	3.83	1.17	4.3	

种类	编号	特征	郭径	钱径	穿径	郭宽	郭厚	重量	备注
康熙通宝	2015GNSM7：1-4	背面满文"宝泉"两字	25.8	15.8	7.2	5.88	1.37	4.4	
雍正通宝	2015GNSM7：1-3	背面满文"宝泉"两字	25.6	14.8	8.4	5.23	1.33	3.9	
开元通宝	2015GNSM16：4	"開"字间架端庄，左右两竖笔略外撇，"元"字第二横笔左挑，"通"字走字部呈不相连的四顿点，甬上笔开口较大，"寶"字下部"貝"字部为两短横，不与左右竖笔相连	24.3	20.5	9.2	1.6~2.4	1.52	3.7	
大观通宝	2015GNSM16：5		24.6	21.2	7.9	2.0	1.64	2.8	
元丰通宝	2015GNSM16：3		24.9	18.4	8.8	2.17	1.47	3.3	
万历通宝	2015GNSM16：1		24.5	19.8	7.7	3.13	1.2~1.5	4.0	
万历通宝	2015GNSM17：1		24.8	18.8	7.5	2.3~2.8	1.39	3.3	
康熙通宝	2015GNSM17：2		25.7	22.4	8.5	2.21	1.44	3.9	
顺治通宝	2015GNSM20：1		23.4	18.2	7.8	2.6~3.5	0.9~1.3	3.2	

种类	编号	特征	郭径	钱径	穿径	郭宽	郭厚	重量	备注
五铢	2015GNSM22：15	"铢"字金字头呈长三角形，"朱"字上下圆折，"五"字交股斜直，左侧与钱穿相接	22.4	18.5	10.4	2.34	1.35	2.4	
五铢	2015GNSM23：8	钱文不甚清晰。正面有外郭而无内郭，穿下一短横，背面穿郭皆具，"五"字交笔弯曲，与上下端横画连接为锐角	25.3	23.2	14.3	1.13	1.9～2.0	3.7	
五铢	2015GNSM23：10	背穿有郭，面穿无郭，"五"腐蚀严重，"铢"字金字头呈三角形，朱字上下方折	26.4	23.2	14.8	1.09	1.91	2.9	
五铢	2015GNSM23：11	钱文深峻清晰。正面穿上一星，背面内外郭具备，"五"字交笔弯曲，"铢"字金字头呈箭镞形，朱字上方下圆	25.9	22.5	13.8	1.31	2.0～2.3	4.4	
五铢	2015GNSM25：2-1	正面穿下一横，背面内外郭皆具，正面钱文"五铢"，"五"字交股弧曲，"铢"字金字头呈三角形，"铢"字金字头略高，朱字上下笔画弯曲	24.9	22.4	13.4	1.29	1.8～2.0	3.8	
五铢	2015GNSM25：2-2	正面穿下一横，背面内外郭皆具，正面钱文"五铢"，"五"字交股弧曲，"铢"字金字头呈三角形，"铢"字金字头略高，朱字上下笔画弯曲	25.2	23.1	14.2	0.77	1.7～2.4	3.7	

附表二　南郊水厂墓地汉代墓葬登记表

（单位：米、度）

墓号	形制	墓向	总长	墓道					甬道				天井	
				形制	坡度	长	宽	深	构筑方法	宽	进深	高	数量	规格
2015G NSM23	斜坡墓道土洞墓	160	14.74	长方形，斜坡底	20～27	9.34	1.3～1.5	4.7					1	长1.7宽2
2015G NSM24	斜坡墓道土洞墓	260	16.9	长方形，斜坡底	30	10	1	4.4	拱顶土洞	2.4	1.4～1.8			
2015G NSM25	斜坡墓道土洞墓	82	13.4	梯形，斜坡底	20	9.9	0.9～1.2	3.2	平顶土洞					
2015G NSM26	斜坡墓道土洞墓	60	16.2	梯形，斜坡底	30	10.2	0.88～0.92	5.5	拱顶土洞	2.1	1.4	2.2		
2015G NSM27	斜坡阶梯墓道土洞墓	88	13.9	梯形，斜坡加阶梯	29	8.5	1.2～1.3	3.9					1	长2.1宽2.1深3.9

封门		墓室				骨架					葬具		出土遗物
类型	规格	构筑方式	进深	宽	高	数目	头向	性别	年龄	葬式	棺	椁	
木封门	高1.6宽2.0	长方形土洞	3.7	1.7	2	1	南	男	55	仰身直肢	1	1	陶罐（4），铁灯，铜钱（4），漆盘（2）
土坯	长1.8宽0.9残高1.7	长方形土洞	3.3	1.84	2.1	2	西			仰身直肢	2	0	陶罐（9），陶瓢，铁釜，铁削（3），铜削，铜镜，铜钱（2），玉饰
		长方形土洞	1.8	0.9	0.8	1	东			二次葬	1	0	陶罐（6），陶丸，铜盆，铜钱（2）
		梯形土洞	3.9	1.6～2.1	2.3	1	东	不明		仰身直肢	1	1	陶罐（12），陶钵（2），陶鍑，陶壶，铜镜，铜环，铜棺花（32），铁灯，铁剑，环首铁刀，铁削，铁环，石砚板，砺石
土块填实	宽1.92厚0.3高2.24	梯形土洞	3.3	1.68～1.92	2.24	1	东			仰身直肢	1	0	陶缶，陶罐（7），铁灯，环首铁刀，泥器

附表三　杨家庄墓地汉代墓葬登记表（一）

（单位：米、度）

墓号	形制	墓向	总长	墓道					甬道			天井		封门	
				形制	坡度	长	宽	深	构筑方法	宽	进深	高	数量	规格	类型	规格
M1	斜坡墓道土洞墓	85	9.6	长方形，斜坡底	18	6.7	0.7~0.8	0.7~2.9	拱顶土洞	0.9	0.8	1.1				
M2	斜坡墓道土洞墓	89	7.8	长方形，斜坡底	15	5.1	0.8~0.84	0.7~2								
M3	斜坡墓道土洞墓	60	9	长方形，斜坡底	25	6	1	1~3.6								
M4	竖穴土洞墓	55	4.1	竖穴土坑	2	1.8~1.86	1~1.14	2.06~2.26	拱顶土洞	1.04	0.32	0.7			土坯	厚0.32、宽1.04、残高0.14
M5	斜坡墓道土洞墓	169	8.9	长方形，斜坡底	20	5.66	1.02~1.16	0.46~2.98	拱顶土洞	0.66	0.36	0.76~0.84				
M6	斜坡墓道土洞墓	78	9.84	长方形，斜坡底	18	3.42	0.84~0.92	2.9~4.3	拱顶土洞	0.8	1.04	1.46~1.96	1	长2.3、宽1.22		
M7	斜坡墓道土圹墓	79	10	长方形，斜坡底	18	3.66	1	3.3~4.5	拱顶土洞	1	1.86~1.9	1.56				

墓室				骨架					葬具		出土遗物
构筑方式	进深	宽	高	数目	头向	性别	年龄	葬式	棺	椁	
长方形土洞	2.1	0.7~0.8	1.2	1	东						单耳罐，陶罐（5）
长方形拱顶土洞	2.7	0.6~0.8	1	1	东			仰身直肢	1		陶罐（4）
长方形拱顶土洞	3	1.1	1.7	1	北	男	30	仰身直肢	1		陶罐（4），铜印章，环首铁刀，石砚，玉手握，漆器，土块
长方形拱顶土洞	1.94	1.04~1.12	0.94~0.96	1	西	男	成年	仰身直肢	1		棺钉数枚
长方形拱顶土洞	2.84	0.66~0.7	0.76~0.84	1	南	男	20~25	仰身直肢	1		单耳罐（2），陶罐（4），铜带钩，铜钱（5），环首铁刀，漆器（2）
长方形拱顶土洞	4.16	2~2.08	2.51	1	东		30	仰身直肢	1	1	陶罐（11），陶灶，铜带钩，棺花泡钉（88），铜钱（88），铁器（4），环首铁刀（2），铁剑，铁块，石球，玛瑙饰件，漆器
长方形土圹	5.16	3	5.6~5.96	1	东	男	30~35	仰身直肢	1	1	单耳三足罐，陶壶（9），陶罐（7），陶灶，陶弹丸，铜带钩，铜当卢，铜衔镳，铜车軎（6），铜盖弓帽（4），铜钱（71），铁锸，环首铁刀，铁钱，玛瑙器，漆器（3）

附表四　杨家庄墓地汉代墓葬登记表（二）

（单位：米、度）

墓号	形制	墓向	总长	墓道					甬道				天井		封门	
				形制	坡度	长	宽	深	构筑方法	宽	进深	高	数量	规格	类型	规格
M8	斜坡墓道土洞墓	65	9	长方形，斜坡底	28	6.04～6.06	0.76～0.8	0.6～4	拱顶土洞	0.76	0.56	0.8				
M9	竖穴土坑墓	315	2.2													
M10	竖穴土坑洞室墓	30	5	梯形，竖穴土坑		2.4	0.8～1.12	2.6～2.76								
M11	竖穴土坑洞室墓	162	4.5	长方形竖穴土坑	1	2.44	1.16	3.4～3.46							1	木板封门
M12	竖穴土坑洞室墓	86	6.3	长方形竖穴土坑	2	2.85～2.9	1～1.2	3.2～3.24							1	土
M13	斜坡墓道土洞墓	70	7	长方形，斜坡底	12	3.98～4	0.84～0.9	1.7～2.54								
M14	斜坡墓道砖室墓	89	9.5	长方形，斜坡底	21	5.24	0.8～1.1	1.28～3.16							2	砖
M15	斜坡墓道土洞墓	124	3.7	长方形，斜坡底	20	0.1～1.5	1	2.04～2.2								

墓室			骨架							出土遗物
构筑方式	进深	宽	高	数目	头向	性别	年龄	葬式	棺	椁	出土遗物
长方形拱顶土洞	2.28	0.76	0.8～0.84	1	西	女	30～35	仰身直肢	1		单耳三足罐，陶罐（3），陶灶，铜钱（9），漆器
竖穴土坑	2.2	0.6～0.69	0.45	1	北	男	20～25	仰身直肢	1		黑釉罐
长方形拱顶土洞	2.6	0.82～0.92	0.96	1	西	女	成年	仰身直肢	1		黑釉罐，铁块
长方形拱顶土洞	3.04	0.8～0.9	0.88～1.04	1	南	男	35～40	仰身直肢	1		陶罐（4），铜镜，漆器（3）
长方形拱顶土洞	3.3	0.9	0.72～0.8	1	西	女	35～40	仰身直肢	1		陶釜，陶罐（3），铜钱（3）
长方形拱顶土洞	3	0.8	0.8	1	东	男	20～25	仰身直肢	1		陶罐（7），陶灶；漆器、铜钱（5）
长方形拱顶砖室	4.02	1.32	1.24	1	东	男	35～40	仰身直肢	1		陶仓，陶壶（6），陶罐，陶灶（2），铜带钩，铜当卢，铜衔镳，铜棺花（3），铜泡钉，铜构件（3），车軎（4），盖弓帽（8），铜钱（12），铁棺钉（12）
长方形拱顶土洞	2.2	1.2	1.1	1	东	女	25	仰身直肢	1		陶罐，陶壶，陶甑、铜钱（6），铜棺花

附表五 羊坊、南郊水厂墓地北朝墓葬登记表

（单位：米、度）

墓号	形制	墓向	总长	墓道					甬道				天井		过洞	
				形制	坡度	长	宽	深	构筑方法	宽	进深	高	数量	规格	数量	形制
2015G NSM5	斜坡墓道单室土洞墓	165	10.9	梯形斜坡底	30	4.4	1.2	4.8	土洞拱形顶	1	0.5	2				
2015G NSM22	斜坡墓道单室土洞墓	165	12.24	梯形斜坡底	22	10.28	0.64~1.1	3.86	拱形土洞	1~1.1	0.12	1.56				
2005G YFM1	斜坡墓道倒凸字形砖券单室墓	58	6.8	未发掘					拱形券顶砌砖	2.8	1.2	1.5				
2005G YFM2	斜坡墓道单室砖墓	55	12	发掘一部分		7	1.29	2.5	砖券	1.9	0.9	0.9				
2005G YFM3	斜坡墓道单室砖墓	60	16.4	长方形斜坡底	17	10	1.2~1.3	3	土洞加砖券	1.4~1.6	2.9	1.8~1.9				
2005G YFM4	斜坡墓道单室砖墓	73	7.1	长方形斜坡底	18	3.5	1.08	1.1	砖筑	0.9	1.4	0.9~1				
2005G YFM5	斜坡墓道单室砖墓	60	7.9	斜坡底	20	3	1	1.06	砖筑	0.9	1.5	0.9~1				

封门		墓室			棺床		骨架				葬具		出土遗物	时代
类型	规格	构筑方式	进深	宽	棺床	数目	头向	性别	年龄	葬式	棺	椁		
土坯垒砌		长方形土洞	1.8	3.7	0	1	西	女	20～25	仰身直肢	1		陶罐（2），铜钗（2），铁剪，铁镜，漆盒，银指环，铁棺钉（12）	北朝
		梯形土洞	3.3	1.4～2.4	0	1	西南	男	25～40	仰身直肢	1		陶罐，陶盏，墓志砖，铜带饰，五铢钱，铁棺钉（3）	北周
砖封门	宽1.2高1.5	弧边正方形砖筑	3.9	4	0	2	扰乱						陶壶（3），陶盏，动物俑，波斯银币（2），水晶饰，鎏金铜棺环（3），鎏金铜铺首（2）	北朝
砖封门	残高0.3、宽0.9	弧边正方形砖筑	3.7	3.5		1	盗扰				不明	不明	玛瑙珠，五铢钱	北魏
砖封门	高1.85、宽1.6、厚0.4	近正方形砖筑	3.8	3.5	1墓室西壁下	2	盗扰				不明	不明	砖志（2），陶壶，陶罐，波斯银币（2），银钗，骨管，漆木杖	北魏
砖筑	残高1、宽0.2	近正方形砖筑	2.5	2.46	盗扰不详						盗扰不详		陶罐，铁镤，铜铛	北魏
砖筑	残高0.78、厚0.19	方形砖筑穹隆顶	3.8	3.5	盗扰不详						盗扰不详		陶罐，陶壶	北魏

附表六 南郊水厂墓地隋唐墓葬登记表

（单位：米、度）

墓号	形制	墓向	总长	墓道					甬道				天井		过洞	
				形制	坡度	长	宽	深	构筑方法	宽	进深	高	数量	规格	数量	形制
2015G NSM21	斜坡阶梯墓道单室土洞墓	177	10.2	长方形斜坡阶梯底	28	8.7	0.9	1.8								
2015G NSM1	斜坡墓道单室土洞墓	165	9.96	梯形斜坡底	30	6.32	0.6~0.8	3.7	土洞拱形顶	0.63~0.8	0.9	1.1~1.4	1	长2.1、宽0.64~0.8、深2.34~3.12	1	宽0.6~0.8、深0.4、高1.6~1.8
2015G NSM2	斜坡墓道单室土洞室墓	160	18.4	长方形斜坡底	26	13.14	0.64~0.8	4.9	土洞拱形顶	0.7	1.5	2.2	2		2	
2015G NSM3	斜坡墓道单室土洞墓	160	14.8	长方形斜坡底	30~40	5.9	0.6~0.8	4.72	土洞拱形顶	0.7	0.58	2.25~2.6	2		2	
2015G NSM4	斜坡墓道单室土洞墓	160	11.5	长方形斜坡底	30	8	0.6	3.3	土洞拱形顶	0.6~0.65	0.44	1.72				

封门		墓室				骨架					葬具		出土遗物	时代
类型	规格	构筑方式	进深	宽	高	数目	头向	性别	年龄	葬式	棺	椁		
填土	宽1.03~1.1米、高1.50米	五边形拱形顶	3.1	0.8~1.8	0.8~1.5	1	西	男	55	仰身直肢	1		墓志砖，陶盏，铜带扣，漆盘，漆盒，铁棺钉（10）	隋
木板、木条封门	宽0.6、残高1.7~1.8、厚0.02	梯形土洞墓	2.78	1.4~1.92	1.28~1.55	3	南	东男	45	仰身直肢	3		陶罐（2），漆盒，铜镜，开元通宝（5），铁剪，铁棺钉（16）	唐
								西女	35					
							南墓	男	20	俯身直肢				
土坯垒砌	宽0.7、厚0.6、残高1.72	梯形土洞墓	3.8	2.6~3	1.6	2	南	东男	60	仰身直肢	1	1	陶罐，砖块，开元通宝，铜泡钉（35），铁棺钉（37）	唐
								西女	50~55	侧身屈指				
土坯垒砌	宽0.54、厚0.34、残高1.56	梯形土洞墓	3.4	2.4~2.58	1.7	2		东男	40~45	仰身直肢	1	1	石天王俑（2），石镇墓兽（2），石马俑，石骆驼俑（2），墓志铭，漆盒，开元通宝（9）	开元十二年（724年）
								西女	30	仰身屈肢				
土坯垒砌	宽0.6、厚0.22、残高1.18	梯形土洞墓	3.1	1.8~2.1	1.7			东男	25	仰身直肢	1靠墓室西北壁		陶罐，石马俑，陶片，砖块，漆盒，开元通宝（10），铁棺钉（27）	唐
								西女	30					

附表七　羊坊墓地唐宋墓葬登记表

（单位：米、度）

墓号	形制	墓向	总长	墓道					甬道				天井		过洞	
				形制	坡度	长	宽	深	构筑方法	宽	进深	高	数量	规格	数量	形制
2005G YFM6	斜坡墓道土洞墓	188	7.9	长方形斜坡底	37	5	0.56	3.7	平顶土洞	0.7	0.7	1.5				
2005G YFM7	斜坡墓道土洞墓	192	8.3	梯形斜坡底	28	4.9	0.8	3.4	拱顶土洞	0.84	0.74	1.1				
2005G YFM8	竖穴墓道土洞墓	109	6.3	长方形平底		3.3	1.2	3.7								
2005G YFM9	竖穴墓道土洞墓	110	5.4	长方形平底		2.8	0.84	5.3								
2005G YFM10	竖穴墓道土洞墓	100	4.1	长方形平底		2.24	0.68	2.76								

封门		墓室				骨架					葬具		出土遗物	时代
类型	规格	构筑方式	进深	宽	高	数目	头向	性别	年龄	葬式	棺	椁		
砖封门		梯形土洞墓	2.2	1.2	0.8	1	不详			仰身直肢	1		双耳罐，开元通宝，漆盘	唐
土坯			2.4～2.46	1.16～1.56	0.9	1	南			仰身直肢	1		塔式罐，开元通宝，漆器	唐
土坯垒砌	宽1.2、厚0.24～0.46、残高1.5	梯形土洞	3	1.3	1.9	1	西	?	舍利棺	仰身直肢	1		童子俑，塔式罐，铜钱（3）	宋
土坯垒砌	宽0.8、高0.9、厚0.34	梯形拱顶土洞	2.6	0.8～0.88	1	1	西			仰身直肢	1		陶盒，铜钱	宋
		长方形土洞	1.86	0.7	0.66～0.76	1	西			仰身直肢	1墓室正中		双耳罐，白瓷碗，铁棺钉	宋

附表八　南郊水厂墓地明清墓葬登记表

（单位：米、度）

墓号	形制	墓向	总长	墓道					墓室			骨架				葬式	葬具	出土遗物	时代
				形制	坡度	长	宽	深	构筑方式	进深	宽	数目	头向	性别	年龄		棺		
2015G NSM16	竖穴墓道土洞墓	60	5	梯形		2.5	0.8～1.2	4.2	梯形土洞	2.5	1.3～2	2	西	南侧女	45	仰身直肢	2	板瓦（4），铜钱（4），铁棺钉（11）	明清
2015G NSM7	竖穴土坑墓	260	2.2						梯形土坑	2.2	0.7～0.8	1	西	男	25	仰身直肢	1	铜钱（7）	清
2015G NSM8	竖穴土坑墓	230	2						梯形土坑	2	0.6～0.7	1	西			仰身直肢	1	瓷盆，铁棺钉（2）	清
2015G NSM10	竖穴土坑墓	245	2.1						梯形土坑	2.1	0.6～0.8	1	西	男	40～45	仰身直肢	1	陶盆	清
2015G NSM11	竖穴土坑墓	220	2.26						？	2.3	0.8～1.2	1	西	女	35	仰身直肢	1	陶盆	清
2015G NSM14	竖穴土坑墓	260	2.1						？	2.1	0.5～0.8	1	西	男	45	仰身直肢	1	瓷盆，铜扣	清
2015G NSM18	竖穴土坑墓	320	2.2						？	2.2	0.7～0.8	1	北	男	35～40	仰身直肢	1	铁棺钉（30）	清
2015G NSM17	竖穴墓道土洞墓	65	3.8	梯形		2.0	0.76～0.9	4	梯形土洞	1.8	0.85～1	1	女	女	20～25	仰身直肢	1	铜钱（2），铁棺钉（10）	清
2015G NSM19	竖穴墓道土洞墓	190	3.61	梯形		2	0.66～0.8	3	梯形土洞	1.68	0.8～1.27	1	男	男	35～40	仰身直肢	1	无	清
2015G NSM20	竖穴墓道土洞墓	230	3.9	梯形		2	0.56～0.8	3.4	梯形土洞	2	0.8～1.1	1	女	女	35	仰身直肢	1	顺治通宝	清

后　记

　　《固原新区南塬墓地发掘报告》是配合固原城市基本建设进行抢救性考古发掘的成果展示，报告集结了三个阶段的发掘收获，是多方合作的结晶。

　　羊坊墓地和南郊水厂墓地由樊军主持，先后参与勘探和发掘的工作人员有杜李平、张莉、车建华、高爱军、朱有世、王建斌、陈安位、樊军；杨家庄墓地由周赟主持，参与发掘的工作人员有王晓阳、周赟、陈安位等。

　　本报告的编写由樊军主持，由王洋洋、樊军、王晓阳、侯富任、王琨共同完成。具体分工如下：

　　第一章：樊军。

　　第二章：王洋洋。

　　第三章：王晓阳。

　　第四章：樊军。

　　第五章：张全超、赵惠杰、韩涛、孙志超（吉林大学）。

　　第六章：侯富任。

　　第七章：樊军、王洋洋、王晓阳（第一节"二"）。

　　第八章：第一、三节王洋洋、樊军；第二节王琨；第四节侯富任。

　　最后由樊军对全书进行了统稿。

　　墓葬遗迹图由徐永江、韩海鸥、毛炳均、刘云亮绘制，器物图由乔国平、黄丽荣、孙广贺绘制。

　　现场发掘照片由樊军、周赟拍摄，器物照片由刘学智、边东冬拍摄。文物修复和拓片由宋晶晶、陈安位完成。

　　在南塬墓地的发掘过程中，曾得到宁夏回族自治区文物局、固原博物馆、固原市广电局、宁夏水务投资集团有限公司、原州区文物管理所的大力支持和协助。报告初稿经由宁夏文物考古研究所朱存世所长审阅，提出了宝贵的修正意见。吉林大学考古学院张全超、韩涛等对墓地出土的人体骸骨进行了研究。故宫博物院文保科技部王娜、雷勇对出土漆器提供的漆膜样品进行了定性分析。英文提要由中央民族大学黄义军教授翻译。文物出版社责任编辑对本报告的出版给予了大力支持。谨在此一并致谢！

　　由于编者学识水平和经验有限，报告中难免存在诸多不足之处，敬请各位同仁批评指正。

编　者

2021 年 8 月

1. 2005年羊坊墓地发掘外景

2. 陶盏M1：11

3. 动物俑M1：12

彩版一　羊坊墓地发掘外景与M1出土遗物

1. 陶壶 M1：9

2. 陶壶 M1：13

彩版二　羊坊墓地 M1 出土遗物

1. 波斯银币M1 : 1（正、背面）

2. 波斯银币M1 : 2（正、背面）

3. 鎏金铜棺环M1 : 4

4. 鎏金铜棺环M1 : 5

5. 鎏金铜棺环M1 : 7

6. 水晶珠M1 : 3

彩版三　羊坊墓地M1出土遗物

1. 鎏金透雕铜铺首 M1：6（正面）

2. 鎏金透雕铜铺首 M1：6（背面）

3. 鎏金透雕铜铺首 M1：8（正面）

4. 鎏金透雕铜铺首 M1：8（背面）

彩版四　羊坊墓地 M1 出土遗物

1. 五铢M2：2

2. 玛瑙珠M2：1

3. 陶壶M3：2

4. 陶罐M3：3

彩版五　羊坊墓地M2、M3出土遗物

1. M3棺床

2. M3墓室

彩版六　羊坊墓地M3

1. 波斯银币M3：5（正、背面）

2. 波斯银币M3：6（正、背面）

3. 银钗M3：4

4. 骨管M3：7

5. 墓志砖M3：1

彩版七　羊坊墓地M3出土遗物

1. M4 甬道

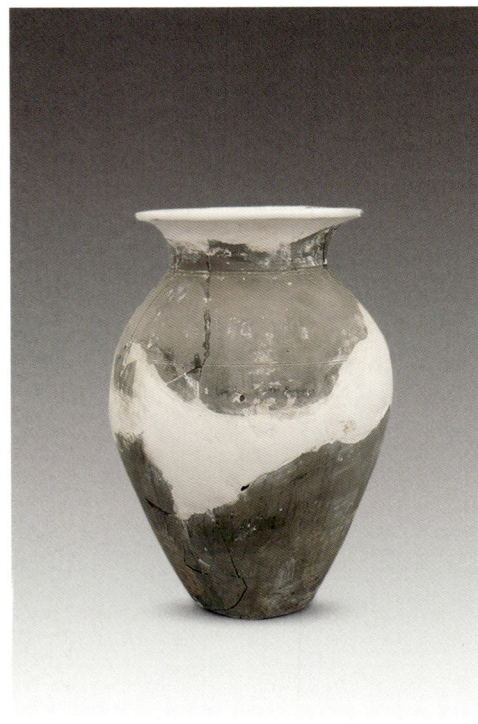

2. 陶罐M4：1

3. 铜铛M4：3

4. 铁鍑M4：2

彩版八　羊坊墓地M4及出土遗物

1. 陶壶M5：2

2. 陶罐M5：1

彩版九　羊坊墓地M5出土遗物

1. 双耳罐M6：1

2. 祥符元宝M8：3（正面）

3. 祥符元宝M8：3（背面）

4. M8墓室

彩版一〇　羊坊墓地M6、M8及出土遗物

1. 塔式罐M8：2

2. 彩绘童子俑M8：1（侧面）

3. 彩绘童子俑M8：1（背面）

彩版一一　羊坊墓地M8出土遗物

1. 陶盒 M9：1

2. 祥符通宝 M9：2（正面）

3. 祥符通宝 M9：2（背面）

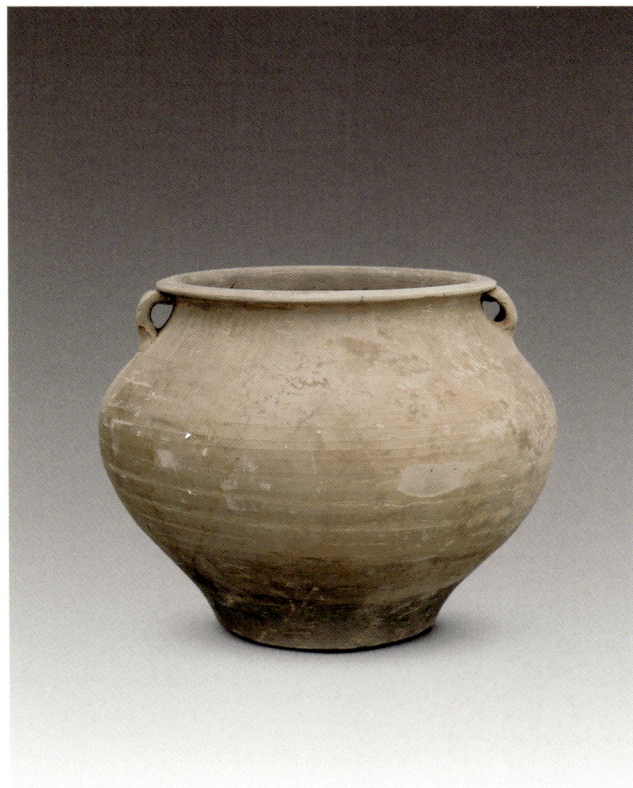

4. 双耳罐 M10：1

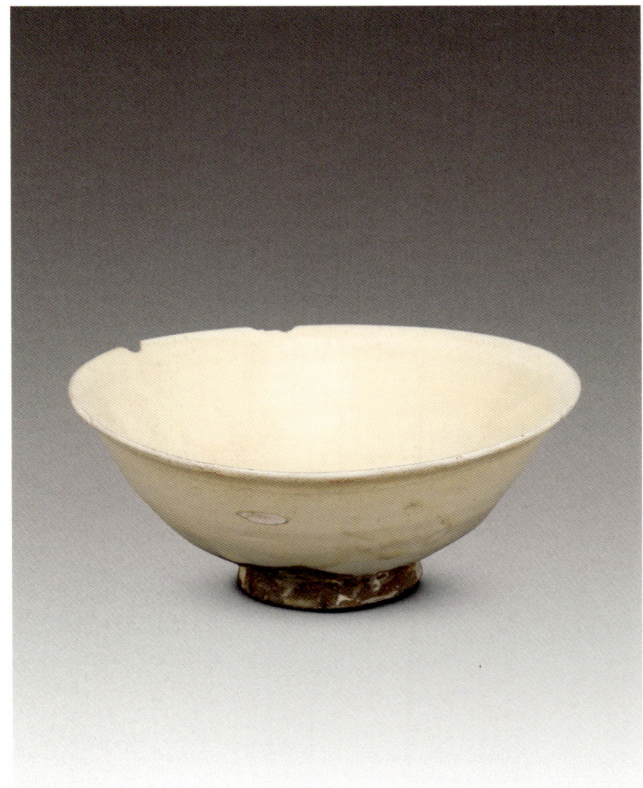

5. 白瓷碗 M10：2

彩版一二　羊坊墓地M9、M10出土遗物

1. M3墓室（北—南）

2. 铜印章M3：9

3. 铜印章M3：9

4. 石砚M3：7

彩版一三　杨家庄西汉墓M3及出土遗物

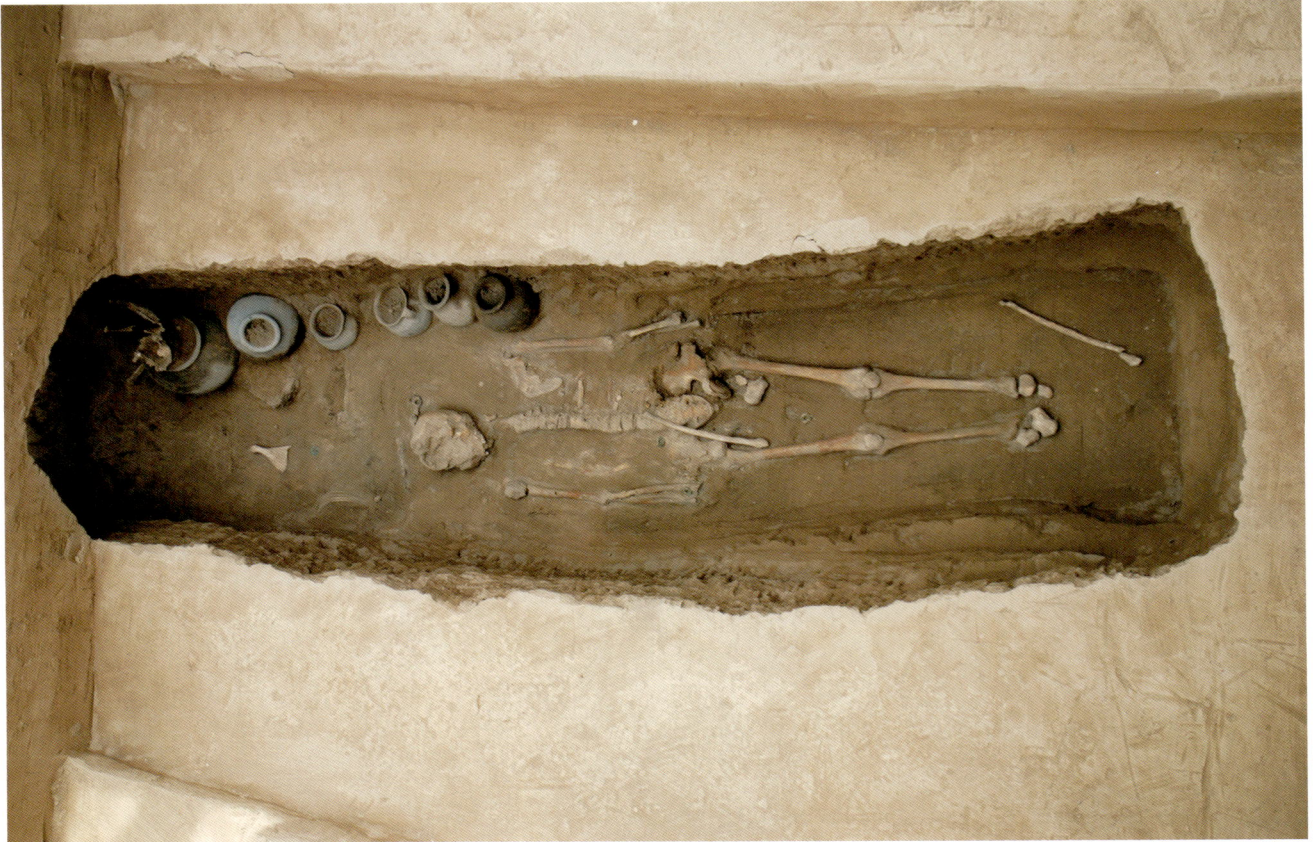

1. M5墓室

2. 陶罐M5：1

3. 陶罐M5：1肩部刻字

彩版一四　杨家庄西汉墓M5及出土遗物

1. 单耳罐M5：4

2. 铜带钩M5：9

3. 铁剑M6：25

彩版一五　杨家庄西汉墓M5、M6出土遗物

1. M6墓室

2. 陶灶M6：13

3. 玛瑙器M6：7

彩版一六　杨家庄西汉墓M6及出土遗物

1. M11棺顶（东—西）

2. M11封门痕迹（南—北）

彩版一七　杨家庄西汉墓M11

1. M11墓室（东—西）

2. 铜镜M11：5

彩版一八　杨家庄西汉墓M11及出土遗物

1. M7墓室（南—北）

2. M7夯窝（南—北）

彩版一九　杨家庄东汉墓M7

1. 陶壶M7：19

2. 单耳三足罐M7：44

彩版二○　杨家庄东汉墓M7出土遗物

1. M13墓室（北—南）

2. 陶罐 M13：4

3. 陶灶 M13：10

彩版二一　杨家庄东汉墓M13及出土遗物

1. M14墓顶（南—北）

2. M14封门（东—西）

彩版二二　杨家庄东汉墓M14

1. 陶罐M14：8

2. 陶仓M14：1

彩版二三 杨家庄东汉墓M14出土遗物

1. M23

2. M23墓室

3. M23墓道壁面工具痕

彩版二四　南郊水厂西汉墓M23

1. 陶罐M23：1

2. 陶罐M23：2

3. 陶罐M23：3

4. 铁灯M23：7

彩版二五　南郊水厂西汉墓M23出土遗物

彩版二六　南郊水厂西汉墓M24

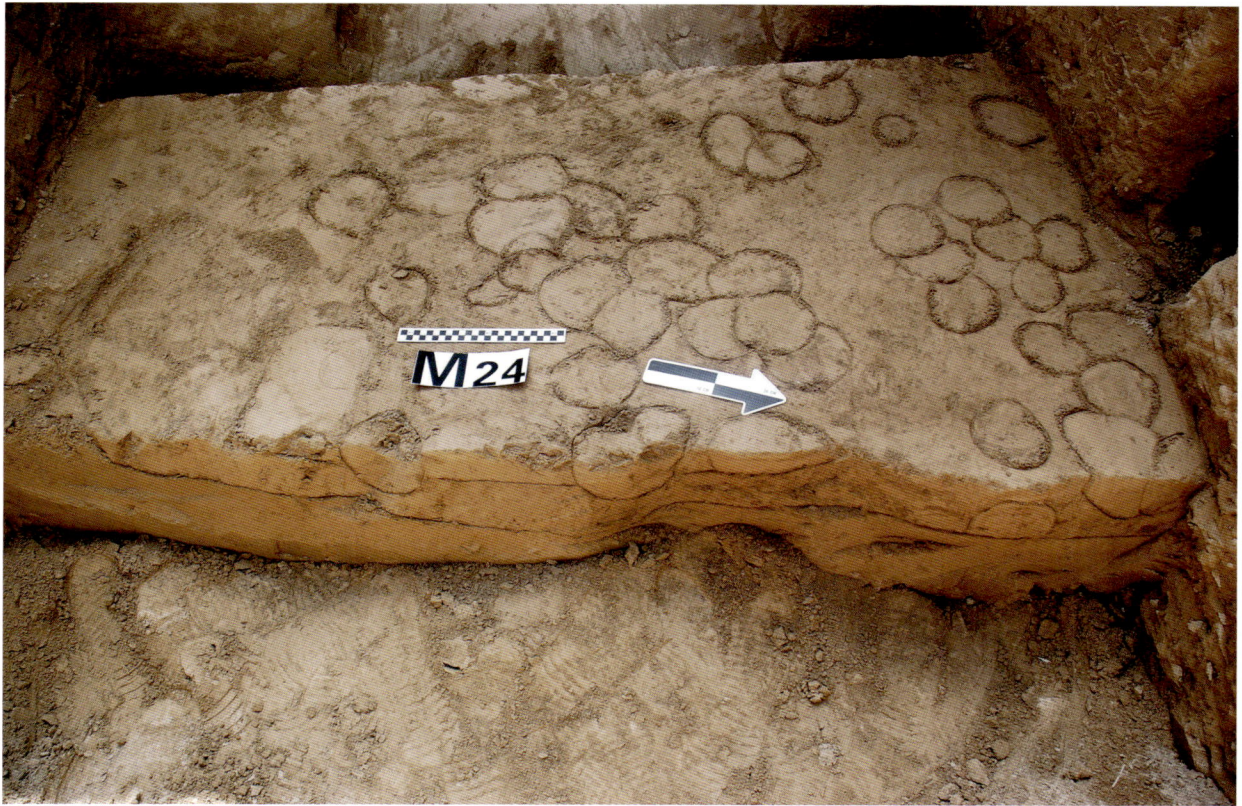

1. M24封门夯筑痕迹

2. M24墓室出土器物

彩版二七　南郊水厂西汉墓M24

1. 陶罐 M24：6

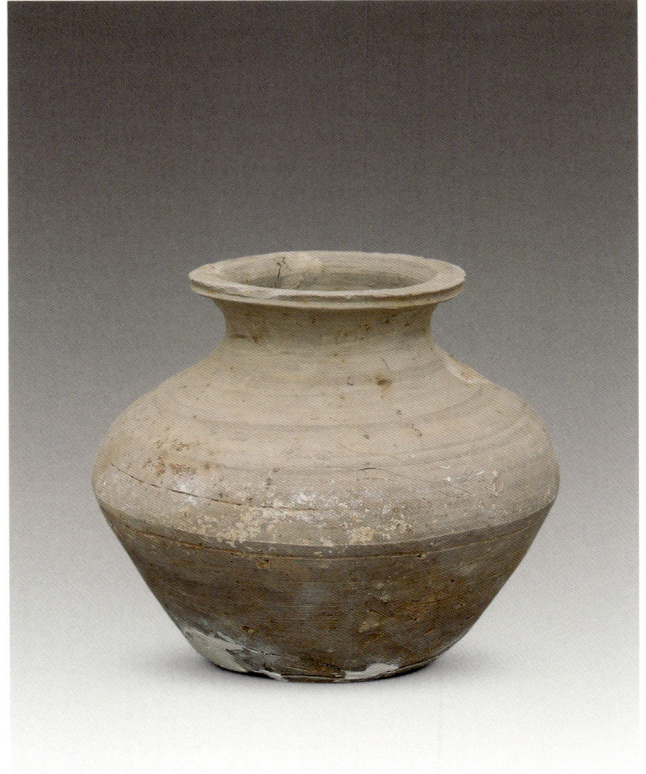

2. 陶罐 M24：7

3. 陶罐 M24：8

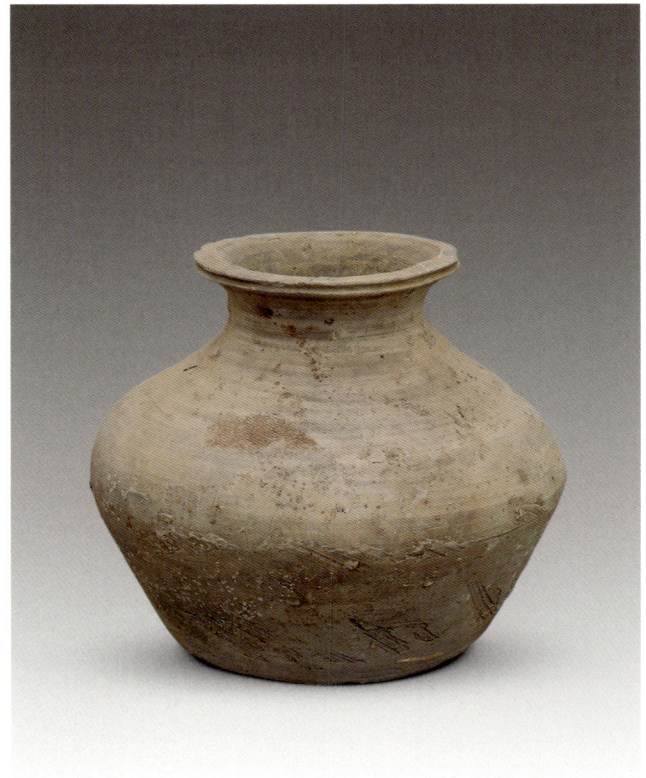

4. 陶罐 M24：9

彩版二八　南郊水厂西汉墓 M24 出土遗物

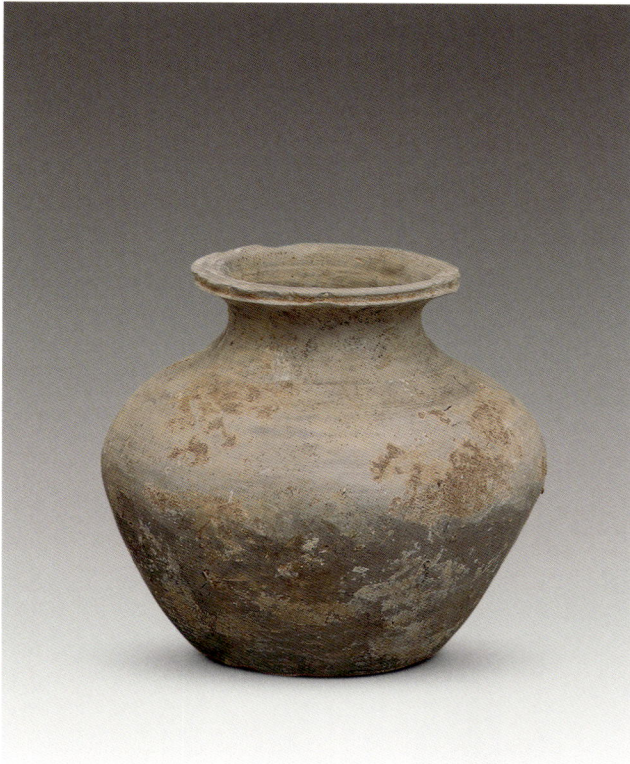

1. 陶罐M24：10

2. 陶罐M24：11

3. 陶罐M24：12

4. 铜镜M24：5残片

彩版二九　南郊水厂西汉墓M24出土遗物

1. 陶甗M24：14-1

2. 铁镂M24：14-2

3. 铜刀M24：17

4. 环首铁削M24：4

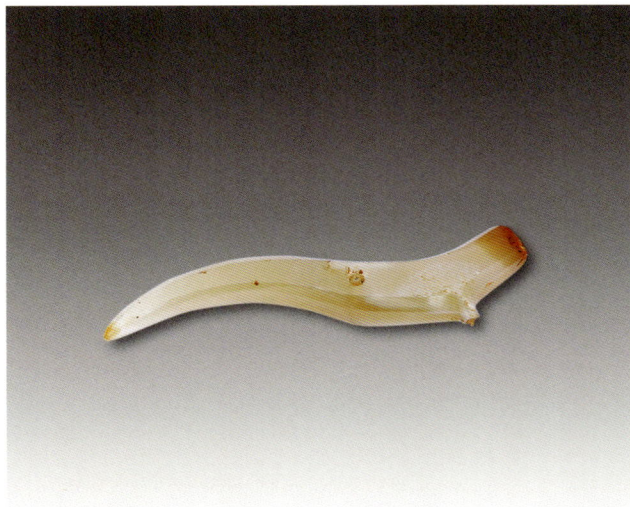

5. 玉锥M24：1

6. 水晶珠M24：18

彩版三〇　南郊水厂西汉墓M24出土遗物

1. M25

2. M25墓室

彩版三一　南郊水厂西汉墓M25

1. 陶罐 M25：5

2. 陶罐 M25：6

3. 陶罐 M25：7

4. 陶罐 M25：8

彩版三二　南郊水厂西汉墓M25出土遗物

1. 陶罐M25：9

2. 陶罐M25：10

3. 陶丸M25：3

4. 铜盆M25：4

彩版三三　南郊水厂西汉墓M25出土遗物

1. M26

2. 铜环M26：23

3. 铜棺花M26：27

彩版三四　南郊水厂西汉墓M26及出土遗物

1. M26墓室

4. 铁剑M26：18

2. 环首铁削M26：20

3. 环首铁削M26：21

彩版三五　南郊水厂西汉墓M26及出土遗物

1. 陶罐M26：9

2. 陶鍑M26：6

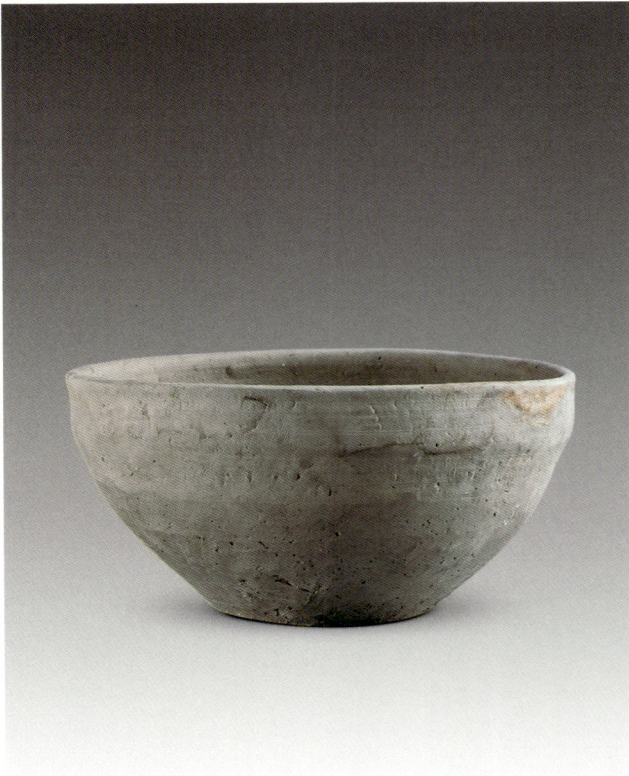

3. 陶盆M26：14

4. 铁灯M26：17

彩版三六　南郊水厂西汉墓M26出土遗物

1. 铜镜M26：19

2. 石砚M26：25、24

3. 砺石M26：26

彩版三七　南郊水厂西汉墓M26出土遗物

彩版三八　南郊水厂西汉墓M27

1. M27墓室

2. 陶罐 M27：2

3. 陶罐 M27：2肩部陶文

彩版三九　南郊水厂西汉墓M27及出土遗物

1. 陶罐 M27：6

2. 陶罐 M27：8

3. 铁灯 M27：9

彩版四〇　南郊水厂西汉墓M27出土遗物

彩版四一　南郊水厂北朝墓M5

彩版四二　南郊水厂北朝墓M5

1. 陶罐M5：4

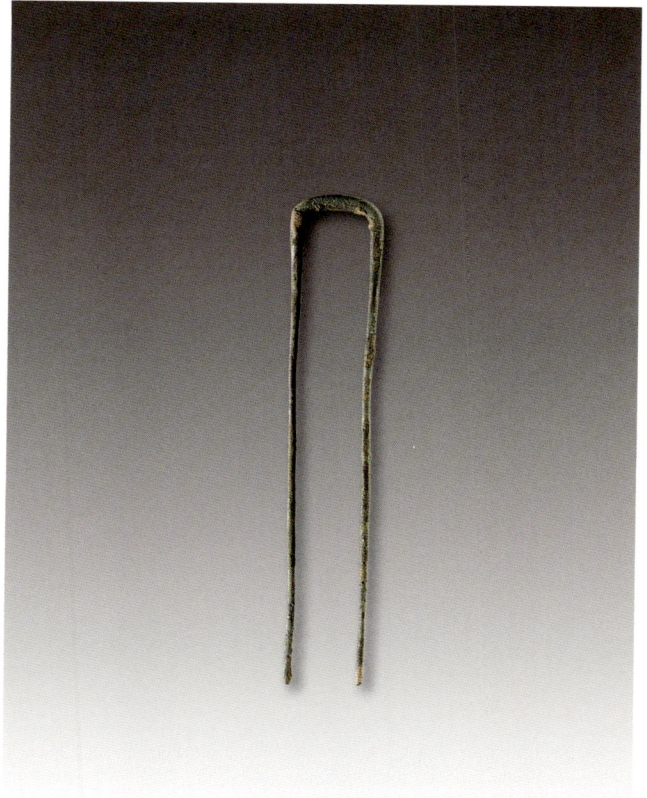
2. 银指环M5：1

3. 铜钗M5：7

5. 铁镜M5：3

4. 铜钗M5：8

彩版四三　南郊水厂北朝墓M5出土遗物

1. M22

2. M22墓室

彩版四四　南郊水厂北朝墓M22

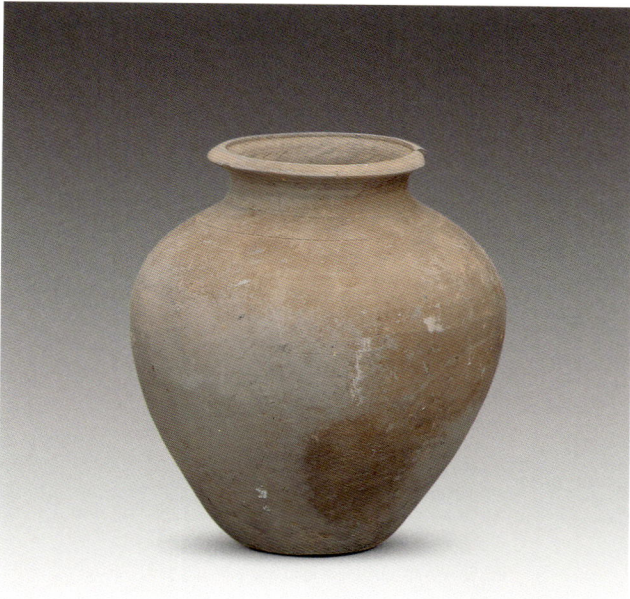

1. 陶罐 M22：12

2. 陶盏 M22：13

3. 铜带具 M22：1、10、11、6、7、2、3

4. 五铢 M22：15

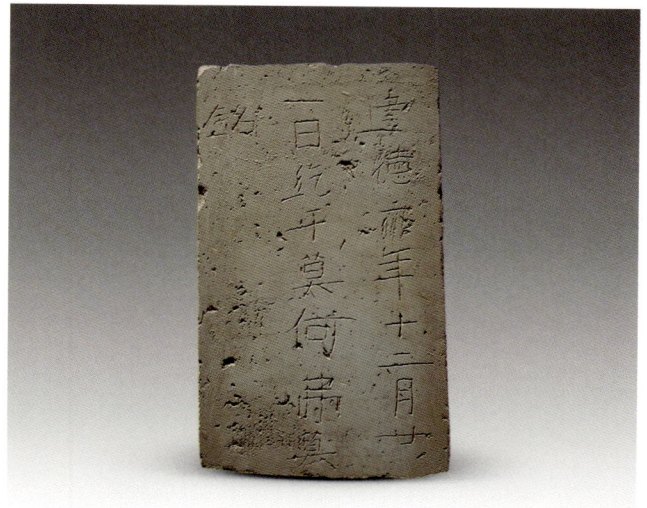

5. 墓志砖 M22：14

彩版四五　南郊水厂北朝墓M22出土遗物

1. M1

2. M1墓道及壁龛

彩版四六　南郊水厂隋唐墓M1

1. M1墓室

2. 开元通宝M1：9

3. 开元通宝 M1：10

彩版四七 南郊水厂隋唐墓M1及出土遗物

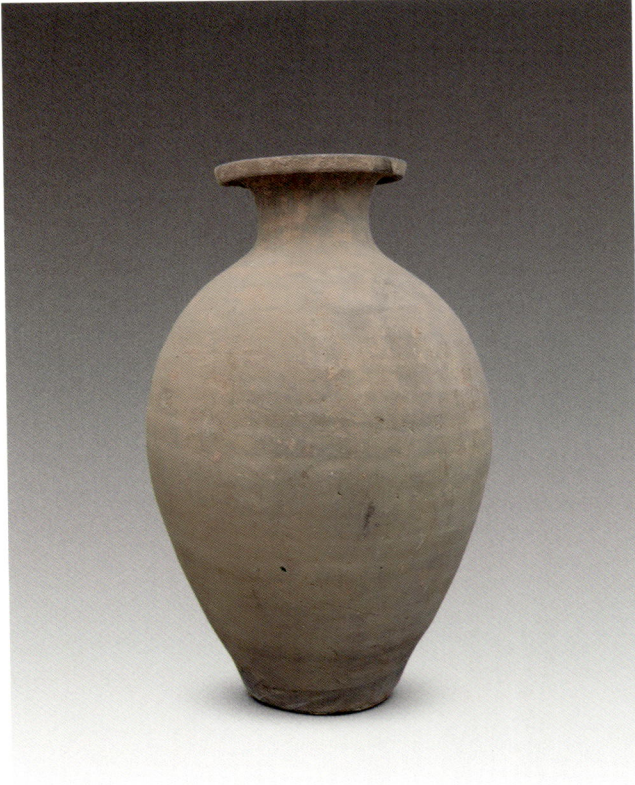

1. 陶壶M1：2

2. 铁剪M1：5

3. 铜镜M1：4

4. 铜镜M1：4

彩版四八　南郊水厂隋唐墓M1出土遗物

1. M2～M4

2. M2

彩版四九　南郊水厂隋唐墓M2～M4

1. M2封门

3. 铜泡钉M2：1

2. M2墓室

彩版五○　南郊水厂隋唐墓M2及出土遗物

1. M3

2. M3封门

彩版五一　南郊水厂隋唐墓M3

1. M3墓室

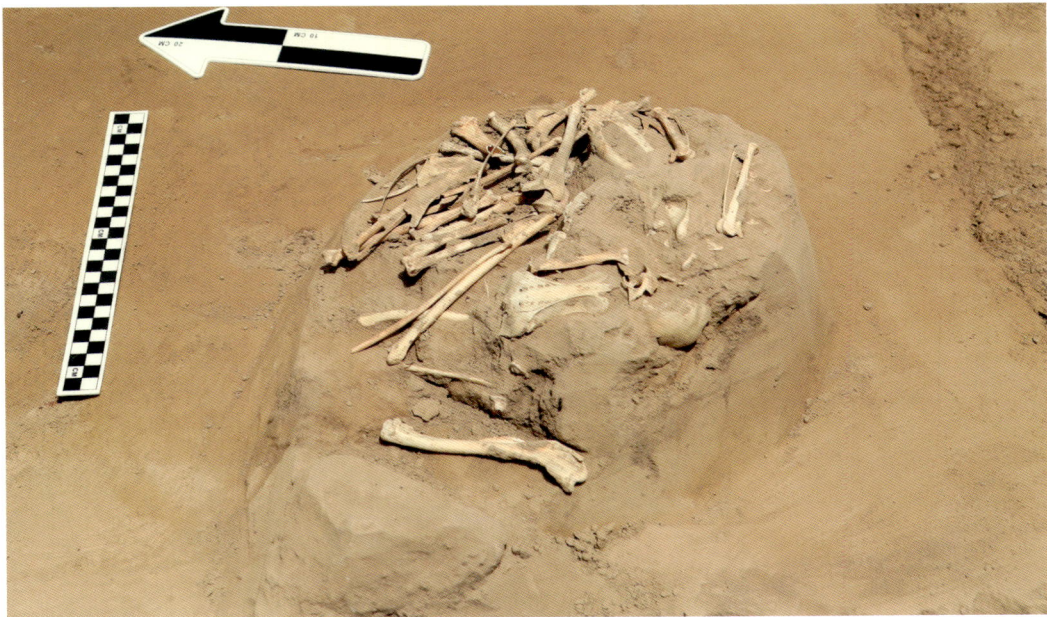

2. M3兽骨

彩版五二　南郊水厂隋唐墓M3

1. M3墓室出土石雕

2. 汉白玉天王俑M3：4

3. 汉白玉天王俑M3：4铠甲痕迹

彩版五三　南郊水厂隋唐墓M3出土遗物

1. 汉白玉天王俑M3：3

2. 汉白玉马M3：5

3. 汉白玉骆驼M3：6

4. 汉白玉骆驼M3：7

彩版五四　南郊水厂隋唐墓M3出土遗物

1. 汉白玉天王俑M3：4（正面）

2. 汉白玉天王俑M3：4（背面）

彩版五五　南郊水厂隋唐墓M3出土遗物

1. 镇墓兽M3：1、2

2. 汉白玉人面镇墓兽M3：1（左前面）

3. 汉白玉人面镇墓兽M3：1（右侧面）

4. 汉白玉人面镇墓兽M3：1（背面）

彩版五六　南郊水厂隋唐墓M3出土遗物

1. 汉白玉狮面镇墓兽M3:2（左前面）

2. 汉白玉狮面镇墓兽M3:2（左侧面）

3. 汉白玉狮面镇墓兽M3:2（背面）

4. 汉白玉墓志M3:8出土状况

彩版五七　南郊水厂隋唐墓M3出土遗物

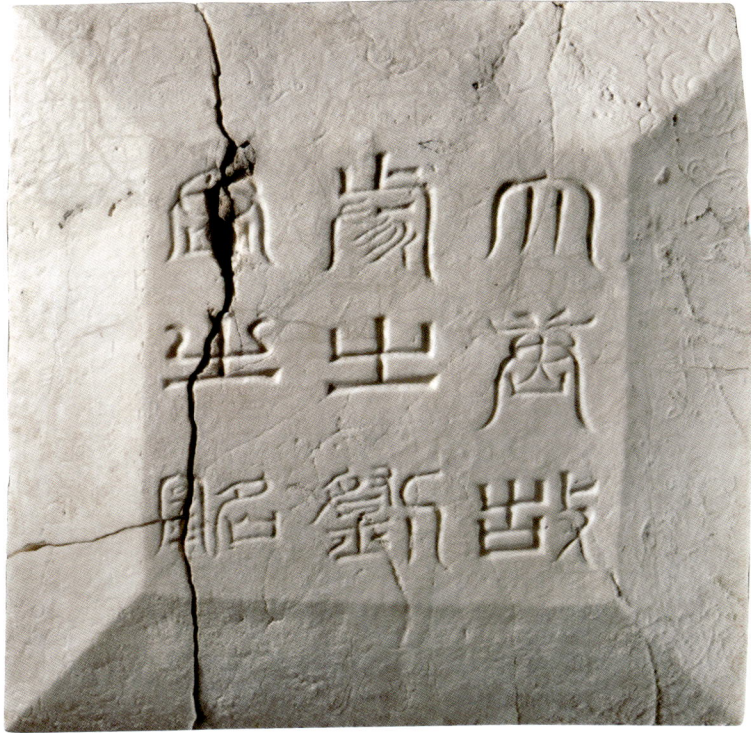

1. 墓志铭及盖M3：8

2. 墓志石M3：8

彩版五八　南郊水厂隋唐墓M3出土石墓志

1. M4

3. 立马俑M4∶1

2. M4甬道及墓室填土出土马骨

彩版五九　南郊水厂隋唐墓M4

1. 陶罐M4：5

2. 开元通宝M4：4

3. 汉白玉马M4：1

彩版六〇　南郊水厂隋唐墓M4出土遗物

1. M21

2. M21墓室

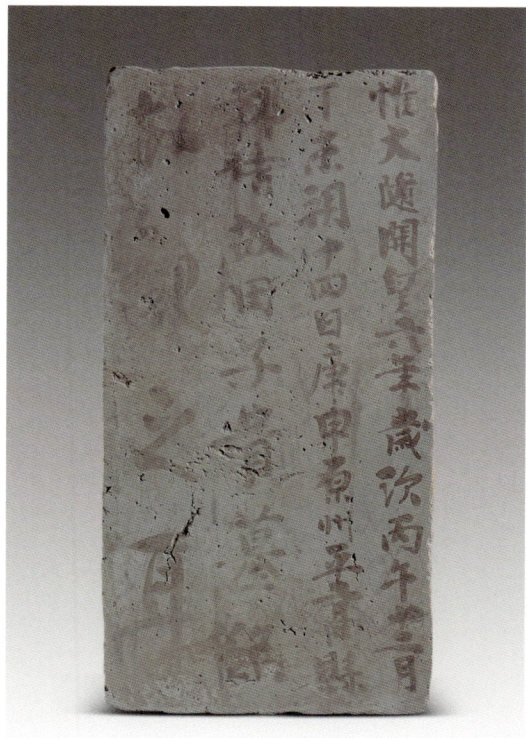

3. 墓志砖 M21：6

彩版六一　南郊水厂隋唐墓M21及出土遗物

1. M7墓室

2. M7棺板

3. 康熙通宝M7：1

彩版六二　南郊水厂明清墓M7及出土遗物

1. M8

2. M10

彩版六三　南郊水厂明清墓M8、M10

1. 黑釉盆 M8：1

2. 陶盆 M10：1

3. 陶盆 M11：1

4. 铜扣 M14：2

彩版六四　南郊水厂明清墓 M8 等出土遗物

1. M11

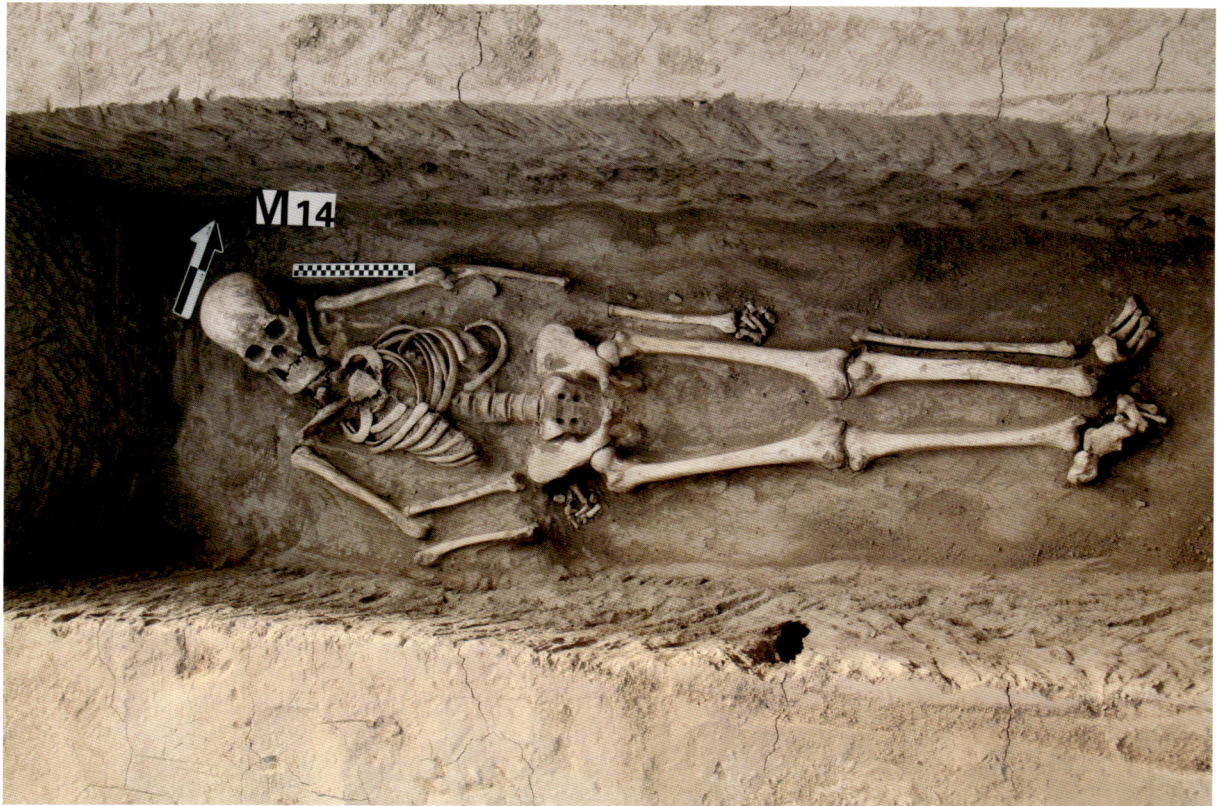

2. M14

彩版六五　南郊水厂明清墓M11、M14

1. M18

2. 铁棺钉 M18 : 1

3. M16

彩版六六　南郊水厂明清墓M18、M16及出土遗物

1. 铜钱M16：4、5、3、1

2. 顺治通宝M20：1

3. M17

彩版六七　南郊水厂明清墓M16、M20出土遗物与M17

1. M19

2. M20

彩版六八　南郊水厂明清墓M19、M20

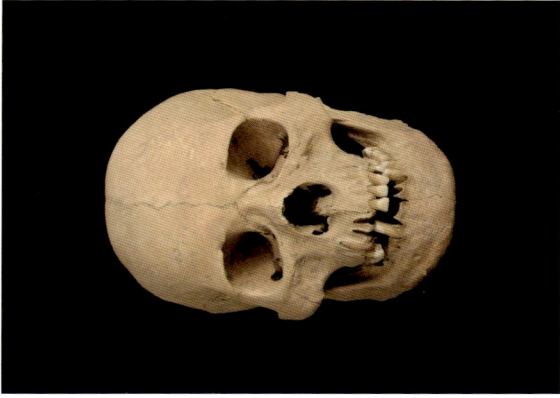

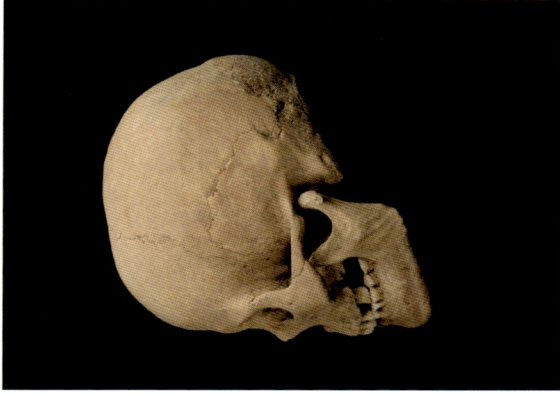

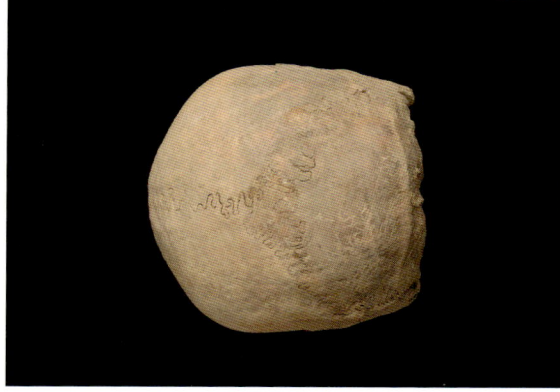

2009GYM8（正视、侧视、顶视、后视）

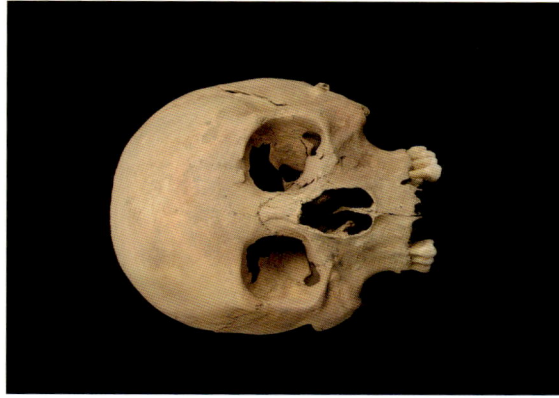

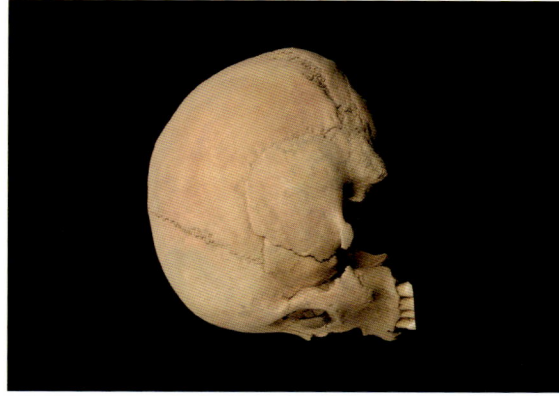

2009GYM15（正视、侧视、顶视、后视）

彩版六九　杨家庄墓地出土人骨

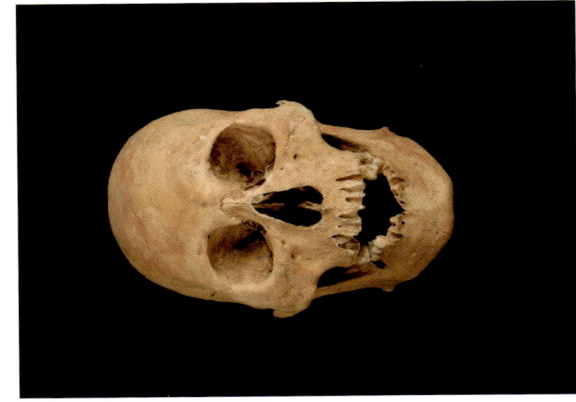

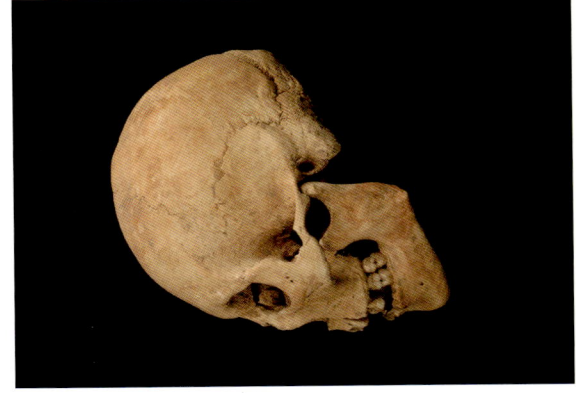

2009GYM9（正视、侧视、顶视、后视）

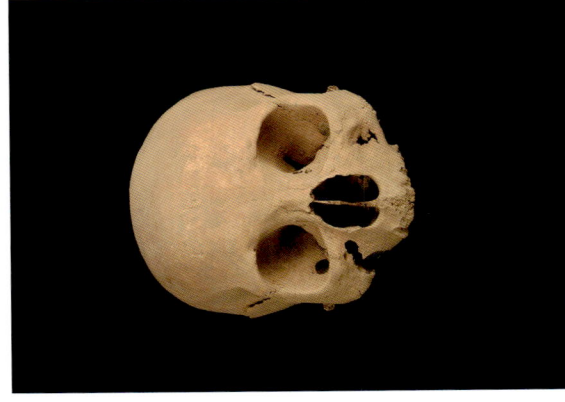

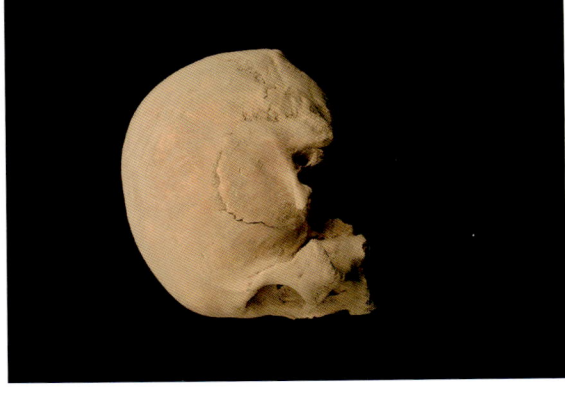

2009GYM10（正视、侧视、顶视、后视）

彩版七〇　杨家庄墓地出土人骨

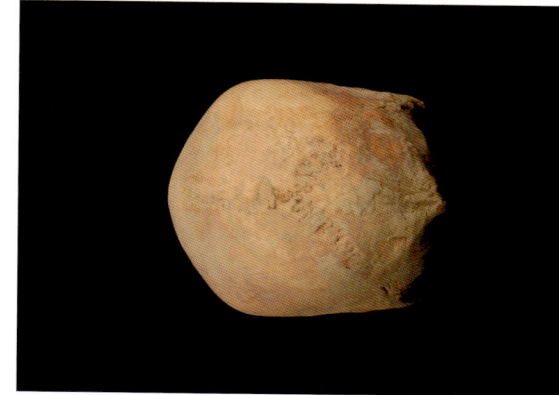

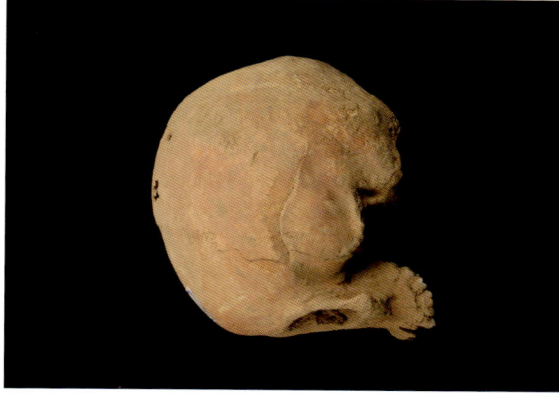

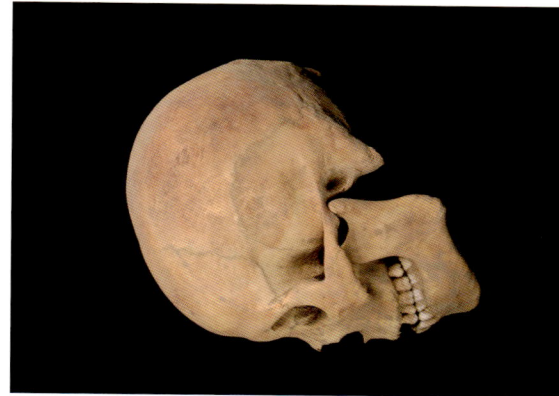

2015GNSM22（正视、侧视、顶视、后视）　　　　2015GNSM21（正视、侧视、顶视、后视）

彩版七一　南郊水厂墓地出土人骨

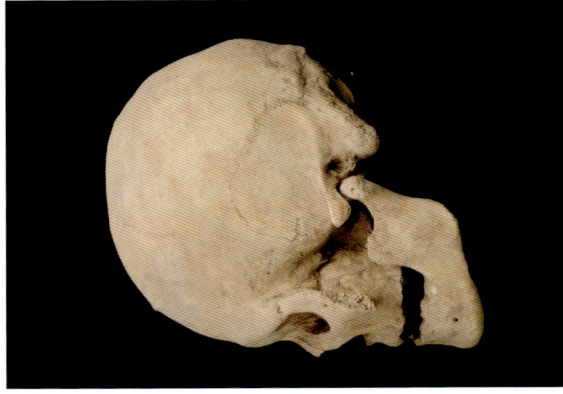

2015GNSM1东（正视、侧视、顶视、后视）

2015GNSM1西（正视、侧视、顶视、后视）

彩版七二　南郊水厂墓地出土人骨

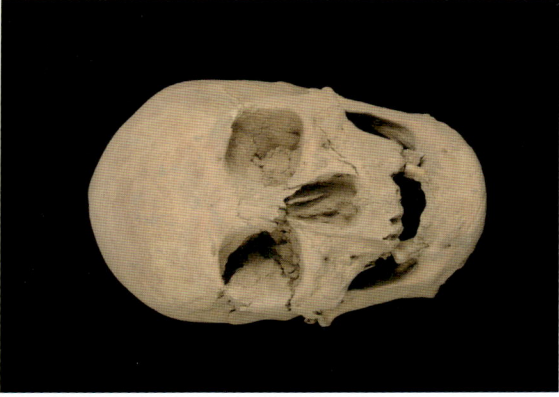

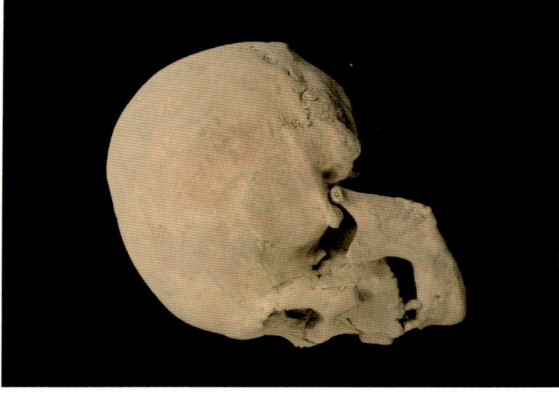

2015GNSM2西（正视、侧视、顶视、后视）

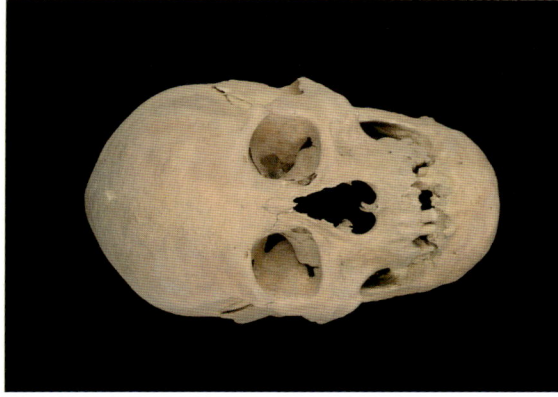

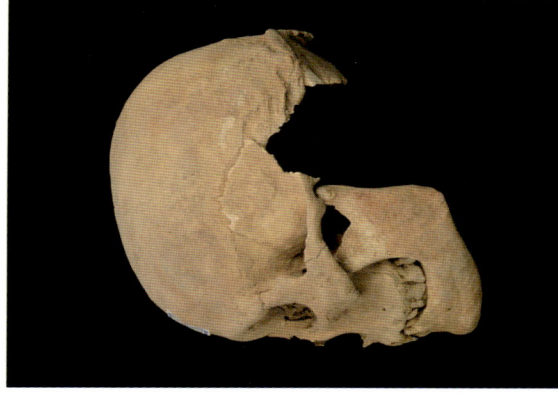

2015GNSM3东（正视、侧视、顶视、后视）

彩版七三　南郊水厂墓地出土人骨

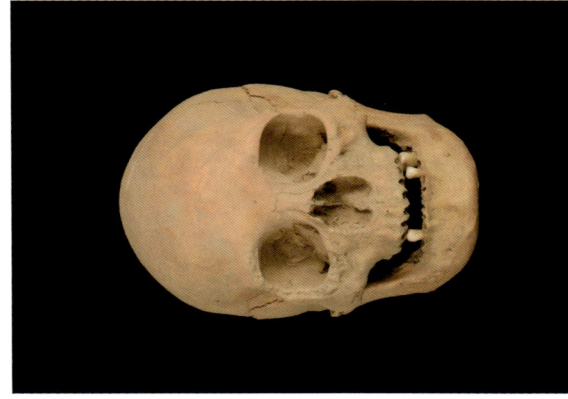

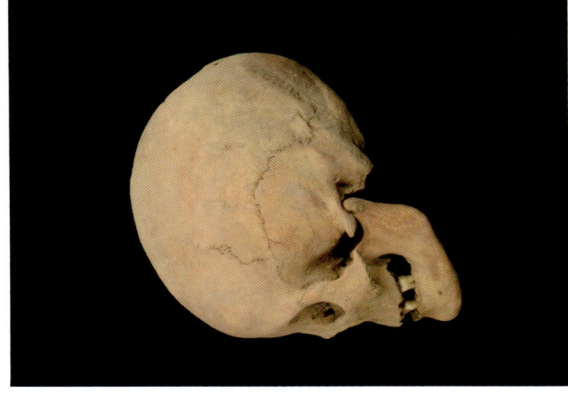

2015GNSM5（正视、侧视、顶视、后视）

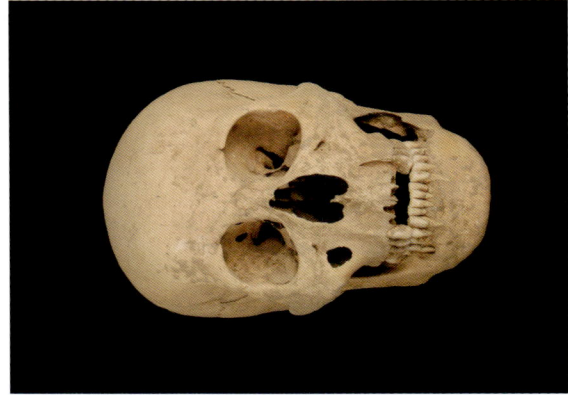

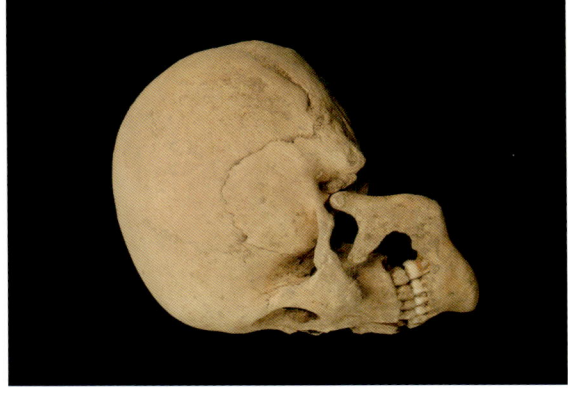

2015GNSM6（正视、侧视、顶视、后视）

彩版七四　南郊水厂墓地出土人骨

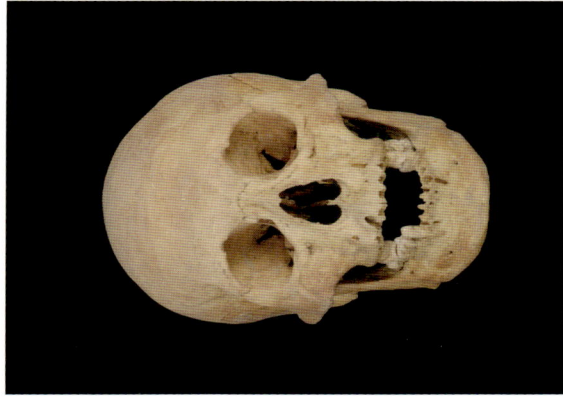

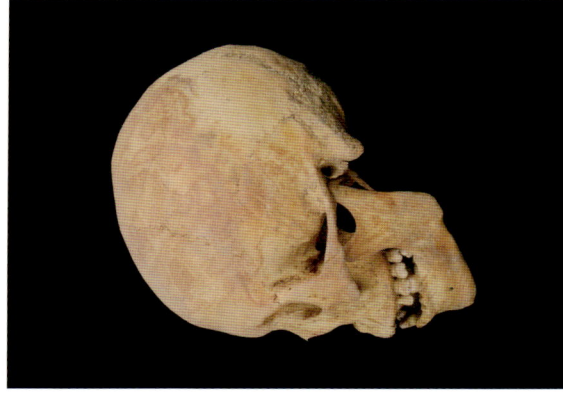

2015GNSM7（正视、侧视、顶视、后视）

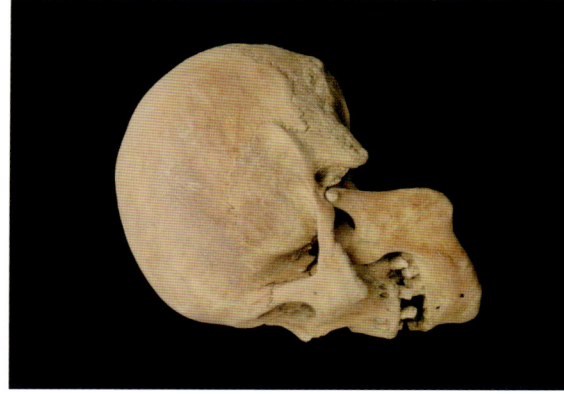

2015GNSM10（正视、侧视、顶视、后视）

彩版七五　南郑水厂墓地出土人骨

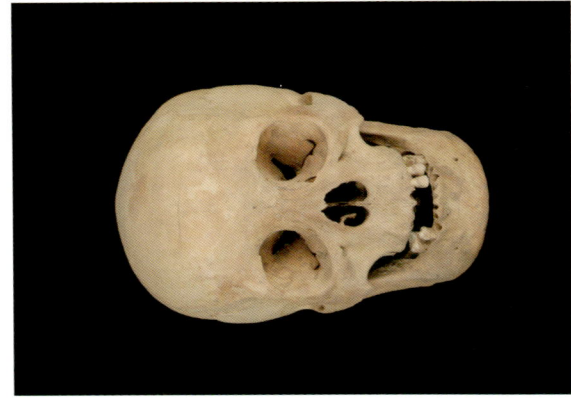

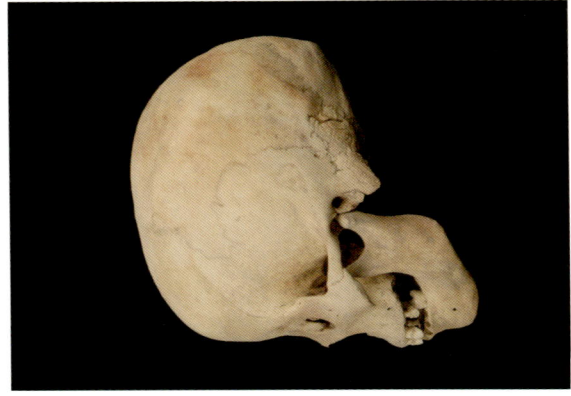

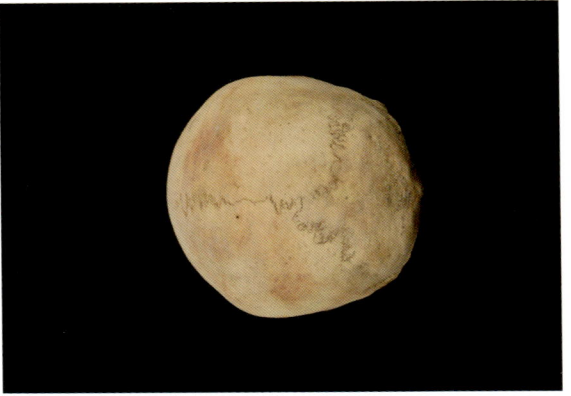

2015GNSM12（正视、侧视、顶视、后视）

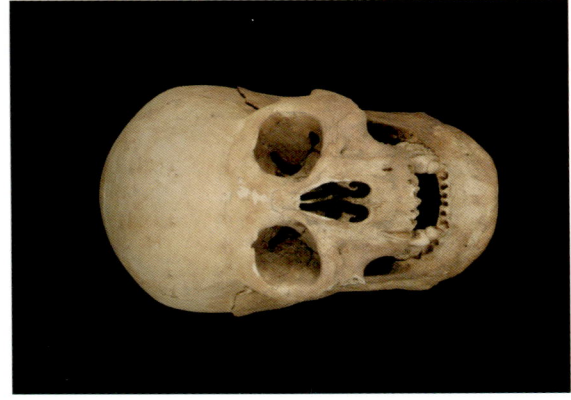

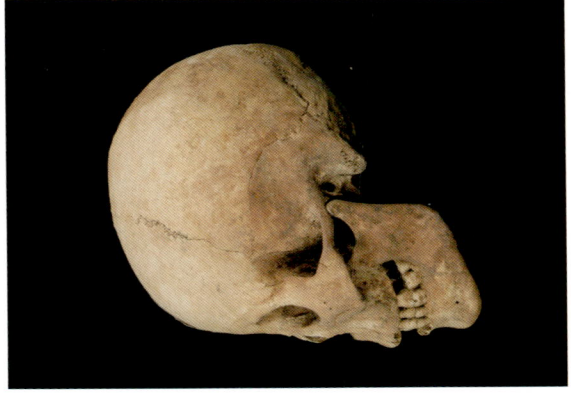

2015GNSM16（正视、侧视、顶视、后视）

彩版七六　南郊水厂墓地出土人骨

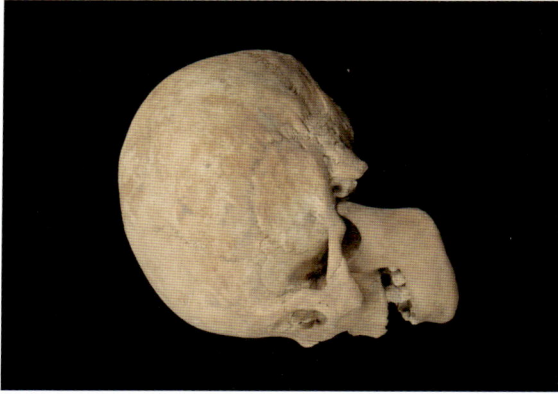

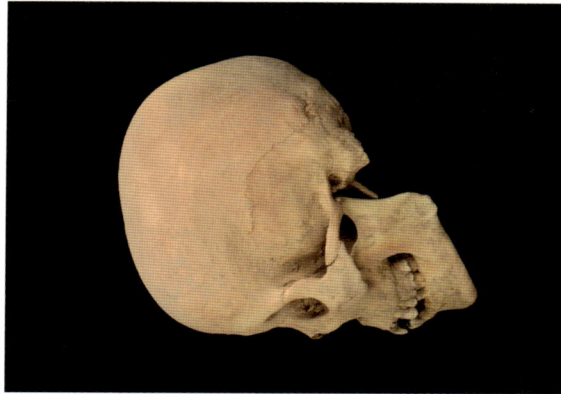

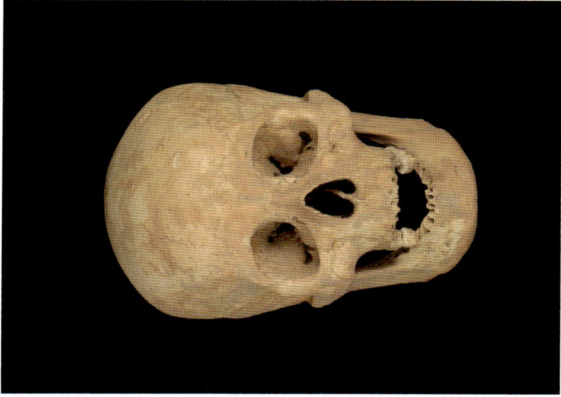

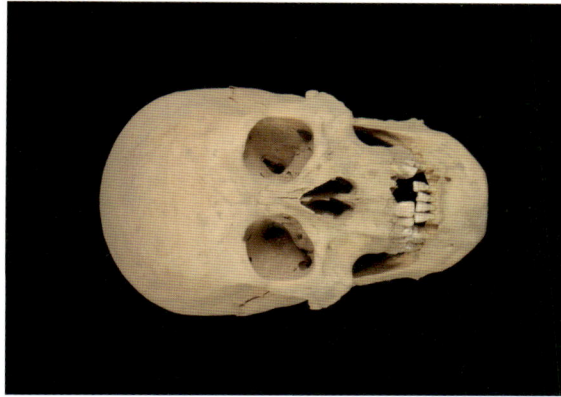

2015GNSM17（正视、侧视、顶视、后视）

2015GNSM18南（正视、侧视、顶视、后视）

彩版七七　南郊水厂墓地出土人骨

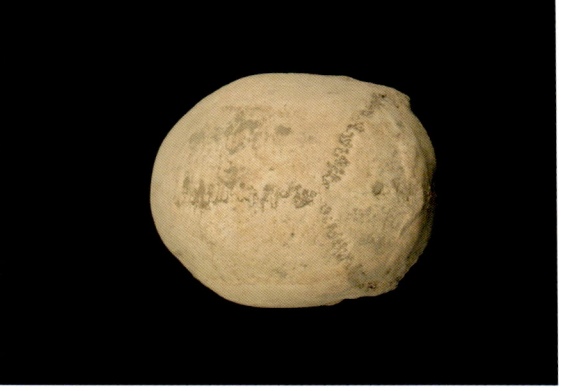

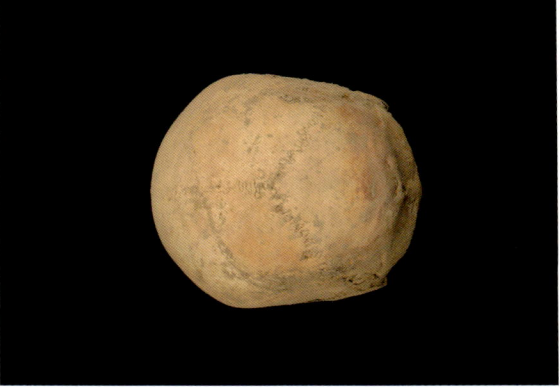

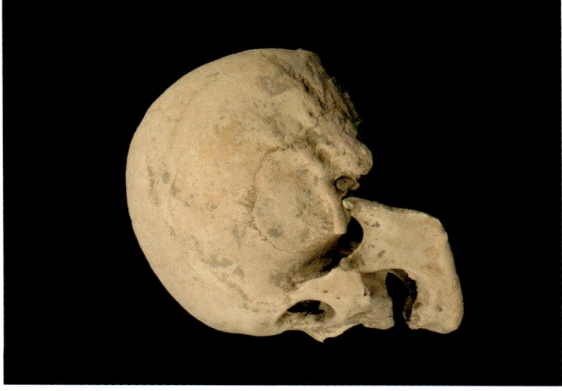

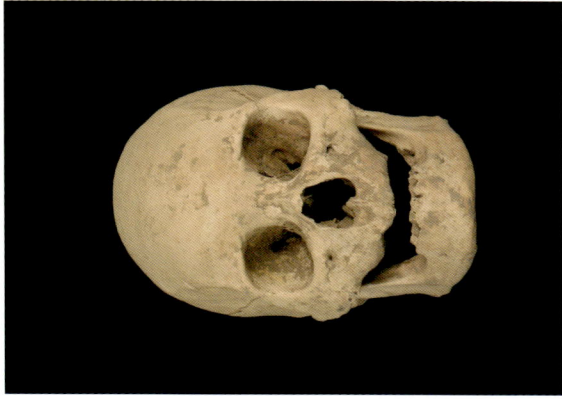

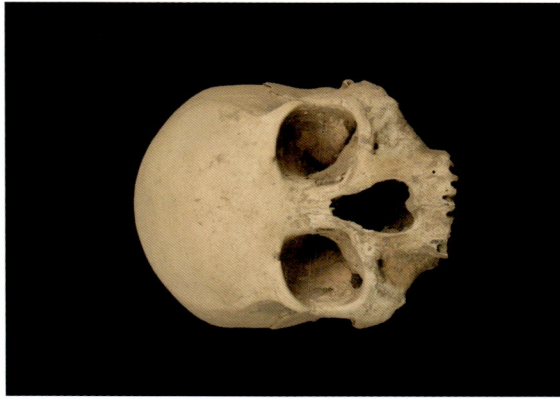

2015GNSM19（正视、侧视、顶视、后视）

2015GNSM20（正视、侧视、顶视、后视）

彩版七八　南郊水厂墓地出土人骨

1. M19 强直性脊柱炎

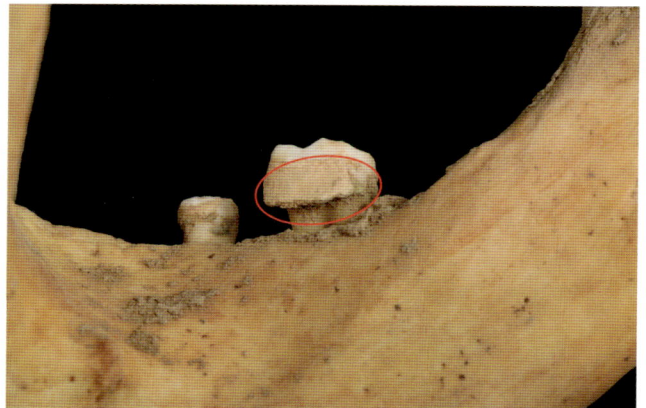

2. M12下颌右侧第1臼齿舌侧牙结石

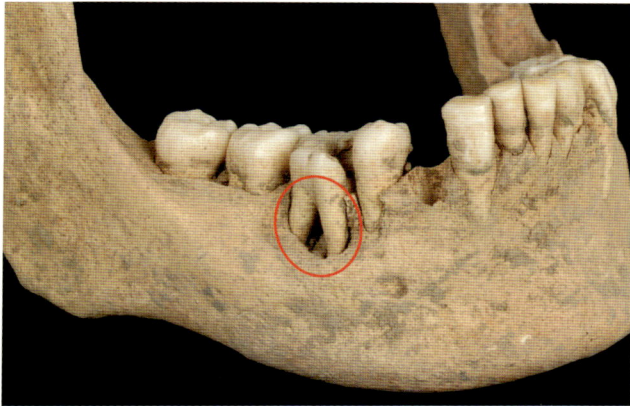

3. M6下颌右侧第1臼齿根尖脓肿

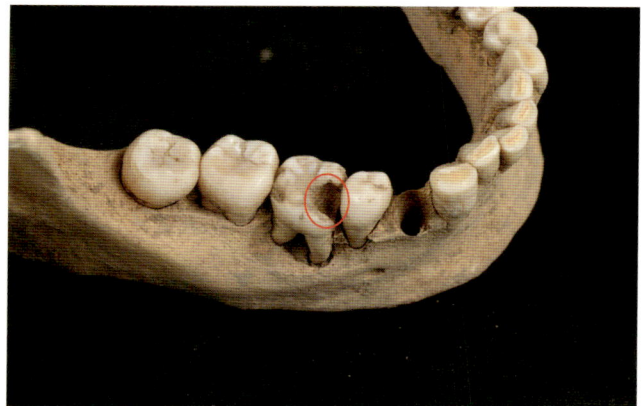

5. M6下颌右侧第1臼齿龋病

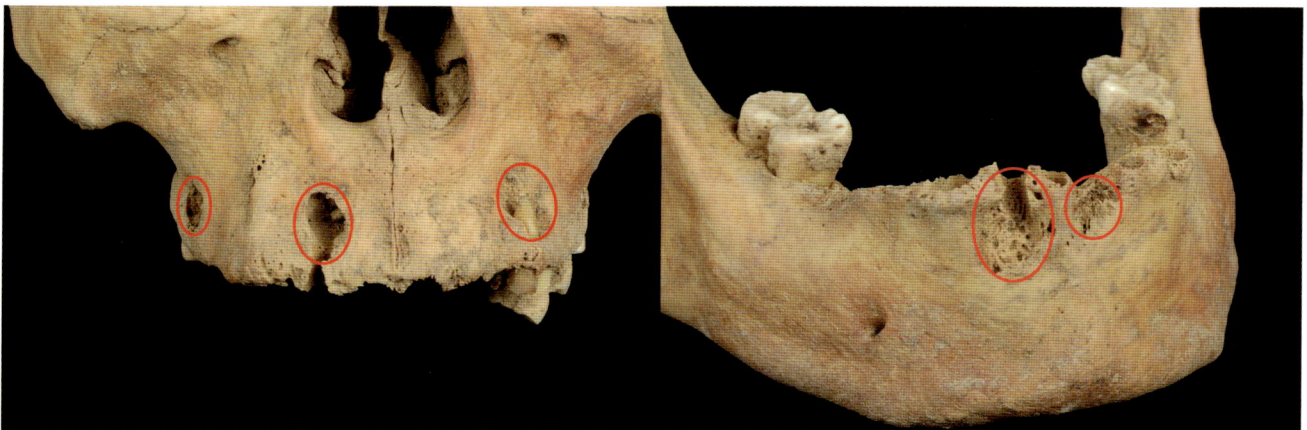

4. M10上、下颌多出齿根部位根尖脓肿

彩版七九　南郊水厂墓地出土人骨

1. 萨珊银币M1：1

2. 萨珊银币M1：2

3. 萨珊银币M3：5

4. 萨珊银币M3：6

彩版八〇　羊坊墓地出土萨珊银币

1. 彭阳海子塬萨珊银币M14：3

2. 彭阳海子塬萨珊银币M14：4

3. 固原漆棺画墓出土萨珊银币

4. 隋史射勿墓出土萨珊银币

5. 固原南塬唐墓出土萨珊银币

彩版八一　彭阳、固原等地出土萨珊银币

1. M4甬道马骨（北—南）

2. M4墓室（东—西）

彩版八二　南郊水厂唐墓M4出土马骨

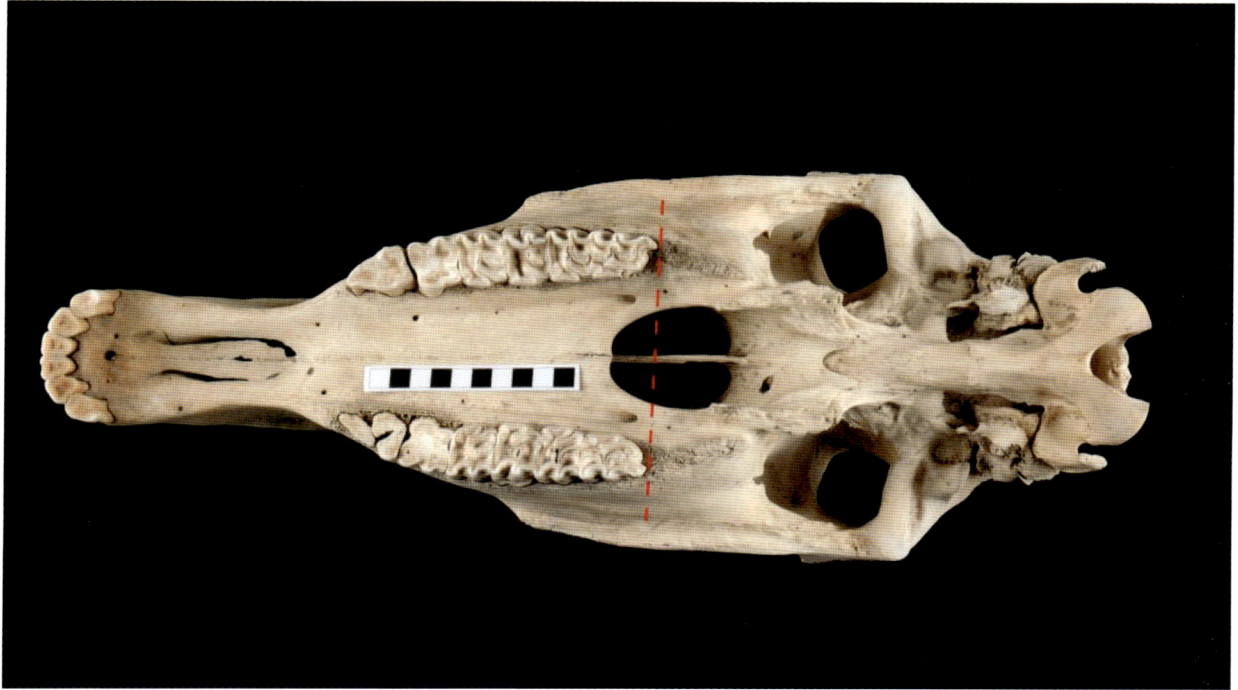

1. 成年个体头骨底视

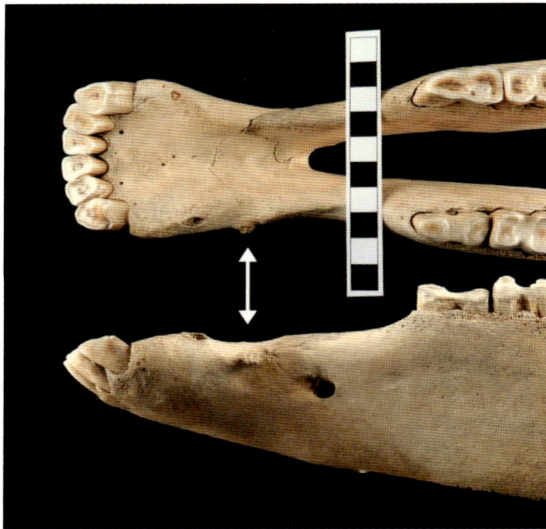

2. 成年个体下颌

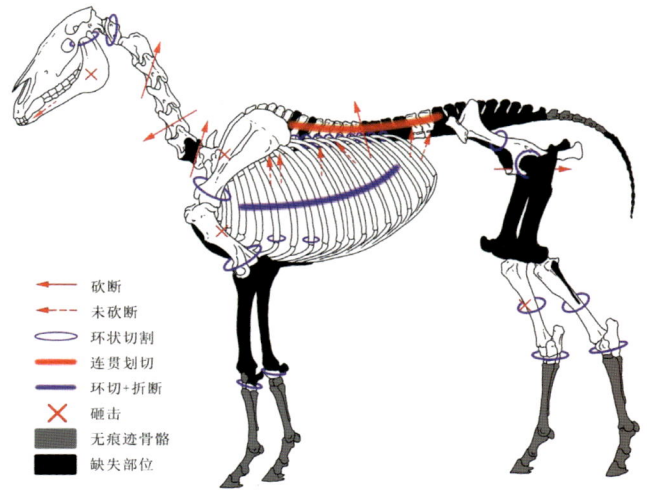

图例:
砍断
未砍断
环状切割
连贯划切
环切+折断
碰击
无痕迹骨骼
缺失部位

3. 成年个体肢解示意图

彩版八三　南郊水厂唐墓M4出土马骨

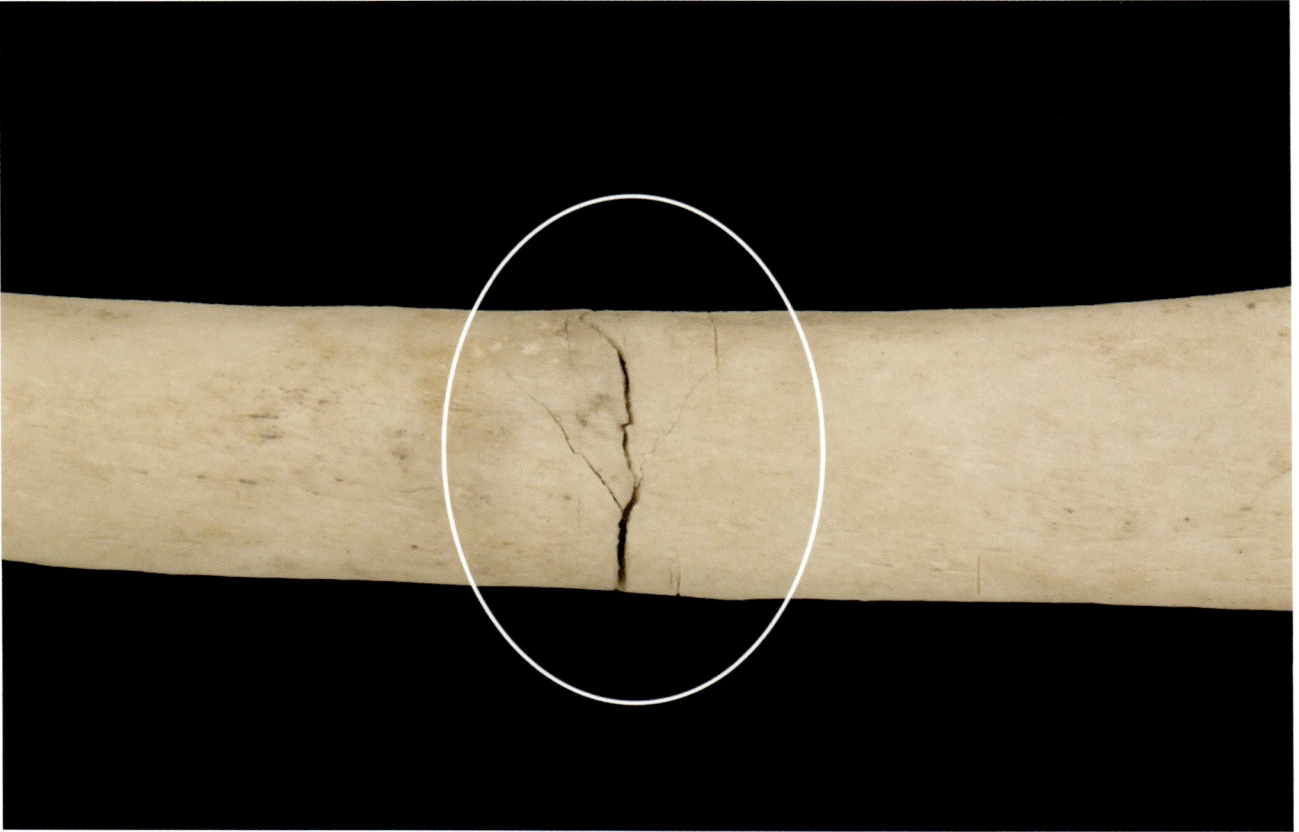

1. 成年个体右肋骨（M4D：118）骨干中部

2. 成年个体盆骨

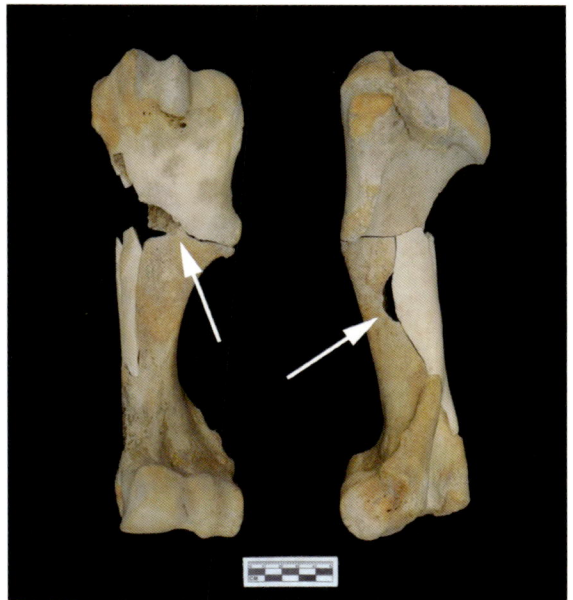

3. 成年个体左肱骨（左为前侧视，右为外侧视）

彩版八四　南郊水厂唐墓M4出土马骨

1. 成年个体左肋骨（M4D：102，显微放大图）

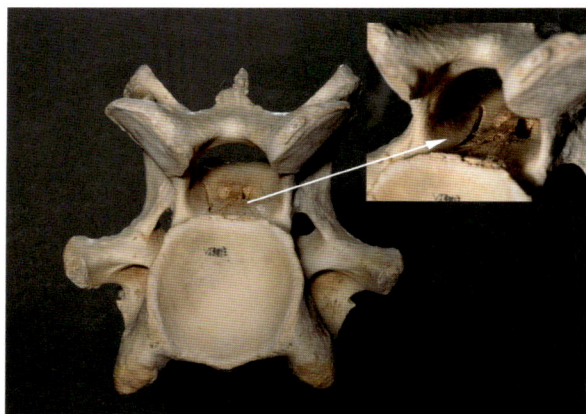

2. 成年个体第6颈椎

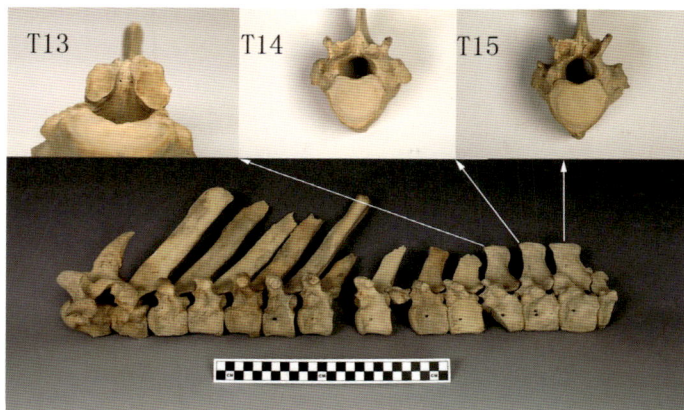

3. 成年个体第13~15胸椎关节突不对称发育

彩版八五　南郊水厂唐墓M4出土马骨

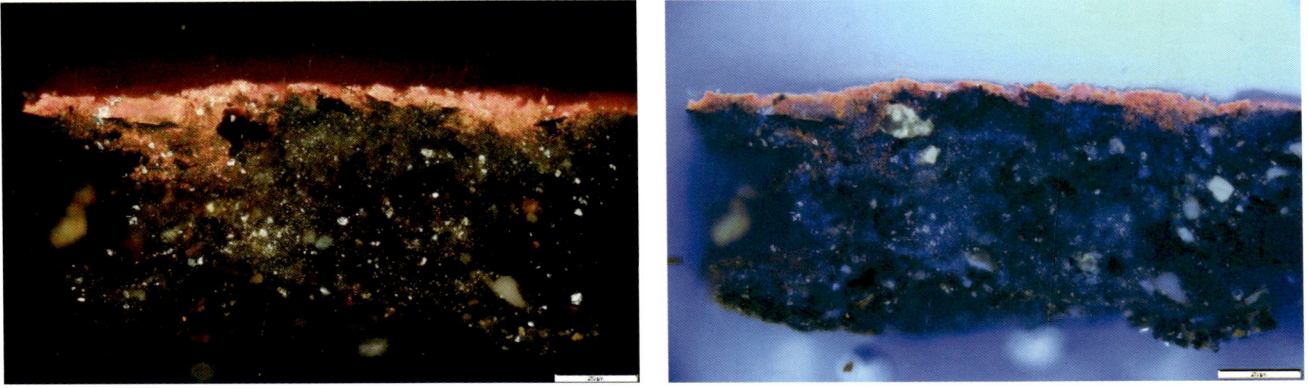

1. 红色漆膜样品在可见光（左）、紫外光（右）下100X剖面显微图

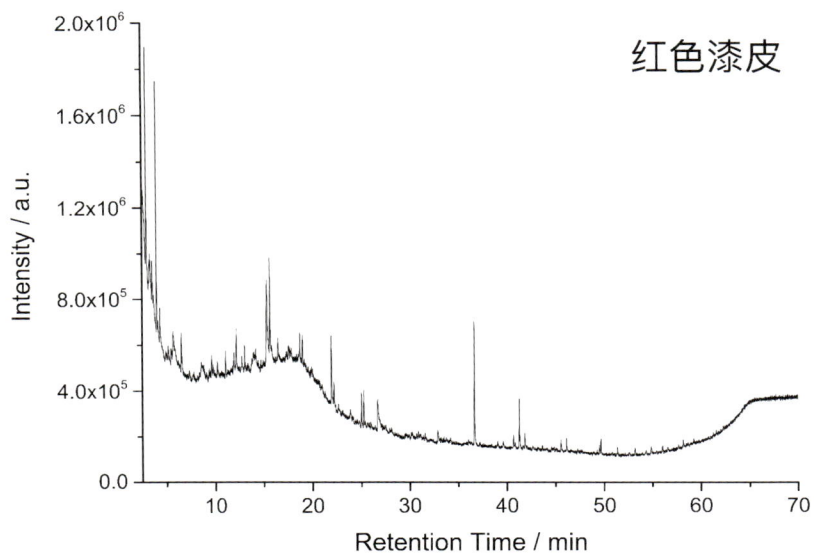

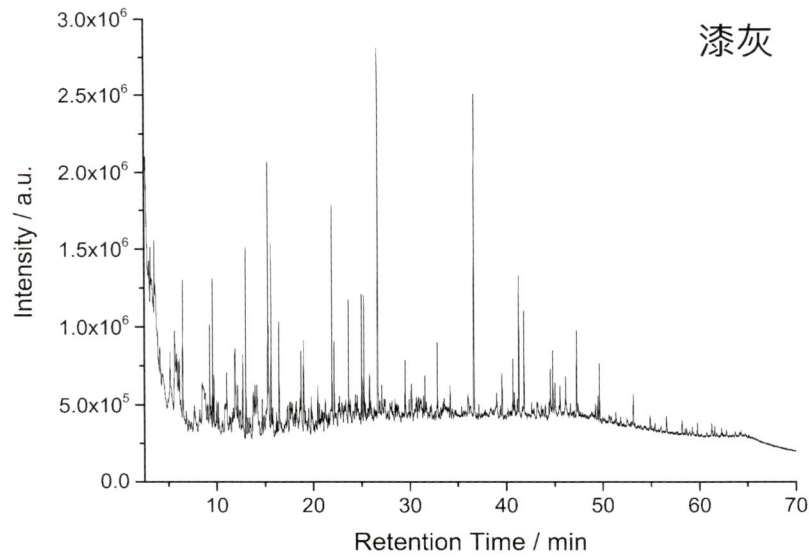

2. 红色漆皮及漆灰样品Py–GC/MS分析结果

彩版八六　南郊水厂隋墓出土漆器

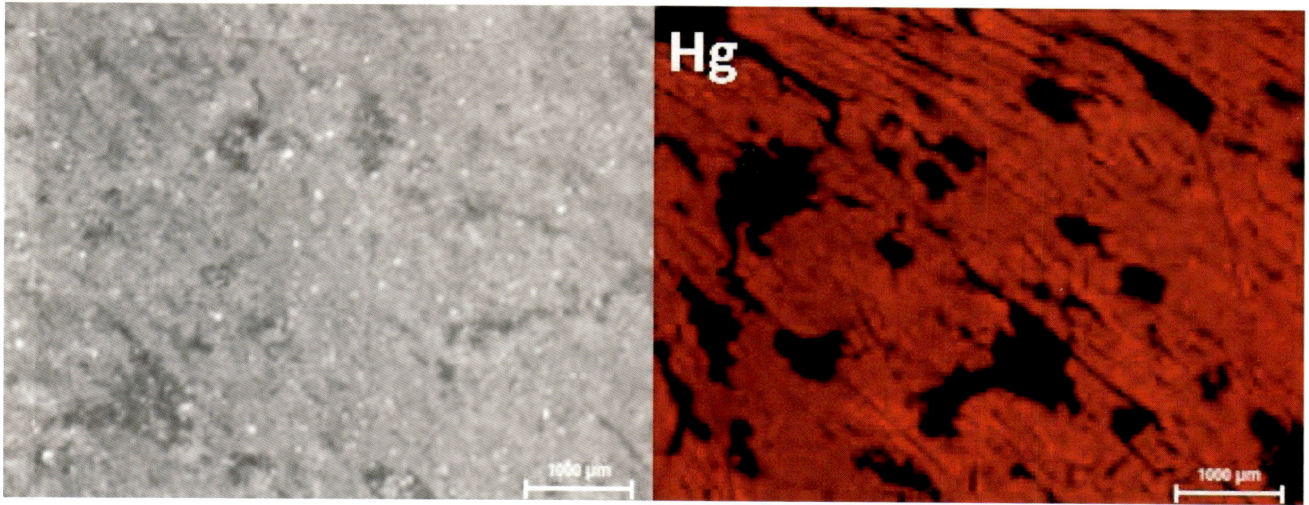

1. 红色漆皮XRF面分析结果

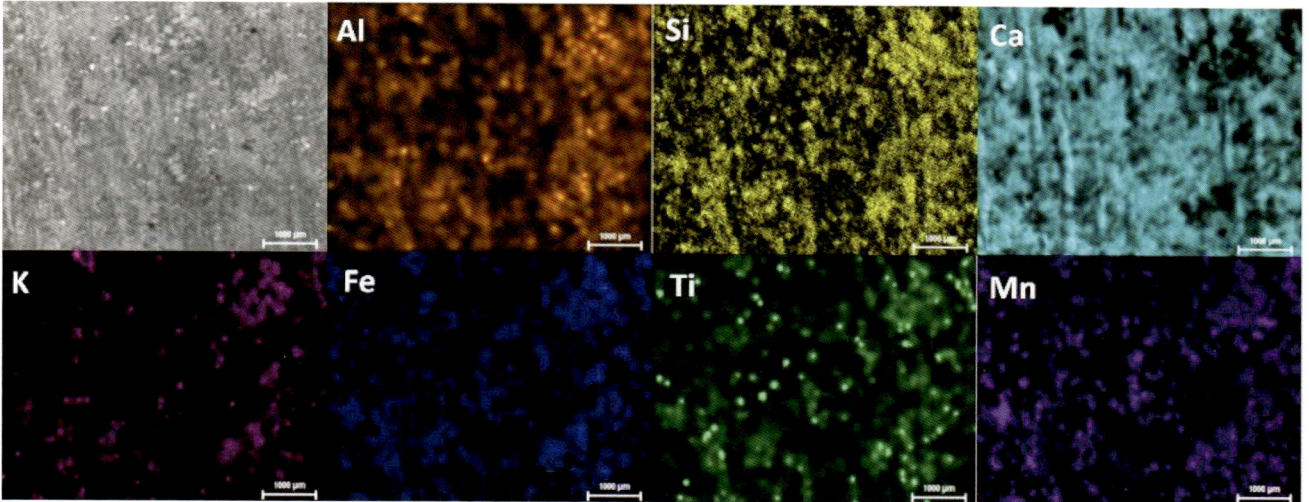

2. 漆灰XRF面分析结果

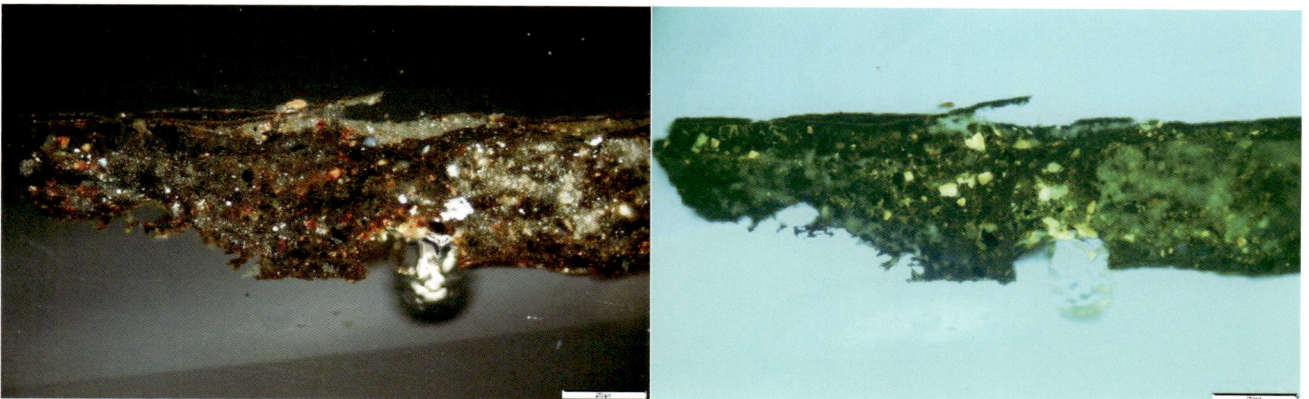

3. 黑色漆膜样品在可见光（左）、蓝光（右）下100X剖面显微图

彩版八七　南郊水厂隋墓出土漆器

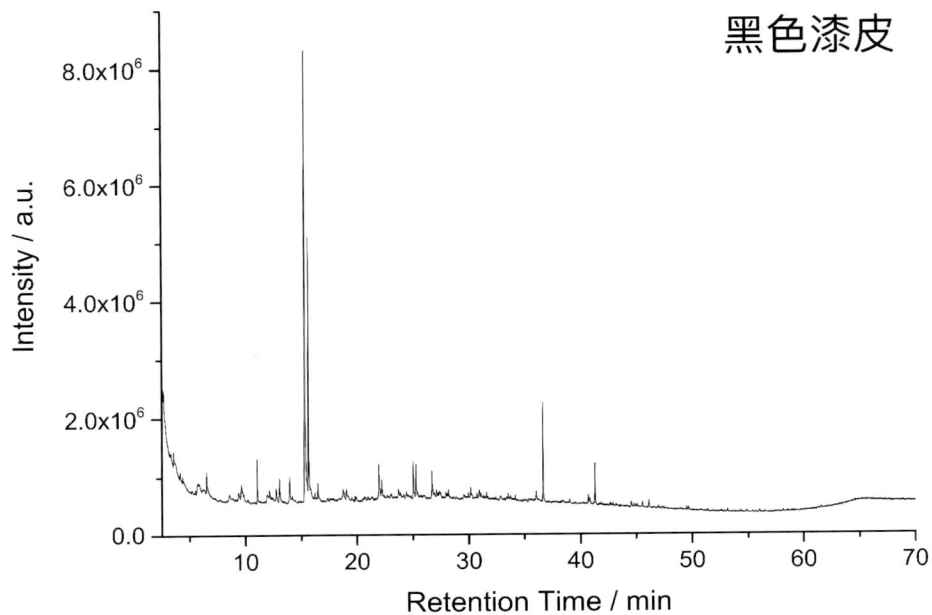

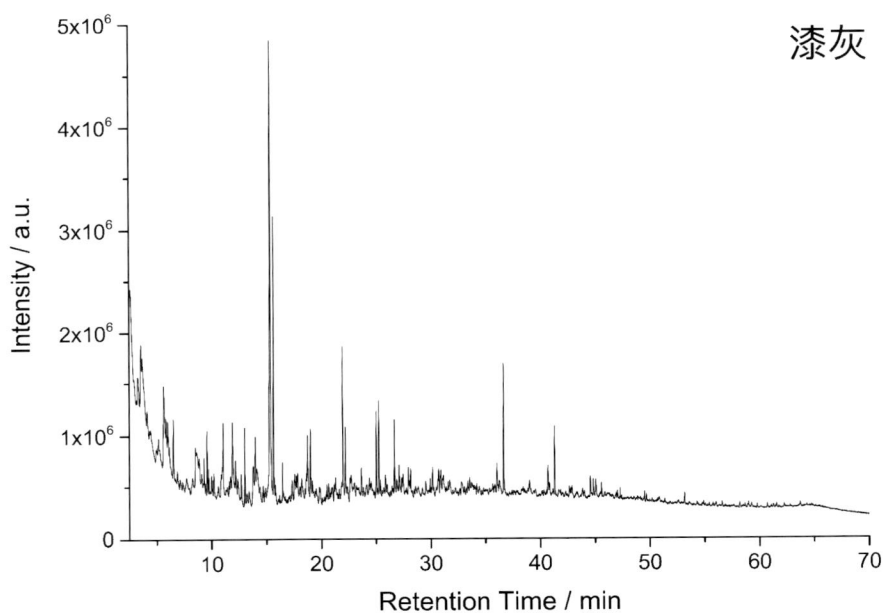

黑色漆皮及漆灰样品Py–GC/MS分析结果

彩版八八　南郊水厂隋墓出土漆器